झारखंड इन्साइक्लोपीडिया
(खंड-3)
श्वेत-श्याम तस्वीर

झारखंड इन्साइक्लोपीडिया

(खंड-3)

श्वेत-श्याम तस्वीर

संपादक

सुधीर पाल

वाणी प्रकाशन

वाणी प्रकाशन

4695, 21-ए, दरियागंज, नयी दिल्ली-110 002

फ़ोन : +91 11 23273167 फ़ैक्स : +91 11 23275710

शाखाएँ

अशोक राजपथ, पटना-800 004, बिहार

कॉफ़ी हाउस कैम्पस, महात्मा गांधी मार्ग, इलाहाबाद-211 001, उत्तर प्रदेश

महात्मा गांधी अन्तरराष्ट्रीय हिन्दी विश्वविद्यालय, वर्धा-442 001, महाराष्ट्र

36/ए, शेक्सपियर सरणी, रानी बिरला गर्ल्स कॉलेज के पास, कोलकाता-700 017, प. बंगाल

www.vaniprakashan.com
marketing@vaniprakashan.in
sales@vaniprakashan.in

Jharkhand Encyclopedia
Shwet-Shyam Tasveer-3
Edited by Sudhir Pal

ISBN : 978-81-8143-692-4
Encyclopedia

प्रथम संस्करण 2019

मूल्य : ₹ 6000 (चारों खंड)

आर. टेक ऑफ़सेट प्रिंटर्स, दिल्ली-110 032 में मुद्रित

वाणी प्रकाशन का लोगो मक़बूल फ़िदा हुसेन की कूची से

समर्पण

झारखण्डी आवाम को जिसने अपने सीने में आदिकाल की विरासत की संजो कर रखा है। उन अनाम लोक साहित्यकारों को जिन्होंने झारखण्ड की तेरह भाषाओं एवं अनगिनत बोलियों में साहित्य का समुद्र सा रचा है जिसके मंथन से न जाने कितनी बार अमृत-कलश प्रकट होने की संभावना है। उन तमाम महापुरूषों को जिन्होंने हाशिये की समुदाय की पीड़ा को समझने और उबारने में अपना जीवन होम किया।

रणेन्द्र, सुधीर पाल

श्वेत-श्याम तस्वीर

अनुक्रम

भूमिका (श्वेत-श्याम तस्वीर)		11
विकास के सैद्धान्तिक पहलू और झारखंड के लिए एक दृष्टि	शंकर प्रसाद	14
गरीबी का मकड़जाल	डॉ. रमेश शरण/मनोरमा	23
शहर चमकता है, गरीब नहीं	कुमार संजय	31
झारखंड में जनजातियों के विकास की रणनीति	डॉ. रमेश शरण/हरीश्वर दयाल	37
छोटानागपुर में भू-विधियाँ एवं भूमि की स्थिति	डॉ. जयप्रकाश गुप्ता	53
संतालपरगना में भूमि की वैधानिक स्थिति	डॉ. बासुदेव बेसरा	63
आदिवासियों की भूमि का हस्तांतरण : प्रक्रिया एवं स्वरूप	रमेश शरण/अमर कुमार सिंह/एस.एल.बत्रा	71
भू-वापसी के दावे, बन्दोबस्ती का सच	रमेश शरण /अमर कुमार सिंह	99
परंपरा की स्वशासी व्यवस्था	वीरसिंह सिंकु	114
अपने गांव में अपना राज ?	सी.डी. सिंह	137
झारखंड में नगर अभिशासन	बीरेन्द्र कुमार महतो	141
खाद्य सुरक्षा :सुलगते सवाल	सुधीर पाल	147
पलायन औपनिवेशिक प्रेतछाया की पड़ताल	रणेन्द्र	173
झारखंडी महिला दशा, दर्द और दिशा	पुष्पा टेटे	204
विस्थापन की विभीषिका	रमेश शरण	220
नेतरहाट फायरिंग रेंज : विस्थापन बनाम संघर्ष	जेरोम जेराल्ड कुजूर	226
बन्दूक की नली से विकास : कोयलकारो परियोजना	सुनील मिंज	233
जादूगोड़ा : नस्ल को धीमा जहर	सुनील मिंज	239
स्वस्थ झारखंड : आधी हकीकत आधा फसाना	डॉ. नीरू जौहरी	244
आर्थिक विकास की संरचना	डॉ. रमेश शरण/अंजनी कुमारी	277
जनजातीय विकास : तथ्य एवं आंकड़े	डॉ. प्रभात कुमार सिंह	282
ग्रामीण विकास : प्राथमिकता की तलाश	लक्खीभूषण प्रसाद	300
सिनेमा : देशज जीवन का चलचित्र	मेघनाथ	307
झारखंड में डायन प्रथा	आलोक	311
झारखंड में शिक्षा	डॉ. मिथिलेश/खुर्शीद अख्तर	315
शिक्षा का प्रसार : ईसाई मिशनरियों की पहल	डॉ. नागेश्वर सिंह	366

आदिमजाति सेवामंडल का शिक्षा में योगदान	दीप्ति वर्मा	375
जनजातीय क्षेत्र में स्त्री रोजगार	सीमा सिंह	380
झारखंड : संस्कृति–आधारित ग्रामीण आजीविका विकास	संजय कुमार	388
आदिवासी विकास में स्वैच्छिक संस्थाएँ	डी.के. पाणिग्रही	392
झारखंड की राजनीति और मजदूर वर्ग का आंदोलन	ए.के. राय	400
झारखंड का भविष्य	खगेन्द्र ठाकुर	410

भूमिका

झारखंड सहित देश के अधिकांश आदिवासी बाहुल्य इलाकों ने विकास के पूँजीवादी अवधारणा से उत्पन्न दंश को झेला है। विस्थापन एवं पलायन विकास के उप-उत्पाद के रूप में सामने आए हैं। झारखंड में सरकारी आँकड़े 52 प्रतिशत आबादी को गरीबी रेखा केनीचे बताते हैं। गुमला, लोहरदगा, चाईबासा, राँची, गोड्डा, पाकुड़, दुमका जैसे आदिवासी बाहुल्य जिलों में यह प्रतिशत बढ़कर 60 से 70 तक हो जाता है।

आज भी देश के दस सबसे पिछड़े जिलों में से छह जिले झारखंड के ही हैं। सारे विकास कार्यक्रमों के बावजूद यह राज्य अपनी आवश्यकता का मात्र 48 प्रतिशत खाद्यान्न उगा रहा है। कृषि योग्य 18 लाख हेक्टेयर भूमि में से मात्र 8.7 प्रतिशत भूमि ही सिंचित है जिसके कारण 86 प्रतिशत कृषि योग्य भूमि एक फसली है।

धनकटनी के समाप्त होते पलायन प्रारम्भ हो जाता है। रोजगार की तलाश में गाँव का गाँव उजड़ कर महानगरों की झुग्गी-झोंपड़ियों में पहुँच जाता है। दिल्ली, मुम्बई जैसे महानगरों में घर में काम करने वाली दाइयों का बहुलांश झारखंडी बालाओं का ही है।

साथ ही यह भी सही है कि नेहरू वेरियर ऐल्विन के पंचशील सिद्धान्तों से प्रेरित होकर जो विकास के विभिन्न कार्यक्रम प्रारम्भ किए गए उसके कारण सरकारी सेवाओं में कुछ प्रतिशत झारखंडी आबादी भी दिखने लगी है। झारखंड के नगरों में आदिवासियों का मध्यवर्ग भी विकसित हो चुका है। दुर्भाग्य यह है कि यह मध्य-उच्च मध्यवर्ग मुख्यधारा में सम्मिलित होने की शर्त पर अपनी जड़ों से कटा हुआ है। व्यक्तिवादी जीवन पद्धति अपना चुका यह मध्यवर्ग अपने समुदायों से नाता तोड़ चुका है।

इस खंड में हमने ऐसे ही श्वेत श्याम तस्वीरों को सामने रखने की कोशिश की है।

जहाँ श्री जेरोम जेराल्ड कुजूर एवं श्री राजेन्द्र विश्वबन्धु के आलेख क्रमश: झारखंड के आदिवासी समुदायों एवं दलित समुदायों का परिचयात्मक विवरण प्रस्तुत करते हैं, वहीं रणेन्द्र का आदिम जनजातियों पर केन्द्रित आलेख उनकी सामाजिक-सांस्कृतिक-आर्थिक दशा-दिशा के विश्लेषण में जाता है।

राज्य ग्रामीण विकास संस्थान, हेहल, राँची के पूर्व उपनिदेशक श्री लक्खी भूषण प्रसाद ने 'राज्य में ग्रामीण विकास कार्य' शीर्षक से सरकारी लेखा-जोखा प्रस्तुत किया है।

भारतीय वन सेवा के वरीय पदाधिकारी श्री संजय कुमार ने 'संस्कृति-आधारित ग्रामीण आजीविका का विकास' नामक आलेख में एक भिन्न दृष्टि से झारखंडी गाँवों के विकास की तस्वीर प्रस्तुत की है।

झारखंड के प्रसिद्ध अर्थशास्त्री डॉ. रमेश शरण एवं डॉ. हरीश्वर दयाल ने 'झारखंड में जनजातियों के लिए विकास की रणनीति' आलेख में विकास की वैकल्पिक नीतियों को रूपायित किया है।

ऐसी ही वैकल्पिक एवं जमीनी विकास की रणनीति हम राँची विश्वविद्यालय के मानव विज्ञान विभाग के प्राध्यापक डॉ. प्रभात कुमार के आलेख में पाते हैं।

डॉ. डी.के. पाणिग्रही ने आदिवासी समाज के विकास में स्वैच्छिक संस्थाओं की भूमिका को रेखांकित किया है।

आदिवासी समुदायों का विस्थापन, पलायन एवं वैध-अवैध तरीकों से भूमि हस्तान्तरण एवं भूख से सुरक्षा झारखंड के महत्त्वपूर्ण धधकते सवाल हैं जिन पर बहुत ही चलताऊ ढंग से चिन्तन-लेखन का नाटक किया जाता रहा है। हमने अपने लेखकों से इन प्रश्नों पर गहराई से मंथन का अनुरोध किया था।

प्रसिद्ध अर्थशास्त्री डॉ. रमेश शरण एवं युवा पत्रकार जेरोम जेराल्ड कुजूर का विस्थापन पर आलेख कई परतों को खोलता है। अद्यतन आँकड़ों के समक्ष संदेह बेमानी हो जाते हैं।

'झारखंड से पलायन : औपनिवेशिक प्रेतछाया की पड़ताल' नामक शोधपरक आलेख में रणेन्द्र ने ब्रिटिश औपनिवेशिक कालीन युग से अब तक के पलायन की जनगणना के प्रतिवेदनों के आधार पर जो तस्वीर खींची है, वह दहलाने वाली है।

डॉ. रमेश शरण, डॉ. अमर कुमार सिंह ने आदिवासियों के हाथों से फिसलती भू-सम्पदा का बहुत ही गहन अध्ययन प्रस्तुत किया है। श्री सुधीर पाल 'भूख से सुरक्षा' के सवाल पर तार्किक विश्लेषण में जाते हुए समाधान के रास्ते तलाशते हैं।

वरीय अधिवक्ता डॉ. जयप्रकाश गुप्ता एवं डॉ. वासुदेव बेसरा ने क्रमश: छोटानागपुर भू-विधियाँ एवं भूमि की स्थिति और संतालपरगना भू-विधियाँ एवं भू-स्थिति पर अपनी विशेषज्ञ लेखनी चलाई है।

युवा सामाजिक कार्यकर्ता कुमार संजय ने झारखंड की शहरी गरीबी पर अपना आलेख प्रस्तुत किया है।

आन्तरिक उपनिवेशवाद केवल मुहावरा नहीं बल्कि हकीकत है— इस सच्चाई से हम परिचित होते हैं आदिवासी युवा पत्रकारों श्री सुनील मिंज एवं श्री जेरोम जेराल्ड कुजूर के जादूगोड़ा, कोयलकारो परियोजना एवं नेतरहाट फायरिंग रेंज से सम्बद्ध आलेखों से गुजर कर।

युवा प्राध्यापक डॉ. मिथिलेश एवं प्रो. खुर्शीद अख़्तर का शोधपरक विस्तृत आलेख झारखंड में शिक्षा के विभिन्न आयामों से हमें परिचित करवाता है।

राँची विश्वविद्यालय के हिन्दी विभाग के विद्वान प्राध्यापक डॉ. नागेश्वर सिंह का आलेख झारखंड में शिक्षा के प्रसार में ईसाई मिशनरियों, आदिम जाति सेवामंडल की भूमिका पर प्रकाश डालता है।

युवा पत्रकार दीप्ति वर्मा ने अपनी शोधपरक दृष्टि आदिम जाति सेवामंडल की शिक्षा प्रसार की भूमिका तक सीमित रखी है।

डॉ. कुमुद जी ने झारखंड में अनौपचारिक शिक्षा को विस्तार से रूपायित किया है।

दामोदर घाटी की गुफाओं के शैलचित्रों एवं ऐतिहासिक स्थापत्य कला एवं मूर्तिकला से

परिचय करवाया है श्री द्विवेदी ने।

झारखंड में सिनेमा के विकास पर श्री मेघनाथ का आलेख हमें नई दृष्टि प्रदान करता है।

'झारखंड में स्वास्थ्य सेवाओं की उपलब्धता' शीर्षक आलेख में डॉ. नीरू जौहरी जितना विस्तार में जाती हैं, जितने परिश्रम से आँकड़े एकत्रित किए गए हैं और जितनी गहनता से उनका विश्लेषण किया गया है वह अद्‌भुत है। यह आलेख इस खंड की उपादेयता प्रमाणित करता है।

डॉ. कनक का शोध आलेख 'जनजातियों का प्रजनन स्वास्थ्य' एक भिन्न दृष्टि से आदिवासी स्त्री के स्वास्थ्य का परीक्षण करता है।

युवा आदिवासी पत्रकार सुश्री पुष्पा टेटे का आलेख 'झारखंड की महिलाएँ' एवं श्रीमती सीमा सिंह का आलेख 'झारखंड में स्त्री रोजगार' ये दोनों आलेख हमें इस प्रदेश में महिलाओं की हैसियत समझने में मदद करेंगे।

राँची विश्वविद्यालय के प्राणिशास्त्र विभाग के प्राध्यापक द्वय डॉ. अभिजीत दत्त एवं डॉ. सुनीता दत्त का आलेख 'छोटानागपुर में आदिवासी एवं वनों के मध्य समरसता विघटन : इसके कारण तथा प्रभाव' हमें नई दिशा प्रदान करता है।

इस खंड में दो अत्यन्त महत्त्वपूर्ण आलेख हैं जिन्हें इस प्रदेश के दो प्रसिद्ध वामपंथी विद्वानों ने लिखा है। धनबाद एवं झारखंड के मजदूर आन्दोलन के पुरोधा श्री ए.के. राय का आलेख 'झारखंड की राजनीति और मजदूर वर्ग का आन्दोलन' एवं हिन्दी साहित्य के प्रसिद्ध समालोचक डॉ. खगेन्द्र ठाकुर का आलेख 'झारखंड का भविष्य' इस खंड को अपने-अपने तरीके से सम्पन्न बनाता है।

इस खंड के सभी विद्वान लेखकों के प्रति हम आभारी हैं।

विकास के सैद्धान्तिक पहलू और झारखंड के लिए एक दृष्टि

शंकर प्रसाद

'विकास किस चीज का पर्याय है'—यह सवाल अपने आप में ही अत्यंत महत्त्वपूर्ण है। क्या यह सामाजिक तथा आर्थिक विकास है ? या, यह अभिवृद्धि या न्यायोचित दावा है ? वैसे अवधारणा के स्तर पर पाश्चात्य समाज का विकास 'अधिकतम लोगों के हित की सर्वाधिक बढ़ोतरी पर आधारित है' तथा जिसकी परिणति विभिन्न वर्गों के आनुपातिक संपत्ति का अधिकाधिक विस्तार है। किन्तु 11 सितंबर (2001) की घटना के बाद उनके इस दृष्टिकोण में स्पष्ट परिवर्तन के संकेत दिखते हैं। (बोस्टन कनसल्टेन्सी ग्रुप)

प्रख्यात अर्थशास्त्री पॉल क्रुगमैन एक कदम और आगे बढ़कर कहते हैं, ''एनरॉन का दिवालिया होना अमरीकी अर्थव्यवस्था के लिए 11 सितम्बर से भी बड़ी घटना है।'' वहीं सुखमय चक्रवर्ती जैसे बड़े अर्थविद् खुद गाँधी को एक ऐसे अनोखे अर्थशास्त्री के रूप में देखते हैं जो 'अधिकतम उपभोग' को सुख का पर्यायवाची नहीं मानते। और रमेश दीवान गाँधी के विचारों को समेटते हुए कहते भी हैं, ''अर्थशास्त्र, नैतिक व्यवहार, राजनीति और धर्म—ये सभी मिलकर मनुष्य की आकांक्षाओं और उसके विचारों को एक पूर्णता देते हैं।'' दरअसल अर्थशास्त्र मानवीय कल्याण की समझ का ही विज्ञान है जिसका अन्तिम ध्येय 'सर्वोदय' यानि सबों का कल्याण होना चाहिए। एक सच्चे या वास्तविक अर्थशास्त्र का उद्देश्य 'सामाजिक न्याय' ही हो सकता है। जो सबों के अच्छे हितों को समान रूप से प्रोन्नत करता हो, यहाँ तक कि सबसे कमजोर लोगों के लिए भी और तभी यह एक सुन्दर मानवीय जीवन के लिए औचित्य खड़ा कर सकता है।

किन्तु, जनकल्याण को कैसे पारिभाषित किया जाए ? डॉ. झुनझुनवाला जैसे विद्वान तो कल्याण (सुख) को मानसिक प्रसन्नता तथा भौतिक सुखों को सम्मिलित उपलब्धि के रूप में देखते हैं। वह उसी के यानि मानसिक प्रसन्नता की अवचेतन इच्छाओं की पूर्ति से जो कि एक क्रमिक विकास की प्रवृत्ति बताते हैं, तथा दूसरे को भौतिक उपभोग से जोड़ते हैं। इनके अनुरूप 'सामाजिक सुख' को कार्य की उपलब्धता तथा आय का पुनर्वितरण करके बढ़ाया जा सकता है। उन्होंने इन दोनों कारक तत्त्वों के आन्तरिक संबंधों के बारे में भी विस्तार से चर्चा की है।

महात्मा गाँधी ने एक बार कहा था कि समग्र भारत को यूरोपीय देशों के अनुरूप समृद्ध होने के लिए इसी प्रकार की अनेक दुनिया बनानी होंगी, जिससे कि कहीं दूर से सम्पत्ति लूटकर

लाई जा सके। प्रो. आशीष नंदी ने अपनी एक पुस्तक में हिंसा को आधुनिकीकरण की एक अनिवार्यता बताया है और यदि इस तरह के विकास की यही शर्त है तब स्वतंत्र भारत यह हिंसा कहाँ करेगा? क्या अपनी आंतरिक कॉलोनियों पर, जैसा कि संयुक्त राष्ट्र अमेरिका ने अपने रेड इंडियन लोगों के साथ किया? डॉ. लोहिया के एक अनुयायी डॉ. विजयदेव नारायण साही लिखते हैं, ''न्यूयार्क और बस्तर एक ही सिक्के के दो पहलू हैं, जैसे ही बस्तर जैसे क्षेत्र उठने की कोशिश करेंगे, तो उससे न्यूयार्क या मास्को को खतरा दिखने लगेगा और वह उस पर बम गिरा देगा।''

बुस रीच ने अपनी एक पुस्तक में कुछ ऐसे ही संकेत दिया है कि ''उद्योगपतियों, बैंकर्स आदि की दुनिया में सभी निर्णय ट्रेड ऑफ (लाभ) पर आधारित हैं, पर एक दूसरी दुनिया भी है जो अपनी शर्तों पर विकास चाहती है। ये दोनों विश्व आपस में टकरा रहे हैं।'' 1974 के विश्व बैंक की एक रिपोर्ट 'अभिवृद्धि के साथ पुनर्वितरण' में भी यह मान लिया गया था कि 'आर्थिक अभिवृद्धि' तथा सामाजिक स्तर पर आयोजित वितरण के बीच कोई 'ट्रेड ऑफ' नहीं है।

प्रख्यात अर्थशास्त्री जे.के. गैलब्रेथ भी अपनी पुस्तक 'ए जर्नी थ्रू इकोनॉमिक टाइम्स' में कहते हैं, ''गरीबी अर्थशास्त्र के केन्द्र में नहीं है। अर्थशास्त्र तथा अन्य समाजशास्त्र आर्थिक तथा सामाजिक दृष्टि से भाग्यशाली लोगों के विचारों का ही प्रतिनिधित्व करते हैं। सामाजिक तथा आर्थिक दृष्टिकोण से सम्पन्न व्यक्ति तथा हाशिए पर जी रहे अनगिनत व्यक्तियों के मध्य एक नए तरह का सुसंगत द्वंद्व है; इसलिए तमाम राजनीतिक विवाद इन्हीं के मध्य होता है और यह शांतिपूर्ण नहीं भी हो सकता है। वैसे क्या किया जाना है कम से कम यह तो स्पष्ट है ही। आवश्यकता के समय 'लोक-निवेश' तथा रोजगार के अवसर बढ़ाना, तथा अनुकूल अर्थव्यवस्था के समय बजट संयम, जिनके पास रोजगार नहीं है उनके लिए सामाजिक सुरक्षा। पर वास्तविक समस्या यहीं है– संभ्रांत व्यक्ति इसका व्यय वहन करने के स्थान पर संपत्तिविहीन वर्गों के चरित्र में दोष निकालता है। आव्रजन कानूनों तथा अपने ऊपर लगाए कर-भुगतान को लेकर सैद्धांतिक मुद्दे उछालता है। और कुछ नहीं तो पुलिस व्यवस्था पर ज्यादा व्यय या कड़े दंड की माँग करेंगे ही, फिर भी गरीबी हटाने के लिए राज्य का हस्तक्षेप आवश्यक है।''

एक दूसरी बहस विकास की प्रक्रिया को लेकर भी है। ह्यूमन डेवलपमेंट रिपोर्ट, 1996 ने रोजगारहीन, निष्ठुर, भुखमरी बढ़ाने वाला, अस्फुट या रोग बनाए रखने वाले जड़ों से काटता हुआ या एक भविष्यहीन विकास जैसी अवधारणाओं को भी परिभाषित किया। दशम पंचवर्षीय योजना के 'आधार प्रपत्र' में भी अनुसूचित जनजातियों के तीव्र विकास हेतु नई नीति बनाने को कहा गया है। योजना आयोग के तत्कालीन सदस्य सचिव श्री एन.सी. सक्सेना ने इस बात पर अपनी प्रतिक्रिया अंकित भी की है, ''आर्थिक विकास तथा गरीबी उन्मूलन के लिए भिन्न रणनीतियाँ चाहिए। मात्र आर्थक विकास कोई सम्यक नीति नहीं हो सकती। गरीबी उन्मूलन हेतु संस्थागत ढाँचे के राजनीतिक व समाजशास्त्रीय कारणों का सामान्यत: अध्ययन भी किया जाना चाहिए।''

वर्ल्ड डेवलपमेंट रिपोर्ट, 2000 में कहा गया है, ''अभिवृद्धि अनिवार्यत: छन-छन कर निचले स्तरों तक पहुँच जाए, ऐसा नहीं होता; न ही विकास सामान्य लोगों की आवश्यकताओं

के लिए निर्देशित ही होता है। कोई एक नीति विकास को गति दे भी नहीं सकती। दरअसल एक समेकित प्रयास की जरूरत है जिसमें संस्थाओं का पल्लवन भी काफी मायने रखता है। ऐसी प्रक्रियाओं से भी इसे गुजारने की जरूरत है जिससे विकास स्वावलम्बी बन पाए। साथ ही, इसमें परिवर्तन के लिए परिस्थिति विशेष में ढलने की क्षमता भी हो।''

दसवीं पंचवर्षीय योजना के 'आधार प्रपत्र' में प्रत्येक राज्य के लिए अलग-अलग लक्ष्य निर्धारित करने तथा अनेक परिमेय लक्ष्यों को प्राप्त करने की बात कही गई है। संभवत: पहली बार यह कहा गया है कि धन की उपलब्धता ही पर्याप्त नहीं है। अपितु कार्यक्रमों का स्वरूप निर्धारण (डिजाइन) तथा योजनाओं की लोगों तक पहुँच की व्यवस्था (डिलीवरी सिस्टम) भी महत्त्वपूर्ण है।

आंध्रप्रदेश सरकार ने एक 'विजन पेपर' तैयार किया है। इसमें दीर्घकालीन लक्ष्य यथा गरीबी उन्मूलन तथा सामाजिक विकास हेतु क्षमता का विकास, जीवन-स्तर में गुणात्मक सुधार तथा पूँजी-निवेश हेतु उपयुक्त आवश्यकताओं का भी उल्लेख है। हर सेक्टर के हर क्षेत्र की आवश्यकताओं का विश्लेषण कर 19 उपक्षेत्रों की पहचान भी की गई है। तथा सरकार की भूमिका में इसे कहाँ केन्द्रित करना चाहिए, इसे कैसे हस्तक्षेप करना चाहिए, तथा सरकारी सेवाओं को कैसे जिम्मेवार तथा पारदर्शी बनाया जाए, यह भी शामिल है। सरकार की प्राथमिकताओं का पुनर्निर्धारण, इसका विकेन्द्रीकरण, इसे सहभागी बनाना तथा सरकार के कार्यकलापों में सूचना प्रौद्योगिकी का उपयोग भी इसमें सम्मिलित है। यानि स्मार्ट अर्थात् आसान (सिम्पल), नैतिक (मोरल), जवाबदेह (एकाउण्टेबुल), उत्तरदायी (रेसपॉन्सिव) तथा पारदर्शी (ट्रांसपेरेण्ट), सरकार की नीति संबंधी एक नई परिकल्पना है।

संविधान निर्माताओं ने भी हमारे सामने अनेक लक्ष्य रखे हैं। इसके अतिरिक्त दशम योजना में भी ऐसे ही कई लक्ष्य हैं। समय-समय पर अनेक अंतर्राष्ट्रीय समझौतों के मद्देनजर तथा राष्ट्रीय स्तर पर भी, कई लक्ष्य निर्धारित किए गए हैं। जैसे कहा गया है कि भुखमरी पर 2007 तक काबू पाना है। सामाजिक विकास के लिए एक लक्ष्य– न्यूनतम आवश्यकता कार्यक्रम 1973 तथा उसके बाद श्री देवगौड़ा के प्रधानमंत्रित्व के दौरान भी कई लक्ष्य निर्धारित किए गए थे। झारखंड राज्य के लिए जिन लोगों ने आंदोलन किए उनके भी अपने लक्ष्य रहे होंगे। यहाँ जल, जंगल, जमीन पर नियंत्रण निश्चित रूप से प्रमुख मुद्दे थे।

जाहिर है कि झारखंड राज्य के लिए भी एक दृष्टि प्रपत्र (विजन डॉक्यूमेण्ट) की जरूरत है जिसमें विकास आकांक्षाओं के संकेत हों, या भविष्यदृष्टि के साथ किसी योजना का प्रारूप भी यह हो सकता है। इसके अतिरिक्त विकास की रणनीति ऐसी होनी चाहिए कि वह सभी समूहों को एक साथ लेकर चल सके। यदि अनुसूचित जनजातियों या हाशिए पर जी रहे अन्य लोगों को लगता रहा कि नई विकास प्रक्रिया उन्हें एक किनारे छोड़ रही है, तो इसके भयावह परिणाम हो सकते हैं। व्यापार जगत के शीर्षस्थ संगठन सी.आई.आई. द्वारा तैयार 'झारखंड के लिए एक दृष्टि : टिकाऊ परिवर्तन के लिए व्यवस्था के भारवाहक' (ए विजन फॉर झारखंड : सिस्टेमिक लीवर्स फॉर सस्टेनेबल चेंज) में भी इसकी चर्चा है। उन्होंने यह भी कहा है कि भविष्य में राज्य का स्वरूप कैसा होगा, यह राज्य द्वारा अपनाई गई नीतियों पर ही निर्भर करेगा।

बड़ी छलांग बनाम संतुलित अभिवृद्धि; बाजार अर्थव्यवस्था, कुटीर उद्योग बनाम बड़े उद्योग; केन्द्रीकृत योजना बनाम विकेन्द्रीकरण इत्यादि इत्यादि।

प्रो. जे.डी. सेठी की एक पुस्तक में उल्लेख है— विकास का अर्थ है कृषि, उद्योग, परिवहन, तकनीक, संस्थागत तथा सोच में भी परिवर्तन। विकसित राज्य ने इन सभी पर ध्यान दिया तथा हिंसात्मक परिवर्तन से बचे। विकासशील राज्यों के लिए यह महत्त्वपूर्ण था कि वह इसकी पहचान करें कि कौन-सा प्रमुख क्षेत्र होगा। साम्यवादी चीन ने कृषि के विकास को प्राथमिकता दी (इसरायल के अलावा वह एकमात्र ऐसा देश है।) तत्पश्चात् 1977 से उन्होंने नई विकास नीति अपनाई। दूसरी ओर भारत ने भारी उद्योगों के आयात का विकल्प बनाया, किन्तु जब यहाँ के लोक उपक्रम संसाधन जुटाने में असमर्थ रहे तब 'बाजार ऋण' व 'विदेशी ऋण' पर निर्भरता बढ़ी। इसका नतीजा भी 1991 में एकदम सामने आ गया। कुछ अर्थशास्त्रियों का यह भी मानना है कि उस समय की नीति तात्कालिक आवश्यकता हो सकती थी पर दीर्घकालिक नहीं। प्रो. सेठी ने पूर्ण रोजगार को लक्ष्य बनाने की अनुशंसा की है।

यद्यपि योजना आयोग द्वारा संतुलित आर्थिक विकास की नीति शुरू से ही अपनाई गई, पर 1950-60 के दशक को छोड़कर प्रत्येक दशक में बिहार का अभिवृद्धि दर राष्ट्रीय औसत से कम ही रहा तथा 'सर्वाधिक विकसित राज्य के प्रति व्यक्ति आय' तथा 'बिहार के प्रति व्यक्ति आय' के बीच फासला बढ़ता ही गया। बल्कि नौवीं योजना के आधार पत्र के अनुसार आठवीं योजना की अवधि में बिहार के प्रति व्यक्ति आय में गिरावट ही आई जबकि उत्तर प्रदेश लगभग स्थिर रहा या फिर सीमित तौर पर ही ऋणात्मक रहा। वस्तुत: 1980-81 से 1986-87 तक तथा फिर 1996-97 तक बिहार की अर्थव्यवस्था में उतार-चढ़ाव होते रहे। श्री जयराम रमेश ने भी दिल्ली-बंगलौर लाइन की चर्चा करते हुए कहा कि इसके पश्चिम के राज्य विकसित हो रहे हैं तथा पूर्व के राज्य विकास प्रयासों से लगभग अप्रभावित ही रहे; बल्कि कुप्रभावित भी। श्री सेठी ने भी इसकी चर्चा की है कि जो नैसर्गिक संसाधन-सम्पन्न आठ राज्य हैं, वह 1981-90 के दशक में करीब-करीब शून्य विकास दर पर रहे जबकि अन्य राज्य और अधिक तेजी से विकसित हुए।

इसकी परिणति यह हुई कि 1990-91 के ठीक पूर्व 'कुछ राज्य' आर्थिक दृष्टि से सम्पन्न दिखने लगे। यहाँ कुछ क्षेत्रों में संस्थागत ढाँचा भी कहीं बेहतर विकसित हुआ। इसके आधार पर 'वाणिज्य कर में छूट आधारित औद्योगीकरण की नीति' अपनाई गई। अनेक मामलों में इस छूट की पूँजीगत गणना कुल निवेश का 75% से 80% तक थी। फलत: इस राजस्व हानि के मद्देनजर अंतिम रूप से राष्ट्रीय स्तर पर यह फैसला करना पड़ा कि कोई भी राज्य इस तरह की नीति नहीं अपनाएगा। किन्तु महाराष्ट्र या गुजरात जैसे राज्यों में भी प्रमुख औद्योगिक क्षेत्रों को छोड़कर अन्य क्षेत्रों की दयनीय स्थिति देखने लायक है।

महाराष्ट्र में गरीबी रेखा के नीचे रहने वालों की संख्या राष्ट्रीय औसत से अधिक है। झारखंड इससे भिन्न नहीं है। वस्तुत: यह कहा जा सकता है कि धनबाद, बोकारो, जमशेदपुर तथा सी.सी.एल. के कोयला क्षेत्रों को छोड़कर बाकी झारखंड शायद बिहार से भी ज्यादा गरीब है। इसके संदर्भ में निम्नांकित तथ्य गौर करने लायक हैं—

❑ गरीबी रेखा के नीचे रहने वालों की संख्या यहाँ सर्वाधिक है। वन आय में 5.5% ह्रास हुआ है। विस्थापन की समस्या सर्वाधिक है।

❑ नेशनल फैमिली हेल्थ सर्वे के अनुसार मध्यप्रदेश, उड़ीसा, बिहार तथा उत्तरप्रदेश सर्वाधिक आबादी कुपोषण का शिकार है।

❑ 'नेशनल कमीशन ऑफ पॉपुलेशन' द्वारा सामाजिक-आर्थिक तथा जनसांख्यिकी आधार पर किए गए विश्लेषणों में अंतिम सीढ़ियों पर पाए गए देश के 19 जिलों में 8 तथा 69 जिलों में 12 झारखंड क्षेत्र में पड़ने वाले बिहार के पुराने जिले हैं। यदि इन्हें कुल जिलों के प्रतिशत के रूप में देखा जाए तब बिहार, उड़ीसा, मध्यप्रदेश, उत्तरप्रदेश व राजस्थान के मुकाबले भी इस राज्य की स्थिति खराब है।

❑ डॉ. एम. विजयनुन्नी ने 14 प्रमुख राज्यों का वर्गीकरण कतिपय सामाजिक-आर्थिक विकास सूचकांकों के सापेक्ष दो समूहों को लेकर किया था। एक गणना में यह 0.026 तथा दूसरे में 0.045 आया था। बिहार को छोड़कर उत्तरप्रदेश ही ऐसा राज्य था जहाँ यह 1 से कम पाया गया।

❑ योजना आयोग के एक तात्कालिक सदस्य (वित्त) ने अपनी एक टिप्पणी में बिहार में आर्थिक ह्रास (डि-एकुमूलेशन) की प्रकृति पर चिन्ता व्यक्त करते हुए अनेक प्रश्न उठाए थे—

—क्या यह संभ्रांत वर्ग द्वारा संसाधनों का उपयोग अपने निहित स्वार्थों के पक्ष में करने के कारण है?

—क्या यह राज्य तथा सिविल सोसाइटी के कमजोर होने के कारण है?

—क्या यह विकास प्रक्रिया द्वारा 'बिहार के लिए' 'बहुत विलंब से बहुत थोड़ा कर पाने' के कारण है?

—या यह विकास नीति की अप्रासंगिकता के कारण है?

बिहार के बारे में यह कहा जाता था कि बिहार अमीर है, पर बिहारी गरीब हैं। झारखंड के बारे में भी यही बात दुहराई जा रही है। पर जैसा कि प्रो. सेठी ने अपनी पुस्तक में कहा है कि नैसर्गिक संसाधन से सम्पन्न सभी राज्यों का विकास दर कम है तथा गैर-नैसर्गिक संसाधन सम्पन्न राज्यों का और तेजी से विकास हुआ है।

योजना आयोग के अनुरोध पर सेंटर फॉर पॉलिसी रिसर्च द्वारा किए गए अध्ययन में कहा गया है—

बिहार (झारखंड) को मात्र तनख्वाह/रायल्टी ही मिली तथा पूँजी पर रिटर्न अन्यत्र जाता रहा। नॉन-कोकिंग कोल, लौह अयस्क या बॉक्साइट का विकास राष्ट्रीय हित में किया गया और इसलिए राज्य के माइनिंग आय में वृद्धि नहीं हुई। 1970 के पूर्व तक कोयला तथा खनिज अयस्क का मूल्य, निवेश की ऐतिहासिकता पर आधारित था।

छोटानागपुर 'रूर' इसलिए नहीं बन सका क्योंकि इसके लिए संस्थागत ढाँचा तथा नई इकाइयों में निवेश नहीं हुआ। हैवी इंजीनियरिंग कार्पोरेशन की स्थापना की गई पर स्टील प्लांट नहीं बैठाए गए। सबसे लाभदायक बोकारो की स्थापना आखिर में हुई। भाड़ा समानीकरण नीति

का कुप्रभाव पड़ा, पर व्यवहार में लाई गई तकनीक कोयला को आधार मानने के बजाय तेल तथा प्राकृतिक गैस पर आधारित होने लगी। तब से तकनीक कृत्रिम सामग्रियों के उपयोग को ही बढ़ावा दे रही है।

गैर-मेटल उद्योगों का विकास एवं नकारात्मक कृषि विकास मुख्यत: अल्प पूँजी निर्माण तथा उद्यमी वर्ग की कमी के कारण हुआ। पर्याप्त कृषि विकास नहीं होने के कारण जहाँ एक ओर बाजार विकसित नहीं हुए, वहीं कच्चा माल भी अनुपलब्ध रहा।

एक और अध्ययन इसका भी हो सकता है कि लोक उपक्रम इकाइयाँ बैठाने के बावजूद सहायक इकाइयों का विकास या विस्तार के अन्य प्रभाव क्यों नहीं हुए? जबकि इसी अवधि में भिलाई-रायपुर का औद्योगीकरण बेहतर हुआ।

झारखंड के नैसर्गिक संसाधनों को समझने के लिए यहाँ के भूगोल को समझना अत्यावश्यक है। प्रो. इनायत हुसैन की पुस्तक के अनुसार इसमें चार पठार हैं। यह हल्के ढलान से नहीं बल्कि सीधे खड़े तथा संकीर्ण ढलानों से जुड़े हैं। नदियाँ इन पठारों के जरिए नीचे उतरती हैं तथा गहराई में कटी हुई धारों में बहती हैं। इन नदियों पर जल प्रवाह भी अल्पकालिक ही होता है। बरसात के दौरान भी ढलान में पानी नहीं रहता है। सम्पूर्ण झारखंड में जलनिकासी ही अत्यधिक है। अप्रवेश्य तथा क्रिस्टलीय पहाड़ होने के कारण जलसीलन तथा उसका संघारण नहीं हो पाता है।

इस भौगोलिक बनावट के कारण भूमि-संरक्षण तथा जल-संरक्षण प्रमुख समस्याएँ हैं। यहाँ वर्षा मानसून के कुछ ही दिनों तक सीमित है। पूर्वी भारत में कृषि उत्पादकता को बढ़ावा देने हेतु गठित सेन कमेटी तथा ऊपर अंकित समिति ने जल-आच्छादन के वर्गीकरण पर इनके विकास का सुझाव दिया है। सी.एफ.पी.आर. अध्ययन ने भी इस बात का उल्लेख किया है कि राज्य सरकार ने इस समस्या के प्रति जागरूकता नहीं दिखाई है। इसके लिए तकनीकी अध्ययन आवश्यक है। इस अध्ययन ने एक महत्त्वाकांक्षी कार्यक्रम चलाने के लिए भी कहा था। इसके अतिरिक्त उद्योग, कृषि, घरेलू उपयोग के लिए सुपर थर्मल पावर प्लांट आदि के मध्य प्राथमिकताएँ तय करना आवश्यक है। पलामू तथा संतालपरगना के कुछ क्षेत्र सुखाड़ग्रस्त हैं— इनके लिए विशेष योजना बनाने की जरूरत है।

झारखंड क्षेत्र में भूतपूर्व जमींदारों के निजी वन भी थे। इनकी खराब स्थिति के कारण सरकार द्वारा इनका प्रबंधन अपने हाथों में ले लिया गया। जमींदारी उन्मूलन अधिनियम के कारण यह राज्य सरकार में निहित हो गए तथा इन्हें सुरक्षित वन में परिवर्तित कर दिया गया। स्थानीय लोगों के जो हक राजस्व अभिलेखों में अंकित थे, उन्हें समाप्त कर दिया गया अथवा नहीं, यह भी अस्पष्ट ही है।

मूल प्रश्न यह है कि घने जंगल कितने हैं, इस संबंध में सूचनाएँ तो कम-से-कम उपलब्ध हैं ही, वन आय भी घटी है। आगे चलकर वन विभाग ने निजी वनों के वन-उपज पर भी नियंत्रण का प्रयास किया।

झारखंड के पुराने छ: में से दो जिलों में जमींदारी उन्मूलन के बाद से भू-सर्वेक्षण नहीं हुआ। पुराने हजारीबाग तथा पुराना संतालपरगना जो कुल भूखंड का 31% है, में यह सर्वेक्षण

नहीं होने के कारण जंगल झाड़ी के रूप में दर्ज सारी भूमि, वन संरक्षण अधिनियम के अंतर्गत, वन भूमि मान लिया गया है और इसका उपयोग उनकी अनुमति के बिना अन्य कार्यों में नहीं किया जा सकेगा।

एक प्रमुख समस्या यह भी है कि कोयला सामान्यत: उन्हीं क्षेत्रों में पाया जाता है, जहाँ वन हैं। इसके अतिरिक्त कई मामलों में वहाँ आदिवासियों की भूमि भी है। सामान्यत: ऐसे मामलों में वैकल्पिक भूमि में वनारोपण या दुगुने क्षेत्र के बराबर अवकृष्ट भूमि का वनारोपण आवश्यक है। अवकृष्ट भूमि का क्षेत्रफल देखते हुए द्वितीय विकल्प ही श्रेयस्कर है।

यदि सरकारी नीति के अनुसार यहाँ की भूमि को आच्छादित ही रखना है तब केंद्रीय सरकार या अन्य राज्य सरकारों को झारखंड सरकार को क्षतिपूर्ति देनी चाहिए।

योजना आयोग के भूतपूर्व सदस्य सचिव ने अपने एक लेख में वर्तमान वन-नीति की समीक्षा करते हुए 'गैर टिंबर' वन उपज तथा वन-भूमि उद्योगों को उपलब्ध कराना, गैर टिंबर वन उपज की बिक्री में शोषण तथा मिश्रित जंगल के स्थान पर मानव निर्मित वन लगाने को प्रमुख समस्या के रूप में चिन्हित किया है। उन्होंने वन नीति में परिवर्तन हेतु निम्नांकित सुझाव भी दिए हैं—

- सार्वजनिक भूमि पर टिंबर के बजाय फलदार वृक्षों का रोपण।
- वन संरक्षण तथा प्रबंधन में वनवासियों का सहयोग एवं वन संवर्धन प्रथा में परिवर्तन।
- वन तथा सामुदायिक भूमि में उनके हकों का प्रचार-प्रसार तथा बाजार पर नियंत्रण।

अंतर्राष्ट्रीय श्रम संगठन के 107वें (1957) तथा 169वें (1989) कन्वेंशन पर भारत सरकार ने हस्ताक्षर किया है। इसमें आदिम जनजातियों तथा आदिवासी जनसंख्या की भूमि व्यवस्था संबंधित प्रावधान हैं। सर्वोच्च न्यायालय ने इनके आलोक में अनुसूचित जनजाति के सदस्यों के पुनर्वास के संबंध में कतिपय निर्णय दिए हैं। अनुसूचित जनजाति बाहुल्य क्षेत्रों में यह मान्य सिद्धांत है कि सारी भूमि ग्राम समाज की है। इसलिए सम्पूर्ण झारखंड अनुसूचित क्षेत्र तथा गैर-अनुसूचित क्षेत्र में विभक्त है। अनुसूचित क्षेत्र के संबंध में संविधान के अनुच्छेद 244, अनुसूची ट के संलग्नक में विशिष्ट प्रावधान है। इसके अनुसार महामहिम राज्यपाल जनजातीय परामर्शदातृ समिति के परामर्श पर यह तय कर सकते हैं कि इस क्षेत्र की शांति तथा सुशासन के लिए क्या विनियमन, विशेष रूप से भूमि व्यवस्था एवं साहूकारी के संबंध बनाए जाएँ। वे यह भी तय कर सकते हैं कि संसद/विधानमंडल द्वारा पारित कानून लागू होंगे अथवा परिवर्तित रूप में लागू होंगे या नहीं भी। परिषद् अनुसूचित जनजाति के सदस्यों की उन्नति व कल्याण के संबंध में भी परामर्श दे सकने के लिए अधिकृत है।

संसद द्वारा पारित अनुसूचित क्षेत्रों में 'पंचायत कानून विस्तार अधिनियम' के अंतर्गत गाँव सभाओं को अनेक अधिकार दिए गए हैं। राज्य के कानूनों को प्रथागत कानूनों, सामाजिक व धार्मिक आचारों तथा सामुदायिक संसाधन के बारे में परंपरागत प्रबंध व्यवस्था को ध्यान में रखना है। गाँव-सभा लोगों की स्थानीय प्रथाओं तथा रिवाजों, उनकी सांस्कृतिक पहचान, सामुदायिक संसाधनों के प्रबंध को बनाए रखेगी तथा सुरक्षा प्रदान करेगी तथा प्रथागत तरीके से

विवादों को निपटाएगी। भू-अर्जन करने तथा विस्थापितों के पुनर्वास के संबंध में भी इनका परामर्श लिया जाना निर्धारित है तथा इन्हें स्थानीय सरकार के रूप में कार्य करने के लिए प्राधिकृत भी किया गया है। भूमि स्वामित्व में परिवर्तन की समस्या तथा छोटे स्तर के वनोपजों में भी इन्हें विशेष रूप से प्राधिकृत किया गया है। 'समता' नामक मुकदमे में सर्वोच्च न्यायालय ने भी अनुसूचित क्षेत्र के मामले में अत्यंत दूरगामी प्रभाव वाला फैसला दिया है—

- सरकारी भूमि, वन भूमि तथा आदिवासियों की भूमि गैर-आदिवासियों/ निजी उद्योगों को नहीं दी जा सकती है।
- उत्खनन कार्य हेतु निजी उद्योग को भूमि नहीं दी जा सकती है। उत्खनन कार्य सिर्फ राजकीय निगम या आदिवासियों की सहकारी संस्थाओं द्वारा ही किए जा सकते हैं बशर्ते कि वन संरक्षण अधिनियम/पर्यावरण संरक्षण अधिनियम का पालन हो रहा हो।
- आदिवासियों के लिए सामाजिक तथा आर्थिक सशक्तिकरण का संवैधानिक अधिकार है।
- 73वें संशोधन तथा आंध्रप्रदेश पंचायती राज (अनुसूचित क्षेत्रों में विस्तार) अधिनियम के अंतर्गत गाँव सभा सामुदायिक संसाधनों को बनाए रखने और सुरक्षा प्रदान करने के लिए सक्षम है।

आदिवासियों का विस्थापन तथा पुनर्वास भी एक प्रमुख मुद्दा है। कोयला कम्पनियाँ कोल बियरिंग एक्ट के अंतर्गत भूमि-अर्जन कर सकती हैं। इस अधिनियम के अंतर्गत भू-अर्जन की प्रक्रिया, मूल्यांक, अपील, प्रशासनिक व्यवस्था भिन्न हैं। वस्तुतः कोयला कम्पनियाँ अपने मामले में स्वयं ही जज हैं।

योजना, प्रशासनिक व्यवस्था, विकेन्द्रीकरण

स्वतंत्रता पूर्व के दामोदर घाटी अधिनियम में दामोदर घाटी निगम को इस क्षेत्र के अधिनियम में उल्लिखित क्षेत्रों में मुख्य नियामक की भूमिका दी गई है। संविधान के 73वें तथा 74वें संशोधन के क्रम में जिला परिषद्/ग्राम पंचायतों/नगर निकायों को संविधान के अन्तर्गत तृतीय स्तर के सलाहकार के रूप में मान्यता दी गई है। इनके जिम्मे संविधान की ग्यारहवीं तथा बारहवीं अनुसूची में अंकित कार्य सौंपे गए हैं। 74वें संशोधन के क्रम में अधिनियम पारित कर लघु औद्योगिक नगर गठित किए जा सकते हैं। मध्यप्रदेश सरकार द्वारा कोयला उत्खनन क्षेत्रों में विशेष 'क्षेत्रीय विकास प्राधिकार' गठित किए गए हैं। ग्राम पंचायतों, नगरपालिकाओं से संबद्ध प्रक्षेत्रों में तो आयोजना का दायित्व भी सौंपा गया है। कालक्रम में जिला प्लानिंग कमेटी तथा बड़े नगरों के लिए मेट्रोपोलिटन प्लानिंग कमेटी का भी गठन किया गया है।

संसद द्वारा पारित पंचायत (अनुसूचित क्षेत्रों में विस्तार) अधिनियम के अंतर्गत गाँव सभाओं को अधिकार दिए गए हैं। इस राज्य की कुछ नदियाँ अंतर्राज्यीय नदियाँ हैं तथा उनके जल के बँटवारे को लेकर अंतर्राज्यीय बोर्ड भी गठित है। जाहिर है कि प्रत्येक स्तर के दायित्वों व भूमिकाओं को सुपरिभाषित करना होगा।

प्रत्येक स्तर पर आयोजना क्षमता का विकास, तकनीकी क्षमता की उपलब्धता तथा

अद्यतन 'डाटा-बेस' का विकास भी सुनिश्चित करना होगा। इस संबंध में सूचना प्रौद्योगिकी का उपयोग संभव है।

गरीबी उन्मूलन कार्यक्रमों के लिए डी.आर.डी.ए./डी.यू.डी.ए. व इनके सदृश अन्य संस्थाओं का गठन किया गया है। स्पष्टत: जिला परिषद् 'जिला आयोजना समिति' तथा इन संस्थाओं के संबंधों को सुस्पष्ट करना होगा। यह प्रश्न भी विचारणीय हो जाएगा कि सांसद कोटा/विधायक कोटा के माध्यम से खर्च होने वाली विकास राशि भी इन्हीं संस्थाओं को उपलब्ध कराई जाए। आदिवासी क्षेत्रों में विकास के संबंध में सेन कमिटी ने निम्न अनुशंसाएँ की थीं—

आयोजना रणनीति को नैसर्गिक संसाधनों पर सामुदायिक नियंत्रण, परंपरागत संस्थाओं तथा आधुनिक संस्थाओं की कमी को ध्यान में रखना होगा। आदिवासी समुदाय को विकास कार्यों के लिए उत्प्रेरित करना होगा। कार्यक्रमों के सूत्रीकरण तथा कार्यान्वयन में उनकी सहभागिता आवश्यक है। नृशास्त्रीय तथा सामाजिक-मनोवैज्ञानिक दृष्टिकोण की आवश्यकता आर्थिक तथा तकनीकी प्रयासों के साथ एकीकरण की भी है।

यहाँ की भौगोलिक बनावट को देखते हुए ऊर्ध्व स्तरीय भौगोलिक योजना (वर्टिकल जियोग्राफिकल प्लानिंग) की आवश्यकता है।

गरनेबी का मकड़जाल

डॉ. रमेश शरण/मनोरमा

कम से कम तीन आँकड़े के स्रोत हैं जो झारखंड में गरीबी की स्थिति को दर्शाते हैं। स्रोत में समावेश है—बीपीएल सर्वेक्षण जो तीन वर्ष पहले बिहार सरकार के द्वारा गरीब परिवारों की संख्या पता लगाने के लिए किया गया था। एनएनएस 44वें चक्र में (1987-88) जिसमें एक विस्तृत सर्वेक्षण देश के आदिवासी बहुल इलाके में रह रहे आदिवासी तथा गैर-आदिवासी की स्थिति के बारे में किया गया तथा जनगणना में खेतिहर मजदूरों के अनुपात की पहचान की गई है, जो गरीबी के विस्तार का सूचक है।

यदि बीपीएल सर्वेक्षण द्वारा एकत्रित आँकड़ों का मूल्यांकन किया जाए तो यह प्रकट होता है कि सिर्फ बोकारो तथा धनबाद को छोड़कर अन्य झारखंड के सभी जिलों में, गरीबी रेखा से नीचे रह रही ग्रामीण जनसंख्या का प्रतिशत अविभाजित राज्य बिहार के औसत से ज्यादा है। सर्वेक्षण के अनुसार झारखंड में 3.77 मिलियन ग्रामीण परिवार हैं, 2.32 मिलियन परिवारों का लिखित विवरण था जो गरीबी रेखा के नीचे हैं तथा जो बिहार के कुल ग्रामीण परिवारों के लगभग 61.57 प्रतिशत आते हैं। दूसरी ओर वर्तमान बिहार में 15.16 मिलियन परिवार, जो ग्रामीण क्षेत्र में निवास करते हैं, 7.08 मिलियन का विवरण गरीबी रेखा से नीचे है जो कुल ग्रामीण जनता का लगभग 47 प्रतिशत है। सर्वेक्षण से स्पष्ट जानकारी मिलती है कि झारखंड में ग्रामीण गरीबी का विस्तार अधिक है। यह भी बतलाया गया है कि झारखंड में 38 प्रतिशत कुल बीपीएल परिवार अनुसूचित जनजाति तथा 17 प्रतिशत परिवार अनुसूचित जाति में आते हैं, जोकि इनकी जनसंख्या की तुलना में काफी अधिक है।

गरीबी का वितरण (स्थान के अनुसार)

झारखंड के आठ जिलों में, बीपीएल परिवारों का प्रतिशत 70 से ज्यादा था जो कि काफी अधिक था। ऐसी स्थिति में दुमका, साहेबगंज, पलामू, गढ़वा तथा चतरा में ऐसा कम विस्तार समझ में आता है, लेकिन राँची तथा सिंहभूम में इसका घटना दर्शाता है कि औद्योगिक क्षेत्र की निकटता में कम गरीबी परिणाम नहीं होना चाहिए। इसी तरह गरीबी का विस्तार 60 प्रतिशत से ज्यादा है हजारीबाग क्षेत्र में जो कि एक कोयला क्षेत्र है, यह भी इसी चीज को दर्शाता है। छह ज़िलों में गरीबी का प्रतिशत 50-60 प्रतिशत के बीच है, जबकि लोहरदगा में लगभग 41.08 प्रतिशत ग्रामीण परिवार बीपीएल में थे। धनबाद में ग्रामीण गरीबी बहुत

कम है (8.33 प्रतिशत)। बोकारो द्वारा प्रयत्न किया जा रहा है (36.20 प्रतिशत) जो कि व्याख्या के लायक है।

आदिवासी समूह के बीच गरीबी

एनएसएस के 44वें सर्वेक्षण चक्र के अनुसार (1988-89) लगभग 58 प्रतिशत आदिवासी परिवार गरीबी रेखा से नीचे वास करते हैं, जिनका प्रतिशत ग्रामीण क्षेत्रों में 63.2 प्रतिशत था (एमपीसीइ रु. 125 से कम)। हो जाति की स्थिति सबसे बुरी है जो 70 प्रतिशत जनसंख्या एमपीसीइ रु. 125 से कम है। संतालों का 68.8 प्रतिशत, उराँव तथा मुंडा 50.5 प्रतिशत तथा अन्य जनजाति 50 प्रतिशत था, भूख की स्थिति (एमपीसीइ के साथ योग रु. 88) अर्थात् सबसे ज्यादा संतालों के बीच (12.5 प्रतिशत) तथा सबसे कम हो के बीच (3.4 प्रतिशत)। उराँव में यह 4.5 प्रतिशत है, मुंडा 7.7 प्रतिशत तथा अन्य जनजाति 8.9 प्रतिशत (सिंह, शरण तथा अन्य 1997)।

गरीबी व बेरोजगारी की ऊँची दर

राज्य को गरीबी के मामले में काफी आगे रखा गया है। 1999-2000 में ग्रामीण जनसंख्या की लगभग आधी आबादी को गरीबी रेखा के नीचे रखा गया, जबकि शहरी गरीबी को 29.19 फीसदी आँका गया। भारत में केवल झारखंड ही ऐसा राज्य है जहाँ नगरीय गरीबी को 1993-2000 के बीच बढ़ता हुआ पाया गया। गरीबी के हालात जनजातीय इलाकों में और भी भयावह हैं। लगभग 60.62 प्रतिशत ग्रामीण और 46.60 फीसदी नगरीय आबादी को गरीबी रेखा से नीचे माना गया। झारखंड में बेरोजगारी दर भी बहुत ऊँची है। ग्रामीण क्षेत्रों में बेरोजगारी दर 35 व्यक्ति प्रति हजार है, जो राष्ट्रीय औसत (15 व्यक्ति प्रति हजार) के मुकाबले काफी अधिक है।

झारखंड भारत में अकेला ऐसा प्रांत है जहाँ शहरी गरीबी बढ़ी है। राष्ट्रीय प्रतिदर्श सर्वेक्षण के अनुसार बेरोजगारी की परिभाषा के आधार पर झारखंड में देश के औसत से काफी ज्यादा बेरोजगारी बढ़ी है। साथ ही सामान्य स्थिति में बेरोजगारी और गरीबी भी बढ़ी है। इसे एक उदाहरण द्वारा समझा जा सकता है कि वर्ष 2000 में ग्रामीण झारखंड में प्रति हजार 32 लोग बेरोजगार थे, वही देश का औसत 15 और बिहार का 13 था वहीं पर शहरी बेरोजगारी 79 प्रति हजार, देश स्तर पर 47 प्रति हजार और बिहार का 72 प्रति हजार था, वर्ष 1994 में झारखंड के ग्रामीण क्षेत्रों में बेरोजगारी की दर 25 प्रति हजार थी, जो बढ़कर 32 प्रति हजार हो गई है। जबकि बिहार में बेरोजगारी की दर 13 ही रही। दैनिक स्थिति (सीडीएस) बेरोजगारी के परिभाषा के अनुसार भी झारखंड में ग्रामीण शहरी क्षेत्र दोनों में बेरोजगारी की दर देश के स्तर में सबसे ज्यादा है।

प्रति व्यक्ति गरीबी एवं मानक गरीबी में अंतर

	प्रति व्यक्ति गरीबी			*मानक गरीबी*		
वर्ष	*ग्रामीण*	*शहरी*	*कुल*	*ग्रमीण*	*शहरी*	*कुल*
1983	65.60	37.20	59.61	33.65	26.33	33
1987–88	53	35	49.00	25.79	22.59	25
1993–94	62	26.51	55	16.12	5.23	14
1999–00	50	29.19	45.96	10.26	7.42	10

जाति व क्षेत्रवार प्रति व्यक्ति गरीबी (1999–2000)

जाति समूह	*ग्रामीण*	*शहरी*	*संयुक्त*	
अनुसूचित जनजाति	60.54	44.69	50.09	
अनुसूचित जनजाति (सीएच)*	53.86	22.47	48.86	
अनुसूचित जाति	57.73	35.17	53.08	
अत्यंत पिछड़ी जाति	43.42	31.58	41.39	
अन्य		37.73	23.61	31.97
कुल		49.90	29.19	45.96

* 50 घर से कम शहरी परिवार

स्रोत : आइ.आइ.एच.डी.

परिवारों की किस्मों के आधार पर प्रति व्यक्ति गरीबी

परिवारों का किस्म	*गरीबी %*
ग्रामीण	
कृषि में स्वरोजगार	46.44
गैर कृषि में स्वरोजगार	64.47
कृषि मजदूर	55.05
अन्य मजदूर	51.75
अन्य मजदूर	23.02
शहरी	
स्वरोजगार	44.85
स्थायी सेवा	11.05
अस्थायी सेवा /मजदूर	59.88
अन्य	24.96

गरीबी रेखा से नीचे रहने वालों की संख्या (जिलावार)

जिला	*राज्य बनने के पहले*	*वर्तमान संख्या*	*वृद्धि*
साहेबगंज	73873	80755	6882
पाकुड़	50537	55245	4708
गुमला	59141	64651	5510
सिमडेगा	45211	49422	4211
गोड्डा	72651	79419	6768
दुमका	89383	97710	8327
जामताड़ा	47517	51943	4426
देवघर	39843	43554	3711
धनबाद	87371	95510	8139
हजारीबाग	144019	157435	13416
कोडरमा	40703	44495	3792
चतरा	70523	77093	6570
राँची	253000	276570	23570
गढ़वा	79290	86677	7387
पलामू	86000	94012	8012
लातेहार	37079	40534	3455
लोहरदगा	25792	28195	2403
पू. सिंहभूम	107009	116978	9969
बोकारो	55900	61107	5207
गिरिडीह	125730	137442	11712
प. सिंहभूम	175511	191860	16349
सरायकेला	88636	96893	8257

स्रोत : झारखंड सरकार

गरीबी एक प्रक्रिया : ऐतिहासिक काल में
(लंबी प्रक्रिया तथा झारखंड में गरीब समूह)

चरण	*स्थिति*	*निर्धनता/गरीबी समूह*	*लाभुक*
मुगल काल से पूर्व	❑ सजातीय तथा ग्रामीण समाज का संबंध नहीं ❑ नगर/राज्य का नियंत्रण कार्य नहीं ❑ आंतरिक सामाजिक नियंत्रण ❑ अंतरग्रामीण संस्थानों में स्वतंत्र ❑ शिकार करना, विस्तृत खेती ❑ बाहरी शक्ति को कोई सहायता न करना।	❑ गरीब समूह का कोई प्रमाण नहीं, ऐसा लगता है कि पर्याप्त संसाधन मौजूद थे।	
मुगल काल	❑ बाहरी शक्तियों को कर ❑ जागीरदारी के विरुद्ध माँग की शुरुआत ❑ सार्वजनिक संपत्ति संसाधन पर नियंत्रण ❑ अच्छी भूमि का अन्य समूह द्वारा बंदोबस्ती	❑ अतिरिक्त संग्रह की शुरुआत ग्रामीण क्षेत्रों में गरीब समूह का दृष्टिगोचर होना	❑ जमींदार, जागीरदार, व्यापारी
औद्योगिक चरण पूर्व 1857	❑ आदिवासियों द्वारा विरोध ❑ जागीरदारी शक्तियों के द्वारा न्याय के विरोध में वृद्धि ❑ अप्रवास	❑ कारीगर समूह को सहायता जो कष्ट सह रहे थे, इन समूहों में गरीबी का उभरना	❑ जमींदार/ जागीरदार/ महाजन/

❑ 1793 की स्थायी बंदोबस्ती ने जागीरदारी	शक्तियों को बढ़ाया ❑ महाजनों तथा व्यापारियों के कठोर शोषण की आरंभिक घटना ❑ अर्थव्यवस्था की वृद्धि में बाहरी नियंत्रण ❑ आदिवासी समाज अपने आंतरिक सामाजिक लगाव में शिथिल होने लगा।		(विशेषकर मदिरा ताल्लुकेदार)
1857 के बाद	❑ नगरों का विकास से अन्याय का विरोध ❑ जागीरदारी शक्तियों द्वारा न्याय विरुद्ध माँग में बढ़ोतरी ❑ आदिवासियों की सहायता मिशनरियों ने की ❑ कई शिक्षित आदिवासी एक सर्वोत्तम लोक समूह के रूप में उभरे ❑ अप्रवास जारी ❑ महाजन, व्यापारी तथा वकीलों के द्वारा भी शोषण बड़े पैमाने पर होने लगा ❑ मजदूर श्रम, चाय बगान, कोयला, खनन की ओर पलायन	❑ प्रधान आदिवासी गरीबी और वंचित समूह के रूप में दृष्टिगोचर ❑ अकाल बार बार होने लगे ❑ कष्ट सह रहे कारीगर समूह को सहायता सामाजिक जीवन में रुकावट अथवा विघ्न	❑ वकील/आदिवासियों के मुकदमे कोर्ट में लड़ रहे ❑ जमींदार/ महाजन/ व्यापारी

	❑ सीएनटी एक्ट तथा सर्वेक्षण बंदोबस्ती प्रक्रिया को लेकर आदिवासी विरोध मुख्य रूप से उभरा		
औद्योगिकीकरण चरण	❑ आंतरिक उपनिवेश शोषण बड़े पैमाने पर सार्वजनिक लक्ष्य के नाम पर भूमि अधिग्रहण ग्रामीण अर्थव्यवस्था को निर्धन बनाने के लिए औद्योगिक अर्थव्यवस्था को दबा कर रखा गया रेनरिभर अर्थव्यवस्था उभरा जो सन्निहित था राजनीतिज्ञों, ठेकेदारों तथा आफिसरों में ❑ बाजार अर्थव्यवस्था का विस्तार ❑ शहरीकरण, अप्रवासन के कारण मुख्यतः भू-हस्तांतरण, वातावरण संबंधी क्षति हुई ❑ इनक्लेन अर्थव्यवस्था को मजबूत किया ❑ ग्रामीण निवास को नकारना, ग्रामीण विकास योजनाओं में भारी लूट ❑ आदिवासी समाज में अलगाव निश्चित किया गया	❑ विस्थापन तथा शहरीकरण के परिणामस्वरूप कई गरीबी समूह उभर कर आया। ❑ ग्रामीण स्थिरता, जनसंख्या में वृद्धि भी नई, निर्धन समूह को लाया गया जो शहर में अपनी स्थिति को सुधारने में असमर्थ है। ❑ कारीगर/शिल्पकारों का समूह जो बाजार-अर्थ के विस्तार के कारण आया	❑ व्यापारी/छोटे व्यापारी ❑ लोग जो लगातार उद्योगों तथा आफिसों में रोजगार पा रहे हैं ❑ नेता जो घूम पा रहे हैं इंटियर अर्थ व्यवस्था, ठेकेदार, राजनीतिज्ञ, आफिसर ❑ जमीन का दलाल

नई आर्थिक नीति	❑ सार्वजनिक तथा निजी क्षेत्रों में उद्योग बीमार ❑ कार्य वाले क्षेत्र में बजट संबंधी सहायता वापस ❑ राज्य द्वारा प्राप्त प्रशंसापत्र, काफी देर तथा काफी छोटे रूप में उभरा ❑ यूबीएसपी वातावरण में, वातावरण में एनजीओ की राय काफी दोषपूर्ण ❑ बाबूराज/ घोषणा ❑ आदिवासी समूह द्वारा स्व मूल्यांकन ❑ जनसंख्या दबाव में वृद्धि	❑ उद्योगों के बीमारी के कारण नया समूह उत्पन्न हुआ तथा बेरोजगारी उभरी	❑ जैसा कि औद्योगिक चरण में था ❑ घोटाला करने वाले

शहर चमकता है, गरीब नहीं

कुमार संजय

देश के सबसे निर्धनतम इलाकों में शुमार झारखंड क्षेत्र में ही नई आर्थिक नीति के बाद सबसे ज्यादा औद्योगीकरण एवं शहरीकरण हुआ है। और यह तथ्य भी सही है कि देश के भीतर झारखंड ही एक ऐसा प्रांत है जहाँ शहरी गरीबी में काफी इजाफा हुआ है।

राष्ट्रीय प्रतिदर्श सर्वेक्षण के अनुसार भी बेरोजगारी के मामले में झारखंड में शहरी बेरोजगार 79 प्रति हजार हैं, जबकि देश स्तर पर 47 प्रति हजार और बिहार में 72 प्रति हजार हैं। ये आँकड़े झारखंड के शहरों में रहने वाले गरीबों की हालातों की दशाओं को दर्शाते हैं। यही नहीं, आश्चर्यजनक है कि जहाँ झारखंड के ग्रामीण इलाकों में गरीबी पर काफी हद तक अंकुश लगाया गया है वहीं शहरी गरीबी में लगभग 3 प्रतिशत से भी ज्यादा इजाफा हुआ है और वहीं देश स्तर पर 9 प्रतिशत शहरी गरीबी घटी है।

निश्चित ही आर्थिक विकास का संबंध शहरीकरण के विकास के साथ होता है। देश स्तर पर भी देखें तो जहाँ 1911 में देश की शहरी आबादी 11% थी, वहीं 1991 तक आते-आते यह 25.7% हो गई। राष्ट्र के मुकाबले राज्य में शहरीकरण की गति काफी तेज रही। सिर्फ 1991 की जनसंख्या के आधार पर ही देखें तो राज्य का एक पाँचवाँ भाग (लगभग 20.3%) शहरी क्षेत्रों में निवास करते हैं। 1901 में जहाँ झारखंड में सिर्फ 13 शहर थे वहीं 2001 तक यह संख्या 152 पहुँच गई है तथा शहरी आबादी की प्रतिशतता ने 1991 के आँकड़ों को काफी पछाड़ दिया है।

नगर उद्योग, परिवहन, व्यापार, प्रशासनिक एवं अनेक प्रकार की सेवाओं के केन्द्र रहे हैं। इन नगरों में जनसंख्या के बढ़ते हुए केन्द्रीयकरण का यही कारण है। राज्य गठन होने के पश्चात् अपेक्षाकृत बड़े शहरों में जनसंख्या का केन्द्रीयकरण बहुत तेजी से बढ़ रहा है जो कि देश के लिए एक गंभीर बात है। इससे महानगरों में तरह-तरह की समस्याएँ पैदा हो रही हैं और समय के साथ जटिलता बढ़ती जा रही है। यह भी सही है कि आर्थिक विकास के साथ शहरी जनसंख्या के अनुपात में वृद्धि होती रहेगी।

शहरों में ऊँची प्राकृतिक वृद्धि के अलावा, शहरी आबादी को बढ़ाने में अन्य कारणों में सबसे पहला यह है कि स्वतंत्रता प्राप्ति के पश्चात् औद्योगीकरण के चरण में पुराने उद्योगों के विस्तार के साथ-साथ नए उद्योग स्थापित हुए या उनका विकास हुआ। औद्योगिक विकास से शहरीकरण को बढ़ावा मिला। दूसरा कारण यह है कि द्वितीय विश्वयुद्ध और विभाजन के दौरान बहुत से लोग सरकारी और गैर-सरकारी धंधों के सिलसिले में शहरों में आए और वहीं बस गए।

राष्ट्र-विभाजन के समय में भारी संख्या में देश के बड़े नगरों में शरणार्थी आए जिसमें जनसंख्या में असाधारण वृद्धि हुई। राज्य में शहरी जनसंख्या में भी उस समय वृद्धि होती है जब जमींदारी प्रथा का उन्मूलन होता है। तीसरा सबसे महत्त्वपूर्ण कारण यह है कि गाँव स्तर पर आजीविका के संसाधनों का विभिन्न कारणों से ह्रास होने, उनका सही तरीकों से उपयोग न कर पाने तथा स्थायी जीविका के उपायों का न हो पाना, इन सबसे लोगों का शहर की ओर रुझान बढ़ा है। गाँवों की अपेक्षा शहरों में तत्काल काम तथा रोजगार की संभावनाओं ने राज्य की शहरी आबादी में गरीबों की दर में वृद्धि दर्ज की है और चौथा एक कारण यह भी है कि शहरों की सीमाएँ बढ़ी हैं अर्थात् शहरों के क्षेत्रों का विस्तार भी हुआ है।

इन परिस्थितियों में नगर-आयोजन की महत्ता काफी बढ़ जाती है। इस स्थिति में नगरों के स्वस्थ विकास और आयोजन की ओर पर्याप्त ध्यान दिया जाना अति आवश्यक है। यदि ऐसा न किया गया तो बड़े-बड़े शहरों की भीड़-भाड़, शहरी झुग्गी-बस्तियों का विस्तार एवं उनमें रहने वाले लोगों का आवास अधिकार, मकानों की कमी आदि की वर्तमान उलझी हुई समस्याएँ समय के साथ-साथ और भी जटिल बनती रहेंगी जो राज्य सरकार के सामने एक दुरूह कार्य तो है पर अत्यंत ही आवश्यक है। सही तरीके एवं शहर के सुसंगत विकास के अभाव में शहरों में विभिन्न प्रकार की आर्थिक, सामाजिक और नैतिक समस्याओं में बढ़ोतरी होगी। इसका प्रतिकूल प्रभाव लोगों के चरित्र, स्वास्थ्य, कार्यक्षमता एवं मानसिक संतुलन पर भी पड़ेगा। अत: शहरों के समुचित विकास की ओर पूरा-पूरा ध्यान दिया जाना बहुत आवश्यक है।

यह जरूरी है कि बड़े शहरों में आबादी के केन्द्रीयकरण की प्रवृत्ति को यथासंभव रोका जाए और विकेन्द्रीकृत रूप में विकास का पैमाना गढ़ा जाए। औद्योगिक बस्तियों की स्थापना ऐसी जगह करनी चाहिए जहाँ शिक्षा, चिकित्सा, मनोरंजन आदि की समुचित व्यवस्था हो सके। गाँवों का विकास तथा शहरों का नियोजन साथ ही पंचवर्षीय योजनाओं के अंतर्गत इन दिशाओं में कार्य करने के बावजूद भी स्थिति जस की तस बनी हुई है।

शहरी गरीबों की मूलभूत आवश्यकताओं की पूर्ति, उनके रहवासों पर मालिकाना हक (आवास अधिकार) या फिर शहरों के सुसंगत विकास के लिए उनका स्थायित्व और पुनर्वास और भी महत्त्वपूर्ण हो जाता है। जब ग्रेटर राँची के नाम पर हजारों-हजार करोड़ रुपए खर्च होंगे और राज्य की राजधानी राँची के विकास हेतु अब तक मास्टर-प्लान तो बना नहीं परंतु औपचारिक-प्लान में भी उनके अधिकार हेतु कोई नीतिगत बात नहीं कही गई है।

राज्य की राजधानी राँची की ही बात करें तो शहरी गरीब, शहर की 109 से अधिक झुग्गी-बस्तियों में रहते हैं और शहर की आधी आबादी इनमें निवास करती है। ये शहर के विकास के लिए जरूरी भी है क्योंकि शहर की पूरी श्रम शक्ति का निर्वाह इन्हीं भूमिहीन, सुरक्षित आवास से वंचित गरीबों द्वारा किया जाता है। परंतु इनके हक में अभी तक राज्य की ओर से कोई व्यावहारिक प्रावधान नहीं किया गया है, बल्कि इसके उलट, इन झुग्गी-बस्तियों को परिभाषित और मान्यता नहीं देने के पीछे सरकार की साजिश है कि इन्हें आसानी से बलपूर्वक विस्थापित किया जा सकता है और ऐसा हुआ भी। राज्य बनने के बाद प्रशासन द्वारा बलपूर्वक बेदखली की प्रक्रिया राज्य में जारी रही और लोगों का आशियाना उजाड़ दिया गया।

लेकिन ध्यान देने लायक बात यह है कि हम यहाँ सिर्फ तत्काल बनी बस्तियों की बात नहीं कर रहे हैं बल्कि उन झुग्गी-बस्तियों की पैरवी करना चाह रहे हैं जिन्होंने यहाँ औसतन 50 वर्षों से ज्यादा समय से राज्य के विकास में अपना योगदान दिया है। प्रशासन इन 100 झुग्गी-बस्तियों के स्थायित्व अथवा आवास-अधिकार की अनेदखी नहीं कर सकता।

झारखंड की आदिवासी शहरी आबादी में से 65 से अधिक गरीबी रेखा से भी काफी नीचे के पायदान पर हैं। इनकी ओर अभी तक ध्यान क्यों नहीं दिया गया। यहाँ तक कि जनहिमायती लोगों ने भी इनके दर्द को समझना उचित नहीं समझा, कारण भी बहुत सारे हैं।

झारखंड का 23% क्षेत्र शहरी है तथा अकेले राँची जिले के 36% क्षेत्र का शहरीकरण हुआ है। उसी प्रकार बोकारो का 45.3%, पूर्वी सिंहभूम का 55% और धनबाद जिले का 52.4% क्षेत्र शहरी है।

राँची शहरी क्षेत्र जिसमें म्युनिसिपल कॉर्पोरेशन और एचइसी टाउनशिप का इलाका शामिल है, में कुल 52 चिन्हित (वर्ष 1983) बस्तियाँ हैं, 57 अन्य बस्तियाँ हैं जिनमें से 5 बस्तियों को विगत राज्य बनने के बाद बलपूर्वक उजाड़ दिया गया और हाल ही में प्रशासन ने वर्षों (लगभग 50 वर्ष) से रहते आ रहे झुग्गीवासियों को अक्टूबर 2003 में बस्ती खाली करने का नोटिस दे दिया। इससे सरकारी भूमि पर बसी बस्तियों के उजड़ने का खतरा और भी बढ़ गया है परंतु यह उनके मानवाधिकारों का उल्लंघन है।

शहर में बहुत सारे गरीब ऐसे भी हैं जो मुख्य मार्गों पर रहकर छोटी चाय दुकान, होटल चलाते हैं। शहर की बस्तियों की हाइजीनिक स्थिति भी अत्यंत दयनीय है, शौचालय, पानी इत्यादि अत्यंत ही गंदे हैं।

शहरी विकास की प्रक्रिया में शहरी गरीबों का विस्थापन होगा परंतु इनके पुनर्वास और पुनर्स्थापन हेतु न तो नीति बनी है और न ही सोचा गया है। स्लम क्लीयरेंस और इंप्रूवमेंट स्कीम, राष्ट्रीय स्लम नीति के तहत भी लोगों को आवास मुहैया कराने के प्रयास तक नहीं हुए। एचइसी बनने से जो लोग विस्थापित हुए थे, आज तक उन्हें ठीक ढंग से बसाया नहीं गया है। एचइसी प्रबंधन ने रेलवे, निफ्ड, विद्युत विभाग, मत्स्य विभाग, सुधा, सेल, माडर्न फैक्ट्री आदि को तो जमीन दी है, पर जिनकी जमीन थी वे बेघर घूम रहे हैं। उनकी श्रम शक्ति का भरपूर दोहन किया गया। जिन्हें नौकरी दी गई, उन्हें अभी तक नियमित तक नहीं किया गया है।

झुग्गीवासियों के आवास का अधिकार इसलिए महत्त्वपूर्ण है क्योंकि यह उनकी आजीविका से जुड़ा हुआ प्रश्न है। वैश्वीकरण के दौर में शहरीकरण की बढ़ती प्रक्रिया के कारण भारत आज उस जगह पर पहुँच गया है जहाँ इसकी शहरी आबादी विश्व के दूसरे स्थान पर आ चुकी है, वर्ल्ड डेवलपमेंट रिपोर्ट 2002 इसकी पुष्टि करता है।

पूरे झारखंड में जितने भी बड़े शहर हैं वहाँ भू-स्वामित्व से वंचित झुग्गी-बस्तियों की एक बड़ी तादाद है। राँची शहर में वर्तमान में 109 झुग्गीबस्तियों में से 65 ऐसी बस्तियाँ हैं जो अपने आवास के अधिकार से वंचित हैं। जमशेदपुर में 86 बस्तियाँ भू-स्वामित्व के लिए संघर्ष कर रही हैं। धनबाद में करीब 50 से अधिक ऐसी बस्तियाँ हैं जिनका विकास वितरक से

संबंधित प्रक्रियाओं द्वारा हुआ है। बोकारो में भी इस तरह की समस्या आम है। राजधानी राँची में शहरी झुग्गियों को सुरक्षित एवं स्थायी आवास मुहैया कराने, मूलभूत सुविधाओं, पट्टा अधिकार उपलब्ध कराने, नगर निगम द्वारा झुग्गी-झोंपड़ी या स्लम विंग बनाने की माँगों को लेकर 32 बस्तियों का संगठन झुग्गी-झोंपड़ी संघर्ष मोर्चा विगत कई वर्षों से संघर्षरत है। मोर्चा ने अपने सर्वेक्षण में पाया है कि उक्त 32 बस्तियों में से 6 आरआरडीए की भूमि, 5 गैर मजरूआ भूमि, छह राँची रेलवे की भूमि और 15 एच.इ.सी. की भूमि पर औसतन 50 वर्षों से रहते आ रहे हैं। मोर्चा को राँची के साथ-साथ सभी शहरों की बस्तियों का सामाजिक-आर्थिक सर्वेक्षण करना था, हालाँकि उक्त दिशा में मोर्चा को अभी काफी कुछ करना है।

'विनाश नहीं, विकास चाहिए', 'हमारी पुकार- झुग्गी पर पट्टे का अधिकार' की माँग को लेकर झु.झो.सं.मो. जगह-जगह पर लोगों को गोलबंद कर रहा है। विगत वर्ष मुख्यमंत्री ने पोलिटेक्निक की जमीन पर 35 वर्षों से बसी बस्ती को विस्थापित करने का आदेश दिया था। इस बाबत जिला प्रशासन की ओर से सर्वेक्षण का कार्य हो चुका है तथा इस्लामनगर, अलीनगर, मिल्ल कॉलोनी के 900 परिवारों को नोटिस भेजी गई है। इस प्रक्रिया में 25,000 से अधिक लोगों के आशियाने सिर्फ एक बस्ती से उजाड़ दिए जाएँगे। सरकारी हस्तक्षेप में इनके पुनर्वास हेतु कोई वैकल्पिक नीति शामिल नहीं है। हालाँकि कुछ वर्ष पहले बिहार विधान सभा की कमेटी ने जिला प्रशासन को उक्त बस्तियों के पुनर्स्थापन एवं भू-स्वामित्व देने की अनुशंसा की थी।

यही नहीं, फरवरी 2001 में 'रिम्स' के पास बसी बस्ती को भी बिना पुनर्वास नीति के बलपूर्वक और सैनिक तामझाम के साथ विस्थापित कर दिया गया। मुंडा राजा बस्ती, वाटर कॉलम और ए.जी. कार्यालय के परिसीमन में अवस्थित बस्तियों, राजभवन के पास स्थित बस्तियों के साथ-साथ अन्य क्षेत्रों की बस्तियाँ जो हमारी आँखों के सामने नहीं आईं, विगत वर्षों के भीतर उजाड़ा गया तथा यह प्रक्रिया अब भी जारी है।

राजधानी बनने के साथ राँची में गगनचुंबी इमारतें, ड्रीम प्रोजेक्ट, ग्रेटर राँची आदि गगनचुंबी बातें हो रही हैं। परंतु जरूरी तथ्यों, विषमताओं, सार्वभौमिकता और शहरी विकास के सारे पहलुओं को नजरअंदाज किया जा रहा है।

वर्ष 2001 को संयुक्त राष्ट्र संघ के देशों ने 'ग्लोबल शेल्टर स्ट्रेटजी' घोषित किया। इसकी पूरी जानकारी भी झारखंडी जनता को न तो मालूम है और न सरकार के नुमाइंदों को। नगर विकास विभाग द्वारा तैयार 'विजन झारखंड 2010' में झुग्गियों को पुनर्वासित, पुनः स्थापित एवं इनके वैकल्पिक उपायों पर व्यावहारिक पहलकदमी कहीं परिलक्षित नहीं होती है। झुग्गियों को जमीन के अधिकार की सुरक्षा के मुद्दे को नगर विकास सचिव एक राजनीतिक निर्णय मानते हैं।

पूरे भारतवर्ष में आवास अधिकार हेतु राष्ट्रीय अभियान चल रहा है। मुंबई एवं अन्य शहरों में झुग्गियों को मान्यता प्रदान की गई है तथा झुग्गीवासियों को प्राधिकृत किया गया है। साथ ही स्थानीय निकायों द्वारा भी उन्हें आवास मुहैया कराए गए हैं। राष्ट्रीय राजधानी क्षेत्र दिल्ली में विभिन्न स्वयंसेवी संगठनों ने इस बाबत सार्थक कदम उठाए हैं तथा सरकार पर दबाव

बढ़ाया है। इंदौर में म.प्र. प्रशासन एवं नीति-निर्धारकों द्वारा 'म.प्र. नगरीय क्षेत्रों के भूमिहीन व्यक्ति' (पट्टाधृति अधिकारों का प्रदान किया जाना) अधिनियम 1984 के तहत झुग्गीवासियों को जमीन अधिकार सुरक्षा प्रदान की गई है।

30 साल की लीज पर झुग्गियों को पट्टे उपलब्ध कराए गए हैं। साथ ही म.प्र. आवास नीति 1995 के तहत कमजोर वर्ग हेतु भूमि का आरक्षण एवं म.प्र. नगरपालिका (रजिस्ट्रेशन एंड कालोनाइजर टर्म्स एंड कंडिशन्स) नियम 1998 के आधार पर आवासीय कॉलोनी में 15 प्रतिशत भूमि, भूमिहीनों को प्रदान की जा रही है। झारखंड सरकार की ओर से इस दिशा में कोई पहल नहीं हुई है।

झुग्गियों को बसाने में मानवीय दृष्टिकोण भी मायने रखता है। भारतीय संविधान का अनुच्छेद 21, लोगों के लिए छत के अधिकार को सुनिश्चित करता है। ऐसी स्थिति में जब राज्य प्रशासन लोगों को पर्याप्त आवास सुविधा देने की स्थिति में नहीं है तो लोगों के बने-बनाए घरों को तोड़ने से बचना चाहिए। फ्रांसिस कोराली मुक्ति विरुद्ध यूनियन टेरिटरी ऑफ दिल्ली के तहत सुप्रीम कोर्ट ने अपने निर्णय में इन झुग्गीवासियों को सुरक्षित आवास हक में निर्णय दिए हैं। अंतर्राष्ट्रीय कानून एवं परंपरा ने भी शहरी झुग्गीबस्तियों को स्थायित्व प्रदान करने तथा इनके लिए आवास मुहैया कराने की जिम्मेदारी राज्य सरकार को दी है।

राज्य को चाहिए कि शहरी झुग्गी-बस्तियों को मान्यता प्रदान कर अविलंब पट्टा उपलब्ध कराया जाए। म.प्र. एवं अन्य राज्यों की तर्ज पर आवास नीति, पट्टा अधिनियम पारित किया जाना चाहिए। शहरी निकाय एवं प्राधिकरणों द्वारा झुग्गी-झोंपड़ी विंग बना कर इनके रहवास को टिकाऊ और उपयुक्त बनाने हेतु पहल की जानी चाहिए। पुनर्स्थापन नीति भी स्पष्ट होनी चाहिए। शहर के मास्टर प्लान के तहत बस्तियों को पुनर्स्थापन हेतु विशिष्ट भूमि प्लानिंग यूनिट एवं सेक्टर का प्रावधान किया जाना चाहिए।

पिछले अनेक वर्षों का अनुभव हमें यह बताता है कि बेदखली की घटनाओं की पुनरावृत्ति देर-सवेर की जाती है। हमें इस बात पर भी ध्यान दिए जाने की आवश्यकता है कि हाल के वर्षों में प्रमुख सम्पन्न राजनीतिक और आर्थिक समूहों के समर्थन से बड़ी संख्या में जनता को उनके घर और रोजगार से वंचित किया गया है। गरीबों को तो कष्टों का सामना करना पड़ता है दूसरी ओर धनी और सम्पत्तिशाली उच्च वर्ग की जरूरतों पर पूरा ध्यान दिया जा रहा है।

वर्तमान घटनाक्रमों का विरोध न होने का एक कारण है शहरी वर्ग के साथ मीडिया की सहानुभूति न होना। ऐसा जान पड़ता है कि शहरीकरण नीति-निर्धारण में गतिरोध आ गया है।

वास्तविकता यह भी है कि दिहाड़ी मजदूरों और अनौपचारिक क्षेत्र के मजदूरों की तादाद भी सतत रूप से बढ़ी है। नीतिकारों को अपनी जिम्मेदारी का अहसास होना चाहिए। वे अनौपचारिक रोजगार बढ़ाने को हमेशा प्राथमिकता दें। लेकिन साथ ही इन रोजगारों, तकनीकी क्षमता और उत्पादिता पर भी पूरा जोर दिया जाए। वर्तमान में ही सुप्रीम कोर्ट ने निर्णय दिया था कि विद्यमान मास्टर प्लान तथा पर्यावरण नियंत्रण के कानूनों को सख्ती से लागू किया जाए। लेकिन वास्तविकता यह है कि इसका असर गरीब लोगों की आजीविका प्राप्ति के अवसर घटाने

के रूप में ही प्रकट हुआ है।

शहरी झुग्गीबस्तियों में रहने वाले गरीब जो झारखंडी समाज के एक बहुसंख्यक वर्ग हैं, को दुत्कार कर हाशिए पर डालकर कोई भी गणतंत्र सफल नहीं हो सकता। झारखंड सरकार किस प्रकार शहरी गरीबों के लिए हकपरस्ती करेगी, यह उनके लिए काफी कठिन कार्य है लेकिन जरूरी भी है। तभी बृहत्तर राँची और अन्य शहरों के विकास का सपना साकार होगा। शहरी विकास की सार्वभौमिकता की बहस नीतिगत और व्यावहारिक स्तर पर तब तक बेकार और बेमानी होगी, जब तक गरीबों की सामाजिक-आर्थिक सुरक्षा और पुनर्वास नहीं किया जाता, जो इनके मानवाधिकारों की सच्चाई को चुनौती देते हैं।

झारखंड में जनजातियों के विकास की रणनीति

डॉ. रमेश शरण/हरीश्वर दयाल

अब यह महसूस किया जा रहा है कि युद्धोपरांत बनी विकास की योजनाओं से प्राकृतिक संसाधनों से भरपूर इलाकों में रहने वाली जनजातियों तथा उसी प्रकार के अन्य वर्गों पर बहुत बुरा प्रभाव पड़ा है। विकास की प्रक्रिया में जनजाति बहुल इलाकों को न सिर्फ पुलिस, आबकारी और वन विभाग जैसी प्रशासनिक शोषणकारी संरचना का शिकार बनना पड़ा बल्कि बाजार व्यवस्था के शोषण का भी सामना करना पड़ा जिसके फलस्वरूप उनमें ग्रामीण जड़ता, सामूहिक बेरोजगारी तथा पिछड़ापन पनपा। औद्योगिक एवं विकास परियोजनाओं से उन्हें बहुत कम लाभ हुआ है और उन्हें अब भी विभिन्न परियोजनाओं के कारण अपनी सामूहिक या निजी भूमि से बेदखली का शिकार होना पड़ रहा है। (सिंह, 1995) साथ ही साथ शिक्षा और स्वास्थ्य संबंधी योजनाओं तक उनकी पहुँच नहीं है। जनजातियों के विकास की विशेष योजनाएँ भी इनकी स्थिति को सुधार पाने में कमोबेश असफल सिद्ध हुई हैं। भारत की जनजातियाँ भी इस प्रक्रिया का अपवाद नहीं हैं।

जनजातीय समुदाय सामान्यत: ऐसे लोगों के समूह को कहा जाता है जिसका एक सार्वजनिक विशिष्ट नाम हो, जिसमें समान प्रकार की समूहगत मानसिकता हो और जो समान भूभागों में निवास करता हो। जनजातीय समूह स्वावलंबी होते हैं और अपने समाज में व्यवस्था बनाए रखने के लिए उनकी अपनी स्वयं संचालित संस्थाएँ होती हैं। परंतु, जागीरदारी, उपनिवेशवाद तथा पूँजीवाद का प्रभाव काफी लंबे समय तक इन जनजातियों पर पड़ने के कारण अब इनका आदर्श समाज शास्त्रीय रूप में नहीं पाया जाता है। सिर्फ उनका परिवर्तित रूप ही देखने को मिलता है। (बेटेक, 1977) जनजातियों में आर्थिक तथा सामाजिक संरचना की दृष्टि से काफी विभिन्नता आ गई है।

जनजाति समुदाय

झारखंड में तीस आदिम जनजाति समुदाय तथा गैर-आदिम जनजाति समुदाय हैं। इनमें संताल, उराँव, मुंडा, हो, खरवार, खड़िया तथा भूमिजों की संख्या अधिक है तथा ये राज्य की कुल जनजातियों की जनसंख्या का करीब 80% है। उल्लेखनीय है कि किसी जनजाति समुदाय को आदिम जनजाति के रूप में चिन्हित करने के लिए सरकार ने तीन मानदंड तय किए हैं—

1. तकनीक का प्राक्-कृषि स्तर,
2. साक्षरता का निम्न स्तर और

3. स्थिर अथवा घटती जनसंख्या

इसके अलावा जनजातीय क्षेत्र में गैर-आदिम जनजातियों को स्थापित कृषक, हस्तशिल्पी, लोक कलाकार तथा ओझा-वैद्यों में वर्गीकृत किया जा सकता है। गैर-आदिम जनजाति समुदाय में अधिकतर स्थापित खेतिहर हैं।

आदिम जनजाति समुदाय—असुर, बिरहोर, बिरिजा, मल पहाड़िया, कोरवा, सौरिया पहाड़िया, शाबर पहाड़िया।

गैर-आदिम जनजाति समुदाय—(क) स्थापित खेतिहर—बेदिया, बिंझिया, बाथुड़ी, चेरो, गोंड़, हो, करमाली, खड़िया, खरवार, गोंड, किसान, मुंडा, उराँव, संताल, भूमिज, कोरा।

(ख) हस्तशिल्पी—महली (टोकरी बनाने वाला), लोहार, करमाली (लुहार), चिक-बड़ाईक (बुनकर), गोराइत (ढोल बजाने वाले चौकीदार, गाँव का हरकारा)।

(ग) ओझा /वैद्य बैगर

(घ) वादक/लोक कलाकार—बंजारा

उपरोक्त वर्गीकरण जनजातियों के मध्य संरचनात्मक संबंधों को प्रदर्शित करता है, वास्तविक स्थिति को नहीं। वास्तव में जो मूलत: किसान हैं वे भी अंशत: शिकार करने, लकड़ियाँ जमा करने आदि का कार्य करते हैं और जो मूलत: शिल्पकार हैं वे खेती या मजदूरी भी करते हैं। कुछ किसान ऐसे भी होते हैं जो हस्तशिल्प में भी निपुण होते हैं।

जनसांख्यिक विशेषताएँ

झारखंड में गैर-जनजातीय आबादी अधिक है और जनजातियों की आबादी कुल आबादी का मात्र 27.67% है। झारखंड के 22 जिलों में से सिर्फ तीन जिलों में ही जनजातियों की संख्या अधिक है। ये हैं—गुमला (71%), लोहरदगा (56%) तथा पश्चिमी सिंहभूम (55%)। इनमें से लोहरदगा काफी छोटा जिला है जिसका क्षेत्रफल 149 वर्ग किमी तथा कुल जनसंख्या 28.8 लाख है। देवघर, धनबाद तथा पलामू में 20% से भी कम जनजातीय आबादी है।

श्रम में भागीदारी

जनजातीय पुरुष एवं महिला दोनों की श्रम में भागीदारी जनजातीय क्षेत्र के गैर-जनजातियों की तुलना में अधिक है। 1994 के एन.एस.एस. सर्वेक्षण (NSS survey 1994) के अनुसार झारखंड में जनजातीय पुरुष एवं महिलाओं की श्रम में भागीदारी की दर क्रमश: 555 तथा 307 प्रति हजार थी जबकि गैर-जनजातीय पुरुषों एवं महिलाओं में यह दर क्रमश: 555 तथा 192 थी। अत: जनजातियों में बेरोजगारी की दर कम है। ऐसा संभवत: इसलिए है कि उनके मूल पेशे से होने वाली आय से उनका मात्र गुजारा हो सकता है इसलिए वे दूसरा काम कर लेते हैं। 1991 की जनगणना के अनुसार जनजातीय आबादी का 45.67% श्रमिक था। 55.39% पुरुष श्रमिक थे तथा महिलाओं में यह प्रतिशत 37.72 था। 52.49% पुरुष मुख्य श्रमिक तथा सिर्फ 0.9% पुरुष आंशिक श्रमिक थे। महिलाओं में 22.29% मुख्य श्रमिक तथा 15.43% आंशिक श्रमिक थीं।

तालिका-1 : झारखण्ड में जनजातीय आबादी का वितरण, 1991 (%में)

	कुल श्रमिक	*मुख्य श्रमिक*	*आंशिक श्रमिक*	*गैर श्रमिक*
व्यक्ति	45.67	31.61	8.06	54.33
पुरुष	53.39	52.49	0.90	46.61
महिलाएँ	37.72	22.29	15.43	62.28

झारखंड में जनजातियों का मुख्य पेशा खेती ही है। 1991 के दौरान 60% पुरुष श्रमिक तथा 55.91% महिला मुख्य श्रमिक खेतिहर थे जबकि 21.38% पुरुष तथा 35.48% महिलाएँ कृषक मजदूर थीं। ज्ञातव्य है कि जनजातियों में भूमिहीनों की संख्या बहुत कम है मगर 75% भूमि (खेत) अत्यंत छोटे जोतों के रूप में है। यह भी उल्लेखनीय है कि जनजातियों की अधिकतर आबादी खनन-क्षेत्रों में पाई जाती है, इसके बावजूद खनन कार्य में उनका 1.94% ही मुख्य श्रमिक के रूप में कार्यरत है। इसमें से 1.98% पुरुष तथा 0.8% महिलाएँ हैं।

तालिका-2 : श्रमिकों का वितरण (जनजातीय आबादी) 1991 (% में)

	I	*II*	*III*	*IV*	*V अ*	*V ब*	*VI*	*VII*	*VIII*	*IX*
व्यक्ति	63.06	25.50	0.27	1.64	1.38	1.45	0.46	0.50	0.61	5.13
पुरुष	66.00	21.38	0.30	1.98	1.33	1.71	0.53	0.58	0.82	5.37
महिलाएँ	55.91	35.48	0.22	0.80	1.51	0.82	0.31	0.33	0.09	4.53

औद्योगिक श्रेणी

कृषक I, कृषक मजदूर II, पशु पालन, मछली पालन आदि III, खनन IV, निर्माण/प्रोसेसिंग, मरम्मत, घरेलू उद्योग V (अ) घरेलू उद्योग के अलावा अन्य उद्योग V (ब), भवन निर्माण VI, व्यापार एवं वाणिज्य VII, परिवहन, भंडारण, संचार VIII, अन्य सेवा IX।

स्रोत : प्राइमरी सेंसस ऐब्स्ट्रैक्ट शिड्यूल ट्राइब पॉपुलेशन, 1991, भाग II-बी (III)

खपत का स्तर एवं गरीबी

गरीबी को मुख्यत: दो आधारों पर देखा जा सकता है—(क) प्रति व्यक्ति कैलोरी की खपत जैसे सूचकों की माप के आधार पर या (ख) एन.एस.एस.ओ. सर्वेक्षण (NSSO Survey) पर आधारित प्रति व्यक्ति मासिक खर्च के आधार पर। इनमें से दूसरा आधार विभिन्न समुदायों के वंचितों और गरीबों की पहचान के लिए पहले आधार की अपेक्षा अधिक विस्तृत दृष्टिकोण रखता है।

जनजातियों में सीमित और व्यापक, दोनों ही अर्थों में गरीबी फैली है। किसी व्यक्ति के लिए समृद्धि का अशोधित (सामान्य) सूचक, प्रति व्यक्ति मासिक खर्च, जनजातियों में अत्यंत कम है। 1988-89 में झारखण्ड के 58% जनजातियों का प्रति व्यक्ति मासिक व्यय 125 रुपए था (एन.एस.एस.ओ. का 44वां दौर)। ग्रामीण इलाकों में रहने वाले लगभग 63.2% जनजातियों का

प्रति व्यक्ति मासिक व्यय गरीबी-रेखा के नीचे है। इनमें 'हो' जनजाति की स्थिति सबसे बुरी है क्योंकि इनकी कुल आबादी का 72% गरीबी-रेखा के नीचे है। इसके बाद क्रमश: संताल (68.8%), उराँव (57.6%) और मुंडा (50.57%) आते हैं। 88 रुपए प्रति व्यक्ति मासिक व्यय (भुखमरी का स्तर) वालों का प्रतिशत सबसे अधिक संतालों में (12.5%) तथा सबसे कम 'हो' जनजाति में (3.4%) है। उराँव में यह 4.5% तथा मुंडा में 7.7% है। इस प्रकार जनजातियों में गरीबी और दरिद्रता एक महामारी के रूप में फैली हुई है। उनके पास उपलब्ध भूमि निम्न कोटि की है और वे उन पहाड़ी अथवा पठारी इलाकों में रहते हैं जहाँ संसाधनों का आधार लगातार कम होता जा रहा है। अधिकतर जनजातियों को जीवनयापन के लिए प्रतिदिन जी-तोड़ परिश्रम करना पड़ता है।

गरीबों का विस्तृत समूह

जनजातियों में गरीबी के विस्तृत समूहों की पहचान निम्न प्रकार से की जा सकती है—

1. औद्योगिक, सिंचाई तथा अन्य परियोजनाओं के कारण ऐसी विस्थापित आबादी जिन्हें क्षतिपूर्ति में धनराशि के अलावा न तो कोई काम मिला, न ही जिनका पुनर्वास किया गया। ये औद्योगिक यायावर बन गए।
2. राँची जैसे क्षेत्रों में रहने वाले वैसे जनजाति जिन्होंने अपनी जमीन स्वेच्छा या अनिच्छा से गँवा दी और अब वे झोंपड़पट्टियों में बिना किसी साधन-संसाधन के रहते हैं।
3. सुदूर पहाड़ी इलाकों में रहने वाले आदिम जनजाति समूह जहाँ वन समाप्त होते जा रहे हैं, जिन्होंने देर से खेती करना शुरू किया और जिनकी भूमि निम्न कोटि की है। अधिकतर अभावग्रस्त लोग इसी श्रेणी में आते हैं।
4. भूमिहीन/सीमांत आबादी जो खेती की दृष्टि से पिछड़े उन पहाड़ी इलाकों में निवास करती है जहाँ वन समाप्त होते जा रहे हैं।
5. ऐसे शिल्पकार जिनके पास अपनी भूमि नहीं है और जिन्हें औद्योगिक उत्पादों से प्रतियोगिता करनी पड़ती है।
6. मद्यपान के आदी परिवार।
7. घर चलाने वाली महिलाएँ (प्रधानत: विधवा) जिनके पास कम भूमि हो, परित्यक्ता, पुनर्विवाह करने वाले पति की पत्नी (सामान्यत: पहली पत्नी) तथा परिवार की महिलाएँ एवं अन्य सदस्य।

Vulnerability and Immiserization

जनजातीय समुदाय भारत के सबसे अधिक Vulnerable वर्ग हैं। उनमें कमोबेश एक ही प्रकार का सामान्य चरित्र होता है जिसके कारण वे बाह्य दबावों के प्रति Vulnerable हो जाते हैं। उनकी प्रमुख विशिष्टताएँ निम्न हैं—

1. उनका संगठन काफी कमजोर है और उनका उन्हीं के छोटे-मोटे राजनीतिक नेताओं द्वारा शोषण किया जाता है।
2. स्वास्थ्य, सुरक्षित पेयजल, शिक्षा एवं जनवितरण प्रणाली जैसी जनसेवाओं तक

उनकी पहुँच कम है।

3. उनके पास कम भूमि है तथा उसमें से भी अधिकतर ऊँची तथा पहाड़ी स्थानों पर है।
4. अस्वस्थता, निरक्षरता, कुपोषण तथा ऋणग्रस्तता के शिकार हैं।
5. वनोपजों के संग्रह, पशुपालन तथा बागों की उपज से बहुत कम जीविकोपार्जन कर पाते हैं।
6. वनों के विनाश में वृद्धि, भूमि के क्षय तथा जनसंख्या में वृद्धि के कारण हुए संसाधनों के आधार तथा जीविकोपार्जन के साधनों में आई कमी के कारण इन समुदायों की Vulnerability में वृद्धि हुई है।
7. अधिकतर जनजातीय समुदाय को अपने उत्पादों (वनोपज और घरेलू उपज तथा कुटीर उत्पाद) के लिए दोषपूर्ण तथा शोषणकारी बाजार-व्यवस्था का सामना करना पड़ता है।
8. वे मजदूरी से प्राप्त आमदनी तथा जंगली लकड़ियों की बिक्री से होने वाली आय पर निर्भर होने लगे।
9. उनका सूचना तंत्र कमजोर होता है इसलिए बाहरी समाज में तीव्र गति से हो रहे परिवर्तनों की तुलना में वे पिछड़े रह जाते हैं।

स्थिर (जड़) ग्रामीण अर्थव्यवस्था

झारखंड में जनजाति समुदाय मुख्यत: ग्रामीण क्षेत्रों में रहते हैं। 1991 की जनगणना के अनुसार 93% जनजाति ग्रामीण क्षेत्रों में रहते हैं। कोयले की खानों के क्षेत्र धनबाद में 78% से लेकर गुमला में 98% तक जनजातियों की आबादी ग्रामीण स्तर की है। संताल बहुल संतालपरगना के चारों जिलों में लगभग सभी जनजातीय आबादी ग्रामीण है।

तालिका-3 : प्रधान फसलों की औसत उपज, 1981-89 (चक्रवृद्धि दर)

फसल	*जनजातीय क्षेत्र*	*बिहार*
चावल	0.42	1.68
गेहूँ	1.01	1.11
मक्का	0.98	3.16
मड़ुवा	3.36	1.74
चना	1.29	0.85
अरहर	1.00	2.27

स्रोत : शरण एवं दयाल (1995)

कृषि में बढ़ोतरी के छिटपुट मामलों को छोड़ कर इन इलाकों में खाद्यान्नों की माँग या मूल्य-वृद्धि की तुलना में उपज काफी कम है। (तालिका-3)। मिट्टी की अम्लीयता, इसकी निम्न कोटि, सिंचाई का अभाव, संरचनात्मक अवरोध, प्रवृत्तिमूलक अवरोध जनजातीय सामाजिक व्यवस्था के कारण स्वयं में परिवर्तन लाने की अयोग्यता जैसे अनेक कारण प्रमुख रूप से इसके लिए उत्तरदायी

हैं। 1950–70 तथा 1971–89 के दौरान बिहार में बने कुल 17 बाँधों में से 12 जनजातीय क्षेत्रों में बने, फिर भी, यह एक विडम्बना है कि इस क्षेत्र की कृषि योग्य कुल भूमि का मात्र 9% ही सिंचित है।

वृद्धि के अवरोधक (Immiserization of Growth)

राज्य की जनजातियों को औद्योगिक एवं खनन परियोजनाओं का बहुत ही कम लाभ मिल पाया है। यह मुख्य श्रमिकों के पेशों के विश्लेषण संबंधी उपरोक्त तालिका से स्पष्ट है। बावजूद इसके कि झारखंड क्षेत्र में अधिकतम शहरीकरण हुआ तथा खनन सहित अन्य प्रमुख उद्योग भी इसी क्षेत्र में स्थापित हुए, मात्र 10 प्रतिशत मुख्य श्रमिक ही कृषकेतर क्षेत्रों में कार्यरत हैं। औद्योगिक क्षेत्रों में उच्च स्तरीय तकनीकी नौकरी से लेकर कुशल तथा अकुशल स्तर तक की नौकरियाँ सृजित हुईं। उच्च स्तरीय दक्षता की माँग करने वाली ज्यादातर नौकरियाँ जनजातियों की क्षमता के बाहर थीं। बाहर से आने वाले लोगों के कारण वे उद्योग तथा खनन–क्षेत्र की कुशल तथा अकुशल स्तर की नौकरियों से भी वंचित हो गए (वेनर, 1978)। खानों के राष्ट्रीयकरण के पश्चात् कोयला–खानों में जनजातीय मजदूरों के प्रतिशत में कमी आई। (सेनगुप्ता, 1982) फिर भी आरक्षण–नीति के कारण जनजातियों के कुछ शिक्षित लोगों को उच्च स्तरीय नौकरियाँ मिलीं परंतु इससे ग्रामीण अर्थव्यवस्था पर कोई असर नहीं पड़ा।

जनजाति समुदाय अक्सर विकास के शिकार बने हैं। खनिज, वन और जल से भरपूर उनके क्षेत्रों में बनी परियोजनाओं का उन पर बहुत बुरा प्रभाव पड़ा है। जनजाति समुदाय इस आंतरिक (स्वदेशी) उपनिवेशवाद को महसूस कर रहे हैं (देवाल, 1992; सिंह, 1994) तथा इसे वंचितों के अभाव पर समृद्धि, 'स्थानीय लोगों को भुनाना', 'विस्थापन द्वारा स्थानीय लोगों को सर्वहारा बनाना' आदि के रूप में ले रहे हैं (अरिपरम्पिल, 1995)। तालिका–4 से परियोजना के क्षेत्रों में प्रभावित लोगों का एक अनुमान लगाया जा सकता है—

तालिका–4 : झारखंड क्षेत्र में विकास परियोजनाओं के कारण विस्थापन

क्रम	*परियोजना*	*विस्थापन का परिमाण*
1.	टिस्को (TISCO), 1907	3.564 एकड़ जनजातीय भूमि
2.	एच.ई.सी. (HEC), 1958	9.200 एकड़, 25 गाँव, 12990 जनजातीय लोग
3.	बोकारो स्टील प्लांट	46 गाँव, 12487 जनजातीय लोग
4.	कोयला खान	32709 जनजातीय परिवार
5.	सुवर्ण रेखा परियोजना*	
	(क) इचा	30800 परिवार (80% जनजातीय आबादी)
	(ख) चाँडिल	37600 परिवार (87.92%जनजातीय आबादी)
6.	नेतरहाट फील्ड फायरिंग रेंज*	245 गाँव, 150,000 परिवार (90% जनजातीय आबादी)
7.	कोयलकारो*	16350 परिवार (70% जनजातीय आबादी)

* चालू/प्रस्तावित परियोजनाएँ

स्रोत : सिंह (1994) में उद्धृत

तालिका-5 : झारखण्ड की जनजातियों का स्वास्थ्य संबंधी आँकड़ा

क्रम	*स्वास्थ्य सूचक*	*अनु. जनजाति*	*अनु. जाति*	*अन्य*
1.	शिशु मृत्यु दर (IMR)	92.2	120.4	94.0
2.	बाल मृत्यु दर (CMR)	42.5	57.6	42.3
3.	5 वर्ष से नीचे की मृत्यु दर	135.6	171.0	132.0
4.	बच्चों में कुपोषण उम्र के अनुसार भार (%)			
	<35 D	32.0	37.2	30.3
	< 25 D	61.8	66.1	62.3
	उम्र के अनुसार ऊँ चाई (%)			
	< 35 D	35.3	50.6	38.6
	< 25 D	63.0	66.9	60.0

स्रोत : ए.के. सिंह, आर. शरण एवं अन्य (1997)

निम्न स्वास्थ्य स्तर

सामान्यत: सभी और विशेषकर झारखंड की जनजातियों का विश्वास है कि बीमारियाँ दैवी शक्तियों के कारण उत्पन्न होती हैं। इसलिए उनके विचार में इनका इलाज झाड़-फूंक या पूजा-पाठ है (गुप्ता, 1980)। सभी गंभीर बीमारियों का इलाज वे एलोपैथी के साथ-साथ झाड़-फूंक तथा धार्मिक पद्धतियों से भी करते हैं। सामान्य आबादी की अपेक्षा जनजातियों में शिशु-मृत्यु दर काफी अधिक है।

अधिकतर अनुसूचित जनजातियाँ (79%) शिशु जन्म से संबंधित सावधानियाँ नहीं बरततीं और अनुसूचित जनजाति की (82%) गर्भवती महिलाएँ गर्भावस्था के दौरान टिटनेस का टीका नहीं लेतीं। इसी प्रकार, 88% अनु. जनजाति की महिलाएँ आयरन या फॉलिक एसिड की गोलियों का सेवन नहीं करतीं तथा अधिकतर बच्चों को टीके नहीं लगते। इन्हें जीवनरक्षक घोल (ओ.आर.एस.) की बहुत कम जानकारी है तथा अधिकतर अ.ज.जा. के बच्चे कद एवं वजन के अनुसार कुपोषण के शिकार हैं। (तालिका-5)

रहन-सहन का निम्न स्तर

ग्रामीण क्षेत्रों में रहने वाले अधिकांश जनजातियों के रहन-सहन की परिस्थितियों में लगातार गिरावट हो रही है। उनमें से अधिकतर छोटी झोंपड़ियों में रहते हैं। आबादी में बढ़ोतरी तथा आर्थिक जड़ता के कारण उनकी स्थिति और बुरी हो गई है। सिर्फ कुछ सम्पन्न जनजातियों के पास ही उचित निवास हेतु अधिक कमरों वाले सुविधापूर्ण मकान हैं। (लेखक द्वारा किए गए दौरे से) सभी क्षेत्रों में ज्यादातर मकान निम्न स्तरीय पाए गए। ग्रामीणों का कहना था कि जनजातीय लोगों द्वारा सुदूर क्षेत्रों में काम की तलाश में चले जाने के कारण ऐसी स्थिति हो गई है। उन्हें अपने मकान की मरम्मत करने के लिए समय ही नहीं मिलता। यहाँ तक कि अपने

गाँवों तथा घरों के अच्छे रखरखाव तथा साफ-सुथरेपन के लिए प्रसिद्ध संतालों के गाँवों में भी सड़कें और घर बुरी हालत में पाए गए। राँची तथा जमशेदपुर जैसे शहरी इलाकों में तो जनजातियों के गाँव झोंपड़पट्टियों में तब्दील हो गए हैं। जनजातियों के अधिकतर घरों में 'ढिबरी' जलती है और बमुश्किल 3 से 4% लोग ही बिजली का उपयोग करते हैं।

जनजातीय विद्रोह एवं भूमि बंदोबस्ती व्यवस्था

(Land Tenure System)

झारखंड क्षेत्र में भूमि बंदोबस्ती व्यवस्था के आधार पर मुख्यत: दो प्रकार के गाँव मिलते हैं—

1. ऐसे गाँव जिसमें मूल वाशिंदों के उत्तराधिकारी बसते हैं। इन्हें उराँव क्षेत्रों में भुईहर, मुंडा प्रधान इलाकों में खूँटकट्टीदार, हो क्षेत्र में मुंडा-मानकी तथा संताल इलाकों में प्रधान या तंझास कहा जाता है। इन विशेष भू-धारकों के पास करमुक्त भूमि और अपने वन हैं तथा इन्हें अपनी भूमि पर काश्तकारों से लगान लेने का अधिकार है (उपायुक्त की अनुमति से)।
2. ऐसे साधारण गाँव जहाँ भूमि के किराएदार सीधे राज्य सरकार को कर देते हैं।

झारखंड क्षेत्र में दो मुख्य काश्तकारी अधिनियम (टेनेंसी एक्ट) लागू हैं। पहला, छोटानागपुर टेनेंसी एक्ट 1908 तथा दूसरा, संतालपरगना टेनेंसी एक्ट 1949। (CNTA is operative in the districts of Santhal Paragana Division) इन अधिनियमों के द्वारा जनजातीय कृषि योग्य भूमि को इन क्षेत्रों में निवास करने वाले अन्य गैर-जनजातीय लोगों को हस्तांतरित किए जाने पर प्रतिबंध लगाया गया है। इन अधिनियमों में जनजातीय लोगों से गलत तरीकों से हड़पी गई भूमि उन्हें वापस किए जाने का भी प्रावधान है। फिर भी इन अधिनियमों के कई प्रावधान सफल रूप से बहुत कम लागू हो पाए हैं।

भूमि की अल्प-उत्पादकता

इस क्षेत्र में कमोबेश हर गाँव में एक हेक्टेयर से कम भूमि की ही बंदोबस्ती हुई है। आदिम जनजाति वाले गाँवों में ही जनजातीय भूमिहीनों की संख्या अधिक है। लगभग 60% बंदोबस्ती दो हेक्टेयर से कम की है जबकि 2 से 10 हेक्टेयर भूमि की बंदोबस्ती का प्रतिशत लगभग 20 है। 10 हेक्टेयर से अधिक भूमि की बंदोबस्ती का प्रतिशत लगभग मात्र 5 है। इस प्रकार विभिन्न गाँवों में बंदोबस्ती की ऐसी विभिन्नता स्पष्ट देखने में आती है।

बंदोबस्त की गई भूमि का 40% निम्न तलीय भूमि है तथा 60% मध्यम तथा उच्च तलीय भूमि है। इसलिए बड़े भू-भाग की बंदोबस्ती से भी उसके मालिक को तब तक लाभ नहीं मिल पाता जब तक कि भूमि अच्छी गुणवत्ता वाली (उपजाऊ) न हो। कुछ क्षेत्र ऐसे भी हैं जहाँ पाँच हेक्टेयर भूमि से भी काश्तकार अपने परिवार की साल भर की जरूरतें पूरी नहीं कर पाता। साथ ही यह भी उल्लेखनीय है कि वैसे आदिम जनजातियों के पास जिन्होंने काफी बाद में खेती करना शुरू किया, ऐसे जोत हैं जो बहुत कम उपजाऊ हैं।

सामान्यत: हजारीबाग तथा पलामू में काश्तकार अधिक हैं। ज्यादातर खेती 'अधबट्टा'

(साझेदारी) में होती है। इसमें स्वयं खेती कर पाने में असमर्थ आदिवासी अपनी जमीन उन आदिवासियों को पट्टे पर दे देते हैं जो खेत करने में सक्षम हैं। कुछ मामलों में भूमि का मालिक अपनी भूमि के पट्टे को गिरवी रख देने के बाद 'अधबँटाईदार' (साझेदार) बन जाता है। इस क्षेत्र में अधिकतर खेती 'बँटाई' पर होने का यह एक प्रमुख कारण है।

जनजातीय विद्रोह

भारतीय वन अधिनियम, वन्य प्राणी संरक्षण अधिनियम और भू-अधिग्रहण अधिनियम जैसे अनेक अधिनियमों ने इस क्षेत्र में जनजातीय आबादी के हितों के विरुद्ध काम किया है। उनके क्षेत्रों में ब्रिटिश राज के समय से आरंभ हुई उपनिवेशवाद की प्रक्रिया आज तक रुकी नहीं है। अनेक स्वैच्छिक संस्थाएँ और व्यक्ति इस क्षेत्र की जनजातियों को 'दास' बनाए जाने के विरुद्ध रहे हैं। झारखंड क्षेत्र में विरोधकारी आंदोलनों का प्रमुख मुद्दा महाजनों, व्यापारियों, शहरों में बाहर से आकर नए बसे लोगों द्वारा आदिवासियों की भूमि का हड़पना रहा है। कुछ विरोधकारी आंदोलन अब भी जारी हैं।

योजना-अवधि के दौरान विकास की योजनाएँ

क्रमिक योजना-अवधियों के दौरान जनजातीय विकास की योजनाओं में काफी परिवर्तन हुए। प्रथम पंचवर्षीय योजना के प्रारंभ में ही सामुदायिक विकास कार्यक्रम आरंभ हुआ था और दूसरी पंचवर्षीय योजना की समाप्ति तक यह कार्यक्रम समूचे देश में चलने लगा था। जनजातीय क्षेत्र भी इस कार्यक्रम के अंतर्गत थे। बाद में (1954 में) इसके साथ बहु-उद्देश्यीय जनजाति विकास परियोजना भी जोड़ दी गई जिसे सिर्फ कुछ ही प्रखंडों में लागू किया जाना था। 1964 में इन विशेष परियोजनाओं को संशोधित किया गया तथा 'जनजाति विकास प्रखंड' (Tribal Development Block) की अपेक्षाकृत अधिक सामान्य संकल्पना की शुरुआत हुई। 'जनजाति विकास प्रखंड' के अंतर्गत सामान्य रूप से 25000 की आबादी वाला 150-200 वर्ग किमी का क्षेत्र रखा गया था। इसका मुख्य कार्य था—कृषि विकास, सड़क तथा पुलिया निर्माण, पेयजल तथा स्वास्थ्य एवं शिक्षा जैसी सामाजिक सेवाएँ। ढेबर आयोग रिपोर्ट और शील समिति (1969) ने अपने सर्वेक्षण में इन कार्यक्रमों के सफल क्रियान्वयन पर आधारित कई महत्त्वपूर्ण तथ्य प्रकट किए। उन्होंने बताया कि इन विकास-कार्यक्रमों के लिए पर्याप्त कोष का अभाव है, कार्यान्वयन की गति धीमी है तथा वास्तव में इनसे जनजातीय क्षेत्रों में आ बसे अन्य समुदायों के उन्नत लोगों को ही अधिक लाभ मिलता है।

'जनजाति विकास प्रखंड' से प्राप्त पिछले अनुभवों के मद्देनजर पाँचवीं पंचवर्षीय योजना (1974-79) में जनजातियों के विकास के लिए एक समेकित उपयोजना का प्रस्ताव (जनजाति उपयोजना) रखा गया। इस उपयोजना में चिन्हित क्षेत्रों में विकास कार्य किया गया जिसके लिए संसाधन निम्न स्रोतों से लिए गए— (i) राज्य स्तर की योजनाओं का व्यय, (ii) विशेष केंद्रीय सहायता, (iii) संस्थागत वित्त, और (iv) केंद्रीय मंत्रालयों के निवेश। पाँचवीं पंचवर्षीय योजना में किए गए निवेशों के विश्लेषण से यह पता चलता है कि राज्य के हिस्से के कोष (फंड) की अधिक मात्रा संरचनात्मक प्रबंधन में व्यय की गई और सिर्फ 5% ही वास्तव

में लाभदायक योजनाओं पर खर्च हुआ (योजना आयोग, 1980)।

झारखंड में जनजातीय विकास के लिए विस्तृत संस्थागत संरचना मौजूद है। राज्य स्तर पर 'जनजातीय सलाहकार परिषद्' (Tribal Advisory Council) है जिसके अध्यक्ष राज्य के मुख्यमंत्री, उपाध्यक्ष जनजाति कल्याण मंत्री हैं तथा विधानसभा के जनजाति समुदाय के सदस्य (विधायक) इस परिषद् में सम्मिलित हैं। यह परिषद् राज्य में कार्यरत जनजातीय विकास की नीतियों के सभी पक्षों का निरीक्षण करती है। कल्याण विभाग (अनु. जनजाति, अनु. जाति तथा पिछड़ा वर्ग) में नियुक्त एक सचिव जनजाति कल्याण मंत्री के नियंत्रण और निर्देशन में जनजातीय विकास से संबंधित मामलों की देखरेख करता है। सचिव के साथ एक विशेष सचिव, एक अतिरिक्त सचिव, दो संयुक्त सचिव, दो उपसचिव तथा तीन अधीनस्थ सचिव होते हैं। सचिव जनजाति कल्याण आयोग के संसाधनों का भी उपयोग कर सकता है।

झारखंड ही अकेला एक ऐसा राज्य है जहाँ जनजाति उपयोजना के कार्यान्वयन के निरीक्षण के लिए एक पृथक प्रशासनिक संरचना है। योजनाओं और कार्यक्रमों के कार्यान्वयन की जिम्मेदारी भारत सरकार के अतिरिक्त सचिव स्तर का वरिष्ठ अधिकारी, क्षेत्रीय विकास आयुक्त सँभालता है, जिसकी एक शाखा-सचिवालय राँची में स्थित है। 29 सरकारी विभागों (जिन्हें हस्तांतरित क्षेत्र (Transferred Sectors) कहा जाता है) को अपनी योजना-बजट का न्यूनतम 25% जनजाति उपयोजना को देना पड़ता है। जनजाति उपयोजना के लिए संसाधन तीन स्रोतों— राज्य स्तर की योजना, विशेष केंद्रीय सहायता तथा केंद्र स्तर पर प्रायोजित योजना के लिए केंद्रीय सहायता से मिलता है। भारत सरकार ने राज्य सरकारों से जनजाति उपयोजना के कोष को कल्याण विभाग के माध्यम से खर्च किए जाने की संस्तुति की है। कल्याण विभाग इस कोष को जनजातियों की आवश्यकता के अनुसार क्षेत्रीय स्तर पर तय की गई प्राथमिकता के आधार पर समेकित रूप से व्यय करेगा न कि प्रत्येक भिन्न विभाग द्वारा अलग-अलग तय की गई जनजाति उपयोजना के कार्यान्वयन पर। यद्यपि इसके कोषों का संचालन संस्तुति के अनुरूप नहीं हुआ फिर भी क्षेत्रीय विकास आयुक्त द्वारा जनजाति उपयोजना का गठन तथा क्रियान्वयन किया गया। हस्तांतरित क्षेत्रों के विभागों की योजनाओं को क्षेत्रीय विकास आयुक्त की अध्यक्षता वाली उपयोजना मंजूरी समिति द्वारा मंजूरी दी गई।

दूसरी ओर जनजातियों के सामाजिक, शैक्षिक तथा आर्थिक विकास के लिए बनी योजनाओं के कार्यान्वयन का निरीक्षण जनजाति कल्याण आयुक्त (Tribal walfare commissioner) करता है। वह विशेष केंद्रीय सहायता एवं जनजातियों में आर्थिक विकास के लिए संविधान की धारा 275 (1) के अंतर्गत प्राप्त सहायता के लिए 'नोडल एजेंसी' का कार्य करता है। अनुमंडलीय स्तर पर उपनिदेशक (कल्याण) के सहयोग से अनुमंडलीय आयुक्त जनजाति उपयोजना के कार्यान्वयन की देखभाल करता है। जिला स्तर पर इसके लिए उपायुक्त होता है जो जिला कार्य बल (The District Task Force) की मासिक बैठकों के माध्यम से इसका संचालन करता है। इस जिला कार्य बल में संबंधित उपविभागों के जिला-प्रमुख, आई.आर.डी.पी. (IRDP) परियोजना के मेस्को (MASCO) अधिकारी, जिला कल्याण अधिकारी तथा प्रखंड विकास पदाधिकारी होते हैं।

प्रत्येक जिले में जनजातियों के शैक्षिक विकास तथा चिकित्सकीय सहायता, कानूनी

सहायता जैसे अन्य राज्य-स्तरीय योजनाओं को लागू करने की जिम्मेदारी जिला कल्याण पदाधिकारी की होती है। जनजातीय विकास की सामान्य योजनाओं के साथ-साथ आदिम जनजाति समुदायों—असुर, बिरहोर, सौरिया पहाड़िया, माल पहाड़िया, पहाड़िया, शाबर इत्यादि—के विकास के लिए विशेष योजनाएँ भी हैं। संतालपरगना के तीन जिलों में से प्रत्येक में एक पहाड़िया कल्याण पदाधिकारी है जो विशेषत: पहाड़ियाओं के लिए चल रहे शैक्षिक कार्यक्रमों और परिवार केंद्रित आर्थिक विकास संबंधी योजनाओं का कार्यभार सँभालता है।

इन सबके अलावा इस क्षेत्र में बाजार एवं सहायक-ऋण (Support Credit) के लिए विभिन्न संस्थाओं (LAMP तथा TCDC) का निर्माण किया गया है। विस्तृत क्षेत्र बहु उद्देश्यीय सहकारी समिति (LAMP) की स्थापना जनजाति समुदाय को व्यापारियों और महाजनों द्वारा ऋण पर ऊँची ब्याज दर वसूलने, उनके उत्पादनों को कम मूल्य पर खरीदने तथा उनकी घरेलू आवश्यकता के सामानों को उन्हें ज्यादा मूल्य पर बेचने जैसी शोषणकारी गतिविधियों से बचाने के लिए की गई थी। यह सहकारी समिति उन्हें उचित ब्याज-दर पर ऋण मुहैया कराती है, इमारती लकड़ी को छोड़ कर अन्य वनोपजों तथा अतिरिक्त कृषि-उपजों को उचित मूल्य पर खरीदती है तथा उन्हें घरेलू आवश्यकता के सामानों (चावल, दाल, नमक, तेल इत्यादि) की आपूर्ति करती है। परंतु विभिन्न कारणों से ये सहकारी समितियाँ प्रभावी रूप से कार्य नहीं कर पा रही हैं। कमोबेश ये निष्क्रिय हैं। यद्यपि इनमें से कुछ सिर्फ कृषि-संबंधी सामानों की आपूर्ति कर रही हैं तो कुछ जनवितरण प्रणाली के अंतर्गत आवश्यक सामानों की ही आपूर्ति कर रही हैं। जनजाति समुदाय को निम्न ब्याज-दरों पर ऋण देने या उनकी उपजों का उचित मूल्य पर क्रय करने जैसे इनके कार्य मृतप्राय हैं।

लैम्पस् (LAMPs) को विपणन हेतु सहयोग उपलब्ध कराने के लिए टी.सी.डी.सी. (TCDC) सर्वोच्च संगठन है। परंतु इसका प्रदर्शन बिलकुल निम्न स्तरीय है। इनका कार्यक्षेत्र बस चार या पाँच प्रकार के सामानों के विपणन तक ही रह गया है और इनके द्वारा विपणित वस्तुओं का मूल्य इतना कम होता है कि जनजाति समुदाय को इससे कोई लाभ नहीं पहुँचता। हाल के वर्षों में TCDC ने जनजाति समुदाय के शिक्षित बेरोजगारों के लिए प्रशिक्षण देने का कार्य प्रारंभ किया है तथा समुदाय के शिक्षित बेरोजगारों को राष्ट्रीय अनुसूचित जाति और अनुसूचित जनजाति वित्त एवं विकास निगम (National SC and ST Finance and Development Corporation, NSRFDC) के सहयोग से वित्त भी प्रदान करता है।

विकास के कार्यक्रम : एक मूल्यांकन

झारखंड में गत वर्षों के दौरान योजना राशि का अधिकांश भाग सिंचाई (लघु एवं मध्यम), कृषि तथा संबंधित सेवाएँ, ग्रामीण विकास के लिए विशेष क्षेत्रीय कार्यक्रमों, सामाजिक सेवाओं इत्यादि के मद में व्यय हुआ। व्यक्तिगत रूप से लाभकारी अन्य विकास कार्यक्रमों को दो श्रेणियों में रखा जा सकता है—(1) स्व-नियोजन तथा क्षमता-वृद्धि करने वाले कार्यक्रम, और (2) मजदूरी आधारित नियोजन के कार्यक्रम। प्रथम श्रेणी के अंतर्गत समेकित ग्रामीण विकास कार्यक्रम (Integrated Rural Development Programme, IRDP) एक प्रमुख कार्यक्रम है। इसमें गरीबी रेखा से नीचे के परिवारों को अनुदानित दर (Subsidised Rates)

पर परिसंपत्तियाँ प्रदान की जाती हैं। 6400 रुपए वार्षिक से कम आय वाले अनुसूचित जनजाति के परिवार को 50 प्रतिशत अनुदान (Subsidy) दिया जाता है। सब्सिडी की अधिकतम सीमा 5000 रुपए से बढ़ाकर अब 6000 रुपए प्रति योजना कर दी गई है। 'कूप योजना' के तहत, एक एकड़ से अधिक भूमि वाले अनुसूचित जनजाति का गरीब परिवार अपनी भूमि पर कुआँ खुदवा सकता है। लाभुक स्वयं या मजदूरों द्वारा खुदवा सकता है जिसके खर्च का वहन राज्य सरकार करती है। इसी प्रकार, इंदिरा आवास योजना के तहत गरीब मजदूरों को नि:शुल्क आवास प्रदान किया जाता है। पहले ये आवास प्रखंड विकास पदाधिकारी द्वारा निर्मित किए जाते थे, परंतु अब आवास निर्माण के लिए सीधे लाभुकों को ही अनुदान दे दिया जाता है। जवाहर रोजगार योजना तथा एम्प्लायमेंट एश्योरेंस स्कीम गरीबी-उन्मूलन के प्रमुख कार्यक्रम हैं। जहाँ जवाहर रोजगार योजना में गरीब मजदूरों को कमजोर (Lean) मौसम के दौरान रोजगार उपलब्ध कराया जाता है वहीं एम्प्लायमेंट एश्योरेंस स्कीम भूमिहीन परिवार के कम-से-कम एक सदस्य को 100 दिनों के रोजगार की गारंटी प्रदान करता है।

इन सबके अलावा झारखंड क्षेत्र के जिलों के 67 जनजाति बहुल प्रखंडों में विश्व बैंक द्वारा प्रायोजित बिहार पठारी विकास परियोजना भी कार्यरत है। यह परियोजना चार क्षेत्रों—कृषि, लघु सिंचाई, ग्रामीण सड़क तथा पेयजल—में कार्य कर रही है। इस परियोजना को स्वैच्छिक संस्थाओं की सहायता से लागू किया जाना है तथा इसमें लाभुकों के लिए मुख्य सहभागिता हेतु ढाँचा मौजूद है परंतु विभिन्न विकास कार्यक्रम जनजातियों को अधिक लाभ पहुँचा पाने में असफल रहे हैं। अनेक विद्वानों तथा सरकार की रिपोर्टों ने इस असफलता के विभिन्न कारण बताए हैं (चाँद, 1994; सच्चिदानंद एवं वर्मा, 1993; भगत एवं प्रसाद, 1994; सिन्हा, 1994; चौधरी, 1992)। प्रथमत: विकास के कार्यक्रमों का संचालन प्रभावी न हो पाने के कारण अधिकांशत: यह कागजी घोड़ा ही बन कर रह गया है। साथ-ही-साथ इन कार्यक्रमों की प्रकृति में सहभागिता न के बराबर है। जनता की राय लेने के प्रावधान के होने के बावजूद इन कार्यक्रमों के निर्माण या कार्यान्वयन में शायद ही उनसे संपर्क साधा गया (शरण, 1996)। द्वितीयत:, ये कार्यक्रम स्थानीय अर्थव्यवस्था के विशिष्ट गुणों को पहचान पाने में असफल रहे। इनमें से कुछ कार्यक्रम स्व-नियोजन को बढ़ावा देने के लिए निर्मित किए गए हैं जबकि जनजाति समुदायों में एक उद्यमी के गुण आसानी से नहीं पाए जाते। इसलिए इस दिशा में किए गए प्रयासों से बहुत कम संख्या में, विशेषकर शिक्षित लोगों को ही सहायता मिल पाई है।

जनजातियों की सामाजिक-आर्थिक परिस्थितियों का सारांश निम्न प्रकार से दिया जा सकता है—

1. जनजातीय अर्थव्यवस्था मूलत: एक 'दबी अर्थव्यवस्था' (embedded economy) है जो पहले जीवनयापन का आधार खोजती है। जनजातियों के पास भूमि, नदी-झरने तथा वन जैसे मिश्रित प्राकृतिक संसाधन हैं। इसलिए उनकी आजीविका अर्जित करने तथा खपत का तरीका मौसम के अनुसार परिवर्तित होता रहता है। जनजाति सामान्यत: गुजारे भर की आय से संतुष्ट हो जाते हैं। धन संचय जनजातियों की दृष्टि से अच्छा नहीं माना जाता।

2. खेती, वन जैसी सार्वजनिक संपत्ति से प्राप्त वस्तुएँ, वन आधारित हस्तशिल्प तथा पशुपालन जनजातियों में बिलकुल सामान्य बात है और इन पर आधारित कोई भी क्रियाकलाप

वे सहजता से स्वीकार कर लेते हैं।

3. जनजाति समुदाय अपने जीवन-निर्वाह के लिए भूमि, बीज, कृषि-उपकरण इत्यादि तथा वनोपजों के मिश्रित संसाधनों का उपयोग करते हैं। वे जुताई, रोपाई तथा घरों की मरम्मत आदि में एक-दूसरे का सहयोग एक सार्वजनिक संसाधन की भाँति लेते हैं जिसे 'मदईत' (सहयोग) कहा जाता है। हालाँकि इसका उपयोग कई इलाकों में अब औद्योगिकीकरण तथा आधुनिकीकरण के कारण कम हो रहा है। सार्वजनिक संपत्ति के संसाधन को महत्त्व देने के कारण ही इनके सामाजिक संबंधों में सामुदायिक जीवन, सहभागिता तथा समानता का दर्शन मिलता है। इसलिए सार्वजनिक संपत्ति के संसाधनों का प्रबंधन भी इनकी सहज प्रवृत्ति है।

4. स्वतंत्रता के पश्चात् आरंभ हुई विकास की प्रक्रिया से जनजातियों के हितों पर व्यापक प्रभाव पड़ा है। सार्वजनिक अथवा निजी क्षेत्रों की परियोजनाओं में बड़ी मात्रा में निवेश से उनका विस्थापन हुआ तथा उनके क्षेत्रों में पर्यावरणीय अवनति हुई। असंतुलित पुनर्वास से वे शहरी औद्योगिक यायावर बन गए तथा शहरीकरण के कारण भूमि हाथ से निकल जाने के कारण वे गरीबी के शिकार हो गए। शहरों के समीप के अनेक पुराने जनजातीय गाँव झोंपड़पट्टी (slum) बन गए हैं। जनजातीय आबादी में विच्छिन्नता बढ़ गई तथा कई इलाकों में एकरूपता में व्यवधान पड़ा है।

5. स्वातंत्र्योत्तर भारत की राजनीतिक प्रक्रिया तथा इन क्षेत्रों में वर्षों तक विकास कोषों की भरमार के कारण एक नए वर्ग के साथ-साथ आसामी वर्ग (Renties) वर्ग भी पनपा है जिसके कारण पारंपरिक नेतृत्व का महत्त्व कम होता गया है। यह ह्रास शहरी क्षेत्रों के समीप तथा गैर-जनजाति प्रभुत्व वाले क्षेत्रों में ज्यादा दीख पड़ता है।

6. जनजातियों के अधिकतर सीमांत भाग वास्तविक विकास से वंचित हैं, अतः इन्हें ही अधिकतम सहायता चाहिए। इनमें पहाड़ों में रहने वाले आदिम जनजाति समुदाय, देर से कृषि-कार्य आरंभ करने वाले (जिनके पास निम्न गुणवत्ता वाली भूमि है) तथा कम शिक्षित व्यक्ति आते हैं। सीमांत कृषक और ऐसे भूमिहीन लोग जो विस्थापित हैं तथा शहरी केंद्रों के समीप रहते हैं, सीमांत तथा लघु कृषक जो ऐसे क्षेत्रों में रहते हैं जहाँ वन तेजी से समाप्त हो रहे हैं तथा सिंचाई की सुविधा नहीं है—को भी प्राथमिकता के आधार पर सहायता की आवश्यकता है।

7. चूंकि विकास के कार्यक्रम जनजातीय समुदाय के इन गरीब लोगों के लिए जीवनयापन का कोई टिकाऊ साधन निर्मित करने में अक्षम हैं इसलिए उनके पास निर्वाह के लिए तीन ही विकल्प रह जाते हैं—सुदूर जगहों में विस्थापन, समीप के शहरों में रिक्शा खींचना और पेड़ काटना।

वैकल्पिक योजना

उपरोक्त पृष्ठभूमि के मद्देनजर यह महत्त्वपूर्ण हो जाता है कि विकास की एक ऐसी योजना बने जो सामाजिक रूप से स्वीकार्य हो, सहभागिता को प्रोत्साहित करे तथा लोगों को स्वयं ही विकास में पहल करने के लिए सशक्त करे। इसके लिए राजनीतिक तथा आर्थिक, दोनों ही आधारों पर सशक्तिकरण की आवश्यकता है।

आर्थिक सशक्तिकरण

लोगों का आर्थिक सशक्तिकरण उनकी उत्पादन क्षमता के निर्माण पर केंद्रित होना चाहिए। इसे निम्न प्रकार से हासिल किया जा सकता है—

1. क्षेत्र में संपूर्ण आर्थिक अवसरों में वृद्धि दर।
2. जनजातियों द्वारा बेचे जाने वाले उत्पादन की मूल्य-वृद्धि दर।
3. सौदेबाजी की क्षमता में विकास द्वारा अपेक्षाकृत बेहतर सौदा करने के योग्य बनाना।
4. हार्टिकल्चर और मधुमक्खी पालन सहित नए क्षेत्रों में प्रशिक्षण तथा दक्षता में अभिवृद्धि करना।
5. आर्थिक अवसरों, सरकारी कार्यक्रमों तथा वित्तीय स्रोतों की जानकारी उपलब्ध कराना।
6. जनजातीय समुदायों को संगठित कर उनके द्वारा पारंपरिक ज्ञान के अभिलेख तैयार करवाना तथा उनका पेटेण्ट करवाना।

यहाँ यह भी ध्यान रखना है कि किसी एक क्षेत्र में भी विभिन्न जनजातीय समुदाय के लोग रहते हैं। अत: योजनाओं को क्षेत्रीय विभिन्नता पर आधारित होना चाहिए। जनजातीय समुदायों को व्यापक रूप से पाँच श्रेणियों में विभक्त किया जा सकता है—पहाड़ी क्षेत्र, विरल वन वाले क्षेत्र, पठारी क्षेत्र, प्रगतिशील कृषि-क्षेत्र, और शहरी, खनन तथा औद्योगिक क्षेत्रों के समीप वाले क्षेत्र।

राजनीतिक सशक्तिकरण

औपचारिक प्रशासनिक संरचना के प्रति जनजातीय समुदायों की विमुखता को कम करने के लिए राजनीतिक सशक्तिकरण आवश्यक है। इसके प्रमुख उद्देश्य निम्न होने चाहिए—

1. जनजातीय समुदायों को इस योग्य बनाना कि वे किसी तथ्य का विश्लेषण कर यह जान सकें कि उसका उनके जीवन पर क्या प्रभाव पड़ेगा।
2. अपने सांस्कृतिक परिवेश के अंतर्गत जनजातीय समुदायों द्वारा अपनी गरिमा तथा आत्मविश्वास का पुनर्स्थापन करना।
3. विकास के स्थानीय कार्यक्रमों के निर्माण तथा कार्यान्वयन में उनकी भागीदारी को प्रोत्साहित करना।
4. केंद्र तथा राज्य, दोनों ही स्तरों पर प्रशासनिक कार्यों में भागीदारी के लिए प्रोत्साहित करना।
5. सभी प्रकार के शोषण का विरोध करने की क्षमता का निर्माण करना।

इन उद्देश्यों की प्राप्ति के लिए निम्न कार्य करने होंगे—

1. संवैधानिक प्रावधानों सहित विभिन्न सरकारी नियम-कानूनों की जानकारी देना।
2. जनजातीय समुदाय के लोगों में सौदेबाजी की क्षमता की अभिवृद्धि करना।
3. विभिन्न विकास योजनाओं का प्रदर्शन जनजातीय भाषाओं में करना।
4. आवर्ती रूप से कानूनी सलाह उपलब्ध करानी चाहिए।

5. पंचायती राज (अनुसूचित क्षेत्रों में विस्तार) अधिनियम, 1996 के अनुसार ग्राम सभाओं को शक्ति प्रदान कर भी लोगों को प्रवृत्त किया जा सकता है।

निष्कर्ष

जनजातीय समुदायों की सादगी, समृद्ध संस्कृति तथा उच्च गुणवत्ता वाले जीवन पर देश वास्तव में गर्व कर सकता है। उन्हें अपनी जीवनशैली, अपने गीत, संगीत, नृत्य, त्योहार और हस्तशिल्प को बनाए रखना चाहिए। वे सभ्य समाज के अन्य लोगों की अपेक्षा प्रकृति के अधिक समीप हैं और वे भी समान रूप से अच्छे स्वास्थ्य, शिक्षा तथा सामाजिक सुरक्षा के रूप में सभ्यता के लाभ पाने की योग्यता रखते हैं। चूंकि जनजातीय समुदायों का जीवन मुख्यतः वनोपजों तथा कृषि से जुड़ा हुआ है। इसलिए आय-वृद्धि योजनाओं को इन क्षेत्रों में उत्पादकता में वृद्धि पर केंद्रित होना चाहिए। उल्लेखनीय है कि वर्षा के मामले में यह क्षेत्र (झारखंड क्षेत्र) देश के अन्य भागों की अपेक्षा अधिक भाग्यशाली है। अच्छे परिणामों के लिए जल छाजन प्रबंधन, मृदा जाँच, सिंचाई तथा वन रोपण से संबंधित तकनीकी उपलब्धियों का बड़े स्तर पर उपयोग करना चाहिए। कोष की कमी निश्चित ही एक प्रमुख अवरोध है परंतु जनजाति समुदायों की ग्रहणशीलता की छोटी समस्या नहीं है जिसे सरकार, स्वयं सहायता समूहों, स्वैच्छिक संस्थाओं एवं सभी मतों के मिशनरियों द्वारा उत्साहपूर्वक बढ़ाया जा सकता है। इस क्षेत्र के जनजाति समुदायों के सर्वांगीण विकास के लिए इनके आर्थिक एवं राजनीतिक सशक्तिकरण के लिए इन्हें एकजुट होना होगा।

संदर्भ

1. मैथ्यू अरिपरंपिल (1995), 'ट्राइबल ऑफ झारखंड : विक्टिम्स ऑफ डेवेलपमेंट', इंडियन सोशल इंस्टीट्यूट, नई दिल्ली।
2. एस. बत्रा, आर. शरण एवं ए.के. सिंह (1997) : 'ट्राइबल लैंड एलियनेशन इन दी डिस्ट्रिक्ट ऑफ दुमका एंड राँची', काउंसिल फार सोशल डेवेलपमेंट, नई दिल्ली।
3. ए. बेटेली (1977) : 'द डेफीनिशन ऑफ ट्राइब, कास्ट एंड रिलीजन इन इंडिया', आर. थापर द्वारा संपादित, मैकमिलन।
4. एल. एन. भगत एवं बी. प्रसाद (1994) : 'इंपैक्ट ऑफ आई.आर.डी.पी. ऑन द बेनीफिशियरीज इन ट्राइबल बिहार : ए केस स्टडी ऑफ बेड़ो ब्लॉक ऑफ राँची', बिहार जनजातीय शोध संस्थान का बुलेटिन, अंक-35, संख्या-1।
5. एस.के. चाँद (1994) : 'ट्राइबल पॉपुलेशन एंड डेवेलपमेंट इन बिहार', राँची।
6. बी. चौधरी (1992) : 'ट्राइबल ट्रांसफॉरमेशन इन इंडिया', सामाजिक, आर्थिक एवं पारिस्थितिकी विकास, भाग-II, इंटर इंडिया पब्लिकेशन, नई दिल्ली।
7. एस.के. चाँद (1991) : 'फैक्ट फाइंडिंग एंड नीड एसेसमेंट सर्वे ऑफ ट्राइबल पीपुल इन बिहार स्टेट', अंतर्राष्ट्रीय श्रम संगठन।
8. एस. देवेल (1992): 'डिस्कोर्सेस ऑफ इथिनिसिटी', सेज, नई दिल्ली।
9. एस.पी. गुप्ता (1986): 'ट्राइबल कांसेप्ट ऑफ हेल्थ : डिज़ीज़ एंड रेमेडी', सं. बी. चौधरी।
10. गोपाल के. अय्यर (1993) : 'ट्राइबल लैंड फॉरेस्ट क्वेश्चन इन बिहार', द एडमिनिस्ट्रेटर, भाग-37, अप्रैल-जून।

11. हरिमोहन (1989) : खूंटी के समेकित जनजातीय विकास कार्यक्रम की रिपोर्ट, बिहार जनजाति शोध संस्थान, राँची, जरनल ऑफ सोशल हेल्थ।
12. सच्चिदानंद (1986) : 'सोशल-कल्चरल डायमेंशन ऑफ ट्राइबल हेल्थ', जरनल ऑफ सोशल एंड इकोनोमिक स्टडीज़, भाग 3 (4)।
13. सच्चिदानंद एवं के.के. वर्मा (1983) : 'इलेक्ट्रिसिटी एंड सोशल चेंज', जानकी प्रकाशन, पटना।
14. के.बी. सक्सेना (1983) : ट्राइबल डेवेलपमेंट इन बिहार : 'एन एप्रेजल, बुलेटिन ऑफ बिहार ट्राइबल्स', भाग-25, सं. 1 एवं 2।
15. निर्मल सेनगुप्ता (1982) : 'बैकग्राउंड ऑफ द झारखंड क्वेश्चन', सं. एन. सेनगुप्ता, फोर्थ वर्ल्ड डायनामिक्स, आथर्स गाइड, दिल्ली।
16. (1964) : 'रूट ऑफ रूरल स्टैगनेशन इन झारखंड', सोशल चेंज, भाग-24, सं. 1 एवं 2।
17. आर. शरण एवं एच. दयाल (1995) : 'डिस्क्रिमिनेशन अगेंस्ट फीमेल फार्म लेबरर्स इन दी झारखंड रीजन ऑफ बिहार', दी इंडियन जरनल ऑफ लेबर इकॉनामिक्स, भाग-37, सं. 41।
18. आर. शरण एवं एच. दयाल (1991) : 'स्ट्रेटजी फॉर दी डेवेलपमेंट ऑफ दी ट्राइबल्स ऑफ बिहार', राँची (mimio)।
19. अलख नारायण शर्मा (1995) : 'पोलिटिकल इकोनोमी ऑफ पॉवर्टी् इन बिहार', इकोनोमिक एंड पोलिटिकल वीकली, भाग-30, सं. 11 एवं 12, अक्टूबर 14-21।
20. आर. शरण (1998) : 'पार्टिसिपेटरी डेवेलपमेंट एंड ट्रेडिशनल डिक्रिशिएटिक इंस्टीट्यूशन', मिमियो पर्ल, राँची।
21. आर. शरण एवं एच. दयाल (1996) : 'स्ट्रेटजी फॉर डेवेलपमेंट ऑफ ट्राइबल्स ऑफ बिहार इन ठाकुर चक्रधरपुर (सं.), बिहार्स डेवेलपमेंट।'
22. ए.के. सिंह (1994) : 'झारखंड काठेर : स्वदेशी कोलोनाइजेशन', सोशल चेंज, भाग-24 (1 एवं 2)।
23. ए.के. सिंह (1995) : 'एनडेंजर्ड ट्राइबल्स ऑफ इंडिया : टू बीट्रैप ऑफ डेवेलपमेंट'—इंडिया सोसायटी ऑफ लेबर इकोनोमिक्स, पटना द्वारा आयोजित सेमिनार में प्रस्तुत शोधपत्र, दिसम्बर 8-10।
24. रवि रंजन सिन्हा एवं जितेन्द्र कुमार सिन्हा (1994) : 'पॉपुलेशन स्ट्रक्चर एंड डेवेलपमेंट पैटर्न ऑफ ट्राइबल्स इन बिहार'. सं. सिन्हा एवं सिन्हा, पॉपुलेशन एंड डेवेलपमेंट इन बिहार, बी.आर. पब्लिशिंग कारपोरेशन, दिल्ली।
25. यू.पी. सिन्हा एवं एस.एम. थत्ते (1994) : 'ट्राइबल पॉपुलेशन इन बिहार : एन इकोनोमिसीमोग्राफिक प्रोफाइल'. सं. सिन्हा एवं शर्मा (1994)।
26. एम. वीनर (1978) : 'सन ऑफ सौइल : माइग्रेशन एंड इथनिक कनफ्लिक्ट इन इंडिया', ऑक्सफोर्ड, दिल्ली।
27. ए.के. सिंह एवं आर. शरण (सं.) (1997) : 'सोशियो इकोनोमिक स्टडी ऑफ ट्राइबल एरिया (mimio) राँची।

छोटानागपुर में भू-विधियाँ एवं भूमि की स्थिति

डॉ. जयप्रकाश गुप्ता

झारखंड राज्य मुख्यत: दो अलग-अलग भौगोलिक क्षेत्रों को मिलाकर बनाया गया है—छोटानागपुर एवं संतालपरगना। दोनों क्षेत्र प्रारंभ से ही आदिवासी, जंगल, खान, खनिज, पर्वतमाला एवं विभिन्न धातु, कोयला आदि का क्षेत्र रहे हैं। दोनों क्षेत्रों में समानताएँ होते हुए भी प्रशासनिक एवं राजनीतिक दृष्टिकोण से कुछ भिन्नताएँ रही हैं। झारखंड के छोटानागपुर क्षेत्र में भूमि का वर्गीकरण कई भागों में है जैसे खान-खनिज क्षेत्र, जंगलात भूमि, पर्वत और चट्टान वाली भूमि, कृषि योग्य पर्वतीय या चट्टानी भूमि एवं मैदानी कृषि योग्य भूमि एवं रिहायशी (छप्परबंदी) भूमि। झारखंड का कुल क्षेत्रफल 79714 वर्ग किलोमीटर है जिसमें वन क्षेत्र लगभग 1940390 हेक्टेयर है जो कुल क्षेत्रफल का लगभग 27.66% है। अर्थात् एक चौथाई से ऊपर भाग झारखंड में जंगल है। छोटानागपुर क्षेत्र झारखंड के 80% भाग में फैला है। इसमें भूमि की स्थिति के अनुसार विभिन्न विधियाँ विभिन्न रूपों से यथा अधिनियम, आदेश आदि के रूप में प्रभावी हैं। छोटानागपुर की भू-विधियों में मुख्यत: छोटानागपुर काश्तकारी अधिनियम, 1908 है एवं इसके साथ-साथ अन्य अधिनियम हैं जो भूमि के विधान (कानून) में उपरोक्त काश्तकारी अधिनियम के पूरक हैं या फिर अधिनियम पूर्व के भूमि संबंधी अधिनियमों, जिनका आज भी अस्तित्व बना है, के पूरक हैं।

छोटानागपुर में भूमि संबंधी विधियों का उद्‌भव एवं विकास मुगलों द्वारा अंग्रेजों (ईस्ट इंडिया कम्पनी) को 1765 में बंगाल एवं बिहार की दीवानी देने के उपरान्त शुरू होता है। इससे पूर्व छोटानागपुर का वह भाग जो जंगलों से घिरा था एवं आदिवासी बाहुल्य था तथा वह भाग जिसमें जंगलात कम थे एवं गैर-आदिवासियों की संख्या अधिक थी, दोनों में भूमि वैयक्तिक सम्पत्ति न होकर पारिवारिक और सामाजिक सम्पत्ति ही थी। आदिवासियों की भूमि व्यवस्था खूँटकट्टी हकदारी से शुरू होती है जिसका अर्थ है कि एक खूंट या परिवार द्वारा अपने उपयोग में लाई जाने वाली जमीन जिसे उस विशेष खूंट या परिवार ने जंगल साफ कर तैयार किया है और जिसमें वे खेती करते हैं या वास करते हैं। आदिवासियों की भूमि व्यवस्था सिर्फ जातीय संगठन नहीं था बल्कि एक क्षेत्रीय व्यवस्था थी जिसकी सीमा के अन्दर उनका अपना नेतृत्व होता था। छोटानागपुर का क्षेत्र विभिन्न राजाओं के शासन में था परन्तु यहाँ की आबादी में कोई बाहरी हस्तक्षेप नहीं होता था। मुगल शासकों का सीधा संबंध केवल राजा तक रहता था। परंतु अंग्रेज मुगल शासक द्वारा बंगाल एवं बिहार की दीवानी प्राप्त करने के उपरान्त इस क्षेत्र में पैर फैलाने लगे, अपना कर्मक्षेत्र बढ़ाने लगे और यहाँ के लोगों के जीवन को सीधा प्रभावित करने

लगे। इस क्षेत्र के आदिवासी की यह खूबी रही कि इन्होंने प्रारम्भ से ही इसका विरोध किया। अंग्रेज शासक एवं स्थानीय राजा ने इस क्षेत्र में अधिकाधिक कर वसूली के लिए और अपने शासन को अधिक प्रभावकारी बनाने के लिए इस क्षेत्र के बाहर के लोगों को बसाना शुरू किया और उन्हें जमीनों का पट्टा देना शुरू किया। सन् 1771 में छोटानागपुर के महाराजा ने ईस्ट इंडिया कंपनी की अधीनता को स्वीकार कर लिया एवं उसके बाद अंग्रेजों के मत के मुताबिक छोटानागपुर क्षेत्र से विभिन्न शासकीय पदों का सृजन कर उसमें विभिन्न क्षेत्र के बाहरी लोगों को पदस्थापित किया गया एवं उन्हें बसाया गया। नतीजतन इस क्षेत्र के नए मालिक और इसके साथ आए ठेकेदार और साहूकार तथा जमींदार सभी मिलकर इस क्षेत्र की जनता की जीवनशैली को प्रभावित करने लगे जिसका विरोध आदिवासी समाज विशेषकर कोल्ह और मुंडाओं ने किया। उस समय इस क्षेत्र में बंगाल रेगुलेशन पूरे बंगाल में (जिसके अंतर्गत छोटानागपुर था) के दूसरे हिस्से के साथ समान रूप से विभिन्न परिस्थितियों के होते हुए भी इस क्षेत्र में प्रभावी था। सन् 1789 में सर्वप्रथम आदिवासियों की ओर से खुला विद्रोह का सामना अंग्रेजों को करना पड़ा जो 1795 तक चलता रहा। यह विद्रोह तमाड़ क्षेत्र से शुरू हुआ और पूरे कोल्हान में फैला। नतीजतन तमाड़ में पुलिस थाने को स्थापित किया गया और थानेदार और चौकीदार बहाल किए गए और आदिवासी (मुंडा, कोल्ह और उराँव) क्षेत्र को राजा के अंतर्गत लाया गया। परन्तु फिर भी इन ग्राम संगठनों ने शासन की पद्धति एवं खासकर भूमि व्यवस्था के मामले में कोई समर्पण नहीं किया और बंगाल रेगुलेशन संख्या 20 सन् 1793 एवं रेगुलेशन संख्या 18 सन् 1805 के प्रावधान उनको डिगा नहीं सके। फलस्वरूप अंग्रेजों और जमींदारों के साथ आदिवासियों का संघर्ष चलता रहा जिसने अंग्रेजों को अंतत: मानने पर मजबूर कर दिया कि आदिवासियों की अस्मिता और उनके व्यक्तिगत या समुदायगत अधिकार एवं रीति-रिवाज से छेड़खानी न कर, उनके इन अधिकारों एवं व्यवस्था की रक्षा कर ही इस भूभाग पर पैर जमाया जा सकता है। अंतत: 1837 में कैप्टन विल्किन्सन ने कोल्हान क्षेत्र में रहने वाले लोगों के लिए नियम बनाए जो कुछ हद तक सर्वमान्य रहे और आदिवासियों को शांत कर सके। यह विल्किन्सन रूल आज 166 सालों के बाद भी अपनी अहमियत रखता है और कानूनी रूप में वैध है।

विल्किन्सन रूल के पश्चात् भी आदिवासियों के जमीनों एवं उनके सामुदायिक एवं व्यक्तिगत जीवन में बाहरी हस्तक्षेप या दखलअंदाजी खत्म नहीं हुई और जमींदार और ठेकेदार अंग्रेज हुक्मरानों के शह पर जमीनों के वास्तविक मालिकों को सिर्फ हलों के मालिक में तब्दील करने लगे। यहाँ के वास्तविक बाशिंदों, जमीन के मालिकों को अपनी रैयत या काश्तकार बनाकर उनसे लगान या मालगुजारी वसूलने लगे। आदिवासियों ने इसका बराबर विरोध किया और अपनी जमीनों जो सामुदायिक सम्पत्ति के रूप में उनके जीवन का अंग थी, पर किसी के आधिपत्य बर्दाश्त करने को तैयार नहीं थे। फलस्वरूप जमींदारों और आदिवासियों के बीच खूनखराबा होता रहा। सिर्फ पुलिस जो जमींदारों की थी ही नहीं, तत्कालीन न्यायिक व्यवस्था भी जमींदारों के हित में कार्य करती थी और आदिवासियों पर कहर ढाती थी। सन् 1854 में छोटानागपुर को गैर रेगुलेशन प्रदेश के रूप में बंगाल प्रांत में एक आयुक्त के अधीन कर दिया गया। गैर रेगुलेशन प्रदेश या क्षेत्र में सामान्य रूप से साधारण कानून या अधिनियम तब तक

प्रभावी नहीं होते थे जब तक कि उसके लिए अलग से घोषणा नहीं की जाए या इस संबंध में अन्य बातों के लिए विशेष अधिनियम या नियम न बनाया जाए। इस प्रावधान को वर्तमान में भारतीय संविधान की पाँचवीं अनुसूची के प्रावधानों से तुलना की जा सकती है। गैर रेगुलेशन क्षेत्र का विशेष प्रावधान उस क्षेत्र के विशेष वर्ग के विशेष हित के लिए बनाए गए थे और इससे यहाँ के वास्तविक बाशिंदे, आदिवासियों के हितों की रक्षा का प्रावधान होता था और इस क्षेत्र में जमींदारों एवं रैयतों के संबंध को स्पष्ट करते हुए कानून बनाए गए। साथ-साथ ग्रामीण आरक्षी (पुलिस) के संबंध में भी कानून बनाए गए।

उद्‌भव एवं विकास

सन् 1854 में आदिवासियों ने जमींदारों से जबरन अपने पुरखों की जमीन वापस लेने का प्रयास शुरू किया जिससे बसिया एवं सोनपुर परगना में आदिवासियों एवं जमींदारों तथा ठेकेदारों के बीच खूनी संघर्ष शुरू हुआ जो अंततः सन् 1858 में शांत हुआ। इस शांति को कायम रखने के लिए और क्षेत्र में खूनी दंगे न हों इसके लिए 15 अप्रैल, 1858 को श्री लोकनाथ शाही (तत्कालीन जमींदार) और उप-सहायक आयुक्त को भूंइहारी जमीन का रजिस्टर तैयार करने का जिम्मा सौंपा गया जिसने सन् 1860 से कार्य शुरू किया। परंतु जमींदार श्री लोकनाथ शाही की मृत्यु के कारण यह अधूरा रह गया। तब भूंइहारी जमीन के हक का अधिकारिक बंदोबस्ती के साथ छोटानागपुर की कुछ भूधृति के जाँचने, व्यवस्था करने तथा पंजीकृत करने के उद्देश्य से छोटानागपुर भूधृति (टेन्योर) अधिनियम सन् 1869 को बंगाल काउन्सिल के द्वारा 17 मार्च को अधिनियमित किया गया।

छोटानागपुर काश्तकारी कानून

पहली अप्रैल 1869 से इसे प्रभावी माना गया। इस कानून का उद्देश्य एवं अभिप्राय तत्कालीन बंगाल सरकार के 25 नवम्बर 1880 को एक प्रस्ताव में निम्नलिखित रूप में वर्णन किया गया है—

"छोटानागपुर क्षेत्र के जमींदारों एवं काश्तकारों जिनका जमीन पर विशेष हक है, में विवाद दीर्घकालीन है। जमींदार इस भूधृति को आदिवासियों द्वारा अतिक्रमण मानते हैं जबकि आदिवासी इसे भूंइहारी जमीन कहते हैं जिसको इनके पूर्वजों ने जोत-कोड़ कर आबाद किया है और उनका उस जमीन पर खूँटकट्टी अधिकार है और वे खूँटकट्टीदार हैं। उस जमीन को जमींदारों ने अपने कब्जे में कर लिया और अनुचित तरीके से उनसे बेगारी लेते हैं, जो स्थापित रीति के विरुद्ध है। बंगाल एक्ट 11, 1869 (छोटानागपुर भूधृति अधिनियम) इस विवाद को समाप्त करने के उद्देश्य से बनाया गया था और उसमें काश्तकारी और भूधृति को परिभाषित करना एवं भूधारक के सभी अधिकार, हक, मुक्तियाँ एवं भार को लेखापित कर रजिस्टर तैयार करना था। इस कानून के अंतर्गत सिर्फ भूंइहारी एवं मंझिहस भूमि, बेतखेता सहित सम्मिलित था, इसमें राजहस भूधृति को सम्मिलित नहीं किया गया था। लेफ्टिनेंट गवर्नर को यह अधिकार था कि वह इस अधिनियम के प्रावधानों को लागू करने के लिए विशेष आयुक्त नियुक्त करे। प्रत्येक विशेष आयुक्त को

भूधृति के दावा की जाँच करने तथा भूमि को रेखांकित कर प्रत्येक ग्राम के लिए सभी भूधृति के हक, विशेषाधिकार, उनको दिए जाने वाले सेवा-लगान तथा दूसरी शर्तों को पूरा करने हेतु पूर्ण विवरण का उल्लेख करते हुए रजिस्टर तैयार करने का भार दिया गया। उसे यह भी अधिकार दिया गया कि यदि कोई व्यक्ति या उसके वंशज को उस कानून के पारित होने के 20 वर्ष पूर्व तक नाजायज तरीके से जमीन से बेदखल कर दिया गया है तो उस व्यक्ति को या उसके वंशज को उस जमीन पर अधिकार दिलाकर पुन:स्थापित करे और उसको या उसके वंशजों का नाम रजिस्टर में दर्ज करे। बीस वर्षों के अंदर कोई भी भूधृति के अस्तित्व को रजिस्टर में तब तक दर्ज नहीं करने का प्रावधान था जब तक कि पूर्व अधिकार पूर्ण स्थापित न हों।

जो काश्तकर भूधृति के संबंध में विशेष सेवा देने को अधिभारित होते थे, वह व्यक्ति इस सेवा और शर्त से छुटकारा पाने के उद्देश्य से विशेष आयुक्त के पास आवेदन कर सकते थे और बदले में लगान या मालगुजारी दे सकने का प्रावधान था। विशेष आयुक्त द्वारा ऐसे आवेदनों पर सुनवाई कर निर्णय लेने का प्रावधान रखा गया था और उनकी सहायता के लिए प्रत्येक पक्ष द्वारा दो अफसरों की नियुक्ति का भी प्रावधान था।

इस कानून के निर्माताओं की जो आशा इसके क्रियान्वयन को लेकर थी, वह पूर्ण नहीं हो सकी, और न ही कानून पूर्ण रूप से इस क्षेत्र में पनपे असंतोष को समाप्त कर सका। इसका प्रथम कारण यह था कि आदिवासियों से जुड़े इस कानून को बनने में बहुत देर हो गई थी। सन् 1839 में ही तत्कालीन गवर्नर जनरल के एजेण्ट के प्रधान सहायक डॉ. डेविडसन ने अपनी रिपोर्ट में भूंइहारों के दावों की अधिकारिक जाँच की आवश्यकता बताई थी। उन्होंने कहा था—

"भूंइहारों का जमीन के प्रति बहुत ही लगाव है। कोई भी उन्हें इससे अलग नहीं कर सकता। वे मृत्यु के बाद अपने भूंइहारी जमीन में ही गाड़े जाते हैं और यदि उनकी मृत्यु सुदूर में कहीं हुई हो तो उनके वंशज उनकी अस्थियाँ लाकर अपने गाँव के हरसूली में गाड़ते हैं। नागपुर (चुटियानागपुर या छोटानागपुर) में 1832 के दंगे के पीछे सबसे बड़ा कारण मुंडा और मानकियों, जो सोनपुर परगना के भूंइहार थे, को उनकी जमीन से बेदखल करना था और जब तक इन भूंइहारों की जमीन के स्वामित्व एवं दखल की रक्षा नहीं की जाती इस क्षेत्र में शांति बहाल नहीं हो सकती। इसी कारण से मैं पुरजोर अनुशंसा करता हूँ कि आप प्रमंडलों के सहायकों को अधिकृत करें कि भूंइहारी जमीन से बेदखली के सभी वादों की जाँच विविध वाद के रूप में करें और भूंइहारों को वादों से न्यायिक संतुष्टि हो और यदि वह (वादी) बीस साल से अधिक समय से बेदखल न हो, उसके पक्ष में डिग्री दी जाए एवं उसे दखल दिलाया जाए और विपक्षी को आपके समक्ष अपील करने की अनुमति हो। कोल्ह (समस्त आदिवासी समाज) को नियमित वाद के लिए निर्देश देना उचित नहीं है और यदि ऐसा आदेश दिया गया तो इसमें से नौ वादों में शक्तिशाली जमींदार गरीब भूंइहारों को परास्त कर देगा।"

यह शंका या भय कितना उचित था, जब हम बाद की घटनाओं को देखते हैं तो पता चलता है। डॉ. डेविडसन की अनुशंसाओं को माना गया परंतु करीब 46 वर्षों बाद तब तक परिस्थितियाँ और बिगड़ चुकी थीं। इस कानून के फलस्वरूप कुल 156 मुंडा गाँव जो खूँटकट्टी प्रकृति के थे, अपने मूल रूप में वापस हुए और खूँटकट्टीदारों के वंशज जो उन जमीनों और गाँवों पर अपना

हक खो चुके थे और जिन पर जमींदारों और ठेकेदारों का कब्जा था, उन्हें वास्तविक जमीन भूंइहारी जमीन के नाम पर मिल गई। आरंभ में भूंइहारी जमीन बहुत बड़े क्षेत्र में फैली थी और वास्तव में गाँवों के जोत जमीन का बड़ा हिस्सा थी परंतु जमींदारों द्वारा इन पर लगातार अतिक्रमण कर विशाल भूंइहारी क्षेत्र को सूक्ष्म क्षेत्र में बदल दिया गया और मजहस और राजहस भूमियों का क्षेत्र दिनोंदिन बढ़ता गया, ठीक उसी अनुपात में जिस अनुपात में भूंइहारी जमीन का क्षेत्र घटता गया। 1869 के अधिनियम के अंतर्गत नियुक्त प्रथम विशेष आयुक्त श्री रखालदास हलधर ने अपने रिपोर्ट में लिखा कि यह विस्तृत रूप में कहा जा सकता है कि भूंइहारी एवं राजहस जमीनों का अनुपात जोत जमीन का सौवें हिस्से से भी कम से लेकर तीन चौथाई हिस्से तक हो सकता है।

1869 के कानून के असफल होने का दूसरा कारण था आदिवासियों की अज्ञानता एवं मूढ़ता। जैसा कि एक रिपोर्ट से पता चलता है कि 'कुछ ही भूंइहारों' ने इस कानून के पीछे सरकार की पवित्र मंशा के ऊपर पूर्ण विश्वास किया। अधिसंख्य विशेष आयुक्त और सर्वे करने वाले कर्मचारियों के प्रति शंकित रहे और इसे नया कर लादने का एक शगूफा समझा। इसका फायदा जमींदार और ठेकेदारों ने उठाया जिन्होंने इन भूंइहारों को विशेष आयुक्त के समक्ष किसी भी प्रकार का दावा ठोंकने से रोका। इसके लिए उन्होंने धमकी, धन और शराब के ठेकों पर खर्च करने के लिए पैसा दिया और उससे भी आगे भूंइहारों और खूँटकट्टीदारों के वंशजों के बीच में फूट डाली और अंग्रेजों की तरह 'फूट डालो और राज करो' की नीति अपनाई। सरकारी पदाधिकारी एवं मिशनरी के लोगों ने इस कानून के पीछे सरकार की वास्तविक मंशा का प्रचार-प्रसार किया परंतु कारगर नहीं हो सका। मिशनरी ने इसे स्थानीय भाषाओं में छपवाकर बँटवाया और जनसाधारण को समझाने की कोशिश की परंतु कुछ ईसाई धर्मावलंबियों को छोड़कर इसका बृहद् असर नहीं हो सका। अधिसंख्य स्थानों पर गैर-ईसाई आदिवासियों ने इसे ईसाइयों का हथकंडा समझकर इसका विरोध किया। यह भी सत्य है कि कुछ स्थानों पर ईसाइयों ने अविश्वसनीय आधिक्य में दावा किया जिससे वे कुछ पा नहीं सके।

इस छोटानागपुर भूधृति (टेन्योर) एक्ट, 1869 के संतोषप्रद नहीं होने का एक मुख्य कारण और था कि यह कानून भूंइहारी जमीन को छोड़ दूसरी प्रकृति के भूधृति या जमीनों के बारे में मौन था जिस पर मुंडा और उराँव समेत समस्त आदिवासी समाज का हक एवं रुचि थी और उनके इस प्राचीन हक को संरक्षण नहीं दिया गया था। जैसे घर बनाने, जलावन के लिए उपयोग और दूसरे जरूरी कार्य के लिए जंगलों की लकड़ी काटना, उनके द्वारा लगाए गए वृक्षों पर उनका अधिकार आदि। सरना और कोरकर जमीन को भी उनके स्वामित्व और दखल से हटा दिया गया और सबसे महत्त्वपूर्ण खूँटकट्टी भूधृति को अधिनियम में स्थान नहीं दिया गया था। सन् 1903 में जाकर मुंडारी खूँटकट्टी भूधृति को जमींदारों एवं सूदखोरों के प्रहार से बचाने के लिए प्रावधान किया गया। परंतु तब तक अच्छी खासी संख्या में मुंडारी खूँटकट्टी जमींदारों की भेंट चढ़ चुके थे जिसका अनुमान लगाना कठिन था।

इस प्रकार हम देखते हैं कि छोटानागपुर टेन्योर्स एक्ट, जो मुख्यतः यहाँ के आदिवासियों के हितों की रक्षा के लिए और उनको जमींदारों के शोषण से बचाने के लिए बनाया गया था और हम

कह सकते हैं कि यह एक महज कानून नहीं था बल्कि आदिवासियों का लम्बे समय से चले आ रहे उनके हक-हकूक की लड़ाई या संघर्ष का प्रतिफल था, यह 1869 का कानून जब पूर्णरूपेण संतोषप्रद नहीं रहा तब तत्कालीन ब्रिटिश सरकार के गवर्नर जनरल ने इंडियन काउन्सिल अधिनियम 1892 की धारा 5 के अंतर्गत छोटानागपुर टेनेन्सी एक्ट, 1908 को पारित करने की अनुमति बंगाल काउन्सिल को दी।

छोटानागपुर टेनेन्सी एक्ट, 1908 इस पारंपरिक धारणा को प्रतिपादित करता है जिसमें जमीन किसी एक की सम्पत्ति न होकर कुटुम्ब या समाज की सम्पत्ति है। इसके प्रावधानों के फलस्वरूप पारंपरिक भूमि पर विशेषकर जनजातीय समाज को भूंइहारी एवं खूँटकट्टी हक का कानूनी अधिकार प्राप्त हुआ। इस अधिनियम में विभिन्न विषयों पर 19 अध्याय के अन्तर्गत 271 धारा और 2 अनुसूचियाँ हैं। प्रथम अध्याय में प्रारंभिक विषय मात्र 3 धाराओं में सन्निहित हैं जिसमें धारा 1 अधिनियम का नाम, टाईटल एवं अधिनियम के विस्तार के संबंध में बतलाता है, धारा 2 कुछ प्रावधानों के निरसन (रिपिल) के संबंध में है जबकि धारा 3 विभिन्न शब्दों को परिभाषित करता है। दूसरा अध्याय विभिन्न प्रकार के काश्तकारों को वर्गीकृत करता है और उसकी व्याख्या करता है। तीसरा अध्याय भूधारक से संबंधित है। चौथा अध्याय अधिभोगी रैयत और उसके अधिकार तथा लगान से संबंधित प्रावधानों की चर्चा करता है। पाँचवाँ अध्याय खूँटकट्टी अधिकार प्राप्त रैयत के संबंध में है, छठा अनधिभोगी रैयत के संबंध में प्रावधानों को दर्शाता है। सातवाँ अध्याय धारा 4 एवं 6 से छूट प्राप्त भूमियों के संबंध में है जबकि अध्याय 8 जोतों और भूधृतियों के पट्टे और उसके अंतरण के संबंध में प्रावधानों को निर्धारित करता है। अध्याय 9 लगान के संबंध में साधारण उपबंधों को बताता है जबकि 9-क बंजर भूमि के बन्दोबस्ती के संबंध में प्रावधान करता है। अध्याय 10 भू-स्वामी तथा काश्तकार के लिए प्रकीर्ण उपबंधों को बतलाता है। अध्याय 11 रूढ़ियों एवं संविदा के संबंध में प्रावधान करता है। अध्याय 12 अधिकार अभिलेख और लगानों के निर्धारण संबंधी प्रावधानों का उल्लेख करता है। अध्याय 13 भूमि संबंधी शर्तें एवं उनका रूपान्तरण और अभिलेख से संबंधित प्रावधानों का उल्लेख करता है। अध्याय 14 भू-स्वामियों की विशेषाधिकार युक्त भूमि के अभिलेख से संबंधित प्रावधानों को बतलाता है। जबकि अध्याय 15 अधिकार अभिलेख तथा खूँटकट्टी अधिकार वाले रैयत, ग्राम-मुखिया तथा अभिधारियों के अन्य वर्गों की बाध्यताओं के विषय में प्रावधान करता है। अध्याय 16 उपायुक्त द्वारा संज्ञेय विषयों के न्यायिक प्रक्रिया के प्रावधानों को निश्चित करता है। अध्याय 16-क बिहार और उड़ीसा लोक मांग वसूली अधिनियम, 1914 के अधीन लगानों की वसूली की संक्षिप्त प्रक्रिया निर्धारित करता है। अध्याय 17 परिसीमा से संबंधित प्रावधानों को बतलाता है। अध्याय 18 मुंडारी खूँटकट्टीदारों के विषय में विशेष उपबंध प्रावधित करता है। अंत में अध्याय 19 संयुक्त भू-स्वामी, आदेशिका, खर्च, नियम एवं अधिसूचना आदि के विषय में अनुपूरक उपबंध प्रावधित करता है। अधिनियम की दो अनुसूचियाँ क और ख छोटानागपुर क्षेत्र में विभिन्न अधिनियमों एवं अधिसूचनाओं के निरसन को दर्शाती हैं।

इस अधिनियम की मुख्य बातें यह हैं कि यह अधिनियम वर्तमान में छोटानागपुर क्षेत्र के

सभी प्रमंडलों के सभी स्थानों पर समान रूप से प्रभावी है चाहे वह देहाती क्षेत्र हो या शहरी क्षेत्र जहाँ नगरपालिका, नगरनिगम या अधिसूचित क्षेत्र की व्यवस्था है। यह अधिनियम काश्तकारों का वर्गीकरण (धारा-4) करते हुए खूँटकट्टी रैयत तथा मुंडारी खूँटकट्टीदार का अलग से वर्गीकरण करता है। भूधारक का अर्थ स्पष्ट करते हुए धारा-5 में उल्लेखित है कि भूधारक प्रारम्भिक तौर पर वह व्यक्ति है जिसने स्वधारी से या किसी अन्य भूधारक से लगान तहसील करने या उस पर काश्तकारों को स्थापित कर खेती में लाने के प्रयोजनार्थ भूमि धारण करने का अधिकार अर्जित किया हो तथा छोटानागपुर भूधृति (टेन्योर) अधिनियम, 1869 के अधीन तैयार एवं संपुष्ट रजिस्टर में दर्ज हैं, शामिल हैं किन्तु इसमें मुंडारी खूँटकट्टीदार शामिल नहीं हैं।

रैयत का अर्थ स्पष्ट करते हुए अधिनियम धारा-6 में बतलाता है कि रैयत से ऐसा व्यक्ति अभिप्रेत है जिसने स्वयं प्रारम्भिक तौर पर या अपने परिवार के सदस्यों द्वारा या भाड़े के सेवकों द्वारा या भागीदारों की सहायता से खेती के प्रयोगार्थ भूमि धारण करने का अधिकार अर्जित किया है और इसके अन्तर्गत उन व्यक्तियों के हित उत्तराधिकारी भी आते हैं, जिन्होंने अधिकार अर्जित किया है किंतु मुंडारी खूँटकट्टीदार नहीं आते हैं परन्तु मुंडारी खूँटकट्टीदार के अधीन भूमि धारण करने वाला व्यक्ति रैयत समझा जाता है।

कोई काश्तकार भूधारक है या रैयत, इसका मापदंड स्थानीय रूढ़ी (कस्टम) तथा वह प्रयोजन जिसके लिए काश्तकारी का अधिकार मूलत: अर्जित किया गया था, है।

खूँटकट्टी अधिकारयुक्त रैयत का अर्थ धारा-7 में दिया गया है जिसके अनुसार खूँटकट्टीदार रैयत वह रैयत है जो उस भूमि पर जो ग्राम के मूल प्रवर्त्तक या उसकी नर परंपरा के वंशजों द्वारा जंगल से कृषि योग्य बनाई गई है, अधिभोग या अस्तित्व युक्त हक रखता हो, अथवा यदि वह रैयत किसी ऐसे परिवार का सदस्य हो जिसने ग्राम का प्रवर्त्तन किया हो, तो उसकी नर-परंपरा के वंशज अथवा ऐसे परिवार के किसी सदस्य की नर-परंपरा का कोई वंशज है परन्तु किसी भी रैयत को किसी भी भूमि में खूँटकट्टी अधिकार का होना तब तक नहीं समझा जाएगा जब तक कि उसने और उसके सभी हक पूर्वाधिकारियों ने उस भूमि को ग्राम के मूल प्रवर्त्तकों से विरासत में धारित किया हो या हक अभिप्राप्त किया हो। इस अधिनियम के प्रारंभ होने के पूर्व किसी ने खूँटकट्टी काश्तकारी में विधिपूर्वक हक प्राप्त कर लिया हो तो उस पर इस अधिनियम की किसी बात का प्रतिकूल प्रभाव नहीं पड़ेगा।

मुंडारी खूँटकट्टीदार से अभिप्रेत है (धारा-8) वह मुंडारी जिसने स्वयं अपने परिवार के नर सदस्यों द्वारा जंगल भूमि के उपयुक्त प्रमाणों को जोत में लाने के प्रयोजनार्थ उस भूमि को धारित करने का अधिकार अर्जित किया हो या (क) ऐसे किसी मुंडारी की नर परंपरा का नर वारिस जब उनका ऐसी भूमि पर कब्जा हो या उस पर कोई अस्तित्वयुक्त हक हो, तथा (ख) ऐसी भूमि के किसी ऐसे प्रमाण के विषय में, जो ऐसे मुंडारी या उसकी नर परंपरा के वंशजों के कब्जे में लगातार रहा हो, के वशंज आते हैं।

खूँटकट्टी अधिकारयुक्त रैयत और मुंडारी खूँटकट्टीदार काश्तकारों के दो अलग-अलग वर्ग हैं जैसा कि धारा 4, 7 एवं 8 स्पष्ट करते हैं। यह एक ऐतिहासिक तथ्य है जो इस क्षेत्र के अंदर भूमि धारण की ऐतिहासिक परंपरा से जुड़ा है। इससे स्पष्ट है कि खूँटकट्टीदार दो तरह के हैं।

प्रथम, मुंडा जो इस क्षेत्र के प्रथम बाशिन्दे हैं एवं दूसरा, जो उनके बाद इस क्षेत्र के बाशिन्दे हुए। मूलवासियों के जिस परिवार ने यदि किसी ग्राम का निर्माण किया तो वह एवं उसके नर परंपरा के लोग इस ग्राम के खूँटकट्टीदार या भूंइहार कहलाए।

छोटानागपुर भूधृति अधिनियम, 1869 के उद्देशिका में काश्तकार जो इस व्यक्ति से अभिप्रेत है जो ग्राम के वास्तविक स्थापकों की भूमि को धारण करते हों या उनके वंशज तथा 1908 के छोटानागपुर काश्तकारी अधिनियम में वर्णित खूँटकट्टी अधिकार प्राप्त रैयत का तात्पर्य समान है।

मुंडारी खूँटकट्टीदार न तो भू-धारक हैं और न तो रैयत बल्कि काश्तकार का अलग स्वतंत्र वर्ग है जिसके विषय में अधिनियम के अध्याय 18 में विशेष प्रावधान है।

इस अधिनियम की दूसरी मुख्य बात है जोतों और भूधृतियों के पट्टे और अंतरण के संबंध में अध्याय 8 के अन्तर्गत दिया गया विभिन्न प्रावधान। इस अध्याय में जहाँ रैयत का पट्टे का हकदार होने एवं भू-स्वामी का प्रतिलेख वचनबद्ध के लिए हकदार होने संबंधित प्रावधान क्रमशः धारा 44 एवं 45 में दिया गया है, वहीं रैयतों द्वारा अपने अधिकारों के अंतरण पर प्रतिबंध, भूंइहारी-भूधृति के अंतरण पर प्रतिबंध एवं भूंइहारी-भूधृति के विक्रय पर प्रतिबंध का प्रावधान धारा 46, 48, एवं 48 (क) में किया गया है।

उपरोक्त धाराएँ एवं अध्याय 4 के अन्तर्गत खूँटकट्टीदार एवं मुंडारी खूँटकट्टीदार की क्रमशः रैयत एवं काश्तकार के रूप में मान्यताएँ ही वे मुख्य कारण हैं जिसके लिए छोटानागपुर के मूलवासी (एबआरिजिनल) विशेषकर मुंडा एवं उराँव आदिवासी अंग्रेजों से संघर्ष करते रहे और नतीजतन अंग्रेज सरकार को छोटानागपुर टेन्योर एक्ट, 1869 बनाना पड़ा और यह जब यहाँ के मूलवासियों को संतुष्ट नहीं कर पाया तो अंग्रेज सरकार फादर हाफमैन एवं श्रीमान लिस्टर के प्रयासों से सन् 1908 में ऐसा अधिनियम बना जो यहाँ के मूलवासियों (आदिवासियों सहित) को इनकी भूमि की सुरक्षा के प्रति आश्वस्त कर सका। इस अधिनियम का अध्याय 4 जो काश्तकारों का वर्गीकरण करता है, उसमें आज तक कोई फेरबदल या संशोधन नहीं हुआ है और पूरा अध्याय अपने मूलरूप में है। वहीं धारा 46 जो यहाँ के तमाम मूलवासियों के संघर्ष का मुख्य मुद्दा था, 'उनकी जमीन का अंतरण', जो उन्हें उनके अपने प्यारे क्षेत्र से बेघर कर रहा था और इसीलिए अधिनियम के मूल रूप में सभी मूलवासियों (एबआरिजिनल) के भूमि के अंतरण पर रोक लगाई गई थी और यह व्यवस्था सन् 1920 तक अक्षुण्ण रही। परन्तु 1920 में इस अधिनियम के संशोधन ने यहाँ के मूलवासियों की जमीन (भूंइहारी जमीन सहित धारा 46 एवं 48) के अंतरण पर लगी रोक को तनुकृत (डाइल्यूट) कर दिया। नतीजतन इस क्षेत्र में मूलवासियों का जमीन अंतरण धड़ल्ले से शुरू हो गया और बाहर से आए लोग जमीन के मालिक बनने लगे जो आज खतियानी रैयतों में शामिल हो गए हैं और वे मूलवासी जिनके पास अंतरण के पश्चात् जमीन नहीं बची, खतियानी रैयत (1932 के खतियान के आधार पर) मूलवासी के वर्ग से बाहर निकल गए। उपरोक्त प्रावधान के अनुकरण की प्रक्रिया सन् 1938 तक इस अधिनियम के संशोधन द्वारा होती रही जो सन् 1947 में भारत के आजाद होने पर जाकर कुछ हद तक रुकी। जब उपरोक्त धारा के प्रावधानों को संशोधन कर इसके मूल रूप में स्थापित किया गया परन्तु पुनः

सन् 1955 में इस अधिनियम में संशोधन कर मूलवासियों की जमीन के अंतरण पर लगी रोक को अनुसूचित जनजाति तथा पिछड़े वर्ग तक के लोगों तक ही सीमित कर अन्य मूलवासियों को जमीन के अंतरण पर छूट दे दी गई। उपरोक्त संशोधन (सिर्फ अनुसूचित क्षेत्र में प्रभावी) में मूलवासी (एबआरिजिनल) शब्द का लोप हो गया एवं इसके स्थान पर अनुसूचित जनजाति को मात्र सम्मिलित किया गया। अनुसूचित जनजाति की जमीन जो उपरोक्त प्रावधान या दूसरी विधि के विरुद्ध अंतरित हुई है तो उस पर अनुसूचित जनजाति के सदस्य को कब्जा प्रत्यावर्तित करने का प्रावधान सन् 1969 में बिहार शिड्यूल एरिया रेगुलेशन द्वारा उपरोक्त अधिनियम में संशोधन कर धारा 71-क को समाविष्ट किया गया है। साथ में यह भी शक्ति प्रदान की गई कि यदि इस अधिनियम की धारा 56 या किसी अन्य उपबंध के उल्लंघन में अथवा कपटपूर्ण तरीके से कोई भूमि अंतरित की जाए और वह किसी ऐसे व्यक्ति द्वारा जिसे इस अंतरण का ज्ञान हो, धारित हो या जोती जाए, तो वह व्यक्ति दोनों में से किसी एक प्रकार के कारावास से, जिसकी अवधि तीन वर्ष तक की हो सकेगी, या एक हजार रुपए तक के जुर्माने से अथवा दोनों से दंडित होगा और अपराध जारी रहने की दशा में, जिस अवधि तक अपराध जारी रहे उसके दौरान हरेक दिन के लिए पचास रुपए से अधिक अतिरिक्त जुर्माने से दंडित होगा (धारा-71 ख)।

उपरोक्त अनुसूचित जनजाति के अवैध रूप से हथियाई जमीन की वापसी का प्रावधान बहुत हद तक सफल रहा और हजारों अनुसूचित जनजाति के सदस्यों को उनकी जमीन या मुआवजा प्राप्त हुआ। परन्तु धारा 71-ख के अन्तर्गत संज्ञान कार्रवाई, इसके समाविष्ट होने से आज तक बिलकुल नहीं के बराबर रही जो अधिकारियों की इस मामले में उदासीनता को दर्शाती है।

उपरोक्त विशिष्ट विषयों पर प्रावधान के कारण ही छोटानागपुर काश्तकारी अधिनियम, 1908 राष्ट्र के दूसरे काश्तकारी अधिनियमों से अलग पहचान रखता है और यह साबित करता है कि यह अधिनियम छोटानागपुर के आदिवासियों सहित तमाम मूलवासियों के कालान्तर से लगातार संघर्ष का परिणाम है जो उन्होंने अपनी भूमि के लिए किया जिससे उनकी अस्मिता और पहचान अक्षुण्ण रहे।

छोटानागपुर काश्तकारी अधिनियम, 1908 के अध्ययन से हम पाते हैं कि यह अधिनियम वर्तमान छोटानागपुर क्षेत्र में विधिक रूप से भूमि की कई स्थितियाँ या वर्ग बनाता है। यथा—

1. वह भूमि जो अनुसूचित जनजाति के सदस्य की रैयती नहीं है।
2. वह भूमि जो अनुसूचित जनजाति के सदस्य की रैयती है।
3. मुंडारी खूँटकट्टीदार की भूमि।
4. साधारण भूधृति और रैयती या दर-रैयती।
5. भूंइहारी भूधृति।

इस अधिनियम के अतिरिक्त कई और अधिनियम हैं जो इस अधिनियम के पूरक मात्र हैं यथा—छोटानागपुर भू-धारक लगान लेखा अधिनियम 1929, बिहार शिड्यूल एरिया रेगुलेशन 1969, राँची जिला आदिवासी रैयत कृषिभूमि प्रत्यावर्तन अधिनियम 1947, राँची जिला टाना भगत रैयत कृषि भूमि प्रत्यावर्तन अधिनियम 1947 आदि।

वर्तमान में छोटानागपुर काश्तकारी अधिनियम 1908 का अधिसंख्य प्रावधान अप्रासंगिक हो गया जिसका संशोधन आवश्यक है एवं पूरे झारखंड प्रदेश में एक भूविधि बनाने की आवश्यकता है जो झारखंड प्रदेश के दोनों क्षेत्रों छोटानागपुर एवं संतालपरगना में समान रूप से उन क्षेत्रों के विशेष प्रावधानों को सुरक्षित करते हुए आज के परिप्रेक्ष्य में सभी वर्गों की भूमियों की सुरक्षा सुनिश्चित करे। आशा है शीघ्र ही झारखंड सरकार पूरे झारखंड प्रदेश के विभिन्न भू-विधियों को संघटित एवं समेकित कर एक सर्वमान्य भू-विधान बनाएगी।

संतालपरगना में भूमि की वैधानिक स्थिति

डॉ. बासुदेव बेसरा

पृष्ठभूमि

यह एक निर्विवाद तथ्य है कि संतालपरगना जिले का निर्माण प्रसिद्ध संताल विद्रोह (1855) का प्रत्यक्ष परिणाम था। सन् 1855 में अधिनियम संख्या-37 के द्वारा भागलपुर एवं वीरभूम जिले के कुछ भागों को मिलाकर इस नए जिले का सृजन किया गया था।[1] बाद में चलकर इस अधिनियम का नाम बदल कर संतालपरगना अधिनियम 1855 किया गया।[2] इस अधिनियम की अनुसूची में उन सारे क्षेत्रों को शामिल किया गया था जो सन् 1855 के संताल विद्रोह से प्रभावित थे। इस क्षेत्र के अन्तर्गत नील की खेती करने वाले अंग्रेज जमींदारों की जमीन भी आती थी। इसे देखकर अंग्रेज नीलहों ने सरकार को एक आपत्तिनामा भेजा जिसे ईस्ट इंडिया कंपनी के बोर्ड ऑफ डायरेक्टर्स ने स्वीकार कर ब्रिटिश सरकार को अग्रसारित कर दिया। सरकार ने भी इन दावों को स्वीकार एक संशोधन अधिनियम संतालपरगना अधिनियम 1857 (अधिनियम सं. 10/1855) पारित कर संतालपरगना अधिनियम 1855 की अनुसूची में आवश्यक संशोधन कर दिया।[3]

संताल पुलिस रूल्स—1856

इन्हीं अधिनियमों के साथ संतालपरगना का वैधानिक इतिहास शुरू होता है। संतालपरगना बनने के बाद पहला अधिनियम सन् 1856 के 29 दिसम्बर को बना। इस अधिनियम का नाम 'संताल पुलिस रूल्स 1856' था। इसे भागलपुर के तत्कालीन कमिश्नर के नाम पर 'युले रूल्स' भी कहा जाता है। इस अधिनियम के द्वारा संतालपरगना में प्रशासन का पहला ढाँचा बनाने का प्रयास हुआ। प्रशासन के जिस नए सिद्धांत को इस रूल द्वारा स्थापित करने का प्रयास हुआ उसका मूल उद्देश्य शासक एवं जनता के बीच सीधा संबंध स्थापित करना था। युले रूल्स की प्रथम एवं द्वितीय धारा द्रष्टव्य है—

1. पुलिस के नायाबों, सजवालों, दरोगाओं, मुहर्रिरों, जमादारों एवं बरकन्दाजों को एतद् द्वारा समाप्त किया जाता है और उनके कर्तव्यों का निर्वहन अब से जनता द्वारा ही किया जाएगा और सब-असिस्टेंट, असिस्टेंट एवं उपायुक्त के द्वारा किया जाएगा।

इसी प्रकार धारा-II में कहा गया—

2. संताल एवं पहाड़िया के बीच मांझी, परगना, देश मांझी और पहाड़ों में सरदार एवं उसके नायब एवं अन्य सहायक चाहे वे चौकीदार अथवा गोरायत या उसे किसी

और नाम से जाना जाता हो, अपने-अपने क्षेत्र अथवा गाँवों में, चाहे जिस जाति का निवास हो, काम करेंगे।

संतालपरगना सेटलमेंट रेगुलेशन, 1872

इस प्रकार एक बार प्रशासनिक स्तर पर पुलिस की भूमिका समाप्त किए जाने के बाद राजस्व की ओर तत्कालीन प्रशासन ने ध्यान देना शुरू किया। राजस्व विशेषकर भू-राजस्व एवं मिल्कियत के बारे में कानून बनाना आवश्यक समझा गया। इसलिए सन् 1872 में पहला रैयती कानून 'संतालपरगना सेटलमेंट रेगुलेशन 1872' को गवर्नर जनरल-इन-काउंसिल द्वारा पारित किया गया, एवं एक मई 1872 की तारीख से यह प्रभावी बनाया गया। संतालपरगना क्षेत्र में यह पहला काश्तकारी कानून था। इसी कानून से संतालपरगना में काश्तकारी की अवधारणा विकसित होती गई।

सन् 1855-60 के बीच दमन एवं संशोधन द्वारा विधायन के क्षेत्र में जो भी प्रयास हुए उनके मूल्यांकन में भी काफी वक्त लगाने के बाद ही 1872 के संतालपरगना सेटलमेंट रेगुलेशन (1872 का III) को पारित किया गया था। इसमें संताल परंपरागत संस्थाओं—मांझी, परगना आदि को भू-राजस्व के मामलों में वैधानिक स्वीकृति दी गई, जिसे बाद में चलकर अनुपूरक अधिनियम 1949 के अधीन राजस्व न्यायालय के समानांतर अधिकार से सम्पन्न किया गया।[4]

सन् 1872 के संतालपरगना सेटलमेंट रेगुलेशन के द्वारा जो प्रावधान किए गए उनका सार-संक्षेप इस प्रकार है—भूमि बंदोबस्ती की (सरकार द्वारा) घोषणा (धारा-9), बंदोबस्ती पदाधिकारी की नियुक्ति (धारा-10), जमींदार, रैयतों एवं मांझी के अधिकारों को लिपिबद्ध करने की व्यवस्था (धारा-12-13), परती जमीन की मापी (धारा-15), मांझी एवं अन्य पदाधिकारियों के अधिकारों को दर्ज करना (धारा-17) तथा किसानों एवं रैयतों के अधिकारों को परिभाषित करना (धारा-18) आदि प्रमुख प्रावधान किए गए थे।

इस अधिनियम के माध्यम से संतालपरगना क्षेत्र में काश्तकारी से संबंधित अधिकारों एवं कर्तव्यों को पहली बार परिभाषित किया गया था। साथ ही चूंकि तत्कालीन ब्रिटिश शासक यहाँ से अधिक से अधिक राजस्व की लूट की फिराक में थे, वे भूमि पर लगान की दरें लगातार बढ़ाते जाने के पक्ष में थे। लगान वसूली के लिए कड़े से कड़े नियम बनाए जाने लगे। इन सारे प्रयासों को एक कानून 'संतालपरगना रेंट रेगुलेशन 1886' के माध्यम से लागू किया गया। इस कानून में यह व्यवस्था की गई कि अगर कोई काश्तकार समय पर लगान अदा नहीं कर सकता हो तो जमींदार उस काश्तकार से जमीन वापस लेकर दूसरे ऐसे व्यक्ति को दे सकता है जो समय पर जमीन का लगान अदा करे। इस कानून का सहारा लेकर अनेक संतालों को अपनी बनाई हुई जमीन से हाथ धोना पड़ा था। केवल काश्तकार ही नहीं कई छोटी-छोटी जमींदारियाँ जो अधिकांश घटवालों एवं पहाड़िया के पास थे, उन्हें भी देनदारी के चलते बेचना पड़ा। इस खरीद-फरोख्त में यहाँ के बंगाली जमींदार बहुत लाभान्वित हुए। उन्होंने अनेक जमींदारियाँ खरीदीं। सबसे अधिक घाटे में कोई रहा तो वे संताल काश्तकार थे जिनकी जमीनें छीनी गई थीं। इस प्रकार हस्तांतरित होने वाली जमीन का कुल रकबा 63,073 एकड़ था।[5] अगली बन्दोबस्ती

कार्यवाही में (जे.एफ. गेंजर्स के निर्देशन में) यह रकबा बढ़कर 1,07,328 एकड़ हो गया।[6] इस प्रकार संतालपरगना की स्थापना (1855) से सन् 1935 तक कुल 1,70,401 एकड़ जमीन उनके हाथ चली गई जिन्होंने इन जमीनों को बनाने में किसी प्रकार की मेहनत नहीं की थी। ये सूदखोर एवं महाजन लोग थे।

संतालपरगना काश्तकारी कानून, 1949

मि. गेंजर के बन्दोबस्त रिपोर्ट में बहुत भयानक तस्वीर सामने आई थी। इसे देखकर एवं बदली परिस्थितियों में तत्कालीन बिहार सरकार ने संतालपरगना इन्क्वायरी कमेटी 1937 बैठा दी। इस कमेटी को संतालपरगना के समग्र प्रशासन की सभी दृष्टिकोणों से जाँच-परख कर अपनी सिफारिश देनी थी। इस कमेटी ने संतालपरगना की विभिन्न स्थानों में बैठक कर जाँच का काम पूरा किया एवं सरकार को अपनी सिफारिशें दीं। इन्हीं सिफारिशों के आधार पर संतालपरगना काश्तकारी अधिनियम 1949 (बिहार अधिनियम सं. 14, 1949) का निर्माण किया गया। इस अधिनियम में कुल 772 धाराएँ हैं। इन धाराओं को संक्षेप में इस प्रकार विभाजित किया जा सकता है—

1. सामुदायिक जीवन की मान्यता से संबंधित प्रावधान (धारा 5-11)
2. रैयतों के व्यक्तिगत अधिकारों से संबंधित प्रावधान(धारा 12-26)
3. भूमि की बन्दोबस्ती एवं रैयतों के सामूहिक अधिकार (धारा 27-40)
4. पहाड़िया एवं उनके गाँवों की सुरक्षा के प्रावधान (धारा 41)
5. गैरकानूनी ढंग से हड़पी जमीन की वापसी के प्रावधान (धारा 229 एवं 42)
6. मालगुजारी के संबंध में प्रावधान (धारा 43-52)
7. भूमि अधिग्रहण से संबंधित प्रावधान जिसे निरस्त किया गया है। (धारा 53)[7]
8. न्यायिक प्रक्रिया से संबंधित प्रावधान (धारा 54-63)
9. विविध प्रावधान (धारा 64-72)

इस अधिनियम में पहली बार काश्तकारों के निजी एवं सामूहिक अधिकारों को परिभाषित किया गया एवं यह भी प्रयत्न किया गया कि व्यक्तिगत एवं सामूहिक हितों के बीच टकराव न हो। टकराव की स्थिति में राजस्व न्यायालय को यह अधिकार भी दिया गया है कि वे इसका समाधान इस अधिनियम में संस्थापित नियमों के तहत करें। इस प्रकार इस अधिनियम का उद्देश्य काश्तकार को अपनी जमीन पर सुरक्षा प्रदान करना है।

दूसरी विशेषता यह है कि काश्तकार को अपनी जमीन हस्तांतरित करने का अधिकार नहीं है। वास्तव में यह प्रावधान सन् 1872 के संतालपरगना सेटलमेंट रेगुलेशन के समय से ही चला आ रहा है। उक्त बन्दोबस्ती कार्रवाई के बाद गाँवों में उपलब्ध परंपराओं के तहत भूमि के उपयोग के संबंध में अधिकारों का अभिलेख (रिकार्ड ऑफ राइट) तैयार किया गया था जो आज भी काश्तकारी अधिनियम की रीढ़ है। इस रिकार्ड ऑफ राइट में पूर्वी एवं उत्तर-पूर्वी भाग

में कुछ बंगाली गाँवों के सिवा पूरे संतालपरगना में कहीं भी जमीन हस्तांतरणीय नहीं है।

इस अधिनियम की तीसरी विशेषता विधिवत् निर्वाचित ग्राम प्रधान (मांझी) को गाँव के परती जमीन की बन्दोबस्ती में राजस्व न्यायालय के समकक्ष अधिकार प्राप्त है। जिस प्रकार अनुमंडल पदाधिकारी को खास गाँवों (प्रधान रहित) में परती जमीन अथवा रिक्त होल्डिंग की बन्दोबस्ती का अधिकार प्राप्त है, उसी प्रकार प्रधानी गाँव में ग्राम प्रधान को भी गाँव के रैयतों के साथ परती भूमि अथवा रिक्त जोत की बन्दोबस्ती का अधिकार प्राप्त है। यह बन्दोबस्ती कानूनी एवं वैध है।

चौथी विशेषता इस अधिनियम में समाहित दंड व्यवस्था है। कोई रैयत अथवा अवैध दखलकार दूसरे के अधिकारों का अथवा भूमि का बलात् अतिक्रमण करता है तो उसे धारा-67 के अधीन छः महीने का कारावास एवं जुर्माने से दंडित किया जा सकता है। भूमि अतिक्रमण या अवैध दखल के मामलों में उच्छेदी के आदेश की तिथि से भूमि को खाली करने की तिथि तक प्रतिदिन दस रुपए से लेकर पचास रुपए की दर से अर्थ दंड वसूल करने का प्रावधान है।

इस अधिनियम में अपील का भी प्रावधान है। अनुमंडल पदाधिकारी के निर्णय के विरुद्ध उपायुक्त के समक्ष एवं उपायुक्त अथवा अपर उपायुक्त के निर्णय के विरुद्ध प्रमंडलीय आयुक्त के समक्ष अपील दायर किया जा सकता है। संतालपरगना जस्टिस रेगुलेशन 1893[8] के तहत संतालपरगना के आयुक्त का न्यायालय, संतालपरगना के लिए उच्च न्यायालय है। (धारा-15)

इतना सब होने के बाद भी संतालपरगना काश्तकारी अधिनियम 1949 दोषरहित नहीं है। इसमें कुछ कमियाँ अभी भी हैं। इन कमियों के कारण यह अधिनियम काश्तकारों एवं आम नागरिक के लिए अनेक असुविधा का कारण बना हुआ है। उन कमजोरियों का ब्यौरा निम्न प्रकार है—

संतालपरगना काश्तकारी (अनुपूरक) अधिनियम 1949 की धारा-11 में ग्राम प्रधानों, परगनैत एवं पहाड़िया सरदार आदि को उनके अच्छे कार्यों के लिए पुरस्कृत करने का प्रावधान है। इस अधिनियम में अथवा इसके अधीन निर्मित नियमों में कहीं भी अच्छे कार्यों को पारिभाषित नहीं किया गया है, परिणामतः आज तक संतालपरगना में किसी ग्राम प्रधान, परगनैत अथवा पहाड़िया सरदार को पुरस्कृत नहीं किया जा सका है।

दूसरी कमजोरी इस अधिनियम की धारा-28 (बी) है। इस धारा में जमीन बन्दोबस्त पाने वाले व्यक्ति की योग्यता बताई गई है। इस धारा के अनुसार कोई भी व्यक्ति ग्राम समुदाय, समाज अथवा राज्य को उनके द्वारा दी गई सेवाओं के बदले जमीन की बन्दोबस्ती में विशेष दावा करने का उसे अधिकारी बनाते हैं। इस वाक्य की संरचना इतनी लचीली है कि भारतवर्ष का कोई भी व्यक्ति इस श्रेणी में आ सकता है। ऐसी व्यवस्था के सम्मुख विशेष काश्तकारी कानून बनाकर रैयतों के अधिकारों की रक्षा की बात बिलकुल खोखली नजर आती है।

तीसरी कमजोरी जमीन पट्टे पर देने में पाबंदी को लेकर है। धारा-20 (1) में यह प्रावधान है कि कोई रैयत अपनी जमीन का कोई हिस्सा न तो बिक्री, दान, रेहन, वसीयतनामा अथवा पट्टा द्वारा किसी दूसरे को दे सकता है। इस प्रकार जमीन का हस्तांतरण पूर्णतः निषिद्ध

है चाहे वह समझौता प्रकट में हो अथवा गुप्त हो। व्यवहार में कुछ जिलों जैसे पाकुड़, दुमका, गोड्डा, जामताड़ा, साहेबगंज आदि में उपायुक्तों ने सैकड़ों एकड़ रैयती जमीन पत्थर उत्खनन करने के लिए गैर-आदिवासियों को पट्टे पर दी है। इस प्रकार पट्टा प्रदान करना इस अधिनियम का घोर आपराधिक उल्लंघन है। उपायुक्त न तो इस कानून के तहत रैयत है और न ही उसे इन जिलों में रैयती जमीन पट्टे पर देने का वैध अधिकार प्राप्त है। इस जमीन चोरी के विरुद्ध उन उपायुक्तों पर कानूनी कार्रवाई होनी चाहिए।

चौथी कमजोरी धारा-20 का दूसरा परन्तुक है जिसमें कहा गया है कि कोई संताल रैयत संताल विधि के अनुसार अपनी बहन अथवा बेटी को अपनी जमीन दान में दे सकता है। बशर्ते जिले का उपायुक्त लिखित रूप में इसकी पूर्वानुमति देता हो। व्यवहार में इस कानून के बनने से आज तक किसी उपायुक्त ने ऐसी एक भी अनुमति नहीं दी है। पहली आपत्ति तो यह उठाई जाती है कि संताल विधि का अस्तित्व ही नहीं है। जो परंपरागत व्यवहार है भी तो वह कानून की परिभाषा में खरा नहीं उतरता। इसी कारण से इस प्रावधान का लाभ संताल रैयतों को आज तक नहीं मिल सका है।

पाँचवीं कमजोरी घर-जमाई की स्थिति को लेकर है। धारा-20 (2) के परन्तुक में कहा गया है कि आदिवासी रैयत अपने घर-जमाई को अपनी जोत या उसका कुछ हिस्सा हस्तांतरित कर सकता है। व्यवहार में इसमें भी कई अड़चनें हैं। ईसाइयों का विवाह क्रिश्चियन मैरेज एक्ट 1872 के अधीन होता है। इसी कानून के तहत उसे विवाह प्रमाण-पत्र प्रदान किया जाता है। इस कानून में घर-जमाई विवाह का कहीं उल्लेख तक नहीं है। इस प्रकार जो ईसाई धर्मावलम्बी संताल अपनी पुत्रियों के लिए घर-जमाई लाए हैं उनकी कानूनी स्थिति अस्पष्ट है। संतालपरगना काश्तकारी कानून 1949 के अधीन ये ईसाई घर-जमाई अवैध दखलकार की श्रेणी में हैं जिन्हें धारा-42 के तहत उच्छेद किया जा सकता है। ऐसे हजारों परिवार संतालपरगना में काश्तकारी अधिनियम 1949 के तहत अनिश्चितता की स्थिति में जी रहे हैं।

बिहार शिड्यूल्ड एरिया रेगुलेशन, 1969[9]

संतालपरगना काश्तकारी (अनुपूरक) अधिनियम 1949 में बड़ा एवं महत्त्वपूर्ण संशोधन बिहार शिड्यूल्ड एरिया रेगुलेशन 1969 के द्वारा लाया गया। यह संशोधन बहुत दूरगामी प्रभाव लिए हुए था। इस रेगुलेशन के द्वारा इस अधिनियम की धारा-20 (5) का संशोधन किया गया। इस संशोधन के माध्यम से यह व्यवस्था की गई है कि अगर किसी व्यक्ति ने इस रेगुलेशन के अस्तित्व में आने के 30 वर्ष पूर्व तक अवैध रूप से हस्तांतरित भूमि पर कोई मकान आदि बना लिया हो तो उपायुक्त उस व्यक्ति से क्षतिपूर्ति की रकम लेकर उस अवैध हस्तांतरण को वैध ठहरा सकता है। इसका अर्थ यह हुआ कि इस अधिनियम में जो हस्तांतरण अवैध है उसे जिले का उपायुक्त क्षतिपूर्ति की रकम लेकर वैध ठहरा सकता है। व्यवहार में इस संशोधन के माध्यम से संतालपरगना काश्तकारी (अनुपूरक उपबंध) अधिनियम 1949 की आत्मा ही निकाल दी गई है।

सिर्फ यही नहीं, इस रेगुलेशन के द्वारा एक और व्यापक प्रभाव वाला संशोधन भी किया

गया है। किसी रैयत की जमीन पर अगर कोई अवैध रूप से दखल कर रहा हो तो उसे जमीन से उच्छेद करने के लिए आवेदन देने की कोई समय सीमा निर्धारित नहीं है (धारा-64)। परन्तु बिहार शिड्यूल्ड एरिया रेगुलेशन 1969 द्वारा अवैध हस्तांतरण की भी समय सीमा निर्धारित क र दी गई। यह समय सीमा 30 वर्षों की कर दी गई। इस प्रकार अवैध दखलकार को जमीन से हटाने के लिए 30 वर्षों की समय सीमा बाँध दी गई। यह समयावधि वास्तविक रैयतों के हितों के विपरीत है, क्योंकि 30 वर्षों की समय सीमा बीत जाने के पश्चात कोई रैयत अपनी जमीन पर अवैध दखल कर रहे व्यक्ति को हटा नहीं पाएगा। इसके बाद भी, उपायुक्त की इच्छा हो जाए तो उस अवैध दखलकार को उसी जमीन पर बन्दोबस्त भी कर सकता है। यह संशोधन इस अधिनियम की व्यवस्था (धारा-69) के प्रतिकूल है।

इसके साथ ही साथ इस संशोधन द्वारा विभिन्न वित्तीय संस्थानों को रैयतों की जमीन ऋण के बदले जमानत पर लेने का अधिकार देता है और ऋण अदा नहीं होने की स्थिति में उस जमीन को नीलाम करने का भी अधिकार देता है। यह संशोधन काश्तकारी कानून के पूरे स्कीम को नेस्तनाबूद करने के लिए काफी है। इस कानून को लागू हुए पचास वर्षों में इस प्रमंडल में पदस्थापित सारे उपायुक्तों ने अपने अधिकारों का खुलकर दुरुपयोग किया है। उपायुक्तों को इस अधिनियम के तहत दिए गए सारे अनावश्यक एवं अनुत्पादक अधिकारों की कटौती की जानी चाहिए।

आधी सदी के व्यवहार में यह तो स्पष्ट हो ही गया है कि संतालपरगना काश्तकारी (अनुपूरक उपबंध) अधिनियम 1949 का टकराव क्रिश्चियन मैरेज एक्ट 1872, भारतीय वन अधिनियम 1927, भारतीय खनन अधिनियम 1957 एवं लघु खनिज नियमावली 1972 के साथ है। इसके कारण संतालपरगना में भूमि प्रबन्धन पर अनेक प्रकार की बाधाएँ उपस्थित हो रही हैं।

संतालपरगना के जिला मुख्यालयों जैसे दुमका, देवघर, जामताड़ा, गोड्डा, पाकुड़, साहेबगंज में काफी बड़ी मात्रा में जमीन का अतिक्रमण हुआ है। अतिक्रमणकारी झारखंड से बाहर के लोग हैं। चूंकि संतालपरगना में जमीन सर्वे का काम अभी चल रहा है इसलिए इसका सही आँकड़ा सर्वे समाप्त होने पर ही प्राप्त हो सकेगा, फिर भी अनुमानतः 2-4 हजार एकड़ जमीन का अतिक्रमण तो हुआ ही है। इस अतिक्रमण का माध्यम अवैध दान-पत्र, पी.पी. पट्टा (प्रीविलेज्ड पर्सन्स होमस्टीड टेनेन्सी एक्ट, 1947 के अधीन प्रदान किया जाने वाला पट्टा) एवं गैर-कानूनी बिक्री है। उपायुक्तों ने स्वयं एक कानून का निर्माण कर लिया कि स्थानीय प्राधिकार जैसे अधिसूचित क्षेत्र नगरपालिका आदि की सीमा में आने वाली जमीन को हस्तांतरणीय मान लिया गया, जबकि संतालपरगना काश्तकारी अधिनियम 1949 में इसका कोई प्रावधान ही नहीं किया गया है, न ही ऐसा कोई संशोधन ही हुआ है। इन सारे अवैध कारोबार में उपायुक्त एवं अनुमंडल अधिकारीगण समान रूप से दोषी हैं।

संतालपरगना काश्तकारी अधिनियम 1949 की धारा-20 (3) में स्पष्ट प्रावधान है कि किसी रैयत द्वारा दान, रेहन, बिक्री, वसीयत के माध्यम से जमीन के हस्तांतरण को कोई भी न्यायालय सिविल, आपराधिक अथवा राजस्व क्षेत्राधिकार के व्यवहार में मान्यता नहीं देगा।

संतालपरगना के आयुक्त (जिसे उच्च न्यायालय की अधिकारिता संतालपरगना जस्टिस रेगुलेशन 1893 की धारा-15 द्वारा प्राप्त है) द्वारा 25.09.1989 के आदेश के माध्यम से पी.पी. पट्टा द्वारा बन्दोबस्त जमीन को रद्द घोषित किया जा चुका है, एवं स्थानीय प्राधिकार में आने वाली भूमि को हस्तांतरणीय मानने का कोई कानून विधायिका द्वारा पारित नहीं किया गया है। इस स्थिति में संतालपरगना के अन्दर कोई भी उपायुक्त इस प्रकार का विधि-विरुद्ध आचरण करता है तो उसे सजा देने का कोई न कोई प्रावधान संतालपरगना काश्तकारी (अनुपूरक उपबंध) अधिनियम 1949 में होना ही चाहिए।

पंचायत उपबंध (अनु. क्षेत्र में विस्तार) अधिनियम, 1996[10]

पी.पी.ए. 1996 में धारा-4 (m)(III) में यह स्पष्ट प्रावधान है कि किसी आदिवासी की जमीन अगर गैरकानूनी तरीके से हस्तांतरित हो गई है तो उसे ग्राम सभा अपनी शक्ति का प्रयोग करते हुए उस आदिवासी को गैर-कानूनी तरीके से हड़पी गई भूमि वापस दिला सकता है। ग्राम सभा की कार्यवाही संक्षिप्त कार्यवाही (समन ट्रायल) के दायरे में आती है। अत: ग्राम सभा को ही यह अधिकार दिया गया है। वर्तमान संतालपरगना काश्तकारी कानून 1949 में हड़पी जमीन वापस करने की एक लम्बी प्रक्रिया है। अनुमंडल पदाधिकारी उपायुक्त एवं आयुक्त के अलावा कभी-कभी लोग उच्च न्यायालय तक भी गए हैं। इसमें 10-15 वर्ष लग जाते हैं तथा खर्चा भी बहुत आता है। अगर ग्राम सभा ऐसे मामलों को देखे तो यह समस्या हफ्तों में निपटाई जा सकती है। इसमें सबसे बड़ी बाधा राज्य सरकार ही है। राज्य सरकार अगर कानून बनाकर पंचायत उपबंध अधिनियम 1996 को अंगीकार कर ले तो इसका समाधान चुटकियों में हो सकता है। वर्तमान राज्य सरकार विभिन्न निहित-स्वार्थी तत्त्वों के दबाव में है, इसलिए ऐसा नहीं कर सकती है। भविष्य में कोई सरकार जनता की भलाई का एजेण्डा लेकर आए तो यह संभव है।

पी.पी. एक्ट द्वारा केवल जमीन वापसी में ही मदद नहीं मिलेगी, वरन् अनुसूचित क्षेत्रों के लिए सर्वोच्च न्यायालय द्वारा घोषित नीतियों को भी लागू करने में सहायता मिलेगी, जैसे पी. रामी रेड्डी बनाम आंध्रप्रदेश सरकार (1988 AIR SC 1626) में बताया गया है कि अनुसूचित क्षेत्रों में बाहरी व्यक्ति प्रवेश नहीं कर सकते आदि। संतालपरगना के अनुसूचित क्षेत्रों में अनु. क्षेत्र से बाहर के लोगों ने भी प्रवेश किया है। सरकारी मशीनरी उनकी पहचान नहीं कर सकता, कभी-कभी तो उन लोगों को यहाँ बसाने में सरकारी-तंत्र भी सहायक की भूमिका निभाते रहे हैं। इन अपराधों पर ग्राम सभा तत्काल रोक लगा सकती है एवं अवांछित लोगों की पहचान कर सकती है।

निष्कर्ष

निष्कर्ष यह है कि संतालपरगना में भूमि की सुरक्षा एवं रैयतों की सुरक्षा के लिए अनेक प्रावधान, यहाँ के भूमि संबंधी कानूनों में हैं, परंतु उनके विवेकपूर्ण व्यवहार के अभाव में आज बड़ी आबादी भूमि का अतिक्रमण कर चुकी है। इन अवैध दखलकारों को कानूनी प्रक्रिया से जल्द

बाहर नहीं किया गया तो एक नए भूमि-मुक्ति आन्दोलन के दहलीज पर यह क्षेत्र खड़ा है। इसके ऊपर घाव में नमक की तरह विस्थापन की परत भी चढ़ रही है। संतालपरगना में भूमि समस्या विवेकपूर्ण निदान की राह देख रही है।

संदर्भ

1. Santhal Parganas Act 1855
   S.P.MANUAL, Bihar Govt. Press, Gulzarbagh, Patna
2. Amendina Act 1903 - do
3. Santhal Parganas Act 1857 - do
4. Santhal Parganas Tenance (Supplementary Provisions) Act 1949
   Malhotra Brothers, Patna, Ed. 2000
5. Macphersons Settlement Report, Bengal Secretariat Press, Calcutta , 1905
6. Ganzers Settlement Report, Bihar Govt. Press, Gulzarbagh, 1935
7. 1970 AIR (Patna) 358
8. Santhal Parganas Justice Regulation 1893 (V of 1893)
   S.P.Manual, Govt. Press, Gulzarbagh, Patna
9. Bihar Schedules Area Regulation 1969
   Law Deptt. Govt. of Bihar
10. Panchayat Provisions (Extension to Scheduled Areas) Act 1996
    B.C.C.L. Aug, 1997

आदिवासियों की भूमि का हस्तांतरण : प्रक्रिया एवं स्वरूप

रमेश शरण / अमर कुमार सिंह / एस.एल.बत्रा

आदिवासियों की भूमि का हस्तांतरण झारखंड के कई प्रमुख मुद्दों में से एक है जिस पर बीते समय में ज्यादा ध्यान भी दिया गया है। सामान्यत: सभी जगहों पर और विशेषत: झारखंड में आदिवासियों के व्यक्तिगत और सामुदायिक संसाधनों का लगातार हस्तांतरण और अतिक्रमण होता आया है। इस आलेख में स्वतंत्रता के बाद की कालावधि में हुए भू-हस्तांतरण की प्रक्रिया, प्रकार तथा कारणों की संक्षिप्त चर्चा की गई है। यह झारखंड के राँची तथा दुमका में किए गए नमूना-अध्ययन (Sample Study) पर आधारित है। यह आलेख इन दोनों जिलों में हुए भू-हस्तांतरण के तरीकों तथा प्रकार को रेखांकित करता है तथा यह भी बताता है कि विभिन्न नियम-कानूनों की व्यवस्था होते हुए भी सार्वजनिक तथा व्यक्तिगत भू-हस्तांतरण जारी है। हाँ, यह अवश्य है कि 1980 के बाद से हस्तांतरण की प्रक्रिया धीमी पड़ी है और इसका तरीका भी बदल गया है।

मध्यकाल की शुरुआत से लेकर आधुनिक काल तक के इतिहास के विभिन्न चरणों में जनजातीय समुदायों को अपनी भूमि और सार्वजनिक संपत्तियों के हस्तांतरण के संकट का सामना करना पड़ा है। उनके पारंपरिक अधिकारों का भी लगातार अतिक्रमण हुआ है। इनमें से कुछ मामले बाहरी समुदायों के आगमन तथा कुछ बड़ी शक्तियों के कारण हुए हैं। उपनिवेशवादी व्यवस्था के आगमन से जनजातियों के संसाधनों का नए प्रकार से उपयोग किए जाने की माँग बढ़ी। जनजातीय समुदायों ने इन अनुचित माँगों के विरोध में हिंसात्मक और अहिंसात्मक, दोनों ही प्रकार के आंदोलन चलाए फलस्वरूप ब्रिटिश सरकार द्वारा कई नियम-अधिनियम बनाए गए जिनके माध्यम से उनके अधिकारों को मान्यता दी गई। फिर भी अनेक कानूनी-व्यवस्थाओं के बावजूद भूमि का हस्तांतरण, प्रत्यक्ष और अप्रत्यक्ष, कानूनी और गैर कानूनी रूप से जारी रहा। भारत के आजाद होने के बाद भी जनजातीय समुदायों को इससे छुटकारा नहीं मिला है, जनजातीय क्षेत्र चूंकि प्राकृतिक संसाधनों में समृद्ध है, इसलिए इस क्षेत्र में खनन उद्योग, जल-विद्युत तथा सिंचाई परियोजनाओं में उल्लेखनीय निवेश हुआ जिसके कारण समुदायों के लोग प्रत्यक्ष या परोक्ष रूप से भूमि से बेदखल हुए। अनुचित और संवेदनहीन पुनर्वास योजना के कारण यह समस्या और भयावह हो गई। शहरीकरण तथा औद्योगिकीकरण के कारण इन शहरी केन्द्रों की परिधि के भीतर रहने वाले जनजातीय समुदायों के संसाधनों पर बाहर से आई आबादी

का भरपूर दबाव पड़ा।

पूर्व में भी आदिवासी-भूमि के हस्तांतरण का मुद्दा चर्चित रहा है। झारखंड में आदिवासियों की भूमि के हस्तांतरण के विभिन्न तरीकों की प्रक्रिया तथा प्रभाव पर विभिन्न पुस्तकों, अखबारों तथा पत्रिकाओं में बड़ी संख्या में आलेख इत्यादि प्रकाशित हुए हैं। साठ के दशक में भी एक सर्वेक्षण किया गया था जिसमें राँची शहर के भीतर तथा इसके आसपास के इलाकों में भू-अंतरण के विभिन्न प्रकारों तथा साधनों को इंगित किया गया था। (सिन्हा, 1968)। इस अध्ययन से यह पता चलता है कि राँची जिले में भूमि का अवैध हस्तांतरण जारी है जिसमें मुख्यतया छद्‌म टाइटिल सूट द्वारा हस्तांतरण होते हैं। छपरबंदी, गिरवी, यहाँ तक कि पूर्णत: बिक्री भी इसमें अपनाए गए अन्य तरीके थे। इस अध्ययन में छोटानागपुर काश्तकारी अधिनियम में अनेक संशोधन सुझाए गए थे। इसमें भू-अभिलेखों की जाँच-पड़ताल के लिए एक भूमि-आयोग बिठाने की भी अनुशंसा की गई थी। इस अध्ययन में उस समय निर्मित हो रहे सार्वजनिक क्षेत्र का कारखाना एच.ई.सी. के कारण विस्थापित हुई आबादी की समस्याओं पर भी इशारा किया गया था।

सत्तर के दशक के अंत में हुए एक अन्य अध्ययन में यह बताया गया कि भू-हस्तांतरण की समस्या जटिल प्रकृति की है तथा किसी कानूनी और प्रशासनिक कार्यवाही के माध्यम से इसका समाधान सहज रूप से नहीं किया जा सकता। इसमें भी जनजातीय भू-हस्तांतरण के विभिन्न अवैध तरीकों की चर्चा की गई है जिसमें झूठे मुकदमे, प्रत्यक्ष दखल, जनजातीय लड़की से विवाह कर छद्‌म नाम से हस्तांतरण इत्यादि तरीके शामिल हैं। (ठाकुर, 1977) एक अन्य आलेख में बताया गया है कि अधिकतर अवैध भू-हस्तांतरण आदिवासी लोगों के कर्ज में डूबे रहने के कारण होते हैं। इसके अलावा बाहरी लोगों द्वारा औद्योगिक तथा खनन परियोजनाओं का विकास किए जाने के कारण भी आदिवासी भूमि का हस्तांतरण होता है। (गुप्ता, 1977) पुन: एक अन्य आलेख में सूक्ष्म और विस्तृत अध्ययन के बाद यह निष्कर्ष निकाला गया है कि झारखंड में भू-हस्तांतरण की प्रक्रिया ब्रिटिश शासनकाल से ही चली आ रही है। इस आलेख में कहा गया है कि सार्वजनिक उद्देश्यों के लिए भू-अर्जन ही आदिवासियों में भू-हस्तांतरण का प्रमुख कारक है। आलेख के अनुसार, वनों के लगातार विनाश के कारण आदिवासियों के कष्टों में और बढ़ोतरी हुई। (अय्यर, 1993)

जनजातीय चरित्र में भूमि की महत्ता तथा जनजातियों पर भू-हस्तांतरण के प्रभावों की चर्चा के क्रम में एक अन्य लेख में इसके संरक्षणात्मक विधानों में मौजूद खामियों तथा इनके क्रियान्वयन में प्रशासनिक लापरवाही की ओर इशारा किया गया है। इस लेख में छोटानागपुर काश्तकारी अधिनियम तथा संतालपरगना काश्तकारी अधिनियम के क्रियान्वयन में गैर-सरकारी संस्थाओं को शामिल करने सहित अनेक उपचारात्मक उपाय सुझाए गए हैं। (सिन्हा, 1993)

अस्सी.के दशक की अंतिम कालावधि के दौरान भारत सरकार के ग्रामीण विकास (भूमि सुधार) मंत्रालय द्वारा प्रायोजित एक विस्तृत अध्ययन किया गया था जिसका विषय छोटानागपुर तथा संतालपरगना के आदिवासियों में भूमि-हस्तांतरण की समस्या, विस्तार एवं उपाय था। (सिन्हा, 1990) इस अध्ययन में विभिन्न स्तरों के गाँव शामिल किए गए और पाया गया कि

अनुमानतः 18% आदिवासी परिवारों में एक या अनेक तरीकों से भू-हस्तांतरण हुए थे। बिक्री (49.56%), गिरवी (35.11%) तथा अतिक्रमण (4.89%) हस्तांतरण के प्रमुख कारण पाए गए। इस अध्ययन में यह भी पाया गया कि अधिसूचित क्षेत्र विनियम (Scheduled Area Regulation, SAR) मामलों में आदिवासियों को उनके पक्ष में न्याय मिलने के बाद भी भू-प्रत्यर्पण (जमीन की पुनर्वापसी) की स्थिति चिन्ताजनक थी।

उपरोक्त पृष्ठभूमि पर आधारित प्रस्तुत आलेख में मुख्यतः स्वतंत्रता प्राप्ति के बाद की अवधि में हुए भू-हस्तांतरण की प्रक्रिया पर चर्चा की गई है। इस आलेख में मुख्यतः छोटानागपुर काश्तकारी अधिनियम, 1908 तथा संतालपरगना काश्तकारी अधिनियम, 1949 के प्रतिकूल व्यक्तिगत तौर पर हुए भू-हस्तांतरण की चर्चा है। यह आलेख लेखकों द्वारा किए गए भारत सरकार के ग्रामीण विकास मंत्रालय द्वारा प्रायोजित एक अध्ययन ए स्टडी ऑफ लैंड एलियनेशन ऑफ ट्राइबल्स इन दुमका एंड राँची डिस्ट्रिक्ट ऑफ बिहार पर आधारित है।

वैधानिक ढाँचा

यह अध्ययन उन क्षेत्रों में किया गया जहाँ छोटानागपुर काश्तकारी अधि. (1908) तथा संतालपरगना काश्तकारी अधि. (1949) लागू हैं। इन अधिनियमों में समय-समय पर संशोधन हुए हैं। इनके प्रावधानों के कारण इन क्षेत्रों में आदिवासी भूमि के किसी गैर-आदिवासी को हस्तांतरित किए जाने पर रोक लगी है। अवैध रूप से हस्तांतरित भूमि को आदिवासियों को प्रत्यर्पित (वापस) करने के लिए भी इसमें प्रावधान है। इस अधिनियम में यह भी प्रावधान किया गया है कि आदिवासी अपनी भूमि सिर्फ 7 वर्षों की सीमित अवधि तक ही गिरवी रख सकता है। तथा इस अवधि की समाप्ति के बाद भूमि अपने आप उस आदिवासी रैयत के पास वापस हो जाएगी। अधिनियम आदिवासियों के परंपरागत अधिकार को भी मान्यता प्रदान करता है। छोटानागपुर काश्तकारी अधिनियम की तुलना में संतालपरगना काश्तकारी अधिनियम में ज्यादा प्रतिबंध हैं क्योंकि यह गैर-आदिवासी रैयती भूमि के अंतरण पर भी रोक लगाता है। आदिवासी भूमि के अंतरण के मामले में, यहाँ तक कि गैर-आदिवासियों को भी, उपायुक्त की अनुमति लेना आवश्यक है। इसके अलावा, भूमि के अवैध हस्तांतरण के प्रत्यर्पण के संबंध में उपायुक्त द्वारा अपने स्तर से या प्रभावित पक्ष के द्वारा मामला दाखिल किया जा सकता है। किसी आदिवासी द्वारा प्रत्यर्पण का मुकदमा दाखिल किए जाने पर उपायुक्त/राज्य स्वयमेव एक पक्ष बन जाता है। इन अधिनियमों में यह भी प्रावधान किया गया है कि भू-प्रत्यर्पण से संबंधित मुकदमे इस उद्देश्य के लिए बने विशेष न्यायालयों में निपटाए जाएँ जिन्हें शिड्यूल एरिया रेगुलेशन कोर्ट कहा जाता है और इसके लिए विशेष अधिकारी प्रतिनियुक्त किए जाते हैं।

अध्ययन का क्षेत्र और नमूना

झारखंड के दो जिलों राँची और दुमका में इस अध्ययन का संचालन किया गया। इस अध्ययन के लिए सार्थक बहुचरणीय नमूना विधि (purposive multi-stage sampling method) का उपयोग किया गया। दोनों जिलों से नमूनों का चुनाव तीन स्तरों—अंचल स्तर, ग्राम स्तर तथा

परिवार के स्तर पर किया गया। राजस्व अंचल के चुनाव में उसके अंतर्गत पड़ने वाले भू-अर्जन (सार्वजनिक उद्देश्य हेतु) की संख्या के साथ-साथ (SAR) मामलों की संख्याओं का भी ध्यान रखा गया। कुल मिलाकर दुमका में 13 गाँवों के 300 परिवारों तथा राँची के 13 गाँवों के 304 परिवारों को अध्ययन के लिए चयनित किया गया। इस अध्ययन में छः मुख्य जनजातीय समुदाय—संताल, पहाड़िया, मुंडा, उराँव, लोहार तथा चिक बड़ाईक— को शामिल किया गया।

अध्ययन-क्षेत्र में भू-हस्तांतरण का स्वरूप

अध्ययन के दौरान भू-हस्तांतरण के निम्न स्वरूपों की पहचान की गई—

I सार्वजनिक उद्देश्यों हेतु भू-अर्जन के कारण हुआ हस्तांतरण

(क) पुनर्वास योजना सहित भू-अर्जन—इस वर्ग के अंतर्गत भूमि से विस्थापित लोगों को उनकी अर्जित की गई भूमि के लिए क्षतिपूर्ति स्वरूप न सिर्फ धनराशि दी गई है, बल्कि उन्हें नौकरी, भूमि, मकान बनाने के लिए जमीन, पुनर्वास हेतु स्थल इत्यादि उपलब्ध कराए गए हैं। एच.ई.सी. तथा सिंचाई परियोजनाएँ इसी वर्ग के अंतर्गत आते हैं।

(ख) पुनर्वास योजना रहित भू-अर्जन—इसमें अर्जित भूमि की क्षतिपूर्ति के रूप में सिर्फ धनराशि दी जाती है और इसी वर्ग के अंतर्गत अधिकांश भू-अर्जन हुआ है। बिहार मिलिटरी पुलिस (BMP), बाजार, सेना इत्यादि द्वारा किए गए भू-अर्जन इसी कोटि के हैं।

(ग) वर्तमान में जारी भू-अर्जन

II व्यक्ति को किए गए हस्तांतरण

किसी व्यक्ति को किया गया हस्तांतरण आदिवासी व्यक्ति के साथ-साथ गैर-आदिवासियों को भी किया गया हो सकता है। इस अंतरण को निम्न प्रकार से समूहों में बाँटा जा सकता है—

(क) अधिनियमों के प्रतिकूल अंतरण—

(i) उन मामलों सहित जिनमें प्रत्यर्पण के लिए मुकदमा दाखिल किया गया और अनुकूल न्याय मिलने के बावजूद प्रत्यर्पण विचाराधीन है।

(ii) जिसमें प्रत्यर्पण के लिए कोई मुकदमा दाखिल नहीं हुआ।

(ख) अधिनियमों के अनुसार हुए अंतरण।

सार्वजनिक उद्देश्य के लिए भू-हस्तांतरण : नमूना अध्ययन से प्राप्त निष्कर्ष

इस अध्ययन में सिंचाई परियोजना, औद्योगिक परियोजना, हवाई अड्डा, रेलवे, सड़क तथा सेना/मिलिटरी/बाजार/डेयरी फार्म इत्यादि सार्वजनिक उद्देश्यों तथा स्वैच्छिक संस्थाओं के लिए किए गए भू-हस्तांतरण शामिल हैं। कुल मिलाकर दुमका के नमूना के रूप में चुने गए 168 परिवार तथा राँची जिला में 196 परिवारों की भूमि का हस्तांतरण सार्वजनिक उद्देश्यों और स्वैच्छिक संस्थाओं के लिए हुआ। इन परिवारों में कुल मिलाकर 1031.29 एकड़ भूमि का हस्तांतरण हुआ जिसमें 683.92 एकड़ सिंचाई परियोजनाओं के लिए, 140.90 एकड़ औद्योगिक परियोजनाओं,

144.14 एकड़ हवाई अड्डा, रेलवे, सड़क इत्यादि के लिए, 62.13 एकड़ सेना, बी.एम.पी. बाजार इत्यादि के लिए तथा सिर्फ 0.20 एकड़ भूमि स्वैच्छिक संस्थाओं को हस्तांतरित हुई।

तालिका-1 : सार्वजनिक उद्देश्य के लिए भूमि-हस्तांतरण

सार्वजनिक उद्देश्य	*दुमका*		*राँची*	
	क्षेत्रफल (एकड़)	*परिवारों की संख्या*	*क्षेत्रफल (एकड़)*	*परिवारों की संख्या*
सिंचाई परियोजनाएँ	501.39	158	182.53	63
औद्योगिक परियोजनाएँ	–	–	140.90	43
हवाई अड्डा, रेलवे, सड़क	–	–	144.14	71
सेना/बीएमपी/बाजार /डेयरी	2.51	8	59.62	19
स्वैच्छिक संस्थाएँ	0.20	2	–	–
कुल	504.10	168	527.9	196
प्रति परिवार औसत	3.00	2.68		

दुमका जिला

दुमका जिला में कुल 168 ऐसे परिवारों का चुनाव किया गया जिसमें सार्वजनिक उद्देश्य हेतु भू-हस्तांतरण हुआ था। इनमें से 158 परिवारों से सिंचाई परियोजना के लिए लगभग 501.39 एकड़ भूमि हस्तांतरित हुई जो कुल हस्तांतरण का 99.54% है। 8 परिवारों से 2.51 एकड़ का हस्तांतरण डेयरी फार्म तथा बाजारों के लिए हुआ जबकि सिर्फ 0.20 एकड़ स्वैच्छिक संस्थाओं को हस्तांतरित हुआ। जिले में प्रति नमूना परिवार यह औसत 3.00 हेक्टेयर है।

दुमका में सिंचाई परियोजना के लिए कुल हस्तांतरित भूमि का अधिकांश भाग का अंतरण 1960 के पूर्व हुआ था, सिर्फ 0.10 एकड़ भूमि ही 1981-85 के मध्य अंतरित हुई थी। बाजार तथा डेयरी फार्म इत्यादि के वर्ग में 1960 तक 1.06 एकड़ तथा 1961-1970 के बीच 0.08 एकड़ भूमि का हस्तांतरण हुआ। 1985-86 के दौरान सिर्फ लगभग 1.27 एकड़ भूमि का ही अंतरण हुआ। 1981-90 के बीच सिर्फ एक स्वैच्छिक संगठन को 0.20 एकड़ भूमि हस्तांतरित की गई थी। इस प्रकार दुमका के नमूना परिवारों में 1960 के पूर्व ही सार्वजनिक उद्देश्यों हेतु भू-हस्तांतरण हुआ है, तत्पश्चात् नहीं। चूकि अधिकांश नमूना परिवारों का चुनाव इसी उद्देश्य के मद्देनजर किया गया था। अत: ऐसा निष्कर्ष मिलना आश्चर्यजनक नहीं है।

राँची जिला

राँची जिला में 196 नमूना परिवारों में लगभग 527.19 एकड़ भूमि के हस्तांतरण की जानकारी मिली जिसमें से 182.53 एकड़ भूमि सिंचाई परियोजनाओं, 140.90 एकड़ औद्योगिक परियोजनाओं, 144.14 एकड़ हवाई अड्डा, रेलवे तथा सड़क आदि जन-सुविधाओं तथा 59.62 एकड़ सेना, बी.एम.पी. आदि के लिए हस्तांतरित हुई। यहाँ स्वैच्छिक संस्थाओं के लिए भू-हस्तांतरण नहीं

हुआ। दुमका की तुलना में राँची में ज्यादा निवेश हुआ, फलस्वरूप यहाँ न सिर्फ अपेक्षाकृत अधिक बल्कि विभिन्न उद्देश्यों के लिए भी हस्तांतरण हुए।

व्यक्तियों को किया गया भू-हस्तांतरण

आदिवासी और गैर-आदिवासी व्यक्तियों को छोटानागपुर काश्तकारी अधिनियम तथा संतालपरगना काश्तकारी अधिनियम के विपरीत या उसके प्रावधानों के अनुसार हुआ भू-हस्तांतरण प्रमुख मुद्दों में से एक है। हालाँकि हस्तांतरण की प्रक्रिया तथा स्वरूप में समय के साथ परिवर्तन आ गया है परंतु आदिवासियों की भूमि का आदिवासियों तथा गैर-आदिवासियों को हस्तांतरण अब भी जारी है। पूछताछ से पता चला कि आदिवासी भूमि का अंतरण मुख्यतः चार प्रकार से होता है। ये हैं गिरवी, लीज पर देना, बिक्री और अवैध अतिक्रमण या प्रभावशाली लोगों द्वारा दखल। गिरवी और लीज को अल्पकालिक हस्तांतरण माना जा सकता है। जबकि बिक्री और अतिक्रमण स्थायी रूप से होता है। फिर भी, अंतरण के उपरोक्त सभी प्रकार परस्पर जुड़े हुए हैं। भूमि को गिरवी और लीज पर देने को अस्थायी मानते हुए भी वास्तव में अधिकतर मामलों में ये स्थायी भू-हस्तांतरण में बदल जाते हैं। यद्यपि इस अध्ययन का केन्द्रबिन्दु इस क्षेत्र में SAR 1969 के लागू होने के बाद हुआ भू-हस्तांतरण था। फिर भी 1970 के पूर्व के आँकड़े भी एकत्रित किए गए। ये आँकड़े नमूना परिवारों से मुख्यतः स्मृति के आधार पर लिए गए हैं।

भू-हस्तांतरण का परिमाण

भू-हस्तांतरण के आँकड़े तालिका-2 में प्रदर्शित हैं। दुमका में इन चारों तरीकों— गिरवी रखने, लीज पर देने, अतिक्रमण और बिक्री से प्रति परिवार 2.3 एकड़ भू-हस्तांतरण हुआ जिनमें से एक एकड़ तक की भूमि का हस्तांतरण करने वाले 48.3% परिवार हैं, 1-2 एकड़ वाले 15.3%, 2-4 एकड़ वाले 13.3% तथा 4 एकड़ से अधिक वालों का प्रतिशत 23 है। अधिकांश परिवार 0-1 एकड़ तथा 4 एकड़ से अधिक वाले वर्ग में आते हैं। दुमका की तुलना में राँची जिला के 304 आदर्श परिवारों में से 124 (40.8%) परिवारों ने 4 एकड़ से अधिक, 21.7% ने 2-4 एकड़ भूमि का अंतरण किया है। 1-2 एकड़ हस्तांतरित करने वाले 16.8% तथा 1 एकड़ तक के 9.7% हैं। राँची के 3 परिवारों में पिछले 25 वर्षों के दौरान कोई हस्तांतरण नहीं हुआ क्योंकि ये एच.ई.सी. के विस्थापित थे और भूमिहीन थे। एच.ई.सी. को हस्तांतरित की गई भूमि के परिमाण की उनको जानकारी नहीं थी क्योंकि वे अपने पितामह के समय में विस्थापित हुए थे जो इस सर्वेक्षण के समय जीवित नहीं थे।

राँची तथा दुमका में नमूना परिवारों द्वारा कुल मिलाकर 956.78 एकड़ भूमि का व्यक्तिगत हस्तांतरण गिरवी, अतिक्रमण और बिक्री द्वारा हुआ है जिसमें से कुल 33% आदिवासियों को तथा 67% गैर-आदिवासियों को हस्तांतरित किया गया है (तालिका-3)। इस प्रकार अध्ययन-क्षेत्र के भीतर आदिवासी भूमि का दो-तिहाई भाग गैर-आदिवासियों के पास हस्तांतरित हो गया है। राँची में नमूना परिवारों द्वारा कुल 840.97 एकड़ भूमि में से 31.69% आदिवासियों को तथा 68.3% गैर-आदिवासियों द्वारा अंतरण हुआ था। इसी प्रकार, दुमका में कुल 115.8 एकड़

हस्तांतरित भूमि में से 42.45% आदिवासियों को तथा 57.55% गैर-आदिवासियों को हस्तांतरित किया गया था। कुल 956.78 एकड़ हस्तांतरित भूमि में से 87.9% राँची में तथा सिर्फ 12.1% दुमका में हस्तांतरित हुई। राँची में दुमका की अपेक्षा प्रति परिवार भू-हस्तांतरण का परिमाण अधिक है। इसका मुख्य कारण यह हो सकता है कि राँची में दुमका की अपेक्षा सार्वजनिक तथा निजी क्षेत्रों में ज्यादा निवेश हुआ है जिसके कारण शहरीकरण तथा आप्रवासन भी अपेक्षाकृत अधिक हुआ है।

तालिका-2 : नमूना परिवारों में भू-हस्तांतरण

भूमि का क्षेत्रफल (एकड़ में)	*परिवारों की संख्या*	
	दुमका	*राँची*
शून्य	–	3
0-1	145 (48.3)	60 (19.7)
1-2	46 (15.3)	51 (16.8)
2-4	40 (13.3)	66 (21.7)
4 तथा अधिक	69 (23.0)	124 (40.6)

नोट : कोष्ठक में दिए गए आँकड़े प्रतिशत में हैं।

तालिका-3 : नमूना परिवारों द्वारा व्यक्तिगत आधार पर भू-हस्तांतरण

	दुमका		*राँची*		*एकड़*	
विधि	1971-96	कुल	1971-96	कुल	1971-96	कुल
आदिवासी को	41.01	49.17	81.15	266.50	122.16	315.67
गैर-आदिवासी को	34.50	66.64	151.68	574.47	186.18	641.11
कुल	75.51	115.81	232.83	840.97	308.34	956.78

अध्ययन से एक महत्त्वपूर्ण तथ्य सामने आया है कि आदर्श परिवारों द्वारा हस्तांतरित की गई कुल 956.78 एकड़ भूमि में से 308.34 एकड़ (32.2%) का हस्तांतरण 1971-96 के बीच हुआ है जबकि शेष 67.8% का 1970 के पूर्व ही हो चुका था। यह भी मनोरंजक पहलू है कि 1970 के बाद से (जब से SAR,1969 लागू हुआ) भू-हस्तांतरण के मामलों में कमी आती गई है। इसकी दो संभावित व्याख्याएँ दी जा सकती हैं। पहला, राँची तथा इसके आसपास इलाकों में हुए सार्वजनिक क्षेत्रों में निवेश के प्रथम चरण में अत्यधिक आप्रवासी इसकी ओर आकर्षित हुए तथा राँची जैसे स्थानों में स्थायी रूप से बसते गए। स्वतंत्रता के बाद की कालावधि में दुमका, जो जिला मुख्यालय भी था, जैसे शहरों के विस्तार में बढ़ोतरी हुई। शुरुआती दौर में

ऐसा लगता है कि आदिवासी, मुख्यत: शहरी केन्द्रों के समीप के, अपनी जमीन का मूल्य नहीं आँक पाए और बिचौलियों व दलालों के द्वारा छद्म टाइटिल सूट तथा छपरबंदी जैसे विभिन्न तरीकों से अपनी भूमि गँवा बैठे। यहाँ यह उल्लेखनीय है कि टाइटिल सूट में आदिवासी द्वारा अदालत में यह स्वीकार किया जाता था कि उसने गैर-आदिवासी से कर्ज लिया है और वह उसे अदा करने में असमर्थ है, इसलिए वह अपनी जमीन उस गैर-आदिवासी को पूर्णत: तथा अंतिम रूप से बंदोबस्ती के लिए समर्पित कर रहा है। SAR 1969 के लागू होने तक आदिवासियों की भूमि का हस्तांतरण कराने के लिए छद्म टाइटिल सूट काफी प्रचलित तरीका था। दूसरा तरीका छपरबंदी है जिसमें किसी जोत (खेती के लिए भूमि) को निवास स्थल के रूप में घोषित कर दिया जाता है जिसके अंतरण पर कोई प्रतिबंध नहीं है, क्योंकि छोटानागपुर काश्तकारी अधिनियम के अंतर्गत सिर्फ कृषि कार्य के लिए उपयोग में आने वाली भूमि के हस्तांतरण पर ही रोक लगी है। बाद में आदिवासी नेताओं के दबाव के कारण SAR, 1969 लागू हुआ। आदिवासियों में जागरूकता भी बढ़ी। आदिवासियों और सरकार द्वारा भी बड़ी संख्या में SAR मामले दाखिल किए जाने के कारण धीरे-धीरे आदिवासी भूमि के अंतरण की गति धीमी पड़ने लगी।

एक दूसरा दिलचस्प तथ्य यह प्रकाश में आया कि नमूना परिवारों द्वारा 1971 से 1996 के बीच हस्तांतरित 308.34 एकड़ भूमि में से राँची में 75.5% तथा दुमका में 24.5% हस्तांतरण हुए। इसके अलावा, 39.6% भूमि आदिवासियों तथा 60.4% गैर-आदिवासियों को हस्तांतरित हुई। यदि 1970 तक तथा 1970 के बाद की प्रवृत्तियों की तुलना की जाए तो कुल 69.5% भूमि गैर-आदिवासियों को तथा 30.8% आदिवासियों को हस्तांतरित हुई। आदिवासियों द्वारा आदिवासियों को भूमि हस्तांतरित किए जाने का अनुपात बढ़ा है जबकि गैर-आदिवासियों को हस्तांतरण के अनुपात में कमी आई है।

राँची में कुल 840.97 एकड़ हस्तांतरित भूमि में से सिर्फ 27.78% हस्तांतरण 1971-96 के दौरान हुए जबकि 72.3% 1970 के पूर्व हुए हैं। 1970 के बाद भू-हस्तांतरण के अनुपात में उल्लेखनीय कमी आई है। इसी प्रकार, राँची में हस्तांतरित कुल 232.83 एकड़ भूमि में से 1971-96 के दौरान 34.8% भूमि आदिवासियों को तथा 65.2% गैर-आदिवासियों को हस्तांतरित हुई तथा इससे पता चलता है कि आदिवासियों की भूमि का अंतरण बड़ी मात्रा में गैर-आदिवासियों को हुआ यद्यपि इसके अनुपात में कमी आई है।

दुमका में 115.81 एकड़ हस्तांतरित भूमि में से 1971-96 के बीच 65.2% तथा सिर्फ 34.8% 1974 के पूर्व हस्तांतरित हुई है। 75.51 एकड़ हस्तांतरित भूमि में से 54.3% आदिवासियों को तथा 46.7% गैर-आदिवासियों को अंतरित हुई। इस प्रकार दुमका की प्रवृत्ति राँची की तुलना में बिलकुल भिन्न है।

भूमि-हस्तांतरण की विधि

भू-हस्तांतरण को दो हिस्सों में बाँटा गया है, जिनमें से एक गिरवी, अतिक्रमण तथा बिक्री के रूप में लगभग स्थायी अंतरण है। गिरवी के अंतर्गत उस प्रकार की गिरवी को लिया गया है जो सर्वेक्षण के समय तक जारी था। तालिका-4 में नमूना परिवारों में 1996 तक हुए भू-हस्तांतरण

की विधियों को प्रदर्शित किया गया है जबकि तालिका-5 में 1970 तक तथा तालिंका-6 में नमूना परिवार में हुए भू-हस्तांतरण को दर्शाया गया है।

1970 के पूर्व के चरण में हस्तांतरण

नमूना परिवारों द्वारा हस्तांतरित कुल 648.44 एकड़ भूमि का 65.5% बिक्री द्वारा, 28.9% अतिक्रमण द्वारा तथा 5.6% गिरवी द्वारा अंतरण हुआ। सबसे अधिक चिन्ताजनक पहलू तो यह है कि छो.का.अधि. तथा सं.प.का.अधि. के लागू रहने के बावजूद गिरवी इतने लम्बे समय तक जारी रहा। ऐसा दीख पड़ता है कि 1970 तक जमीन की बिक्री ही हस्तांतरण का सबसे अधिक प्रचलित तरीका था। गैर-आदिवासियों को हस्तांतरित 454.93 एकड़ भूमि में से 74.2% बिक्री द्वारा मुख्यतः छद्म टाइटिल सूट के माध्यम से, जबकि 21.3% अतिक्रमण और 4.5% गिरवी द्वारा हस्तांतरित हुआ। अतिक्रमण मुख्यतः बिक्री/हस्तांतरण या वास्तविक सौदे से अधिक जमीन दखल किए जाने के रूप में हुआ है और किसी-किसी मामले में बलपूर्वक अतिक्रमण हुआ है।

राँची में, परिवारों द्वारा 608.14 एकड़ भूमि हस्तांतरित हुई है जिसमें 67.8% बिक्री द्वारा, 26.5% अतिक्रमण द्वारा और 5.7% गिरवी द्वारा हुई है। गैर-आदिवासियों को हस्तांतरित कुल 422.79 एकड़ भूमि में से 77.3% बिक्री द्वारा, 18.3% अतिक्रमण द्वारा और 4.4% गिरवी द्वारा तथा इस दौरान आदिवासियों को हस्तांतरित कुल 185.35 एकड़ भूमि में से 46.1% बिक्री द्वारा, 45.3% अतिक्रमण से और मात्र 8.6% गिरवी द्वारा हस्तांतरण हुआ। यह एक आश्चर्यजनक तथ्य है कि आदिवासियों को हस्तांतरित भूमि में अतिक्रमित भूमि का उल्लेखनीय परिमाण है जिससे यह पता चलता है कि अध्ययन-क्षेत्र के अंतर्गत आदिवासियों ने भी अन्य आदिवासियों की भूमि का अतिक्रमण किया है।

दुमका में, 1970 तक परिवारों द्वारा मात्र लगभग 40.30 एकड़ भूमि ही हस्तांतरित हुई जिसमें से 30.6% बिक्री द्वारा, 64.5% अतिक्रमण द्वारा और 4.9% गिरवी के माध्यम से तथा गैर-आदिवासियों को हस्तांतरित कुल 31.94 एकड़ में से 32.8% बिक्री द्वारा, 61.4% अतिक्रमण से और मात्र 6.3% गिरवी द्वारा। पुनः आदिवासियों को हस्तांतरित कुल 8.16 एकड़ में से 21.8% बिक्री द्वारा और 78.2% अतिक्रमण द्वारा हस्तांतरण हुआ। ऐसा लगता है कि दुमका में 1970 के पूर्व काफी मात्रा में आदिवासी भूमि का अतिक्रमण आदिवासियों तथा गैर-आदिवासियों, दोनों के द्वारा किया गया।

1970 के बाद के चरण में हस्तांतरण

1970 के बाद के चरण में कुछ उल्लेखनीय विशिष्ट प्रवृत्तियाँ सामने आई हैं। 1970 के पूर्व के चरण की तुलना में इस अवधि में गिरवी द्वारा हस्तांतरण एक प्रमुख तरीका रहा जिसका प्रतिशत 57.94% है। इसके तुरन्त बाद बिक्री (27.28%) तथा अतिक्रमण (14.78%) रहा। इस प्रकार बिक्री का महत्त्व वस्तुतः घटा। यह प्रवृत्ति आदिवासियों और गैर-आदिवासियों, दोनों को हस्तांतरित भूमि के संबंध में दिखाई देती है। इस अवधि में गैर-आदिवासियों को हस्तांतरित कुल 186.18 एकड़ भूमि में से 62.5% गिरवी द्वारा, 8.04% अतिक्रमण और 29.46% बिक्री द्वारा हस्तांतरित हुआ। इसी प्रकार आदिवासियों को हस्तांतरित कुल 122.16 एकड़ भूमि में से

50.98% गिरवी द्वारा, 25.05% अतिक्रमण द्वारा और 23.97% बिक्री द्वारा हस्तांतरण हुआ। फिर भी, राँची और दुमका में हुए हस्तांतरण के तरीकों में फर्क है। दुमका में 20.22% गिरवी, 41.2% अतिक्रमण तथा 38.16% बिक्री द्वारा हस्तांतरण हुआ जबकि राँची में बिक्री द्वारा हस्तांतरण का प्रतिशत 70.1% है।

राँची में आदिवासियों और गैर-आदिवासियों को हुए हस्तांतरण के तरीके लगभग समरूप हैं। गैर-आदिवासियों को हस्तांतरित कुल 151.68 एकड़ भूमि में से 71.3% गिरवी द्वारा, 24.73% बिक्री द्वारा और 3.96% अतिक्रमण द्वारा हस्तांतरित हुआ। इसी प्रकार, आदिवासियों को हस्तांतरित कुल 81.15 एकड़ भूमि में से 68.6% गिरवी द्वारा, 10.03% अतिक्रमण द्वारा और 21.91% बिक्री द्वारा हस्तांतरण हुआ। यहाँ यह उल्लेख करना उचित है कि 1970 के बाद के चरण में भूमि के प्रत्यर्पण के लिए SAR मामलों की शुरुआत के कारण आदिवासियों और गैर-आदिवासियों में SAR मामलों के प्रति जागरूकता आई क्योंकि इससे एक प्रकार से शहरी क्षेत्रों में गैर-आदिवासियों द्वारा आदिवासियों की जमीन की खरीद पर रोक लगती थी। परिणामस्वरूप गिरवी रखना भू-हस्तांतरण का प्रमुख माध्यम हो गया। 1970 के बाद के चरण में, विशेष तौर पर ग्रामीण इलाकों में आदिवासियों द्वारा धन प्राप्त करने का सहज तरीका भूमि को गिरवी रखना हो गया। आजकल मकान के निर्माण के लिए वित्त प्रदान करने वाली संस्थाएँ बढ़ती जा रही हैं जो भूमि के उचित कागजात की माँग करती हैं। यह स्वाभाविक ही है कि छोटानागपुर काश्तकारी अधिनियम के विरुद्ध किया गया कोई भी हस्तांतरण इन संस्थाओं के अनुकूल नहीं होगा। इसके अलावा आदिवासी नेताओं, स्वंयसेवी संस्थाओं तथा अन्य संबंधित लोगों के दबाव के कारण भी हस्तांतरण की प्रक्रिया धीमी पड़ी है।

जैसा कि पहले कहा गया, आजकल चूंकि बिक्री और अन्य तरीके अत्यंत कठिन हो गए हैं, गिरवी रखना हस्तांतरण का सबसे सहज रास्ता बन गया है। यद्यपि छोटा.काश्त.अधि. की धारा 46 में दो मामलों में गैर-आदिवासियों के पास अल्पकालिक हस्तांतरण किए जाने की छूट दी गई है—(क) पाँच वर्ष की अवधि के लिए गिरवी रखना, और (ख) अधिकतम सात वर्षों के लिए भुगुतबंध गिरवी, जिसमें 7 वर्ष की अवधि समाप्त होने के बाद जमीन स्वतः गिरवी रखने वाले आदिवासी व्यक्ति के पास आ जाती है। परंतु वास्तव में यह एक प्रकार से स्थायी हस्तांतरण ही हो जाता है क्योंकि ज्यादातर मामलों में आदिवासी ऋण चुकता करने में असमर्थ होते हैं और उसकी भूमि हस्तांतरण कराने वाले के पास काफी लंबी अवधि तक गिरवी रह जाती है। कुछ ऐसे मामले भी सामने आए हैं जिसमें ऋण चुकाने की क्षमता रहते हुए भी आदिवासियों ने अपनी जमीन वापस नहीं ली बल्कि किसी दूसरे की जमीन अपने पास गिरवी रख ली। फिर भी, बहुत कम मामलों में आदिवासी यह समझते हैं कि उनकी जमीन तात्कालिक रूप से हस्तांतरित हुई है और वे इसे अंततः पुनः प्राप्त कर ही लेंगे। वर्तमान सर्वेक्षण के नतीजों में, दुमका के 39 परिवारों में से 38 (97.4%) यह मानते हैं कि जमीन का स्थायी तौर पर हस्तांतरण हुआ है। इसी प्रकार, राँची में, 104 परिवारों में से 98 (94.2%) अपनी भूमि के हस्तांतरण को तात्कालिक रूप से मानते हैं। जबकि एक परिवार (1.0%) ने अपनी भूमि का

तालिका-4 : आदर्श परिवारों में भू-हस्तांतरण (1971-96)

भू-हस्तांतरण	दुमका			रांची			सकल		
की विधि	आ.	गै.आ.	कुल	आ.	गै.आ.	कुल	आ.	गै.आ.	कुल
गिरवी	7.5	8.22	15.27	55.23	108.15	163.38	62.28	116.37	178.65
	(17.19)	(23.83)	(20.22)	(68.06)	(71.30)	(70.17)	(50.98)	(62.50)	(57.94)
अतिक्रमण	22.46	8.97	31.43	8.14	6.00	14.14	30.60	14.97	45.57
	(54.77)	(26.00)	(41.62)	(10.03)	(3.96)	(6.07)	(25.05)	(8.04)	(14.78)
बिक्री	11.50	17.31	28.81	17.78	37.53	55.31	29.28	54.84	84.12
	(28.04)	(50.17)	(38.16)	(21.91)	(24.74)	(23.76)	(23.97)	(29.46)	(27.28)
कुल	41.01	34.50	75.51	81.15	151.68	232.83	122.16	186.18	308.34
	(100.00)	(100.00)	(100.00)	(100.00)	(100.00)	(100.00)	(100.00)	(100.00)	(100.00)

नोट : कोष्ठक के आँकड़े प्रतिशत में हैं। आ. = आदिवासी, गै.आ. = गैर-आदिवासी

तालिका-5 : आदर्श परिवारों में 1970 तक भू-हस्तांतरण

भू-हस्तांतरण	दुमका			रांची			सकल		
की विधि	*आ.*	*गै.आ.*	*कुल*	*आ.*	*गै.आ.*	*कुल*	*आ.*	*गै.आ.*	*कुल*
गिरवी	–	2.00	2.00	15.87	18.45	34.27	15.87	20.47	36.27
		(6.30)	(4.00)	(8.6)	(4.4)	(5.7)	(8.2)	(4.5)	(5.6)
अतिक्रमण	6.38	19.60	25.98	83.99	77.46	161.45	90.37	97.06	187.43
	(18.20)	(61.40)	(64.60)	(45.30)	(18.30)	(26.50)	(46.70)	(21.03)	(28.90)
बिक्री	1.78	10.34	12.32	85.39	326.93	412.42	87.27	337.47	424.74
	(21.80)	(32.80)	(30.60)	(46.10)	(77.30)	(67.80)	(45.10)	(74.20)	(65.50)
कुल	8.16	31.94	40.30	185.35	422.79	608.14	193.51	454.93	648.44
	(100.00)	(100.00)	(100.00)	(100.00)	(100.00)	(100.00)	(100.00)	(100.00)	(100.00)

नोट : कोष्ठक के आँकड़े प्रतिशत में हैं। आ. = आदिवासी, गै.आ. = गैर आदिवासी

तालिका–6
आदर्श परिवारों में भू–हस्तांतरण की विधि

भू–हस्तांतरण	दुमका			रांची			सकल		
की विधि	आ.	गै.आ.	कुल	आ.	गै.आ.	कुल	आ.	गै.आ.	कुल
गिरवी	7.05	10.22	17.27	71.10	126.55	197.65	78.15	136.77	214.92
		(2.4)	(15.34)	(14.91)	(26.68)	(22.03)	(23.50)	(24.76)	(21.33)
		(22.47)							
अतिक्रमण	28.84	28.57	57.41	92.13	83.46	175.59	120.97	112.03	233.00
		(58.65)	(42.87)	(49.57)	(34.57)	(14.53)	(20.88)	(38.32)	(17.48)
		(24.35)							
बिक्री	13.28	27.85	41.13	103.27	364.46	467.73	116.35	392.31	508.86
			(27.01)	(41.79)	(35.52)	(38.75)	(64.44)	(55.62)	(36.92)
			(61.19)	(53.18)					
कुल	49.17	66.64	115.81	266.50	574.47	840.97	315.67	641.11	956.78
			(100.00)	(100.00)	(100.00)	(100.00)	(100.00)	(100.00)	(100.00)
				(100.00)	(100.00)				

आ. = आदिवासी, गै.आ. = गैर आदिवासी

बटाईदार स्वामित्व का होना बताया और 5 (4.8%) परिवारों ने अपनी भूमि का हस्तांतरण स्थायी बताया (तालिका-7)।

एक और दिलचस्प तथ्य सामने आया है कि हाल के वर्षों में आदिवासी महाजन, मुख्यत: गाँव के ही धनी आदिवासी, गैर-आदिवासी महाजनों को पीछे छोड़ते जा रहे हैं और भूमि का हस्तांतरण उसी के पास होता जा रहा है।

तालिका-7 : गिरवी में, गिरवी के बाद की स्थिति

	परिवारों की संख्या	
स्थिति	*दुमका*	*राँची*
तात्कालिक हस्तांतरण	38 (97.4)	98 (94.2)
स्वामी-बटाईदार (भूमि हस्तांतरित ही रहता है)	– (1.0)	1
हस्तांतरित भूमि का स्वामित्व स्थायी रूप से अंतरित	1 (2.6)	5 (4.8)
कुल मामले	39	104

नोट : कोष्ठक में दिए गए आँकड़े प्रतिशत में हैं।

1970 के बाद की अवधि के भू-हस्तांतरण को कई कालावधियों में बाँटा गया है और इससे कुछ रोचक तथ्य प्राप्त हुए हैं। तालिका-8 में गिरवी के माध्यम से हुए हस्तांतरण को दिखाया गया है, तालिका-9 में अतिक्रमण से तथा तालिका-10 में बिक्री के द्वारा। तालिकाओं के विश्लेषण से निम्नलिखित प्रमुख प्रवृत्तियों का पता चलता है—

1. सन् 71-80, 81-85, 1980-90 तथा 1991-96 की सभी अवधियों के दौरान गिरवी की संख्या में लगातार बढ़ोतरी हुई है। आदिवासी और गैर-आदिवासी, दोनों के पास ही गिरवी की संख्या में बढ़ोतरी दर्ज की गई है और यह प्रवृत्ति राँची तथा दुमका में लगभग समान रूप से है। राँची में इस प्रवृत्ति में वृद्धि प्रसंगाधीन मामले में क्रमागत कालावधियों में मिलती है। 1970-80 की अवधि के दौरान कुल 3.25 एकड़ गिरवी रखा गया था जो 1981-85 के दौरान बढ़कर 22.45 एकड़ हो गया। इसी प्रकार गिरवी के माध्यम से आदिवासियों के पास भू-हस्तांतरण में भी वृद्धि हुई है। 1971-80 के दौरान कुल 14.43 एकड़ भूमि गिरवी रखी गई, पर यह 1981-85 के दौरान घट कर 4.00 एकड़ रह गई, पुन: 1986-90 के दौरान बढ़कर 11.52 तथा 1991-96 के दौरान 25.28 एकड़ हो गई। परिवारों के अनुसार, दुमका में गिरवी की मात्रा में वृद्धि हुई है। महत्त्वपूर्ण तथ्यों में से एक यह है कि एक बार यदि जमीन गिरवी के माध्यम से स्थानांतरित हो जाती है तो संबंधित आदिवासी इसे पुन: छुड़ाने में असमर्थ रहता है और यह पूर्णत: स्थायी हस्तांतरण ही हो जाता है।

2. नमूना परिवारों के अनुसार, राँची और दुमका, दोनों ही स्थानों पर उनकी भूमि का इन क्रमिक अवधियों में अतिक्रमण द्वारा हस्तांतरण हुआ है।

तालिका-8 :आदर्श परिवारों द्वारा गिरवी के माध्यम से हस्तांतरण (वर्ष क्रम में)

	गिरवी द्वारा	दुमका			रांची			सकल		
	हस्तांतरण	आ.	गै.आ.	कुल	आ.	गै.आ.	कुल	आ.	गै.आ.	कुल
1.	1970 तक	–	2.00	2.00	15.87	18.40	34.27	15.87	20.40	36.27
2.	1971–1980	–	0.26	0.26	14.43	3.25	17.68	14.43	3.51	17.94
3.	1981–1985	–	–	–	4.00	22.45	26.45	4.00	22.45	26.45
4.	1986–1990	2.46	0.82	3.28	11.52	45.41	56.93	13.98	46.23	60.21
5.	1991–1996	4.59	7.14	11.73	25.28	37.04	62.32	29.37	44.18	74.05
6.	1971–1996 (2+3+4+5)	7.05	8.22	15.27	55.23	108.15	163.38	62.28	116.37	178.65
	संपूर्ण (1+6)	7.05	10.22	17.27	71.10	126.55	197.65	78.15	136.77	214.92

नोट : आ. = आदिवासी, गै.आ.= गैर.आदिवासी

तालिका-9 : आदर्श परिवारों में अतिक्रमण से भू-हस्तांतरण

	वर्ष	दुमका			रांची			सकल		
		आ.	गै.आ.	कुल	आ.	गै.आ.	कुल	आ.	गै.आ.	कुल
1.	1970 तक	6.38	19.60	25.98	83.99	77.46	161.45	90.37	97.06	187.43
2.	1971-1980	-	2.42	2.42	3.66	1.32	4.98	3.66	3.74	7.40
3.	1981-1985	13.67	1.38	15.05	3.00	1.50	4.50	16.67	2.88	19.55
4.	1986-1990	4.42	3.80	8.22	0.56	0.18	0.74	4.98	3.98	8.96
5.	1991-1996	4.37	1.37	5.74	0.92	3.00	3.92	5.29	4.37	9.66
6.	1971-1996 (2+3+4+5)	22.46	8.97	31.43	8.14	6.00	14.14	30.60	14.97	45.57
	संपूर्ण (1+6)	28.84	28.57	57.41	92.13	83.46	175.57	120.97	112.03	233.00

नोट : आ. = आदिवासी, गै.आ. = गैर-आदिवासी

तालिका–10 : आदर्श परिवारों में अतिक्रमण से भू–हस्तांतरण

	वर्ष	दुमका			रांची			सकल		
		आ.	गै.आ.	कुल	आ.	गै.आ.	कुल	आ.	गै.आ.	कुल
1.	1970 तक	1.78	10.54	12.32	85.49	326.93	412.42	87.27	337.47	424.74
2.	1971–1980	3.52	7.76	11.28	15.22	26.79	42.01	18.74	34.55	53.29
3.	1981–1985	0.98	2.03	3.01	0.50	10.74	11.24	1.48	12.77	14.25
4.	1986–1990	5.10	4.34	9.44	--	--	--	5.10	4.34	9.44
5.	1991–1996	1.90	3.18	5.08	2.06	--	2.06	3.96	3.18	7.14
6.	1971–1996 (2+3+4+5)	11.50	17.31	28.81	17.78	37.53	55.31	29.28	54.84	84.12
	संपूर्ण (1+6)	13.28	27.85	41.13	103.27	364.46	467.73	116.55	392.31	508.86

नोट : आ. = आदिवासी, गै.आ. = गैर–आदिवासी

3. अध्ययन में तय की गई अवधियों के दौरान बिक्री के माध्यम से होने वाले भू-हस्तांतरण के परिमाण में कमी आई है। नमूना परिवारों के अनुसार 1971-80 के दौरान 53.29 एकड़ इस माध्यम से हस्तांतरित हुआ था जो 81-85 के दौरान घटकर 14.25 एकड़, 1986-90 के दौरान 9.44 एकड़ तथा 1991-96 की अवधि में मात्र 7.14 एकड़ रह गया। गैर-आदिवासियों की हस्तांतरित 54.84 एकड़ भूमि में से 1971-80 के दौरान 34.55 एकड़ जबकि 1981-85 के दौरान 12.77 एकड़, 1986-1990 के दौरान 4.34 एकड़ तथा 1991-96 के दौरान 3.18 एकड़ का हस्तांतरण हुआ।

जबकि आदिवासियों को हुए हस्तांतरण में 1971-80 के दौरान 18.74 एकड़,1981-85 के दौरान 1.48 एकड़, 1986-90 के दौरान 5.10 एकड़ तथा 1991-96 की अवधि में 3.96 एकड़ भूमि हस्तांतरित हुई। यदि राँची के आँकड़ों को देखा जाए तो पता चलता है कि 1985 के बाद बिक्री के माध्यम से किसी गैर-आदिवासी को भूमि का हस्तांतरण नहीं हुआ। ये सभी हस्तांतरण 1965 तक ही हुए हैं, जबकि आदिवासियों के पास कुल 17.78 एकड़ में से सिर्फ 2.06 एकड़ भूमि ही 1991-96 के दौरान हस्तांतरित हुई।

उधर दुमका में यह प्रवृत्ति इस अर्थ में बिलकुल भिन्न है कि वहाँ चयनित या नमूना परिवारों में बिक्री के माध्यम से भी लगातार भू-हस्तांतरण हुआ है यद्यपि इसका परिमाण अधिक नहीं है। संतालपरगना में, SAR 1969 में यह प्रावधान था कि हस्तांतरण उस स्थिति में वैध है जब या तो अंतरण कराने वाला बदले में समान मूल्य की भूमि उपलब्ध करा दे या उचित क्षतिपूर्ति करे यदि उस भूमि पर 1969 से पूर्व कोई ठोस संरचना निर्मित की जा चुकी हो। संतालपरगना काश्तकारी अधिनियम, 1947 में ऐसा कोई प्रावधान नहीं था। SAR1969 को यह नया प्रावधान कुछ हद तक पूर्व में हुए अवैध भू-हस्तांतरण को वैध बना देता है।

आदर्श परिवारों द्वारा भू-हस्तांतरण के कारण

गिरवी द्वारा

आदर्श परिवारों द्वारा गिरवी या बिक्री के माध्यम से भूमि के हस्तांतरण का उद्देश्य पता करने के लिए उनसे पूछताछ की गई। गिरवी रखने के कारणों में घरेलू खर्च, खेती, बच्चों की शिक्षा, चिकित्सा खर्च, विवाह एवं अन्य त्योहार, मुकदमा तथा अन्यान्य उद्देश्य शामिल थे। तालिका-11 में राँची और दुमका में गिरवी रखने के कारणों का उल्लेख करते हुए आदर्श परिवारों का अनुपात प्रदर्शित है।

तालिका-11 :भूमि गिरवी रखने के कारण (संपूर्ण आदर्श परिवारों का अनुपात)

क्रम	*कारण*	*दुमका*	*राँची*
1.	घरेलू खर्च	30.8	30.8
2.	खेती के लिए	5.1	3.8
3.	शिक्षा	2.5	1.9
4.	चिकित्सा के लिए	48.7	11.6

5.	विवाह–त्योहार	10.3	31.7
6.	मुकदमा	2.6	15.3
7.	अन्य	–	4.9
	कुल	100	99.8
	कारण बताने वाले परिवारों की संख्या	39	104

बहुत से परिवार गिरवी रखने का सही कारण बता पाने में असमर्थ रहे क्योंकि कई परिवारों में उनके माता–पिता या दादा ने गिरवी रखा था और कइयों में 15–20 वर्ष पहले ही गिरवी रखा गया था। फिर भी दुमका के जिन 39 परिवारों ने गिरवी रखने के कारण का उल्लेख किया था उनमें से 30.8% ने घरेलू खर्चों के लिए तथा 48.7% ने चिकित्सादि खर्चों को पूरा कराने के लिए गिरवी रखा। पुनः 10.2% ने विवाह एवं त्योहार, लगभग 5.1% ने कृषि हेतु तथा 2.6% ने मुकदमे के खर्च को पूरा करने के लिए गिरवी रखा। राँची में यह प्रतिरूप थोड़ा हटकर है। यहाँ के 104 परिवारों, जिन्होंने गिरवी रखने का कारण बताया, में से 30.8% ने घरेलू खर्च हेतु, 31.7% ने विवाह एवं त्योहारों के लिए गिरवी रखा। राँची में पुनः करीब 15.3% परिवारों ने मुकदमे के खर्च के लिए गिरवी रखा जिसमें मुख्यतः SAR के मुकदमे थे जबकि 11.5% ने चिकित्सा, मात्र 1.9% ने शिक्षा के लिए तथा अन्यान्य उद्देश्यों के लिए 4.9% ने गिरवी रखा। इस प्रकार हम पाते हैं कि गिरवी रखने के कारणों में तीन मुख्य कारण हैं—

घरेलू खर्च, जिसे खपत का अभाव कहा जा सकता है, चिकित्सा खर्च तथा मुकदमे का खर्च। अन्य कारण ज्यादा महत्त्वपूर्ण नहीं प्रतीत होते।

बिक्री द्वारा

राँची के कुल 304 तथा दुमका के 300 आदर्श परिवारों में से क्रमशः 150 तथा 119 परिवारों ने अपनी भूमि का विक्रय किए जाने की बात स्वीकार की जिनमें से राँची के 7 तथा दुमका के 2 परिवारों को छोड़कर सभी ने विक्रय करने के कारण बताए। तालिका–12 में विक्रय के विभिन्न कारणों के साथ परिवारों का अनुपात दिखाया गया है।

तालिका–12 : चयनित परिवारों द्वारा भूमि विक्रय के कारण (% परिवार)

क्रम	*कारण*	*दुमका*	*राँची*
1.	घरेलू खर्च	36.97	58.00
2.	विवाह/उत्सव	13.45	15.33
3.	कृषि	22.69	2.00
4.	शिक्षा	–	2.00
5.	चिकित्सा	15.97	6.00
6.	मुकदमा	0.84	0.67
7.	घरेलू और विवाह दोनों	6.72	11.33

8.	कृषि और चिकित्सा दोनों	–	4.90
9.	कारण बताने में असमर्थ	1.68	4.67
	कुल	100.00	100.00
	कुल परिवार	119	105

तालिका से यह साफ पता चलता है कि थोड़े-बहुत अंतर को छोड़कर गिरवी रखने और विक्रय किए जाने के कारणों में लगभग समानता है। दुमका में 36.97% परिवारों ने अपने खपत के अभावों को पूरा करने के लिए जमीन बेची, राँची में इसका प्रतिशत 58% है। इसी प्रकार, विवाह एवं अन्य उत्सव-त्योहार भू-हस्तांतरण की स्थिति उत्पन्न करने वाला दूसरा सबसे प्रमुख कारण है। इसके बाद चिकित्सा-खर्च आता है। अन्य कारण दुमका में ज्यादा महत्त्वपूर्ण नहीं थे। लगभग 22.69% ने बताया कि उन्होंने कृषि-कार्य को बेहतर बनाने के लिए अपनी भूमि बेची। इसका प्रतिशत राँची में मात्र 2% है। राँची में मात्र तीन परिवारों ने अपने बच्चों को उच्च शिक्षा दिलाने के लिए अपनी जमीन बेची तथा राँची और दुमका, प्रत्येक में सिर्फ एक-एक परिवार ने मुकदमे का खर्च पूरा करने के लिए भूमि का विक्रय किया।

जैसा कि पहले कहा गया है, आदिवासी परिवारों में आवश्यकता के समय से धन प्राप्त करने का सबसे पसंदीदा तरीका भूमि का विक्रय है चाहे खपत की जरूरतों के पूरा करने के लिए हो या विवाह, उत्सव, मृत्यु-संस्कार, चिकित्सा खर्च तथा अन्य संकटपूर्ण स्थितियों के लिए हो। बाद के वर्षों में विशेषत: अस्सी के दशक के बाद जब SAR मुकदमों की शुरुआत हुई और अनेक डिग्रियाँ आदिवासियों को भू-प्रत्यर्पण किए जाने के पक्ष में हुईं तो हस्तांतरण का माध्यम बदल कर गिरवी रखना हो गया तथा यद्यपि भुगुतबंध गिरवी वैधानिक रूप से सात वर्षों से अधिक जारी नहीं रह सकता, फिर भी इस विधान से अनजान होने के कारण या जानकर भी स्थानीय विवशतावश गिरवी रखना भू-हस्तांतरण का सबसे लोकप्रिय माध्यम बन गया, विशेषकर राँची के ग्रामीण इलाकों में।

इस प्रकार व्यक्तिगत तौर पर किए गए हस्तांतरण मिश्रित स्वरूप के हैं। स्वतंत्रता-प्राप्ति के बाद औद्योगिकीकरण तथा शहरीकरण के कारण राँची और दुमका जैसे शहरी केन्द्रों में आप्रवासियों की संख्या में बढ़ोतरी हुई इसलिए कुछ हस्तांतरण भूमि के प्रति इनकी बढ़ती माँग से प्रेरित रहा है। आप्रवासियों को इन शहरों में मकान बनाने या व्यापार स्थापित करने के लिए जमीन की आवश्यकता थी। इस प्रकार की माँग उन शिक्षित आदिवासियों की भी रही है जिन्हें न केवल इन उद्योगों बल्कि सरकारी कार्यालयों, बैंकों इत्यादि में नौकरी मिल गई थी।

इन आदिवासियों का राजनीतिक तथा प्रशासकीय संपन्न एवं उच्च वर्ग भी शहरी केन्द्रों में ही रहना चाहता है। अच्छी शैक्षणिक संस्थाओं तथा आधारभूत सुविधाओं से सम्पन्न राँची शहर मध्यम वर्ग तथा निम्न मध्यम वर्ग के अधिकांश लोगों की स्वाभाविक पसंद रहा है। दूसरे शहरी केन्द्रों में भी बिलकुल यही प्रवृत्ति दिखाई देती है। शहर के भीतर तथा इनके समीपवर्ती उन क्षेत्रों, जिसके विकास में वर्षों लगे, में भी लघु उद्योग तथा व्यापार स्थापित करने के लिए भूमि की माँग बढ़ी।

ग्रामीण क्षेत्रों में पूर्व में ज्यादातर हस्तांतरण इसलिए हुए कि आड़े वक्त में आदिवासी,

गैर-आदिवासी या धनी आदिवासियों के पास कर्ज लेने पहुँच जाते थे। इसके कारण अंततः हस्तांतरण होता चला गया। इनकी जरूरतें, जैसा कि पहले बताया गया है, खपत की आमद को पूरा करने की थीं। कुछ मामलों में शराब पीने की लत भी इसका कारण रहा और आदिवासियों की शराब पीने की स्वाभाविक कमजोरी के कारण भी हस्तांतरण हुए।

व्यक्ति को विक्रय द्वारा भू-हस्तांतरण का तरीका

आदिवासी भूमि के हस्तांतरण के लिए अपनाए गए तरीके विभिन्न हैं और इसमें समय के साथ परिवर्तन हो गया है। पूछताछ तथा पूर्व के अध्ययनों के निरीक्षण से राँची जिला में भू-हस्तांतरण के निम्न तरीकों का पता चलता है। परिवारों द्वारा बताए गए भूमि-विक्रय के तरीकों को तालिका-13 में दिखाया गया है।

दुमका में चयनित परिवारों में हुए कुल 40.13 एकड़ भूमि का विक्रय द्वारा हस्तांतरण में से सिर्फ 39.48 एकड़ के बारे में विक्रय के तरीके का पता चला जो 98.38% है जबकि राँची के विक्रय द्वारा हस्तांतरित कुल 467.73 एकड़ भूमि में से 401.21 एकड़ (85.77%) के बारे में ही तरीके का पता लग पाया। ऐसा मुख्यतः इसलिए हुआ कि कुछ विक्रय वर्षों पूर्व हुए थे और उन लोगों को उस विक्रय के तरीके की जानकारी नहीं थी।

तालिका-13 : भूमि-विक्रय का तरीका

तरीका	*दुमका*	*राँची (एकड़ में)*
दान पत्र (उपहार)	20.82	14.00
	(52.7)	(3.5)
बदलनामा	3.48	–
	(8.8)	–
उपायुक्त की अनुमति के	–	23.10
बाद भूमि का विक्रय	–	(5.7)
टाइटिल सूट	–	10.43
	–	(2.7)
पूर्व दिनांकित हुक्मनामा	–	1.25
	–	(0.31)
पंजीयन (छद्म टाइटिल)	0.66	46.66
	(1.7)	(11.6)
सादा पट्टा	14.52	305.77
	(36.8)	(76.2)
	39.48	401.21
	(100.00)	(100.00)
परिवारों द्वारा बताया गया विक्रय	41.13	467.73
	(98.38)	(85.77)

नोट : कोष्ठक के आँकड़े प्रतिशत में हैं।

छद्म टाइटिल सूट

शुरू के चरणों में शहरी और ग्रामीण क्षेत्रों में भू-हस्तांतरण का यह तरीका काफी लोकप्रिय रहा था। यह तरीका दीवानी मुकदमा द्वारा छोटानागपुर काश्तकारी अधिनियम के उन प्रावधानों को धोखा देने के लिए समझौते की डिग्री प्राप्त कर लेना था जिसके तहत आदिवासी भूमि को किसी गैर-आदिवासी के पास हस्तांतरित किए जाने पर प्रतिबंध था। मुकदमे के दौरान विपरीत दखल का नियम प्रयोग में लाया जाता था। इसमें गैर-आदिवासी द्वारा दीवानी अदालत में एक मुकदमा दायर किया जाता था जिसमें कहा जाता था कि उसने आदिवासी व्यक्ति को कर्ज दिया था तथा इस कर्ज की राशि एक निर्धारित अवधि के अंदर चुकता कर देनी थी जिसके लिए उस आदिवासी व्यक्ति ने उसके दखल में भूमि दी थी जिसको बारह वर्ष से भी ज्यादा हो गए हैं। उस वक्त वैधानिक सीमा बारह वर्षों की थी। अदालत में आदिवासी व्यक्ति इसे स्वीकार कर लेता था और गैर-आदिवासी को डिग्री मिल जाती थी। इस तरीके से अत्यधिक परिमाण में आदिवासी भूमि हस्तांतरित हुई। यद्यपि ऐसी डिग्रियों के साथ रेवेन्यू कोर्ट में समस्या आती थी जो ऐसी भूमि का दाखिल-खारिज करने से इस आधार पर इनकार कर देता था कि जो हस्तांतरण सीधे तौर पर या कानूनी रूप से नहीं हो सकता उसे अप्रत्यक्ष और चालाकी से सिविल कोर्ट की डिग्री के माध्यम से भी किए जाने की अनुमति नहीं हो सकती। इस तरीके से हस्तांतरण मुख्यतः SAR अधिनियम 1969 के लागू होने पर लगभग पूरी तरह रुक गया, जिसमें अधिकतम सीमावधि बढ़ाकर 30 वर्ष कर दी गई तथा माननीय उच्च न्यायालय द्वारा समझौता डिग्री को गैरकानूनी घोषित कर दिया गया।

छपरबंदी

छोटानागपुर काश्तकारी अधिनियम गैर-कृषि भूमि पर लागू नहीं होता। पूर्व में और वर्तमान में भी, इसके कारण गैर-आदिवासियों द्वारा आदिवासी भूमि के हस्तांतरण के लिए मौका मिल जाता है। उल्लेखनीय है कि कृषि वाली भूमि को रैयत इस आधार पर छपरबंदी में बदलने के लिए आवेदन कर सकता है कि वह जमीन कृषि कार्य के अनुपयुक्त हो गई है, भूमि के आसपास आवासीय मकान बन गए हैं और उस भूमि पर खेती नहीं हो रही है, भूमि का उपयोग कचरा फेंकने या बच्चों के खेलने के लिए हो रहा है। और यद्यपि रैयत लगान दे रहा है फिर भी उसे कोई लाभ नहीं मिल पा रहा है तथा स्वरूप परिवर्तन के बाद वह भूमि का हिस्सा कृषि के लिए सर्वथा अनुपयोगी हो गया है। अब वह उस पर मकान बनाएगा या व्यापार के लिए या अपनी आय बढ़ाने के लिए उसका उपयोग करेगा।

ऐसा आवेदन प्राप्त होने पर कर्मचारियों, सर्किल ऑफिसर या गजटेड ऑफिसर के द्वारा जाँच की जाती थी और अनुशंसा की जाती थी। जाँच यह निश्चित करने के लिए की जाती थी कि उक्त भूमि नगरपालिका के क्षेत्र के अधीन में पड़ती थी या वहाँ की आबादी में वृद्धि हो गई थी। दाखिलाकार रैयत के मामले में आयुक्त को छपरबंदी घोषित करने का अधिकार था जबकि मूल रैयत के मामले में इसका निर्णय सरकार करती थी।

आयुक्त या सरकार द्वारा जैसे ही भूमि को छपरबंदी में परिवर्तित किया जाता था, वह

विभिन्न अधिनियमों के अंतर्गत विक्रय के लिए मुक्त हो जाती थी और उस पर भू-हस्तांतरण की धारा 46 लागू नहीं होती थी। सहकारी समितियों द्वारा भू-हस्तांतरण कराए जाने का यह एक प्रमुख तरीका था।

किसी विशेष भूमि को छपरबंदी घोषित किया जाता है जब—

(i) खतियान में यह उल्लेख हो कि भूमि या उसका कोई हिस्सा छपरबंदी था।

(ii) भूमि के स्वामी ने जमींदारी उन्मूलन अधिनियम के पूर्व उसे छपरबंदी घोषित कर दिया हो।

(iii) आयुक्त या सरकार द्वारा छपरबंदी की घोषणा की गई हो।

यद्यपि पूछताछ से इस बात का पता चला कि अधिकतर अंतरण अवैध छपरबंदी के माध्यम से हुए हैं जिसमें रजिस्टर-II में लिखे गए छपरबंदी की प्रति रजिस्ट्रेशन ऑफिस में प्रस्तुत की गई है। रजिस्टर-II में कर्मचारियों द्वारा सर्किल ऑफिसर, डिप्टी कलक्टर (भू-सुधार) तथा ऐसे अन्य अधिकारियों की मिलीभगत से छपरबंदी शब्द जोड़ा गया है। रजिस्ट्रेशन ऑफिस से रजिस्ट्रेशन कराने के तुरंत बाद हस्तांतरण कराने वाला सर्किल ऑफिस से दाखिल-खारिज करा लेता है। फिर उसे अवैध रूप से प्रमाणित प्रति दे दी जाती है। एक दूसरा तरीका है सर्किल ऑफिसर द्वारा दी गई लगान की रसीद में सिर्फ छपरबंदी शब्द जोड़ देना। इस रसीद का उपयोग रजिस्ट्रेशन तथा दाखिल-खारिज में किया जाता है।

पूर्वदिनांकित हुक्मनामा

तीसरा तरीका पुराने जमींदार का पूर्वदिनांकित हुक्मनामा प्राप्त करना है। यह जमींदारों की मिलीभगत एवं पुराने कागजातों तथा मुहरों की सहायता से किया जाता है। यहाँ यह जानकारी देना उचित है कि ऐस हुक्मनामे में उपयोग में आने वाले साठ से सत्तर साल पुराने स्टाम्प पेपर ऊँचे मूल्य पर बिकते हैं। विशेषकर राँची शहर में ऐसे हस्तांतरण से पुराने जमींदारों ने काफी रुपया कमाया है। यद्यपि यह विधि बड़ा कारण नहीं है लेकिन फिर भी कुछ भूमि इस माध्यम से अंतरित हुई है। इस तरीके से आदिवासी रैयत से जाली-पूर्वदिनांकित भूमि के समर्पण का कागज प्राप्त कर लिया जाता है और एक पूर्वदिनांकित हुक्मनामे के माध्यम से यह दिखा दिया जाता है कि उक्त भूमि को जमींदार ने 1947 से पूर्व अधिगृहीत कर लिया था। ऐसे हुक्मनामे के लिए जमींदारों के पास उपलब्ध पुराने कागजातों को जालसाजी करने के लिए इस्तेमाल किया जाता है। चूंकि इस तरह के अधिकतर मामले आदिवासी रैयत की मिलीभगत से होते हैं, इसलिए आदिवासी रैयत अदालत में अपील नहीं करता।

SAR मुकदमा तथा मुआवजा

आजकल छोटानागपुर काश्तकारी अधिनियम में SAR अधिनियम 1969 द्वारा जोड़ी गई धारा 71(A) के प्रावधानों के कारण अवैध रूप से हस्तांतरित भूमि को वैध बनाना सहज हो गया है। हमें मालूम है कि 1970 के पूर्व के चरण में भूमि का विक्रय हस्तांतरण का एक प्रमुख माध्यम था। धारा 71(A) के प्रावधानों के अंतर्गत उपायुक्त को अवैध अंतरण को वैध घोषित करने का अधिकार मिल जाता है यदि उस भूमि पर कोई ठोस संरचना या भवन 1969 ई. के पूर्व निर्मित

हो गया हो। इस अंतरित भूमि के एवज में कोई वैकल्पिक भूमि का अंतरण या उसके समकक्ष मूल्य दे दिया जाता है।

पूर्व में हुए अवैध अंतरणों को वैधानिक रूप देने के लिए काफी बड़े स्तर पर इस प्रावधान का उपयोग किया गया है। ऐसे कई मामले हैं जिसमें SAR केसों के माध्यम से बिना इसका निर्णायक साक्ष्य प्राप्त किए कि भूमि का हस्तांतरण 1969 के पूर्व (या तीस वर्ष पहले) हुआ था या उसके समकक्ष भूमि दे पाने में असमर्थ हैं, मुआवजे का निर्धारण कर दिया गया। दूसरा अंतरण तरीका यह देखने में आया कि भूमि का अंतरण कराने वाला अतंरण करने वाले आदिवासी से ही SAR कोर्ट के माध्यम से उस अंतरण को वैध करवा लेता है। दलालों और वकीलों का समूह आपस में मिलकर पूर्व में हुए अवैध रूप से अंतरित भूमि को इस तरीके से वैध रूप देने का काम करने में संलग्न है। आजकल इस प्रकार के छद्म SAR केसों तथा क्षतिपूर्ति के समझौतों की बाढ़-सी आ गई है।

सादा पट्टा-सादे कागज पर विक्रय

राँची के शहरी और ग्रामीण इलाके में कई ऐसे मामले हैं जिनमें आदिवासियों ने बिना किसी पंजीकृत पत्र के अपनी भूमि का हस्तांतरण किया है। इस प्रकार के हस्तांतरण में अतिक्रमण का तत्त्व भी शामिल है। इस प्रकार का सौदा मुख्यत: मौखिक सौदा है। बीते समय में ऐसी अनेक घटनाएँ मिलती हैं जिसमें आदिवासियों की भूमि पर गैर-आदिवासियों ने मकान बना लिए हैं। ऐसे सौदों में चुकाया गया मूल्य बहुत कम होता है तथा कई बार तय मूल्य का आंशिक हिस्सा ही चुकाया जाता है। ऐसे सौदे उद्योगों ने अपने सीमा-क्षेत्र के भीतर किए हैं। कई बार यह देखा गया है कि अंतरण कराने वाले ने सतर्कतापूर्वक आदिवासियों के भूमि-संबंधी सभी कागजात को नष्ट कर दिया। कुछ मामलों में भूमि का हस्तांतरण आदिवासी व्यक्ति के पूर्वजों के समय में हुआ था और वर्तमान में वह कागजात के अभाव में प्रत्यर्पण के लिए दावा नहीं कर सकता है। पुन: कुछ ऐसे सौदे परिवार के घनिष्ठ संबंधी या परिचित दलालों की मिलीभगत से भी हुए थे।

जाँच के दौरान ऐसे सौदों की एक दिलचस्प कार्य-प्रणाली सामने आई है। कई मामलों में अत्यंत सावधानीपूर्वक दबाव डाले जा सकने वाले किसी जरूरतमंद आदिवासी को चुन लिया जाता है और उसे उसकी दैनिक आवश्यकताओं की पूर्ति करने सहित शराब पीने के लिए भी रुपया दिया जाता है। धीरे-धीरे उस आदिवासी पर कर्ज (जिसे अग्रिम राशि माना जाता है) का बोझ बहुत बढ़ जाता है जिसके बदले में आदिवासी पर भूमि समर्पण करने के लिए अनुचित दबाव डाला जाता है। यद्यपि विगत वर्षों में इस प्रकार के हस्तांतरण में बहुत कमी आई है, फिर भी कुछ हद तक यह कुछ ग्रामीण इलाकों में अभी तक जारी है। स्वतंत्रता-प्राप्ति के बाद के आरंभिक वर्षों में भू-हस्तांतरण का यह सबसे लोकप्रिय तरीका था।

उपहार

राँची में उपहार के रूप में 14 एकड़ भूमि का हस्तांतरण हुआ है पर वास्तव में यह विक्रय का ही एक रूप है। इस तरीके से सिर्फ आदिवासियों के पास ही भू-हस्तांतरण हो सकता है। राँची में उपहार का यह तरीका ज्यादा लोकप्रिय नहीं रहा है।

उपायुक्त की अनुमति से आदिवासी को भूमि का विक्रय

चयनित या नमूना परिवारों के अनुसार लगभग 23.10 एकड़ भूमि उपायुक्त की अनुमति से आदिवासियों को विक्रय की गई है जो छोटानागपुर काश्तकारी अधिनियम के प्रावधानों के अंतर्गत एक वैध अंतरण है। इस प्रकार के अंतरण की संख्या बहुत कम है।

दुमका में विक्रय द्वारा भू-हस्तांतरण

संतालपरगना में भूमि-विक्रय का तरीका बिलकुल भिन्न है क्योंकि छोटानागपुर काश्तकारी अधिनियम की तुलना में संतालपरगना काश्तकारी अधिनियम की कार्य-प्रणाली में कुछ विभिन्नताएँ हैं। यहाँ गैर-आदिवासियों की भूमि का भी हस्तांतरण नहीं किया जा सकता यदि वह भूमि अधिकार अभिलेख (Records of Rights) में अहस्तांतरणीय वर्ग में दर्ज हो। यहाँ यह उल्लेख करना आवश्यक है कि दुमका में लागू संतालपरगना के मुख्य निर्देश के अनुसार कृषि के उपयोग में आने वाली तथा कुछ इसी प्रकार की भूमि अहस्तांतरणीय है तथा मुख्यतः घर की (इमारत वाली) भूमि ही अंतरण के योग्य है।

तीन स्थितियों में किसी आदिवासी-भूमि के अंतरण की अनुमति है—

(i) बहिन, पुत्री, दत्तक पुत्र, दत्तक पुत्री को दिया गया उपहार या दान पत्र को संताल नियमों के अंतर्गत उपायुक्त की अनुमति से स्वीकृति : कोई आदिवासी रैयत उपायुक्त की लिखित अनुमति प्राप्त कर अपनी विधवा माँ को या अपनी पत्नी को अपनी मृत्यु के पश्चात् देखभाल के लिए अपनी जमीन अनुदान में दे सकता है परंतु उक्त जमीन का परिमाण उसकी कुल जमीन के क्षेत्रफल के आधे भाग से अधिक नहीं होना चाहिए।

(ii) बदलनामा : बदलनामा उपायुक्त की अनुमति से जमीन की अदला-बदली है। यह अदला-बदली सिर्फ जमाबन्दी रैयतों के बीच ही हो सकती है तथा वे भू-खंड एक ही गाँव या समीपवर्ती गाँवों में स्थित हो सकते हैं। यह सौदा गुप्त विक्रय न होकर प्रामाणिक अदला-बदली ही है तथा अदला-बदली के लिए प्रस्तावित भू-खंड सममूल्य के होते हैं।

(iii) कृषि-कार्य के लिए विश्वास के आधार पर अल्पकालिक हस्तांतरण तब किया जा सकता है जब रैयत कुछ अवधि के लिए गाँव से अनुपस्थित रहे, अस्वस्थ हो या शारीरिक रूप से अक्षम हो, अपरिहार्य कारणों से उसके पास हल-बैल न रहा हो या कोई विधवा या अवयस्क हो।

संतालपरगना काश्तकारी अधिनियम के अनुसार इसमें अनुमंडलाधिकारी, मुखिया या मूल रैयत को सूचित किया जाना आवश्यक है।

भुगुतबंदी या पूर्ण भोगग्राही गिरवी (Mortgage) द्वारा किसी गैर-आदिवासी के पास पंजीकृत अधिकार-पत्र के माध्यम से अस्थायी रूप से भूमि का अंतरण किया जा सकता है।...

दुमका में अध्ययन के दौरान विक्रय के निम्न तरीकों का पता चला—

(i) **दान पत्र :** विक्रय द्वारा हस्तांतरित कुल 39.48 एकड़ भूमि में से 28.82 एकड़ भूमि का हस्तांतरण दानपत्र या उपहार द्वारा हुआ। उपहार के माध्यम से हस्तांतरित अधिकतर भूमि संतालपरगना काश्तकारी अधिनियम के विरुद्ध है क्योंकि इस अधिनियम में जिन लोगों के

संबंधियों को वैधानिक रूप से उपहार दिया जा सकता है, उनकी स्पष्ट परिभाषा दी गई है। फिर भी अधिकतर दानपत्रों में गैर-आदिवासियों और ऐसे लोगों को जो दान देने वाले का दूर का भी संबंधी नहीं है, को भी भूमि दी गई है। ऐसा गाँव के मुखिया और अंचल कार्यालय के साथ मिलकर किया गया है। शहरी तथा ग्रामीण इलाकों में यह एक लोकप्रिय तरीका है।

(ii) बदलनामा या भूमि की अदला-बदली एक महत्त्वपूर्ण तरीका है जिसमें दुमका जिले में भूमि का विक्रय प्रभावित हुआ है। यद्यपि चयनित परिवारों में इस तरीके से सिर्फ 3.48 एकड़ भूमि का ही अतंरण हुआ है, परंतु इसका विस्तार बहुत अधिक है। बदलनामा में शहर स्थित भूमि से गाँव स्थित या सुदूर इलाकों में स्थित भूमि की अदला-बदली कर दी जाती है। मुख्यत: इसे दो प्रकार से किया जाता है। पहला, साधारण तौर पर गाँव स्थित भूमि को शहर स्थित भूमि से बदली कर और दूसरा, पहले तो ग्रामीण क्षेत्रों में स्थित परती जमीन पर मुखिया तथा अंचल कार्यालय की मिलीभगत से दखल किया जाता है और फिर शहर स्थित आदिवासी से बदलनामा करवा लिया जाता है। इस प्रकार की अदला-बदली संतालपरगना काश्तकारी अधिनियम के अंतर्गत गैरकानूनी है।

(iii) जमाबंदी भूमि को अवैध रूप से निवास स्थल में परिवर्तित कर : इस तरीके में रैयती जमाबंदी भूमि को बारी (निवास स्थल के समीप की भूमि) में परिवर्तित करा लिया जाता है जिसका अंतरण हो सकता है। यह राँची जिला के छपरबंदी का ही एक रूप है। कई ऐसे मामले सामने आए हैं जिसमें चर्च द्वारा चलाई जा रही शैक्षणिक संस्थाओं सहित अन्य शैक्षणिक संस्थाओं ने अहस्तांतरणीय जमाबंदी वाली भूमि का हस्तांतरण कराया है। इसके अलावा अनेक लघु उद्योगों ने जमाबंदी भूमि को बारी घोषित करा कर हस्तांतरण करा लिया है। उल्लेखनीय है कि किसी जमाबंदी भूमि को 'घैरही' या 'बसावरी' (वास स्थल) के रूप में सिर्फ भू-अर्जन कार्यवाही द्वारा ही परिवर्तित किया जा सकता है। यद्यपि रैयत को स्वयं के उपयोग के लिए जमाबंदी भूमि पर मकान बनाने की अनुमति है लेकिन किसी भी स्थिति में उसे उस भूमि के स्वरूप को 'बसावरी' भूमि में बदलने की अनुमति नहीं है। ऐसा करने पर संतालपरगना काश्तकारी अधिनियम की धारा 13 के अनुसार उसे भूमि से बेदखल तक किया जा सकता है। यद्यपि उन्हें ऐसे परिवर्तन के लिए अधिक लगान देने का विकल्प दिया गया है। अनेक मामलों में ऐसी भूमि की दाखिल-खारिज भी कर दी गई है। इस प्रकार मुख्यत: दुमका जैसे शहरों में आदिवासी और गैर-आदिवासी को हस्तांतरित भूमि का परिमाण उल्लेखनीय है।

(iv) सादा पट्टा अर्थात् सादे कागज पर अंतरण : विक्रय केअनेक मामले सादे पट्टे के माध्यम से हुए हैं या किसी गैर-आदिवासी को स्थायी रूप से भूमि अंतरित कर दिया गया है जबकि अभिलेख में हस्तांतरित भूमि मूल स्वामी के नाम पर ही होती है परंतु वास्तव में उस पर अधिकार हस्तांतरण कराने वाले का होता है। एकत्र नमूनों में 14.52 एकड़ भूमि इस तरीके से हस्तांतरित हुई। इस तरीके में अतिक्रमण के साथ-साथ जबर्दस्ती बेदखली के भी तत्त्व शामिल हैं लेकिन अधिकतर हस्तांतरण आदिवासियों की सहमति से ही हुए हैं।

(v) SAR 1969 के अंतर्गत नियमितिकरण : SAR 1969, जिसके द्वारा छोटानागपुर काश्तकारी अधिनियम धारा 71(A) जोड़ी गई, के बाद से पूर्व में अवैध रूप से हस्तांतरित भूमि

का नियमितिकरण करा लिया गया। इस प्रक्रिया की व्याख्या राँची जिले के क्रम में की जा चुकी है। लगभग वही प्रक्रिया दुमका जिला में भी दुहराई गई है तथा दुमका जिला में भी ऐसी हस्तांतरित भूमि के नियमितिकरण की प्रकिया जारी है। संतालपरगना काश्तकारी अधिनियम 1947 के अंतर्गत जमाबंदी रैयतों द्वारा भू-हस्तांतरण लगभग असंभव प्रतीत होता है। अब SAR के द्वारा संशोधन से, पूर्व में अवैध रूप से हस्तांतरित भूमि को वैध रूप दिया जा सकता है। इससे पूर्व के अवैध रूप से हस्तांतरित भूमि को वैध बनने के मामलों की बाढ़ सी आ गई है।

(vi) कुर्फनामा : हस्तांतरण का एक देशी तरीका आदिवासी रैयत द्वारा हस्तांतरित कुर्फनामा हासिल करने का है। कुर्फनामा संबंधित अधिकारियों द्वारा प्रामाणिक नहीं माना जाता है। कई मामलों में यह पूर्व-दिनांकित होता है, 1949 के बहुत पहले का। यह भी अवैध है।

(vii) भूदान भूमि : कुछ मामले ऐसे हैं जिनमें भूदान यज्ञ समिति में दी गई आदिवासी भूमि को गैर-आदिवासियों को अंतरित कर दिया गया है। यह संतालपरगना काश्तकारी अधिनियम के विरुद्ध है। ऐसी भूमि को आदिवासी रैयतों को दिया जा सकता था।

(viii) प्रधान द्वारा बंदोबस्त भूमि : संतालपरगना काश्तकारी अधिनियम के ग्राम-प्रधानों को अपने अधिकार-क्षेत्र के अंतर्गत गाँव की भूमि की बंदोबस्ती का अधिकार है। कई ऐसे मामले हैं जिसमें प्रधान ने गैर-आदिवासियों या उस गाँव में न रहने वाले व्यक्तियों की भूमि की बंदोबस्ती कर दी है। अनेक मामलों में ऐसी बंदोबस्ती संतालपरगना काश्तकारी अधिनियम का उल्लंघन है। ऐसा आदिवासी और गैर-आदिवासी, दोनों ही प्रकार के प्रधानों द्वारा किया गया है।

निष्कर्ष

झारखंड में आदिवासी भूमि का हस्तांतरण एक प्रमुख मुद्दा रहा है। अध्ययन से स्पष्ट है कि आदिवासी भूमि के हस्तांतरण की गति में काफी कमी आई है। 1970, खास तौर पर SAR अधिनियम के बाद से भू-हस्तांतरण की प्रक्रिया और स्वरूप में विशेष परिवर्तन आया है। आदिवासियों पर, सार्वजनिक उद्देश्यों और व्यक्तिगत तौर पर आदिवासी भूमि के हस्तांतरण का संकट अब भी मँडरा रहा है। आदिवासी भूमि के हस्तांतरण को अधिनियम के उचित कार्यान्वयन के साथ-साथ सामान्य रूप से सामाजिक सुरक्षा उपायों के द्वारा ही रोका जा सकता है। अतीत में अधिनियम को धोखा देने के लिए अनेक देशी तरीके अपनाए गए हैं। आशा की किरण यह दिखाई देती है कि आदिवासी अब जागरूक हो गए हैं और ऐसे भूमि-हस्तांतरण के विरुद्ध उठ खड़े हो रहे हैं। यह बात भी ध्यान देने योग्य है कि नए पंचायती राज अधिनियम के अधीन ग्राम-सभाएँ ऐसे हस्तांतरण को रोकने में प्रमुख भूमिका निभा सकती हैं।

संदर्भ

1. के.एल. गुप्ता (1977), एस.एन. दूबे द्वारा संपादित 'बिहार' में 'लैंड एलियनेशन एंड रेस्टोरेशन इन ट्राइबल कम्युनिटीज इन इंडिया' मुंबई : हिमालय पब्लिशिंग हाउस, पृ. 181-184।
2. जी.आर. अय्यर (1993), 'ट्राइबल लैंड एंड फॉरेस्ट क्वेश्चन इन बिहार' : दि एडमिनिस्ट्रेशन, 38 (अप्रैल-जून 1993), पृ. 73-101

3. बी.के. सिन्हा (1995), 'एलियनेशन ऑफ लैंड इन छोटानागपुर, संतालपरगना एरियाज़' दि एडमिनिस्ट्रेटर, 38 (अप्रैल-जून 1993), पृ. 103-124
4. एस.पी. सिन्हा (1968), 'दि प्रॉब्लम ऑफ लैंड एलियनेशन ऑफ दि ट्राइबल इन एंड अराऊंड राँची (1955-65)', राँची : आदिवासी कल्याण शोध संस्थान, बिहार।
5. एस.पी. सिन्हा (1990), 'फाइनल सर्वे रिपोर्ट ऑन प्रॉब्लम, एक्सटेंट एंड रेमेडीज़ ऑफ लैंड एलियनेशन ऑफ ट्राइबल्स इन छोटानागपुर एंड संतालपरगना' राँची : आदिवासी कल्याण शोध संस्थान, बिहार।
6. आई.एन. ठाकुर (1977), एस.एन. दूबे द्वारा संपादित 'बिहार' में 'लैंड एलियनेशन एंड रेस्टोरेशन इन ट्राइबल कम्युनिटीज़ इन इंडिया' : मुंबई, हिमालय पब्लिशिंग हाउस।

भू-वापसी के दावे, बन्दोबस्ती का सच

रमेश शरण /अमर कुमार सिंह

भू-दान भूमि का वितरण वर्ष 2001-02 तक कुल 12,26,453.489 एकड़ भूमि भू-दान में प्राप्त हुआ जिसमें से वितरण योग्य भूमि 5,34,916.406 एकड़ है। वित्तीय वर्ष 2001-02 तक कुल 4,62,979.1/2 एकड़ भूमि का वितरण भूमिहीन व्यक्तियों के बीच किया गया।

वर्ष 2002-03 (दिसम्बर) तक 12,44,323.525 एकड़ भूमि भूदान में प्राप्त हुई जिसमें से वितरण योग्य भूमि 5,52,756.4425 एकड़ है। वर्ष 2002-2003 के नवम्बर माह तक लगभग 4,82,831.4775 एकड़ भूमि विभिन्न श्रेणी के भूमिहीन व्यक्तियों के बीच वितरित किया गया है।

शेष भूमि के वितरण उपयोग की कार्रवाई की जा रही है।

आदिवासियों को भूमि वापसी एवं वैधिक व आर्थिक सहायता

आदिवासियों की अवैध ढंग से हस्तांतरित भूमि का वापसी का कार्यक्रम सरकार के लिए अति महत्त्वपूर्ण है। इस तरह के मामले में छोटानागपुर काश्तकारी अधिनियम 1908, संतालपरगना काश्तकारी अधिनियम, 1949 की विभिन्न धाराओं के तहत भूमि की वापसी कराई जाती है। आदिवासियों की भूमि की सुरक्षा हेतु सरकार ने कई विशिष्ट कदम उठाए हैं। इसी सिलसिले में आदिवासियों की हड़पी गई भूमि की वापसी हेतु अपनी मर्जी से वकील रखने के लिए वैधिक सहायता के रूप में प्रतिवाद के लिए 2500 रुपए एवं भू-वापसी के उपरांत कृषि कार्य हेतु प्रति एकड़ 5000 रुपए दी जा रही है।

वित्तीय वर्ष 2001-02 में 4349 मामलों का निष्पादन किया गया जिसमें सन्निहित रकवा 4379 एकड़ है। इसमें से दखल दिहानी 1144 में दिया गया जिसमें सन्निहित रकम 1357 एकड़ है।

वित्तीय वर्ष 2001-02 में वैधिक सहायता मद में 2.50 लाख तथा आर्थिक सहायता मद में 9.40 लाख रुपए दिया गया। वित्तीय वर्ष 2002-03 में उक्त कार्य के लिए अन्य क्षेत्रीय उपयोजना केअन्तर्गत 69.75 लाख रुपए एवं जनजातीय क्षेत्रीय उपयोजना के अन्तर्गत 50.25 लाख। कुल 150 लाख रुपए का उदव्यय निर्धारित किया गया है।

वित्तीय वर्ष 2002-03 (दिसम्बर) में 5554 मामले दर्ज हुए जिसमें सन्निहित रकवा 4232.63 एकड़ है। इसमें 1261 मामले स्वीकृत किए गए जिसमें सन्निहित रकवा 806.58 एकड़ है। 392 मामले अस्वीकृत किए गए जिसमें सन्निहित रकवा 724.13 एकड़ है। इस

प्रकार कुल 1653 मामले निष्पादित किए गए जिसमें सन्निहित रकवा 1567.31 एकड़ है। कुल 528 मामले में दखल-दिहानी दिलाया गया जिसमें सन्निहित रकवा 405.52 एकड़ है।

वित्तीय वर्ष 2003-04 में उक्त कार्य हेतु 150 लाख रु. का बजट प्रावधान है।

भू-हदबन्दी

झारखंड राज्य में भू-हदबंदी अधिनियम के अन्तर्गत निर्धारित सीमा से अधिक भूमि को अधिग्रहण कर सुयोग्य श्रेणी के अनुसूचित जाति/जनजाति/पिछड़ी जाति के भूमिहीन व्यक्तियों तथा सेना में कार्यरत /अवकाश प्राप्त व्यक्तियों के बीच वितरण किया जा रहा है। आवंटियों को इस निमित्त कृषि कार्य हेतु 1000 रुपए प्रति एकड़ की दर से सहाय्य अनुदान दिया जाता है।

वित्तीय वर्ष 2001-02 तक 41167.23 एकड़ उपलब्ध अधिशेष भूमि में से 11432 अनुसूचित जनजाति के भूमिहीनों के बीच, 12340.66 एकड़ भूमि 10558 अनुसूचित जातियों के बीच, 10650.41 एकड़ एवं 3513 अन्य जाति के भूमिहीनों के बीच 5298.30 एकड़ भूमि का वितरण किया गया।

वित्तीय वर्ष 2001-02 में अधिशेष भूमि के आवंटियों को आर्थिक सहायता अनुदान हेतु अन्य क्षेत्रीय उपयोजना के अन्तर्गत 6.73 लाख रुपए जनजाति क्षेत्रीय उपयोजना के अन्तर्गत 7.77 लाख रुपए अधिशेष भूमि के आवंटियों के बीच वितरित किए गए।

वित्तीय वर्ष 2002-03 में उक्त कार्य हेतु अन्य क्षेत्रीय उपयोजनान्तर्गत 22 लाख रुपए एवं जनजाति क्षेत्रीय उपयोजनान्तर्गत 25 लाख रुपए अर्थात् कुल 47 लाख रुपए का बजट प्रावधान किया गया है जो आवंटित किया जा चुका है।

वित्तीय वर्ष 2003-04 में उक्त कार्य हेतु 47.00 लाख रुपए बजट का प्रावधान है।

वासगीत पर्चा

राज्य के ऐसे परिवार को जो गृहविहीन हैं, के आवास हेतु कम से कम चार डिसमील भूमि मुहैया कराई जा रही है। सभी उपायुक्तों को गैर मजरूआ खास जमीन वितरण करने का अधिकार दिया हुआ है। सरकारी जमीन/गैर मजरूआ खास भूमि उपलब्ध नहीं रहने की स्थिति में सरकार रैयती भूमि सरकारी खर्च पर अर्जित कर उन्हें देगी। सभी उपायुक्तों को इस कार्य हेतु निजी जमीन अर्जित करने का निर्देश दिया गया है। शुरू से माह दिसम्बर 2002 तक कुल 29103 वासगीत पर्चा वितरित किया गया है जिसमें सन्निहित रकवा 2832.51 एकड़ है।

अभिधारी खाता पुस्तिका

अभिधारी खाता पुस्तिका योजना राज्य के सभी जिलों में चलाई जा रही है। इसके अन्तर्गत सभी भू-धारियों को एक पासबुक उपलब्ध कराई जाती है, जिसमें उनके स्वामित्व के अन्तर्गत भूमि सम्बन्धी सभी आंकड़े दर्ज रहते हैं।

वित्तीय वर्ष 2001-02 में कुल 91779 भू-धारियों को खाता-पुस्तिका वितरित किया गया जबकि उक्त मद में 68.50 लाख रुपए खर्च हुए।

वित्तीय वर्ष 2002-03 में इस योजना हेतु अन्य क्षेत्रीय उपयोजनान्तर्गत 32 लाख रुपए एवं जनजातियों के क्षेत्रीय उपयोजनान्तर्गत 38 लाख, कुल 70 लाख रुपए कर्णांकित किए गए हैं।

वित्तीय वर्ष 2003-04 में भी कुल 70 लाख रुपए का बजट प्रावधान है।

भू-अर्जन

राज्य में सर्वांगीण विकास कार्यक्रमों के लिए भूमि अर्जन महत्त्वपूर्ण विषय है। नई रेलवे लाइन, राष्ट्रीय उच्च पथों एवं अन्य विकास कार्यक्रमों के त्वरित विकास इत्यादि कार्यक्रम के लिए युद्ध स्तर पर भू-अर्जन की कार्रवाई पूरी की जा रही है ताकि विकास कार्यक्रमों के लिए आधारभूत संरचनाओं की स्थापना का कार्य तेजी से बढ़ सके। ये निम्नवत हैं—

क्रम	परियोजना का नाम	परियोजना में सन्निहित रकवा (एकड़ में)
1.	रेलवे परियोजनाएँ	
	(क) कोडरमा-राँची रेलवे लाइन	801.78
	(ख) कोडरमा-गिरिडीह रेलवे लाइन	1032.755
	(ग) दुमका-देवघर रेलवे लाइन	1416.51
	(घ) देवघर-सुलतानगंज रेलवे लाइन	150.58
	(ङ) दुमका-रामपुर रेलवे लाइन	111.235
	(च) रांची-लोहरदगा रेलवे लाइन	46.295
	(छ) लोहरदगा-टोरी रेलवे लाइन	276.32
	कुल योग	4835.475
2.	राष्ट्रीय राजमार्ग	89.68
3.	सी.सी.एल.	708.87
4.	बी.सी.सी.एल	2.07
5.	ई.सी.एल.	72.41
6.	डी.वी.सी.	431.92
7.	एन.टी.पी.सी.	3833.06
8.	यू.सी.आई.एफ.	52.83
	कुल योग	10026.315

इसके अतिरिक्त 614.241 एकड़ सरकारी भूमि विभिन्न परियोजनाओं के लिए स्थानांतरित की गई है।

जमींदारी बाँधों की मरम्मती/जीर्णोद्धार

सरकार के बाद जैसे प्राकृतिक आपदाओं से बचाव एवं सिंचाई के उद्देश्य से विभाग के नियंत्रणाधीन जमींदारी बाँधों की मरम्मती एवं जीर्णोद्धार की चरणबद्ध योजना तैयार की गई है।

सैरात के अन्तर्गत हाट, बाजार, मेला, तालाब, नदी घाट आदि का विकास

सरकार ने विशेषकर ग्रामीण आबादी की सांस्कृतिक कार्यों की अक्षुण्णता एवं आर्थिक क्रियाकलापों में सुविधा उपलब्ध कराने के उद्देश्य से सैरात आने वाले हाट बाजार, मेले, तालाब, नदी, घाट आदि के विकास की दूरगामी योजना तैयार की है। उक्त कार्य हेतु वित्तीय वर्ष 2000-04 में कुल 100 लाख रुपए का बजट प्रावधान है।

क्षतिग्रस्त तटबंधों/जमींदारी बाँधों की मरम्मती/जीर्णोद्धार

क्षतिग्रस्त तटबंधों/जमींदारी बाँधों की मरम्मती/जीर्णोद्धार हेतु गैर योजना के अन्तर्गत नया उपशीर्ष खोलने की कार्रवाई पूरी कर ली गई है। आवश्यक स्थलों की मरम्मती/जीर्णोद्धार की कार्रवाई की जाएगी।

भूदान में प्राप्त भूमि के वितरण संबंधी प्रतिवेदन (दिसम्बर 2002)

क्र.	जिले का नाम	भूदान से प्राप्त कुल भूमि का रकवा		शुरू से वर्ष 2001–02 तक कुल वितरित भूमि का रकवा एवं लाभान्वित वर्ग							
		खाताधारी	रकवा	अनुसूचित जाति		अनुसूचित जनजाति		अन्य		कुल	
		संख्या		संख्या	रकवा	संख्या	रकवा	संख्या	रकवा	संख्या	रकवा
1.	रांची	–	17369.895	–	–	–	–	–	–	–	8474.165
2.	गुमला	–	8022.46	315	606.91	1226	1558.67	336	590.51	1877	2756.09
3.	लोहरदगा	–	1503.715	121	253.11	487	1139.815	83	110.79	691	1503.715
4.	सिमडेगा	–	2368.38	102	186.52	746	1704.61	61	181.25	909	2072.38
5.	पू.सिंहभूम	–	944	89	56.96	239	392.715	119	72.73	447	523.405
6.	प.सिंहभूम	3.855	14098.58	131	245.57	3106	4027.42	618	821.66	3855	5094.65
7.	सरायकेला	22	3645.985	630	664.035	504	684.165	1725	2049.80	1859	3398.00
8.	पलामू	9467	59741.80	4951	9356.66	4275	7887.26	3349	5399.7	12574	22643.62
9.	गढ़वा	–	268475.805	6412	13883.57	8255	19969.96	3160	6998.74	17827	40826.27
10.	लातेहार	–	18631.37	1797	3757.38	1918	4335.255	736	1325.36	4424	9417.9975
11.	हजारीबाग	–	228446.35	–	–	–	–	–	–	54548	102511.67

12.	कोडरमा	–	11158.35	226	463.06	550	2365.98	530	951.78	1306	3780.22
13.	धनबाद	1873	3097.20	–	–	–	–	–	–	–	1860.46
14.	बोकारो	–	97564.16	3515	6327.52	9834	16462.67	9781	16434.21	23130	392241.40
15.	गिरिडीह	56659	217061.56	–	–	–	–	–	–	–	112673.52
16.	चतरा	–	211044.34	–	–	–	–	–	–	–	83117.13
17.	दुमका	–	6002.32	–	–	–	–	–	–	3972	4313.18
18.	देवघर	7542	44051.78	3176	3667.70	2762	4280.57	9211	12148.55	15149	20096.82
19.	गोड्डा	8137	4984.03	834	308.68	755	1080.43	1898	1426.97	3487	2816.08
20.	साहेबगंज	1566	2444.22	69	56.31	198	723.97	621	385.40	888	1165.68
21.	पाकुड़	–	14503.825	157	241.51	1031	2990.415	317	2025.650	1505	5257.575
22.	जामताड़ा	–	9163.19	535	528.17	7620	6712.18	2815	2922.84	10970	9163.19
23.	योग	89121	1244323.525	23060	40603.665	43479	76316.085	35360	53845.94	159418	482690.2175

भूदान में प्राप्त भूमि के वितरण संबंधी प्रतिवेदन (दिसम्बर 2002)

क्र. सं.	जिले का नाम	वर्ष 2002–03 में वितरित भूमि का रकवा लाभान्वित की संख्या सहित								वितरण के अयोग्य कुल भूमि का रकवा	वितरण हेतु शेष भूमि का रकवा	संपुष्टि हेतु दाखिल मामले	
		अनुसूचित जाति		अनुसूचित जन.		अन्य		कुल					
		संख्या	रकवा	संख्या	रकवा	संख्या	रकवा	संख्या	रकवा			संख्या	रकवा
1.	रांची	–	–	–	–	–	–	0.00	0.00	7766.67	1129.06	326	2345.44
2.	गुमला	–	–	–	–	–	–	–	–	5266.37	–	–	–
3.	लोहरदगा	–	–	–	–	–	–	–	–	–	–	–	
4.	सिमडेगा	0.00	0.00	–	0.00	0.00	0.00	0.00	0.00	296.00	0.00	0.00	0.00
5.	पू. सिंहभूम	–	–	–	–	–	–	–	–	73.075	347.52	–	–
6.	प. सिंहभूम	–	–	–	–	–	–	–	–	9003.93	0.00	–	14098.58
7.	सरायकेला	–	–	–	–	–	–	–	–	222.30	25.085	–	8.965
8.	पलामू	66	86.42	15	19.34	0.00	0.00	81	105.76	32794.26	4295.88	9467	59741.80
9.	गढ़वा	–	–	–	–	–	–	0.00	0.00	224564.025	3085.51	8954	168475.80
10.	लातेहार	–	–	–	–	–	–	–	–	9203.97	8.69	–	–

11.	हजारीबाग	–	–	–	–	–	–	0.00	0.00	125934.88	0.00	–	–
12.	कोडरमा	–	–	–	–	–	–	0.00	0.00	7377.54	0.00	–	–
13.	धनबाद	–	–	–	–	–	–	0.00	0.00	1236.74	0.00	1642	2739.31
14.	बोकारो	–	–	–	–	–	–	0.00	0.00	45911.70	12482.06	1148	97564.16
15.	गिरीडीह	–	–	–	–	–	–	–	–	77868.10	26519.94	–	–
16.	चतरा	–	–	–	–	–	–	–	7.50	120827.21	7092.50	–	5631.31
17.	दुमका	–	–	–	–	–	–	–	28.00	633.61	1027.53	5771	5731.93
18.	देवघर	–	–	–	–	–	–	–	–	20562.19	3392.77	7398	4395.07
19.	गोड्डा	–	–	–	–	–	–	–	–	358.19	1809.76	2866	1368.59
20.	साहेबगंज	–	–	–	–	–	–	–	–	505.61	772.92	1385	2322.52
21.	पाकुड़	–	–	–	–	–	–	–	–	1256.510	7989.740	–	–
22.	जामताड़ा	–	–	–	–	–	–	–	–	–	–	–	–
23.	योग	66	86.42	15	19.34	0.00	0.00	81	141.26	691663.560	69924.965	37887	404009.475

भूदान में प्राप्त भूमि के वितरण संबंधी प्रतिवेदन (दिसम्बर 2002)

क्र. सं.	जिले का नाम	संपुष्ट मामले		रद्द मामले		विचाराधीन मामले		ऐसे मामले एवं रकवा जिन्हें भूदान कमेटी द्वारा अभी तक संपुष्टि हेतु दाखिल नहीं किया गया		भूदान कमेटी द्वारा दायर लगान निर्धारण के मामले		भूदान कमेटी द्वारा दायर लगान निर्धारण वाद में निष्पादित मामले		भूदान कमेटी द्वारा दायर निष्पादन के लिए लंबित मामले	
		सख्या	रकवा	सख्या	रकवा	सख्या	रकवा	सख्या	रकवा	सख्या	रकवा	सख्या	रकवा	सख्या	रकवा
1.	रांची	2034	5204.85	85	541.16	0.00	0.00	–	553.18	0.00	0.00	–	–	0.00	0.00
2.	गुमला	–	–	–	–	–	–	–	–	–	–	–	–	–	–
3.	लोहरदगा	–	–	–	–	–	–	–	–	–	–	–	–	–	–
4.	सिमडेगा	0.00	0.00	0.00	0.00	0.00	0.00	0.00	0.00	0.00	0.00	0.00	0.00	0.00	0.00
5.	पू. सिंहभूम	–	–	–	–	–	–	–	–	–	–	–			
6.	प. सिंहभूम	–	11844.72	–	2253.86	73	106.94	0.00	0.00	3779	–	2134	–	1645	–
7.	सरायकेला	730	742.655	–	133.90	–	4.66	–	–	36	38.22	602	616.35	36	38.22
8.	पलामू	3712	33620.41	570525711.29		50	410.10	0.00	0.00	1166523056.13		807516543.80		3590	4532.33
9.	गढ़वा	6703	151148.62	160117327.18		–	–	–	–	–	–	–	–	–	–

10.	लातेहार	528	739.78	–	–	–	–	–	–	873	1874.27	1020	2122.74	–	–
11.	हजारीबाग	–	–	–	–	–	–	–	–	–	–	–	–	–	–
12.	कोडरमा	–	–	–	–	–	–	–	–	–	–	–	–	–	–
13.	धनबाद	1290	1860.46	496	1236.74	3	5.17	0.00	0.00	697	921.66	694	916.49	3	5.17
14.	बोकारो	934	51866.90	11545935.72		109	14.46	0.00	0.00	549216530.60		549216530.60		17638	22693.80
15.	गिरिडीह	1280	139193.46	2277868.10		–	–	–	–	4275085872.55		1344026433.85		29310	79438.70
16.	चतरा	871	7053.96	053.96	–	–	–	–	–	–	–	–	–	–	–
17.	दुमका	3142	1943.01	1632	2337.89	9971415.03		296	270.39	3811	4097.93	693	847.04	3118	3250.89
18.	देवघर	3026	15828.66	1113	8643.34	32599515.17		144	64.71	1266617240.19		1877	2298.80	12666	17240.19
19.	गोड्डा	2221	2793.15	3110	829.29	28061362.59		–	–	–	–	–	–	–	–
20.	साहेबगंज	614	1656.94	444	423.71	329	243.51	37	16.46	235	596.05	5	1.75	220	594.30
21.	पाकुड़	–	–	–	–	–	–	–	–	–	–	–	–	–	–
22.	जामताड़ा	268	579.42	–	–	–	–	–	–	–	–	–	–	–	–
23.	योग	27353426070.995		14323183232.18		762613113.63		477	904.74	82004150227.6		3403266311.42		68226	127793.6

परिशिष्ट–2

गैर कानूनी ढंग से हड़पी गई आदिवासियों की भूमि की वापसी के मामले

प्रमंडल का नाम	क्र. सं.	जिला का नाम	शुरू से 2001–02 तक दायर मामले		शुरू से 2001–02 तक निष्पादन मामले		शुरू से 2001–02 तक निष्पादन मामलों में स्वीकृत मामले		शुरू से 2001–02 तक निष्पादन मामलों में अस्वीकृत मामले		शुरू से 2001–02 तक निष्पादन मामलों में स्वीकृत मामलों में दखल दिहानी मामले		वर्तमान वित्तीय वर्ष के आरंभ में लंबित मामले	
			सं.	रकवा	सं.	रकवा	सं.	रकवा	सं.	रकवा	सं.	रकवा	सं.	रकवा
1	2	3	4	5	6	7	8	9	10	11	12	13	14	15
दक्षिणी	1.	रांची	17468	22000.99	14167	20146.10	5155	9375.08	9012	10771.10	–	–	3404	1856.77
छोटा	2.	लोहरदगा	5074	8897.3	5002	8732.03	1900	3408.7	3102	5323.33	3102	5323.33	72	165.27
नाग.	3.	गुमला	10769	17259.9	10344	16781.50	4872	9475.33	5472	7306.17	5472	7306.17	425	478.40
प्र०	4.	सिमडेगा	4976	6876.96	4958	6865.93	1437	1461.69	3521	5404.23	–	–	18	11.03
रांची	5.	पू.सिंह. (जमशे.)	2444	2453.33	2316	2421.71	1015	1230.48	1301	1191.23	1216	1075.04	120	72.11
6.		प. सिंह (चाई.)	246	196.82	124	146.51	02	0.93	192	145.58	184	134.35	65	61.50

	7.	सराय.	2518	2634.76	2509	2629.17	859	1437.98	1650	1191.18	09	5.59		
उत्तरी	8.	हजारीबाग	–	–	–	–	–	–	–	–	–	–	103	75.80
छोटा	9.	गिरिडीह	–	–	–	–	–	–	–	–	–	–	–	–
प्र.	10.	धनबाद	4373	7675.09	3780	7391.99	2005	1088.35	2327	6548.24	2327	6518.24	92	38.68
हजारी–	11.	बोकारो	4009	4834.82	4004	4813.78	872	1385.60	3132	3428.18	3035	3254.86	5	21.04
बाग	12.	चतरा	03	22.00	–	–	–	–	–	–	2	19.98	–	–
	13.	कोडरमा	–	–	–	–	–	–	–	–	–	–	–	–
पलामू	14.	पलामू	–	–	–	–	–	–	–	–	3	–	1	1370
प्र.	15.	गढ़वा	–	–	–	–	–	–	–	–	–	–	–	–
डाल्टन.	16.	लातेहार	4130	8003.87	3925	7649.47	1639	4339.14	2286	3310.33	1905	2831.14	205	354.40
संथाल	17.	दुमका	3132	4049.44	1952	1921.58	1165	2109.55	1952	1921.58	1952	1921.58	15	18.33
परगना	18.	देवघर	125	119.32	36	41.02	–	–	36	41.20	36	41.20	89	78.12
प्र.	19.	साहेबगंज	574	123.78	527	55.52	–	–	527	55.52	345	17.74	47	68.06
दुमका	20.	गोड्डा	362	460.34	326	456.42	243	309.51	83	146,91	50	112.74	36	3.92
	21.	पाकुड़	19	16.88	19	16.88	–	–	15	12.58	15	12.58	04	4.30
	22.	जामताड़ा	224	151.51	151	139.53	73	111.98	–	–	151	139.53	–	–
		योग	60464	85777.22	54140	8020.14	21237	35734.32	34608	46797.36	21445	29829.7	4710	3327.02

गैर कानूनी ढंग से हड़पी गई आदिवासियों की भूमि की वापसी के मामले

प्रमंडल का नाम	क्र. सं.	जिला का नाम	वर्तमान वित्तीय वर्ष में दायर मामले		वर्तमान वित्तीय वर्ष में कुल मामले		वर्तमान वित्तीय वर्ष में निष्पाद में मामले		वर्तमान वित्तीय वर्ष में अवशेष मामले		वर्तमान वित्तीय वर्ष में निष्पादन मामलों में अस्वीकृत मामले		वर्तमान वित्तीय वर्ष में निष्पादन मामलों में स्वीकृत मामले		वर्तमान वित्तीय वर्ष में निष्पादित में स्वीकृत मामलों में दिहानी	
			सं.	रकवा	सं.	रकवा	सं.	रकवा	सं.	रकवा	सं.	रकवा	सं.	रकवा	सं.	रकवा
			16	17	18	19	20	21	22	23	24	25	26	27	28	29
दक्षिणी	1.	रांची	376	480.24	3780	2337.01	1118	894.03	2662	1442.98	242	422.42	876	471.61	381	281.27
छो.ना.	2.	लोहरदगा	36	46.60	108	211.87	50	102.07	49	105.8	10	24.02	49	82.05	49	82.05
रांची	3.	गुमला	68	101.18	483	579.58	149	259.65	334	319.92	96	202.2	53	57.45	8	3.90
	4.	सिमडेगा	16	9.03	34	20.06	08	2.77	26	17.29	02	0.12	06	2.64	02	2.43
	5.	पू. सिंहभूम	127	86.66	247	158.77	36	11.65	211	147.12	09	6.33	27	5.22	24	3.50
	6.	प. सिहंभूम	17	8.83	82	70.33	45	45.67	37	24.65	05	1.43	32	37.67	08	8.38
	7.	सरायकेला	19	18.94	28	24.53	08	5.22	20	19.31	03	2.83	05	2.39	02	0.70
उत्तर	8.	हजारीबाग	07	5.94	110	81.74	102	70.68	–	–	–	–	102	70.68	–	–
छो.प्र.	9.	गिरिडीह	04	24.24	4	24.24	–	–	04	24.24	–	–	–	–	–	–

हजारीबाग	10. धनबाद	31	9.37	124	48.95	28	7.71	82	46.66	8	2.02	20	5.68	4	0.62
	11. बोकारो	10	9.60	15	30.64	08	5.88	07	24.76	2	0154	06	5.34	06	5.34
	12. चतरा	02	33.94	–	–	02	33.4	–	–	–	–	–	–	–	–
	13. कोडरमा	–	–	–	–	–	–	–	–	–	–	–	–	–	–
	पलामू प्रमंडल डाल्टनगंज														
	14. पलामू	04	1.87	–	15.87	–	–	–	–	–	–	–	–	–	–
	15. गढ़वा	–	–	–		–	–	–	–	–	–	–	–	–	–
	16. लातेहार	23	20.50	228	394.60	3	70.61	175	323.9	11	49.91	42	20.70	37	12.91
	17. दुमका	02	2.16	17	20.49	07	1.89	10	18.60		–	07	1.89	–	–
	18. देवघर	–	–	89	78.12	–	–	89	78.12	–	–	–	–	–	–
	19. साहेबगंज	115	37.11	162	105.17	26	54.17	136	51.40	01	12.17	25	42.10	07	4.44
	20. गोड्डा	01	22.62	37	26.4	13	1.27	24	25.27	2	0.12	11	1.15	–	–
	21. पाकुड़	4.30	02	0.72	06	5.02	–	–	06	5.02	–		–	–	–
	22. जामताड़ा	–	–	–	–	–	–	–	–	–	–	–	–	–	–
	योग	850	919.52	5554	4232.63	1653	1567.31	3872	26775.13	392	724.13	1261	806.58	528	405.52

वासगीत पर्चा

जिले का नाम	*जिले का नाम*	*शुरू से 2001 -02 तक वितरित वासगीत पर्चा*		*वर्ष 2002 -03 में वितरित वासगीत पर्चा*		*वासगीत पर्चा के लंबित मामले*	
		संख्या	*रकवा*	*संख्या*	*रकवा*	*संख्या*	*रकवा*
द.छोटानागपुर	राँची	607	46.16	51	2.90	–	–
प्र.रांची	लोहरदगा	260	20.8	–	–	–	–
	गुमला	127	8.38	04	0.27	06	0.33
	सिमडेगा	13	0.82	71	3.68	–	–
	पू. सिंहभूम चाईबासा	11	0.46	3	0.13	0	0
	पू. सिंहभूम जमशेदपुर						
	सरायकेला-खरसाँवा	426	42.41	–	–	–	–
उ.छो.प्र.हजारी	हजारीबाग	5323	411.95	13	0.81	13	0.81
	गिरिडीह	964	117.110	21	0.40	–	–
	धनबाद	1885	191.15	10	0.99	–	–
	बोकारो	4129	359.22	34	2.51	16	1.27
	चतरा	3847	338.03	272	20.31	2	0.10
	कोडरमा	606	46.93	05	0.44	–	–
पलामू प्र.	पलामू	5558	749.99	98	10.21	3	0.42
	गढ़वा	–	–	–	–	–	–
	लातेहार	1990	269.00	5	0.43	–	–
संतालपरगना							
प्र. दुमका	दुमका	शून्य	शून्य	शून्य	शून्य	शून्य	शून्य
	देवघर	1510	121.32	–	–	–	–
	साहेबगंज	1169	64.70	–	–	–	–
	गोड्डा	शून्य	शून्य	शून्य	शून्य	शून्य	शून्य
	पाकुड़	95.7	4.67	–	–	–	–
	जामताड़ा	शून्य	शून्य	शून्य	शून्य	शून्य	शून्य
	योग	28516	2788.43	587	44.08	40	2.93

परंपरा की स्वशासी व्यवस्था

वीरसिंह सिंकु

संतालों की पारंपरिक स्वशासन व्यवस्था

'संताल' झारखंड की प्रमुख आदिवासी जातियों में से एक है। वैसे तो ये झारखंड के विभिन्न भागों में पाए जाते हैं लेकिन इनका मुख्य निवास स्थान संतालपरगना है। 1981 की जनगणना के अनुसार इनकी कुल जनसंख्या 2060732 है, जो झारखंड की आदिवासियों में प्रथम स्थान पर है।

संतालों की पारंपरिक स्वशासन व्यवस्था काफी प्राचीन है। अपने सामाजिक जीवन को सुरक्षित तथा संगठित रूप में चलाने के लिए प्रत्येक गाँव में प्रशासकीय एवं धार्मिक प्रधान होते हैं, जो इस प्रकार हैं—

(1) माँझी (प्रधान), (2) प्रानीक, (3) गोड़ाईत, (4) जोग माँझी, (5)जोग प्रानीक, (6) भग्दो प्रजा (7) लासेर टैंगोय, (8) नायके, (9) कुडाम नायके, (10) देश माँझी/ मोड़े माँझी/ मोड़े पाँझी, (11) परगनैत, (12) सुसारिया, (13)चौकीदार, (14) दिशुम परगना।

(1) माँझी : माँझी गाँव का प्रधान होता है। इन्हें गाँव के आन्तरिक एवं बाह्य दोनों प्रकार की व्यवस्था हेतु गाँव का प्रतिनिधित्व करना होता है। माँझी को गाँव का प्रशासनिक, न्यायिक तथा लगान लेने का अधिकार हैं।

(2) प्रानीक : प्रानीक भी ग्राम सभा का प्रमुख सदस्य है। इन्हें उप-माँझी का दर्जा प्राप्त है। माँझी की अनुपस्थिति में प्रानीक ही माँझी का काम देखता है। प्रानीक किसी अपराध के दण्ड को निश्चित करता है। दण्ड वही माना जाएगा, जो प्रानीक द्वारा निश्चित किया गया हो।

(3) गोड़ाईत : गोड़ाईत माँझी के सचिव का काम करता है। माँझी के कहने पर गाँव में बैठकी करने के लिए ग्रामीणों को सूचित करता है। इसके अलावा गाँव के पूजा-पाठ में खजांची का काम करता है। चन्दा उठाता है। पर्व-त्योहारों के बारे में गाँव में सूचना देता है। गोड़ाईत को पूरे गाँव की जनसंख्या तथा परिवार की जानकारी रहती है।

(4) जोग माँझी : जोग माँझी, माँझी का उपसचिव है। गाँव के शादी-विवाह का हिसाब-किताब जोग माँझी के पास ही रहता है। यह युवाओं का नेता भी है। शादी-विवाह में युवा लड़के-लड़कियों का नेतृत्व भी करता है। शादी-विवाह के विवादों में जोग माँझी निर्णय सुनाता है।

(5) जोग प्रानीक : जोग प्रानीक उप-जोग माँझी है। ज़ोग माँझी की अनुपस्थिति में जोग प्रानीक कार्यभार सँभालता है।

(6) भग्दो प्रजा : भग्दो प्रजा गाँव के कुछ प्रमुख सज्जन हैं जो गाँव के प्रत्येक मामले में विचार-विमर्श के लिए सभा में उपस्थित रहते हैं। प्रत्येक टोले में एक या दो लोग हो सकते हैं।

(7) लासेर टैंगोय : लासेर टैंगोय संगठनात्मक प्रमुख होता है, जो ग्रामीणों की बाहरी हमलों से सुरक्षा करता है।

(8) नायके : नायके गाँव के धार्मिक पूजा-पाठ को सम्पन्न करता है तथा धार्मिक अपराधों के मामलों पर अपना फैसला सुनाता है। ये गाँव के अन्दर जितने भी देवी-देवता हैं, उनका पूजा-पाठ करता है।

(9) कुडाम नायके : कुडाम नायके उप-नायके है। गाँव के बाहर जितने भी देवी-देवता हैं उनका पूजा-पाठ कुडाम नायके करता है।

(10) देश माँझी/मोड़े माँझी : पाँच से आठ गाँवों के माँझियों को देश माँझी कहा जाता है। यदि किसी मामले का फैसला माँझी नहीं कर सकता है तो उस मामले को माँझी द्वारा देश माँझी के पास लाया जाता है और पाँच से लेकर आठ माँझी मिलकर मामले का फैसला करते हैं। इसे 'मोड़े माँझी' भी कहा जाता है।

(11) परगनैत : 15-20 गाँवों के बीच एक परगनैत होता है। यह गाँवों के माँझियों का प्रधान होता है। जिस मामले को 'देश माँझी' नहीं निपटा सकते उस मामले को परगनैत के पास सम्बन्धित गाँव के माँझी द्वारा लाया जाता है।

(12) सुसारिया : यह सभा को सुचारु रूप से चलाता है। यह पद सभी क्षेत्रों में नहीं है।

(13) चौकीदार : यह माँझी के आदेश से बदमाश व्यक्ति को पकड़कर बाँधता है। यह पद पारंपरिक नहीं है।

(14) दिशुम परगना : कुछ क्षेत्रों में सभी परगनैतों के ऊपर एक 'दिशुम परगना' होता है। जब कोई मामला परगनैतों द्वारा नहीं निपटाया गया तो ऐसे मामले को 'दिशुम परगना' की सभा में निपटाया जाता है।

नोट : गाँव को सँभालने के लिए ये अपने आप में एक केबिनेट है। भग्दो प्रजा को छोड़कर बाकी सभी पदधारियों को गाँव की ओर से जमीन मिली रहती है।

परिवार तथा गाँव के विवादों में पारम्परिक नेतृत्व की भूमिका

परिवार तथा गाँव के विवादों में पीड़ित व्यक्ति सबसे पहले गाँव के माँझी को विवाद के बारे में जानकारी देता है और इस विवाद को गाँव वालों की सभा बुलाकर फैसला करने का आग्रह करता है।

विवाद के बारे में जानकारी मिलने के उपरान्त 'माँझी', 'गोड़ाईत' के द्वारा अन्य पदधारी (प्रानीक, जोग माँझी, जोग प्रानीक, नायके, कुडाम नायके), भग्दो प्रजा, ग्रामीण तथा आरोपित पक्ष को सभा में उपस्थित होने की सूचना दी जाती है।

सभा में शिकायतकर्ता, आरोपित पक्ष तथा गवाहों (यदि गवाह हों तो) से बात सुनने के बाद उपस्थित पदधारी एवं भग्दो प्रजा मामले पर विचार-विमर्श करते हैं। विचार-विमर्श के बाद यदि किसी का अपराध पाया गया तो उस अपराध का दण्ड 'प्रानीक' निश्चित करता है। दण्ड अपराध के ऊपर निर्भर करता है।

यदि किसी मामले को ग्रामीण सभा में नहीं निपटाया जा सका या आरोपित व्यक्ति दण्ड देने से इनकार करता है तो ऐसे मामलों को सम्बन्धित गाँव के माँझी द्वारा देश माँझी (मोड़े माँझी) के पास बढ़ा दिया जाता है।

यदि किसी मामले को 'देश माँझी' भी नहीं सुलझा सके तो उसे पुन: संबंधित गाँव के 'माँझी' द्वारा ही 'परगनैत' के पास बढ़ा दिया जाता है।

आपराधिक मामलों में पारंपरिक नेतृत्व की भूमिका तथा दण्ड

हत्या जैसे गम्भीर अपराधों को छोड़कर सभी आपराधिक मामलों को पारम्परिक नेतृत्व के द्वारा सुलझाया जाता है।

जब किसी आरोपित व्यक्ति का अपराध सिद्ध हो जाता है तो अपराध के मुताबिक दण्ड तय किया जाता है। दण्ड कई प्रकार का होता है। सबसे हल्के दण्ड को 'करेला दण्ड' कहते हैं, जिसमें 1.50 रु. से 5 रु. तक दण्ड होता है। अगर कोई गम्भीर रूप से दोषी पाया जाता है या गम्भीर अपराध करता है तो उसके मुताबिक बड़ा आर्थिक दण्ड दिया जाता है। जूरी (विचारमंच में बैठे लोग) को अधिकार दिया गया है कि दण्ड जो दिया गया है, उसको संशोधित करें।

आर्थिक दण्ड में यदि दोषी पाए गए व्यक्ति के पास पैसा नहीं है तो उसको समय दिया जाता है। चूंकि आम तौर पर गाँव के लोग सारी स्थिति को ध्यान में रखकर ही फैसला करते हैं या दण्ड देते हैं। वैसे गम्भीर अपराधों में किसी प्रकार की रिहाई नहीं दी जाती है।

यौन अत्याचार के मामलों में पारंपरिक नेतृत्व की भूमिका तथा दण्ड

यौन अत्याचार या बलात्कार

यौन अत्याचार या बलात्कार के मामलों में पीड़ित महिला/लड़की या लड़की के पिता या अभिभावक सबसे पहले 'माँझी' को जानकारी देता है और बैठकी बुलाकर संबंधित व्यक्ति को पीड़ित को सौंपने तथा दण्ड देने का आग्रह करता है।

बैठकी में सभा द्वारा शिकायतकर्ता की बात सुनने के बाद आरोपित व्यक्ति से इसके बारे में सफाई माँगी जाती है तथा गवाहों से पूछताछ की जाती है।

तीनों पक्षों को सुनने के बाद यदि आरोपित व्यक्ति को दोषी पाया जाता है तो सबसे पहले (यदि दोनों राजी हों तो) उस लड़की को पत्नी के रूप में स्वीकार करने को कहता है। तमाम सबूतों से यदि दोषी पाया गया व्यक्ति पीड़ित लड़की को पत्नी के रूप में स्वीकार करने से इनकार करता है तो इस मामले को देश माँझी/मोड़े माँझी के पास लाया जाता है।

यदि देश माँझी/मोड़े माँझी में भी इस मामले का फैसला नहीं हो पाता है या अपराध जानते हुए पत्नी स्वीकार नहीं करता है तो इस मामले को परगनैत के पास बढ़ा दिया जाता है।

अवैध संतान

यदि किसी संताली कुँआरी लड़की को अवैध गर्भ रह जाता है तो सबसे पहले गाँव में 'जोग माँझी' को खबर किया जाता है। 'जोग माँझी' गाँव में बैठकी बुलाता है और अवैध संतान के बाप का नाम पूछा जाता है। जब वह किसी लड़के का नाम लेती है, साथ ही गवाहों से प्रमाणित हो जाता है तो वह लड़का उस लड़की को सौंप दिया जाता है।

अगर कोई लड़की किसी लड़के को नहीं पहचान पाती है तो ऐसी स्थिति में चूंकि संताली समाज में गाँव को 'अपवित्र' हुआ माना जाता है इसलिए गाँव को पवित्र (अतु सफा) करने के लिए पूजा-पाठ के सामग्री को दण्ड स्वरूप (खस्सी तथा चावल इत्यादि) लड़की के परिवार से लिया जाता है।

संताली समाज में जब कोई अवैध संतान पैदा होती है तो उस संतान का नामकरण या गोत्र 'जोग माँझी' के गोत्र से कर दिया जाता है। यदि किसी कुँआरी लड़की का गर्भ ठहर जाता है और सारी कोशिशों के बाद भी लड़के को पकड़ा नहीं जा सकता तो ऐसे मामलों में लड़की का पिता किसी भी लड़के को उस लड़की को पत्नी स्वीकार करने का आग्रह कर सकता है। लड़का-लड़की दोनों के राजी होने पर शादी कर दी जाती है और अवैध संतान को उस लड़के का गोत्र दे दिया जाता है।

ऐसे मामलों में लड़की के पिता लड़के को हर्जाने के तौर पर धन-सम्पत्ति देता है।

विटलाह

संतालों में यदि कोई व्यक्ति किसी आरोपित मामले में अपराधी पाया जाता है और अपराध के लिए पारंपरिक नेतृत्व (माँझी से लेकर परगनैत तक) उसे दण्ड सुनाता है लेकिन वह दण्ड देने से इनकार कर देता है तो ऐसे मामलों में पूरा समाज/क्षेत्र उसका 'विटलाह' करता है।

'विटलाह' एक तरह का सामाजिक बहिष्कार है। इसमें एक 'परगनैत' की अध्यक्षता में लोग किसी परिवार का विटलाह करते हैं। 'विटलाह' तब किया जाता है जब दण्ड देने का दूसरा कोई विकल्प नहीं रह जाता है।

'विटलाह' प्रथा बहुत पुरानी है। इसमें गाँव-गाँव तथा क्षेत्र के मांझियों को बताया जाता है कि अमुक व्यक्ति ने इस प्रकार से अपराध किया है और दण्ड स्वीकार करने से इनकार कर रहा है इसलिए उनका 'विटलाह' किया जाए।

विटलाह करने से पहले गाँव-गाँव से लोग जाकर उन्हें समझाते हैं लेकिन इसके बावजूद भी यदि वह इनकार करता है तो पूरे क्षेत्र के लोग दिन, तारीख, समय तथा स्थान निश्चित करते हैं और वहाँ बैठकी कर उस गाँव के माँझी को बुला कर कह दिया जाता है कि हम लोग अमुक व्यक्ति का विटलाह कर रहे हैं, जिसके बारे में आपको पहले ही खबर कर चुके हैं। इस पर 'मांझी' कहता है कि ठीक है वह हमारी प्रजा जरूर है लेकिन यदि दोषी है तो हम इस परिवार का विटलाह करने की अनुमति देते हैं लेकिन मेरा आप लोगों से यह आग्रह भी है कि उस परिवार को छोड़ कर अन्य किसी परिवार को किसी प्रकार की क्षति न पहुँचे।

लोग एक जुलूस लेकर जाते हैं और सबसे पहले उसका चूल्हा तोड़ते हैं। संतालों में चूल्हा

तोड़ना बहुत बड़ा अपमान माना जाता है।

विटलाह में पूरे परिवार को आतंकित किया जाता है। कभी-कभी ऐसा भी देखा गया है कि उस परिवार की लूटपाट के साथ-साथ घर-द्वार को उजाड़ दिया जाता है। सम्पत्ति को नष्ट कर दिया जाता है, गाय-बैल को छोड़ दिया जाता है, जो एक तरह की आपराधिक सजा है।

खास तौर से इस प्रकार की घटना बलात्कार या यौन शोषण के विरोध में की जाती है।

जमीन-जायदाद के विवादों में पारंपरिक नेतृत्व की भूमिका

संतालों में जमीन जीविका का मुख्य आधार है। इसलिए जमीन-जायदाद को लेकर भाई-भाई, परिवार-परिवार और गाँव-गाँव के बीच विवाद उत्पन्न होना स्वाभाविक है।

जमीन-जायदाद के विवादों को पारंपरिक नेतृत्व द्वारा माँझी-परगनैत ही निपटाते हैं। जब कभी भी जमीन-जायदाद को लेकर किसी प्रकार का विवाद खड़ा हो जाता है, कोई एक पक्ष इस विवाद के बारे में संबंधित गाँव के माँझी को जानकारी देता है। शिकायतकर्ता के अनुसार माँझी गाँव वालों की बैठकी बुलाता है। बैठकी में विवादित मामले पर दोनों पक्षों तथा गवाहों में देखी तथा सुनी हुई बात की जानकारी प्राप्त करने के बाद बैठकी में उपस्थित पदधारी तथा 'भग्दो प्रजा' इस पर विचार-विमर्श करते हैं और जो भी उचित है, 'माँझी' फैसले के रूप में सुना देते हैं।

यदि 'माँझी' के फैसले से कोई एक पक्ष या दोनों सन्तुष्ट नहीं हैं तो इस विवाद को 'देश माँझी' (मोड़े माँझी) को अग्रसरित कर दिया जाता है।

यदि 'देश माँझी' के फैसले से भी सन्तुष्ट नहीं होते हैं तो अन्त में परगनैत के पास जाते हैं। पूर्व में (कोर्ट-कचहरी के पहले) कोई भी या किसी प्रकार का विवाद परगनैत तक में निपटारा हो जाता था।

लेकिन वर्तमान में 'माँझी' से असन्तुष्ट होने पर लोग सीधे कचहरी चले जाते हैं।

ग्राम समुदाय में एकता, सुरक्षा तथा शान्ति बनाए रखने में पारंपरिक नेतृत्व की भूमिका

संतालों में ग्राम समुदाय की सुरक्षा, एकता तथा शान्ति बनाए रखने की जिम्मेदारी ग्रामीणों के साथ-साथ पारंपरिक नेतृत्व के जिम्मे मुख्य रूप से रहती है। इसलिए ग्रामीण समुदाय को बाहरी खतरों से सुरक्षित रखना, समुदाय में एकता तथा शान्ति बनाए रखना पारंपरिक नेतृत्व का मूल कर्तव्य है।

सामाजिक तथा धार्मिक पर्व-त्योहारों में पारंपरिक नेतृत्व की भूमिका

चूंकि संताली समाज में 'माँझी' तथा अन्य पारंपरिक पदधारी गाँव के प्रमुख लोग होते हैं और गाँव में शान्ति बहाल करने की जिम्मेदारी इनके ऊपर रहती है, इसलिए संताली समाज के सामाजिक तथा धार्मिक सभी पर्व-त्योहारों में पारंपरिक नेतृत्व की मुख्य भूमिका होती है। दूसरे शब्दों में संताली समाज के सामाजिक तथा धार्मिक पर्व-त्योहारों का निश्चय पारंपरिक नेतृत्व के द्वारा ही किया जाता है। इनके बगैर पर्व मनाया ही नहीं जाता है।

माँझी और परगनैत के बीच रिश्ता

माँझी परगनैत के अधीन काम करता है। परगनैत के आदेश का पालन करता है। पुराने जमाने में माँझी द्वारा वसूला गया खजाना परगनैत के यहाँ जमा किया जाता था परन्तु वर्तमान में इसे अब माँझी द्वारा सीधे सी.ओ. को जमा किया जाता है।

पहाड़ियों की पारम्परिक स्वशासन व्यवस्था

पहाड़िया आदिवासी झारखंड के संतालपरगना क्षेत्र में मुख्य रूप से पाए जाते हैं। इसके अतिरिक्त सिंहभूम जिले में भी पाए जाते हैं। 1981 की जनगणना के अनुसार इनकी कुल जनसंख्या 118591 है। मौखिक इतिहास के मुताबिक संतालपरगना में संतालों से पहले पहाड़िया बसे हुए हैं। पहाड़िया तीन प्रकार के होते हैं—

1. माल पहाड़िया 2. कुमार पहाड़िया 3. सौरिया पहाड़िया

पहाड़ियाओं की पारंपरिक शासन व्यवस्था इस प्रकार है—

1. माँझी : माँझी गाँव का प्रधान होता है। माँझी को खजाना वसूलने, न्यायिक तथा प्रशासनिक अधिकार प्राप्त हैं। कहीं-कहीं पर गाँव का धार्मिक पूजा-पाठ भी करता है।

2. गोड़ाईत : गोड़ाईत माँझी का सहायक (सचिव) होता है। माँझी के आदेश पर गाँव के किसी मामले पर गाँव वालों को बैठकी के लिए बुलाता है।

3. नायके : गाँव का धार्मिक पूजा-पाठ करता है और धार्मिक अपराधों पर नायके के द्वारा विचार-विमर्श करने के बाद ही फैसला सुनाते हैं या दण्ड देते हैं।

4. भग्दो लोग : किसी भी विवाद में माँझी के साथ मिलकर विचार-विमर्श करने के लिए प्रत्येक गाँव में कुछ भग्दो लोग होते हैं।

5. सरदार या नाईब : 12-13 गाँवों के माँझियों के ऊपर एक सरदार या नाईब होता है। सरदार या नाईब के अधीनस्थ ही माँझी काम करता है।

परिवार तथा गाँव के विवादों में पारम्परिक नेतृत्व की भूमिका

परिवार तथा गाँव के विवादों में पीड़ित व्यक्ति सबसे पहले गाँव के 'माँझी' को विवाद के बारे में शिकायत करता है। इस विवाद को गोड़ाईत द्वारा गाँव वालों की बैठकी बुलाकर सुलझाया जाता है।

बैठकी में 'माँझी' सबसे पहले सभा के सामने 'शिकायतकर्ता' से पूछता है कि शिकायत किसलिए है। शिकायत सुनने के बाद आरोपित व्यक्ति से अपना पक्ष रखने के लिए कहा जाता है।

दोनों पक्षों को सुनने के बाद इसके संबंध में, यदि गवाह हो तो, गवाहों से पूछा जाता है। तीनों पक्षों को सुनने के बाद माँझी, गोड़ाईत, नायके और भग्दो लोग आपस में विचार-विमर्श के बाद यदि किसी का अपराध पाया गया तो उस अपराध के मुताबिक उसे दण्ड दिया जाता है। छोटे अपराधों में दण्ड स्वरूप दारू (शराब) लिया जाता है। और बड़े अपराधों में दारू के साथ रुपए (20-25) भी लिए जाते हैं।

छोटे-मोटे मामलों को टोला स्तर पर माँझी के बगैर भी कुछ भद्र लोग मिलकर निपटाते हैं।

टोला स्तर में यदि विवाद नहीं सुलझ सका, तब उस विवाद को माँझी के पास लाया जाता है।

यदि किसी विवाद को, विशेषकर गाँव के विवाद को माँझी के स्तर पर निपटाया नहीं जा सका तो उस मामले को माँझी द्वारा ही सरदार या नाईब के पास लिया जाता है। सरदार उस विवाद को निपटाने के लिए एक निश्चित दिन, तारीख, स्थान देकर बैठकी बुलाता है। बैठकी में विवाद से संबंधित गाँव के साथ अन्य गाँवों के माँझियों को भी बुलाया जाता है।

किसी भी विवाद या झगड़े में, जो ज्यादा गम्भीर न हो, पहले समझौता करते हैं। समझौता तीसरी बार तक होता है। तीसरी बार के समझौते के बाद भी यदि पुनः विवाद उठता है तो ऐसे मामलों में जुर्माना या दण्ड दिया जाता है।

किसी भी मामले को माँझी के पास रखने के लिए माँझी को 20 रु. दिया जाता है। इसे 'मजन दाखा' कहते हैं। इसे शिकायतकर्ता द्वारा रखा जाता है। इससे किसी विवाद या मामले का फैसला सुनाने या समझौता करने के बाद सभा में उपस्थित पदाधिकारी शराब पीते हैं। वैसे किसी भी विवाद का विचार-विमर्श करने के लिए पूरे गाँव के लोग उपस्थित होते हैं।

हत्या जैसे गम्भीर मामलों को पुलिस के पास माँझी द्वारा भेजा जाता है लेकिन साधारण मारपीट के मामलों को गाँव में माँझी द्वारा ही निपटाया जाता है। ऐसे मामलों में अपराधी पाए गए व्यक्ति से कम-से-कम 100-150 रु. तक जुर्माना लिया जाता है। कभी-कभी तो अपराधी व्यक्ति की क्षमता के अनुसार भी दण्ड लिया जाता है।

यौन अत्याचार के मामलों में पारंपरिक नेतृत्व की भूमिका

यौन अत्याचार या बलात्कार के मामलों में पीड़ित महिला का पिता या पति सबसे पहले गाँव के माँझी को मामले के बारे में शिकायत करता है।

माँझी गोड़ाईत के द्वारा बैठकी के लिए गाँव वालों की बैठकी बुलाता है। बैठकी में शिकायतकर्ता से शिकायत सुनी जाती है। आरोपित पक्ष से भी इस मामले के बारे में अपना पक्ष रखने के लिए कहा जाता है। इस मामले में यदि कोई गवाह हो तो गवाहों से भी पूछा जाता है।

तीनों पक्षों को सुनने के बाद सभा द्वारा यदि आरोपित व्यक्ति को दोषी पाया जाता है तो उस लड़की (यदि लड़की राजी होती है तो) को पत्नी स्वरूप स्वीकार करने को कहा जाता है। यदि दोषी पाया गया व्यक्ति सभा का फैसला स्वीकार नहीं करता है तो इस मामले को सरदार या नाईब के पास रखा जाता है।

आम तौर पर सरदार के पास मामला पहुँचते-पहुँचते आरोपित व्यक्ति अपना अपराध स्वीकार कर लेता है और पीड़िता को पत्नी के रूप में स्वीकार कर लिया जाता है। ऐसे मामलों पर पीड़ित महिला से भी राय ली जाती है।

यदि किसी की पत्नी के साथ ऐसी घटना घटती है तो ऐसे मामलों में अपराधी पाए जाने पर उसे दण्ड दिया जाता है। दण्ड सभा के ऊपर निर्भर करता है कि कितना दिया जाए। लेकिन ऐसे मामलों में साधारणतः आर्थिक (रुपए और खस्सी इत्यादि) दण्ड ही दिया जाता है।

दण्ड लेने के बाद उस रुपए से, सभा के विचार-विमर्श में शामिल लोग शराब पीते हैं। इसमें शिकायतकर्ता और दण्डित व्यक्ति को भी शामिल किया जाता है। इन दोनों से इस मामले को यहीं समाप्त करने के लिए कहा जाता है। इस मामले को लेकर भविष्य में किसी प्रकार की लड़ाई-झगड़ा

न करने के लिए कहा जाता है और दोनों पक्षों से एक-दूसरे को शराब पिलवाते हैं।

जमीन-जायदाद के विवादों में पारंपरिक नेतृत्व की भूमिका

अन्य आदिवासियों की तरह ही पहाड़िया आदिवासियों की जीविका का मुख्य आधार जमीन ही है। इसलिए जमीन-जायदाद को लेकर भाई-भाई, परिवार-परिवार और गाँव-गाँव के बीच विवाद उत्पन्न होता रहता है। इन विवादों को गाँव के पारंपरिक नेतृत्व, माँझी-सरदारों के द्वारा ही निपटाया जाता है।

जब कभी किसी जमीन-जायदाद को लेकर दो पक्षों में विवाद हो जाता है तो इसमें से एक पक्ष इस विवाद के बारे में गाँव के माँझी के पास रखता है। माँझी शिकायतकर्ता के आग्रह पर गाँव में बैठकी बुलाता है। बैठकी में शिकायतकर्ता और आरोपित व्यक्ति दोनों पक्षों से बात सुनी जाती है। गवाहों से भी इस संबंध में पूछा जाता है। सभा तीनों पक्षों की बात सुनकर अपना फैसला सुनाती है।

यदि माँझी के फैसले से कोई पक्ष असन्तुष्ट रहता है तो इस मामले को सरदार/नाईब के पास रखा जाता है। यदि कोई सरदार के फैसले से भी सन्तुष्ट नहीं होता है तो आजकल कोर्ट-कचहरी जाता है। पुराने-जमाने में 'सरदार' तक मामला सुलझ जाता था।

गाँव समुदाय में एकता, सुरक्षा तथा शान्ति बनाए रखने में पारंपरिक नेतृत्व की भूमिका

गाँव समुदाय में एकता, सुरक्षा तथा शान्ति बनाए रखने और बाहरी खतरों से सुरक्षा प्रदान करने का मूल कर्तव्य पारंपरिक नेतृत्व के साथ-साथ ग्रामीणों का भी है।

लड़की को पैतृक जमीन मिलने का अधिकार

पहाड़ियाओं में लड़की को पैतृक जमीन नहीं दी जाती है चूंकि वह शादी होने के बाद पति के घर में चली जाती है इसलिए पति की जमीन पर भोग करने का अधिकार मिल जाता है।

यदि लड़की अविवाहिता अथवा तलाकशुदा है और अपने भाइयों के साथ रहने की इच्छुक न हो तो ऐसी स्थिति में पैतृक जमीन में से कुछ अंश, जो भी ग्रामीण सर्वसम्मति से निश्चित करेंगे, उसके जीवन निर्वाह हेतु तब तक के लिए देय होगा जब तक कि वह विवाह, पुनर्विवाह अथवा मर नहीं जाती है। इसकी वह बिक्री नहीं कर सकती है।

यदि किसी व्यक्ति का कोई लड़का न हो केवल लड़की हो तो उस व्यक्ति के मरने के बाद जमीन का उत्तराधिकारी उसके निकट संबंधी होंगे। संतालपरगना के क्षेत्र में कहीं-कहीं पर संताली समाज के प्रभाव में आकर कुछ लोगों ने केवल लड़की के रहने पर 'घर जमाई' भी रखना शुरू किया है।

सामाजिक तथा धार्मिक पर्व-त्योहारों में पारंपरिक नेतृत्व की भूमिका

गाँव के सामाजिक तथा धार्मिक पर्व-त्योहारों में पारंपरिक नेतृत्व की भूमिका महत्त्वपूर्ण होती है। इनके नेतृत्व में ही पर्व-त्योहारों को मनाने का दिन या तारीख निश्चित की जाती है।

माँझी और सरदार के बीच रिश्ता

माँझी सरदार के अधीन में काम करता है। सरदार के आदेश का पालन करता है।

बाहरी लोगों से रिश्ता

पुराने जमाने में पहाड़िया गाँव में जब कोई बाहरी आदमी किसी काम या धंधे से जाता है तो सबसे पहले गाँव के माँझी से अनुमति लेनी पड़ती है।

वर्तमान परिस्थिति में पारंपरिक व्यवस्था से उम्मीद

पारंपरिक व्यवस्था को पुनः हमारे समाज में लागू करना चाहिए और इसके लिए सरकार से आग्रह करना चाहिए कि हमारी पारंपरिक व्यवस्था को पुनः स्थापित करे।

हो लोगों की पारम्परिक स्वशासन व्यवस्था

झारखंड के सिंहभूम (पूर्वी तथा पश्चिमी) जिले में 'हो' आदिवासी पाए जाते हैं। 1981 की जनगणना के अनुसार इनकी कुल जनसंख्या 536524 है। हो आदिवासियों की पारंपरिक स्वशासन व्यवस्था प्राचीन काल से ही सिंहभूम के 'हो' बहुल क्षेत्र में सक्रिय रूप से कार्यरत है तथा वर्तमान में कुछ पदाधारियों को सरकारी मान्यता भी प्राप्त है। ब्रिटिश हुकूमत के दौरान भी इस व्यवस्था को मान्यता दी गई थी। 'हो' आदिवासियों की पारंपरिक सामाजिक स्वशासन व्यवस्था को सुचारु रूप से चलाने के लिए निम्नलिखित पद हैं—

(1) मुण्डा, (2) डाकुआ, (3) मानकी, (4) तहसीलदार, (5) तीन मानकी, (6) दिउरी, (7) यात्रा दिउरी।

1. मुण्डा : मुण्डा गाँव का प्रधान होता है। इसे प्रशासनिक, न्यायिक तथा लगान (मालगुजारी) लेने का अधिकार है। परती जमीन बन्दोबस्त कर सकता है।

2. डाकुआ : डाकुआ मुण्डा का सहायक होता है। डाकुआ के द्वारा ही मुण्डा गाँव वालों को किसी बैठकी या मामले के बारे में सूचित करता है।

3. मानकी : लगभग 15–20 गाँवों के मुण्डाओं के ऊपर एक मानकी होता है। मानकी एक पीढ़ का प्रमुख होता है तथा मानकी तहसीलदार के माध्यम से मुण्डाओं द्वारा लिया गया लगान (मालगुजारी) वसूलता है। जब कोई विवाद मुण्डा द्वारा नहीं सुलझाया जा सकता तो उसे मुण्डा द्वारा मानकी के पास बढ़ा दिया जाता है।

4. तहसीलदार : तहसीलदार मानकी का सहायक होता है। मानकी तहसीलदार के माध्यम से मुण्डाओं से मालगुजारी वसूलता है।

5. तीन मानकी : तीन मानकियों की एक समिति है। जब कभी कोई मामला मानकी द्वारा नहीं सुलझाया जा सका तो उसे तीन मानकियों की समिति बनाकर उस पर विचार-विमर्श कर सुलझाया जाता है।

6. दिउरी : दिउरी गाँव का सामाजिक तथा धार्मिक पर्व-त्योहारों में पूजा-पाठ करता है। साथ ही धार्मिक अपराध के आरोपित व्यक्ति का दण्ड तय करता है।

7. यात्रा दिउरी : यात्रा दिउरी गाँव के देवी-देवताओं का पूजा-पाठ करता है। धार्मिक अपराध के मामले में 'दिउरी' के साथ-साथ 'यात्रा दिउरी' को भी 'विचार-विमर्श' में शामिल किया जाता है।

परिवार तथा गाँव के विवादों में पारंपरिक नेतृत्व की भूमिका

परिवार तथा गाँव के विवादों या मामलों में पीड़ित व्यक्ति सबसे पहले गाँव के 'मुण्डा' को विवाद या मामले की शिकायत करता है और आरोपित व्यक्ति को गाँव वालों की सभा बुलाकर फैसला करने का आग्रह करता है।

विवाद के मामलों में जानकारी मिलने के उपरान्त 'मुण्डा' डाकुआ के द्वारा आरोपित व्यक्ति के साथ-साथ गाँव के अन्य गण्यमान्य व्यक्ति को बैठक के बारे में जानकारी देता है।

सभा में शिकायतकर्ता, आरोपित पक्ष तथा गवाहों (यदि गवाह हो तो) बात सुनने के बाद उपस्थित पदधारी तथा पंचगण मामले पर विचार-विमर्श करते हैं। विचार-विमर्श के बाद यदि किसी का अपराध पाया गया तो उस अपराध का दण्ड निश्चित करते हैं। दण्ड निश्चित होने के बाद मुण्डा द्वारा निर्णय सुना दिया जाता है। दण्ड अपराध के ऊपर निर्भर करता हैं।

आपराधिक मामलों में पारंपरिक नेतृत्व की भूमिका तथा दण्ड

हत्या जैसे गम्भीर अपराधों को छोड़कर सभी आपराधिक मामलों को पारंपरिक नेतृत्व के द्वारा सुलझाया जाता है।

जब किसी आरोपित व्यक्ति का अपराध सिद्ध हो जाता है तो अपराध के मुताबिक दण्ड तय किया जाता है। अगर कोई गम्भीर रूप से दोषी पाया जाता है या गम्भीर अपराध करता है तो बड़ा आर्थिक दण्ड दिया जाता है। आर्थिक दण्ड में यदि दोषी पाए गए व्यक्ति के पास पैसा नहीं है तो उसको समय दिया जाता है। चूंकि आमतौर पर गाँव के लोग सारी स्थितियों से अवगत रहते हैं इसलिए किसी व्यक्ति की स्थिति को ध्यान में रखकर ही फैसला करते हैं। गम्भीर अपराधों में किसी प्रकार की रिहाई नहीं दी जाती है।

यौन अत्याचार के मामलों में पारंपरिक नेतृत्व की भूमिका तथा दण्ड

यौन अत्याचार या बलात्कार के मामलों में पीड़ित महिला/लड़की या लड़की का पिता/भाई सबसे पहले 'मुण्डा' को जानकारी देता है और बैठकी बुलाकर संबंधित व्यक्ति को पीड़िता को सौंपने तथा दण्ड देने का आग्रह करता है।

बैठकी में सभा द्वारा शिकायतकर्ता की बात सुनने के बाद आरोपित व्यक्ति से इसके बारे में सफाई माँगी जाती है तथा गवाहों से पूछताछ की जाती है। तीनों पक्षों को सुनने के बाद यदि आरोपित व्यक्ति दोषी पाया जाता है तो सबसे पहले यदि दोनों का गोत्र अलग-अलग हो और दोनों राजी हों तो उस लड़की को पत्नी के रूप में स्वीकार करने को कहता है। तमाम सबूतों में यदि दोषी पाया गया व्यक्ति पीड़ित लड़की को पत्नी के रूप में स्वीकार करने से इनकार करता है तो इस मामले को मानकी के पास लाया जाता है।

यदि मानकी से भी इस मामले का फैसला नहीं हो पाता है या अपराध मानते हुए पत्नी

स्वीकार नहीं करता है तो इस मामले को तीन मानकियों के पास बढ़ा दिया जाता है। आमतौर पर तीन मानकी तक मामला सुलझ जाता है।

जमीन-जायदाद के विवादों में पारंपरिक नेतृत्व की भूमिका

'हो' लोगों में जमीन जीविका का मुख्य आधार है। इसलिए जमीन-जायदाद को लेकर भाई-भाई, परिवार-परिवार और गाँव-गाँव के बीच विवाद उत्पन्न होना स्वाभाविक है।

जमीन-जायदाद के विवादों को पारंपरिक नेतृत्व द्वारा मुण्डा-मानकी ही निपटाते हैं। जब कभी भी जमीन-जायदाद को लेकर किसी प्रकार का विवाद खड़ा हो जाता है, कोई एक पक्ष इस विवाद के बारे में संबंधित गाँव के 'मुण्डा' को जानकारी देता है। शिकायतकर्ता के अनुसार 'मुण्डा' गाँव वालों की बैठकी बुलाता है। बैठकी में विवादित मामले पर दोनों पक्षों तथा गवाहों से देखी तथा सुनी हुई बात की जानकारी प्राप्त करने के बाद बैठकी में उपस्थित पदधारी तथा ग्रामीण इस पर विचार-विमर्श करते हैं और जो भी उचित है, 'मुण्डा' फैसला देते हैं। यदि मुण्डा के फैसले से कोई एक पक्ष या दोनों सन्तुष्ट नहीं हैं तो इस विवाद को 'मानकी' को अग्रसारित कर दिया जाता है।

यदि मानकी के फैसले से भी सन्तुष्ट नहीं होते हैं तो अन्त में 'तीन मानकी' के पास जाते हैं। पूर्व में (कोर्ट-कचहरी के पहले) कोई भी या किसी भी प्रकार का विवाद तीन मानकी तक तो निपट जाता था। लेकिन वर्तमान में मुण्डा से असन्तुष्ट होने पर लोग सीधे कचहरी चले जाते हैं।

ग्राम समुदाय में एकता, सुरक्षा तथा शान्ति बनाए रखने में पारंपरिक नेतृत्व की भूमिका

'हो' लोगों में ग्राम समुदाय की सुरक्षा, एकता तथा शान्ति बनाए रखने की जिम्मेदारी ग्रामीणों के साथ-साथ पारम्परिक नेतृत्व के जिम्मे मुख्य रूप से रहती है। इसलिए ग्रामीण समुदाय को बाहरी खतरों से सुरक्षित रखना, समुदाय में एकता तथा शान्ति बनाए रखना पारम्परिक नेतृत्व का मूल कर्तव्य है।

सामाजिक तथा धार्मिक पर्व-त्योहारों में पारंपरिक नेतृत्व की भूमिका

चूंकि 'हो' समाज में 'मुण्डा' तथा अन्य पारंपरिक पदधारी गाँव के प्रमुख लोग होते हैं और गाँव में शान्ति बहाल करने की जिम्मेदारी इनके ऊपर रहती है इसलिए 'हो' समाज के सामाजिक तथा धार्मिक सभी पर्व-त्योहारों में पारंपरिक नेतृत्व की मुख्य भूमिका होती है। दूसरे शब्दों में 'हो' समाज के सामाजिक तथा धार्मिक पर्व-त्योहार का निश्चय पारंपरिक नेतृत्व द्वारा ही किया जाता है। इनके बगैर पर्व मनाया ही नहीं जाता है।

मुण्डा-मानकी के बीच रिश्ता

मुण्डा मानकी के अधीन काम करता है। मानकी के आदेश का पालन करता है। पुराने जमाने में मुण्डा द्वारा वसूला गया खजाना मानकी के यहाँ जमा किया जाता था। परन्तु वर्तमान में इसे अब मुण्डा द्वारा सीधे सी.ओ. को जमा किया जाता है।

मुण्डाओं की पारंपरिक स्वशासन व्यवस्था

मुण्डा लोग देश के पुराने निवासियों में से हैं और ये कालारियन कबीलों में अत्यन्त ही महत्त्वपूर्ण हैं। झारखंड के राँची, सिंहभूम, हजारीबाग, पलामू और धनबाद जिला इनका मुख्य निवास स्थान है। इनकी आबादी साढ़े सात लाख के लगभग है। अपने समाज को संगठित और सुचारु रूप से चलाने के लिए प्राचीन समय से ही इनकी अपनी पारंपरिक सामाजिक स्वशासन व्यवस्था रही है। इसी शासन व्यवस्था के द्वारा वे अपने समाज के घटित सामाजिक, धार्मिक, आर्थिक, सांस्कृतिक और आपराधिक मामलों का निपटारा करते हैं।

मुण्डाओं की पारंपरिक सामाजिक स्वशासन व्यवस्था और नेतृत्व का संक्षिप्त विवरण इस प्रकार है—(1) मुण्डा, (2) पाहन, (3) पुजारी पाहन, (4) महतो, (5) पड़हा राजा, (6) राजा, (7) ठाकुर, (8) दीवान, (9) लाल, (10) पाण्डे (11) पुरोहित, (12) घटवार, (13) चवार डोलाइत, (14) बरकंदाज, (15)दारोगा।

1. मुण्डा : गाँव का प्रधान होता है। गाँव की शासन व्यवस्था में इसकी प्रमुख भूमिका होती है। बाहरी कार्यों या मामलों में गाँव का प्रतिनिधित्व करता है। गाँव के प्रशासनिक, न्यायिक तथा सामाजिक कार्यों का दायित्व लेता है। गाँव की बैठक की अध्यक्षता करता है। गाँव की मालगुजारी (कर) वसूलता है और कर्मचारी के माध्यम से अंचल कार्यालय में जमा करता है। आजादी के पहले वह अंचल कार्यालय के बदले अपने क्षेत्र के पड़हाराजा/मानकी को और पड़हाराजा/मानकी ठाकुर के माध्यम से महाराजा को देता था।

2. पाहन : मुण्डा का सहायक होता है। मुण्डा की अनुपस्थिति में पाहन ही गाँव के सभी कार्यों को करता है।

3. पुजारी पाहन : गाँव के पर्व-त्योहारों में पूजा-पाठ करता है। पुजारी पाहन के बिना कोई भी धार्मिक पर्व-त्योहारों का पूजा-पाठ नहीं होता है।

4. महतो : मुण्डा और पाहन का सहायक होता है। यह गाँव में सूचना जारी करने का काम करता है। मुण्डा के आदेश को समूचे गाँव में या किसी व्यक्ति विशेष को सूचना देना इनका प्रमुख काम है। गाँव के बाहर की सूचना को भी मुण्डा तक पहुँचाना इनका काम होता है। पुजारी पाहन को भी यह सहायता करता है।

5. पड़हा राजा : कई गाँवों (लगभग 12 से 20) को मिलाकर जो संगठन बनता है उसे 'पड़हा' कहते हैं। पड़हा राजा पड़हा का प्रधान है। कुछ मुण्डा क्षेत्रों में पड़हा राजा को मानकी भी कहा जाता है। मुण्डा क्षेत्र के पहले 12 पड़हा थे, लेकिन अब 22 पड़हा हैं। जिन विवादों या मामलों को गाँव के मुण्डा द्वारा नहीं सुलझाया जा सकता, उन मामलों को अन्य सहयोगियों के साथ सुलझाना पड़हा राजा का काम है।

6. राजा : 22 पड़हा में एक राजा होता है।

7. ठाकुर : पड़हाराजा के कामों में सहयोग के लिए एक ठाकुर होता है। इसे सहायक भी कह सकते हैं।

8. दीवान : दीवान राजा का मंत्री होता है जो राजा के हुक्म को आगे अमल में लाता है। किसी सभा के लिए राजा दीवान को आदेश देता है और दीवान आगे की कार्रवाई करता है।

दीवान दो प्रकार के होते हैं—(क) गढ़ दीवान (ख) राज दीवान।

(क) गढ़ दीवान : यह गढ़ के अन्दर के क्रियाकलापों में शामिल होता है।

(ख) राज दीवान : राज दीवान गढ़ के बाहर के क्रियाकलापों में शामिल होता है।

9. लाल : ये सभा में बहस करने का काम करते हैं, जैसे जिरह करना। एक प्रकार से वकील के समान होते हैं। लाल तीन प्रकार के होते हैं : (क) बड़लाल, (ख) मझलाल और (ग) छोटेलाल। ये तीनों लाल निर्णय में महत्त्वपूर्ण भूमिका निभाते हैं।

10. पुरोहित : यह शुद्धिकरण का कार्य करता है। जब कोई व्यक्ति समाज विरोधी काम करता है, जो जाति या गोत्र के विरुद्ध होता है तब उसे दण्ड मिलने के बाद शुद्धिकरण के बाद ही उसे समाज में दोबारा मिला लिया जाता है। दण्ड नहीं देने पर उस व्यक्ति का सामाजिक बहिष्कार किया जाता है।

11. घटवार : घटवार दण्ड में मिले सामग्री को बाँटता है। दण्ड की सामग्री या रुपए-पैसे इनके जिम्मे रहता है।

12. चवार डोलाइत : सभा में हाथ-पैर धुलाने का काम चवार डोलाइत करता है।

13. पान खवास : सभा में चूना-तम्बाकू बाँटने वाला व्यक्ति पान खवास कहलाता है।

14. सिपाही (बरकंदाज) : दीवान के आदेश पर गाँव-गाँव में नोटिस तामिल करना सिपाही या बरकंदाज का काम होता है।

15. दारोगा : सभा की कार्रवाई में सभा का नियन्त्रण दारोगा करता है। यह सभा में प्रवेश करने वाले व्यक्तियों की जाँच-पड़ताल तक करता है कि कहीं कोई हथियार तो नहीं छिपाया है।

16. पाण्डेय : यह सभा के कागज-पत्रों को रखने की जिम्मेदारी लेता है। यह राजा के आदेश पर नोटिस भी जारी करता है।

अखड़ा : अखड़ा में किसी भी समस्या से सम्बन्धित बैठक होती है। साधारणतया अखड़ा गाँव के बीच में और पुराने पेड़ के नीचे स्थित होता है। अखड़ा में सामूहिक रूप में और सर्वसम्मति से विचार-विमर्श होता है तथा नैतिकता एवं औचित्य के आधार पर निर्णय किया जाता है। इस प्रकार के विचार से सभी लोग संतुष्ट एवं प्रसन्न रहते हैं। न्याय भी जल्दी और कम खर्च में मिल जाता है।

परिवार तथा गाँव के विवादों में पारम्परिक नेतृत्व की भूमिका

गाँव का पीड़ित व्यक्ति या आपत्तिकर्ता गाँव के 'मुण्डा' को घटना की जानकारी देता है और आग्रह करता है कि गाँव में सभा बुलाकर विचार करें। तब गाँव का मुण्डा महतो को सूचित करता है कि घटना की जानकारी लो और सभा बुलाओ। सभा में दोनों पक्षों की बात सुनी जाती है और जिरह किया जाता है। सभा में मुण्डा, महतो और गाँव के बुजुर्ग उपस्थित रहते हैं। विचार-विमर्श के बाद यदि किसी का अपराध पाया जाता है तो मुण्डा अपने सहयोगी पाहन और महतो से सलाह लेकर दण्ड निश्चित करता है। दण्ड अपराध के स्तर को देखकर तय किया जाता है। दण्ड छोटे अपराधों के लिए आर्थिक होते हैं। बड़े अपराधों के लिए समाज से बहिष्कार तक किया जाता है।

यदि कोई व्यक्ति दण्ड देने से इनकार करता है या कोई मामला गाँव स्तर में नहीं सुलझता है तब और आसपास के दो-तीन गाँव के मुण्डा विवाद का निपटारा करने की कोशिश करते हैं। फिर भी यदि फैसला नहीं हो पाता है तब 'पड़हा सभा' में फैसला करते हैं। इसके लिए गाँव का मुण्डा पड़हाराजा को जानकारी देता है और पड़हाराजा दीवान को बुलाकर मामले की जानकारी लाने का आदेश देता है। दीवान पाण्डेय को सूचना जारी करने का आदेश देता है। सूचना को 'बरकंदाज या सिपाही' गाँव-गाँव पहुँचाता है और सभा की तिथि की जानकारी देता है। सभा होती है। पड़हासभा में भी यदि विवाद का निपटारा नहीं हो पाता है तब 22 पड़हाराजा की सभा में विवाद का निपटारा किया जाता है, जिसे मानना ही पड़ता है। अन्यथा 22 पड़हासभा उसे जाति निकाल की सजा भी दे सकता है। मुण्डाओं में 22 पड़हासभा उच्चतम न्यायालय के समान है।

आपराधिक मामलों में पारंपरिक नेतृत्व की भूमिका

हत्या जैसे गम्भीर मामलों को छोड़कर अन्य मामलों का निपटारा पारंपरिक नेतृत्व के द्वारा सुलझाया जाता है। छोटे-मोटे मामले गाँव में ही फैसला करने की कोशिश की जाती है। फिर पड़हाराजा के सभा में फैसला करने की कोशिश की जाती है। सबसे आख़िर में 22 पड़हाराजा की सभा का फैसला मानना ही पड़ता है। आपराधिक मामलों में ज्यादातर आर्थिक दण्ड का प्रावधान है। जैसे को तैसे वाला फैसला नहीं सुनाया जाता है। फैसला मानवीय मूल्यों को नजर में रखकर किया जाता है।

यौन अत्याचार के मामलों में पारंपरिक नेतृत्व की भूमिका

यदि कोई लड़का अपने ही किसी (गोत्र) की लड़की का बलात्कार करता है तो लड़के को कठोर से कठोर दण्ड दिया जाता है। यदि शादी का रिश्ता बनने लायक होता है तो लड़के को लड़की का जिम्मा लेना पड़ता है या लड़के का अपराध सिद्ध होने पर लड़की को लड़के के सुपुर्द किया जाता है। ग्राम स्तर पर मामला नहीं निपटाने पर पड़हाराजा की सभा में यौन अत्याचार का फैसला सर्वमान्य होता है।

विकास कार्यों में पारंपरिक नेतृत्व की भूमिका

विकास कार्यों के लिए मुण्डा गाँव में सभा बुलाता है। गाँव के वयस्क सदस्य फैसला करते हैं कि गाँव में किस स्थान पर सड़क की आवश्यकता है या गाँव में कुएँ की सफाई की जरूरत है या नहर की आवश्यकता है। छोटे-छोटे विकास के काम श्रमदान द्वारा ही किए जाते हैं। छोटे-बड़े काम दो-तीन गाँव के लोग मिलकर श्रमदान द्वारा करते हैं।

जमीन-जायदाद के विवादों में पारंपरिक नेतृत्व की भूमिका

गाँव में जमीन-जायदाद के बँटवारे के लिए हकदार मुण्डा को सूचना देता है। मुण्डा अपने सहयोगी पाहन और महतो के साथ ग्रामीणों की उपस्थिति में जमीन का बँटवारा करता है। भाइयों में बराबरी का हिस्सा बाँटता है। भूमि संबंधी विवादों का निपटारा गाँव का मुण्डा गाँव में

ही निपटाने का प्रयत्न करता है। गाँव के आसपास के दो-तीन मुण्डा भी जमीन जायदाद के विवाद को सुलझाते हैं। मामला नहीं निपटने पर पड़हाराजा सभा में मामला निपटाने का प्रयत्न किया जाता है और अन्त में 22 पड़हाराजा सभा में मामला निपटा ही लिया जाता है।

धार्मिक पर्व-त्योहारों में पारम्परिक नेतृत्व की भूमिका

धार्मिक पर्व-त्योहारों की तिथि निश्चित करने में 'पुजारी पाहन' की मुख्य भूमिका रहती है। हर एक गाँव में एक पुजारी पाहन होता है जो गाँव के पर्व-त्योहारों की तिथि निश्चित करता है। पर्व की तिथि तय करते समय गाँव के मुण्डा, महतो, पाहन के अलावा गाँव के बड़े-बुजुर्ग और वयस्क व्यक्ति उपस्थित रहते हैं।

मुण्डा, पड़हाराजा और राजा के बीच रिश्ता

मुण्डा गाँव के विकास, सुरक्षा, झगड़ों के निपटारा और गाँव के अन्य मामलों का फैसला करने में स्वतन्त्र होता है। पड़हाराजा गाँव के मामलों में हस्तक्षेप तब तक नहीं करता है जब तक कि गाँव का मुण्डा पड़हाराजा या राजा को आमन्त्रित नहीं करता है। यद्यपि कई मुण्डाओं के ऊपर पड़हाराजा होता है और पूरे पड़हा की सुरक्षा की जिम्मेदारी पड़हाराजा पर होती है।

सम्पत्ति पर महिलाओं का अधिकार

यदि कोई लड़की पिता के घर में अविवाहित (डींडा) रहती है तो इसे भरण-पोषण के लिए जमीन का कुछ हिस्सा दिया जाता है परन्तु वह जमीन बेच नहीं सकती है। विधवा को पति के जमीन पर केवल भरण-पोषण का अधिकार होता है वह भी जमीन बेच नहीं सकती है।

महिलाओं को अन्य अधिकार

मुण्डा समाज में महिलाओं को मुण्डा पद नहीं दिया जाता है। विचार-विमर्श में भी उन्हें शामिल नहीं किया जाता है। यह पद पगड़ी देकर रस्मअदायगी के साथ केवल पुरुषों को दिया जाता है।

विशेष

उपरोक्त सभी पद वंश परंपरागत हैं। बाप के मरने के बाद बड़ा बेटा उसके पद का वारिस या हकदार होता है। यदि कोई व्यक्ति अयोग्य होता है तो उसी खानदान के किसी योग्य व्यक्ति को यह पद सौंपा जाता है। अयोग्य व्यक्ति को पदच्युत किया जाता है। उपरोक्त पदधारियों को कहीं-कहीं जीविका के लिए जमीन भी दी जाती है। विशेषकर पुजारी पाहन के लिए राँची जिला के लोहाजिमी क्षेत्र में वर्ष में एक बार 9 जून को गुड़िया पड़हा के मुण्डा और पड़हाराजा मिलते हैं और जिस-तिस मौजा में मुण्डा का पद रिक्त है उस गाँव में मुण्डा स्थापित करने का या पगड़ी देने का पर्व मनाया जाता है। कोलेबिरा क्षेत्र के मुण्डा भी साल में एक बार मिलते हैं।

मुण्डा, पड़हाराजाओं ने पारंपरिक स्वशासन व्यवस्था में आस्था जताई है। सही विकास और न्याय पारंपरिक स्वशासन व्यवस्था के द्वारा ही किया जा सकता है। विकास के संबंध में मुण्डाओं का कहना है कि यदि विकास के लिए गाँव में मुण्डा-पड़हाराजा को राशि मुहैया

करायी जाती है तो सही अर्थों में गाँव का विकास होगा। गाँव का पारंपरिक नेतृत्व गाँव की सभा में विकास कार्य पारित कराकर गाँव का विकास करेगा। पारंपरिक नेतृत्व की मजबूती के लिए स्कूलों में पढ़ाई होनी चाहिए और गाँव के कम्युनिटी सेण्टर आदि में युवा वर्ग को पारंपरिक नेतृत्व की शिक्षा देनी चाहिए।

उराँवों की पारंपरिक स्वशासन व्यवस्था

उराँव आदिवासी झारखंड में मुख्य रूप से उत्तरी तथा दक्षिणी छोटानागपुर प्रमण्डल में पाए जाते हैं। 1981 ई. की जनगणना के अनुसार इसकी जनसंख्या 1048069 है। इनकी पारंपरिक स्वशासन व्यवस्था इस प्रकार है—1. महतो (गाँव का प्रधान), 2. माँझी (महतो का सहायक), 3. पाहन (पुजारी-धार्मिक पूजा-पाठ), 4. बैघा (पुजारी), 5. पचोरा, 6. पड़हाराजा, 7. पड़हादीवान।

1. महतो : गाँव का प्रधान होता है। ये प्रशासनिक न्यायिक तथा सम्पर्क पदाधिकारी होता है। ग्राम सभा का अध्यक्ष होता है।

2. माँझी : महतो का सहायक होता है। महतो के आदेशानुसार किसी भी मामले को गाँव वालों को सूचित करता है।

3. पाहन : पाहन गाँव के धार्मिक पर्व-त्योहार में पूजा-पाठ करता है।

4. बैघा : बैघा कई गाँवों का धार्मिक पूजा-पाठ करता है।

5. पड़हाराजा : 5 से 15 गाँवों के ऊपर एक पड़हाराजा होता है।

6. पड़हादीवान : सभी पड़हा राजाओं के बीच एक पड़हादीवान होता है जो सभी पड़हा राजाओं का समन्वय रखता है।

गाँव के विवादों और मामलों का निपटारा

जब किसी व्यक्ति या परिवार में किसी प्रकार का विवाद हो जाता है तो कोई एक पक्ष (शिकायतकर्ता के रूप में) महतो को विवाद या मामले के बारे में शिकायत करता है और बैठकी बुलाकर उचित फैसला करने के लिए आग्रह करता है। महतो अपने माँझी (सहायक) के द्वारा बैठकी करने के लिए गाँव वालों को सूचित करता है। दिन, समय और स्थान निश्चित कर बैठकी की जाती है। बैठक में शिकायतकर्ता तथा आरोपित पक्ष की बातों को सुनने के लिए गाँवों के कुछ प्रमुख लोगों (बड़े बुजुर्ग) को चुना जाता है। इस बैठकी की अध्यक्षता गाँव का महतो करता है। शिकायतकर्ता तथा आरोपित पक्ष की बात सुनने के बाद पंच पर बैठे सदस्यों द्वारा विवाद पर तर्क-वितर्क किया जाता है। विचार-विमर्श के बाद, जो भी उचित लगे, सभा में फैसला सुना दिया जाता है। अगर कोई मामला या विवाद ग्राम सभा में नहीं सुलझाया जा सकता तो इसे गाँव के महतो द्वारा पड़हाराजा पंच में ले जाया जाता है।

दण्ड : किसी भी मामले में यदि विचार-विमर्श के बाद किसी को दोषी पाया गया तो उसे दण्ड दिया जाता है। दण्ड सभा (पंच) द्वारा ही निर्णय किया जाता है। दण्ड आम तौर पर आर्थिक ही दिया जाता है।

गम्भीर अपराध या हत्या के मामलों में

हत्या जैसे गम्भीर मामलों को गाँव में नहीं सुलझाया जाता है। ऐसे मामलों को गाँव के महतो द्वारा थाना बढ़ा दिया जाता है। छोटे-मोटे आपराधिक मामलों का निपटारा गाँव में ही किया जाता है।

जमीन-जायदाद का विवाद

जमीन जायदाद का विवाद भी पहले गाँव के महतो द्वारा यानी ग्राम सभा द्वारा ही निपटाया जाता है। यदि ग्राम सभा में विवाद का निपटारा नहीं हो सकता तो ऐसे मामलों को गाँव के 'महतो' द्वारा 'पड़हाराजा' के यहाँ बढ़ा दिया जाता है।

यौन अत्याचार के मामलों में

यौन अत्याचार या बलात्कार के मामलों में पीड़ित महिला/लड़की या लड़की के माता-पिता या भाई सबसे पहले गाँव के महतो को जानकारी देता है और गाँव में बैठकी बुलाकर आरोपित व्यक्ति को दण्ड देने या लड़की को सौंपने का आग्रह करता है।

बैठकी में पंच द्वारा शिकायतकर्ता की बात सुनने के बाद आरोपित व्यक्ति से इसके बारे में सफाई माँगी जाती है तथा गवाहों (यदि गवाह हो तो) से पूछताछ की जाती है। तीनों पक्षों को सुनने के बाद यदि आरोपित व्यक्ति को दोषी पाया जाता है और यदि मामला ज्यादा गम्भीर न हो तो केवल आर्थिक दण्ड देकर मामले को समाप्त किया जाता है। बलात्कार जैसे मामलों में यदि लड़का और लड़की दोनों राजी हों तो दोनों की शादी कर दी जाती है।

दोषी पाए जाने के बाद भी यदि कोई आरोपित व्यक्ति पंच के निर्णय से इनकार करता है उसे या उस परिवार का सामाजिक बहिष्कार किया जाता है।

धार्मिक पर्व-त्योहारों में

गाँव के धार्मिक पर्व-त्योहारों में पारंपरिक नेतृत्व का महत्त्वपूर्ण स्थान है। महतो की अध्यक्षता में ही गाँव में मनाये जाने वाले पर्व-त्योहारों का दिन तय किया जाता है। महतो के बिना कोई भी पर्व-त्योहार का दिन तय नहीं किया जाता है। करमा त्योहार में महतो द्वारा ही सबसे पहले 'करमा' वृक्ष गाड़ा जाता है। इसके बाद ही गाँव के दूसरे लोग गाड़ते हैं।

महतो और पड़हाराजा के बीच रिश्ता

महतो, पड़हाराजा के अधीनस्थ काम करता है। लेकिन किसी मामले में महतो के आग्रह के बिना हस्तक्षेप नहीं करता है।

खड़िया आदिवासियों की पारंपरिक स्वशासन व्यवस्था

खड़िया जाति के लोग गुमला तथा राँची जिले से लेकर उड़ीसा क्षेत्र में फैले हुए हैं। झारखंड में ज्यादातर लोग बीरू क्षेत्र (सिमडेगा) में हैं। उद्गम स्थान रो:जंग बताया जाता है। खड़िया तीन प्रकार के होते हैं—पहाड़ी खड़िया, दूध खड़िया और डेलकी खड़िया। 1981 की

जनगणना के अनुसार इनकी जनसंख्या 141771 है। खड़िया लोगों की पारंपरिक स्वशासन व्यवस्था इस प्रकार है—

1. महतो : महतो गाँव का मुख्य व्यक्ति होता है। जिन लोगों ने कभी गाँव बसाया था उन्हें ही गाँव का मुख्य व्यक्ति कहकर महतो की उपाधि दी जाती थी। यह वंश परंपरागत पद है परन्तु गाँव वालों की सहमति से बदलते भी हैं।

2. पाहन : वह व्यक्ति जो गाँव के पर्व-त्योहारों में पूजा-पाठ करता है पाहन कहलाता है। यह पद भी वंश परंपरागत है, परन्तु इसे भी बदल सकते हैं।

3. करटाहा : गाँव में जब किसी परिवार को अशुद्ध करार दिया जाता है तब उसके शुद्धिकरण के लिए क्षेत्र विशेष में पाहन के समान पूजा-पाठ कर शुद्धिकरण (भात-भीतार) किया जाता है। शुद्धिकरण करनेवाले व्यक्ति को करटाहा कहते हैं।

गाँव के विवादों का निपटारा

गाँव के झगड़े-झंझट को सुलझाने के लिए गाँव में सभा बुलाई जाती है। जिसमें महतो, पाहन और गाँव के बड़े-बुजुर्ग उपस्थित रहते हैं। सबकी सहमति से झगड़ों का निपटारा किया जाता है, लेकिन सभा में गाँव के महतो की उपस्थिति आवश्यक है। बैठक का सभापतित्व महतो ही करते हैं। दण्ड का निर्णय सर्वसम्मति से होता है। यदि निपटारा नहीं होता है तो पाँच-छः गाँवों के लोग मिलकर निपटारा करते हैं। इसके ऊपर जाने की नौबत ही नहीं आती है।

जमीन-जायदाद के विवादों या बँटवारे में पारंपरिक नेतृत्व की भूमिका

जमीन-जायदाद के विवादों या बँटवारा के मामलों में महतो की मुख्य भूमिका है। महतो की पहल पर ही सभा बुलाई जाती है और बड़े-बुजुर्गों की उपस्थिति में जमीन-जायदाद का निपटारा किया जाता है। महतो की ही देखरेख में जमीन का बँटवारा किया जाता है।

गाँव के पर्व-त्योहारों में पारंपरिक नेतृत्व की भूमिका

गाँव के पर्व-त्योहारों या सार्वजनिक पूजा-पाठ को महतो, पाहन और बड़े बुजुर्ग ही तय करते हैं। कुछ पर्व-त्योहारों की तो निश्चित तिथि हुआ करती है, परन्तु कुछ पूजा-पाठ गाँव के पारंपरिक नेतृत्व और बुजुर्ग लोग निश्चित करते हैं।

गाँव में विकास के कार्य

गाँव में विकास के कार्यों की योजना महतो के नेतृत्व में बड़े बुजुर्गों की सहमति से तय की जाती है।

यौन संबंधी अपराधों में, हत्या और अन्य गम्भीर मामलों में

हत्या को छोड़कर अन्य गम्भीर मामलों का निपटारा गाँव के महतो और अन्य बड़े बुजुर्ग किया करते हैं। अपने गाँव के किसी लड़का या लड़की से यौन संबंध रखना अपराध माना जाता है, इसके लिए समाज बाहर की सजा दी जाती है। किसी व्यक्ति को क्षमा उसी समय दी जाती है

जब वह शुद्धिकरण (भात-भीतार) के लिए तैयार होता है। छोटे-छोटे अपराधों के लिए दूसरे प्रकार के दण्ड रखे गए हैं जिनका निर्णय गाँव की सभा में किया जाता है।

खड़िया डोकलो

खड़िया जाति के लिए एक खड़िया महासभा या खड़िया डोकलो की स्थापना की गई है। इस खड़िया डोकलो में गाँव के महतो, पाहन और विशेष रूप से करटाहा रहते हैं। करटाहा लोग ही डोकलो का संचालन करते हैं। डोकलो के सभापति को 'डोकलो शोहोर' कहते हैं। डोकलो में 9 गोत्र के प्रमुख प्रतिनिधि—महतो, पाहन, करटाहा इकट्ठे होते हैं। साल में एक बार लोग इकट्ठे होते हैं।

गाँव के विकास में ग्राम को फंड मिलने पर

गाँव को फंड मिलने पर गाँव के महतो के नेतृत्व में विकास की योजना बनेगी और विकास का काम सुचारु रूप में होगा।

सम्पत्ति पर महिलाओं का अधिकार

महिलाओं को जमीन-जायदाद पर अधिकार नहीं दिया जाता है। विधवा को भरण-पोषण के लिए जमीन दी जाती है। अविवाहित लड़की जो घर पर ही रह जाती है उसे भरण-पोषण के लिए जमीन दी जाती है।

समाज में महिलाओं की स्थिति

खड़िया जाति में महिलाएँ ग्राम की प्रमुख नहीं होती हैं। सभाओं में गाँव की महिलाओं को पंच में बैठने का हक नहीं है। केवल गवाही के लिए उन्हें न्याय सभा में बुलाया जाता है।

कोल्हान क्षेत्र में मानकी/मुण्डा का दायित्व

ब्रिटिश सरकार के आने के पूर्व सिंहभूम का राज्य, पोड़ाहाट के राजा द्वारा शासन चलाया जाता था जिसे सिंहभूम का राजा भी कहा जाता था। हालाँकि राजा के शासन काल में सिंहभूम के मूल निवासी 'हो मुण्डा' राजा के नियंत्रण में नहीं थे।

सन् 1821 में ब्रिटिश सरकार ने सिंहभूम पर अपना आधिपत्य जमाया और पोड़ाहाट राजा से सिंहभूम क्षेत्र का दक्षिणी हिस्सा छीन कर अपने अधिकार क्षेत्र में शामिल कर लिया। इस नए क्षेत्र को कोल्हान गवर्नमेण्ट स्टेट नाम प्रदान किया गया। ब्रिटिश सरकार ने इस क्षेत्र को प्रशासन हेतु उपायुक्त के अधीन कर दिया जिसे कोल्हान प्रशासन भी कहा जाता है।

नए क्षेत्र के प्रशासन के लिए कैप्टेन थोमस विलकिन्सन को एजेण्ट नियुक्त किया गया जिसने क्षेत्र के प्रशासन के लिए एक नियम तैयार किया जिसे विलकिन्सन रूल कहा जाता है। कोल्हान प्रशासन के प्रमुख उद्देश्य निम्नलिखित हैं—

1. स्थानीय सरकार को सुरक्षित रखना।
2. जनता के साथ सरकार का सीधा संबंध रखना।

3. विवादों का निपटारा ग्राम पंचायत के माध्यम से ग्रामों में करना।

4. क्षेत्र में बाहरी व्यक्तियों को प्रवेश नहीं करने देना।

असुरा ग्राम में मानकी के साथ ब्रिटिश सरकार का इकरार हुआ। तब से ब्रिटिश सरकार ने स्थानीय व्यक्तियों को प्रशासन में भागीदार बनाया और 1834-35 ई. में ब्रिटिश सरकार ने इकरारनामा के आधार पर कोल्हान क्षेत्र के प्रशासन के लिए मानकी को तथा मुण्डा को अलग-अलग सनद पट्टा निर्गत किया जिसे अब 'हुक्कनामा' के नाम से जाना जाता है।

मुण्डा को ग्राम के प्रधान तथा मानकी की पीड़ का प्रधान ठहराया गया। मुण्डा-मानकी अपने ग्राम तथा पीड़ के प्रति उत्तरदायी बनाए गए। यही रिवाज स्वतंत्रता प्राप्ति के बाद भी कोल्हान क्षेत्र में है।

कोल्हान क्षेत्र में मानकी को निम्नलिखित अधिकार तथा कर्तव्य प्रदान किए गए हैं—

1. मानकी का ओहदा मारूसी है। नजदीक मर्द वारिस यदि लायक हो, तो बहाल होने का हक है, लेकिन अगर मानकी बरखास्त किया जाए, तो उसके वारिसों को कोई हक नहीं है।

2. मानकी अपने पीड़ के प्रति उत्तरदायी होता है तथा अपने पीड़ के अन्तर्गत पड़ने वाले सभी ग्रामों के प्रति भी समान रूप से जिम्मेदार है।

3. मानकी अपने क्षेत्र के राजस्व वसूली मुण्डा के द्वारा जमा कराने के प्रति उत्तरदायी होता है। यदि कोई मुण्डा उसके क्षेत्र का, निश्चित अवधि पर लगान जमा नहीं करता है तब मुण्डा के साथ ही साथ मानकी भी उत्तरदायी होता है। मुण्डा द्वारा लगान नहीं देने पर मानकी से राजस्व लगान की वसूली की जाएगी।

4. वसूली राजस्व में से मानकी को 10 प्रतिशत (दस प्रतिशत) नाला (कमीशन) पाने का हक होता है।

5. मानकी को नया बन्दोबस्त करने, छोड़ा हुआ खेत का माल बढ़ाने तथा छोड़ी हुई जोत की जमीन का दूसरी रैयत के साथ बन्दोबस्त करने का हक नहीं है।

6. मानकी की मंजूरी लेकर मुण्डा मालगुजारी निश्चित करेगा, जिसका आधा मानकी व आधा मुण्डा ले सकता है।

7. किसी भी विभाग के पदाधिकारी को अपने क्षेत्र में मदद तथा सहयोग करेगा।

8. मानकी अपने इलाके का पुलिस पदाधिकारी है। सरकारी आदेश मुताबिक पुलिस के रूप में कार्रवाई करेगा।

9. अपने इलाके के अपराधियों को गिरफ्तार कर थाना में सुपुर्द करना है।

10. अपने इलाके में आपराधिक घटनाओं की सूचना सरकार को देना है। अपराधी को इलाके में शरण देने अथवा छिपाने पर मानकी के विरुद्ध कानूनी कार्रवाई होगी।

11. इलाका मानकी अपने क्षेत्र के छोटे-छोटे विवादों का निपटारा करके और फैसले की जानकारी उपायुक्त को देंगे।

12. मानकी अपने इलाके के अलावा अन्य इलाके के मानकी मुण्डा के साथ मधुर संबंध कायम रखेगा।

13. किसी भी पंचायत में मानकी घूस लेकर एकपक्षीय निर्णय नहीं लेगा, और अनावश्यक विलम्ब नहीं करेगा तथा किसी भी पक्ष के सदस्यों को अनावश्यक परेशान नहीं करेगा।

14. इलाके के सभी मुण्डा सही तथा उचित ढंग से कार्य करते हैं या नहीं इसकी जानकारी उपायुक्त को देंगे तथा अपराधी प्रवृत्ति के मुण्डा के विरुद्ध कार्रवाई करने हेतु रिपोर्ट देंगे।

15. मानकी अपने हक एवं अधिकार का पालन करेगा। मानकी नालायक तथा हुक्कनामा के शर्त के अनुसार वादाखिलाफी करने, बुरे चालचलन की वजह से उपायुक्त महोदय के आदेश से हटाया जा सकता है।

मुण्डा के अधिकार एवं हक

1. मुण्डा का ओहदा मारूसी है। किन्तु मुण्डा को बरखास्त होने पर मारूसी हक समाप्त हो जाता है। नजदीकी मर्द वारिस के बालिग होने तक एक जोड़ीदार मुण्डा की बहाली की जाएगी।

2. परती जमीन अनाबाद बिहार सरकार की जमीन सरकार के इजाजत के बिना कोई रैयत आबाद नहीं कर सकता है।

3. गैर-मजरूआ जमीन बन्दोबस्त करने का हक है। परती जमीन को किसी 'हो' या कायमी बाशिन्दा रैयत के साथ बन्दोबस्त कर सकता है।

4. नि:अशी, फिरारी जमीन को उपायुक्त के आदेश से अपने कब्जे में रखकर बन्दोबस्ती करना है। साबिक काश्तकार के रिश्तेदार का पहला हक है, अगर वह नहीं लेगा तो गाँव के पुराने रैयतों का। अगर वह भी नहीं लेगा तो सरकार दूसरे रैयतों के साथ बन्दोबस्त कर सकती है।

5. नया बन्दोबस्त जमीन तैयार हो जाने के बाद दोना जमीन 6 साल से 7 साल तक बिना मालगुजारी के रहती है तथा गोड़ा जमीन में मालगुजारी नहीं लगती है। 6-7 साल के बाद दोना जमीन के लिए सेटेलमेंट की बाकी मियाद तक आधी मालगुजारी मुण्डा और आधी मालगुजारी मानकी लेगा।

6. राजस्व वसूली का मुण्डा 16 प्रतिशत, मानकी 10 प्रतिशत तथा तहसीलदार 2 प्रतिशत नाला (कमीशन) लेने का हक है।

7. नए जमीन बन्दोबस्त करने पर मुण्डा उपायुक्त को सूचना देगा।

8. अपने ग्राम के बाहरी व्यक्ति के बसने पर उपायुक्त को सूचना देगा।

9. परती जमीन को बर्बादी से बचाएगा।

10. ग्राम के बाँध, तालाब, नदी से सिंचाई की व्यवस्था करेगा तथा ग्राम के रैयतों से मरम्मत कराएगा।

11. मुण्डा मौजा का पुलिस अधिकारी है।

12. अपने मौजा ग्राम के अन्दर किसी भी आपराधिक घटना की जानकारी उपायुक्त महोदय को देंगे तथा चोर-डकैत को पकड़कर थाना को सुपुर्द करेंगे।

13. मुण्डा अपने ग्राम में शान्ति तथा कानून व्यवस्था बहाल रखेगा।

14. सड़क के किनारे लगे वृक्षों की देखभाल करेगा।

15. किसी भी विभाग के पदाधिकारी को अपने क्षेत्र में मदद तथा सहयोग प्रदान करेगा।

16. आरक्षित तथा सुरक्षित वन, ग्राम में होने से उसकी रक्षा करेगा, आग लगने से बचाएगा, तथा आग लगने पर बुझाने, जंगल को बर्बाद होने से बचाना तथा देखभाल करना है।

17. ग्राम के रैयत अपने अधिकार से बाहर कोई अनुचित कार्य नहीं करें, इसकी टोह लेना है।

18. मुण्डा के नालायक, बुरे चालचलन के होने पर, हुक्कनामा में दी गई शर्तों के विरुद्ध कार्य करने पर उपायुक्त उसे पद से बरखास्त कर सकता है। कोल्हान क्षेत्र के सामाजिक, आर्थिक तथा नैतिक विकास के लिए प्रत्येक मानकी एवं मुण्डा को हुक्कनामा के शर्त के अनुसार कार्य करना है।

ब्रिटिश शासन तथा उसके बाद संतालों की माँझी-परगना व्यवस्था

संतालों के रीति-रिवाज, धर्मशास्त्र, न्याय व्यवस्था तथा दण्ड व्यवस्था को ध्यान में रखते हुए अंग्रेजों ने संतालों को कुछ मुद्दों पर स्वशासन दिए थे तथा न्याय व्यवस्था में भी माँझी-परगनाओं के कुछ कार्यों को अपने अधिनियम में मान्यता दिए थे, जो इस प्रकार हैं—

यूल्स रूल्स

अंग्रेजों द्वारा सबसे पहले जो अधिनियम बनाया गया उसे यूल्स रूल्स कहा गया। इसका वास्तविक नाम संताल पुलिस रूल्स था और इसे 29 दिसम्बर 1856 में लाया गया था।

यूल्स रूल्स की सबसे मूल और महत्त्वपूर्ण बात यह थी कि पहली बार संतालों की सामाजिक व्यवस्था को कानूनन मान्यता दी गई। ग्रामीण समुदाय के प्रबन्ध की पूरी जिम्मेदारी माँझी को दी। पुलिस और नौकरशाही का हस्तक्षेप कम किया गया। आम जनता सामाजिक अधिकारियों, माँझी और परगना के शासन में आ गई।

दैनिक जीवन में बाहरी लोगों द्वारा कम हस्तक्षेप के चलते यह प्रबन्धन संतालों को भी पसन्द आया। यह व्यवस्था बिना रुकावट के तीन दशक तक चली। 1872 और 1886 के सेटेलमेंट रेगुलेशन में माँझी परगना के प्रथागत अधिकार को ज्यों-का-त्यों रखा गया, जो अधिकार पहले से उनके पास था। 1880 में यूल्स रूल्स को पुनः शक्ति देने के लिए नया प्रबन्ध किया गया।

1880 में ए.डब्ल्यू. कोसारॉट का प्रबन्ध

1880 में ए.डब्ल्यू. कोसारॉट ने माँझी-परगना की सामाजिक पदवी को कानूनी मान्यता दी जो इस प्रबन्ध में सबसे महत्त्वपूर्ण बात थी।

1855 और उसके बाद संतालों में बहुत अशान्ति रही और उनके घर-द्वार उजड़ गए। बहुत सारे माँझियों को अपने घरों से दुश्मनों ने भगा दिया। मगर 1872 के सेटेलमेंट रेगुलेशन में उन लोगों को जमीन में पुनः स्थापित होने का प्रावधान किया गया जो 1856 या उससे पहले से माँझी थे। लेकिन बहुत सारे माँझी इस नियम से बाहर हो गए।

परगनैत पुरस्कार फंड

प्रबन्ध के अन्दर ए.डब्ल्यू. कोसारॉट ने परगनैत, देश माँझियों और माँझियों को प्रथागत कार्य के अलावा दीवानी, राजस्व वसूलने तथा पुलिस का कार्य भी दिया। इन्हें प्रोत्साहित करने के लिए

सरकार ने एक 'परगनैत पुरस्कार फंड' स्थापित किया। इसको स्थापित करने का उद्देश्य सफल परगनैत को पुरस्कृत करना और अनुशासनहीन लोगों को सजा देना था। न्याय विभाग के पत्र संख्या 222, दिनांक 31 अगस्त 1895 से बंगाल सरकार के मुख्य सचिव एच.जे.एस. काटन ने यह पत्र जारी किया।

ग्रामीण पुलिस रेगुलेशन 1910

1910 के ग्रामीण पुलिस रेगुलेशन में माँझियों को और अधिक जिम्मेदारियाँ सौंपी गईं, जिसमें सरकार के बकाया रकम को वसूलने तथा चौकीदारों और सरदारों पर निगरानी रखना भी था।

मेकफरसन और गाण्टजर के सेटलमेंट कार्यों के अन्तर्गत माँझी

हालाँकि नई पुलिस रेगुलेशन में गाँव में माँझियों को मिले पुलिस प्रशासन के अधिकार से अलग कर दिया था। इसके बावजूद भी यह लगातार ग्राम समुदाय का मुख्य व्यक्ति था। वह अनुमंडल पदाधिकारी और रैयतियों के बीच माध्यम बन कर इस पद का उपभोग कर रहा था। संक्षेप में, माँझी को अर्द्ध-सरकारी संस्था घोषित किया गया था। वह ग्रामीणों के बीच विवादों को नियंत्रित करने वाली शक्ति था।

संतालपरगना इनक्वारी कमेटी

22 नवम्बर 1937 की सूचना संख्या 4562 के द्वारा संतालपरगना इनक्वारी कमेटी बनाई गई। इस कमेटी ने भी माँझियों की पदवी में परिवर्तन नहीं किया। कमेटी ने एकरूपता पुलिस प्रशासन की सिफारिश की। राजस्व प्रशासनिक को मांझियों के लिए पूर्णत: छोड़ दिया। आपराधिक और दीवानी मामले 1855 के अनुच्छेद 37 के कारण अछूता ही रहे। ऐसे मामले जो 1000/- रु. के अन्दर थे संतालपरगना अधिनियम 1855 के आधार पर 'संताल कोर्ट' के लिए छोड़ दिया गया। व्यावहारिक रूप में माँझियों की प्रथागत व्यवस्था को प्रभावित नहीं किया।

संतालपरगना काश्तकारी अधिनियम 1949

संतालपरगना काश्तकारी अधिनियम 1949 में माँझियों के अधिकार और कर्तव्य का कानून द्वारा अनुमोदन किया गया। ग्रामभूमि के सामुदायिक चरित्र को कानूनी मान्यता दी गई और उसके एकीकृत विभाजन को कर्ताओं द्वारा इस अधिनियम पर विचारा गया। इस कानून के तहत माँझियों की काबिलियत में पुलिस ड्यूटी भी शामिल है।

अपने गांव में अपना राज ?

सी.डी. सिंह

यह एक ऐतिहासिक तथ्य है कि झारखंड की परंपरागत स्वशासन व्यवस्था हजारों-हजार साल पुरानी है। झारखंड उलगुलान के जननायकों में बाबा तिलका मांझी, सिद्धू-कान्हू और बिरसा मुण्डा ने पारंपरिक झारखंड गणराज्य की परिकल्पना को साकार करने के लिए जीवनपर्यन्त संघर्ष किया। झारखंड आन्दोलन के दौरान भी स्वायत्तता के साथ-साथ स्वशासन का मुद्दा छाया रहा। आज जब झारखंड राज्य का गठन हो चुका है तो एक सशक्त ग्राम स्वशासन की ओर पूरे झारखंड का ध्यान केन्द्रित है। अब देखना यह है कि नवोदित झारखंड राज्य द्वारा बनाया गया झारखंड पंचायत राज अधिनियम 2001 के स्वशासन के सपने को साकार करने में कहाँ तक सार्थक साबित होता है।

यहाँ यह बात खास तौर से ख्याल रखने की है कि संविधान के अनुच्छेद 40 के निर्देश पर बना बिहार पंचायत राज अधिनियम 1947 ग्राम पंचायतों को स्वशासन की मजबूत इकाई बनाने में विफल हो चुका था। ऐसा इसलिए हुआ क्योंकि पंचायत अधिनियम बनाते समय संविधान की भावनाओं का ख्याल नहीं रखा गया और पंचायत अधिनियम में ग्राम पंचायतों को स्पष्ट तौर से पर्याप्त शक्तियाँ प्रदान नहीं की गईं। संविधान में ग्राम पंचायतों को शक्ति और प्राधिकार प्रदान करने का स्पष्ट आदेश था लेकिन अधिनियम में शक्तियों को दायित्वों में तब्दील कर दिया गया। इसके अलावा अधिनियम में शासकीय नियंत्रण एवं प्रशासकीय हस्तक्षेप के ढेर सारे ऐसे अनावश्यक प्रावधान जोड़ दिए गए कि ग्राम पंचायतें एक तरह से शक्तिविहीन बन कर रह गईं। प्रारम्भिक काल में जो भी छोटी-मोटी शक्तियाँ प्रदान की गई थीं, एक-एक कर वापस ले ली गईं। इसका दुष्परिणाम यह हुआ कि ग्राम पंचायतें सरकारी मुलाजिमों की चाकर बन गईं।

इस सच्चाई से इनकार नहीं किया जा सकता कि ग्राम पंचायतों की राष्ट्र स्तरीय विफलता को देखकर 1992 में 73वाँ संविधान संशोधन लाया गया। इसके तहत अधिसूचित क्षेत्रों के लिए पंचायत उपबंध अनुसूचित क्षेत्र विस्तार अधिनियम 1996 बनाया गया। इस संवैधानिक व्यवस्था के अन्तर्गत झारखंड राज्य में झारखंड पंचायत राज अधिनियम 2001 बनाया गया है। इस अधिनियम का महत्त्व इसलिए सर्वाधिक है क्योंकि इसकी बुनियाद पर स्वशासित ग्राम पंचायत व्यवस्था का महल खड़ा करना है। इस अधिनियम का मूल्याँकन तीन तरह से किया जा सकता है। पहला तो यह कि यह अधिनियम संवैधानिक व्यवस्था के अनुकूल है या नहीं। दूसरा यह कि इस अधिनियम को बनाने में 1947 के अधिनियम की भूलों को ध्यान में रखा गया है या नहीं। तीसरा यह कि झारखंड के मौजूदा परिप्रेक्ष्य में यह

अधिनियम जन-आकांक्षाओं को पूरा कर सकेगा या नहीं।

ज्ञातव्य हो कि संविधान के अनुच्छेद 40 एवं 243(छ) के प्रावधानों में लगभग समानता है। अनुच्छेद 40 के आलोक में 1947 का अधिनियम बना था। झारखंड का पंचायत राज अधिनियम 2001 अनुच्छेद 243(छ) के आलोक में बना है। अनुच्छेद 40 में राज्य सरकार को निर्देशित किया गया था कि वह ग्राम पंचायतों को ऐसी शक्तियाँ एवं प्राधिकार प्रदान करे जो उसे स्वायत्त शासन की इकाई बनाने के लिए आवश्यक हों। इस संवैधानिक व्यवस्था के तहत राज्य को अपने विवेक से सत्ता का हस्तांतरण करना था जबकि अनुच्छेद 243(छ) के तहत राज्य को विधि द्वारा पंचायतों को शक्तियाँ और प्राधिकार प्रदान करना है। मतलब यह कि झारखंड पंचायत राज अधिनियम 2001 में संविधान द्वारा निर्देशित शक्तियों को स्पष्ट तौर पर दर्शाना है। इस संदर्भ में मौजूदा पंचायत राज अधिनियम की धारा 10(1) एवं 10(5) का उल्लेख करना आवश्यक प्रतीत होता है। ये धाराएँ ग्राम सभा की शक्तियाँ और कृत तथा अनुसूचित क्षेत्र में ग्राम सभा की अतिरिक्त शक्तियों से संबंधित हैं। धारा 10(1) एम में कहा गया है कि उन नियमों के अधीन जो राज्य सरकार इस हेतु द्वारा समय-समय पर बनाएँ और ऐसे साधारण या विशेष आदेशों के जो राज्य सरकार द्वारा जारी किए जाएँ, अधीन रहते हुए ग्राम सभा के निम्नांकित कृत होंगे। यहाँ साधारण या विशेष आदेश तथा अधीन रहते हुए शब्दों पर विशेष ध्यान देने की जरूरत है। मतलब साफ है कि इस धारा 10(1) के अधिकार के इस्तेमाल के लिए सरकार का आदेश लेना आवश्यक होगा। सरकार के आदेश के बगैर ग्राम सभा किसी भी शक्ति या प्राधिकार का इस्तेमाल नहीं कर सकती है। इस दृष्टिकोण से 1947 के पंचायत अधिनियम की धारा 14 एवं 15 तथा 2001 के अधिनियम 10(1) में कोई अन्तर नहीं रह जाता है। इसे नई शीशी पर पुरानी दवा कहना ज्यादा उचित होगा। मौजूदा पंचायत अधिनियम की इस धारा से स्थिति स्पष्ट है कि ग्राम पंचायत के सारे अधिकार सरकार के हाथों में फिर से आरक्षित हो गए हैं। अत: इस कानूनी व्यवस्था को सत्ता का हस्तांतरण कहना बिलकुल गलत होगा। इस व्यवस्था से सरकार की मानसिकता ग्राम पंचायतों को स्वशासी इकाई बनाने की नहीं, बल्कि इन्हें राजनीतिक एजेंट बना कर रखने की है।

इस संदर्भ में धारा 10 की उपधारा 8 एवं 9 विशेष रूप से उल्लेखनीय हैं। उपधारा 8 में यह शर्त लगा दी गई है कि धारा 10(1) (क) तथा धारा 10(5) में ग्राम सभा में वर्णित कृत्य तत्समय प्रवृत्त सरकार के अधिनियमों, नियमों एवं उनके क्षेत्राधिकार को प्रभावित नहीं करेंगी। उपधारा 9 में कहा गया कि राज्य सरकार साधारण या विशेष आदेश द्वारा ग्राम सभा को सौंपे गए कृत्यों में तथा कर्तव्यों में वृद्धि कर सकेगी या उन्हें वापस ले सकेगी। समग्रता को ध्यान में रखकर यदि दो टूक शब्दों में कहा जाए तो मौजूदा पंचायत अधिनियम में ग्राम सभा को कोई अधिकार मिला ही नहीं है। जो अधिकार की चर्चा की गई है वे सारे अधिकार सरकारी मुट्ठियों में कैद हैं। यहाँ स्थिति अधिनियम की धारा 75(क) ए, 76(क) एवं 77(क) की है। ये धाराएँ ग्राम पंचायतों, पंचायत समितियों एवं जिला परिषदों के अधिकार एवं कृत से संबंधित हैं। इन धाराओं में एक ही शर्त सभी में दुहराई गई है। इनमें कहा गया है कि सरकार द्वारा समय-समय पर यथाविनिर्दिष्ट ऐसी शर्तों के अधीन वे निम्नांकित कृत्यों का सम्पादन करेगी।

इस अधिनियम की धारा 107 पंचायतों के विघटन से संबंधित है। इस धारा के तहत

प्रशासनिक पदाधिकारियों को यह अधिकार दिया गया है कि वे ऐसी जांच करने के पश्चात जैसा वह उचित समझें, आदेश द्वारा आरोपी ग्राम पंचायतों को विघटित कर सकते हैं। इस संदर्भ में सरकार द्वारा यथाविदित प्राधिकारी को असीमित अधिकार प्रदान किया गया है जो नौकरशाही को बढ़ावा देगा और लोकतंत्र की जड़ों को कमजोर करेगा। इस अधिनियम की धारा 115 में दण्ड देने की व्यवस्था है। यह अधिकार विदित प्राधिकारी को दिया गया है। यह प्राधिकारी किसी पंचायत कर्मी को दोष सिद्ध होने पर दण्डित कर सकता है। यह प्रावधान भी लोकतांत्रिक मूल्यों एवं लोकसेवकों के सम्मान के विरुद्ध है।

पंचायत अधिनियम के जन्मकाल से झारखंड में विवादों का सिलसिला जारी है। सबसे तीखा विवाद का केन्द्र है—अधिनियम की धारा 21(ख), 40(ख), एवं 55(ख)। इन धारणाओं के तहत प्रधान-उपप्रधान, प्रमुख-उपप्रमुख एवं अध्यक्ष-उपाध्यक्ष के पद आदिवासियों के लिए आरक्षित कर दिए गए हैं। यहाँ यह बात खास तौर से उल्लेखनीय है कि संवैधानिक व्यवस्था के तहत उपप्रधान, उप-प्रमुख एवं उपाध्यक्ष का पद आरक्षणीय नहीं है। संविधान में कहा गया है कि अनुसूचित क्षेत्र में आदिवासियों की जनसंख्या के अनुसार आनुपातिक आरक्षण रहेगा। कम से कम 50 प्रतिशत पद आदिवासियों के लिए आरक्षित रहेगा एवं प्रधान का पद आदिवासियों के लिए आरक्षित रहेगा। संविधान की यह व्यवस्था अनुसूचित क्षेत्रों में इस समझदारी के साथ की गई है कि झारखंड का हर क्षेत्र आदिवासी बहुल क्षेत्र है जहाँ आदिवासियों की संख्या बिलकुल नगण्य है। इस विशेष स्थिति का मूल्याँकन करने की मुख्य जिम्मेदारी राज्य सरकार की है। दुर्भाग्य से वैसा कोई सर्वेक्षण कराए बगैर पंचायत अधिनियम बना दिया गया है। इस अधिनियम के तहत वैसी पंचायतों के प्रधानों के पद भी आरक्षित कर दिए गए हैं जहाँ आदिवासी जनसंख्या 1 से 10 प्रतिशत या 10 से 20 के बीच है। यह आरक्षण संवैधानिक व्यवस्था की भावनाओं के बिलकुल विरुद्ध है। यह आरक्षण व्यवस्था तब न्यायसंगत होती जब क्षेत्र में पाहन, मुण्डा, मानकी, महतो, परंपरा पर ग्राम पंचायत व्यवस्था आधारित होती। लेकिन सच यह है कि आधुनिक लोकतांत्रिक व्यवस्था के नाम पर पारंपरिक सामाजिक व्यवस्था को एक तरह से अस्वीकार कर दिया गया है। जब आधुनिक लोकतांत्रिक व्यवस्था पंचायत राज का मूलाधार है तो 50 प्रतिशत से नीचे वाली पंचायत, पंचायत समिति एवं जिला परिषद को आदिवासियों के लिए आरक्षित करना किसी प्रकार न्यायसंगत नहीं कहा जा सकता। ऐसी व्यवस्था से झारखंड की सामाजिक समरसता खण्डित होगी और तब सपनों के झारखंड के निर्माण की कल्पना भी नहीं की जा सकेगी।

हालाँकि 1996 के संवैधानिक कानून (अनुसूचित क्षेत्र में पंचायत व्यवस्था) में कहा गया है कि अनुसूचित क्षेत्र में पंचायत व्यवस्था पारंपरिक रीति-रिवाज, परंपरा एवं संस्कृति आदि को लेकर होगा, लेकिन यह सच है कि पंचायत अधिनियम में इस संवैधानिक निर्देश का ईमानदारी से पालन नहीं किया गया है। ऐसा लगता है कि यह अधिनियम संस्कृति प्रेरित नहीं बल्कि राजनीति प्रेरित है।

झारखंड पंचायत राज अधिनियम 2001 के संकल्पों और कानूनी प्रावधानों को ध्यानपूर्वक देखने से किसी को साफ तौर से समझ में आ सकता है कि झारखंड में स्वशासन की बहाली के नाम पर सरकार ने स्वयं अपने हाथों में सारी शक्तियाँ केन्द्रित कर ली हैं। यह एक साजिशपूर्ण

राज्य व्यवस्था है। इसे शहीदों के सपनों एवं जनआकांक्षाओं के अनुकूल ग्राम स्वराज व्यवस्था कहना धोखा है। यह व्यवस्था बाबा तिलका मांझी के स्वशासन आन्दोलन के बुनियादी सिद्धांत के बिलकुल उलट है। यह अधिनियम 1947 के अधिनियम से ज्यादा निरंकुश एवं कठोर है। कहीं से भी यह संवैधानिक व्यवस्था के तहत अनुसूचित क्षेत्र (पांचवीं अनुसूची) की विशिष्टताओं और ऐतिहासिक मानदण्डों को साकार करने वाली कानूनी व्यवस्था नहीं है। ऐसी कानूनी व्यवस्था के आधार पर कोई झारखंडी अपने झारखंडी समाज में ग्राम स्वराज कायम करने का सपना कैसे कर सकता है? यह आज की तारीख में उतना ही गंभीर मुद्दा है जितना झारखंड आन्दोलन के दौरान रहा था।

इस अधिनियम ने नवोदित झारखंड राज्य को एक गंभीर मोड़ पर खड़ा कर दिया है। इस संकट की घड़ी में सत्ता पर एवं विपक्ष के साथ-साथ झारखंड के तमाम बौद्धिक वर्ग को मुक्ति का सही मार्ग दिखाने का समय आ गया है। यह एक सच है कि सरकार गत दो वर्षों से चुनाव टालती चली आ रही है। ऐसी स्थिति में विपक्ष का यह दावा कि सरकार चुनाव कराने के लिए तैयार नहीं है, गलत नहीं कहा जा सकता। सच तो यह है कि झारखंड सरकार ने आनन-फानन में पंचायत कानून तो पास कर दिया है लेकिन वह ऐसा कर स्वयं एक आंतरिक संकट में फँस गई है। इस पंचायत अधिनियम के प्रति सत्ता पक्ष स्वयं विभक्त है। ऐसी स्थिति में इस सरकार के पास एक ही विकल्प रह गया है कि इस मुद्दे पर विपक्ष की आम सहमति हासिल की जाए। ऐसा किए बगैर पंचायत चुनाव कराना न राज्यहित में अच्छा होगा और न जनहित में। यदि जनहित एवं राज्यहित सर्वोपरि है तो इस अधिनियम को संवैधानिक व्यवस्था के अनुकूल बनाना होगा। इसे अनावश्यक एवं कठोर नियंत्रण एवं प्रशासकीय हस्तक्षेप से मुक्त करना होगा। अधिनियम में कम से कम शर्तें हों जो पंचायत व्यवस्था को सामाजिक लोकतंत्र का एहसास कराएँ। प्रशासकीय अक्षमता से एक बार पंचायत व्यवस्था विफल हो चुकी है ऐसी स्थिति में अधिनियम में इनका हस्तक्षेप कम से कम कर दिया जाए। अधिनियम से उप-प्रधान, उप-प्रमुख एवं उपाध्यक्ष के पद अनारक्षित कर दिए जाएँ। जिस पंचायत में आदिवासी की जनसंख्या 27 से 30 प्रतिशत से नीचे हो उसे अनारक्षित कर दिया जाए। अधिनियम में सरकार की भूमिका संरक्षक की हो और पदाधिकारियों की भूमिका जनसेवकों एवं सलाहकारों की हो। पंचायत व्यवस्था के तहत पंचायत संस्थाओं के हर कार्यक्रम में झारखंडी परंपरा, रीति-रिवाज एवं संस्कृति का पुट हो।

आज जब झारखंड का अधिकांश ग्रामीण क्षेत्र अव्यवस्था, अराजकता एवं अशांति में है, तब ग्राम पंचायत व्यवस्था निराशा के घोर अँधेरे में नई आशा की अंतिम किरण है। पंचायत व्यवस्था जितनी सरल एवं सशक्त होगी ग्राम सुराज का सपना उतना ही साकार होगा। हमारी निश्चित अवधारणा है कि पंचायत अधिनियम की मौजूदा स्थिति से जो संकट पैदा हुआ है वह साधारण नहीं है। इस संकट को असाधारण संकट समझ कर पंचायत अधिनियम को संविधान, समाज और संस्कृति के अनुकूल बनाने की जरूरत है। ऐसा करने के लिए पंचायत अधिनियम में केवल संशोधन ही नहीं; बल्कि मूलभूत परिवर्तन जरूरी होगा।

झारखंड में नगर अभिशासन

बीरेन्द्र कुमार महतो

खनिज पदार्थों एवं कल-कारखानों के विकास के साथ झारखंड की आबादी भी बहुत तेजी से बढ़ती जा रही है। 1872 में यहाँ की आबादी सिर्फ 27,00,000 (सत्ताईस लाख) के लगभग थी। 1961 की जनगणना के अनुसार 89,00,000 (नवासी लाख) थी। वही सन् 2001 की जनगणना के अनुसार 2,69,09,428 (दो करोड़ उनहत्तर लाख नौ हजार चार सौ अठाईस) थी। जनसंख्या की वृद्धि का अनुपात, बाहर से आने वाले लोगों के कारण, दिनोंदिन तेजी से बढ़ रहा है। औद्योगिक विकास के साथ छोटे-छोटे गाँव बड़े-बड़े शहर बनते जा रहे हैं। राँची, दुमका, जमशेदपुर, धनबाद, झरिया, बोकारो, कोडरमा, सिंदरी आदि का जन्म, विकास और बढ़ता हुआ तेज इसका ज्वलंत उदाहरण है।

सन् 2001 में झारखंड में शहरीकरण 22.25% था, जो कि भारत के औसत 27.78% से कम था। वर्तमान में झारखंड के कुल जनसंख्या का 59,86,697 (उनसठ लाख छियासी हजार छ: सौ सतानवे) शहरी जनसंख्या है।

शहरीकरण का भारत तथा झारखंड में स्तर 1901-2001

क्र. सं.	*वर्ष*	*पूरे जनसंख्या का शहरी जनसंख्या (% में)*		*वार्षिक वृद्धि दर*	
		भारत	*झारखंड*	*भारत*	*झारखंड*
1.	1901	10.89	1.94	–	–
2.	1911	10.29	2.35	0.03	2.97
3.	1921	11.18	3.61	0.79	4.29
4.	1931	11.99	4.08	1.73	2.79
5.	1941	13.86	5.73	2.77	4.55
6.	1951	17.29	7.84	3.97	4.03
7.	1961	17.79	11.49	2.34	5.62
8.	1971	19.91	16.01	3.21	5.35
9.	1981	23.34	20.29	3.83	4.51
10.	1991	25.72	21.25	3.09	2.61
11.	2001	27.78	22.25	2.77	2.55

जिलों में शहरीकरण का स्तर

सन् 2001 के सर्वेक्षण के अनुसार पूर्वी सिंहभूम (59.97%) सबसे ज्यादा शहरीकृत है तथा धनबाद उसके पीछे (52.39%) है।

जिलानुसार शहरी जनसंख्या का वितरण (1991-2001)

क्र. सं.	*जिला का नाम*	*कुल जनसंख्या के परिप्रेक्ष्य में शहरी जनसंख्या*	
		2001	*1991*
1.	पूर्वी सिंहभूम	54.97	52.09
2.	धनबाद	52.32	51.26
3.	बोकारो	49.31	–
4.	राँची	35.09	33.00
5.	हजारीबाग 23.23		18.06
6.	कोडरमा	17.37	–
7.	चतरा	5.31	–
8.	पश्चिम सिंहभूम	16.89	15.80
9.	देवघर	13.76	13.41
10.	लोहरदगा	12.68	10.99
11.	साहेबगंज	10.58	7.03
12.	पाकुड़	5.13	–
13.	पलामू	5.97	5.35
14.	गढ़वा	4.13	–
15.	दुमका	6.52	6.08
16.	गोड्डा	3.53	2.73
17.	गिरिडीह	6.41	15.45
18.	गुमला	5.48	4.53

स्रोत : 1991-2001 का भारत तथा झारखंड का सर्वेक्षण

नोट—बोकारो, कोडरमा, चतरा, पाकुड़ और गढ़वा—ये सभी 1991 के सर्वेक्षण के बाद बने हैं। इसके अलावा और चार जिले 2001 के सर्वेक्षण के बाद बने हैं जिनके लिए आंकड़े उपलब्ध नहीं हैं।

झारखंड में शहरों का विकास 1991 और 2001

क्र.	*जिला*	*कुल-1991*	*कुल-2001*
1.	गढ़वा	1	2
2.	पलामू	6	5
3	चतरा	1	1

4	हजारीबाग	19	23
5.	कोडरमा	2	2
6.	गिरिडीह	4	4
7	देवघर	3	3
8.	गोड्डा	1	1
9.	साहेबगंज	3	2
10.	पाकुड़	1	1
11.	दुमका	4	4
12.	धनबाद	36	47
13.	बोकारो	12	16
14.	राँची	9	8
15.	लोहरदगा	1	1
16	गुमला	2	2
17.	पश्चिम सिंहभूम	15	14
18.	पूर्वी सिंहभूम	13	13
	कुल	133	152

शहरी जनसंख्या का कॉलम अनुसार वर्गीकरण 1991 और 2001

क्र.सं.	*शहरों का वर्ग*	*जनसंख्या का प्रतिशत*	
		1991	*2001*
1	वर्ग I	63	71
2.	वर्ग II	12	7
3.	वर्ग III	15	12
4.	वर्ग IV	6	5
5.	वर्ग V	4	4
6.	वर्ग VI	0	1

शहरों का वर्गीकरण—

वर्ग I में 1,00,000 जनसंख्या से ऊपर

वर्ग II में 50,0000 से 99,999 की जनसंख्या

वर्ग III में 20,000 से 49,999 की जनसंख्या

वर्ग IV में 10,000 से 19,999 की जनसंख्या

वर्ग V में 5,000 से 9,999 की जनसंख्या

वर्ग VI में 5000 से नीचे की जनसंख्या

दिसम्बर 1992 में संविधान में 73वाँ और 74वाँ संशोधन किया गया। जो कि आम आदमी के हाथ में राष्ट्रीय और क्षेत्रीय सरकारों के रूपरेखा तथा निर्णय लेने के क्षेत्र में एक साहसिक कदम

था। यह पहल क्षेत्रीय लोकतंत्र को गाँव और शहरों में फैलाने की एक पहल थी। राष्ट्र के बड़े विस्तार और इसके बहुत बड़ी जनसंख्या के कारण यह काम बहुत चुनौतीपूर्ण था।

छोटे और मध्यम शहर भारत में संख्या में कुछ निश्चित परिवर्तन के कारण बढ़ गए हैं। लेकिन उनमें कम शहरी जनसंख्या है (24.15% पूरे शहरी क्षेत्र का) छोटे और बड़े शहर जिनकी संख्या 29405 है।

शहरी स्थानीय निकायों का कुछ विशेष क्षेत्र निश्चित रहता है जिसके अन्तर्गत नागरिकों को सामान्य सुविधाएँ उपलब्ध कराने के लिए ये कार्य करती हैं। और उसके बदले में कर या शुल्क लगाती हैं। जब भी हम नगर की बात करते हों उसमें हमें विभिन्न संस्कृतियों, विभिन्न सोच रखने वाले व्यक्तियों का मिला-जुला चित्रण दिखाई देता है। नगरों में व्यक्तियों को विभिन्न भौतिक सुविधाएँ आसानी से उपलब्ध हो जाती हैं जिसका कारण स्वतंत्रता के पश्चात् विभिन्न छोटे-बड़े उद्योगों की स्थापना हुई, शिक्षा का प्रसार हुआ, नागरिकों में जीवन स्तर को ऊँचा उठाने की प्रवृत्ति बढ़ी, परिणाम यह हुआ कि मध्य नगर, महानगर एवं कस्बे नगर में परिणत होने लगे। दूसरी ओर राजनीतिक दलों के कार्यालय तथा अन्य कार्यालयों के मुख्य केन्द्र भी नगरों में स्थापित होने लगे। इन नगरों में सड़कों के किनारे एवं सरकारी भूमि पर अनधिकार गृहनिर्माण होने लगा, जिससे सड़कें, नालियाँ, सफाई एवं स्वास्थ्य संबंधी समस्याएँ बढ़ने लगीं। और जनसंख्या का एक बहुत बड़ा समूह न्यूनतम स्तर का जीवन व्यतीत करने लगा। यह विचारणीय विषय हो गया कि सम्पूर्ण भारत के लिए विधि का निर्माण किया जाए जिससे शहरी निकाय नियंत्रित रूप में कार्य कर सके। जिसे दृष्टिगत रखते हुए, 74वें संविधान संशोधन द्वारा पहली बार नगरपालिकाओं को संवैधानिक दर्जा मिला। संविधान के भाग 9 'क' में यह प्रावधान किया गया था कि राज्य का विधानमंडल नगरपालिकाओं को ऐसी शक्तियाँ एवं उत्तरदायित्व प्रदान कर सकेगा, जो उन्हें स्वायत्त शासन की संस्थाओं के रूप में कार्य करने में समर्थ बनाने के लिए आवश्यक हो। आर्थिक विकास एवं सामाजिक न्याय के लिए योजनाएँ तैयार करने एवं संविधान की 12वीं अनुसूची में वर्णित 18 विषयों के सम्बन्ध में वो सभी शक्तियाँ देने हेतु राज्य विधानमंडलों को अधिकृत किया गया, जो स्थानीय निकायों को समर्थ बनाने के लिए आवश्यक हो।

74वें संशोधन के महत्त्वपूर्ण बिन्दु—

(i) नगरपालिका, नगर परिषद् और नगर निगम की स्थापना।

(ii) समस्त प्रादेशिक निर्वाचन क्षेत्रों से सदस्यों का सीधा चुनाव।

(iii) अनुसूचित जाति और जनजाति हेतु नगरपालिका में उन जातियों की जनसंख्या के अनुपात में सदस्यों हेतु आरक्षण।

(iv) अनुसूचित जाति और जनजाति के आरक्षित स्थानों में से एक-तिहाई महिलाओं हेतु सीटें आरक्षित।

(v) इसी प्रकार अन्य सीटों पर एक-तिहाई महिलाओं हेतु आरक्षण। आरक्षण चक्रानुक्रम से एवं महिला व पिछड़ी जाति के स्थान लॉटरी से तय होंगे।

(vi) नगरपालिका अध्यक्षों के पद अनुसूचित जातियों, जन-जातियों, पिछड़े वर्गों, महिलाओं हेतु आरक्षित। राज्य स्तर पर जनसंख्या और लॉटरी द्वारा निर्धारण।

(vii) प्रथम बैठक की तारीख से 5 साल का कार्यकाल।

(viii) 5 साल बाद चुनाव कराने तथा चुनावों के संचालन हेतु हर राज्य द्वारा राज्य निर्वाचन आयोग का गठन।

(ix) हर 5 वर्ष बाद राज्य वित्त आयोग की स्थापना, जो नगरपालिकाओं की वित्तीय स्थिति का पुन: अवलोकन कर सिफारिश करेगा।

(x) जिला योजना समिति का गठन, जो पंचायतों और नगरपालिकाओं के बीच समन्वित हितों को देखते हुए सम्पूर्ण जिले के लिए विकास योजना प्रारूप तैयार करना।

(xi) संविधान के उपबन्धों के अधीन राज्य सरकार द्वारा नगरीय निकायों को उपयुक्त शक्तियाँ, प्राधिकार उत्तरदायित्व प्रदान करना तथा

(xii) इन उत्तरदायित्वों की पूर्ति हेतु नगरपालिकाओं को (राज्य विधानमंडल द्वारा) कर अधिरोपित करने की शक्ति एवं अन्य विधियाँ उपलब्ध कराना।

संविधान की बारहवीं अनुसूची के विषय—

(a) नगरीय योजना जिसके अन्तर्गत नगर योजना भी है।

(b) भूमि उपभोग का विनियमन और भवनों का निर्माण।

(c) आर्थिक और सामाजिक विकास योजना।

(d) सड़कें और पुल।

(e) घरेलू, औद्योगिक और वाणिज्यिक प्रयोजनों के लिए जल प्रदाय।

(f) लोक स्वास्थ्य, स्वच्छता, सफाई और कूड़ा-कचरा प्रबन्ध।

(g) अग्निशमन सेवाएँ।

(h) नगरीय बानिकी, पर्यावरण का संरक्षण और परिस्थिति आयामों की अभिवृद्धि।

(i) समाज के दुर्बल वर्गों के, जिनके अन्तर्गत विकलांग और मानसिक रूप से मंद व्यक्ति भी हो, हितों की रक्षा।

(j) गन्दी बस्ती सुधार और प्रोन्नयन।

(k) नगरीय निर्धनता उन्मूलन।

(l) नगरीय सुख-सुविधाओं जैसे पार्क, उद्यान, खेल के मैदान की व्यवस्था।

(m) सांस्कृतिक, शैक्षणिक और सौन्दर्यपरक आयामों की अभिवृद्धि।

(n) शव गाड़ना, कब्रिस्तान, शवदाह, श्मशान और विद्युत शवदाह गृह।

(o) कांजी हाउस, पशुओं के प्रति क्रूरता का निवारण।

(p) जन्म-मरण, सांख्यिकी, जिसके अन्तर्गत जन्म और मृत्यु रजिस्ट्रीकरण भी है।

(q) सार्वजनिक सुख-सुविधाएँ, जिनके अन्तर्गत सड़कों पर प्रकाश, पार्किंग स्थल, बस स्टाप और जनसुविधाएँ भी हैं।

74वें संविधान संशोधन विधेयक (1993) द्वारा प्रस्तावित प्रबन्ध—

(i) चार श्रेणी बनाए रखना—

(a) नगर (b) पंचायत (c) नगरपालिका (d) नगर निगम

(ii) कार्यकाल—पाँच साल।

(iii) अनिवार्य बार्ड कमेटी—जिन शहरों में तीन लाख से ज्यादा जनसंख्या है, लेकिन इसका आकार तथा संरचना राज्य विधानसभा के निर्णय पर छोड़ दिया गया है।

(iv) सीटों का आरक्षण—महिलाओं के लिए एक तिहाई, अनुसूचित जाति/अनुसूचित जनजाति के लिए अनुपातिक

(v) सांसद-विधायक की सदस्यता का निर्णय राज्यों पर छोड़ा गया है।

(vi) चुनाव के नियम—अलग राज्य चुनाव आयोग

(vii) राज्यों में स्रोत के निर्धारण के अध्ययन के लिए वित्त निगम की स्थापना करना।

(viii) मेयर तथा नगर प्रमुख का चुनाव राज्यों पर निर्भर (छोड़ दिया गया है।)।

खाद्य सुरक्षा :सुलगते सवाल

सुधीर पाल

खाद्य असुरक्षा, भुखमरी, बीमारी और फिर मौत। झारखंड के कुछ जिलों में तो यही हो रहा है। राज्य के कई जिले खाद्य असुरक्षा की चपेट में हैं। सरकार यहाँ हुई मौतों को कुपोषण व बीमारी से हुई मान रही है। दरअसल भूख से मरने वाला कोई भी व्यक्ति पहले बीमारी का शिकार होता है, तब काल के गाल में समाता है। जब लंबे समय तक भूखे रहना पड़ता है तो वह बीमार होगा ही। सरकार बीमारी को मौत का जिम्मेदार मानती है न कि भूख को। पी.यू सी.एल. की रिपोर्ट पर जिला प्रशासन और सरकार का ऐतबार नहीं करना कतई अस्वाभाविक नहीं है। हाल में पी.यू.सी.एल. की टीम ने पलामू जिले के लेस्लीगंज प्रखंड के गाँवों का दौरा कर जो रिपोर्ट जारी की है वह बेहद चिंतनीय है। एक चार वर्षीय बच्ची और नौ महिलाओं की भूख से इस वर्ष यहाँ मौत हो गई है। पलामू के लिहाज से यह खबर चौंकाने वाली नहीं है। अकाल, भुखमरी का पर्याय बने पलामू में भूख से मौतों का सिलसिला कभी थमा नहीं है। यह बात अलग है कि भूख से मौत की खबर अखबारों में आते ही जिला प्रशासन से लेकर सरकार के मंत्री-संतरी सभी जोर-जोर से चिल्लाने लगते हैं कि मौतें भूख से नहीं हुईं—बीमारी से हुई हैं, बेरोजगारी से हुई हैं। आाखिर एक कल्याणकारी राज्य में भूख से मौत के सच को स्वीकारने का साहस कैसे हो सकता है ?

पलामू में भूख से मौतों की खबर छपे या नहीं, क्या फर्क पड़ता है। यह तो यहाँ की नियति बनी हुई है और पलामू ही क्यों, झारखंड के अन्य जिलों की स्थिति भी कहाँ, कितनी अच्छी है ? पलामू में भूख से मौतें होती हैं तो अन्य जिलों में हजारों लोग खाद्य असुरक्षा की चपेट में हैं। झारखंड की बड़ी आबादी खाद्य असुरक्षा के चलते कुपोषित है और बीमार भी। आश्चर्य नहीं होना चाहिए कि अपने सीने में अकूत संपदाओं को रखने के बाद भी झारखंड प्रदेश के आधे जिले खाद्य असुरक्षा की चपेट में हैं। हरित क्रांति के जनक डॉ. एम.एस. स्वामीनाथन जब अपने 'फूड इनसिक्युरिटी एटलस' में राज्य के दस जिलों को रखते हैं तो सरकारी महकमे के लोग नाक-भौं सिकोड़ने लगते हैं। लेकिन शुतुरमुर्ग के बालू में सिर छिपाने से तूफान तो नहीं टल जाता है। राज्य की पचास फीसदी आबादी अब भी गरीबी रेखा से नीचे है। कुपोषित बच्चों, महिलाओं की संख्या अन्य राज्यों की तुलना में कहीं ज्यादा है और सामाजिक तथा आधारभूत संरचना के इंडेक्स में देश के अन्य राज्यों की तुलना में हम एकदम निचले पायदान पर हैं।

खाद्य असुरक्षा झारखंड का एक प्रमुख संकट है। राज्य के दस जिले खाद्य असुरक्षित क्षेत्र हैं। इन दस जिलों में गढ़वा, पलामू, लातेहार, चतरा, जामताड़ा, साहेबगंज, पाकुड़, दुमका और

गोड्डा शामिल हैं। एक प्रमुख समस्या होने के बाद भी खाद्य सुरक्षा सरकार के एजेण्डे में कभी प्राथमिकता में नहीं रहा। चाहे अविभाजित बिहार हो या फिर नवनिर्मित झारखंड प्रदेश। झारखंड की विडंबना ही कही जाए कि इसे कभी कृषि आधारित प्रदेश माना ही नहीं गया। हमेशा इसे खनिजों और संसाधनों से परिपूर्ण वाले प्रदेश के तौर पर ही राष्ट्रीय और अंतरराष्ट्रीय स्तर पर प्रोजेक्ट किया गया। जबकि झारखंड की लगभग 78 फीसदी आबादी आज भी ग्रामीण क्षेत्रों में है और मुख्यत: कृषि पर आधारित है। यहाँ की बड़ी आबादी के जीने-मरने का प्रश्न कृषि से जुड़ा है और सरकार की प्राथमिकता में उद्योग-धंधे मात्र ही हैं। एक फसली कृषि, आधारभूत संरचनाओं का अभाव और विशेष टोपोग्राफी की मार यहाँ के किसानों को झेलनी पड़ती है। नतीजतन राज्य की आवश्यकता के लगभग आधे खाद्यान्नों का उत्पादन (लगभग 24 मिलियन टन) ही यहाँ संभव हो पाया है।

खाद्य असुरक्षा से हमारा आशय क्या है ? महज खाद्यान्नों के उत्पादन मात्र से ही यह नहीं जुड़ा हुआ है बल्कि इसके साथ जुड़े हैं वे सारे सामाजिक, आर्थिक, सांस्कृतिक और राजनीतिक कारक जिसके चलते एक बड़ी आबादी की खाद्यान्नों तक पहुँच नहीं है। स्वस्थ और सक्रिय रहने के लिए आवश्यक पौष्टिक और सुरक्षित भोजन की खुराक तक जब लोगों की आर्थिक और भौतिक कारणों से पहुँच संभव नहीं हो पाती है तो उसे हम खाद्य असुरक्षा मानते हैं। खाद्य असुरक्षा तात्कालिक भी हो सकती है और आने वाले दिनों में अवश्यंभावी भी। वर्तमान में पर्याप्त मात्रा में खाद्यान्न पैदा करने वाला राज्य आने वाले दिनों में इसी स्थिति में रहेगा, कहना मुश्किल है। कुछ पर्यावरणीय कारणों यथा भूमि की उर्वराशक्ति में ह्रास या जल स्तर के नीचे जाने के चलते भी उपज में कमी आ सकती है। खेती के इनपुट के अनुपात में आउटपुट या उचित पारिश्रमिक का नहीं मिलना भी खाद्यान्न उत्पादन के प्रति उपेक्षा का भाव किसानों में पैदा कर रहा है। अपर्याप्त मात्रा में खाद्यान्न उत्पादन वाले क्षेत्र खाद्य असुरक्षा से उबरने के चक्कर में भविष्य में भी खाद्य असुरक्षा की स्थिति पैदा कर लेते हैं। प्राकृतिक संसाधनों के अत्यधिक दोहन से तत्काल पैदावार तो बढ़ जाती है लेकिन पर्यावरणीय नुकसान की वजह से आने वाले दिनों में खाद्य असुरक्षा की स्थिति बन जाती है। खाद्य असुरक्षा एक जटिल और गंभीर स्थिति है और इससे निबटने के लिए 'होलिस्टक' विकास की रणनीति बनाने की जरूरत है।

खाद्य असुरक्षा तात्कालिक हो सकती है या फिर दीर्घ स्थायी। झारखंड की खाद्य असुरक्षा की स्थिति स्थायी है। स्थायी खाद्य असुरक्षा का मतलब है कि लंबे समय से एक बड़ी आबादी को न तो पर्याप्त मात्रा में भोजन मिल रहा है और न ही आवश्यक पोषक तत्त्व। कैलोरी की भाषा में बात करें तो प्रति व्यक्ति 2000 कैलोरी प्रतिदिन उपभोग करने के राष्ट्रीय औसत से झारखंड काफी पीछे है। ग्रामीण क्षेत्रों की 41.80 फीसदी आबादी 2000 कैलोरी से काफी कम मात्रा में भोजन प्राप्त करती है। चौंकाने वाली बात तो यह है कि झारखंड का यह औसत 20 वर्ष पहले के औसत से भी कम है। भू-सुधार कार्यक्रमों के कारगर ढंग से लागू नहीं होने, भूमि के केन्द्रीकरण की प्रक्रिया बढ़ने तथा खाद्यान्नों के उत्पादन, खरीद या सहायता तक लोगों की पहुँच घटने के चलते झारखंड लगातार खाद्य असुरक्षा की ओर बढ़ता गया है। जैसा कि पहले कहा गया कि यहाँ खाद्य असुरक्षा तात्कालिक या अस्थायी नहीं है। तात्कालिक खाद्य असुरक्षा का संबंध सूखा, बाढ़ या अन्य प्राकृतिक आपदाओं के चलते उत्पादन में कमी आने

या लोगों की क्रय शक्ति घटने का खाद्यान्नों की कीमतों में अचानक उछाल आने के चलते होता है। लेकिन झारखंड के संदर्भ में हम देखते हैं कि कुछ क्षेत्र स्थायी रूप से खाद्यान्न के मामले में असुरक्षित हैं।

खाद्यान्नों की उपलब्धता, खाद्यान्नों तक लोगों की पहुँच और खाद्यान्नों के ग्राह्य की समेकित प्रक्रिया खाद्य सुरक्षा की स्थिति है। खाद्यान्नों की उपलब्धता बढ़ती हुई आबादी तथा उनके भोजन की आदतों में आ रहे बदलावों की पूर्ति करने की स्थिति पैदा करता है। लेकिन खाद्यान्नों के उत्पादन मात्र तक ही मामला नहीं है। खाद्यान्नों तक लोगों की पहुँच, उनकी क्रय शक्ति और आजीविका के साधनों की निरंतरता पर निर्भर है। और भोजन के ग्राह्य के लिए तो जरूरी है कि स्वच्छ पेयजल उपलब्ध हो रहा हो, पोषक तत्त्वों से युक्त भोजन हो और चिकित्सा तथा स्वास्थ्य सेवा उपलब्ध हो।

खाद्यान्नों की उपलब्धता

खाद्यान्नों की उपलब्धता का संकट कम उत्पादन या क्षेत्र विशेष में अपर्याप्त मात्रा में खाद्यान्नों की पहुँच से जुड़ा है। खाद्यान्नों की उपज के लिए झारखंड की जलवायु उपयुक्त या मददगार नहीं है। अभी झारखंड में खाद्यान्नों की कुल उपज से राज्य की आवश्यकता का महज 50 फीसदी ही पूरा हो पा रहा है। झारखंड में औसत वर्षा उतनी बुरी नहीं है। लगभग 1500 मिलीमीटर वर्षा यहाँ होती है। लेकिन यहाँ की विशिष्ट टोपोग्राफी के चलते लगभग 70 फीसदी पानी ऐसे ही बह जाता है और भू-क्षरण को जन्म देता है। वर्षा जल संचय की राज्य की नीति अभी भी सेमिनारों में बौद्धिक जुगाली तक ही सीमित है। वर्षा जल के ऐसे ही बह जाने से भूमि की उर्वरा शक्ति में ह्रास होता है और जमीन की नमी खत्म होती है। यहाँ की मिट्टी में कार्बनिक तत्त्वों की कमी है और कैल्शियम के लगातार क्षरण होने के चलते मिट्टी का जैविक चक्र बाधित है। अनियमित वर्षा के चलते कृषिकार्य प्रभावित है। राज्य में मात्र 8.4 फीसदी जमीन ही सिंचित है। सिंचाई की जरूरी योजनाएँ लक्ष्य के विरुद्ध काफी कम लाभ दे रही हैं और परंपरागत सिंचाई के साधनों यथा आहर, पईन, पोखरा, तालाब के प्रति सरकारी स्तर पर कभी गंभीरता नहीं देखी गई। समुदाय की भागीदारी को खत्म किया गया और नतीजतन सिंचाई के अभाव में या तो कृषि कार्य हो नहीं रहे हैं और हो भी रहे हैं तो अपेक्षित लाभ किसानों को नहीं मिल पा रहा है।

झारखंड में फसलों की उपज राष्ट्रीय औसत से अत्यंत कम है। जहाँ राष्ट्रीय औसत उत्पादन प्रति व्यक्ति 523 ग्राम प्रतिदिन है वहीं झारखंड में यह औसत लगभग आधा 230 ग्राम प्रति व्यक्ति प्रतिदिन है। यह बिहार के औसत (318.40 ग्राम) से भी कम है। वर्तमान में यहाँ उत्पादकता अत्यंत कम लगभग 98 किलोग्राम प्रति हेक्टेयर है और कई जिले भीषण सूखे की चपेट में हैं। अभी लगभग 14 लाख हेक्टेयर में धान, एक लाख 90 हजार हेक्टेयर में मकई, 60 हजार हेक्टेयर में गेहूँ तथा एक लाख 20 हजार हेक्टेयर में सब्जी का उत्पादन हो रहा है।

खाद्यान्नों तक पहुँच

खाद्यान्नों तक लोगों की पहुँच के लिए जरूरी है कि पर्याप्त मात्रा में खाद्यान्नों का उत्पादन हो। लेकिन उत्पादन मात्र से यह सुनिश्चित करना मुश्किल है कि लोगों की पहुँच भी हो पाएगी। यदि

आजीविका के साधन उपलब्ध हैं तो खाद्यान्नों तक पहुँच संभव होती है। बेरोजगार, अर्धरोजगार या आकस्मिक ढंग के रोजगार से जुड़े लोगों की आर्थिक और भौगोलिक कारणों से खाद्यान्नों तक निरंतर पहुँच नहीं हो पाती है। सम्पत्ति का कम होना तथा नियमित रोजगार का उपलब्ध नहीं होना लोगों को गरीबी में जीने को विवश करता है। हालाँकि, निर्धन या गरीब व्यक्ति अपनी न्यूनतम उपज का बड़ा हिस्सा भोजन पर ही खर्च करता है तब भी संतुलित आहार लेने में वह सफल नहीं होता है। सामाजिक तथा लैंगिक पूर्वाग्रह भी संतुलित आहार तक पहुँच में बाधा है। खाद्यान्नों तक पहुँच का सुनिश्चित नहीं होना कुपोषण और अल्प उपभोग की स्थिति पैदा करता है।

सामाजिक विकास सूचकांक (0.01-0.3) तथा आधारभूत विकास सूचकांक (0.01-0.1) के मामले में झारखंड एकदम निचले पायदान पर है। योजना आयोग ने झारखंड के 11 जिलों को देश के निर्धनतम जिलों में रखा है। बुनियादी सुविधाओं तथा आधारभूत संरचनाओं के अभाव के चलते ही इन जिलों को निर्धनतम घोषित किया गया है। राज्य के 29.15 फीसदी गाँवों में बिजली नहीं है और 90 फीसदी ग्रामीण घरों तक बिजली की पहुँच बाकी है। प्रति 1000 व्यक्ति पर सड़क की लंबाई की औसत 0.93 किलोमीटर है और यह देश में सबसे कम है। ग्रामीण झारखंड में स्वास्थ्य सुविधाओं की उपलब्धता अपर्याप्त है। पूर्वी सिंहभूम, धनबाद और गुमला के ग्रामीण इलाकों में स्वास्थ्य सुविधाएँ थोड़ी अच्छी स्थिति में हैं। इन जिलों के लगभग 20 फीसदी गाँवों तक स्वास्थ्य सुविधाओं की पहुँच है। बाकी जिलों के ग्रामीण क्षेत्रों में स्वास्थ्य की सुविधाएँ बदहाल हैं। पक्की सड़क, हाटों और संचार साधनों तक ग्रामीणों की पहुँच लोगों की खाद्यान्नों तक पहुँच की स्थिति को दर्शाने के कुछ मानक हैं। धनबाद के 40 फीसदी गाँवों तक पक्की पहुँच-पथ है और यह झारखंड में सबसे उत्कृष्ट स्थान रखता है। अनुमान लगाया जा सकता है कि बाकी जिलों की स्थिति क्या होगी। पश्चिम सिंहभूम, पूर्वी सिंहभूम, देवघर, गोड्डा, दुमका, हजारीबाग, लोहरदगा, गुमला तथा राँची के ग्रामीण क्षेत्रों में पक्की पहुँच-पथ मात्र 10-15 फीसदी है। ग्रामीण हाटों तक लोगों की पहुँच के मामले में गुमला की स्थिति झारखंड में सबसे अच्छी है। यहाँ की लगभग 30 फीसदी ग्रामीणों की पहुँच ग्रामीण हाटों तक है। संचार साधनों तक लोगों की पहुँच की स्थिति धनबाद में सबसे अच्छी है। यहाँ के लगभग 32 फीसदी गाँवों में संचार साधन उपलब्ध हैं। बाकी जिलों के ग्रामीण क्षेत्रों में यह सुविधा 10-15 फीसदी से ज्यादा नहीं हो पाई है। खाद्य असुरक्षित जिलों को देखें तो स्पष्ट होगा कि अन्य जिलों में बुनियादी सुविधाओं की हालत बदतर है।

कमजोर आधारभूत सुविधाओं के साथ-साथ हजारीबाग, पलामू, कोडरमा, गिरिडीह, गढ़वा तथा लातेहार में एक बड़ी ग्रामीण आबादी भूमिहीन है। यहाँ भूमि का संकेन्द्रण सबसे ज्यादा है। गैर कृषि कार्य में रोजगार के अवसर राज्य में कम हैं। सिर्फ 18 फीसदी आबादी गैर कृषि कार्य में लगी हुई है। पशुपालन, डेयरी तथा मत्स्य पालन से कम लागत में अच्छे रोजगार के अवसर उपलब्ध हो सकते थे लेकिन चारा घोटाले की वजह से विगत आठ वर्षों से अन्य क्षेत्रों में सरकारी या संस्थागत सहायता लगभग समाप्त है। यही हालत खाद्य प्रसंस्करण के मामले में है। ग्रामीण क्षेत्रों में कृषि उत्पादों के मूल्यवर्द्धन में यह उपयोगी हो सकता था। पलायन राज्य की

एक गंभीर समस्या है। खरीफ फसल की कटनी के बाद लगभग 70 फीसदी ग्रामीण पलायन कर जाते हैं। पलायन रोकने के लिए उपयुक्त रोजगार के अवसर गाँव में उपलब्ध कराने में सरकार विफल रही है।

खाद्यान्नों की ग्राह्यता

खाद्यान्नों का उपभोग उसकी ग्राह्यता से जुड़ा है। यह व्यक्ति के स्वास्थ्य पर निर्भर है। खाद्यान्नों का उपभोग व्यक्ति के पोषण के बारे में सामान्य जानकारी, उसकी प्राथमिकताएँ तथा भोजन की आदतों पर निर्भर है। यदि व्यक्ति संतुलित आहार नहीं लेता है तो वह कम पोषक तत्त्व ग्रहण कर रहा है। ग्रामीण क्षेत्रों में औसत से कम कैलोरी ग्रामीणों को प्राप्त तो हो रही है, पोषक तत्त्वों की भी कमी है। कई अध्ययनों से संकेत मिले हैं कि प्रति व्यक्ति आय और खर्च में बढ़ोतरी के बाद भी गरीबों में परंपरागत खाद्यान्नों की खपत पूर्ववत् ही है। इस अवधि में परंपरागत खाद्यान्नों की कीमतों में कमी आई है और लोगों की प्राथमिकताएँ परंपरागत से गैर-परंपरागत अन्नों की तरफ हुई हैं।

परंपरागत खाद्यान्नों की खपत में ठहराव एक बड़ी समस्या नहीं है। मामला यह है कि गरीबों के लिए उपलब्ध भोजन उनके पोषण स्तर और ऊर्जा स्तर को व्यवस्थित कर पा रहे हैं या नहीं। 1993-94 में निर्धनतम 30 फीसदी आबादी में प्रति व्यक्ति प्रतिदिन कैलोरी की उपलब्धता ग्रामीण क्षेत्रों में 1678 थी जबकि शहरी क्षेत्रों में 1682 कैलोरी। इसी अवधि में ग्रामीण क्षेत्रों में प्रति व्यक्ति प्रतिदिन प्रोटीन की खपत 46 ग्राम थी जबकि शहरी क्षेत्र में 47 ग्राम। इस प्रकार निर्धनतम 30 फीसदी आबादी में पोषक तत्त्वों में कमी लोगों की क्षमता तथा स्वास्थ्य को प्रभावित करती है। एनएफएचएस के 1998-99 के सर्वे के मुताबिक झारखंड में तीन साल से कम उम्र के 54.3 फीसदी बच्चे उम्र की तुलना में कम वजन के हैं। इस उम्र सीमा के 49 फीसदी बच्चे कुछ न कुछ शारीरिक कमियों से पीड़ित हैं या 25 फीसदी बच्चे एकदम दुर्बल हैं। ग्रामीण क्षेत्रों में अल्प पोषक बच्चों की संख्या ज्यादा है और यह खासकर अनुसूचित जनजाति या अनुसूचित जाति के समुदाय में सामान्य रूप से देखने को मिल रहा है। राष्ट्रीय औसत 47 फीसदी की जगह यहाँ अनुसूचित जातियों में 45 फीसदी और अनुसूचित जनजातियों में यह औसत 15.5 फीसदी है। एनएफएचएस के मुताबिक झारखंड में शिशु और बाल मृत्यु दर राष्ट्रीय और बिहार राज्य से भी कम है। जहाँ भारत में शिशु मृत्यु दर 67.6 है वहीं बिहार में यह 72.9 है। जबकि झारखंड में शिशु मृत्यु दर 54 है। यही स्थिति बाल मृत्यु दर के मामले में भी देखने को मिलती है। 55वें एन.एस.एस.ओ. (1999-2000) के मुताबिक झारखण्ड के 10.46 परिवार मौसमी खाद्य असुरक्षा की स्थिति का सामना करते हैं। आंकड़े यह भी बताते हैं कि करीब 2.5 फीसदी परिवार दीर्घकालिक खाद्यान्न की कमी से जूझ रहे हैं। खाद्य असुरक्षा की चपेट में आए परिवारों में 64 फीसदी परिवारों में दो से तीन महीने जबकि 28 फीसदी परिवार के पास चार से पाँच महीने के लिए पर्याप्त मात्रा में अनाज नहीं होता है और करीब 6 फीसदी परिवारों को लगभग छः महीने तक फाकाकशी की स्थिति में रहना पड़ता है। खाद्य असुरक्षा के ज्यादा मामले आदिवासियों में देखने को मिले हैं। अमूमन निश्चित खाद्यान्न उपलब्धता वर्ष में

केवल तीन-चार महीने ही होती है। गर्मी के दिनों में करीब-करीब जून के मध्य से खाद्य असुरक्षा और फाकाकशी की स्थिति बन जाती है और यह स्थिति अक्तूबर तक बरकरार रहती है। झारखंड के कई इलाकों में अन्न की जगह लोग कंदमूल पर गुजारा कर रहे हैं। गेठी, चकौड़ का साग, उबला हुआ कटहल कोवा या ऐसे ही अन्य जंगली कंदमूल इनका भोजन होते हैं। कई बार उन्हें भूखे रहना पड़ता है। कुपोषण और भुखमरी की स्थिति आदिम जनजातियों और दलितों में ज्यादा है। इन समुदायों की प्राकृतिक तथा अन्य संसाधनों तक पहुँच नहीं है। दलितों की स्थिति एकदम बदतर है। ये भूमिहीन हैं और पलायन पर आधारित मजदूरी पर ही इनका गुजर-बसर होता है। यदि खराब स्वास्थ्य या अन्य कारणों से ये पलायन नहीं करते तो खाद्य असुरक्षा के कुचक्र में फँसना अवश्यंभावी है।

जमीन की हकीकत

सीधे और सपाट ढंग से देखें तो पहला सवाल यही उठता है कि खाद्यान्न आखिर होता कहाँ है ? जमीन में और जब जमीन ही ग्रामीणों के पास नहीं है, तो खाद्य संकट तो स्वाभाविक ही है। जमीन, काश्त के लिए संसाधन, जमीन का स्वामित्व व नियंत्रण, खेती पर नियंत्रण, खेती के अर्थशास्त्र पर नियंत्रण आदि ही खाद्य सुरक्षा कायम कर सकते हैं। 1947 के बाद भूमि सुधार कानून बनाने वाला बिहार (अविभाजित) पहला राज्य था। भूमि सुधार कानून के दोषों का, छिद्रों का लाभ उठा कर राज्य के बड़े जमींदारों ने अपनी जायदाद और भू-स्वामित्व को पूरी तरह खत्म नहीं होने दिया। भूमि सुधार की असलियत तो यह है कि रामगढ़, हजारीबाग, पलामू के राजघरानों और जमींदारों के पास आज भी 500 से 5000 एकड़ तक जमीन है। 500 एकड़ से अधिक जमीन का रिकार्ड तो सरकारी संचिकाओं में भी दर्ज है। पलामू प्रमंडल की बात करें तो यहाँ 3611 गाँव हैं तथा कुल 1157893.53 हेक्टेयर भूमि है। इसके 70 प्रतिशत पर अब भी कुछ ही परिवारों का कब्जा है। 1914-18 के पहले पलामू में ज्यादातर भूमि आदिवासियों-दलितों की थी, लेकिन 1918 के बाद जमींदारों, महाजनों एवं दबंग लोगों ने जमीन कब्जा का अभियान जैसा चलाया एवं हड़पी गई जमीन पर आजादी आते-आते अपना मालिकाना कब्जा जमा लिया।

भूमि सुधार की गैर-सरकारी कोशिशें भी अविभाजित बिहार में बुरी तरह असफल हुई हैं। भूदान आंदोलन में विनोबा भावे आदि की कोशिशों के बाद भी समस्त लक्ष्य का मात्र 10 प्रतिशत से भी कम काम हो सका। अविभाजित बिहार में 3200000 एकड़ जमीन बाँटने का दावा किया गया था लेकिन केवल 311037 एकड़ जमीन बाँटने को मिली।

झारखंड में छोटानागपुर टेनेन्सी एक्ट और संतालपरगना टेनेन्सी एक्ट की वजह से फिर भी आदिवासियों का जमीन से जुड़ाव बना हुआ है और जमीन पर इसके वैधानिक अधिकार भी हैं। लेकिन गैर-जनजातीय आबादी खासकर दलितों की स्थिति तो एकदम ही बदतर है। एक तो उनके पास जमीन नहीं है और हुनर की कमी तथा संसाधनों तक पहुँच नहीं होने के कारण उन्हें पलायित मजदूर के तौर पर जीना पड़ता है। इसलिए झारखंड में जब जातिवार खाद्य असुरक्षा को देखेंगे तो स्पष्ट होगा कि दलित और आदिम जनजाति ही सबसे ज्यादा बदहाली में हैं। भूख से

मरने वालों की सूची भी इसे पुष्ट करती है। आदिवासियों तथा दलितों के उत्थान में लगे संगठन एकता परिषद् के संयोजक पी.वी. राजगोपाल ठीक ही कहते हैं कि खाद्य सुरक्षा और लगातार विकास के लक्ष्य तब तक हासिल नहीं किए जा सकते जब तक लोगों के बीच जमीन का वितरण नहीं हो जाता। लोगों को रोजगार मुहैया कराना सरकार का दायित्व है। जनकेन्द्रित विकास की वकालत करते हुए राजगोपाल कहते हैं कि अपने जंगल कभी नहीं छोड़ने वाले आदिवासी अब भीख माँगने के लिए शहरों की ओर पलायन कर रहे हैं। मध्यप्रदेश, उड़ीसा और अविभाजित बिहार के 1500 गाँवों की पदयात्रा कर राजगोपाल और उनकी टीम ने पाया कि भूमि सुधार कागजों पर ही हुए हैं। आदिवासियों और दलितों को उनके पैतृक घरों से बेदखल कर दिया गया है। भूदान वाली हजारों एकड़ जमीन जरूरतमंदों के बीच वितरण के बिना पड़ी हुई है।

आजादी के पहले छोटानागपुर के 875 टाना भगत परिवारों की करीब 43 हजार 266 डिसीमल जमीन ब्रिटिश सरकार ने कर नहीं चुकाने के चलते नीलाम कर दी थी। आजादी के बाद 172 परिवारों की 1.886 एकड़ 36 डिसीमल जमीन सरकार ने उन्हें वापस दिला दी लेकिन 703 परिवारों की जमीन वापस नहीं हो सकी। जमीन के अभाव में इन टाना भगतों की स्थिति दयनीय हो गई है। कई परिवार रोजगार की तलाश में पलायन कर चुके हैं।

लक्षित जन-वितरण प्रणाली

देश में लगातार पड़ने वाले सूखे ने जन-वितरण प्रणाली की महत्ता को बार-बार रेखांकित किया है। तमाम कमियों तथा गड़बड़ियों के बाद भी गरीबों तक अनाज पहुँचाने में सार्वजनिक वितरण प्रणाली की भूमिका रही है। 1965-1966 और 1972-73 के भीषण सूखे में जमाखोरी के बाद भी 'आपदा' को कम करने में सार्वजनिक वितरण प्रणाली का महत्त्व रहा।

केन्द्र सरकार द्वारा प्रायोजित न्यूनतम साझा कार्यक्रम के अन्तर्गत लक्षित जन-वितरण प्रणाली (टी.पी.डी.एस.) जून 1997 में लागू हुई। टी.पी.डी.एस. के तहत गरीबी रेखा से नीचे (बी.पी.एल.) रहने वाले परिवारों को बी.पी.एल. दर पर हर महीने खाद्यान्न उपलब्ध कराए जाते हैं। गरीबी रेखा से नीचे रहने वाले परिवारों का निर्धारण राज्य सरकार द्वारा किया जाता है और उन्हें लाल कार्ड दिए जाते हैं। योजना के तहत प्रति परिवार प्रति माह 35 किलोग्राम खाद्यान्न (21 किलोग्राम गेहूँ और 14 किलोग्राम चावल) उपलब्ध कराए जाते हैं। झारखंड में गरीबी रेखा से नीचे रहने वाले परिवारों की संख्या 23 लाख 34 हजार है। लाल कार्डधारी परिवारों की संख्या 20,27,500 है।

झारखंड में बी.पी.एल. परिवारों के लिए प्रतिमाह 28,557 मीट्रिक टन गेहूँ एवं 39,334 मीट्रिक टन चावल का आवंटन केन्द्र सरकार द्वारा किया गया है। गरीबी रेखा से ऊपर (ए.पी.एल.) रहने वाले परिवारों के लिए प्रतिमाह 7,332 मीट्रिक टन गेहूँ एवं 10,693 मीट्रिक टन चावल का आवंटन है। बी.पी.एल. परिवारों के गेहूँ की दर 4.62 रुपए प्रति किलोग्राम तथा चावल 6.15 रु. प्रति किलोग्राम है जबकि ए.पी.एल. परिवारों के लिए गेहूँ और चावल की दरें क्रमशः 6.61 रु. तथा 8.96 रु. प्रति किलोग्राम निर्धारित है। अप्रैल 2002 से मार्च 2003 तक के सरकारी

प्रतिवेदन से स्पष्ट है कि ए.पी.एल. के अन्तर्गत खाद्यान्नों का उठाव लगभग नगण्य है। इसकी वजह ए.पी.एल. खाद्यान्नों के बिक्री मूल्य बाजार मूल्य के बराबर होना या कभी-कभी अधिक होना तथा खाद्यान्नों की गुणवत्ता का अपेक्षाकृत उत्तम नहीं होना है। झारखंड में बी.पी.एल. खाद्यान्नों के उठाव की स्थिति भी अच्छी नहीं है। लेकिन इसकी वजह मूलत: व्यवस्थागत खामियों से जुड़ी है। भारतीय खाद्य निगम के गोदामों में पर्याप्त मात्रा में खाद्यान्नों के उपलब्ध नहीं होने तथा गुणवत्ता निम्न होने के चलते बी.पी.एल. खाद्यान्नों के उठाव का प्रतिशत कम है। झारखंड के ग्रामीण क्षेत्रों में लोग उसना चावल उपयोग में लाते हैं जबकि भारतीय खाद्य निगम की ओर से अरवा चावल की आपूर्ति की जाती है। इसके चलते चावल का उठाव प्रभावित हो रहा है।

झारखंड सरकार का आरोप है कि भारतीय खाद्य निगम के राँची, हजारीबाग, धनबाद, जसीडीह एवं अन्य डिपो से निम्न गुणवत्ता वाली गेहूँ की आपूर्ति की जाती है। गेहूँ 'लस्टर लॉस' है जिसमें आर्द्रता की मात्रा एफ.ए.क्यू. (14 प्रतिशत) की अपेक्षा अधिक है। लक्षित जन-वितरण प्रणाली के तहत गरीबी रेखा से नीचे रहने वाले परिवारों को रियायती दर पर खाद्यान्न उपलब्ध कराने का प्रावधान है। इसके साथ-साथ अन्त्योदय, अन्नपूर्णा, मध्याह्न भोजन तथा ग्रामीण रोजगार योजना संबंधी विभिन्न योजनाएँ राज्य में चलाई जा रही हैं। इसमें केन्द्र सरकार राज्य को खाद्यान्न उपलब्ध कराती है। खाद्यान्नों का उठाव भारतीय खाद्य निगम के माध्यम से होता है। भारतीय खाद्य निगम के गोदामों से बिहार राज्य खाद्य निगम खाद्यान्नों का उठाव करता है और जन-वितरण प्रणाली के दुकानदारों के माध्यम से उपभोक्ताओं तक पहुँचता है। राज्य सरकार के अधिकारियों का कहना है कि भारतीय खाद्य निगम द्वारा आवंटित खाद्यान्नों का अग्रिम मूल्य जमा करने और विमुक्ति आदेश निर्गत करने के बाद भी खाद्यान्नों की आपूर्ति नहीं की जा रही है।

भारतीय खाद्य निगम की दिक्कत है कि झारखंड में उसकी आधारभूत संरचना अपर्याप्त और त्रुटिपूर्ण है। झारखंड में विभिन्न योजनाओं के तहत 1,28,735 मीट्रिक टन खाद्यान्न की आवश्यकता है जबकि राज्य में अवस्थित भारतीय खाद्य निगम के सभी डिपुओं की कुल भंडारण क्षमता मात्र 1,05,570 मीट्रिक टन है। इससे स्पष्ट है कि झारखंड राज्य की आवश्यकतानुसार खाद्यान्न का भंडारण तभी संभव है जब भंडारण की क्षमता बढ़ाई जाए। भारतीय खाद्य निगम द्वारा इस राज्य के लिए जहाँ 77 रेलवे रैक उपलब्ध कराना चाहिए वहीं जरूरत के 50 फीसदी रैक भी इस राज्य को उपलब्ध नहीं हैं। खाद्यान्नों का रैक आ जाने पर भारतीय खाद्य निगम के डिपो से अस्थायी रूप से खाद्यान्न की आपूर्ति बंद कर दी जाती है। इससे खाद्यान्नों के उठाव एवं वितरण पर प्रतिकूल प्रभाव पड़ता है। झारखंड के कुल 22 जिलों में से मात्र 12 जिलों में ही भारतीय खाद्य निगम के डिपो हैं और उसमें भी तीन अकार्यरत हैं। सभी जिलों में भारतीय खाद्य निगम के डिपो नहीं रहने के कारण खाद्यान्न के उठाव हेतु काफी दूरी तय करनी पड़ती है एवं उठाव बाधित होता है।

राज्य के साहेबगंज, पाकुड़, गोड्डा, देवघर, जामताड़ा तथा दुमका जिले के लिए खाद्यान्न का उठाव भारतीय खाद्य निगम के जसीडीह (देवघर) स्थित डिपो से किया जाता है। साहेबगंज से जसीडीह की दूरी लगभग 185 किलोमीटर है। साहेबगंज जिले से जसीडीह के लिए ट्रक भी

उपलब्ध नहीं हो पाता और खाद्यान्न का उठाव बाधित होता है। वैकल्पिक व्यवस्था के तौर पर साहेबगंज के उपायुक्त ने राज्य भंडारण निगम के गोदाम, जिसकी भंडारण क्षमता 2200 क्विंटल है, के माध्यम से खाद्यान्न उठाव का सुझाव दिया है। रेलवे रैक से खाद्यान्नों की आपूर्ति राज्य भंडारण निगम, साहेबगंज को करने तथा भारतीय खाद्य निगम के जसीडीह से आर.ओ. निर्गत करने की व्यवस्था का सुझाव भी साहेबगंज के उपायुक्त ने भारतीय खाद्य निगम को दिया है। ऐसी व्यवस्था होने से तीनों जिलों में खाद्यान्न का उठाव सुचारु रूप से हो सकेगा।

गिरिडीह की स्थिति भी इससे भिन्न नहीं है। भारतीय खाद्य निगम का सरिया (गिरिडीह) स्थित गोदाम अक्तूबर 2001 के उत्तरार्द्ध से अकार्यरत है और खाद्यान्न की आपूर्ति तथा उठाव बाधित है। हजारीबाग से वैकल्पिक व्यवस्था कर नियमित आपूर्ति बहाल करने के आश्वासन के बाद भी समस्या का सार्थक हल नहीं हो पाया है। जन-वितरण प्रणाली विक्रेताओं की लगभग एक करोड़ रुपए की जमा राशि के विरुद्ध खाद्यान्न अब तक उपलब्ध नहीं कराए जा सके हैं। खाद्यान्न के उठाव के लिए भारतीय खाद्य निगम धनबाद स्थित गोदाम और सी.डब्ल्यू.सी. हजारीबाग जिले को संबद्ध किया गया था परंतु समाधान नहीं निकला। गिरिडीह के उपायुक्त ने रेलवे स्टेशन से मात्र तीन किलोमीटर की दूरी पर सेण्ट्रल-पीट साइडिंग स्थल (गिरिडीह कोलियरी क्षेत्रान्तर्गत) है जहाँ पर रेल रैक वजन हेतु वे-ब्रिज भी है, को इस्तेमाल में लाने का सुझाव दिया था। यहाँ लोडिंग-अनलोडिंग प्लेटफॉर्म भी है और खाद्यान्न का उठाव कराया जा सकता है लेकिन भारतीय खाद्य निगम की ओर से इन सुझावों पर अब तक विचार नहीं किया जा सका है।

मामला भारतीय खाद्य निगम से खाद्यान्नों के उठाव तक ही सीमित नहीं है। जन-वितरण प्रणाली की दुकानों में पहुँचने वाले खाद्यान्नों का वितरण कारगर ढंग से नहीं हो पाना भी एक बड़ी आबादी को खाद्य असुरक्षा की श्रेणी में लाता है। झारखंड में 14,136 जन-वितरण प्रणाली की दुकानों का नेटवर्क है और इसके माध्यम से ही बी.पी.एल., ए.पी.एल, अन्त्योदय, अन्नपूर्णा तथा अन्य योजनाओं के तहत मिलने वाले खाद्यान्नों की आपूर्ति होती है। सच तो यह है कि खाद्यान्नों के उठाव में कमी की वजह से जहाँ बी.पी.एल. की एक बड़ी आबादी खाद्यान्नों से वंचित है वहीं जन-वितरण प्रणाली में व्याप्त कई खामियाँ इस स्थिति को और गंभीर बनाती हैं।

झारखंड जन-वितरण प्रणाली की दुकानें

क्र.	*श्रेणी*	*संख्या*
1.	अनुसूचित जाति	1,652
2.	अनुसूचित जाति	2,560
3.	अल्पसंख्यक	830
4.	को-आपरेटिव सोसायटी	352
5.	महिला	250
6.	अन्य	8,452

स्रोत : खाद्य एवं आपूर्ति विभाग, झारखंड सरकार

झारखंड में बी.पी.एल. परिवारों के चयन में भी कई विसंगतियाँ हैं। केन्द्र सरकार का निर्देश है कि योग्य लाभुकों के चयन में ग्राम पंचायत तथा ग्राम सभाओं की मदद ली जाए। झारखंड में पंचायत चुनाव तो नहीं हुए लेकिन 20 हजार से ज्यादा गाँवों में ग्राम सभाएँ कार्यरत हैं। बी.पी.एल. के चयन में इन ग्राम सभाओं को नहीं जोड़ा गया। नतीजा यह हुआ कि बी.पी.एल. की सूची में ज्यादातर प्रभावशाली और पहुँच वाले लोग ही शामिल हो गए। एक हजार रुपए की मासिक से भी कम आमदनी वाले सैकड़ों परिवार बी.पी.एल. की सूची से वंचित रह गए। दुमका जिले के शिकारीपाड़ा प्रखंड के प्रतापपुर गाँव के माँझी टोला के लतरू मरांडी की गरीबी का आलम यह है कि परिवार को पालने के लिए बच्चों को गिरवी रख दिया गया है। लेकिन बी.पी.एल. की सूची में लतरू मरांडी के परिवार का नाम दर्ज नहीं हुआ है। लतरू मरांडी की आजीविका जब-तब मिट्टी काटने के काम से ही चलती है। पलामू के मनातू प्रखंड का कुसमाटांड गत वर्ष भूख से हुई मौतों के कारण सुर्खियों में रहा था। कुसमाटांड में अब भी कई परिवारों की बी.पी.एल. परिवारों के तौर पर पहचान नहीं हो पाई है और न ही राशन उपलब्ध हो पा रहे हैं जबकि 28 नवंबर 2001 को सर्वोच्च न्यायालय द्वारा दिए गए आदेश के अनुसार राज्य सरकार को जनवरी 2002 तक सभी बी.पी.एल. परिवारों के पहचान का कार्य पूरा कर लेना था। राष्ट्रीय स्तर पर हुए एक सर्वेक्षण में पाया गया कि 18 फीसदी बी.पी.एल. परिवारों के पास राशनकार्ड नहीं हैं और उन्हें जन-वितरण प्रणाली की सुविधाएँ नहीं मिल रही हैं।

झारखंड के पश्चिम सिंहभूम में लाल कार्डधारियों की संख्या सबसे ज्यादा 1,91,860 है जबकि लोहरदगा में ऐसे कार्डधारियों की संख्या अत्यंत कम सिर्फ 28195 है। सूचना तथा पैसे के अभाव में बी.पी.एल. परिवारों द्वारा खाद्यान्न नहीं उठाए जा रहे हैं। सुप्रीम कोर्ट के आदेश के बाद भी खाद्य सुरक्षा एवं सामाजिक सुरक्षा के कार्यक्रमों की जानकारी तथा लाभुकों की सूची गाँवों, जन वितरण प्रणाली दुकानों, ग्राम पंचायत, ब्लॉक आफिस तथा सरकारी स्कूलों में प्रदर्शित नहीं किए गए हैं। झारखंड में खाद्य असुरक्षा को दूर करने में ऐसे कार्यक्रमों को कारगर ढंग से लागू करने की जरूरत है।

झारखंड में खाद्य सुरक्षा कार्यक्रम की स्थिति पर अध्ययन के क्रम में ग्राम स्वराज अभियान ने पाया कि बी.पी.एल. खाद्यान्नों के निर्धारित मूल्य से 20-30 फीसदी ज्यादा पैसे उपभोक्ताओं से लिए जा रहे हैं। गेहूँ और चावल के मामले में यह दर 6 से 7.50 रुपए तक है। व्यावहारिक ढंग से देखा जाए तो गेहूँ तथा चावल का निर्धारित निर्गत मूल्य खुले बाजार में उपलब्ध अनाज के करीब-करीब समान है। इसे इस तथ्य के संदर्भ में देखा जाना चाहिए कि डीलरों द्वारा बी.पी.एल. व अन्त्योदय कार्डधारियों से ढुलाई पर आए खर्च के नाम पर अतिरिक्त पैसे लिए जाते हैं। जन-वितरण डीलरों को सरकार से मामूली कमीशन मिलते हैं और इसी कमीशन में उन्हें ट्रांसपोर्टेशन खर्च, अधिकारियों-कर्मचारियों को रिश्वत देना तथा बाकी व्यवस्थाएँ पूरी करनी पड़ती हैं।

झारखंड के ज्यादातर गाँवों के भीतर जन-वितरण प्रणाली की दुकानें नहीं हैं। अमूमन दुकानें गाँव के बाहर होती हैं और ग्रामीणों का राशन लेने के लिए चार-पाँच किलोमीटर पैदल चलना सामान्य है। दिक्कत यह है कि एक तो दुकानों में कब राशन आएँगे, इसकी जानकारी

नहीं हो पाती है और बार-बार ग्रामीणों को यह पता लगाने के लिए दौड़ना पड़ता है। फिर राशन दुकानें नियमित भी नहीं खुलतीं। जब राशन आया तभी राशन-दुकानें खुलीं। वह भी एक-दो दिनों के लिए ही। ग्रामीणों को राशन-दुकानों से महीने का खाद्यान्न एक बार में ही खरीदना पड़ता है। किश्तवार राशन उठाने की व्यवस्था सुप्रीम कोर्ट के आदेश के बाद भी लागू नहीं हो पाई है। पैसे के अभाव में कई ग्रामीण राशन उठा ही नहीं पाते। घाटशिला के रूबपूचोया गाँव के ग्रामीणों के लिए जन-वितरण प्रणाली की दुकान 26 किलोमीटर दूर है। चार घंटे चलने के बाद रूबपूचोया, गुंदरिया, मुसाबनी के ग्रामीणों को राशन-दुकान से राशन लाना पड़ता है। योजनाओं को जनोपयोगी बनाने के लिए जरूरी है कि सरकार सड़क, परिवहन, गोदाम तथा बिजली की व्यवस्था में सुधार लाए। मनिका प्रखंड (पलामू) के नवाटोली के ग्रामीणों की शिकायत है कि विगत दो वर्षों से राशन-दुकान से खाद्यान्न मिले ही नहीं हैं। सरकारी आंकड़ों के अनुसार पलामू के मनातू प्रखंड के लिए जनवरी से मई 2002 के बीच बी.पी.एल. कोटे के तहत 15998 क्विंटल अनाज (गेहूँ एवं चावल) आवंटित था। इसमें डीलरों द्वारा मात्र 4677 क्विंटल जोकि आवंटन का मात्र 30 प्रतिशत है, उठाया गया। उठाए गए अनाज में से एक छटाँक अनाज भी बी.पी.एल. परिवारों को नहीं मिला।

लाल कार्डधारियों को गलत सूचना देने, खाद्यान्नों की आपूर्ति नहीं करने, कार्ड डीलरों द्वारा रख लेने, किश्तों में खाद्य सामग्रियाँ उपलब्ध नहीं कराने और दुकानें नियमित और रोजाना नहीं खुलने की शिकायतें आम हैं। निगरानी कमेटी में शामिल ज्यादातर लोग राजनीतिक अभिरुचि के होते हैं और उन्हें व्यापक जन समुदाय के हितों की रक्षा से मतलब नहीं रहता है।

झारखंड राज्य में जिलावार जनसंख्या एवं बी.पी.एल. परिवारों की संख्या

क्र. सं.	*जिला*	*जनसंख्या 1996 (संभावित)*	*बी.पी.एल. (अन्त्योदय अन्न योजना के बी.पी.एल. को छोड़ कर) परिवारों की संख्या*
1.	साहेबगंज	824794	80755
2.	पाकुड़	629432	52245
3.	गुमला	728916	64651
4.	सिमडेगा	560803	49422
5.	गोड्डा	962543	79419
6.	दुमका	1050835	97720
7.	जामताड़ा	544874	51943
8.	देवघर	1042540	43554
9.	धनबाद	2178985	95510
10.	हजारीबाग	1939600	157435
11.	कोडरमा	555800	47482
12.	चतरा	684829	77093
13.	राँची	2470641	276570

14.	गढ़वा	894950	86677
15.	पलामू	1123501	94012
16.	लातेहार	731245	40534
17.	लोहरदगा	322888	28195
18.	जमशेदपुर	1802948	116878
19.	बोकारो	1624487	116878
20.	गिरिडीह	1672304	137442
21.	प. सिंहभूम	1235670	191860
22.	सरायकेला	762727	96893
	कुल	24414937	202500

स्रोत : खाद्य एवं आपूर्ति विभाग, भारत सरकार

अन्त्योदय अन्न योजना

एक भूखविहीन राष्ट्र के निर्माण के उद्देश्य से भारत सरकार द्वारा अन्त्योदय अन्न योजना की घोषणा 25 दिसंबर 2000 को की गई। इस योजना के तहत झारखंड राज्य के बी.पी.एल. परिवारों के 15.33 प्रतिशत अर्थात् कुल 3,66,500 निर्धनतम परिवारों को प्राथमिकता के आधार पर चयनित किया गया। इन परिवारों के राशनकार्डों को विशेष रूप से चिन्हित किया गया। योजना के तहत प्रति परिवार 21 किलोग्राम गेहूँ एवं 14 किलोग्राम चावल सहित कुल 35 किलोग्राम खाद्यान्न प्रति महीने रियायती दर पर उपलब्ध कराए जा रहे हैं। अन्त्योदय अन्न योजना के तहत दो रुपए प्रति किलोग्राम गेहूँ और तीन रुपए प्रति किलोग्राम चावल उपलब्ध कराए जाते हैं। यह योजना पूरे राज्य में 14 जून 2001 से प्रारंभ की गई है। इसके लिए प्रति माह 5728 मीट्रिक टन गेहूँ एवं 7100 मीट्रिक टन चावल अर्थात् 12,828 मीट्रिक टन खाद्यान्न केन्द्र सरकार से प्राप्त होता है। इस योजना के लिए भी खाद्यान्नों की आपूर्ति भारतीय खाद्य निगम द्वारा की जाती है एवं भारतीय खाद्य निगम के गोदामों में अच्छी गुणवत्ता के खाद्यान्न उपलब्ध नहीं रहने के कारण अन्त्योदय अन्न योजना के उठाव पर प्रतिकूल असर पड़ता है।

झारखंड के अन्त्योदय योजना के तहत सबसे ज्यादा लाभुक (16.39 प्रतिशत) गुमला में हैं जबकि सबसे कम (14 प्रतिशत) जामताड़ा में। योजना के तहत निर्धनों में निर्धनतम को शामिल करना है लेकिन चयन की कारगर पद्धति और जन भागीदारी के अभाव में यह संभव नहीं हो पाया है। कई जगहों से यह शिकायत है कि अन्त्योदय के लिए जारी विशेष कार्ड नहीं दिए गए हैं। दुमका के शिकारीपाड़ा प्रखण्ड के प्रतापपुर गाँव निवासी खुदु मरांडी, मादा मरांडी तथा नीलमुनि हांसदा बताते हैं कि लालकार्ड वापस ले लिया गया है। कहा गया था कि लाल मुहर लगने के बाद सस्ते दर पर चावल-गेहूँ मिलेगा लेकिन अब तक कार्ड ही नहीं लौटा है। फरवरी 2003 में अंतिम बार इन लोगों को जन-वितरण प्रणाली की दुकान से राशन मिले थे। पलामू के मनातु प्रखंड के कुसमाटांड में दस परिवारों के पास अन्त्योदय कार्ड है। उनके लिए प्रतिमाह (अप्रैल 2002) 35 किलोग्राम अन्त्योदय के निर्धारित मूल्य पर चावल-गेहूँ लेने का

प्रावधान है। स्थल भ्रमण के दौरान स्थानीय डीलर ने बताया कि सरकारी गोदाम से अन्त्योदय कोटे का पूरा अनाज उठाया गया है। कुसमाटांड के चार अन्त्योदय कार्डधारियों—लुदाई भुईंया, चिनारिक भुईंया, जगोइया देवी तथा बेलादर सिंह में से तीन कार्डधारियों ने बताया कि उन्हें मात्र एक या दो बार 20 किलोग्राम से कम अनाज मिला है। केवल चौथे कार्डधारी बेलादर सिंह विगत तीन महीने से प्रतिमाह अनाज ले पाया है। अन्त्योदय योजना के तहत खाद्यान्नों के उठाव की स्थिति बेहतर नहीं है। सरकारी आँकड़े के मुताबिक अप्रैल 2002 से मार्च 2003 तक आवंटन के विरुद्ध 60 फीसदी से ज्यादा खाद्यान्न नहीं उठाए गए। इस अवधि में गेहूँ और चावल का आवंटन क्रमश: 82919 मीट्रिक टन तथा 71415 मीट्रिक टन रहा जबकि इसी अवधि में उठाव क्रमश: 60765.7 मीट्रिक टन और 47454.6 मीट्रिक टन रहा है। अन्त्योदय योजना के तहत जिलावार खाद्यान्नों के उठाव को देखने से पता चलता है कि गिरिडीह की स्थिति अत्यंत नाजुक है। अप्रैल से अगस्त 2002 तक गिरिडीह में सिर्फ 12.08 प्रतिशत गेहूँ तथा 7.61 प्रतिशत चावल उठाए जा सके थे। धनबाद में खाद्यान्नों के उठाव का प्रतिशत 90 रहा जबकि अन्य जिलों यथा कोडरमा (90 प्रतिशत) बोकारो (90 प्रतिशत), देवघर (85 प्रतिशत), लातेहार (80 प्रतिशत) तथा साहेबगंज (89 प्रतिशत) में गेहूँ का उठाव हुआ। इसी अवधि में चावल का उठाव बोकारो में 98 प्रतिशत, पलामू में 80 प्रतिशत, देवघर 79 प्रतिशत, राँची 94 प्रतिशत तथा धनबाद में 90 प्रतिशत रहा। खाद्य सुरक्षा के अन्य कार्यक्रमों से अन्त्योदय की तुलना करें तो पता चलेगा कि लक्ष्य के विरुद्ध 60 फीसदी उपलब्धि अन्त्योदय के खाते में है। अप्रैल से अगस्त 2002 में लक्षित जन-वितरण प्रणाली के तहत गेहूँ और चावल का आवंटन क्रमश: 203670 मीट्रिक टन और 35785 मीट्रिक टन था जबकि उठाव केवल 29.9 प्रतिशत (गेहूँ) और 94 प्रतिशत (चावल) ही था।

अन्त्योदय योजना के तहत गेहूँ एवं चावल की दरें क्रमश: दो एवं तीन रुपए निर्धारित हैं लेकिन ढाई और साढ़े तीन रुपए कीमत वसूलना सामान्य बात है। यह ज्यादातर गाँवों में देखने को मिल रहा है। खाद्यान्नों की क्वालिटी को लेकर शिकायतें आम हैं। हालाँकि राज्य में जून 2002 से अन्त्योदय योजना लागू है लेकिन अभी तक सैकड़ों लोगों को अन्त्योदय कार्ड नहीं मिल पाए हैं।

अन्त्योदय अन्न योजना मार्च 2003 के लिए मासिक आवंटन

क्र. सं.	*जिले का नाम*	*कुल बी.पी.एल. परिवारों का 15.33 प्रतिशत निर्धनतम परिवार का लक्ष्य*	*लक्ष्य के अनुसार खाद्यान्न का आवंटन (मी.टन में)*		
			चावल	*गेहूँ*	*कुल*
1.	साहेबगंज	14600	204.4	306.6	511.0
2.	पाकुड़ 1000	140.0	210.0	350.0	
3.	गुमला 12681	177.6	266.4	444.0	
4.	सिमडेगा	7919	277.2	–	277.2
5.	गोड्डा14400	201.6	302.4	504.0	

6.	दुमका 18617	391.0	260.7	651.7	
7.	जामताड़ा	8482	118.8	178.2	297.0
8.	देवघर 8000	112.0	168.0	280.0	
9.	धनबाद	17300	242.2	363.3	605.5
10.	हजारीबाग	27865	696.6	278.6	975.2
11.	कोडरमा	8635	127.9	174.4	302.3
12.	चतरा	14000	364.0	126.0	490.0
13.	रांची	50000	700.0	105.7	1750.2
14.	गढ़वा	15800	221.2	331.8	553.0
15.	पलामू	17200	234.4	351.5	585.9
16.	लातेहार	6900	103.3	154.7	257.7
17.	लोहरदगा	5100	142.8	35.7	178.5
18.	जमशेदपुर	21200	742.0	–	742.0
19.	बोकारो	11100	155.4	223.1	388.5
20.	गिरिडीह	24900	348.6	522.9	871.5
21.	सिंहभूम	35120	982.8	246.2	1229.0
22.	सरायकेला	16880	417.0	166.8	583.8
	कुल	366500	7100.0	5728.8	12828.0

अन्नपूर्णा योजना

केन्द्र प्रायोजित इस योजना के तहत राज्य के कुल वृद्धावस्था पेंशनधारियों के 20 फीसदी वैसे व्यक्तियों का चयन किया गया है जिनकी आयु 65 वर्ष या उससे अधिक है। जो वृद्धावस्था पेंशन पाने की योग्यता रखते हैं परंतु जिन्हें राष्ट्रीय वृद्धावस्था पेंशन योजना का लाभ नहीं मिलता है। केन्द्र सरकार द्वारा दिए गए लक्ष्य के अनुरूप झारखंड में कुल 54939 व्यक्तियों को इस योजना का लाभ उपलब्ध कराने के लिए चयन किया गया है। योजना के तहत लाभुकों को प्रति माह 10 किलोग्राम चावल मुफ्त दिए जाते हैं। झारखंड में इस योजना की शुरुआत 15 अगस्त 2002 को अप्रैल 2002 के प्रभाव से हुई। लाभुकों के बीच खाद्यान्न का वितरण वृद्धावस्था पेंशन की भाँति शिविर लगा कर किया जा रहा है। पूर्व मुख्यमंत्री बाबूलाल मरांडी ने 17 अगस्त 2002 को जामताड़ा के नारायणपुर प्रखंड में 341 लाभुकों के बीच 40 किलोग्राम चावल (प्रति लाभुक) वितरित किया। अप्रैल 2002 से मार्च 2003 तक अन्नपूर्णा योजना के तहत चावल का आवंटन 6562.99 मीट्रिक टन था जबकि उठाव मात्र 4814.12 मीट्रिक टन। अप्रैल–अगस्त 2002 की अवधि में अन्नपूर्णा योजना के तहत खाद्यान्नों का उठाव मात्र 19.54 प्रतिशत रहा। उठाव की सबसे अच्छी स्थिति राँची और कोडरमा जिले की रही। यहाँ अन्नपूर्णा योजना के खाद्यान्नों के उठाव का प्रतिशत क्रमश: 79.8 एवं 79.85 प्रतिशत रहा। इसी अवधि में लोहरदगा जिले में खाद्यान्न का उठाव मात्र 3.19 प्रतिशत था।

अन्नपूर्णा योजना के लाभुकों के चयन में ग्राम सभाओं की भागीदारी नहीं रही और राजनीतिक रूप से सशक्त लोग ही ज्यादातर इस योजना में शामिल हो पाए। अप्रैल से अगस्त 2002 की अवधि में राज्य के कई जिलों यथा पलामू, सिमडेगा, पूर्वी सिंहभूम तथा बोकारो में खाद्यान्नों का उठाव शून्य रहा। कई जिलों में ढंग से इस योजना के चालू होने की सूचना भी नहीं है।

योजना के तहत हर महीने मुफ्त 10 किलो अनाज बाँटा जाना है लेकिन सरकारी प्रक्रियाओं में विलंब के चलते खाद्यान्नों का बँटवारा चार महीने में एकमुश्त ही हो पाता है। यह भी अद्यतन नहीं है। इस साल ज्यादातर जगहों पर 26 जनवरी को चार महीने का राशन लाभुकों को दिया गया। दूसरी दिक्कत यह है कि अन्नपूर्णा के खाद्यान्न कैम्प लगाकर एक ही दिन बाँटे जाते हैं और उस दिन उपस्थित नहीं होने वालों को फिर प्रखंड कार्यालय से खाद्यान्न लेना पड़ता है। अन्नपूर्णा योजना के लाभुक शारीरिक रूप से इस स्थिति में नहीं हैं कि 5-7 किलोमीटर की दूरी तय कर चार महीने का 40 किलोग्राम खाद्यान्न उठा सकें। शिविर के बाद प्रखण्ड विकास कार्यालय से खाद्यान्न उठाने में भी लाभुकों को कम मशक्कत नहीं करनी पड़ती है। खाद्यान्न की खराब क्वालिटी के चलते लोगों का रुझान अनाज लेने के प्रति ज्यादा नहीं है। अध्ययन में पाया गया कि लाभुक इसके एवज में सीधे नकद राशि चाहते हैं ताकि अच्छी क्वालिटी की चावल खरीदी जा सके। खाद्यान्न के भंडारण लोगों तक पहुँचाने तथा नुकसान से बचाने की कारगर व्यवस्था प्रखंड कार्यालयों में नहीं है। भारतीय खाद्य निगम के साथ समन्वय का अभाव भी योजना को शत-प्रतिशत सफल बनाने में बाधक है।

अन्नपूर्णा योजना का आवंटन

क्र. सं.	*जिले का नाम*	*लाभुकों की संख्या*	*जनवरी 2003*	*फरवरी 2003*	*मार्च 2003*	*योग*
1.	दुमका	2659	25.50	25.50	25.50	76.50
2.	देवघर	2419	23.20	23.20	23.20	69.60
3.	साहेबगंज	1896	18.15	18.15	18.15	54.45
4.	पाकुड़	1974	18.90	18.90	18.90	56.70
5.	गोड्डा	2803	26.85	26.85	26.85	80.55
6.	जामताड़ा	1516	14.50	14.50	14.50	43.50
7.	हजारीबाग	3857	36.95	36.95	36.95	110.85
8.	कोडरमा	1436	13.75	13.75	13.75	41.25
9.	चतरा	1533	14.70	14.70	14.70	44.10
10.	गिरिडीह	3466	33.20	33.20	33.20	99.60
11.	धनबाद	3645	34.90	34.90	34.90	104.70
12.	बोकारो	3976	38.06	38.06	38.06	114.18
13.	राँची	4581	43.85	43.85	43.85	131.55
14.	गुमला	2460	23.55	23.55	23.55	70.65

15.	लोहरदगा	664	06.35	06.35	06.35	19.05
16.	पू.सिंहभूम	3441	32.95	32.95	32.95	98.85
17.	प.सिंहभूम	2780	26.60	26.60	26.60	79.80
18.	पलामू	3487	33.40	33.40	33.40	100.20
19.	लातेहार	1347	12.90	12.90	12.90	38.70
20.	सरायकेला	1420	13.60	13.60	13.60	40.80
21.	सिमडेगा	1607	15.40	15.40	15.40	46.20
22.	गढ़वा	1972	18.90	18.90	18.90	56.70
	योग	54939	526.16	526.16	526.16	1578.48

स्रोत : खाद्य एवं आपूर्ति विभाग, झारखंड सरकार

मध्याह्न भोजन योजना

मध्याह्न भोजन मूलत: बच्चों में कुपोषण की परिघटना को कम करने तथा स्कूलों तक उनकी पहुँच बढ़ाने के उद्देश्य से शुरू किए गए थे। एक अनुमान के मुताबिक 5-14 वर्ष के लगभग दो करोड़ बच्चे कुपोषित हैं। इन बच्चों में कुपोषण की वजह गरीबी, खाद्यान्नों तक उनके परिवारों की पहुँच का नहीं होना तथा जनसंख्या वृद्धि है। प्राथमिक विद्यालयों में बच्चों की छीजन दर को कम कर उनकी उपस्थिति सुनिश्चित करने में मध्याह्न भोजन योजना की भूमिका को रेखांकित किया गया। झारखंड में यह योजना राजकीय तथा राज्य संपोषित प्राथमिक विद्यालयों में चल रही है। मध्याह्न भोजन योजना के संदर्भ में सर्वोच्च न्यायालय के आदेश के मुख्य अंश—'हम राज्य सरकारों एवं केंद्रशासित प्रदेशों को निर्देशित करते हैं कि वे अपने क्षेत्र के समस्त शासकीय एवं शासकीय अनुदान प्राप्त प्राथमिक विद्यालयों में मध्याह्न भोजन योजना को क्रियान्वित करें जिसके अंतर्गत पका हुआ दोपहर का भोजन, जिसमें कम से कम 300 कैलोरी के तत्त्व तथा 8 से 12 ग्राम प्रोटीन होना आवश्यक है। यह विद्यालय में प्रत्येक दिन और वर्ष भर में 200 दिन वितरित करना अनिवार्य है। जो सरकारें पके हुए भोजन के स्थान पर सूखा अनाज वितरित कर रही हैं, वे 3 माह के भीतर राज्य के आधे जिलों में पका हुआ भोजन तथा आगे के तीन महीनों में राज्य के शेष जिलों में भी पका हुआ भोजन उपलब्ध कराएँ।

28 नवंबर 2001 को सुप्रीम कोर्ट ने सभी राज्यों को निर्देश दिया था कि छह महीने के भीतर सभी प्राइमरी स्कूलों के छात्रों को पकाया हुआ भोजन मुहैया कराने की व्यवस्था करें। हालाँकि तयशुदा समय में सभी राज्य सरकारें इसे लागू नहीं कर पाईं। मगर धीरे-धीरे यह योजना देश के ज्यादातर राज्यों में फैल चुकी है और अच्छे नतीजे भी सामने आने लगे हैं। झारखंड सरकार ने पहले तो इस योजना को लागू करने में असमर्थता जताई और कहा कि इस पर लगभग 266 करोड़ का वित्तीय भार आएगा। लेकिन वित्तीय वर्ष 2003-04 में इस योजना को स्वीकृति दी गई। झारखंड मंत्रिमंडल ने राज्य में मध्याह्न भोजन योजना के लिए 20 करोड़ 5 लाख 20 हजार दो सौ रुपए की स्वीकृति प्रदान की है। प्रथम चरण में सितंबर 2003 में यह कार्यक्रम शुरू हुआ। सरकार ने इसे सरस्वती वाहिनी का नाम दिया है। इसके तहत प्रत्येक जिले के दो सौ

विद्यालयों में दोपहर को पकाया हुआ भोजन बच्चों को दिया जा रहा है। इसके संचालन की जिम्मेदारी माता समिति पर है। प्रथम चरण में चतरा, पश्चिम सिंहभूम, सरायकेला, दुमका, जामताड़ा, पलामू, लातेहार, गुमला, सिमडेगा एवं साहेबगंज में यह योजना लागू की गई है। राज्य के शेष जिलों में इसी वित्तीय वर्ष में यह योजना लागू करने की घोषणा की गई है। नई दिल्ली के सेंटर फॉर इक्विटी स्टडीज ने देशभर में 'दोपहर का भोजन' योजना की दशा और दिशा के बारे में एक सर्वेक्षण किया। इस सर्वेक्षण के नतीजे चौंकाने वाले भी हैं और उत्साहवर्धक भी। छत्तीसगढ़, कर्नाटक और राजस्थान को प्रतिनिधि मानकर इनमें से हरेक के 27-27 गाँवों में यह सर्वेक्षण किया गया है। यहाँ शिक्षक, अभिभावक, रसोइयों, छात्रों आदि से लंबी बातचीत के बाद इसके निष्कर्ष निकाले गए हैं। जिन 81 गाँवों का सर्वेक्षण किया गया उनमें से 76 गाँवों के स्कूलों में नियमित रूप से यह योजना चल रही है। कर्नाटक के कुछ गाँव ऐसे थे जिनमें अस्थायी रूप से खलल पड़ा है। वहाँ कुछ गाँवों के कुछ गरीब परिवारों ने इस भोजन को 'त्योहारों' जैसा भोजन बताया क्योंकि घर पर उन्हें अच्छा भोजन नहीं मिल पाता। कुछ गाँवों में तो छात्रों को खाने की चीजें दोबारा भी परोसी जाती हैं।

दोपहर के भोजन से स्कूलों में नाम दर्ज कराने वाले छात्रों की संख्या और कक्षा में छात्रों की उपस्थिति में काफी बढ़ोतरी हुई है। खासकर छात्राओं की संख्या भी बढ़ी है। यह निष्कर्ष जुलाई 2002 में दर्ज छात्रों की संख्या और 'दोपहर का भोजन' लागू होने के बाद 81 स्कूलों से प्राप्त आँकड़ों से निकाला गया है। इससे कक्षा एक में नाम दर्ज कराने वाले छात्रों की संख्या में 15 फीसदी का इजाफा हुआ। इससे भी महत्त्वपूर्ण बात यह है कि नाम दर्ज कराने वाली छात्राओं की संख्या में छत्तीसगढ़ में 17 व राजस्थान में 29 फीसदी बढ़ोतरी हुई। छात्रों की संख्या ही नहीं बल्कि कक्षाओं में छात्रों की उपस्थिति भी बढ़ी है। कई छात्रों के माता-पिता ने कहा कि स्कूल 'दोपहर का भोजन' मिलने के कारण उन्हें बच्चों को स्कूल जाने के लिए राजी करना आसान हो गया है। 78 फीसदी शिक्षकों ने माना कि अब भोजन अवकाश के बाद छात्रों की उतनी हाजरी होती है जितनी स्कूल के शुरुआत में थी जबकि योजना के पहले काफी बच्चे खाना खाने के लिए घर जाते थे और फिर वापस स्कूल नहीं आते थे।

झारखंड प्राथमिक शिक्षा की स्थिति

प्राथमिक विद्यालयों की संख्या	16322
भवनविहीन स्कूलों की संख्या	2317
शिक्षकों की संख्या (कई पद रिक्त)	32802
स्कूल-शिक्षक अनुपात	1 : 92
6-14 आयु वर्ग के बच्चों की संख्या	5064292
नामांकित बच्चों की संख्या	3873212
मध्याह्न भोजन योजना के अन्तर्गत बच्चे	2253576

स्रोत : झारखंड सरकार, मानव संसाधन विभाग

आई.सी.डी.एस.

समेकित बाल विकास कार्यक्रम (आई.सी.डी.एस) 1979 में छह वर्ष तक के बच्चों के सर्वांगीण विकास तथा गर्भवती और धात्री महिलाओं के लिए शुरू किया गया था। इस कार्यक्रम के तहत छह सेवाएँ—पूरक पोषाहार, टीकाकरण, स्वास्थ्य जाँच, रेफरल सेवाएँ, प्री-स्कूल शिक्षा, स्वास्थ्य और पोषण उपलब्ध कराई जाती हैं। छह वर्ष तक के बच्चों को 300 कैलोरी और 8-10 ग्राम प्रोटीन तथा किशोरियों को 500 कैलोरी और गर्भवती तथा धात्री महिलाओं को 500 कैलोरी और 20-25 ग्राम प्रोटीन की व्यवस्था आँगनबाड़ी केन्द्रों के मार्फत की जाती है। कुपोषित बच्चों को दुगना पोषाहार उपलब्ध कराने का प्रावधान है।

फूड राइट्स स्टेट एडवाइजरी बोर्ड के सदस्यों ने राज्य सलाहकार डा. रमेश शरण के नेतृत्व में 29 सितंबर 2003 को पलामू के लेस्लीगंज प्रखंड में खाद्य सुरक्षा कार्यक्रमों की जमीनी हालात की जानकारी ली। दल ने पाया कि महिलाओं एवं बच्चों में कुपोषण की स्थिति व्याप्त है तथा कई मौतें प्रसव के दौरान हुई हैं। आंगनबाड़ी केन्द्र के पदाधिकारी का प्रभार प्रखण्ड विकास पदाधिकारी के पास है जो एक वर्ष से किसी भी केन्द्र में गए ही नहीं हैं। मई 2003 के पोषाहार के रूप में एक पैकेट मुढ़ी, एक पैकेट सत्तू और एक पैकेट गुड़ मिला था। सेविका के द्वारा अनियमितता बरती जा रही है, दवाइयाँ भी केन्द्र में उपलब्ध नहीं हैं। सेविका को धात्री माता या गर्भवती माताओं की जानकारी नहीं है तथा बच्चों के रिकार्ड रजिस्टर में उनके पिता या माता का नाम, उम्र आदि नदारद है। केन्द्र में वजन तालिका भी उपलब्ध नहीं है। दवाइयों का वितरण नहीं हो पाने की वजह से दवाइयों की मियाद खत्म हो गई है। 'केयर' के द्वारा पोषाहार की उपलब्धता जनवरी माह से बंद कर दी गई है। जनवरी से अप्रैल 2003 तक राज्य में आँगनबाड़ी केन्द्रों में पोषाहार की सहायता नहीं की गई। अगस्त-सितंबर महीने में जब भूख से मरने की खबरें आ रही थीं, आई.सी.डी.एस. कार्यशील नहीं रहा। अगंभीरता का आलम यह है कि प्रखंडों में आवंटित राशि पहुँचने के बाद भी आपूर्तिकर्ताओं से अनाज नहीं खरीदे जा सके हैं।

आई.सी.डी.एस. कार्यक्रमों के 25 साल पूरे होने पर अक्टूबर 2000 में नेशनल इंस्टीट्यूट ऑफ महिला को-आपरेशन एण्ड चाइल्ड डेवलपमेंट (एनआईपीसीडी) नई दिल्ली ने कार्यक्रमों की कई राज्यों में समीक्षा की। समीक्षोपरांत पाया गया कि कुछ राज्यों में आई.सी.डी.एस. के चलते शिशु मृत्यु दर में कमी आई है तथा 0-3 वर्ष तक के बच्चों के बीच कुपोषण 5 प्रतिशत तक तथा 3-6 वर्ष तक के बच्चों में 3 प्रतिशत तक कुपोषण में कमी आई है। अध्ययन में यह पाया गया कि आई.सी.डी.एस. सेवाओं की माँग है लेकिन सेवाएँ प्रदान करने, गुणवत्ता और समन्वय में कमी है। यह कार्यक्रम परिवार स्तर पर ही खाद्य सुरक्षा की गारंटी कर सकता था लेकिन कारगर ढंग से लागू नहीं किए जाने के चलते अन्य पोषित बच्चों और माताओं तक सुविधाएँ नहीं पहुँच पा रही हैं। 6-24 महीने के बच्चों तथा गर्भवती व धात्री महिलाएँ आँगनबाड़ी केन्द्रों पर नहीं आती हैं और न ही उन्हें पूरक पोषाहार दिया जाता है। उपलब्ध पोषाहार 3-5 वर्ष के बच्चों के बीच ही वितरित किए जाते हैं और वितरण में बच्चों की पोषण स्थिति का ख्याल नहीं रखा जाता है। कुपोषित बच्चों पर विशेष ध्यान नहीं

दिया जाता है। किशोरियों को आँगनबाड़ी केन्द्रों का लाभ नहीं मिल रहा है। लगभग यही स्थिति झारखंड के आँगनबाड़ी केन्द्रों की है।

आँगनबाड़ी केन्द्र नियमित नहीं खुलते हैं। पोषाहार की उपलब्धता कई-कई महीनों तक नहीं होती है। विभागों के बीच समन्वय का अभाव है। आँगनबाड़ी सेविकाओं की मुसीबत है कि उन्हें समय पर मानदेय नहीं मिलता और ऐसे में उन्हें अन्य कार्यों में अपने को व्यस्त रखना पड़ता है।

राष्ट्रीय वृद्धावस्था पेंशन योजना

यह योजना राष्ट्रीय सामाजिक सुरक्षा कार्यक्रम के अन्तर्गत 15 अगस्त 1995 को शुरू की गयी। 65 वर्ष से ऊपर के वृद्धों को केन्द्र सरकार की ओर से 75 रुपए मासिक पेंशन देने की योजना है। राज्य सरकार इसमें अपनी हिस्सेदारी देकर पेंशन की राशि को बढ़ा सकती है। इसके लाभुकों की आय का दूसरा स्रोत नहीं होना चाहिए तथा परिवार से सहयोग नहीं मिल रहा हो। योजना के तहत हर महीने की 7 तारीख तक पेंशन का भुगतान कर दिया जाना है। सुप्रीम कोर्ट के आदेश के बाद भी झारखंड में आवंटन के अभाव में यह भुगतान दो-तीन महीने में हो रहा है। वृद्धों को पैसे देने के लिए ब्लॉक कर्मचारियों द्वारा कमीशनखोरी की शिकायत आम है। कई वृद्धों को यह पता भी नहीं है कि ऐसी कोई योजना चल रही है। पलामू के लेस्लीगंज में निरीक्षण के दौरान स्टेट फूड राइट्स सलाहकार बोर्ड ने पाया कि 2421 आवेदन वृद्धावस्था पेंशन के लिए प्रखंड कार्यालय में लंबित हैं। गाँवों में वृद्धों की स्थिति दयनीय है और सर्वेक्षण दल ने भकासी गाँव में ऐसे कई वृद्धों को पाया जो असहाय थे और किसी योजना का लाभ उन्हें नहीं मिल रहा था। बहुतों ने 24 घंटे से अधिक समय तक खाना नहीं खाया था।

वृद्धावस्था पेंशन योजना

		राज्य सामाजिक सुरक्षा कार्यक्रम		*राष्ट्रीय कार्यक्रम के तहत 25 रु. प्रति माह*		
क्र.	*जिले का नाम*	*लाभुकों की संख्या*	*राशि*	*लाभुकों की संख्या*	*राशि*	*कुल राशि*
1.	राँची	5305	6366000	18404	5521200	11887200
2.	गुमला	7648	9177600	5677	1703100	10880700
3.	धनबाद	8387	10064400	14915	4474500	14538900
4.	चतरा	2779	3334800	5216	1564800	4899600
5.	हजारीबाग	16459	19750800	12275	3682500	23433300
6.	प.सिंहभूम	4153	4983600	8278	2483400	7467000
7.	पलामू	10514	12616800	9796	2938800	15555600
8.	साहेबगंज	3810	4572000	3265	979500	5551500
9.	गिरिडीह	6278	7533600	12136	3640800	11174400

10.	सरायकेला	3238	3885600	5768	1730400	5616000
11.	गढ़वा	3774	4528800	6769	2030700	6559500
12.	पूर्वी सिंहभूम	4686	5623200	11693	3507900	9131100
13.	पाकुड़	5115	6138000	5583	1674900	7812900
14.	बोकारो	12338	14805600	11951	3585300	18390900
15.	कोडरमा	5959	7150800	4457	1337100	8487900
16.	लोहरदगा	1084	1300800	2372	711600	2012400
17.	दुमका	5994	7192800	9327	2798100	9990900
18.	जामताड़ा	4114	4936800	4876	1462800	6399600
19.	गोड्डा	7899	9478800	9096	2728800	12207600
20.	लातेहार	1679	2014800	4017	1205100	3219900
21.	सिमडेगा	5180	6216000	4089	1226700	7442700
22.	देवघर	5278	6333600	5799	1739700	8073300
	योग	131671	158005200	175759	52727700	21073900

स्रोत : श्रम विभाग, झारखंड सरकार

राष्ट्रीय मातृत्व लाभ योजना

गरीबी रेखा से नीचे के परिवार के शादीशुदा किंतु 19 वर्ष से ज्यादा की महिलाओं के लिए यह योजना है। योजना के तहत 500 रुपए की एकमुश्त सहायता राशि दिए जाने का प्रावधान है। इस योजना का लाभ पहले दो बच्चों के जन्म तक ही लिया जा सकता है। प्रावधान के मुताबिक प्रसव के लगभग 8-12 सप्ताह पहले भुगतान कर दिया जाना चाहिए। इस योजना के तहत सभी योग्य महिलाओं को शामिल किया जाना है।

वित्तीय वर्ष 2001-02 में इस योजना के तहत झारखंड में 171.92 लाख रुपए आवंटित थे जिसमें से 53.38 फीसदी राशि ही खर्च हो पाई। 11 जिलों में आवंटन के विरुद्ध 40 फीसदी से भी कम राशि बँटी जबकि 6 जिलों में राशि का व्यय 80 फीसदी रहा। धनबाद, चतरा, गुमला, हजारीबाग, कोडरमा, पलामू, राँची तथा लोहरदगा जिलों में 70 फीसदी से ज्यादा निधि उपयोग में लाई गई। सिमडेगा, सरायकेला, जामताड़ा, लातेहार, पूर्वी सिंहभूम, दुमका तथा देवघर में आवंटित राशि व्यय ही नहीं हो सकी। इसी अवधि में बोकारो में 10.93 लाख के आवंटन के विरुद्ध मात्र 3.5 लाख खर्च हुए जबकि साहेबगंज में 0.54 लाख के विरुद्ध 6.22 लाख रुपए व्यय हुए। सुप्रीम कोर्ट के आदेश के बाद भी राशि के भुगतान में विलंब सामान्य परिघटना है। पलामू के लेस्लीगंज प्रखंड के विकास अधिकारी के मुताबिक इस योजना के तहत 101 आवेदन प्राप्त हुए और मात्र 28 को ही भुगतान किया जा सका। शेष 73 लाभुकों को राशि के अभाव में भुगतान नहीं किया गया।

राष्ट्रीय पारिवारिक लाभ योजना (एन.एफ.बी.एस.)

इसके अन्तर्गत गरीबी रेखा से नीचे रहने वाले प्रत्येक परिवार में रोजी-रोटी कमाने वाले की मृत्यु पर चार सप्ताह के भीतर 10 हजार रुपए देने का प्रावधान है। ग्राम स्वराज अभियान के अध्ययन के अनुसार वित्तीय वर्ष 2001-02 में केवल 72.22 फीसदी उपलब्धि रही। राँची, बोकारो, देवघर, कोडरमा तथा चतरा में स्थिति थोड़ी बेहतर देखी गई। लाभुकों में अनुसूचित जाति के 25.34 फीसदी तथा अनुसूचित जनजाति के 23.63 फीसदी लोग रहे। गढ़वा, गिरिडीह, हजारीबाग तथा पलामू में कुछ महिलाओं को भी यह लाभ मिला।

अध्ययन में पाया गया कि बिना रिश्वत दिए पैसा मिलना मुश्किल है और चार सप्ताह की जगह कई जगहों पर तो छह महीने भी लगे। लेस्लीगंज में इस वर्ष भूख से मौत की खबरों के बाद उन परिवारों को प्रशासन ने भुगतान किया। इस प्रखंड में 112 लोगों के आवेदन स्वीकृत हुए लेकिन मात्र 5 का ही भुगतान किया गया।

राष्ट्रीय पारिवारिक लाभ योजना

	लाख में				*लाभुकों की संख्या भौतिक उपलब्धियाँ*			
क्र.	*जिला*	*उपलब्ध राशि*	*खर्च*	*उपलब्धि (%)*	*कुल*	*अनुसूचित जाति*	*अनुसूचित जनजाति*	*महिलाएँ (%)*
1.	बोकारो	23.67	23.17	97.88	231	35.06	22.94	92.64
2.	चतरा	9.53	9.3	97.58	93	45.16	7.52	90.32
3.	देवघर	14.17	14.17	100	32	406.25	34.37	159.37
4.	धनबाद	33.25	29.79	89.59	297	33.67	50.50	84.17
5.	दुमका	20.4	0					
6.	पू.सिंहभूम	38.35	19.4	50.58	203	16.74	45.32	87.68
7.	गढ़वा	13.33	4.34	32.55	43	46.51	18.60	100
8.	गिरिडीह	20.83	10.65	51.12	89	29.21	6.74	100
9.	गोड्डा	8.9	5	56.17	50	30	34	0
10.	गुमला	18.97	10.66	56.19	99	9.09	34.34	78.83
11.	हजारीबाग	22.82	19.8	86.76	198	29.79	16.66	100
12.	कोडरमा	7.46	11	147.45	121	0	0	0
13.	लोहरदगा	5.23	5.03	96.17	48	10.41	66.66	95.83
14.	पाकुड़	10.99	5	45.49	50	0	0	0
15.	पलामू	21.97	18.9	86.02	258	39.92	31.39	100
16.	राँची	62.03	60.23	97.09	610	0	0	0
17.	साहेबगंज	2.01	0					
18.	प.सिंहभूम	9.03	7.98	88.37	79	12.65	84.81	89.87

19.	लातेहार	6.32						
20.	सरायकेला							
21.	जामताड़ा	3						
22.	सिमडेगा							
	योग	352.26	254.42	72.22	2501	25.34	23.63	62.37

स्रोत : कल्याण विभाग, झारखंड सरकार

रोजगार सृजन कार्यक्रम

काम के बदले अनाज कार्यक्रम का एक पुराना इतिहास है। ये कार्यक्रम मूलतः सूखे के समय चलाए जाते रहे हैं। काम के बदले अनाज देने के कई फायदे हैं। पहला तो यह भुखमरी की स्थिति खत्म करता है। दूसरे यह परिवार में अनाज की उपलब्धता बढ़ाता है। और इसका लाभ खासकर घर के वृद्धों और बच्चों को मिलता है। तीसरे नकद मजदूरी की तुलना में इसमें गड़बड़ी की संभावना कम होती है। नकद मजदूरी में फर्जी विपत्र और लोगों की संख्या दिखाकर गड़बड़ी करना आसान है। काम के बदले अनाज में घोटाले के बाद अंततः अनाज को खुले बाजार में ही बेचने की नौबत आती है। इससे बाजार में अनाज की उपलब्धता सुनिश्चित होती है और वह भी कम कीमतों पर। 15 अगस्त 2001 को देश के सभी जिलों में इस कार्यक्रम को शुरू किया गया।

जे.जी.एस.वाई (2001-02 एवं जुलाई 2002-03) के अन्तर्गत 36.69 फीसदी ही राशि का व्यय हो सका था। 11 जिलों में आवंटित राशि के विरुद्ध केवल 40 फीसदी व्यय हुए और केवल दो जिलों (गिरिडीह एवं सिमडेगा) ने ही आवंटित राशि का 80 फीसदी से ज्यादा व्यय किया। सिमडेगा जिले में आवंटन के विरुद्ध सबसे ज्यादा 85 फीसदी, जबकि गिरिडीह में 81 फीसदी राशि व्यय हुई। सबसे बदतर हालत साहेबगंज जिले में रहा और यहाँ आवंटन के विरुद्ध मात्र 4.3 फीसदी राशि उपयोग में लाई जा सकी। इसी प्रकार धनबाद में 17 फीसदी, हजारीबाग में 12 फीसदी और लोहरदगा में केवल 20.54 फीसदी राशि का व्यय हुआ। साफ जाहिर है कि जब आवंटित राशि का उपयोग नहीं हुआ तो काम भी नहीं हुए होंगे।

केन्द्र सरकार ने इस योजना के तहत अनाज भी राज्यों को दिए। जे.जी.एस.वाई. के तहत मात्र 48.7 फीसदी अनाज का ही उठाव संभव हो सका। लातेहार में सबसे ज्यादा 95.72 फीसदी, देवघर में 84.84 फीसदी तथा कोडरमा में 100 फीसदी अनाजों का उठाव संभव हो पाया। सरायकेला में अनाजों का उठाव सबसे कम मात्र 7.34 फीसदी रहा। जे.जी.एस.वाई. के तहत कुल 48.68 लाख मानव दिवस सृजित हुए। इसमें महिलाओं के लिए 27.07 फीसदी तथा भूमिहीनों के लिए 22.07 मानव दिवस सृजित हुए।

इसी सुनिश्चित रोजगार योजना के तहत इस अवधि में कुल 31.15 लाख मानव दिवस सृजित हुए। गुमला में सबसे ज्यादा रोजगार सृजित हुए (4.09 लाख मानव दिवस), उसके बाद पश्चिम सिंहभूम में 3.15 लाख मानव दिवस तथा देवघर में 3.6 लाख मानव दिवस

सृजित हुए। इस योजना में महिलाओं को 31.04 फीसदी तथा भूमिहीनों को 18.49 फीसदी रोजगार के अवसर मिले। (डॉ. रमेश शरण—स्टेटस ऑफ फूड सिक्युरिटी प्रोग्राम इन झारखंड)

खाद्य सुरक्षा के लिए सामुदायिक पहल

अकाल और भूख का पर्याय बने पलामू में छठे-सातवें दशक में ग्रेन गोला बैंक की अवधारणा पर काम शुरू हुआ। हालाँकि, यह पूरी तरह सरकारी प्रयास था लेकिन समुदाय की भागीदारी अच्छी रही। इस ग्रेन बैंक से संकट के समय लोग अनाज लेते थे। इसका अच्छा प्रयास देखने को मिला। बताया गया कि जिन गाँवों में जितने समय के लिए यह योजना चली, कम से कम भुखमरी की नौबत नहीं आई लेकिन अन्य सरकारी कार्यक्रमों की तरह ही इसका भी हश्र हुआ। सरकारी उपेक्षा और उदासीनता के चलते ये कार्यक्रम बाद के दिनों में विफल हुए।

जमशेदपुर के पटमदा के माँझीडीह गाँव के 70 संताली परिवारों ने अपना ग्रेन बैंक बनाया है। इस बैंक में हर दिन हर परिवार एक मुट्ठी चावल डालता है। संकट के समय इस बैंक से गाँव के लोग चावल लेते हैं। तीन सालों से यह ग्रेन बैंक काम कर रहा है। इससे कम से कम संकट के समय ग्रामीणों को खाने के लाले नहीं पड़ते हैं। अभी इनके ग्रेन बैंक में लगभग 12 क्विंटल चावल है। कई बार ग्रामीण इसी बैंक से अनाज उधार लेकर मार्केट में बेचता है और प्राप्त पैसे से अन्य आवश्यकताओं की पूर्ति करता है। अपनी फसल होने के बाद वापस बैंक में सूद (एक मुट्ठी) के साथ लौटा देता है।

टाटा स्टील रूरल डेवलपमेंट सोसायटी ने जमशेदपुर के चांडिल ब्लॉक में ऐसी ही पहल की है। चांडिल ब्लॉक में टी.एस.आर.डी.एस. ने 50 मीट्रिक टन की क्षमता का एक फूड बैंक बनाया है। इस बैंक में गाँव के लोग अपनी हिस्सेदारी के तौर पर अनाज रखते हैं और इतनी ही मात्रा में सोसायटी की ओर से अनाज दिए जाते हैं। इस बैंक से संकट के समय ग्रामीण अनाज लेते हैं और फिर वापस लौटाते हैं। टी.एस.आर.डी.एस. का यह बैंक तकनीकी रूप से काफी अच्छा है। कीड़ों और चूहों के बचाव की व्यवस्था तो है ही, अनाज लंबे समय तक खराब नहीं हो, इसकी भी व्यवस्था की गई है। संतालपरगना में पहाड़िया समुदायों के बीच ग्रामीणों ने ऐसी ही पहल की है।

पलामू के मनातू प्रखंड के 29 गाँवों में भूख से लड़ने के लिए 'अन्न कोष' बनाए गए हैं। इन 29 गाँवों में 487 के दिए गए कुल 9740 किलोग्राम अनाज की मदद से अपने-अपने गाँवों में अन्नकोष बनाए गए हैं। इस अन्नकोष के हर समूह का अलप नाम है। भीतडीहा गाँव में पूर्णिमा समूह के सदस्यों ने निजी प्रयास से 57 किलोग्राम मकई चंदा कर जमा किया। लेकिन पहले साल में ही किसी गाँव में ऋण की भरपाई ठीक से नहीं की है। तेतरडीह गाँव में सदस्यों की संख्या 14 है लेकिन दो सदस्यों ने ही मूल और सूद वापस किए हैं। भीतडीहा के सदस्यों की संख्या 15 है लेकिन केवल चार लोगों ने ऋण का भुगतान किया है। सबसे दयनीय स्थिति उसर के लोगों की है। वहाँ 12 में से केवल एक ने सूद समेत मूल को वापस किया है। ऐसी स्थिति में यह सामुदायिक अन्नकोष लंबे समय तक चलेगा, कहना मुश्किल है।

खाद्य सुरक्षा के अन्य कार्यक्रम

झारखंड में खाद्य सुरक्षा के अन्य कई कार्यक्रम चल रहे हैं। इनमें से कुछ कार्यक्रम इस प्रकार हैं—

आदिवासी विकास कार्यक्रम : यह कार्यक्रम अंतरराष्ट्रीय कृषि विकास कोष, भारत सरकार तथा झारखंड सरकार की मदद से चल रहा है। कार्यक्रम का लक्ष्य ग्राम सभाओं तथा समुदायों के सशक्तिकरण द्वारा आदिवासियों एवं गरीब परिवारों की आजीविका के अवसरों में सुधार एवं वृद्धि करते हुए उनकी खाद्यान्न सुरक्षा सुनिश्चित करना तथा उनके जीवन स्तर में सुधार लाना है। इसमें अभिवंचितों यथा महिला, भूमिहीनों, सीमांत तथा आदिम जनजाति पर विशेष ध्यान दिया जा रहा है। कार्यक्रम जून 2002 में प्रारंभ हुआ है। यह दो चरणों में आठ वर्षों तक चलेगा। कार्यक्रम के प्रथम चरण में कुल 90 ग्राम लिए गए हैं। इस चरण की अवधि तीन वर्ष है। दूसरे चरण के 5 वर्षों में लगभग 350 गाँवों में कार्यक्रम का विस्तार होगा। चार जिलों के आठ प्रखंडों में यह कार्यक्रम चल रहा है। कार्यक्रम की कुल लागत 86 करोड़ 60 लाख रुपए है।

'विश्व खाद्य कार्यक्रम' संयुक्त राष्ट्र के खाद्य सहायता प्रबंध के अंतर्गत एक खाद्य सहायता कार्यक्रम है। इस कार्यक्रम का केंद्रीय स्तर पर नाभिक अभिकर्ता भारत सरकार का कृषि एवं सहकारिता मंत्रालय है। झारखंड राज्य की 29 प्रतिशत भूमि वनाच्छादित है एवं वनोपज पर निर्भर रहने वाली जनजातीय आबादी ही मुख्यत: खाद्य असुरक्षित है। इस कार्यक्रम की परियोजनाओं का संचालन 'वन एवं पर्यावरण विभाग' झारखंड के माध्यम से होता रहा है।

वन एवं पर्यावरण विभाग, झारखंड सरकार द्वारा संचालित विश्व खाद्य सहायता पहुँचाकर उन्हें खाद्य में वानिकी कार्यों में संलग्न दैनिक वेतनभोगी मजदूरों को अत्यंत सस्ते दर पर खाद्य सहायता पहुँचाकर उन्हें खाद्य सुरक्षित करती है एवं उन्हें दीर्घकालीन खाद्य सुरक्षा प्रदान करने हेतु उत्पादक परिसम्पत्तियों का निर्माण करती है। यह कार्यक्रम राँची, पूर्वी सिंहभूम, पश्चिमी सिंहभूम तथा सरायकेला-खरसावां में चल रहा है।

इस योजना के अंतर्गत प्रति मानव दिवस मात्र रु. 7/- के स्वैच्छिक अंशदान पर वानिकी कार्यों में संलग्न मजदूरों को ढाई किलो गेहूँ एवं दो सौ ग्राम दाल उपलब्ध कराया जाता है तथा उक्त स्वैच्छिक अंशदान से सृजित कोष से चयनित ग्रामों में जहाँ संयुक्त वन प्रबंधन समितियाँ क्रियाशील हों, ग्रामीणों की मांग एवं आवश्यकतानुसार उत्पादक परिसम्पत्तियों का निर्माण किया जाता है जिससे ग्रामीण क्षेत्रों का सामाजिक एवं आर्थिक विकास हो सके।

झारखंड गठन के उपरांत अभी तक कुल 4771 मीट्रिक टन गेहूँ, 280 मीट्रिक टन दाल एवं 1078 मीट्रिक टन तेल वानिकी मजदूरों के बीच वितरित किया जा चुका है एवं जुलाई 03 से अभी तक 1200 मीट्रिक टन चावल की खेप विश्व खाद्य कार्यक्रम द्वारा निर्गत की जा चुकी है जो वितरण की प्रक्रिया में है।

महिलाओं के सामाजिक एवं आर्थिक विकास की प्रक्रिया को दृढ़ता प्रदान करने हेतु

विश्व खाद्य कार्यक्रम के नए कंट्री प्रोग्राम में भारत सरकार एवं विश्व खाद्य कार्यक्रम ने यह निर्णय लिया है कि खाद्य सुरक्षा कार्यक्रमों के अंतर्गत 50 प्रतिशत लाभुक महिला दैनिक वेतनभोगी मजदूर होगी। जिन वन समितियों में 75 प्रतिशत महिला सदस्याएँ होंगी, उन ग्रामों में अन्नकोष (ग्रेन बैंक) की स्थापना की योजना है। साथ ही यह सुनिश्चित किया जाना है कि सृजित कोष से चलाई जा रही कल्याणकारी योजनाओं में से 30 प्रतिशत महिलाओं के लिए 'आय सृजन' का अवसर प्रदान करने वाली हो।

अभी तक विश्व खाद्य कार्यक्रम के अंतर्गत राँची एवं लोहरदगा जिले में स्वयंसेवी संगठनों के माध्यम से 523 स्वसहायता समूह का गठन किया गया है जिससे 9.653 गरीब पिछड़ी महिलाएँ लाभान्वित हो रही हैं। अभी तक इन महिला समूहों ने लगभग 6,90,07,43/– की बचत की है एवं उन्हें 5,61,40,066/– रुपए का सूक्ष्म ऋण विश्व खाद्य कार्यक्रम द्वारा प्रदत्त रिवॉल्विंग लोन फंड से विभिन्न प्रकार के व्यवसायों, खेतीबारी, पशुपालन आदि जैसे आय सृजन के कार्यों हेतु उपलब्ध कराया जा चुका है। इस परियोजना की सहायता से 80 प्रतिशत लाभुक महिलाएँ घरेलू वित्तीय मामलों में निर्णय लेने की स्थिति में आ चुकी हैं जो कि महिला सशक्तिकरण की दिशा में एक ठोस कदम है।

स्वास्थ्य के क्षेत्र में रामकृष्ण मिशन के सहयोग से विश्व खाद्य कार्यक्रम ने एक नया प्रयोग प्रारंभ किया है। राँची जिले के 7 प्रखंडों के 70 ग्रामों की 150 महिलाओं को 'एक्यूप्रेशर पद्धति' से इलाज हेतु प्रशिक्षित किया गया है एवं उन्हें टूल किट भी दिया गया है जिससे कि वे अपना एक्यूप्रेशर यूनिट गाँवों में चला कर ग्रामीणों को स्वास्थ्य सेवा प्रदान करते हुए आर्थिक रूप से स्वावलम्बी बनें।

इनके अलावा सीधे वन विभाग के विभिन्न प्रमण्डलों के माध्यम से झारखंड राज्य के 82 चयनित ग्रामों में 64 पेय जलकूप/चापाकल निर्माण, 11 चेकडेम निर्माण, 89 जल संग्रहण तालाब का निर्माण, 61 सिंचाई कूप का निर्माण एवं 6 लिफ्ट सिंचाई योजनाएँ मूलतः कृषि उत्पादकता में वृद्धि हेतु स्वीकृत की गई हैं। साथ ही 2 स्कूल भवन का निर्माण, 14 ग्रामीण सभा स्थल का निर्माण, 12 ग्रामीण प्रशिक्षण केंद्र का निर्माण, 2 मोबाइल चिकित्सा यूनिट का संचालन, 60 हेक्टेयर में एनटीएफपी एवं बाँस वनरोपण आदि कार्य भी ग्रामीणों की आवश्यकता एवं माँग के अनुसार उनके सामाजिक-आर्थिक विकास हेतु स्वीकृत किए गए हैं। महिलाओं की आय क्षमता में वृद्धि हेतु 40792 उन्नत किस्म के फलदार वृक्षों का वितरण एवं 1508 यूनिट सब्जी बीज किट का वितरण, 19 दोना पत्तल मशीन का वितरण एवं 13 तालाबों में मछली पालन की योजनाएँ भी स्वीकृत की गई हैं।

संदर्भ

1. Food Insecurity Atlas of Rural India by M.S. Swaminathan.
2. World Food Programme Working Papers.
3. Covering Food Security in Jharkhand, Sudhir Pal.
4. झारखंड सरकार का प्रगति प्रतिवेदन।

5. Status of Implementation of Food Security Schemes in Jharkhand by Dr. Ramesh Sharan.
6. Food Assitance Programme and Their Role in Alleviating Property and Hunger in India by N.C. Saxena.
7. Dist. Gazzetere of Ranchi, Palamaum, Dumka.
8. भारत में सामाजिक सुरक्षा कार्यक्रम : एक समीक्षा।
9. जनसत्ता, राँची एक्सप्रेस, प्रभात खबर, द हिंदू, हिन्दुस्तान में प्रकाशित आलेख।
10. ग्रामीण विकास विभाग, झारखंड सरकार का प्रगति प्रतिवेदन।
11. खाद्य एवं आपूर्ति विभाग, झारखंड सरकार की रिपोर्ट।
12. अखबारों में प्रकाशित आलेख एवं रिपोर्ट।

पलायन औपनिवेशिक प्रेतछाया की पड़ताल

रणेन्द्र

पलायन को सरल रूप में अधिवास के स्थायी या अस्थायी परिवर्तन के रूप में परिभाषित कर सकते हैं। पलायन एक बहुआयामी परिघटना है। किन्तु इसे मात्र आर्थिक एवं जनसांख्यिकी परिवर्तन की दृष्टि से ही विश्लेषित किया जाता रहा है, जबकि यह आर्थिक से अधिक समाजशास्त्रीय परिघटना है। यह केवल एक जनसंख्या का स्थान परिवर्तन करना भर नहीं है। पलायन की परिघटना अधिवास त्याग करके आने वाली आबादी एवं नवीन अधिवास में पूर्व से निवास करने वाली आबादी दोनों के सामाजिक एवं सांस्कृतिक मूल्यों को गहराई से प्रभावित करती है।

19वीं सदी में झारखंड : पलायन का राजनीतिक अर्थशास्त्र

19वीं सदी झारखण्ड (छोटानागपुर-संतालपरगना) के लिए अन्तहीन हूलों (क्रान्तियों) की सदी थी। पहाड़िया, संताल, मुण्डा, चेरो, खेरवार, हो, भूमिज, उराँव आदि आदिवासी समुदायों ने एक बार नहीं, बार-बार औपनिवेशिक सत्ता के खिलाफ क्रान्ति का बिगुल फूँका। दत्ता (1940), राय (1970), झा (1964, 1967) और सिंह (1983) ने अपने अध्ययनों में इन क्रान्तियों की रूपरेखा प्रस्तुत की है। इन्होंने माना है कि इन क्रान्तियों का मुख्य कारण औपनिवेशिक राजस्व पद्धति के परिणामस्वरूप आदिवासियों की भूमि से बेदखली थी।

इन हूलों के साथ-साथ 19वीं सदी झारखंड के लिए पलायन की भी सदी थी। इस सदी में झारखंड से बड़े पैमाने पर पलायन हुआ। 1872 ई. से प्रारम्भ हुए दस वर्षीय जनगणना से झारखंड से होने वाले पलायन एवं झारखंड में आने वाली बहिरागतों की लहर की साफ तस्वीरें मिलती हैं। वेनर (1978 : 161) ने दस वर्षीय जनगणना के आँकड़ों में से जन्मस्थान के आँकड़ों का विश्लेषण किया और इस निष्कर्ष पर पहुँचे कि सन् 1891 ई. में झारखंड से पलायन करने वाले आदिवासियों की संख्या 3,33,000 थी। यह संख्या बीसवीं सदी के पूर्वार्द्ध में बढ़ती गई। सन् 1921 ई. तक दस लाख (1 मिलियन) आदिवासी अपना जन्म स्थान झारखंड छोड़ चुके थे। वेनर का आकलन है कि करीब एक तिहाई आदिवासी आबादी सन् 1921 ई. तक पलायन के लिए मजबूर कर दी गई।

19वीं सदी एवं 20वीं सदी के पूर्वार्द्ध के दशकों में आदिवासियों की भूमि से बेदखली, क्रान्तियों की शृंखला एवं पलायन ये तीन परिघटनाएँ झारखंड के परिप्रेक्ष्य में अनायास ही ध्यान

खींचती हैं। आदिवासियों की भूमि की बेदखली, और क्रान्तियों के सिलसिले के संबंधों पर तो कई अध्ययन हुए हैं किन्तु भू-बेदखली क्रान्तियों के बर्बरतापूर्वक दमन एवं पलायन के बीच अन्त:संबंधों के विश्लेषण की आवश्यकता है। इसीलिए पलायन को मात्र एक वैयक्तिक निर्णय या एक परिवार के अपने जन्मस्थान से अलगाव के रूप में विश्लेषित करना उचित नहीं होगा। यह देखना होगा कि उस काल में औपनिवेशिक सत्ता किस कदर इस आदिवासी क्षेत्र को राजनीतिक और आर्थिक रूप से दोहन के लिए आतुर थी। नतीजतन न केवल चन्द परिवार बल्कि कभी-कभी पूरा गाँव, आदिवासियों का लगभग पूरा गोत्र, पलायन करने के लिए विवश हुआ।

झारखंड में आदिवासियों की भू-बेदखली, हूलों की श्रृंखला, उनका दमन, और पलायन के अन्त:संबंधों पर नजर डालने के पूर्व अगर हम औपनिवेशिक अफ्रीकी देशों में नीग्रो आबादी के जबरन पलायन के कारकों का विश्लेषण करें तो कई समानताएँ हमें चौंकाएँगी।

औपनिवेशिक अफ्रीका में पलायन

अफ्रीका के औपनिवेशिक काल का इतिहास इस बात का प्रमाण है कि खानों एवं कारखानों में खटने के लिए अफ्रीकी आबादी को किस प्रकार येन-केन प्रकारेण पलायन के लिए विवश किया गया। अफ्रीका की देशी आबादी का, कई हिस्सों में उनकी भूमि और जंगल से स्वत्वाधिकार समाप्त कर दिया गया। इसके अलावा उन्हें नगदी और वस्तु के रूप में कई तरह के टैक्स चुकाने के लिए विवश किया गया। अगर इन उपायों के बावजूद यूरोपीय मालिकों के खानों, फैक्टरियों, चाय बागानों में मजदूरों की कमी पड़ी तो अफ्रीकी आबादी पर शारीरिक जुल्म ढाए गए और उन्हें जबरन मजदूर बनाकर पलायन के लिए मजबूर किया गया।

कोहेन (1979 : 66) ने अपने अध्ययन में अफ्रीकी देशों में मजदूरों की जबरन बहाली एवं उसके लिए अपनाए गए औपनिवेशिक तरीकों पर प्रकाश डाला है। उनके अनुसार अफ्रीकी आबादी को यूरोपियों के कारखानों, खानों और चाय-बागानों में मजदूरी के अनुबन्ध पर हस्ताक्षर करने के लिए कई तरीके अपनाए गए थे। उनमें से प्रमुख थे—अंधाधुंध करा-रोपण, उनके उत्पादों का कम से कम मूल्य उपलब्ध करवाना, अन्त में शारीरिक बल प्रयोग।

औपनिवेशिक पूँजीवाद के प्रथम दौर में गुलाम अफ्रीकी देशों से मजदूरों के पलायन के अपने राजनीतिक आयाम थे। पलायन के लिए जबरन मजबूर करने के माध्यम से औपनिवेशिक सत्ता अपना सामर्थ्य-पराक्रम का प्रदर्शन भी कर रही थी। कारखानों, खानों, चाय-बागानों के मालिकों एवं शासकों के बीच प्रत्यक्ष संबंध थे। अतएव हर हाल में देशी आबादी को बंधुआ मजदूर के रूप में घर-बार छोड़ कर औद्योगिक परिवारों में खटने के लिए विवश होना ही था। सशस्त्र सत्ता अपने बर्बराना रवैए के बावजूद नीग्रो लोगों के गुस्से को दबाए रखने में सफल हो रही थी। लेकिन औपनिवेशिक सत्ता के सुनियोजित प्रयासों के बावजूद कई जगहों पर विद्रोह हुए। केन्या के गुस्सी प्रान्त में सन् 1905, 1908 और 1914 में विद्रोह हुए। (मैक्सन, 1972)। केन्या के ही एक अलग प्रान्त गिरियामा में औपनिवेशिक गुलामी के खिलाफ 1913-14 में विद्रोह हुए। (शिसर 1982), सन् 1930 के प्रारम्भिक वर्षों में स्पष्टतया साम्राज्यवाद के विरुद्ध 'वाच टावर मूवमेण्ट' रोडेशिया में आग की तरह फैला। बेल्जियन कोंगो के किकविट एवं

क्वानगो प्रान्तों में 1932 ई. में विद्रोह हुए। (कोहेन : 1979) लेकिन ये सारी क्रान्तियाँ बर्बरतापूर्वक कुचल दी गईं।

झारखंडी परिस्थिति

आश्चर्यजनक ढंग की समानता के साथ हम 19वीं सदी के झारखंड में इसी तरह की औपनिवेशिक परिस्थितियाँ पाते हैं। चाय बागान और खानें अभी तुरन्त प्रारम्भ हुई थीं। इन बागानों-खानों के ब्रिटिश स्वामी बड़ी ही व्यग्रता से श्रमिकों की तलाश कर रहे थे। औपनिवेशिक साम्राज्यवादी सत्ता ने लगभग वही उपाय अपनाए जो अफ्रीकी देशों में अपनाए गए थे।

झारखंड के विभिन्न क्षेत्रों से आदिवासी पलायन की विवेचना के पूर्व हम यह देख लें कि पूर्व में इन इलाकों में आदिवासी आबादी की स्थिति क्या थी ?

सत्रहवीं सदी के पूर्व तक पूरे झारखंड क्षेत्र में आदिवासी आबादी ही मुख्य रूप से निवास करती थी। उसके बाद के तीन सौ वर्षों में इतनी बड़ी गैर-आदिवासी आबादी ने इस क्षेत्र में प्रवेश किया कि आज आदिवासी आबादी कुल जनसंख्या की मात्र 27 प्रतिशत तक सिमट कर रह गई है। कुछ जिले (धनबाद, हजारीबाग आदि) तो ऐसे हैं जहाँ आदिवासी आबादी कुल जनसंख्या की मात्र 10 प्रतिशत तक सीमित रह गई है।

सन् 1627 ई. में जब नागवंशी राजा दुर्जन साल जहाँगीर के बन्दीगृह से छूट कर कोकराह पहुँचे तो स्थिति में परिवर्तन आना शुरू हो गया। नागवंशियों ने अपने ऊपर लगाए गए मुगलों के कर-रोपण की वसूली के लिए राजपूतों, पठानों, सिक्खों की सेवाएँ धीरे-धीरे लेनी प्रारम्भ कीं। पीछे-पीछे व्यापारी के रूप में गैर-आदिवासी आबादी तेजी से झारखंड में प्रवेश करने लगी।

सन् 1872 ई. में जब पहली बार जनगणना हुई तब तक झारखंड की जनसांख्यिकी पूरी तरह बदल चुकी थी। हंटर (1876, खंड XVI) ने इस जनसांख्यिकी परिवर्तन को हजारीबाग जिले के परिप्रेक्ष्य में समझाने का प्रयास किया है जहाँ 1872 ई. में 133 जातियाँ निवास कर रही थीं जिसमें मात्र 14 ही आदिवासी जातियाँ थीं। सारणी-1 में हम प्रथम जनगणना के समय सन् 1872 ई. में झारखंड की नृजातीय संरचना को देख सकते हैं।

सारणी-1 : सन् 1872 ई. में छोटानागपुर और संतालपरगना की नृजातीय संरचना

क्रम	*क्षेत्र*	*कुल जनसंख्या*	*आदिवासी जनसंख्या (%)*	*गैर आदिवासी जनसंख्या का %*		
				हिन्दू	*मुस्लिम*	*अन्य*
1.	संताल परगना	12,59, 287	44.3	31.0	6.3	18.4
2.	छोटानागपुर	24,24,021	34.3	39.5	5.5	20.7
	(i) हजारीबाग	7,71,875	7.4	54.6	9.4	28.6
	(ii) लोहरदगा	12,37,123	41.9	33.4	4.7	20.0
	(iii) सिंहभूम	4,15,023	61.7	39.9	0.6	7.8
	कुल	36,83,308	37.7	36.6	5.8	19.9

स्रोत : हंटर (1876), 'ए स्टैटिस्टिकल एकाउंट ऑफ बंगाल', खंड XIV, XVI, XVII (विभिन्न नृजातीय समूहों के लिए दिए गए आंकड़ों के आधार पर आकलित)

सारणी-1 पर नजर दौड़ाने पर यह स्पष्ट है कि सन् 1872 ई. तक आदिवासी आबादी कुल आबादी के एक तिहाई से थोड़ा ही ज्यादा थी। आदिवासी केवल सिंहभूम में बहुसंख्यक थे। हजारीबाग जिले में आदिवासी आबादी 7.4 प्रतिशत पर सीमित होकर रह गई थी। संतालपरगना में भी आदिवासी आबादी बहुसंख्यक नहीं (44.3%) रह गई थी। मुस्लिम आबादी भी सिंहभूम को छोड़ कर कमोबेश हर इलाके में थी।

19वीं सदी में यह जनसांख्यिकी संरचना दो कारणों से उत्पन्न हुई। एक, बहिरागतों का तेजी से झारखंड में प्रवेश। द्वितीय, आदिवासियों का झारखंड से पलायन के लिए मजबूर किया जाना। हालाँकि झारखंड की कुल आबादी हर जनगणना में बढ़ती गई किन्तु हर जनगणना में आदिवासी आबादी घटती चली गई।

भू-बेदखली

झारखंड में आदिवासियों की भू-बेदखली का इतिहास अब कोई अपरिचित अध्याय नहीं रह गया है। कई इतिहासकारों ने इस विषय पर काम किया है और सप्रमाण व्याख्याएँ प्रस्तुत की हैं। (राय 1912, 1970; दत्ता 1940; झा 1964, 1967; सिंह 1983)

अतीत में उत्तर-भारत के मैदानी इलाकों में भ्रमण करते अन्ततः आदिवासी जन-गण छोटानागपुर-संतालपरगना में बस गए। उन्होंने जंगलों को काटा, गाँव बसाए, खेती करनी प्रारम्भ की। मुण्डाओं ने इस पद्धति को खुदकट्टीदारी कहा। हर गाँव का प्रधान मुण्डा कहलाता था। धार्मिक कार्यों में सहयोग के लिए पाहन हुआ करते थे। दस से बीस गाँवों के समूहों का प्रधान 'मानकी' कहलाता था। प्रारम्भ में इस इलाके में कोई राजशाही नहीं थी। मुण्डा, पाहन, मानकी ही मिल कर सारे सामाजिक, धार्मिक, राजनीतिक निर्णय लिया करते थे।

गाँवों की आवश्यकतानुसार गैर-खुदकट्टीदार मुण्डा परिवार अन्य आदिवासी जातियाँ, गैर-आदिवासी जातियों यथा स्वांसी, तुरी, लोहरा, अहीर आदि गाँव में बसते चले गए।

समयावधि में इस क्षेत्र में भी राजत्व का विकास हुआ। यह मुण्डा राजा न केवल मुण्डाओं द्वारा बल्कि अन्य आदिवासियों द्वारा भी मान्य हुआ। किन्तु यह राजा भी मुण्डा-मानकी की तरह समाज का नेतृत्वकर्ता था, क्षेत्र का स्वामी नहीं। किन्तु 1627 ई. में नागवंशी राजा दुर्जन साल के जहाँगीर के कैद से छूट कर आते ही नाटकीय परिवर्तन आए। राजा दुर्जन साल सन् 1625 ई. में मुगलों द्वारा गिरफ्तार किया गया था। उसे दो सालों तक ग्वालियर किले में कैदी के रूप में रखा गया था जहाँ अन्य राजा भी कैद थे। इन दो सालों में दुर्जन साल ने राजा-महाराजाओं की तड़क-भड़क, चमक-दमक, भव्यता और सामन्ती ठसक को नजदीक से देखा। बन्दी से छूट कर कोकराह आते ही दर्जन साल ने रंग-ढंग बदलने शुरू किए। उसके बाद नागवंशियों ने महल निर्माण, सेना का गठन, पूजा हेतु ब्राह्मणों की नियुक्ति, जागीरदारों का चयन आदि प्रारम्भ किए। इन सब बहिरागतों के लिए झारखंड का द्वार खोल दिया गया। सामुदायिक-समता पर आधारित झारखंडी समाज के लिए यह सर्वथा नवीन एवं विध्वंसकारी परिवर्तन था। इस प्रकार नागवंशियों ने सामन्तवाद का बीजारोपण कर दिया जो विषवृक्ष के रूप में खूब फला-फूला।

कुमार सुरेश सिंह (1980, 23-27) ने इस प्रक्रिया का बहुत ही सूक्ष्म विवरण दिया है,

'प्राचीन मुण्डारी भूमि-व्यवस्था के अधीन किसी व्यक्ति या गुट विशेष के लिए कोई रियायत न थी। लेकिन मध्ययुग में सामन्ती व्यवस्था के प्रभाववश अलग-अलग भूमि की मिल्कियत कायम हुई। यही अशान्ति का मुख्य कारण हुआ। इसलिए यह निष्कर्ष निकालना गलत न होगा कि अंग्रेजी शासन शुरू होने के बहुत पहले ही भूमि-संबंधी अशान्ति के बीज बो दिए गए थे। मुण्डाओं की परम्परागत भूमि-व्यवस्था को नष्ट करने के लिए जिम्मेदार बाहरी तत्त्व थे—राजा और उसके संबंधी, जागीरदार और जमींदार, ब्रिटिश शासक और स्थानीय छोटे अफसर। जहाँ तक भीतरी कारणों का संबंध है, जनजातीय संगठन टूट चुका था और जनजातियों के कुछ श्रेणियों के लोगों के चरित्र में व्यापक रूप से गिरावट आई थी।

हम सबसे पहले छोटानागपुर के राजा की बात लें। वे अपने संबंधियों को खोरपोश (राजा के रिश्तेदार को भरण-पोषण को दिए गए गाँव या जागीर) दिया करते थे, जो जीविका के लिए अपने पर आश्रित लोगों को उसी प्रकार की काश्तें दे दिया करते थे। यही नहीं, वे लोग उन लोगों के हाथ गाँवों के पट्टे दिया करते थे, जिनके वे कर्जदार होते या कर्ज लिया करते थे। इन कारणों से लोधमा, कोकरिया, गोविन्दपुर और सोनपुरगढ़ में मुण्डाओं की भूमि-व्यवस्था को करारी चोट लगी। ...अब बाहरी लोगों का एक नया गुट उभरकर सामने आया। इसमें दिकू के नाम से परिचित जागीरदार-जमींदार थे जिन्हें उनकी असैनिक, सैनिक या धार्मिक सेवाओं के पुरस्कार स्वरूप गाँवों के पट्टे मिले थे। इनके अलावा इस नए गुट में ठेकेदार भी थे जो एक नंबर के लोभी और दूसरों को लूटने-खाने में उस्ताद थे। 1856 में जागीरदारों की संख्या करीब 600 थी। इनमें से कुछ के पास किसी एक गाँव की जमीन थी तो कुछ 150 गाँवों में जमीन हड़पे हुए थे।

1874 तक हालात इस कदर बदल चुके थे कि पुराने मुण्डा और उराँव सरदारों का प्रभाव मटियामेट हो चुका था।... जो लोग पहले थोड़ी या ज्यादा जमीन के मालिक थे, वही अब खेत-मजदूर बने घूम रहे थे। दिकुओं का आदिवासियों से सलूक करने का तरीका क्या था? जोर-जबर्दस्ती से या अदालतों का निर्णय अपने पक्ष में कराकर आदिवासियों की जमीन हथियाना, जमीन के असल मालिक को गलबहियाँ दे देना, फिर जमीन पर मालगुजारी लाद देना, मनमाने तौर पर उसे बढ़ाना, रैयतों के साथ भूमि संबंधी शर्तें कड़ी कराना और उनसे अपने जोत में जबरन बेगारी कराना आदि।

...न्यायालयों का यह हाल था कि मुण्डारी खूँटकट्टी काश्त के बारे में बिलकुल अबोध रहने के कारण वहाँ के न्यायाधीशगण मुण्डा भूमि-प्रणाली और जमींदारी प्रथा के बीच का अन्तर नहीं समझ पाते थे। इसके साथ जुल्म की बात यह थी कि 1863 तक लागू वह कानून, जिसके अधीन जमींदारों को पुलिस के जैसे अधिकार प्राप्त थे, भूमिहीन निर्दोष आदिवासियों पर कहर बरपा रहा था। इसके फलस्वरूप कई मुण्डारी खूँटकट्टी गाँव पूरी तरह बर्बाद हो गए।'

स्थायी बन्दोबस्ती (1793) ने जमींदारों को व्यक्तिगत तौर पर लगान लगाने और वसूलने का अधिकार दे दिया। इसके साथ-साथ आदिवासियों पर भूमि जोतने के साथ लगाई जाने वाली अन्य शर्तें और बैठ बेगारी थोपी गई। आदिवासी रैयतों की अन्तहीन व्यथा को कलकत्ता रिव्यु, 1869 के पृष्ठ 109-158 के एक आलेख 'द कोल्स, इन्सरेक्शन ऑफ 1832 एंड द लैण्ड टेन्योर एक्ट ऑफ 1869' में यूँ व्यक्त किया गया, 'अगर उत्पीड़क (जागीरदार) को एक घोड़ा

चाहिए तो उसका दाम चुकाना पड़ेगा कोल (आदिवासी) को ही और अगर जागीरदार की मर्जी में आया कि पालकी की सवारी करेंगे तो उसके लिए कोलों को ही जागीरदार को उसमें चढ़ाकर घुमाना भी होगा। यहाँ तक कि कोल को जागीरदार का मनोरंजन करने वाले गायकों, उसकी दुधारू गाय और यहाँ तक कि उसके पान का खर्च भी चुकाना होगा। यदि जागीरदार के यहाँ कोई मर गया तो वह मृत व्यक्ति के शव-संस्कार के लिए कोलों पर टैक्स बैठाएगा, और यदि जागीरदार के यहाँ बच्चा पैदा हुआ तो उस मौके पर धूमधाम के लिए कोलों पर पुनः टैक्स! यदि ठेकेदार (नव-समृद्ध गुट के तीसरे सदस्य) को किसी अपराध के लिए कचहरी में अपराधी पाया गया और दंड-स्वरूप जुर्माना किया गया तो उस जुर्माने का भार भी कोलों को उठाना होगा। अथवा यदि कोल के घर कोई मर गया तो कोल पर जुर्माना लगाया जाता था मानों उस मौत के लिए वही जिम्मेदार है! अथवा यदि कोल के घर उसके लड़के या लड़की की शादी हुई तो बेचारे को उसके लिए टैक्स अदा करना पड़ेगा और लूट-खसोट और सरेआम डकैती की निर्लज्ज एवं हृदयहीन प्रथा तब तक निर्बाध रूप से चलती जाती है, जब तक उससे ऊबकर और हारकर कोल भाग नहीं खड़ा होता। ये (जागीरदार-जमींदार-ठेकेदार) अत्याचारी लोग कोल के घर से न केवल सबकुछ छीन लेते हैं, बल्कि अपनी मनमानी चीज हासिल करने के लिए उसे उधार लेने के लिए मजबूर करते हैं।'

निष्कर्षतः हम पाते हैं कि बहिरागतों के आगमन के समतुल्य ही आदिवासियों को अपनी भूमि से बेदखली सहनी पड़ी। ध्यातव्य है कि न केवल जागीरदार-जमींदार-ठेकेदार-पुजारी के रूप में ही दिकू आए बल्कि बड़ी संख्या में छोटे-बड़े व्यापारी के रूप में भी इनका आगमन इस इलाके में हुआ। इनसे लिए कर्ज के रूप में भी इन्हें भूमि प्राप्त हुई। गैर-आदिवासी जागीरदार-जमींदारों ने अपनी भूमि पर गैर-आदिवासी रैयत भी बैठाए। यह सब ईस्ट इंडिया कम्पनी को 1765 ई. में बंगाल की दीवानी मिलने से पूर्व ही घटित हो चुका था। स्थायी बन्दोबस्ती ने भूमि लुटेरों (जागीरदार-जमींदार-ठेकेदारों) को भूमि का स्वामी ही घोषित कर दिया। आदिवासी रैयत और दिकू शोषकों के बीच की दरार और भी गहरी और चौड़ी हो गई। नई प्रशासनिक व्यवस्था ने बहिरागतों की नई लहरों को आमंत्रित किया। वे पुलिस, राजस्व कर्मचारी और वनकर्मी के रूप में हर कहीं थे। ये परिघटनाएँ न केवल छोटानागपुर में बल्कि संतालपरगना में भी घट रही थीं। कल तक जो संताल, मुण्डा, उराँव, हो अपने इलाके का प्रधान था, सामाजिक नेतृत्वकर्ता था, वह प्रभावहीन भूमिहीन मजूर होकर रह गया था। हू-ब-हू अफ्रीका की देशज आबादी की तरह वह भी अपनी भूमि और जंगल से स्वामित्वविहीन कर दिया गया था। नतीजतन दो बातें सामने आईं। प्रथम, बर्बाद कर दिए गए आदिवासी परिवार अपने सगे-संबंधियों के साथ पलायन करने लगे। द्वितीय, आदिवासियों का संचित गुस्सा हुलगुलानों के रूप में सामने आया।

हुलगुलानों की शृंखला

1766-80 के राजमहल (संतालपरगना) में पहाड़िया लोगों के हुलगुलान से प्रारम्भ होकर 1914 ई. के जतरा टाना भगत के आन्दोलन तक हूलों की अन्तहीन कड़ियाँ आदिवासियों की प्रतिवाद की क्षमता को दर्शाती हैं। इन हुलगुलानों में 1784 ई. का तिलका माँझी के नेतृत्व में

विद्रोह, 1782-98 का तमाड़ विद्रोह, 1820-21 का सिंहभूम का हो विद्रोह, 1831-32 का महान कोल विद्रोह, 1832-33 का मानभूम-सिंहभूम में भूमिज विद्रोह, 1855-56 का संताल हूल, 1857-59 का पलामू के नीलाम्बर-पीताम्बर भोगता का विद्रोह, 1881-82 में पलामू में कोरवा विद्रोह, 1880 ई. में तेलंगा खड़िया का विद्रोह, 1859-95 ई. का सरदारी आन्दोलन, 1895-1900 ई. का बिरसा हुलगुलान विशेष उल्लेखनीय है। ये क्रान्तियाँ न केवल स्थानीय शोषकों (जागीरदार-जमींदार-ठेकेदार-महाजन-व्यापारियों) के खिलाफ थीं बल्कि सीधे ब्रिटिश साम्राज्यवाद के खिलाफ भी थीं जो प्रत्यक्ष-परोक्ष रूप से न केवल इन शोषक तत्त्वों की संरक्षक थीं बल्कि अपने औपनिवेशिक हितों के लिए इनका हथियार के तौर पर इस्तेमाल कर रही थीं।

अफ्रीका के देशज आबादी के विद्रोहों की तरह ही झारखंड की क्रान्तियाँ भी साम्राज्यवादी ताकत द्वारा कुचल दी गईं। हर क्रान्ति में आदिवासी क्रान्तिकारियों को तात्कालिक सफलता मिली किन्तु ये आदिम अस्त्र-शस्त्र से सुसज्जित आदिवासी वीर अंग्रेजों की तोपों-बन्दूकों के सामने ज्यादा दिनों तक नहीं टिक पाते थे। विद्रोहों के कुचले जाने के बाद आदिवासी समुदाय हतप्रभ हो जाता था। वह अपने ही देश में दिकुओं के समक्ष अपराधी के समान हाजिर किया जाता। उसके पूर्वजों के खून-पसीने से सिंचित भूमि उसके सामने ही उसके हाथों से छिन जाती थी। वह अपने बाप-दादा की जमीन पर खड़ा होने का हक खो देता था। यह सब कुछ उसे अवसादग्रस्त कर रहा था। वह अपने परम्परागत धार्मिक अनुष्ठानों पर भी आस्था खो रहा था। पूर्वजों की भ्रमणशीलता की कहानी उसे पलायन के लिए प्रेरित कर रही थी।

पलायन

19वीं सदी के मध्य औपनिवेशिक पूँजी असम में चाय-बागानों के विकास में व्यस्त थी। वे अपने चाय-बागानों में स्थानीय मजदूरों को भर्ती करने में असफल रहे थे। उसके बाद उन्होंने चीनी मजदूरों की भर्ती का विचार किया किन्तु इसमें भी असफलता हाथ लगी। (वेनर 1978 : 89) तब बागान मालिकों का ध्यान छोटानागपुर के आदिवासी मजदूरों की ओर गया। इनकी भर्ती वे 'अराकतियों' के माध्यम से करवाने लगे। 'अराकती प्रथा' के बारे में कुमार सुरेश सिंह (1980 : पृ. 31-32) बताते हैं, इसी क्रम में 19वीं सदी के उत्तरार्द्ध में सामने आई अराकती की प्रथा, जिसके अंतर्गत कुछ लोग असम प्रान्त या आसपास के स्थानों के चाय-बागानों में कुलियों की भर्ती के लिए एजेंट का काम करते थे।... कुलियों की भर्ती करने वालों अराकतियों ने स्थानीय अधिकारियों के साथ मिलकर जनजातियों की नैतिकता को गिराने में मानों तूफान बरपा कर दिया। ये लोग अधिकतर साप्ताहिक बाजारों में सक्रिय रहा करते थे। ये बाजार इनके शिकारगाह थे। ये परित्यक्त और निराश प्रेमियों, पतियों के व्यवहार से असंतुष्ट पत्नियों, गृह-वधुओं और अविवाहित लड़कियों को तरह-तरह के प्रलोभनों से फँसाने की कोशिश करते थे। अतएव कुली भर्ती की अराकती प्रथा तुरन्त बदनाम हो गई। किन्तु साम्राज्यी पूँजी को सस्ता श्रम हर हाल में चाहिए था। भू-बेदखली, हूलों के बर्बर दमन ने झारखंड को सस्ते श्रम के अन्तहीन खान में बदल दिया था। औपनिवेशिक पूँजीपति यह अवसर चूकना नहीं चाहते थे। अत: अराकती प्रथा की जगह 'सरदारी प्रथा' प्रारम्भ की गई। एक सरदार चाय-बागान का पुराना कुली ही होता था जिसे नए कुली की भर्ती के लिए अपने 'देश-गाँव' में भेजा जाता था। गाँव-

जवार में अपने सम्पर्क के कारण और स्वयं चाय-बागान में कार्यरत होने के कारण उसे विश्वास अर्जित करने और नए कुलियों की बहाली में दिक्कत नहीं होती थी। वह एक साथ दुहरी भूमिका निभाता था। एक ओर वह चाय-बागान मालिक के एजेंट के रूप में काम कर रहा था, दूसरी ओर नए कुलियों के लिए वह पथ-प्रदर्शक, मित्र, अभिभावक सब कुछ था। चाय-बागान में सरदार की उपस्थिति के कारण नए कुली आसानी से सामंजन स्थापित कर पाते थे। नए काम को सीखने में सुविधा महसूस करते। हारी-बीमारी की स्थिति में सरदार ही स्थानीय अभिभावक की भूमिका निभाता था।

किन्तु झारखंड के आदिवासियों का असम एवं बंगाल के चाय-बागानों में लाखों की संख्या में पलायन के पीछे निम्न तीन कारक भी काम कर रहे थे। प्रथम कारक यह था कि चाय-बागानों में केवल एक व्यक्ति को रोजगार नहीं मिलता था बल्कि पूरे परिवार के लिए आजीविका की व्यवस्था थी। अतएव कुलियों की पत्नियों को भी तत्काल ही रोजगार मिल जाता था। परिवार के बड़े-किशोर बच्चों के लिए भी हल्के काम वहाँ उपलब्ध थे। इस प्रकार एक आदिवासी कुली अपने पूरे परिवार के साथ चाय-बागान में रोजगार के लिए जा सकता था, साथ रह सकता था।

द्वितीय, चाय-बागान में श्रमिकों की अत्यधिक आवश्यकता ने न केवल आदिवासी को सपरिवार कार्यस्थल पर बसने की सुविधा दी बल्कि वह अपने सारे सगे-संबंधियों, गोत्र, पूरे गाँव के साथ वहाँ रोजगार पा सकता था। सामुदायिकता की भावना की अनवरता के साथ वहाँ भी जीवन गुजार सकता था। पूरे समुदाय की उपस्थिति उसमें सुरक्षा और आत्मविश्वास का भाव जगाते थे। साथ ही अपने गाँव-जंगल-सरना से सैकड़ों मील दूर भी वह अपनी संस्कृति को सुरक्षित एवं संरक्षित रख सकता था। वहाँ बागान में भी वह सरहूल-करमा मना सकता था, सरना-स्थल जाहेर-थान की स्थापना कर अपनी पूजा-पद्धति की अनवरता कायम रख सकता था।

तीसरा आकर्षण यह था कि चाय-बागान में रोजगार के साथ-साथ अनुबन्ध के खत्म होते ही या कभी उसके पूर्व भी खेती के लिए भूमि एक आदिवासी कुली परिवार को मुहैया करवायी जा सकती थी। मूल रूप से एक ऐसे आदिवासी किसान के लिए जो जबरन अपने पूर्वज़ों की भूमि से वंचित कर दिया गया हो उसके लिए कृषि योग्य भूमि की बन्दोबस्ती कितना बड़ा आकर्षण हो सकती थी, इसका सहज ही अनुमान लगाया जा सकता है। असम सरकार एवं चाय-बागानों के अंग्रेज स्वामियों—दोनों के हित झारखंडी आदिवासियों को कृषि योग्य परती भूमि उपलब्ध करवाने में जुड़े थे। सरकार को अतिरिक्त भू-राजस्व में रुचि थी। बागान-मालिक इन अनुबंध मुक्त पूर्व कुलियों को अपने बागान के निकट की भूमि पर ही बसा कर रखना चाहते थे ताकि चाय-पत्ती तोड़ने के मौसम में उनकी सेवा प्राप्त की जा सके। (फूकन : 1984)

निष्कर्षतः झारखंड का आदिवासी समाज अपनी सामुदायिकता की भावना की मजबूती के कारण ही विभिन्न क्रान्तियों में समूह के साथ लड़े, शहीद हुए। पराजित होकर प्रभावहीन और हताश हुए तो जन्मभूमि को भी वैयक्तिक तौर पर नहीं बल्कि सामूहिक तौर पर ही त्याग

कर पलायन कर गए। यह भी सच है कि पलायन करने वाला हर आदिवासी समूह असम-बंगाल के चाय-बागानों में ही नहीं गया। लेकिन आँकड़े यह बताते हैं कि एक बड़ी जनसंख्या का पलायन हुआ। निम्नलिखित सारणी-2 यह दर्शाती है कि कितने लोग जिनका झारखंड के विभिन्न जिलों में जन्म हुआ किन्तु 1891 की जनगणना के समय कहीं अन्यत्र उनकी जनगणना हुई।

सारणी-2 : छोटानागपुर-संतालपरगना से पलायन, 1891

क्रम	*क्षेत्र*	*कुल जनसंख्या*	*जन्मस्थान के जिले से बाहर जनगणना किए गए लोग*	*कुल जनसंख्या में से पलायन का प्रतिशत*
1.	संतालपरगना	17,53,775	1,17,142	6.7
2.	पलामू	5,96,770	29,043	4.9
3.	हजारीबाग	11,64,321	1,13,622	9.8
4.	मानभूम	11,93,328	1,18,893	10.0
5.	राँची	11,28,885	2,46,022	21.8
6.	सिंहभूम	5,45,488	43,531	8.0
	कुल	63,82,567	6,68,253	10.5

स्रोत : भारत की जनगणना, 1901 से सम्बद्ध सारणियों से एकत्रित आँकड़े।

ऊपर की सारणी-2 यह दर्शाती है कि 6 लाख से ज्यादा लोगों की जनगणना उन जिलों में हुई जहाँ उनका जन्मस्थान नहीं था। स्पष्टतया सभी लोग झारखंड के बाहर के जिलों में नहीं थे। यह स्वाभाविक है कि इसमें बड़ी संख्या ऐसे लोगों की होगी जो झारखंड क्षेत्र के अन्तर्गत ही भिन्न जिलों में निवास कर रहे होंगे। वेनर (1978 : 161) के अनुसार इनमें से तीन लाख से ज्यादा लोग जनजातीय क्षेत्र के बाहर पलायन कर गए थे। इनमें से दो लाख लोग तो केवल असम में ही पलायन कर पहुँचे थे।

इस सारणी-2 में एक बात और ध्यान देने वाली है कि पलायन का प्रतिशत का अधिकतम राँची जिले से है, लगभग कुल का पाँचवाँ हिस्सा। यह राँची जिला ही मुण्डाओं का अधिवास है जिन्होंने 18वीं सदी के उत्तरार्द्ध से 19वीं सदी के अन्त तक औपनिवेशिक सत्ता का लगातार प्रतिवाद किया था। इसके बाद हजारीबाग, मानभूम, सिंहभूम जिलों की बारी आती है जिनकी कुल आबादी का लगभग दसवाँ हिस्सा 1891 ई. तक पलायन कर गया। निम्न सारणी-3 1901 एवं 1911 की जनगणना के समय जन्मस्थान के जिले से बाहर रह रहे लोगों को दर्शाती है।

सारणी-3 : 1901, 1911 ई. में छोटानागपुर-संतालपरगना से पलायन

		1901			1911		
क्रम	*क्षेत्र*	*कुल जनसंख्या*	*पलायन*	*कुल जन. का %*	*कुल जन.*	*पलायन*	*कुल जन. का %*
1.	संतालपरगना	18,09,737	2,26,008	12.5	18,82,973	3,21,283	17.1
2.	पलामू	6,19,600	32,210	5.2	6,87,267	37,481	5.5
3.	हजारीबाग	11,77,961	1,50,356	12.8	12,88,609	1,44,541	11.2
4.	मानभूम	13,01,364	1,35,972	10.4	15,47,576	1,15,492	7.5
5.	राँची	11,87,925	2,75,251	23.2	13,87,516	3,05,309	22.0
6.	सिंहभूम	6,13,579	63,820	10.4	6,94,394	1,05,634	15.2
	कुल	67,10,166	8,83,617	13.2	74,88,335	10,29,240	13.8

स्रोत : 1901 एवं 1911 की भारत की जनगणनाओं से संबद्ध सारणियों से संकलित आँकड़े, खंड V, बंगाल, बिहार, उड़ीसा, और सिक्किम, पार्ट I, रिपोर्ट।

जब हम सारणी-2 और सारणी-3 की तुलना करते हैं तो यह पाते हैं कि राँची जिले से पलायन का प्रतिशत लगातार ज्यादा रहा। जिले की कुल जनसंख्या का पाँचवाँ हिस्सा जिले के बाहर जनगणना में सम्मिलित हुआ। सन् 1901 एवं 1911 में संतालपरगना भी हजारीबाग, मानभूम, सिंहभूम की श्रेणी में पलायन की दृष्टि से आ गया। यह कुल जनसंख्या का दसवाँ हिस्सा था। सन् 1911 में 10 लाख से ज्यादा लोग जनगणना के समय अपने जन्म के जिले से बाहर पाए गए। वेनर (1978 :161) के अनुसार 7 लाख से ज्यादा लोग जनजातीय क्षेत्र से बाहर जनगणना में शामिल किए गए।

वेनर (1978 : 161) ने अपने विश्लेषणों से स्पष्ट किया है कि झारखंड से पलायन करने वाले आदिवासियों का बहुलांश असम की ओर गया। सारणी-4 से यह स्पष्ट होता है कि छोटानागपुर-संतालपरगना के लोग 1891 एवं 1901 ई. में असम के किन जिलों में बसे साथ ही 1891 ई. में असम के विभिन्न जिलों में चाय-बागानों की कितनी संख्या थी।

सारणी-4 के निरीक्षण से हम पाते हैं कि संतालपरगना में जन्मे एवं 1891 ई. में असम में जनगणना में सम्मिलित लोगों की उपस्थिति सुरमा घाटी में एक तिहाई से थोड़ा ही ज्यादा थी, जबकि ब्रह्मपुत्र घाटी में लखीमपुर जिला ऐसा है जहाँ संतालपरगना से आए लोगों का एक चौथाई निवास कर रहा था। शिवसागर और लखीमपुर जिलों में कुल संतालपरगना से आई आबादी का दो-पंचमांश (two fifth) निवास कर रहा था। असम तराई के आठ जिलों में से मात्र चार जिलों में ही तीन-चौथाई बहिरागत निवास कर रहे थे। इन्हीं चार जिलों में असम के चाय-बागानों की दो-तिहाई संख्या सम्मिलित थी। शेष जिले यथा गोइलपारा, कामरूप और नोगाँव में तुलनात्मक रूप से चाय-बागानों की संख्या कम थी, अत: यहाँ बहिरागत भी तुलनात्मक रूप से कम थे।

सन् 1901 में हम पाते हैं कि उपर्युक्त उल्लेखित चार जिलों में संतालपरगना के बहिरागतों की आन्तरिक जनसांख्यिकी परिवर्तित हो गई। ब्रह्मपुत्र घाटी के दो जिलों (शिवसागर एवं

लखीमपुर) में संतालपरगना से आई आधी से अधिक आबादी निवास कर रही थी जबकि सुरमा घाटी के जिले में इन बहिरागतों की कुल आबादी का एक-पंचमांश से थोड़ी कम आबादी निवास कर रही थी।

सारणी-4 : छो.ना.-सं.प. में जन्मे, 1891 व 1901 में असम की जनगणना

क्षेत्र	*चाय बागानों की संख्या 1891*	*1891 जन्म हुआ*		*1901 जन्म हुआ*	
		सं.प. %	*छो.ना. %*	*सं.प. %*	*छो.ना. %*
सुरमा घाटी	276	35.1	25.6	19.3	20.2
कछार तराई	184	16.6	15.2	8.6	10.4
सिलहट	92	18.5	10.4	10.6	9.8
ब्रह्मपुत्र घाटी	557	64.8	74.4	79.7	79.2
गोइलपारा	7	4.5	0.5	4.7	0.2
कामरूप	30	4.7	0.5	2.9	0.8
दारंग	115	8.4	13.9	11.1	15.9
नोगांव	64	4.1	5.1	3.6	4.2
शिवसागर	210	18.1	28.1	27.9	30.0
लखीमपुर	131	25.0	25.9	29.5	28.0
कुल तराई	833	100.0	100.0	98.9	99.4
कुल पहाड़ी	6	0.0	0.0	1.1	0.6
कुल असम	839	100.0	100.0	100.0	100.0
कुल बहिरागत जिनकी असम में जनगणना हुई		18,294	1,90,774	21,237	2,49,997

स्रोत : भारत की जनगणना, 1891 : असम खंड II से प्राप्त आंकड़े भारत की जनगणना, 1901 एवं खंड iv, असम, पार्ट II

उपर्युक्त सारणी-4 के निरीक्षण के क्रम में हमें छोटानागपुर से हुए पलायन एवं असम के जिलों में उनके निवास के तरीकों का भी पता चलता है। 1891 ई. की जनगणना के अनुसार छोटानागपुर से आए 50 प्रतिशत से ज्यादा लोग ब्रह्मपुत्र घाटी के दो निकटवर्ती जिलों शिवसागर और लखीमपुर में बस रहे थे। सन् 1901 ई. में भी बसावट के यही तरीके जारी रहते हैं। शिवसागर एवं लखीमपुर जिले में छोटानागपुर से आई 60 प्रतिशत आबादी निवास कर रही थी। दारंग एक ऐसे जिले के रूप में सामने आता है जहाँ छोटानागपुर के बहिरागत बसावट के लिए चुन रहे थे। यह पैटर्न 1891 से 1901 तक जारी रहता है।

असम के खास जिलों में झारखंड से आए आदिवासियों का संकेन्द्रण यह प्रमाणित कर रहा था कि छोटानागपुर-संतालपरगना के खास क्षेत्र से आए लोग असम के खास जिलों को बसावट के रूप में चुन रहे थे। सारणी-4 संतालपरगना के बहिरागतों की रुचि स्पष्ट करती है।

सारणी–5 : सन् 1901 ई. छोटानागपुर से आए बहिरागतों का असम के विभिन्न जिलों में बसावट

क्षेत्र	कुल	सुरमा घाटी			ब्रह्मपुर घाटी								
	आगमन	कछार	सिलहट	कुल	गोइलपारा	कामरूप	दारंग	नोगोंग	शिवसागर	लखीमपुर	कुल	कुल पहाड़ी	सर्वयोग
पलामू	6,776	1.2	1.1	2.3	0.1	0.1	68.7	0.9	17.7	10.2	97.7	0.0	100.0
हजारीबाग	68,772	12.1	13.6	25.7	0.1	0.7	10.7	3.1	42.4	16.9	73.9	0.5	100.0
राँची	91,794	8.2	8.2	16.4	0.3	1.3	14.5	5.7	23.1	37.9	82.8	0.7	99.9
मानभूम	69,728	13.9	9.3	23.2	0.2	0.6	17.5	3.6	29.4	25.0	76.3	0.4	99.9
सिंहभूम	12,927	3.1	8.0	11.1	0.2	0.6	17.0	4.7	22.4	42.9	87.8	1.0	99.9
कुल	2,49,997	10.4	9.8	20.0	0.2	0.8	15.9	4.2	30.0	28.0	79.2	0.6	100.0

स्रोत : भारत की जनगणना, 1901, खंड ä1, असम, पार्ट ää की सारणियाँ

सारणी-5 छोटानागपुर के जिलों के पलायन एवं असम के खास जिलों के उनके चयन को दर्शाती है।

सारणी-5 के निरीक्षण से स्पष्ट है कि पलामू जिले से आए लोगों ने असम के दारंग जिले को चुना। पलामू से आए दो-तिहाई लोग दारंग में बस गए। राँची और सिंहभूम जैसे निकटवर्ती जिलों के लोगों ने (लगभग दो-तिहाई) असम के दो निकटवर्ती जिलों शिवसागर और लखीमपुर का चयन किया। मानभूम से आए 50 प्रतिशत लोगों ने भी शिवसागर और लखीमपुर का ही चयन किया। हजारीबाग से आए 60 प्रतिशत लोगों ने भी इन्हीं दो जिलों को बसावट के लिए चयन किया।

सारणी-4 और सारणी-5 में दर्शाए गए पैटर्न यह प्रमाणित करते हैं कि झारखंड के क्षेत्र विशेष पलायन एवं असम के क्षेत्र विशेष में निवास का निर्णय लोगों ने वैयक्तिक तौर पर अकेले नहीं तय किया बल्कि जिस प्रकार पलायन का निर्णय सामूहिक था उसी प्रकार बसने का निर्णय भी सामूहिक तौर पर ही तय किया गया। निश्चित तौर स्थान विशेष पर एक पूरे समूह के बसने के निर्णय से हरेक सदस्य का अनजान जगह पर भी सहज जीवन जीने की इच्छा की शर्त होती थी। वे सुरक्षा का अहसास करते थे और अपनी संस्कृति को पुन:स्थापित करने में सक्षम होते थे। साथ ही चाय बागान के कार्यक्षेत्र में श्रम-बल के बहुलांश के रूप में हावी होने में भी सफल होते थे। झारखंड के विभिन्न जिलों से आए असम के ये बहिरागत जिन जिलों में बसे उन जिलों के चाय-बागानों के श्रम-बल का 70 प्रतिशत वे स्वयं थे।

सारणी-6 : 1891 ई. में असम के विभिन्न जिलों के चाय-बागान के श्रमिकों में झारखंड से गए श्रमिकों का प्रतिशत

क्षेत्र	*कुल बहिरागत श्रमिक*	*श्रमिकों का % जन्म छोटानागपुर*	*संतालपरगना*	*कुल छोटानागपुर-संतालपरगना के श्रमिकों का %*
सुरमा घाटी	1,50,253	29.4	4.0	33.2
कछार तराई	76,846	32.6	3.6	36.2
सिलहट	73,407	25.6	4.3	29.9
ब्रह्मपुत्र घाटी	1,74,109	66.7	5.2	71.9
गोइलपारा	458	23.8	69.2	93.0
कामरूप	3,128	39.4	24.5	63.9
दारांग	31,715	68.6	3.8	72.4
नोगोंग	11,111	68.5	6.2	74.7
शिवसागर	71,618	63.0	4.0	67.0
लखीमपुर	56,079	71.8	5.9	77.7
कुल तराई	3,24,362	49.3	4.7	54.0
कुल पहाड़ी	1	–	–	–
कुल असम	3,24,363	49.3	4.7	54.0

स्रोत : भारत की जनगणना, 1891 : असम : खंड 3 : राज्यों की सारणियाँ : आंकड़ों से आकलित

बंगाल की ओर पलायन

साम्राज्यी पूँजी ने मेनचेस्टर के सूती मिल के कारखानों के लिए 1840 ई. से बंगाल में नील की खेती प्रारम्भ की, लूप रेलवे लाइन परियोजना 1854 में प्रारम्भ की गई, उत्तरी बंगाल (डूयर्स) में चाय-बागान 1874 में शुरू हुए। स्थायी बन्दोबस्ती के बाद नीलामी में जमींदारी पाने वाले नवधनिकों की पैसे की भूख एवं बढ़ती मालगुजारी के दबाव के कारण उन्हें जंगलों एवं दलदली हिस्से को साफ कर खेत बनवाने की आवश्यकता महसूस हुई। इन सब आर्थिक क्रियाकलापों को सस्ते श्रम की आवश्यकता थी। उस पर छोटानागपुर-संतालपरगना के आदिवासी समुदाय प्रतिकूल परिस्थितियों के कारण जन्मभूमि से पलायन करने के लिए मानसिक रूप से तैयार बैठे थे।

नील की खेती

डब्ल्यू.डब्ल्यू. हंटर के अनुसार, आदिवासियों के बीच पलायन की सर्वप्रथम परिघटना 1835 ई. में घटी। (हंटर 168 : 225) उस समय नील की खेती के लिए बड़े पैमाने पर सस्ते श्रम की आवश्यकता थी। संतालों ने श्रमिकों की उस बड़ी माँग की पूर्ति की। रिजले (1891) के अनुसार सन् 1872 तक नील की खेती में खट रहे संतालों की संख्या 58,312 हो गई थी।

पूर्वी भारत लूप लाइन

यह लूप लाइन की रेलवे-परियोजना 320 किलोमीटर लम्बी रेल लाइन विस्तृत करने की थी। यह रेलवे पटरी संतालपरगना के बगल से वीरभूम जिले एवं राजमहल की पहाड़ियाँ से होकर गुजरनी थी। इस कार्य के लिए भी श्रमिकों की आवश्यकता थी। पुनः संतालों ने यह भूमिका निभाई वे बड़ी संख्या में रेलवे के लेबर गैंग में शामिल हुए। (दत्ता मजुमदार 1956 : 26, हंटर 1868 : 225)

चाय बागान

बंगाल के जलपाईगुड़ी जिले में चाय उद्योग 1885 ई. से बहुत तेजी से बढ़ा। उद्योग को श्रमिकों की आवश्यकता थी जिसकी पूर्ति आदिवासी समुदायों के पलायन द्वारा की गई। निम्न सारणी-7 में जलपाईगुड़ी में पश्चिम बंगाल के बाहर से आए श्रमिकों की जनसंख्या दर्शाई गई है। यह सारणी 1951 ई. के जिला गजेटियर के आधार पर तैयार की गई है।

सारणी-7 : 1891-1941 तक जलपाईगुड़ी जिले में पश्चिम बंगाल के बाहर से आने वाले श्रमिक

वर्ष	*वास्तविक जनसंख्या*	*आप्रवासी*
1891	4,33,334	44,329
1901	5,44,906	95,899
1911	6,61,282	1,52,174
1921	6,94,054	1,63,024
1931	7,39,160	1,58,757
1941	8,45,702	1,56,765

स्रोत : मित्रा 1951 : भारत की जनगणना 1951 : 264

इस सारणी-7 में वर्षवार कितने आप्रवासी जलपाईगुड़ी जिले में प्रान्त के बाहर से आए यह दर्शाया गया है किन्तु 1951 के जिला गजेटियर में यह विवरण उपलब्ध नहीं है कि ये आप्रवासी श्रमिक किन-किन जिलों से आए थे। हालाँकि इस गजेटियर में यह टिप्पणी दर्ज है कि इन आप्रवासी श्रमिकों का बहुलांश छोटानागपुर संतालपरगना के श्रमिकों का था। (मित्रा, 1951)

1947 ई. के पूर्व जलपाईगुड़ी एक बड़ा जिला था जिसमें सोलह पुलिस थाने थे। इनमें से पाँच पुलिस थाने तत्कालीन पूर्वी पाकिस्तान में सम्मिलित हो गए। अतएव 1951 के जिला गजेटियर में आप्रवासियों की जो संख्या दी गई है, आप्रवासियों की संख्या उससे कहीं अधिक थी। पूर्व की जनगणना के आंकड़े इसका संकेत देते हैं।

1901 की जनगणना के अनुसार जलपाईगुड़ी में आप्रवासियों की संख्या 1,88,223 थी जबकि 1891 में यह संख्या 1,43,922 थी। उनमें से अधिकांश डुअर्स के चाय-बागानों के कुलियों में से आधे छोटानागपुर और संतालपरगना से आए थे। (जनगणना 1901 : 66) जनगणना प्रतिवेदन में पलायन पर टिप्पणी करते हुए सूचित किया गया है कि सन् 1901 में 80,436 आप्रवासी श्रमिक राँची जिला के रहने वाले थे और 10,562 संतालपरगना से थे। (जनगणना 1901 : परिशिष्ट I : II)

1921 ई. की जनगणना प्रतिवेदन के अनुसार, पिछली जनगणना (1911) में जलपाईगुड़ी जिले में सम्मिलित किए गए एवं राँची जिले में जन्म लेने वाले श्रमिकों की संख्या 1,26,214 से कम नहीं थी। (जनगणना 1921 : 145) इनमें से अधिकांश मुण्डा और उराँव थे जो छोटानागपुर से पलायन कर आए थे। (जनगणना 1921 : 389)

ग्रामीण क्षेत्रों में

छोटानागपुर एवं संतालपरगना से सटे पश्चिम बंगाल के ग्रामीण क्षेत्रों में आदिवासियों का धीमा किन्तु अनवरत पलायन 19वीं सदी में ही प्रारम्भ हो गया था। इस पलायन की दो धाराएँ थीं। एक धारा उत्तर की ओर से थी। आप्रवासी गंगा को पार कर मालदा, पश्चिम दिनाजपुर, कुच बिहार और जलपाईगुड़ी जिलों के ग्रामीण क्षेत्रों में फैल रहे थे। दूसरी धारा दक्षिण की ओर से थी आप्रवासी मिदनापुर के ग्रामीण क्षेत्र एवं 24 परगना जिले के निचले भाग, सुन्दरवन तक पहुँच रहे थे। दोनों धाराओं की राह से पलायन करने वाले आदिवासी परिवार औद्योगिक प्रक्षेत्र एवं नगरों की ओर जाने से बच रहे थे।

इन ग्रामीण इलाकों के पलायन का कोई वार्षिक आँकड़ा उपलब्ध नहीं है। लेकिन देखा गया कि संतालों ने उत्तरी राह का चयन किया एवं मुण्डा-उराँवों ने दक्षिणी मार्ग का अनुसरण किया। वीरभूम जिला गजेटियर (1910 : 30) के अनुसार, 'संतालों ने जब अपनी भूमि पर अत्यधिक दबाव महसूस किया या महाजनों-जमींदारों के द्वारा उन्हें अपने भूमि से बेदखल कर दिया गया तो उनका पलायन हुआ। वे बारीन्द, जो दिनाजपुर जिले का अर्द्ध लैटराईट भूमि का इलाका था, राजशाही, बोगरा (अब बंगला देश में) और मुर्शिदाबाद तक पहुँचे। उन्होंने जंगलों को साफ किया और अपने लिए धान के सीढ़ीनुमा खेत तैयार किए जो उनकी इकलौती अभिरुचि का काम था।'

हमने इस आलेख में देखा है कि जागीरदार-जमींदार-ठेकेदारों ने आदिवासी समूहों को उनकी भूमि से वंचित करने में लगातार सफलता पाई थी। बेदखल आदिवासी परिवार नए गैर दावा वाले स्थानों की ओर बढ़े जंगल साफ कर कृषि योग्य बनाए किन्तु शोषक तत्त्व वहाँ भी पहुँच गए और पुनः उस पर लगान थोपा गया। वह पुनः बेदखल हुआ। इसी प्रक्रिया के क्रम में छोटानागपुर-संतालपरगना के मुण्डा, उराँव, संताल, बंगाल के गाँवों में पहुँचे। किन्तु कृषि भूमि की तलाश में होने वाला यह पलायन चाय-बागान, खानों-कारखानों में नियोजन के लिए होने वाले पलायन से भिन्न था। यहाँ सामूहिक बसावट के लिए संसाधन नहीं थे अतएव वे बड़े क्षेत्र में फैल गए। (चौधरी 1963 : 26-32)

उपसंहार

तथ्यों के उपर्युक्त विश्लेषण के क्रम में हमने पाया कि अंग्रेजों के आगमन के पूर्व ही छोटानागपुर-संतालपरगना में सामन्ती तत्त्वों ने देशज आदिवासी समूहों के बीच आन्तरिक उपनिवेश स्थापित करने में सफलता पा ली थी। भूमि पर सामुदायिक हक को व्यक्तिगत मिल्कियत में बदलने की प्रक्रिया प्रारम्भ कर दी गई थी। ब्रिटिश साम्राज्यवादी सत्ता ने इस प्रक्रिया में उत्प्रेरक का काम किया। नतीजतन भूमि-बेदखली की परिघटना सामने आई। आदिवासी समाज को अपने पूर्वजों के खून-पसीने से सिंचित भूमि पर खड़ा होने तक के हक से वंचित कर दिया गया। औपनिवेशिक अफ्रीका की तरह यहाँ भी विद्रोहों की श्रृंखला हम पाते हैं जिनके बर्बर दमन ने पलायन की गति को तेज कर दिया। चाय बागान, खान, रेलवे, नील की खेती आदि में व्यस्त साम्राज्यी पूँजी ने इस पलायन के लिए अनुकूल माहौल का निर्माण किया। इस प्रकार हम देखते हैं कि सन् 1911 तक 10 लाख की आदिवासी आबादी स्थायी तौर पर छोटानागपुर-संतालपरगना छोड़ कर चली जाती है। इस प्रकार भू-बेदखली, हूलों की श्रृंखला और उनका दमन एवं पलायन की परिघटना के मध्य हम प्रत्यक्ष संबंध पाते हैं।

बाद की जनगणनाओं से इस पलायन की इस प्रकार की जिलावार सूचनाएँ हमें नहीं प्राप्त हो पातीं। इसका कारण यह था कि 1911 के बाद की दस वर्षीय जनगणनाओं में जिला के बाहर जन्म लेने वालों की विस्तृत सूचनाएँ ली जानी बन्द कर दी गईं। इसीलिए जलपाईगुड़ी जिले के 1951 के गजेटियर से हमें 1941 तक जिले के आप्रवासियों की जनसंख्या तो ज्ञात होती है किन्तु वे पश्चिम बंगाल के बाहर के किन-किन जिलों से आए थे, यह ज्ञात नहीं हो पाता।

पलायन की वर्तमान स्थिति : एक दृष्टि

आजादी के बाद नेहरू के रूप में एक स्वप्नजीवी राजनेता के हाथों भारत का नेतृत्व आया। वेरियर एल्विन की सलाह एवं जयपाल सिंह की दलीलों से प्रभावित होकर उन्होंने जनजातीय क्षेत्रों के लिए पंचशील के सिद्धान्त की घोषणा की। उस सिद्धान्त के तत्त्व निम्नवत् थे—

(i) आदिवासी जन अपनी चेतना और बोध के अनुसार आगे बढ़ें और हमें उन पर कोई चीज थोपने से परहेज करना चाहिए।

(ii) आदिवासियों के जमीन एवं जंगल संबंधी अधिकारों का आदर होना चाहिए।

(iii) हमें आदिवासियों के एक ऐसे कार्यदल को प्रशिक्षित करना चाहिए जो स्वयं

प्रशासनिक और विकास कार्यों का संचालन कर सकें। इसमें सन्देह नहीं है कि प्रारम्भ में कुछ तकनीकी व्यक्तियों की आवश्यकता होगी, जो बाहरी होंगे, लेकिन हमें आदिवासी क्षेत्रों में बाहरी लोगों की अधिकता बढ़ाने की प्रवृत्ति से बचना चाहिए।

(iv) इन इलाकों में प्रशासन अधिक नहीं बढ़ाया जाना चाहिए और न वहाँ कार्यक्रमों की भरमार ही होनी चाहिए। आदिवासियों की सामाजिक और सांस्कृतिक संस्थानों से प्रतिस्पर्धा के बजाय उनके माध्यम से काम किया जाना चाहिए।

(v) हमें नतीजों की परख खर्च की गई राशियों के आँकड़ों से नहीं करनी चाहिए, मानवीय चरित्र में गुणवत्ता के विकास के आधार पर करनी चाहिए।

व्यवहार में नेहरू ने अपने ही सैद्धान्तिक प्रतिपादन के प्रतिकूल तेज गति से विकास के पश्चिमी मॉडल को हूबहू लागू करने के क्रम में और 'राष्ट्रीय हित' के नाम पर आदिवासी हितों की अनदेखी की गई। बृहत् कारखानों, खनन परिसरों, विद्युत परियोजनाओं और दैत्याकार बाँधों के लिए आदिवासी क्षेत्रों को खोल दिया गया। पंचशील-सिद्धान्त के तृतीय शील के वाक्यांश, 'हमें आदिवासी क्षेत्रों में बाहरी लोगों की अधिकता बढ़ाने से बचना चाहिए', की धज्जियाँ उड़ाई गईं। इन बृहदाकार परियोजनाओं ने आदिवासियों की बड़ी आबादी को अपने जन्म-कर्म स्थान से विस्थापित होने के लिए मजबूर किया। पुन: पलायन की लहर को विवश किया गया।

सारणी-8 में 1951 से 1991 तक की जनगणनाओं में आदिवासियों की तुलना में गैर-आदिवासियों की वृद्धि दर से कई बातें स्वयं स्पष्ट हो जाती हैं।

सारणी-8 : झारखंड में आदिवासियों और गैर-आदिवासियों की जनसंख्या वृद्धि दर प्रतिशत में

वर्ष	*झारखंड में जनसंख्या वृद्धि दर (%)*	*आदिवासी जनसंख्या वृद्धि दर (%)*	*गैरआदिवासी जनसंख्या वृद्धि दर (%)*
1951	9.35	02.01	13.90
1961	19.69	12.71	13.62
1971	22.58	15.89	26.01
1981	24.00	16.77	27.11
1991	24.00	13.41	26.83

स्वाभाविक है कि झारखंड क्षेत्र के प्राकृतिक संसाधनों के कारण जो रोजगार के अवसर सी.सी.एल., एच.ई.सी., बोकारो, पतरातु आदि जैसे सार्वजनिक उपक्रमों एवं टाटा जैसे निजी उपक्रमों में उत्पन्न हुए उन्हें प्राप्त करने पड़ोस के ज्यादा आबादी-घनत्व वाले, शैक्षणिक एवं तकनीकी योग्यता में बेहतर ठहरते राज्यों की आबादी की लहरें बार-बार आईं।

उधर इस शहरीकरण एवं औद्योगीकरण का ग्रामीण अर्थव्यवस्था पर कोई प्रभाव नहीं पड़ा जबकि झारखंड की बहुसंख्यक जनता आज भी (77.75%) गाँव में ही निवास कर रही है। मुख्य रूप से कृषि-आधारित अर्थव्यवस्था उपेक्षित रही। मात्र 8.7 प्रतिशत भूमि का संचित होना जिसका सबसे बड़ा सबूत है। नतीजतन खरीफ की कटनी के बाद गाँव की 30 से 40

प्रतिशत आबादी रोजगार की तलाश में पंजाब, हरियाणा, दिल्ली, मुम्बई, लखनऊ, पटना जाने के लिए विवश है। झारखंड आन्दोलन के सिद्धान्तवेत्ताओं ने इस स्थिति को आन्तरिक उपनिवेशवाद की संज्ञा दी।

भारत की जनगणना-2001 के अनंतिम रूप से प्रकाशित निम्न आंकड़े बहुसंख्यक झारखंडी जनों की एकमात्र जीविका-आधार कृषि की दुर्दशा दर्शाने के लिए पर्याप्त हैं—

झारखंड की कुल आबादी	–	2,69,09,428
ग्रामीण आबादी	–	2,09,22,731
ग्रामीण आबादी का %	–	77.75%
कृषि योग्य भूमि	–	29.7 लाख हेक्टेयर
कृषि की जाने वाली भूमि	–	18 लाख हेक्टेयर
कृषि योग्य परती भूमि	–	11.7 लाख हेक्टेयर
सिंचाई योग्य भूमि	–	12.25 लाख हेक्टेयर
वर्तमान में सिंचित भूमि	–	2 लाख हेक्टेयर
सिंचित भूमि का प्रतिशत	–	8.7%

झारखंड के प्रसिद्ध अर्थशास्त्री एवं विचारक डॉ. रमेश शरण ने झारखंड की आर्थिक समस्याओं को निम्नवत विश्लेषित किया है,'लगभग पचास वर्षों के नियोजित विकास के बाद कई आर्थिक समस्याएँ इस क्षेत्र के सामने आई हैं। सबसे पहले कृषि विकास की नीतियों की असफलता ध्यान खींचती है। शहरीकरण तथा औद्योगिकीकरण का ग्रामीण अर्थव्यवस्था पर कोई विशेष प्रभाव नहीं पड़ा है।

झारखंड में कृषि उत्पादन तथा उत्पादकता में विकास की दर काफी कम रही है। यहाँ अधिकांश क्षेत्रों में एक ही फसल होती है एवं अधिकांश क्षेत्रों में लोग अपने साधनों से 6 महीने तक ही जीवनयापन कर पाते हैं। इसके कारण ग्रामीण क्षेत्रों में गरीबी, कुपोषण, ऋणग्रस्तता एवं पलायन में लगातार वृद्धि हुई है। दूसरे विकास की योजनाओं का लाभ बहुत अधिक यहाँ के लोगों को नहीं मिल पाया है, क्योंकि जो बड़ी परियोजनाएँ बनीं वे मुख्यत: अंत:स्रोतों या द्वीपों की तरह ही हैं।

तीसरी समस्या विकासजनित रही है। औद्योगिक विकास एवं शहरीकरण के विनाशकारी प्रभाव यहाँ के जनसमूहों पर पड़े हैं। सबसे पहले परियोजनाओं से बड़े पैमाने पर विस्थापन हुए हैं और यहाँ के जनसमूहों का एक बड़ा भाग विकास का शरणार्थी बन गया है। विस्थापन की यह तलवार यहाँ के जनसमूहों पर लगातार लटकती रही है। दूसरी विकासजनित समस्याएँ जिनमें जल, वायु, जमीन का प्रदूषण है। दामोदर एवं स्वर्ण रेखा, जो झारखंड की जीवन रेखाएँ हैं, संसार की सबसे प्रदूषित नदियों में से एक है। शहरीकरण से गन्दी बस्तियों में लगातार वृद्धि हुई है। जहाँ लाखों लोग नारकीय जीवन जीने के लिए अभिशप्त हैं।

इस क्षेत्र की चौथी समस्या बड़े पैमाने पर उद्योगों का बीमार हो जाना भी है। हालाँकि इन उद्योगों से कई समस्याएँ आई थीं, परन्तु इनमें रोजगार के अवसर भी मिले थे।

झारखंड में बड़े तथा छोटे उद्योगों की रुग्णता के कारण बेरोजगारी में वृद्धि हुई। औद्योगिक

क्षेत्रों में अर्जित भूमि के बदले लगभग एक तिहाई लोगों को रोजगार मिला था परन्तु इस रुग्णता के कारण वह रोजगार भी समाप्त हो गया भूमि पर अधिकार तो पूर्व में ही समाप्त हो गया था।

इस क्षेत्र की छठी समस्या वन-क्षेत्रों में लगातार कमी है। भू-क्षरण के कारण एक बहुत बड़ा भाग बंजर एवं विकृत हो गया है। इससे यहाँ के जनसमूहों पर प्रतिकूल असर पड़ा है।

सातवीं समस्या, योजनाओं के नियोजन एवं कार्यान्वयन में जनभागीदारी का अभाव रहा है। विकास योजनाओं की बहुलता के कारण इस क्षेत्र में राजनीतिक सत्ता ने दलालों की एक फौज खड़ी कर दी है। जो एक नए शोषक के रूप में आगे आए हैं। कतिपय ठेकेदारों, राजनीतिज्ञों एवं अफसरों ने विकास की योजनाओं का लगभग अपहरण कर लिया है। औद्योगिक नगरों, खनन क्षेत्रों एवं वन पदार्थों के कारण यहाँ पर माफिया गुटों एवं एक लगान भोगी वर्ग का भी उदय हुआ है।' (प्रभात खबर, 3 अगस्त 2000, 'झारखंड : आत्मनिर्भर अर्थनीति के लिए आन्तरिक औपनिवेशिक जाल तोड़ना होगा।')

स्पष्ट है कि उपर्युक्त समस्याओं ने झारखंड के जनसमूहों को गरीबी की अर्ध जर्जर अवस्था में ही रखा है। एक फसली खेती ने भूख की सच्चाई को ओट में नहीं जाने दिया। डॉ. रामशरण जोशी ने पलामू के परिप्रेक्ष्य में जिस भूख एवं बेभूख की अवधि का उल्लेख किया है, वह कमोबेश पूरे झारखंड के संदर्भ में भी उपयुक्त है जो निम्नवत् है—

सारणी-9 : पलामू (झारखंड) के श्रमिक जनों (आदिवासी, हरिजन, पिछड़े) के भूख एवं बेभूख की अवधि

मास	*प्रतिदिन दो से अधिक भोजन के दिवस*	*एक समय या पूर्ण भूख के दिवस*
1. जनवरी पौष-माघ	15	15
2. फरवरी माघ-फाल्गुन	10	20
3. मार्च फाल्गुन-चैत्र	10	20
4. अप्रैल चैत्र-वैशाख	30	–
5. मई वैशाख-ज्येष्ठ	5	25
6. जून ज्येष्ठ-आषाढ़	10	20
7. जुलाई आषाढ़-श्रावण	10	20
8. अगस्त श्रावण-भाद्रपद	15	15
9. सितम्बर भाद्रपद-आश्विन	30	–
10. अक्टूबर आश्विन-कार्तिक	30	–
11. नवम्बर कार्तिक-मार्गशीर्ष	30	–
12. दिसम्बर मार्गशीर्ष-पौष	15	15
कुल	210	150

स्रोत : आदमी, बैल और सपने : गुलामी से गुलामी तक, पृ. 191।

पलायन : आत्महननकारी प्रतिवाद

ये जो 'एक समय या पूर्ण भूख' के 150 दिवस हैं यही आज भी पलायन के सर्वप्रमुख कारण बने हुए हैं। जबकि कहा जा रहा है इन्हीं आमजनों की खुशहाली के लिए झारखंड अलग राज्य का गठन किया गया है और आन्तरिक उपनिवेश के जाल को तोड़ फेंकने की भी बात की जा रही है। किन्तु पलायन पूर्ववत जारी है, चुपचाप-मौन रूप में। प्रसिद्ध इतिहासकार डॉ. अशोक कुमार सेन पलायन की परिघटना को अलग रूप में ही व्याख्यायित करते हैं। वे आदिवासियों के सामूहिक पलायन या बहिर्गमन को भी प्रतिवाद का ही रूप मानते हैं। आदिवासियों के प्रतिवाद के इस स्वरूप को वे 'शान्तिपूर्ण प्रतिवाद' या 'आत्महननकारी प्रतिवाद' का नाम देते हैं। डॉ. सेन के शब्दों में, '...इनके अलावे छोटे किसानों एवं भूमिहीनों में अनेकों को गरीबी के कारण भी स्थायी अथवा सामयिक रूप में स्थानान्तरण का सहारा लेना पड़ा। एक समय वे कोलकाता, बंगाल एवं बिहार के कोयला खानों में, असम के चाय बागानों अथवा क्योंझर तथा मयूरभंज जाते थे। आज उन्हें महानगरों, ईंट-भट्ठों या खानों में काम करने या पंजाब एवं हरियाणा में मजदूरी के लिए जाना पड़ता है। श्रमिकों का यह मौन पलायन गरीब एवं पीड़ित जनों के प्रतिवाद का एक तरीका मात्र है।' (कांची, फरवरी-अप्रैल, 2003, पृ. 15-21)

और अन्त में अनिल पाहन के कुड़ुख गीत में व्यक्त बेरोजगार युवा की मर्मकातर व्यथा के साथ,

नाकुन आयो केवोए, नाकुन बाबा कुड़ोए
नाकुन आयो एक्सण कौण ...।
नाकुन बाबा एक्सण कौण ...॥
माघ-पूस महीना बाराची तो आयो बाबा,
एण गाड़ी आरगोण कि भोटान कौण,
अगर आयो अगर बाबा,
उज्जोण होले चिट्ठी पत्तर तईयोण्
बेद्धा कालोय आयो बेद्धा हूँ पोल्लोय
कपड़ेन कप्पोय आयो चिंखोन
मणन् धरोय कि चिखोएं...।
आड़ीन धरोय कि चिखोएं ...॥
उज्जोण होले चिट्ठी पत्तर तईयोण्
खेयोन होले सपना तईयोण्
सपना तईयोण होले
निंगण सूण रूप माने का माला॥

अनुवाद

अभी तो माँ हमको डाँटती है,
पिताजी मारते हैं।

अभी हम कहाँ जाएँगे माँ?
अभी हम कहाँ जाएँगे बाबा?
माघ-पूस महीना आने दो माँ बाबा,
मैं गाड़ी चढ़के भूटान जाऊँगा,
माँ-बाबा, जिन्दा रहा तो चिट्ठी भेजूँगा।
खोजने जाओगी माँ।
खोज नहीं पाओगी।
सर पकड़ कर रोओगी माँ,
ओखली पकड़ कर रोओगी....।
घड़ा पकड़ कर रोओगी...।
मैं जिन्दा रहा तो चिट्ठी भेजूँगा,
मर गया तो स्वप्न भेजूँगा,
स्वप्न के रूप में आऊँगा
तब भी देखभाल करोगी न माँ॥

(कांची, द्वितीय अंक, नवम्बर-जनवरी, 2002, पृ. 65)

परिशिष्ट I

ग्रामीण श्रम पर राष्ट्रीय आयोग के प्रवासी मजदूरों संबंधी सुझाव

सामने आए तथ्यों और विश्लेषण के आधार पर हम दो तरह के सुझाव दे रहे हैं। एक तरह के सुझाव आर्थिक नीति और विकास की प्रकृति से जुड़े हैं। दूसरी तरह के सुझाव प्रशासनिक और कानूनी कदमों से संबंधित हैं। हमारा मानना है कि प्रवासी मजदूरों की बदहाली और समस्याएँ आजादी के बाद देश में हुए आर्थिक विकास से बहुत गहरे तौर पर जुड़ी हैं। आर्थिक विकास की दिशा, विकास की नीतियों और वितरण व्यवस्था में बड़े बदलाव किए बगैर उनको बहुत प्रभावी तौर पर दूर नहीं किया जा सकता। इनके बगैर कल्याण कार्यक्रमों और प्रशासनिक तथा वैधानिक कदमों का बहुत सीमित मतलब ही रह जाता है।

आर्थिक नीति और विकास

प्रवासी मजदूरों की समस्याएँ आर्थिक विकास के चरित्र से जुड़ी हैं। अस्थायी तौर पर घर छोड़ने वाले काफी सारे ग्रामीण मजदूर अपना पेट पालने भर के लिए खेती और दूसरे कामों में रोजगार तलाशने निकलते हैं। मूलत: यह कदम वे अपने आपको जीवित रखने और बचाने के लिए करते हैं क्योंकि उनके अपने रहने वाली जगह के आसपास पूरे साल भर लायक रोजगार नहीं मिलता। औपनिवेशिक काल और आजादी के बाद हुआ असमान विकास ही इस मजबूरन परदेसी बनने का कारण है। कुछ ही कामों और इलाकों में सारे संसाधन लगा दिए गए हैं जबकि शेष इलाके उपेक्षित हैं और उन्हीं विकसित इलाकों के और विकास के लिए शोषित हो रहे हैं। उद्योग के मुकाबले खेती की कोई पूछ नहीं रह गई है। उद्योगों और शहरी इलाकों में अधिक मात्रा में

संसाधन जा रहे हैं जबकि गाँवों को कोई नहीं पूछता। सिंचाई से जुड़ी तकनीक का विकास तो हुआ है, पर शुष्क खेती उपेक्षित है। वनों, पहाड़ों और नदियों के प्राकृतिक संसाधनों का दोहन करके बाँध, उद्योग और मौज-मस्ती मनाने वाले आरामगाह बनाए जा रहे हैं और गरीबों तथा आदिवासियों से उनके जीवन बसर करने का आधार छीना जा रहा है। उन्हें विकास के नाम पर सस्ते श्रम के लिए इस्तेमाल किया जा रहा है। विकास के इस नजरिए और रणनीति में मौलिक बदलाव किए जाने की जरूरत है। ऐसा न करने पर प्रवासी मजदूरों की स्थिति दिन-ब-दिन खराब ही होती जाएगी। पिछड़े इलाकों के विकास, शुष्क इलाकों में खेती की नई तकनीक विकसित करने और वनों के विकास को प्राथमिकता दी जानी चाहिए।

गरीबी उन्मूलन के कार्यक्रम प्रभावी तौर पर गरीबी दूर करने में एकदम असफल रहे हैं बल्कि गरीबी रेखा के नीचे जीवन बसर करने वालों की संख्या बढ़ी ही है। इसके साथ ही छोटे और सीमांत किसानों की ऐसी बहुत बड़ी संख्या है जिसका जीवन स्तर गरीबी रेखा के नीचे जीवन बसर करने वालों से बहुत अलग नहीं है। एक या दो साल की बरसात के न होने या मुद्रास्फीति की दर के बढ़ते ही वे कभी भी गरीबी रेखा के नीचे आ सकते हैं। ग्रामीण इलाकों में जमीन ही मुख्य उत्पादक संपत्ति है और गरीबी उन्मूलन कार्यक्रम के तहत भूमिहीन परिवारों को जमीन देने की कोई योजना नहीं है। गरीबी उन्मूलन के विभिन्न कार्यक्रमों के तहत हुए विकास कार्यों का लाभ अक्सर ग्रामीण समाज के अपेक्षाकृत समृद्ध तबके ने उठाया है। भूमि सुधार कानूनों को लागू करने में ढील बरती गई है। उनको ज्यादा जोर-शोर से और तत्काल लागू किया जाना चाहिए। गरीबों को सिर्फ जमीन ही नहीं, खेती के उपकरण, खाद, बीज, सिंचाई के साधन, ऋण, और नवीनतम जानकारियों जैसी संरचनात्मक सुविधाएँ भी दी जानी चाहिए। उनकी पैदावार लाभदायक मूल्य पर बिक जाए, यह व्यवस्था भी की जानी चाहिए। भूमि सुधार और गरीबों के लिए कृषि विकास को अलग-अलग नहीं किया जाना चाहिए। एक ही कार्यक्रम के अंग के तौर पर उन्हें साथ-साथ चलाना चाहिए।

आजादी के पाँच दशक बाद अब काम के अधिकार को जरूर मान्यता मिलनी चाहिए। इसे सिर्फ नारा न रखकर इस पर अमल होना चाहिए और हर आदमी को काम या उसके घर के पास पर्याप्त जमीन दी जानी चाहिए। उन्हें आठ घंटे काम की न्यूनतम मजदूरी दी जानी चाहिए। न्यूनतम मजदूरी से कम राशि देने वाले रोजगार गारंटी योजना जैसे कार्यक्रम सफल नहीं हो सकते। काम का अधिकार देते ही सरकार को अपनी विकास रणनीति बदलनी पड़ेगी। इससे गरीबों में भी अपने अधिकारों के प्रति चेतना आएगी और वे अधिक संगठित रूप में एकजुट होंगे।

वैधानिक व्यवस्थाएँ

अंतर-राज्य प्रवासी मजदूर कानून के अलावा न्यूनतम मजदूरी कानून 1895; मजदूर क्षतिपूर्ति कानून 1923; मजदूरी भुगतान कानून 1936; औद्योगिक विवाद कानून 1947; कर्मचारी राज्य बीमा कानून 1948; कर्मचारी भविष्य निधि कोष एवं विविध प्रावधान कानून 1952; मातृत्व लाभ कानून 1961; बंधुआ मजदूर (समाप्ति) कानून 1976; बाल मजदूर (समाप्ति एवं नियमन) कानून 1986; खदान कानून 1952; खदान शिशु कल्याण नियम, 1966; मजदूरी

भुगतान (खदान) नियम, 1966; जैसे अनेक कानून हैं जो मजदूरों के हितों की रक्षा के लिए बनाए गए हैं। पर ये कानून मोटे तौर पर सिर्फ कागजों पर ही हैं। कुछ अपवादों में ही इन पर अमल होता है। इस स्थिति को बदलना चाहिए। उनको शब्दश: और उनके पीछे की भावना के अनुरूप लागू करने के लिए सारे प्रशासनिक और वैधानिक उपाय किए जाने चाहिए। 1984 में दिए अपने एक फैसले में न्यायमूर्ति भगवती ने सही ही कहा था कि 'अगर समाज कल्याण कानूनों को लागू नहीं किया जाता तो कानून की किताबों में उनको बनाए रखने का कोई उपयोग नहीं है। हमें किताबों में कानून बन जाने से संतुष्ट नहीं होना चाहिए बल्कि हमें व्यवहार वाले कानून चाहिए। अगर हम अपने लोकतंत्र को व्यापक भागीदारी वाला बनाना चाहते हैं तो यह जरूरी है कि कानून सिर्फ न्याय की बात ही नहीं करें बल्कि न्याय सुलभ भी कराएँ।' (बंधुआ मुक्ति मोर्चा बनाम भारत सरकार और अन्य 1984)। सार्वजनिक मीडिया को समाज के लिए अतिरिक्त उत्पादन करने वाले मजदूरों के हितों के पक्ष में आम राय बनानी चाहिए।

स्थानीय और प्रवासी मजदूरों समेत पूरे ग्रामीण श्रमिकों के लिए अर्थव्यवस्था के संगठित क्षेत्र के मजदूरों जैसे समस्त कानून और कल्याणकारी व्यवस्था करने की जरूरत है। इनमें रोजगार की शर्तें और नियम तथा अन्य व्यवस्थाएँ (वृद्धावस्था पेंशन, भविष्यनिधि कोष, दुर्घटना मुआवजा और आश्रितों के लिए पेंशन) शामिल हैं।

प्रत्येक दो वर्ष पर कृषि और अन्य अंगों के लिए न्यूनतम मजदूरी की दर को सुधारा जाना चाहिए और इसे उपभोक्ता मूल्य सूचकांक से जोड़ा जाना चाहिए। जैसा कि संसदीय सलाहकार समिति की उपसमिति (1988) में सुझाव दिया गया था, न्यूनतम मजदूरी की दर, गरीबी रेखा, पौष्टिक खुराक की जरूरत, कपड़ा, मकान, ईंधन, रोशनी, चिकित्सा और शिक्षा-खर्च जैसे तथ्यों को ध्यान में रखते हुए तार्किक आधार पर तय की जानी चाहिए। अगर ठेके पर काम की मजदूरी तय करनी हो तो काम की अवधि, वयस्क मजदूर का औसत काम, न्यूनतम मजदूरी और हफ्ते में एक दिन की छुट्टी को ध्यान में रखना चाहिए।

वैसे तो अंतर-राज्य प्रवासी मजदूर कानून अपने-आप में एक व्यापक कानून है पर इसमें कई कमियाँ रह गई हैं। हम इसमें निम्नलिखित बदलावों का सुझाव देते हैं—

1. कानून की अनुच्छेद धारा 1.4 को बदला जाना चाहिए। इसे हर उस संस्थान पर लागू होना चाहिए जहाँ एक या एक से अधिक प्रवासी मजदूर काम करता हो।

2. अनुच्छेद 2(1) (ई) के तहत दी गई प्रवासी मजदूर की परिभाषा का विस्तार किया जाना चाहिए। जो मजदूर खुद से दूसरे प्रदेशों में जाते हैं या वहाँ जाकर अपना ठेकेदार बदल लेते हैं, उनको भी इस परिभाषा के अंदर लाया जाना चाहिए।

3. अनुच्छेद 28 को बदला जाना चाहिए। कानून के उल्लंघन को संज्ञेय अपराध बना दिया जाना चाहिए। गड़बड़ की स्थिति में तीसरे पक्ष को भी आरोप दाखिल करने का हक होना चाहिए। अगर तीसरे पक्ष की शिकायत सही पाई जाती है तो इस गड़बड़ी पर निष्क्रिय रह जाने वाले श्रम निरीक्षक को नौकरी से हटा देना और जेल भेजा जाना चाहिए।

4. एक नया प्रावधान जोड़ा जाना चाहिए जिसके अनुसार कानून का उल्लंघन चाहे

ठेकेदार ने किया हो या उप-ठेकेदार ने, उसका दोषी पहले ठेकेदार को ही माना जाएगा। अगर दूसरा ठेकेदार गड़बड़ करे तो पहला ठेकेदार उसके खिलाफ कार्रवाई कर सकता है। पर मुख्य ठेकेदार को प्रधान नियोक्ता नहीं माना जा सकता है।

5. कानून में कहा गया है कि अगर ठेकेदार या उप-ठेकेदार कानून का उल्लंघन करते हैं तब भी प्रधान नियोक्ता ही जवाबदेह होंगे, पर व्यवहार में अदालतें सिर्फ ठेकेदार को ही प्रधान नियोक्ता मानती रही हैं। इस मामले में ज्यादा स्पष्टता जरूरी है और मुख्य नियोक्ता को भी जवाबदेह बनाना चाहिए।

6. अनुच्छेद 2(1) (जी) को व्यापक किया जाना चाहिए। अगर किसी परियोजना की जिम्मेवारी सरकार की है तो संबंधित मंत्री को प्रधान नियोक्ता माना जाना चाहिए।

7. अनुच्छेद 27 के प्रावधान को हटा दिया जाना चाहिए। अभी की स्थिति में प्रमुख नियोक्ता यह कहकर सजा पाने से बच सकता है कि उसके यहाँ हुई गड़बड़ी की जानकारी उसे नहीं थी।

8. अनुच्छेद 32 (1) अच्छी मंशा से काम करने के नाम पर सरकारी कर्मचारियों को दंड पाने से मुक्त कर देता है। अनुच्छेद 32 (23) के तहत सरकार भी नुकसान का मुआवजा देने से मुक्त हो जाती है। इस पूरे अनुच्छेद को हटा दिया जाना चाहिए। इसी प्रकार भारतीय दंड संहिता के अनुच्छेद 197 को, जो सरकारी कर्मचारियों पर कार्रवाई नहीं होने देता, हटा दिया जाना चाहिए।

9. अपंग मजदूरों या मृत मजदूर के उत्तराधिकारियों के दावों संबंधी मामलों को उसी राज्य में स्थानांतरित कर दिया जाना चाहिए।

10. प्रवासी और ठेका मजदूरों से जुड़े विवादों के निपटारे के लिए विशेष अदालतों का गठन किया जाना चाहिए। ऐसे मामले नागरिक अदालतों में नहीं जाने चाहिए, जहाँ पहले से ही जरूरत से ज्यादा मामले चल रहे हैं।

इस कानून में वर्णित कुछ सुविधाएँ जैसे कि इलाज, मजदूर को अस्पताल में भर्ती कराने का खर्च, पोशाक वगैरह की व्यवस्था, प्रवासियों के साथ ही स्थानीय—सभी मजदूरों के लिए होनी चाहिए।

श्रमिक क्षतिपूर्ति कानून 1932 में इस तरह के बदलाव किए जाने चाहिए जिससे प्रवासी मजदूरों और परिवारों को भी काम के दौरान हुई दुर्घटना या मौत के लिए पूरा मुआवजा मिल सके। इस प्रावधान को अच्छे ढंग से लागू नहीं किया जा रहा है। जैसा कि हमारे संयुक्त अध्ययन दल नं. 2 ने भी बताया है। केंद्रीय सरकार के दायरे वाले कामों में मुआवजा आयुक्त जैसे पद पर कोई अधिकारी तैनात नहीं है। क्षेत्रीय श्रम आयुक्त (केंद्रीय) को मुआवजा आयुक्त के तौर पर नियुक्त किया जाना चाहिए, जो यह देखें कि उनके दायरे में आने वाले मजदूरों को जल्दी से राहत मिले।

निर्माण मजदूरों के लिए 1986 में नेशनल कंपेन कमेटी ऑन कंस्ट्रक्शन लेबर ने जिस विधेयक का प्रारूप तैयार किया था, उसे सरकार को मान लेना चाहिए। इस विधेयक में राष्ट्रीय, प्रांतीय, जिला और स्थानीय स्तर पर नियोक्ताओं, मजदूरों और सरकारी प्रतिनिधियों का एक त्रिपक्षीय बोर्ड गठित करने का सुझाव दिया गया था। ऐसा ही बोर्ड न्यूनतम मजदूरी, वेतन समेत

अवकाश, भविष्य निधि कोष, कर्मचारी स्वास्थ्य योजना (ई.एस.आई.) जैसी मजदूर कल्याण योजनाओं का लाभ अधिक से अधिक मजदूरों को दिलाने में मददगार होगा। गोदी कर्मचारी (रोजगार नियमन) कानून 1948 के तहत इस तरह के गोदी श्रमिक बोर्ड कई प्रमुख बंदरगाहों पर काम कर रहे हैं—

इस मॉडल विधेयक की अन्य विशेष बातें—

(अ) मजदूरों की श्रेणियों के हिसाब से उनका और नियोक्ता का अनिवार्य पंजीकरण,

(ब) काम देने में सबको बारी-बारी से अवसर देने की व्यवस्था,

(स) सेवा और खातों की निरंतरता बनाए रखने के लिए अंतर-राज्य और अंतर-जिला स्तर पर होने वाली अदला-बदली का सम्मिलित हिसाब रखना,

(द) नियोक्ता को निर्माण शुरू कराने से पहले बोर्ड को कल्याणकारी रकमें चुकाकर वहाँ से स्वीकृति लेने की अनिवार्य व्यवस्था करना।

बोर्ड को वेतनमान तय करने के साथ ही कल्याणकारी कार्यों वाली राशि के प्रबंध और विवादों के निपटारे का अधिकार भी हो। चूंकि क्रेंद्र और राज्य सरकारें प्रमुख नियोक्ता हैं, इसलिए उन्हें भी इस व्यवस्था के अधीन आना होगा।

न्यायिक व्यवस्था

अंतर-राज्य प्रवासी कानून, 1979 और केंद्रीय श्रम कानून, 1970 के उल्लंघन संबंधी मामलों के निपटारे के लिए चल अदालतें गठित की जाएँ जिनमें हाई कोर्ट के एक वरिष्ठ जज और जिला कोर्ट के वरिष्ठ जज रहें।

इन अदालतों को न्यायमूर्ति भगवती के उस कथन के अनुसार यह महसूस करना चाहिए कि "अब समय आ गया है कि अदालतें देश के गरीबों और संघर्षशील जनता की अदालत बनें। व्यवस्था के रक्षक और यथास्थिति को बनाए रखने वाले अपने पुराने स्वरूप को उन्हें बदलना चाहिए। उन्हें समाज की उस बहुसंख्य जनता के साथ न्याय करने की जरूरत महसूस करनी चाहिए जिन्हें क्रूर और निर्दयी समाज ने पीढ़ियों से न्याय नहीं दिया है। उन्हें यह अहसास होना चाहिए कि सामाजिक न्याय ही हमारे संविधान का मुखड़ा है और संविधान के तहत उनका यह पवित्र कर्तव्य है कि गरीबों तथा समाज के कमजोर वर्गों के मूल अधिकारों को बनाएँ और संवैधानिक लक्ष्यों की वास्तविकता में उतारने की दिशा में सक्रिय मदद करें।" उन्होंने ये बातें 'एशियाड' से जुड़े एक मुकदमे के सिलसिले में कही थीं।

प्रशासनिक उपाय

कृषि के क्षेत्र में भी न्यूनतम मजदूरी लागू कराने के लिए इंस्पेक्टरों की नियुक्ति की केंद्र द्वारा प्रायोजित योजना अभी सिर्फ चार राज्यों में लागू है। इसका विस्तार अन्य राज्यों में भी होना चाहिए।

कानून बनाकर या सरकारी आदेशों के जरिए यह अनिवार्य कर देना चाहिए कि प्रवासी मजदूरों की पहचान और खोज के प्रति केंद्र और राज्य सरकारों के अन्य विभाग तत्पर हों और पर्याप्त ध्यान दें। जिस राज्य में मजदूर जाएँ या जहाँ काम करके दूसरे राज्य में जाएँ वहाँ का श्रम

विभाग उनके पहुँचने वाले राज्य या केन्द्र सरकार के श्रम मंत्रालय से जुड़े अधिकारियों को तुरंत अंतर-राज्य प्रवासी कानून के खंड 8 ए(ब) के तहत जारी लाइसेंस तथा नए काम की जगह की पूरे विवरणों के साथ सूचना भेजें।

गृह राज्य के श्रम विभाग के लिए यह कानूनी प्रावधान किया जाए या उसे आदेश दिए जाएँ कि वह प्रवासी मजदूरों के मूल निवास पर जाएँ और यह पता करें कि कहीं मजदूरों को जबरन या बहला-फुसलाकर तो नहीं ले जाया गया है। अगर उनको किसी भी गड़बड़ी का पता चलता है तो उस स्थिति में जरूरी कदमों का सुझाव देते हुए मजदूर के पहुँचने वाले प्रदेश को तत्काल सारा विवरण भेजा जाना चाहिए।

मजदूर के आने वाले प्रदेश को जैसे ही प्रवासी मजदूर कानून के खंड 8(I) (अ) के तहत लाइसेंस या मजदूरों के आने संबंधी खबर मिले, उसे बिना समय गँवाए इन मजदूरों की प्रवासी मजदूर कानून के तहत मिलने वाली सुविधाएँ दिलाने की कार्रवाई शुरू कर देनी चाहिए और प्रवासी मजदूर के मूल राज्य को इसकी खबर भेज देनी चाहिए।

प्रवासी मजदूर जब तक अपना काम पूरा करे उससे पहले ही रोजगारी, गैर-रोजगारी या रोजगार की शर्तों को लेकर विवाद खड़ा हो सकता है। दरअसल रोजगारी के समय ऐसे विवाद अक्सर उठते रहते हैं। सामान्य स्थिति में मजदूर कभी भी इस मसले को उठा सकता है और उसे यह करने में कोई मुश्किल नहीं होती। सो प्रवासी मजदूरों को भी इस मामले में वैसी ही सुविधा होनी चाहिए जो आम मजदूरों से ज्यादा मुश्किल स्थितियों में काम करते हैं। इसलिए प्रवासी मजदूर कानून के खंड 22(i) (अ) में तदनुसार बदलाव करने पर विचार किया जाना चाहिए।

श्रम विभाग में पर्याप्त लोग और संरचनात्मक सुविधाएँ होनी चाहिए जिससे कि वह मजदूरों के हितों की प्रभावी ढंग से रक्षा कर सके। अंतर-राज्य प्रवासी मजदूर कानून और अन्य श्रम कानूनों के लागू होने-न-होने की सही निगरानी के लिए ग्रामीण श्रम से संबंधित एक अलग निदेशालय बनाया जाना चाहिए। हर श्रम इंस्पेक्टर को एक-एक स्कूटर/मोटर साइकिल दिया जाना चाहिए और पेट्रोल तथा रख-रखाव के खर्च के लिए हर माह निश्चित भत्ता दिया जाना चाहिए। अगर सरकार स्कूटर/मोटर साइकिल नहीं दे सकती तो इसकी कीमत आसान किस्तों में इंस्पेक्टरों से वापस पाई जा सकती है। इसके साथ ही अगर विभिन्न कानूनों के प्रावधानों और नियमों को लागू नहीं किया जाता तो उन लोगों को ही जवाबदेह ठहराया जाना चाहिए।

जिन राज्यों से काफी संख्या में मजदूर बाहर जाते हैं उन्हें उन राज्यों में पर्याप्त कर्मचारियों और अन्य सुविधाओं से लैस दफ्तर खोलने चाहिए जहाँ उनके काफी सारे लोग काम करने गए हों। इस दफ्तर के लोगों को स्थानीय श्रम आयुक्त के सहयोग से समय-समय पर उन जगहों पर जाकर निरीक्षण करना चाहिए जहाँ प्रवासी मजदूर काम करते हैं और उनकी मजदूरी, उनके स्वास्थ्य और अन्य सुविधाओं के बारे में पूछताछ करनी चाहिए। उनकी रिपोर्टों को गृह प्रदेश और मजदूरों के काम करने वाले प्रदेश के श्रम आयुक्तों के पास भेजा जाना चाहिए। उनकी एक विस्तृत रिपोर्ट हर छह माह पर श्रम गजट में छपनी चाहिए जिसमें सिर्फ दौरों और मामलों के आँकड़े ही नहीं, जाँच किए गए प्रतिष्ठानों के नाम, दौरों की तारीखें और की गई कार्रवाई का

विवरण भी होना चाहिए।

विभिन्न श्रम कानूनों को लागू कराने में ग्रामीण श्रमिकों के संघों, उनके बीच काम करनेवाले समूहों और उनके चुने हुए प्रतिनिधियों को जरूर शामिल किया जाना चाहिए। प्रखंड स्तर पर सरकारी, ग्रामीण मजदूर संगठनों और उनके बीच काम करने वाले समूहों तथा नियोक्ताओं के प्रतिनिधियों की एक कमेटी गठित की जानी चाहिए जो ग्रामीण इलाकों में श्रम कानूनों को लागू कराने की जिम्मेवारी लेने वाले कर्मचारियों के कामों का मूल्यांकन कर सके।

अन्य

प्रवासी मजदूरों को अस्थायी राशन कार्ड दिए जाने चाहिए जिससे कि वे उचित मूल्य की दुकानों से राशन पा सकें।

मजदूरों के साल में कुछ समय के लिए काम करने बाहर निकलने का सबसे बुरा असर बच्चों पर पड़ता है। उनकी पढ़ाई एकदम चौपट हो जाती है और इसका सीधा-सा मतलब होता है कि भविष्य में वे भी सिर्फ शारीरिक श्रम करने लायक ही रह जाते हैं। जिन जगहों पर प्रवासी मजदूर सौ से ज्यादा संख्या में छह से आठ महीने रहते हैं, वहाँ प्राथमिक कक्षाएँ और आँगनबाड़ी लगनी चाहिए। इनमें अध्यापन का माध्यम भी प्रवासी मजदूरों की भाषा में ही होना चाहिए। उनके बड़े बच्चों (दस साल से ऊपर वाले) के लिए कल्याण छात्रावास सहविद्यालय में जगह होनी चाहिए। ग्रामीण इलाकों से मजदूरों के पलायन करने वाले समय के हिसाब से अनुकूल बैठने वाले दिनों में ही वहाँ के स्कूलों में पढ़ाई चले। इसके लिए वहाँ के स्कूलों के कार्यक्रम में बदलाव भी किया जाना चाहिए।

परिशिष्ट II

अंतर-राज्य प्रवासी कानून का संक्षिप्त विवरण

प्रवासी मजदूरों से संबंधित कानून भारत सरकार ने 1980 में बनाया, अंतर-राज्य प्रवासी मजदूर कानून (रोजगार नियमन एवं कार्य स्थिति) 1979 को बनाने की जरूरत कई कारणों से आई। सबसे बड़ा कारण तो बड़े पैमाने पर मजदूरों का एक राज्य से दूसरे राज्य में जाना और रोजगार के मामले में अनेक परेशानियों से जूझना था। कुछ राज्यों ने कानून बनाकर दबाव बनाया तथा सरकार के अंदर भी इसके लिए जोर डालने वाले लोग थे। फिर अंतरराष्ट्रीय श्रम संगठन का दबाव था जो 1956 में ऐसे सुझाव दे चुका था। 1975 में ही ओड़िसा सरकार ने ओड़िसा खदान श्रमिक नियंत्रण एवं नियमन कानून बनाया था। 1976 में हुई श्रम मंत्रियों की बैठक में यह मसला उठा और इस पर विचार के लिए एक छोटी कमेटी गठित की गई। इस कमेटी ने माना कि पुराने कानूनों से काम नहीं चल पाएगा और नए कानून की सिफारिश की। इसी सिफारिश पर 1979 का यह कानून बना जो महात्मा गाँधी के जन्मदिन, 2 अक्तूबर 1980 से लागू हुआ। पर व्यवहार में इस पर अमल जून 1982 से ही हो पाया।

इस कानून की कुछ खास-खास बातें इस प्रकार हैं—

1. यह कानून सभी प्रवासी मजदूरों पर अलग-अलग की हैसियत से लागू नहीं होता। 'यह पाँच या पाँच से अधिक प्रवासी मजदूरों (चाहे वहाँ दूसरे भी मजदूर काम करते हों या नहीं) काम लेने वाले या पिछले बारह महीनों में किसी दिन से काम कराए हुए संस्थानों' (4.अ.); इतनी न्यूनतम संख्या में प्रवासी मजदूरों से काम कराने (चाहे और मजदूर हों या नहीं) वाले या पिछले बारह महीनों में किसी भी तारीख से काम करा चुके ठेकेदारों (4.ब) पर लागू होता है।

2. अपने गृह प्रदेश से बाहर जाकर निजी हैसियत से काम करने वाले मजदूर इस कानून के दायरे में नहीं आते। सिर्फ ठेकेदारों/खातेदारों/सरदारों के माध्यम से काम पाने वालों को ही अंत:प्रांत प्रवासी मजदूर माना जाता है। कानून (2.ई) के अनुसार, 'अंतर-राज्य प्रवासी कामगार' का अर्थ उस व्यक्ति से है जो अपने गृह प्रदेश के बाहर किसी ठेकेदार द्वारा या उसके माध्यम से अपने गृह प्रदेश से उस प्रदेश में मुख्य नियोक्ता की जानकारी के या बिना जानकारी के रोजगार के लिए चुना जाए।

3. यह कानून किसी भी 'मुख्य नियोक्ता' (विभाग या कार्यालय प्रमुख, फैक्टरी मालिक/प्रबंधक, खदान मालिक/प्रबंधक) को 'इस कानून के तहत जारी पंजीकरण प्रमाण पत्र' के बिना किसी भी प्रवासी मजदूर को रोजगार देने से रोकता है।

4. किसी भी दूसरे राज्य में किसी संस्थान में काम देने के लिए किसी अन्य राज्य से किसी आदमी का चुनाव करने से पूर्व हरेक ठेकेदार को उस राज्य सरकार द्वारा नियुक्त लाइसेंसिंग अधिकारी से लाइसेंस प्राप्त करना जरूरी होता है।

5. ठेकेदार को (धारा 12 के अनुसार), प्रत्येक अंतर-राज्य प्रवासी मजदूर को उसके पासपोर्ट साइज फोटो लगी एक पासबुक देनी होती है जिसमें उस मजदूर के बारे में, उसके

भुगतान और अग्रिम भुगतान वगैरह के बारे में हिंदी और अंग्रेजी में तथा जहाँ के मजदूरों की भाषा हिंदी या अंग्रेजी न हो, वहाँ मजदूर की भाषा में भी सारे विवण दर्ज होने चाहिए।

6. किसी भी स्थिति में किसी भी अंतर-राज्य प्रवासी मजदूर को न्यूनतम मजदूरी कानून, 1948 के तहत तय मजदूरी से कम रकम नहीं दी जानी चाहिए।

7. हर प्रवासी मजदूर की भर्ती के समय ठेकेदार को उसे मिलने वाली मासिक मजदूरी का 50 फीसदी या 75 रुपए, दोनों में जो ज्यादा हो, का विस्थापन भत्ता देना होता है। यह रकम मजदूरी के अतिरिक्त है और इसे वापस नहीं करना होता।

8. ठेकेदार को, अंतर-राज्य प्रवासी मजदूर को उसके घर और काम करने के बीच आने और जाने के भाड़े जितनी रकम यात्रा भत्ता के तौर पर देनी पड़ती है और साथ ही यात्रा की अवधि की मजदूरी भी देनी होती है।

9. अगर कोई ठेकेदार अंत:प्रांत प्रवासी मजदूरों की भर्ती करता है तो (अ) इस मजदूर को नियमित रूप से वेतन मिलने की व्यवस्था देखने, (आ) अपने प्रदेश से अलग माहौल वाले प्रदेश में काम करने के चलते उनका काम का अच्छा माहौल मिले—ये देखने; (इ) उनके रोजगार की अवधि में उनको अच्छा आवास मिले और इसका रख-रखाव ठीक हो, यह व्यवस्था करने; (ई) इन मजदूरों के लिए वर्णित स्वास्थ्य सुविधाएँ मुफ्त उपलब्ध कराने; (उ) उनके लिए वर्णित सुरक्षात्मक पोशाकें उपलब्ध कराने; (ऊ) जानलेवा या गंभीर दुर्घटना की स्थिति में दोनों राज्यों के संबद्ध अधिकारियों तक मज़दूर के करीबी रिश्तेदार को सूचना देने का काम भी उसकी जिम्मेवारी में शामिल है।

10. प्रवासी मजदूर की मजदूरी के भुगतान की जवाबदेही मुख्य नियोक्ता पर है और अगर ठेकेदार कानून के हिसाब से प्रवासी मजदूरों को सुविधाएँ उपलब्ध नहीं कराते तो यह सब देने का जिम्मा भी मुख्य नियोक्ता का ही है।

11. इस कानून में प्रवासी मजदूरों से जुड़े औद्योगिक विवादों के निपटारे के लिए कुछ विशेष प्रावधान भी हैं। यह कानून केंद्र सरकार को, अगर वैसे विवाद में सही उपयुक्त सरकार है तो, यह अधिकार देता है। वह ऐसे मामले को नियोक्ता संस्थान वाले प्रदेश या मजदूर के गृह प्रदेश, अगर मजदूर यह आवेदन करे कि वह अपना काम पूरा करके अपने गृह प्रदेश आ गया है, के किसी औद्योगिक संचार/श्रम अदालत के पास भेज दे। ऐसे मामलों में जिनमें केंद्र सरकार उपयुक्त सरकार नहीं है, यह कानून उस राज्य की सरकार को, जहाँ से भर्ती की गई है, ऐसे ही अधिकार देती है कि अगर कोई मजदूर वहाँ वापस आ जाने के आधार पर मामले को यहीं निपटाने का आवेदन दे तो राज्य सरकार अपने यहाँ के किसी अदालत/संचार को यह मामला सौंप सकती है, पर ऐसा आवेदन मजदूर को अपने लौटने के छह महीने के अंदर ही करना होगा। छह महीने के बाद मजदूर अपनी शिकायतों के लिए अदालतों का दरवाजा खटखटाने के अधिकार से वंचित हो जाता है।

12. अगर कोई व्यक्ति या कंपनी इस कानून को किसी धारा या प्रावधानों के ऐसे कानूनों का उल्लंघन करता है जिसके लिए कहीं और सजा का उल्लेख नहीं है, तो उसे दो साल तक की कैद या 2000/- रुपए तक का जुर्माना या दोनों ही सजाएँ साथ-साथ मिल सकती हैं। लेकिन

यह एक ऐसा प्रावधान है जो मुख्य नियोक्ता के लिए राहत बन जाता है। धारा 27.1 के अनुसार 'अगर वह यह साबित कर दे कि गलती उसकी जानकारी के बगैर हुई है या उसने ऐसी गड़बड़ी रोकने की हर संभव कोशिश की, तो वह आदमी इस सजा से मुक्त हो सकता है।'

13. लेकिन यह अपराध असंज्ञेय है। कानून की धारा 28 के अनुसार कोई भी अदालत शिकायत हुए बगैर या पूर्व लिखित अनुमति से दायर, इंस्पेक्टर या अधिकृत व्यक्ति द्वारा दायर मामलों के बगैर इनकी सुनवाई नहीं कर सकती तथा मेट्रोपॉलिटन मजिस्ट्रेट या प्रथम श्रेणी के न्यायिक मजिस्ट्रेट से नीचे स्तर की कोई अदालत इस कानून के तहत हुई गड़बड़ी की सुनवाई नहीं कर सकती।

14. समय-सीमा भी है। कानून की धारा 29 के अनुसार 'ऐसी गड़बड़ की जानकारी इंस्पेक्टर या अधिकृत व्यक्ति को होने के तीन महीने के अंदर कोई शिकायत नहीं होती तो कोई अदालत इस अपराध पर सुनवाई नहीं कर सकती। जिन मामलों में इंस्पेक्टर या अधिकृत व्यक्ति के लिखित आदेश के उल्लंघन का मामला भी जुड़ा हो, उनमें गड़बड़ की तारीख के छः महीने बाद तक मामला दायर किया जा सकता है।' इसके बाद प्रवासी मजदूर के पास कोई और रास्ता नहीं रह जाता।

15. यह कानून (धारा 31 के तहत) सरकार को विशेष मामलों में किसी भी संस्थान, विभाग या ठेकेदार को कानून की किसी धारा या पूरे ही कानून को मानने या छूट देने का अधिकार देता है पर इसके लिए सरकारी गजट में अधिसूचना करनी होती है।

संदर्भ

1. भारत की जनगणना (1891) : असम खंड II और खंड III
   (1901) : खण्ड IV : असम खण्ड II
   (1901) : खंड VI : लोअर प्रोविन्स ऑफ बंगाल एंड फ्युडटोरिस, पार्ट I रिपोर्ट
   (1911) : खंड V : बंगाल, बिहार, उड़ीसा और सिक्किम, पार्ट I रिपोर्ट
   (1971) : सीरीज 4 : बिहार, पार्ट V-A , स्पेशल टेबुल फॉर शिड्यूल कास्ट्स एंड शिड्यूल ट्राइब्स
2. दत्ता, के.के. (1940), द संताल इन्सरेक्शन ऑफ 1855-57, कलकत्ता यूनिवर्सिटी, कलकत्ता, 1940
3. हंटर, डब्लू.डब्लू, ए स्टैटिस्टिकल एकाउंट ऑफ बेंगाल, वौल्यूम XIV, XVI, XVII (लंदन, 1877) कंस्पेट पब्लिशिंग कम्पनी, दिल्ली 1976
4. झा.जे.सी., द कोल इन्सरेक्शन ऑफ छोटानागपुर, थेकेर, सिपन्यू एंड कम्पनी, कलकत्ता, 1964
5. माइकेल, सी. 'द काउजेज ऑफ लेबर माइग्रेशन', बुलेटिन ऑफ द इन्टर-अफ्रीकन लेबर इन्स्टीच्यूट, 6, पृष्ठ 12-47, 1959
6. नटराजन, एल., 'द संताल इन्सरेक्शन 1855-56', इन ए.आर. देसाई (सम्पादित) पीजेण्ट स्ट्रगल इन इंडिया ऑक्सफोर्ड युनिवर्सिटी प्रेस, दिल्ली, 1979
7. फूखन, यू. : द एक्स-टी गार्डेन लेबर पोपुलेशन इन असम बी.आर. पब्लिशिंग कॉरपोरेशन, दिल्ली, 1984
8. राय, एस.सी. : ए मुण्डा एंड देयर कण्ट्री (कलकत्ता, 1912) एशिया पब्लिशिंग हाउस, कलकत्ता,

1970

9. सिंह, के.एस. 'ट्राइबल लैण्ड ऑर्गनाइजेशन इन छोटानागपुर इन ट्रेण्ड्स ऑफ सोशियो-इकॉनोमिक चेन्ज इन इंडिया, इंडियन इन्स्टीच्यूट ऑफ एडवांस्ड स्टडी, शिमला, 1969
10. सिन्हा, एस. सेन, जे. एंड सुधीर, पी., 'द कंसेप्ट ऑफ दिकु एमंग द ट्राइबल्स ऑफ छोटानागपुर' मैन इन इंडिया, 49:2 (अप्रैल-जून), पृ. 121-138, 1969
11. भौमिक, एस.के., क्लास फॉर्मेशन इन प्लाण्टेशन सिस्टम, पब्लिशिंग हाउस, दिल्ली, 1981
12. वीरभूमि डिस्ट्रिक्ट गजेटियर, कलकत्ता, 1910
13. बोस, आशीष, स्टडीज इन इंडियन अरवनाइजेशन, बम्बई, 1971
14. भारत की जनगणना : बंगाल रिपोर्ट, पार्ट I, कलकत्ता, 1901, 1921
15. भारत की जनगणना : वौल्यूम VI : खंड I A (पं. बंगाल, सिक्किम और चन्द्रनागौर), रिपोर्ट, कलकत्ता, 1951
16. चौधरी, एन.सी., 'मुण्डा सेटलमेंट इन लोअर बंगाल : ए स्टडी इन ट्राइबल माइग्रेशन,' बुलेटिन ऑफ द कल्चरल रिसर्च इन्स्टीच्यूट कलकत्ता, 1967 हॉफमैन रेवरेंड, इन्साइक्लोपीडिया मुण्डारिका, पटना (रिप्रिण्ट, बिहार सरकार), 1864
17. हंटर, डब्लू.डब्लू , स्टैटिस्टिकल एकाउंट ऑफ बंगाल, संताल परगना डिस्ट्रिक्ट, कलकत्ता, 1868
18. हंटर, डब्लू.डब्लू, स्टैस्टिकल एकाउन्ट ऑफ बंगाल, हजारीबाग और लोहरदगा डिस्ट्रिक्ट, कलकत्ता, 1877
19. जोशी, रामशरण : आदमी, बैल और सपने : पृ. 191, राजकमल प्रकाशन
20. मोहन, अरविन्द, प्रवासी मजदूरों की पीड़ा : राधाकृष्ण प्रकाशन
21. वेनर, एम. सन्स ऑफ द स्वॉल, ऑक्सफोर्ड यूनिवर्सिटी प्रेस, दिल्ली, 1978

झारखंडी महिला दशा, दर्द और दिशा

पुष्पा टेटे

महिलाएँ किसी भी समाज का एक अहम हिस्सा हैं। समाज का सार्थक विकास उनके विकास के बिना संभव नहीं है। महिला विकास एवं महिला सशक्तिकरण से जहाँ पूरे समाज की विकास दर में वृद्धि एवं विकास की गुणवत्ता में सुधार आता है, वहीं दूसरी तरफ सिर्फ आर्थिक विकास से महिलाओं का स्वत: विकास हो जाए यह आवश्यक नहीं है। इसलिए विकास के प्रावधानों एवं उनके मूल्यांकन के लिए मापदंडों के निर्धारण में महिला विकास को ध्यान में रखना अत्यन्त आवश्यक है।

महिला विकास एवं महिला अधिकार से संबंधित बातों को पहली बार महिला सामाजिक कार्यकर्ताओं ने चीन के बीजिंग नगर में हुए सन् 1995 के अधिवेशन में उठाया, ताकि दुनिया की सभी सरकारों को स्मरण दिलाया जा सके कि उनकी मानव अधिकार संबंधी घोषणाओं में महिला अधिकार सदा सन्निहित नहीं रहते। अत: उनकी प्रतिबद्धता अधूरी है। विगत दो दशकों में महिलाओं द्वारा प्राप्त उपलब्धियों के बावजूद अनेक देशों में वे अभी भी भेदभाव और शोषण की शिकार हो रही हैं और शिक्षा, सम्पत्ति एवं रोजगार जैसे अधिकारों से वंचित हैं। वे अशिक्षित समुदाय की जनसंख्या का दो-तिहाई भाग हैं। उनकी अधिकांश जनसंख्या सबसे गरीब लोगों में गिनी जाती है। विश्व के भूमि क्षेत्र के केवल एक प्रतिशत अंश पर उनका अधिकार है।

किसी भी समाज में महिलाओं की स्थिति का आकलन उनकी जनसांख्यिक, शैक्षणिक, आर्थिक, स्वास्थ्य, सामाजिक एवं सांस्कृतिक परिस्थिति के आधार पर किया जा सकता है। राजनीतिक एवं महत्त्वपूर्ण पदों पर महिलाओं की भागीदारी पारिवारिक एवं व्यक्तिगत निर्णय लेने में भागीदारी एवं स्वतंत्रता, आय ऋण, भूमि, ज्ञान आदि सम्पदाओं पर उनका सापेक्षिक नियंत्रण एवं व्यक्तिगत शक्ति सुरक्षा, आत्मसम्मान का अहसास कुछ दूसरे मापदंड हैं जो महिलाओं की स्थिति को उजागर करते हैं।

वहीं दूसरी ओर झारखंड की आदिवासी महिलाओं की स्थिति पर अच्छे शोध का अभाव है। किसी दूसरे समाज की तरह आदिवासी समाज भी विविधताओं से भरा है। इसका मतलब ये नहीं कि अन्य समाजों से आदिवासी समाज समरूप है। समरूप नहीं होने की वजह से ही उनकी स्थिति एवं उनमें होने वाले परिवर्तनों को आँकने में कई प्रकार की मुश्किलें सामने आती हैं।

महिलाओं की स्थिति आँकने का एक महत्त्वपूर्ण निर्देशांक स्त्री-पुरुष अनुपात या लिंग अनुपात है, जो संयुक्त रूप से महिलाओं के स्वास्थ्य, पोषण, सुरक्षा एवं परिवार के अंदर व्याप्त

लिंग विभेद को दर्शाता है। 1991 की जनगणना के अनुसार भारत में प्रति 1000 पुरुषों पर 930 महिलाएँ हैं। वहीं झारखंड में जनगणना आँकड़े बताते हैं कि राज्याधीन क्षेत्र में 1991–2001 की अवधि में पुरुषों की तुलना में महिलाओं की संख्या में वृद्धि अधिक हुई है। झारखंड में 1991 में प्रति हजार पुरुषों पर महिलाओं की संख्या 921 थी, जो बढ़कर 2001 में 941 हो गई है।

जनसंख्या 1991 के अनुसार

	जिला	*जनसंख्या*		*पुरुष*		*महिला*	
		कुल	*%*	*कुल*	*%*	*कुल*	*%*
1.	दुमका	1495709	6.85	765002	51.15	730707	48.85
2.	गोड्डा	861182	3.94	448072	52.03	413110	47.97
3.	देवघर	933113	4.27	488229	52.32	444884	47.68
4.	साहेबगंज	736835	3.37	671731	51.63	629357	48.37
5.	पाकुड़	564253	2.58	–	–	–	–
6.	संतालपरगना	4591092	21.02	2373034	51.69	2218058	48.31
7.	हजारीबाग	1601567	7.33	1471966	51.77	1371578	48.23
8.	चतरा	612713	2.80	–	–	–	–
9.	कोडरमा	629264	2.88	–	–	–	–
10.	धनबाद	1949526	8.92	1465076	54.78	1209575	45.22
11.	बोकारो	1454416	6.66	–	–	–	–
12.	गिरिडीह	1496189	6.85	1147701	51.57	1077779	48.43
13.	उ. छोटानागपुर	7743675	35.45	4084743	52.75	3658932	47.25
14.	राँची	2214048	10.14	1152736	52.06	1061312	47.94
15.	लोहरदगा	288886	1.32	146552	50.73	142334	49.27
16.	गुमला	1153976	5.28	580729	50.32	573247	49.68
17.	पू. सिंहभूम	1613088	7.38	846452	52.47	766632	47.53
18.	प. सिंहभूम	1787955	8.19	909796	50.88	878159	49.12
19.	द. छोटानागपुर	7057953	32.31	3636265	51.52	3421684	48.48
20.	पलामू	1649841	7.55	1269807	51.80	1181384	48.20
21.	गढ़वा	801350	3.67	–	–	–	–
22.	पलामू	2451191	11.22	1269807	51.80	1181384	48.20
	झारखंड	21843911		11363853	52.02	10480058	47.98

झारखंड में ग्रामीण जनसंख्या भी दर्शाई गई है जिनमें कुल जनसंख्या है 17202684, जबकि (पुरुषों की जनसंख्.:) प्रतिशत 78.75 है। जिनमें पुरुषों की संख्या 8821832 और प्रतिशत 51.28 है, जबकि ग्रामीण महिलाओं की जनसंख्या 8380852 है और प्रतिशत है 48.72। उसी प्रकार 1991 की जनगणना के अनुसार जनजातियों की जनसंख्या 2589252 है, प्रतिशत है 11.85 जिनमें पुरुषों की संख्या 1347256 एवं 52.03 प्रतिशत एवं महिलाओं की

संख्या पुरुषों की तुलना में 1241998 एवं प्रतिशत 47.97 है।

1991 की जनगणना के अनुसार पुरुषों की तुलना में महिला साक्षरता काफी कम रही है। झारखंड में कुल साक्षरता 39.27% है, तो वहीं पुरुषों की साक्षरता 58.49% रही। जबकि पुरुषों की तुलना में महिलाओं की साक्षरता बिलकुल आधी रही, अर्थात् 24.02% आँकी गई। वहीं बालिका शिक्षा पर नजर डालें तो बालिका शिक्षा भी ज्यादा नहीं वरन बालक शिक्षा की अपेक्षा कम ही है। वर्ग के आधार पर देखा जाए तो प्रथम में वर्ग एक से पाँचवीं कक्षा तक बालिका शिक्षा ठीक रही, लेकिन कक्षा छठवीं से नौवीं तक पहुँचते ही इनकी संख्या घटती चली जाती है जिसे इस चार्ट के माध्यम से देखा जा सकता है।

	वर्ग 1–5	वर्ग 6–8	वर्ग 9–10
	37.45	31.63	27.20
आदिवासी	35.56	28.97	24.49
गैर–आदिवासी (एस.सी.)	35.42	26.28	21.0

लिंगानुपात

झारखंड की आदिवासी महिलाओं का जनसंख्या अनुपात अपेक्षाकृत बेहतर है, यानि उनका अनुपात प्रति हजार पुरुषों पर 955 है। निश्चय ही बेहतर लिंग अनुपात आदिवासी महिलाओं की सापेक्षिक परिस्थिति को दर्शाता है, लेकिन ज्यादातर आदिवासी समुदायों में लिंग अनुपात हजार से कम होना महिलाओं के प्रति होने वाले भेदभाव को दर्शाता है। अगर आदिवासी महिलाओं की साक्षरता को देखें तो इसमें थोड़ी ही सही, वृद्धि तो हो रही है।

आदिवासी साक्षरता

वर्ष	*कुल*	*पुरुष*	*महिला*
1981	16.99	26.17	7.75
1991	26.78	38.40	14.75

लिंग अनुपात के कम होने का कारण कुछ हद तक उनका स्वास्थ्य सेवाओं से वंचित रहना है। कारण ग्रामीण इलाकों में स्वास्थ्य केन्द्रों की समुचित व्यवस्था न होना, साथ ही सरकारी अस्पतालों की ढुलमुल व्यवस्था इसका मुख्य एवं एकमात्र कारण है। महिला स्वास्थ्य के संबंध में देखें, तो पुरुषों की तुलना में महिलाओं का इलाज कम होता है। अगर इलाज भी होता है, तो सरकारी अस्पतालों से इलाज करवाती हैं।

जनगणना 2001 के अनुसार झारखंड की कुल आबादी 26909428 है जिनमें पुरुषों की संख्या 13861277 है वहीं महिलाओं की संख्या 13048151 है। वहीं लिंग अनुपात प्रति हजार पुरुषों पर महिलाओं की संख्या 941 है जबकि 1991 में 922 थी। 2001 की जनगणना के अनुसार झारखंड में महिला पुरुष अनुपात को इस चार्ट के माध्यम से देख सकते हैं—

झारखंड में जिलावार लिंग अनुपात

जिला	*लिंग अनुपात*	*1991*	*प्रति 1000 पुरुषों पर*
1. कोडरमा	1001	986	2
2. गुमला	995	987	1
3. गिरिडीह	983	966	4
4. लोहरदगा	976	971	3
5. प. सिंहभूम	976	965	5
6. चतरा	964	952	8
7. दुमका	961	955	6
8. पाकुड़	958	954	7
9. हजारीबाग	950	914	14
10. साहेबगंज	943	924	11
11. राँची	938	921	13
12. पलामू	937	932	9
13. गढ़वा	935	926	10
14. पू. सिंहभूम	931	906	16
15. गोड्डा	926	922	12
16. देवघर	914	911	15
17. बोकारो	895	865	17
18. धनबाद	874	819	18

महिला साक्षरता

जनगणना 2001 के अनुसार झारखंड की महिला साक्षरता देखें, तो कुल व्यक्तियों की साक्षरता दर 54.13 है एवं पुरुषों की 67.94 है, जबकि महिलाओं की साक्षरता दर 39.38% है। झारखंड की साक्षरता को देखा जाए तो 2001 की जनगणना के अनुसार झारखंड में 11970177 लोग साक्षर हैं। साक्षर पुरुषों की संख्या महिलाओं से अधिक हैं। कुल साक्षर लोगों में कुल साक्षर पुरुष 7759966 हैं, जबकि महिला साक्षर 4210211 हैं। इसका अर्थ यह हुआ कि सौ साक्षर पुरुषों में 54 साक्षर महिलाएँ हैं। झारखंड में साक्षरता दर 2001 की जनगणना दर 41.39 से अधिक है। झारखंड में साक्षरता दर में लगभग 13% की वृद्धि हुई है। जिससे यह स्पष्ट होता है कि 1991 से 2001 में साक्षरता दर में बढ़ोतरी हुई है परन्तु यह भारत की साक्षरता दर 65.38% की तुलना में कम ही है। लेकिन यह कहा जा सकता है कि इस दशक में महिलाओं की साक्षरता दर में जरूर वृद्धि हुई है।

जनगणना 2001 के अनुसार झारखंड में महिला साक्षरता इस प्रकार है—

	जिला	*साक्षरता दर*
1.	पूर्वी सिंहभूम	57.95
2.	धनबाद	52.93
3.	राँची	52.77
4.	बोकारो	47.17
5.	हजारीबाग	43.15
6.	गुमला	40.56
7.	लोहरदगा	39.88
8.	पश्चिमी सिंहभूम	34.81
9.	कोडरमा	34.03
10.	दुमका	32.68
11.	देवघर	32.33
12.	पलामू	30.50
13.	चतरा	30.50
14.	गोड्डा	27.98
15.	गिरिडीह	27.05
16.	साहेबगंज	26.78
17.	गढ़वा	22.91
18.	पाकुड़	20.44

झारखंड एक ऐसा नया राज्य है जो आंतरिक उपनिवेश की पीड़ा झेलने को अभिशप्त है। यहाँ महिलाओं की अपनी गंभीर समस्याएँ हैं। डायन हत्या एवं मद्यपान से महिलाएँ त्रस्त हैं। ऐसी चौतरफा समस्याओं से ग्रस्त समाज देश और झारखंड प्रदेश की महिलाओं के लिए व्यापक नीति बनाने की आवश्यकता है। परंपरागत भूमि व्यवस्था टूटने के साथ आदिवासी जीवन के मूल्य भी बिखरे और समाज की भयानक क्षति हुई। जिसकी सबसे ज्यादा शिकार, आदिवासी महिलाएँ हुई हैं। कहने को आदिवासी समाज में स्त्री समान और खेत में उसके अधिकार की परंपरा रही है, लेकिन व्यावहारिकता के धरातल पर उनकी दूसरी ही दुनिया है। इस बात से इनकार नहीं किया जा सकता है कि औद्योगीकरण-शहरीकरण ने महिलाओं को गुलाम बनाया है।

अत: झारखंड प्रदेश की महिला नीति ऐसी हो कि सामाजिक, आर्थिक, राजनीतिक और सांस्कृतिक विकास में महिलाएँ बराबर की भागीदार हों। विश्व का सबसे बड़ा लोकतांत्रिक देश होने के नाते तमाम विकास योजनाओं में स्त्रियों की स्वत: भागीदारी की माँग समय का तकाजा है। लगातार कई दशकों से स्त्री अधिकारों का संघर्ष चलने के बाद महिला सशक्तिकरण का मुद्दा केन्द्र में आया, साथ ही मानवाधिकार का सवाल महिला सदंर्भ में ज्यादा गंभीर हुआ है। महिला नीति का लक्ष्य स्त्रियों का सशक्तिकरण और उनके द्वारा परिभाषित मुख्य धारा में उन्हें लाना है, और सम्मानजनक जीने का अधिकार मुहैया कराना है।

महिला : रोजगार के अवसर

झारखंड की प्राकृतिक व खनिज सम्पदा पर सामूहिक महिला हक कायम कर अर्थव्यवस्था पर नियंत्रण की जरूरत है। अर्थव्यवस्था की मजबूती और संसाधनों के उत्पन्न करने में स्त्री योगदान को रेखांकित करने की आवश्यकता है। उद्यमी से लेकर व्यावसायिक काम में उनकी भूमिका सुनिश्चित करते हुए उन्हें अवसर दिया जाना चाहिए। कोलियरियों में कार्यरत स्त्रियों के अर्थव्यवस्था में योगदान को देखते हुए उनके लिए सुविधाजनक नियम बनाने की भी आवश्यकता है। संसाधनों, रोजगार बाजार तथा व्यापार की सुविधाएँ महिलाओं को समान रूप से उपलब्ध कराने पर जोर देने की भी आवश्यकता है।

महिला खेत मजदूरों और गृह–आधारित उद्योगों समेत असंगठित क्षेत्र में काम में लगी महिलाओं के अधिकारों की हिफाजत के लिए प्रावधान करने की जरूरत है। महिलाओं के काम को इस तरह पुनर्भाषित करने की आवश्यकता है जिससे यह धारणा समाप्त हो कि महिलाओं द्वारा किया जाने वाला काम हल्का होता है। महिलाओं के लिए न्यूनतम मजदूरी की गारंटी हो। महिलाओं के प्रति मजदूरी विषमता एवं शोषण दूसरे क्षेत्रों में भी दिखता है। पुरुषों की तुलना में उन पर काम का बोझ अधिक है, मगर पारिश्रमिक कम मिलता है। शरण एवं दयाल (1994) द्वारा किए गए एक अध्ययन के अनुसार, कृषिकार्य में किए गए काम का 70% से अधिक भाग महिलाओं के द्वारा किया जाता है, लेकिन पुरुषों को मिलने वाली मजदूरी से 25% कम मजदूरी उन्हें मिलती है। बिना मजदूरी वाला श्रम, जैसे मदाइत ज्यादातर महिलाओं के द्वारा की जाती है गैरकृषि कार्यों में भी उन्हें मजदूरी कम मिलती है।

वहीं दूसरी ओर कामकाजी महिलाओं के लिए निवास का कोई प्रबंध नहीं है। ग्रामीण एवं शहरी कामकाजी महिलाओं को सुरक्षा प्रदान करने की जवाबदेही कल्याणकारी सरकार की है। पुरुषों की तुलना में शहरी एवं ग्रामीण क्षेत्रों में कामकाजी श्रमिक कामगार महिलाओं की संख्या कम है जिन्हें हम जनगणना 2001 के झारखंड राज्य के जिलावार इन आँकड़ों की मदद से देख सकते हैं।

जिला	*कुल ग्रामीण शहरी*	*व्यक्ति पुरुष महिलाएँ*	*कुल कामगारों की संख्या*	*खेतिहर (किसान)*	*कृषि श्रमिक*	*घरेलू उद्योग कामगार*
गढ़वा	कुल	व्यक्ति	406341	145375	196160	10155
		पुरुष	256235	102135	100153	6317
		महिलाएँ	150106	43240	96007	3838
	ग्रामीण	व्यक्ति	395148	144610	195045	9628
		पुरुष	246452	101505	99370	6003
		महिलाएँ	148696	43105	95675	3625
	शहरी	व्यक्ति	11193	765	1115	527
		पुरुष	9783	630	783	314
		महिलाएँ	1410	135	332	213

पलामू	कुल	व्यक्ति	794952	285360	348680	24692
		पुरुष	513820	194140	191298	15150
		महिलाएँ	281132	91220	157382	9542
	ग्रामीण	व्यक्ति	764116	284198	346021	23028
		पुरुष	486634	193085	189357	13884
		महिलाएँ	277482	91113	156667	9154
	शहरी	व्यक्ति	30836	1162	2659	1654
		पुरुष	27186	1055	1941	1266
		महिलाएँ	3650	107	718	388
चतरा	कुल	व्यक्ति	300699	126538	119169	12067
	शहरी	व्यक्ति	24222	1117	2691	1545
		पुरुष	21099	975	2203	777
		महिलाएँ	3123	142	488	768
पाकुड़	कुल	व्यक्ति	310264	111187	96302	26629
		पुरुष	187853	74299	55584	5741
		महिलाएँ	122411	36888	40718	20888
	ग्रामीण	व्यक्ति	300266	111025	96096	25541
		पुरुष	179432	74152	55386	5519
		महिलाएँ	120834	36873	40710	20022
	शहरी	व्यक्ति	9998	162	206	1088
		पुरुष	8421	147	198	222
		महिलाएँ	1577	15	8	866
दुमका	कुल	व्यक्ति	779401	367602	270035	32784
		पुरुष	480637	229663	139156	18511
		महिलाएँ	298764	137939	130879	14273
	ग्रामीण	व्यक्ति	748321	365136	268689	31616
		पुरुष	453924	227978	138481	17700
		महिलाएँ	294397	137158	130208	13916
	शहरी	व्यक्ति	31080	2466	1346	1168
		पुरुष	26713	1685	675	811
		महिलाएँ	4367	781	671	357
धनबाद	कुल	व्यक्ति	663497	95929	61806	19840
		पुरुष	560061	60975	36511	12988
		महिलाएँ	103436	34954	25295	6852
	ग्रामीण	व्यक्ति	350916	92735	58996	13063
		पुरुष	272782	58528	34358	7748

		महिलाएँ	78137	34207	24638	5315
	शहरी	व्यक्ति	312578	3194	2810	6777
		पुरुष	287279	2447	2153	5240
	ग्रामीण	व्यक्ति	616446	270947	208226	20207
		पुरुष	412646	177227	117848	12130
		महिलाएँ	203800	93720	90378	8077
	शहरी	व्यक्ति	29578	281	375	1109
		पुरुष	27334	267	322	851
		महिलाएँ	2244	14	53	258
देवघर	कुल	व्यक्ति	431259	144797	135202	43757
		पुरुष	299872	100750	83990	22407
		महिलाएँ	131387	44047	51212	21350
	ग्रामीण	व्यक्ति	390643	144560	134618	41518
		पुरुष	263196	100541	83590	21164
		महिलाएँ	127447	44019	51028	20354
	शहरी	व्यक्ति	40616	237	584	2239
		पुरुष	36676	209	400	1243
		महिलाएँ	3940	28	184	996
गोड्डा	कुल	व्यक्ति	422604	140202	201858	20686
		पुरुष	277464	97462	117543	11523
		महिलाएँ	145140	42740	84315	9163
	ग्रामीण	व्यक्ति	413197	139622	201127	20234
		पुरुष	269052	97008	116958	11208
		महिलाएँ	144145	42614	84169	9026
	शहरी	व्यक्ति	9407	580	731	452
		पुरुष	8412	454	585	315
		महिलाएँ	995	126	146	137
साहेबगंज	कुल	व्यक्ति	390363	121009	127015	27850
		पुरुष	245438	85303	76350	10014
		महिलाएँ	144925	35706	50665	17836
	ग्रामीण	व्यक्ति	366141	119892	124324	26305
		पुरुष	224339	84328	74147	9237
		महिलाएँ	141802	35564	50177	17068
		पुरुष	190794	85145	64704	6180
		महिलाएँ	109905	41393	54465	5896
	ग्रामीण	व्यक्ति	290646	126145	118710	10676

		पुरुष	182105	84789	64365	5373
		महिलाएँ	108541	41356	54345	5303
	शहरी	व्यक्ति	10053	393	459	1400
		पुरुष	8689	356	339	807
		महिलाएँ	1364	37	120	593
हजारी.	कुल	व्यक्ति	791062	363130	125274	23043
		पुरुष	532068	200812	61196	15111
		महिलाएँ	259994	162318	64078	7932
	ग्रामीण	व्यक्ति	655989	358802	122619	20218
		पुरुष	408533	197691	59548	12803
		महिलाएँ	247456	161111	63071	7415
	शहरी	व्यक्ति	135073	4328	2655	2825
		पुरुष	122535	3121	1648	2308
		महिलाएँ	12538	12207	1007	517
कोडरमा	कुल	व्यक्ति	175088	74573	35489	5004
		पुरुष	113262	40196	16894	3143
		महिलाएँ	61826	34377	18595	1861
	ग्रामीण	व्यक्ति	151362	73277	34087	3781
		पुरुष	92767	39332	16115	2428
		महिलाएँ	58595	33945	17972	1353
	शहरी	व्यक्ति	23726	1296	1402	1223
		पुरुष	20495	864	779	715
		महिलाएँ	3231	432	623	508
गिरिडीह	कुल	व्यक्ति	646024	271228	208601	21316
		पुरुष	439980	177494	118170	12981
		महिलाएँ	206044	93734	90431	8335
		महिलाएँ	25299	747	657	1537
बोकारो	कुल	व्यक्ति	510141	118983	108894	20028
		पुरुष	411260	88126	68982	12759
		महिलाएँ	98881	30857	39912	7269
	ग्रामीण	व्यक्ति	319148	113797	103768	15159
		पुरुष	235779	84126	65074	8746
		महिलाएँ	83369	29671	38694	6413
	शहरी	व्यक्ति	190993	5186	5126	4869
		पुरुष	175481	4000	3908	4013
		महिलाएँ	15512	1186	1218	856

राँची	कुल	व्यक्ति	1079626	484950	198295	32770
		पुरुष	687179	276886	87912	19230
		महिलाएँ	392447	208064	110383	13540
	ग्रामीण	व्यक्ति	820479	480329	191485	25306
		पुरुष	467948	273582	83829	13823
		महिलाएँ	352531	206747	107656	11483
	शहरी	व्यक्ति	259147	4621	6810	7464
		पुरुष	219231	3304	4083	5407
		महिलाएँ	39916	1317	2727	2057
लोहरदगा	कुल	व्यक्ति	153683	89327	34936	4617
		पुरुष	87607	50701	14066	2717
		महिलाएँ	66076	38626	20870	1900
	ग्रामीण	व्यक्ति	142233	88644	34641	4101
		पुरुष	77981	50181	13878	2342
		महिलाएँ	64252	38463	20763	1759
	शहरी	व्यक्ति	11450	683	259	516
		पुरुष	9626	520	188	375
		महिलाएँ	1824	163	107	141
गुमला	कुल	व्यक्ति	661064	465012	109873	22578
		पुरुष	358269	254691	43290	12560
		महिलाएँ	302795	210321	66583	10018
	ग्रामीण	व्यक्ति	642206	463412	108563	21800
		पुरुष	342996	253521	42524	12013
		महिलाएँ	299210	209891	66039	9787
	शहरी	व्यक्ति	18858	1600	1310	778
		पुरुष	15273	1170	766	547
		महिलाएँ	3585	430	544	231
प.सिंहभूम	कुल	व्यक्ति	919585	379739	288809	50098
		पुरुष	540930	225153	121769	27813
		महिलाएँ	378655	154586	167040	22285
	ग्रामीण	व्यक्ति	821511	377190	284636	46999
		पुरुष	457723	223304	119663	25623
		महिलाएँ	363788	153886	164973	21376
	शहरी	व्यक्ति	98074	2549	4173	3099
		पुरुष	83207	1849	2106	2190
		महिलाएँ	14867	700	2067	909

पू.सिंहभूम	कुल	व्यक्ति	692080	123294	195541	22195
		पुरुष	501110	86372	94260	14090
		महिलाएँ	190970	36922	101281	8105
	ग्रामीण	व्यक्ति	401258	121324	190692	15111
		पुरुष	245989	84805	91466	8508
		महिलाएँ	155269	36519	99226	6603
	शहरी	व्यक्ति	290822	1970	4849	7084
		पुरुष	255121	1567	2794	5582
		महिलाएँ	35701	403	2055	1502

महिला स्वास्थ्य

महिला स्वास्थ्य पर आम तौर पर सरकार की ओर से कोई चिंतन नहीं रहा है। हाँ, महिला सशक्तिकरण के दौर में महिला स्वास्थ्य पर बहुत जोर दिया गया है। स्वास्थ्य को लेकर प्रावधान बनाने की आवश्यकता है। सरकारी व निजी अस्पतालों में किसी भी तरह के इलाज के लिए गई महिला के पूरे स्वास्थ्य परीक्षण का प्रावधान न्यूनतम राशि और गरीब महिलाओं के लिए नि:शुल्क स्वास्थ्य परीक्षण का प्रावधान आवश्यक है। जिस तरह बच्चों को रोगमुक्त बनाने के लिए पल्स-पोलियो और डी.पी.टी. के टीके लगाए जाते हैं, उसी तरह महिला स्वास्थ्य परीक्षण के लिए शिविर लगाए जाने की आवश्यकता है। गाँवों की महिलाएँ कई बीमारियों की शिकार हैं। प्रसव काल में महिलाओं के स्वास्थ्य पर विशेष ध्यान दिए जाने के लिए विशेष कार्यक्रम बनाए जाने की जरूरत है।

महिलाओं के स्वास्थ्य पर शोध कार्य का अभाव है जिसकी वजह से ग्रामीण स्तर की महिलाओं की बीमारियों की शिनाख्त नहीं हो पाती है। कोयला खदान में कार्यरत महिलाओं को विशेष चिकित्सा सुविधा उपलब्ध नहीं है। ग्रामीण क्षेत्रों में बेहतर स्वास्थ्य चिकित्सा न होने की वजह से गर्भवती महिलाओं की प्रसव काल के दरम्यान मृत्यु तक हो जाती है। राष्ट्रीय परिवार स्वास्थ्य सर्वे 1993 के अनुसार भारत में हर साल एक करोड़ दस लाख गर्भपात होता है जिसमें 67 लाख स्वयं कराए जाते हैं, और 43 लाख स्वयं हो जाते हैं जिससे इस क्रम में 15-20 हजार महिलाओं की मौत हो जाती है। यहाँ तक कि प्रसव के क्रम में एक लाख महिलाएँ दम तोड़ती हैं। साथ ही 20,000 महिलाओं में एच.आई.बी. पोजिटिव होने की संभावना बढ़ जाती है। इन दिल दहलाने वाले सरकारी आँकड़ों के बावजूद सरकार कुछ नहीं कर पा रही है।

सरकार की स्वास्थ्य नीति में महिलाओं की मूलभूत प्रसव सुविधा का उल्लेख किसी भी प्रखंड के पंचायत में नहीं है। सरकारी कर्मचारी सिर्फ अपनी हाजिरी बना आते हैं या दबाव देने पर संसाधन की कमी का रोना रोते हैं। सरकार की गर्भनिरोधक नीति को देखें तो पाएँगे कि स्वास्थ्य के प्रति जितने भी प्रयोग किए जा रहे हैं, वह महिलाओं के शरीर पर ही हो रहे हैं। एक तरह से कहें, तो महिला शरीर को प्रयोगशाला की तरह इस्तेमाल किया जा रहा है।

गर्भनिरोधक तरीके जैसे कॉन्डोम, गोली, कॉपरटी, टुडे, नॉरप्लॉट, नसबंदी, नैट-एन, डेपो प्रोवेरा, डायफॉम प्रजनन विरोधी टीके एवं किवनाक्रीम। इन तरीकों में पुरुषों के लिए मात्र दो ही

तरीके हैं। इससे भी साफ जाहिर होता है कि गर्भनिरोधक तरीकों की नीतियों का अनुसंधान सभी महिलाओं को केन्द्र में रखकर किया जाता है। कुछ ऐसे भी गर्भनिरोधक तरीके हैं जिन्हें विकसित देशों में नकारा गया। उसे भी हमारे देश में बहुराष्ट्रीय कंपनियों एवं अंतर्राष्ट्रीय दबाव में अपनाया गया। महिलाओं की बिना अनुमति या उन्हें दवा के साइड इफेक्ट बताए ही इन्हीं गर्भनिरोधक टीकों को मजदूर, दलित एवं कामगार वर्ग की महिलाओं को दिया जा रहा है। इसका सीधा असर महिला के स्वास्थ्य पर पड़ता है।

विशेष रूप से झारखंड में गरीबी, बेरोजगारी एवं सरकार की विस्थापन नीति के कारण महिलाएँ गाँव छोड़कर बड़े-बड़े शहरों में फुटपाथ में जीने को मजबूर हो रही हैं। उनके परंपरागत जीने के तरीके समाप्त हो गए जिसका सीधा असर उनके स्वास्थ्य पर पड़ा है जिन्हें हम 1998-99 के राष्ट्रीय परिवार स्वास्थ्य सर्वे के आधार पर देख सकते हैं। राष्ट्रीय परिवार स्वास्थ्य सर्वे रिपोर्ट झारखंड के संदर्भ में इस प्रकार है—

आकार के नमूने

घरेलू - 1,642

15-49 वर्ष की विवाहित महिलाएँ - 1614

- घर घरेलू की विशेषताएँ

बिजली की प्रतिशत	- 23.6%
15 मिनट में स्वच्छ जल की सप्लाई	- 33.8%
शौचालय की सफाई	- 12.1
शौचालय की असुविधा	- 84.5
बीमारियों में सरकारी स्वास्थ्य सुविधा का लाभ	- 19.0
आयोडीन नमक का प्रयोग	- 56.1

- महिलाओं की विशेषताएँ

शहरी महिलाएँ	- 17.2
निरक्षर महिलाएँ	- 76.3
उच्च विद्यालय या उससे ऊपर की पढ़ाई	- 6.7
हिन्दू	- 82.6
मुस्लिमों का प्रतिशत	- 11.7
ईसाइयों का प्रतिशत	- 3.0
मीडिया द्वारा लगातार उजागर	- 28.8%
पिछले एक वर्ष में काम करने वालों का %	- 31.7%

- महिलाओं की स्थिति

स्वास्थ्य के प्रति जागरूकता	- 66.8%
पैसों पर नियंत्रण	- 64.5%

- विवाह

15-19 वर्ष की अविवाहित महिलाएँ	- 62.3%

20–49 वर्ष की मध्यम आयु में विवाह	–15.8%
जनन क्षमता और जनन क्षमता अभिरुचि –	
कुल जनन क्षमता दर	– 2.76%
40–49 वर्ष की महिलाओं से उत्पन्न बच्चे	– 4.83%
20–49 वर्ष की महिलाओं के पहले बच्चे का जन्म	– 19.0
पिछले तीन वर्ष में जन्मे बच्चे	– 53.7%
सही उम्र में पैदा हुए बच्चे	– 3.1%
2 जीवित बच्चों के अलावा अधिक बच्चे चाहने वाली महिलाएँ	– 48.4%
– प्रचलित निरोधक का प्रयोग	
कोई भी पद्धति अपनाई गई	– 27.6%
कोई आधुनिक पद्धति जो अपनाई गई	– 24.9
पिल	– 1.5%
आई.यू.डी.	– 0.3%
कंडोम	– 1.1%
महिला नसबंदी	– 21.1%
पुरुष नसबंदी	– 0.9%
कोई भी परंपरागत तरीका जो अपनाया गया	– 1.1%
सुरक्षित समय	– 0.5%
प्रत्याहार	– 0.7%
कोई भी आधुनिक या परंपरागत तरीका अपनाना	– 1.6%
– उचित परिवार नियोजन का अभाव	
उचित परिवार नियोजन का अभाव	– 21.0%
उचित अंतराल का अभाव	– 11.1%
– परिवार नियोजन सेवा की गुणवत्ता	
परिवार नियोजन तरीकों के दुष्परिणाम	– 18.4%
परिवार नियोजन तरीकों को अपनाने वाले	– 80.9%
– बच्चों की मृत्युदर	
नवजात मृत्युदर	– 54.3%
5 वर्ष से कम उम्र वाले बच्चों की मृत्युदर	– 78.3%
सुरक्षित मातृत्व और महिला स्वास्थ्य प्रजनक	
दो साल के अंतराल में जन्मे बच्चों का प्रतिशत	– 25.2%
– जो महिलाएँ बच्चे के जन्म के पूर्व स्वास्थ्य चिकित्सा केन्द्र के सम्पर्क में आईं और सहायता पाई	
बच्चे के जन्म के पूर्व स्वास्थ्य विशेषज्ञ से जाँच	– 41.7%
बच्चे के जन्म के पूर्व पहली बार तिमाही जाँच	– 18.0%

दो या दो से अधिक टेटनस इंजेक्शन – 50.6%
आयरन और फोलिक एसिड की गोली या सिरप – 32.7%

- बच्चे के जन्म के पूर्व माता को कितनी सहायता प्रदान की गई।

डाक्टर – 11.7%
प्रचलित परंपरगत तरीके से जन्म – 64.2%
महिलाओं में प्रजनन से संबंधित न्यूनतम रिपोर्ट,
जिनमें स्वास्थ्य समस्याओं का प्रतिशत है – 44.7%

- एड्स के प्रति जागरूकता

जो महिलाएँ एड्स के बारे में जानती हैं – 15.4%

- शिशु स्वास्थ्य

शून्य से तीन महीने के बच्चे जो सिर्फ माँ का
दूध पीते हों – 2.2%
दूध पीने वाले बच्चों की मध्यावधि – 36.0%
जो बच्चे टीका लिए हैं उनका प्रतिशत
बी.सी.जी – 44.4%
डी.पी.टी. तीन खुराक – 21.7%
पोलियो तीन खुराक – 36.5%
मीसल (Measles) – 18.2%
जो बच्चे सभी टीका लिए हों – 8.8%
तीन साल के उम्र के बच्चे जो पिछले
दो सप्ताह तक डायरिया से प्रभावित हैं,
व जिन्हें ORS का घोल दिया – 20.4%
तीन वर्ष के बच्चे जो पिछले दो सप्ताह से गंभीर
श्वसन संक्रमण से पीड़ित हैं, जिन्हें स्वास्थ्य
सुविधा प्रदान की गई हो – 41.1%

- पोषण

एनीमिया से पीड़ित महिलाएँ – 72.9%
उन महिलाओं का प्रतिशत जिन्हें एनीमिया हुआ – 28.6%
6–35 माह तक एनीमिया से पीड़ित बच्चे – 82.4%
6–35 माह तक हल्के/तेज एनीमिया से
पीड़ित बच्चे – 56.2%
वे बच्चे जिन्हें समुचित आहार/पोषण नहीं मिला – 49.0%
वे बच्चे जो गंभीर रूप से कुपोषण के शिकार
हुए और जिनका शारीरिक विकास नहीं हो पाया – 25.4%
उन बच्चों का प्रतिशत जिनका वजन उम्र के
हिसाब से काफी कम या अधिक हो – 54.3%

सर्वेक्षण 1994 के अनुसार प्रति 1000 व्यक्ति बीमारी दर झारखंड की आदिवासी महिलाओं में 68 है, जबकि आदिवासी पुरुषों में यह दर 58 है। प्रति 1000 बीमार में 649 आदिवासी महिलाओं का किसी प्रकार से इलाज हो पाता है, जबकि पुरुषों में यह संख्या 675 है। जिन महिलाओं का इलाज होता है उनमें ज्यादातर सरकारी स्रोतों से इलाज पाती हैं। 49% महिलाएँ एवं 56% पुरुष निजी डॉक्टरों से इलाज कराते हैं। राष्ट्रीय परिवार स्वास्थ्य सर्वेक्षण 1993 ने भी झारखंड की आदिवासी महिलाओं के बुरे स्वास्थ्य स्तर को उजागर किया। उसके अनुसार अधिकांश (82%) आदिवासी महिलाओं को गर्भावस्था में टेटनेस का इंजेक्शन नहीं लगता है एवं 88% ऐसी महिलाओं को आयरन/फोलिक की गोलियाँ नहीं मिलती हैं।

दूसरे समुदायों की तुलना में आदिवासी समाज में महिलाओं की शादी की उम्र अधिक है एवं कुल प्रजनन दर कम है, अर्थात् 3.42 है और प्रतिस्थापन दर 2.1 से अधिक है। इस तरह से इन निर्देशांकों के आधार पर सापेक्षिक रूप से बेहतर परिस्थिति में रहने के पश्चात् भी निरेपक्ष रूप में उनकी स्थिति अच्छी नहीं है। इस बात से भी इनकार नहीं किया जा सकता है कि झारखंड की आदिवासी महिलाओं के बीच शिक्षा का अभाव है।

अनुशंसाएँ

झारखंड के संदर्भ में विकास का मतलब उन मानदंडों और प्रक्रियाओं को स्थापित करना है, जो विभिन्न विकास योजनाओं में उन जनभागीदारी यानि स्त्री भागीदारी को सुनिश्चित करता है। विकास का लक्ष्य महिलाओं को मुख्य धारा में ही लाना नहीं है बल्कि उनके सशक्तिकरण के पैमाने का आकलन भी करना है। विकास की अवधारणा, नीतियाँ व कार्यक्रम झारखंडी महिला हितों के अनुरूप हो। यह तभी संभव है जब विकास नीतियों के निर्माण में उनकी सक्रिय भागीदारी हो।

महिला सशक्तिकरण के मद्देनजर नीति निर्णय सलाह-मशविरे में महिलाओं की साझेदारी अनिवार्य बनाने की जरूरत है ताकि सामाजिक विकास की धारा में समता, सामाजिक न्याय और अवसर की समानता प्राप्त हो सके। लोकतांत्रिक निकायों, प्रशासकीय-न्यायिक व्यवस्था, विभिन्न निगम-बोर्डों, ट्रस्ट में महिलाओं के लिए आरक्षण की व्यवस्था होनी चाहिए। संविधान प्रदत्त मौलिक अधिकारों का उपभोग महिला सहज रूप से कर सकें। इसके लिए अवसर दिए जाने का विशेष प्रावधान भी होना चाहिए। अभिव्यक्ति की स्वतंत्रता से महिला वंचित है। स्वतंत्र चिंतन की परिस्थितियों का अभाव स्त्रियों को मौलिक अधिकार से वंचित रखता है। जीने की स्वतंत्रता भी उसे हासिल नहीं है।

ग्रामीण आम महिलाओं के शिक्षण के विशेष अभियान चरणबद्ध हों जिससे कोई भी महिला निरक्षर न रहने पाए। सर्वविदित है कि महिलाओं के खिलाफ हिंसा का प्रयोग हर स्तर पर और हर जगह किया जा रहा है। सामाजिक रीति-रिवाज, पारिवारिक झगड़ों, प्रतिष्ठा पर चोट करने के इरादे, निहित स्वार्थों से बालिकाएँ और महिलाएँ घरेलू और सार्वजनिक हिंसा की शिकार हैं। इनके विरुद्ध बने कानूनों को और कड़ा करने और झारखंड के सदंर्भ में उसे अनुकूल और प्रभावी बनाए जाने की आवश्यकता है। बलात्कारियों को फाँसी का प्रावधान एवं डायन

हत्या पर रोक लगाने के लिए विशेष सेल के गठन का प्रावधान अत्यन्त आवश्यक है। महिलाओं के खिलाफ बढ़ती हिंसात्मक प्रवृत्ति पर रोकथाम के लिए सुप्रीम कोर्ट के कानून को कड़ाई से लागू करने और प्रसार-प्रचार की भी जरूरत है।

राष्ट्रीय महिला आयोग की तर्ज पर झारखंड प्रदेश महिला आयोग का गठन किया जाना वक्त की माँग है। महिलाओं के अधिकारों की रक्षा के लिए महिला थानों की स्थापना, महिला पुलिस अधिकारियों की बहाली, साथ ही बीजिंग घोषणा पत्र के आलोक में जिला स्तर से प्रदेश स्तर तक महिलाओं के अधिकारों की पूर्णरूपेण रक्षा के लिए महिला अधिकार आयुक्त की बहाली करना, प्रदेश के मुख्यमंत्री और अन्य बुद्धिजीवियों के माध्यम से महिला समस्या पर समीक्षा आवश्यक है। इसके लिए जरूरी है कि आदिवासी इलाके में आदिवासी जनजीवन के जानकार अधिकारी-कर्मचारी बहाल हों, जो पूरी संवेदना से महिलाओं की समस्या पर ध्यान दें क्योंकि ग्रामीण क्षेत्रों में अधिकारी या पुलिस का सहयोग बिलकुल ही नकारात्मक देखा जा चुका है। और उसके लिए पुलिस प्रशासन बदनाम भी हो चुकी है। अक्सर थाने तक पहुँची महिलाओं की शिकायत होती है कि पुलिस ज्यादातर सकारात्मक नहीं, नकारात्मक दृष्टिकोण अपनाती है।

महिलाओं के सवाल पर विभिन्न सरकारी तंत्रों में संवेदनशीलता की कमी है। झारखंड में ऐसे बहुत सारे महिला संबंधी केस अदालत में लटके हुए हैं जिनकी सुनवाई जल्द न करके महिला को मानसिक, शारीरिक एवं आर्थिक रूप से भी प्रताड़ित किया जाता है। यह हमेशा से कहा जाता रहा है कि महिलाएँ दोयम दर्जे की नागरिक हैं, लेकिन सवाल यह है कि इन शब्दों को कभी चरितार्थ किया जा सकेगा?

विस्थापन की विभीषिका

रमेश शरण

झारखंड राज्य की एक प्रमुख एवं जटिल समस्या यहाँ सदियों से चली आ रही विस्थापन एवं पुनर्वास की समस्या है। हालाँकि विस्थापन की शुरुआत ब्रिटिश काल में शुरू हो गई थी परन्तु स्वतंत्रता के बाद जब देश में विकास का एक नया मॉडल लाया गया है यह प्रक्रिया और तीव्र हो गई। जनसंख्या के विस्थापन को दो अर्थों में लिया जा सकता है—व्यापक एवं संकुचित अर्थ। व्यापकता में इसे किसी भी कारण से होने वाले जनसमूहों को अपने पारंपरिक आवास तथा संसाधनों से बेदखली के रूप में लिया जा सकता है। संकुचित अर्थ में इसे भूमि-अधिग्रहण के कारण होने वाले विस्थापन से लिया जा सकता है। पहले वर्गीकरण में विस्थापन का कारण बाह्‌य आगमन एवं आक्रमण, नई आर्थिक क्रियाओं का उदय, जनसंख्या का स्थानांतरण आदि सम्मिलित किए जा सकते हैं। पूर्व ब्रिटिश काल में ऐसे कई उदाहरण मिलते हैं जब यहाँ की स्थानीय आदिवासी आबादी को बाह्य आक्रमणों के कारण अपने पारंपरिक वसाहतों को छोड़ना पड़ा परंतु इस प्रक्रिया में तेजी औपनिवेशिक काल में आई। सबसे पहले 1793 में परमानेंट सेटलमेंट के तहत यहाँ के लोगों पर बाह्य जमींदारी सत्ता थोपी गई एवं जमींदारों-ठेकेदारों एवं इनके मददगारों ने यहाँ के आदिवासियों को बेदखल किया। इससे कई इलाकों में विद्रोह हुए एवं कई इलाकों से यहाँ की स्थानीय जनसंख्या बेदखल हो गई। इसी तरह अंग्रेज सरकार ने वन कानून बना कर रातोंरात वनों पर से यहाँ के लोगों की मलकीयत समाप्त कर दी। वनों को रिजर्व, प्रोटेक्टेड एवं गाँव के वनों के रूप में वर्गीकृत कर दिया गया। 18वीं शताब्दी के अंत में कोयले एवं अन्य खनिजों के खनन की शुरुआत हुई और बड़े पैमाने पर विस्थापन इसके कारण हुए। जमींदारी प्रथा के आने के कारण लगान नहीं देने के कारण भी यहाँ के आदिवासियों को कई इलाकों में अपनी भूमि से हाथ धोना पड़ा है एवं बाध्य होकर अपने वसाहतों को छोड़कर कोयला खदानों एवं अन्यत्र चले जाना पड़ा। इसी तरह जब ब्रिटिश सरकार ने असम बंगाल एवं अन्य क्षेत्रों में चाय बागान एवं अन्य गतिविधियाँ शुरू कीं तो यहाँ के आदिवासियों को बड़े पैमाने पर इन क्षेत्रों के लिए रवाना किया गया। अधिकांश परिवार जो अपने वसाहतों को छोड़कर गए वे कभी वापस नहीं आ सके। इसी तरह 20 वीं शताब्दी के शुरुआत में स्वतंत्रता प्राप्ति के बाद गरीबी एवं भुखमरी से मुक्ति के लिए देश में विकास की नई रणनीति बनी जिसे नेहरू-महालनोविस मॉडल के नाम से जाना जाता है। इस नीति के अंतर्गत बड़े बाँधों, बड़ी औद्योगिक परियोजनाओं विशेषकर पूँजीगत वस्तुओं में भारी विनियोग की परिकल्पना की गई जिससे कि भविष्य में उपयोग की वस्तुएँ उपलब्ध हो सकें। इसके लिए बहुत बड़े पैमाने पर भूमि का

अधिग्रहण हुआ। झारखंड जैसे क्षेत्र में जहाँ खनिज की बहुलता थी, बड़े पैमाने पर औद्योगिकीकरण की योजनाएँ बनीं। भारी अभियंत्रण निगम, भारतीय उर्वरक निगम, मेकन, बोकारो स्टील, युरेनियम कारपोरेशन, कोयला लौह अयस्क खनन आदि की परियोजनाएँ शुरु की गईं। दामोदर घाटी निगम, मयूराक्षी जैसे बड़े बाँधों की शुरुआत भी हुई। नेहरू जी ने इसे 'भारत के नए मंदिरों' की संज्ञा दी। ऐसा भी कहा गया कि देश के हित में विस्थापन रूपी बलिदान आवश्यक है।

लेकिन जब विकास के फल केवल कुछ लोगों के हाथ में केंद्रित होने लगे एवं बलिदान केवल आदिवासियों, दलितों एवं पिछड़ों को करना पड़ा तो इस विकास की प्रक्रिया से लोगों का मोहभंग हुआ एवं कोयलकारो, नेतरहाट, कोयला परियोजनाओं, स्वर्णरेखा बहुउद्देशीय योजनाओं आदि के व्यापक जनविरोध का प्रारंभ हुआ। झारखंड की औद्योगिक नीति में जब राँची से जमशेदपुर तक राष्ट्रीय उच्च पथ के दोनों ओर पाँच कि.मी. के दायरे को उद्योगपतियों के स्वर्ग बनाने की घोषणा की तब सारे लोग भयाक्रांत हो गए क्योंकि स्वतंत्रता के बाद के विस्थापन के कटु अनुभव उनके सामने हैं।

अगर हम झारखंड में योजनाओं से विस्थापन को देखें तो यहाँ भूमि अधिग्रहण दो तरह के हुए हैं—(i) परियोजनाएँ जिसमें विस्थापन् के साथ पुनर्वास की भी व्यवस्था थी उदाहरण के लिए एच.ई.सी. राष्ट्रीयकृत, कोयला क्षेत्र बी.सी.सी.एल., सी.सी.एल., ई.सी.एल, यूरेनियम कारपोरेशन, मेकन, दामोदर घाटी निगम आदि एवं (ii) इसके अंतर्गत बाजार यार्ड, पुलिए, सड़कों आदि के लिए अधिग्रहण जिसमें केवल भूमि एवं अधिग्रहीत संरचना के मुआवजे की व्यवस्था है। परियोजनाओं में मुआवजे के अलावा पुनर्वास की व्यवस्था थी। आँकड़ों के अनुसार 1/3 से ज्यादा लोगों का पुनर्वास नहीं हो सका। आदिवासी समूह एक सांस्कृतिक समूह की तरह अपने वसाहतों में सदियों से जीवनयापन करते हैं परंतु पुनर्वास एक व्यक्ति/परिवार की तरह किया गया। इसका मुख्य कारण इन परियोजनाओं के स्थापकों के बीच की हृदयहीनता एवं यहाँ के परिवेश से अनभिज्ञता भी रही है। शुरुआत के दौर में मुआवजे की बड़ी रकम यहाँ के आदिवासियों को मिली परंतु इनमें से अधिकांश पैसे बरबाद हो गए एवं ये लोग अपने को पुनर्वासित नहीं कर पाए और विकास के शरणार्थी बन गए। मुआवजा केवल निजी मलकीयत की भूमि एवं संरचना का मिलता है। इसमें भी कई कठिनाइयाँ हैं। सबसे पहले भूमि स्वामित्व के पट्टे बहुत अच्छे ढंग से नहीं रखे गए हैं। परिणामस्वरूप कई भूखंडों पर विवाद बना होता है। यह विवाद परिवार के अंदर भी होते हैं क्योंकि कई generation से भूमि का बँटवारा नहीं हुआ होता या बँटवारा मौखिक होता है। इसके अलावा कई बार सरकार के द्वारा भूमिहीनों को पट्टे तो दिए जाते हैं पर मालिकाना हक नहीं दिया जाता। कई जगहों पर लोग पचासों वर्षों से अपने कोड़कर अधिकार के अंतर्गत बेकार भूमि को खेती योग्य बना कर जोत/कोड़ते हैं पर कागज में यह सरकार की मलकीयत में होती है अत: इसका कोई मुआवजा नहीं मिलता है। दूसरी समस्या भूमि के मूल्य की है। कई इलाकों में भूमि की खरीद-बिक्री नहीं होती है। अत: मुआवजे की गणना में कठिनाई होती है। भूमि अधिग्रहण कानून के अनुसार उस इलाके में भूमि विक्रय के मूल्य को ही मुआवजे के लिए भूमि का मूल्य माना जाता है। कई इलाकों में विशेषकर स्वर्णरेखा परियोजना में स्थानीय मूल्यों से लगभग तीन गुना देने का प्रयास किया गया तो भूमि

की कीमत बढ़ी एवं लोग वांछित भूमि नहीं ले पाए। अत: यह एक जायज माँग के रूप में आई है कि या तो सरकार भूमि के बदले भूमि दे या उस मूल्य का भुगतान करे जिस पर भूमि खरीदी जा सके। इसके अलावा झारखंड में सामूहिक संपदा से लगभग प्रत्येक परिवार अपने लिए भोजन वन पदार्थ, जानवरों का चारा आदि मुफ्त इकट्ठा करते हैं, इनमें किसी का भी मुआवजा नहीं दिया जाता है।

मुआवजे के अलावा जिन परियोजनाओं में पुनर्वास की व्यवस्था है, नौकरी लगभग प्रत्येक जगह परिवार के एक सदस्य को ही दी जाती है परिणामस्वरूप परिवार के अंदर विषमता पैदा होती है। स्त्रियों के पुनर्वास के बारे में शायद ही सोचा जाता है। विस्थापन का सबसे खराब असर इन्हीं पर पड़ता है। स्त्रियों के पास जमीन की मलकीयत नहीं होती है। परिवार में कई बार पुरुषों को मुआवजा मिलने पर इसके अपव्यय की स्थिति में परिवार चलाने का पूरा भार इन पर पड़ता है। नए पुनर्वास स्थल पर पीने के पानी, जलावन की लकड़ी जैसी रोजमर्रा की समस्याओं को भी इन्हें ही झेलना पड़ता है। झारखंड का खनिज एवं प्राकृतिक संसाधनों में धनी होना लगभग यहाँ के नागरिकों के लिए अभिशाप सा जान पड़ता है।

विस्थापन का परिमाण

झारखंड में स्वतंत्रता के बाद बड़ी योजनाओं एवं अन्य योजनाओं से हुए विस्थापन के परिमाण के बारे में सही एवं निश्चित आँकड़ों की भारी कमी है। सरकारी आँकड़ों एवं गैर-सरकारी आँकड़ों में काफी अंतर नजर आता है। बिहार सरकार से शायद यह उम्मीद तो नहीं थी परंतु झारखंड सरकार ने अपने लगभग तीन वर्षों के कार्यकाल में इसकी आवश्यकता नहीं समझी है। अलग-अलग परियोजनाओं में विस्थापितों के जो आँकड़े उपलब्ध हैं, उनमें भी भिन्नता नजर आती है। इस संदर्भ में एलेक्स एक्का ने सराहनीय प्रयास किए हैं। उन्होंने 1950-1995 के बीच बिहार राज्य सरकार के गजट में आए भूमि अधिग्रहण के आँकड़ों को इकट्ठा किया है। इन अधिसूचनाओं में गाँवों के नाम, खाता/खसरा नं. तथा भूमि की माप का उल्लेख होता है। उन्होंने गाँवों के नाम तथा जनगणना में उस गाँव की जनसंख्या के आधार पर विस्थापितों की संख्या का अनुमान लगाने का प्रयास किया है। इस विधि में अनेक त्रुटियाँ हो सकती हैं परंतु कम से कम एक सूचक के रूप में प्रयोग किया जा सकता है। बड़ी योजनाओं के लिए भू-अर्जन कार्यालय होते हैं। इसके अलावा राजस्व विभाग से भी इसके बारे में आँकड़े प्राप्त हो सकते हैं परंतु इस काम में सरकारी विभागों के मदद की बड़ी आवश्यकता है। निम्नलिखित पैराग्राफ में हम एलेक्स एक्का के द्वारा दिए गए आंकड़ों का ही विश्लेषण करेंगे।

तालिका-1 : झारखंड में 1951-1995 तक होने वाले विस्थापितों की संख्या

I	ST	SC	अन्य	कुल
जल संसाधन परियोजनाएँ	83581	11434	22393	117408 (12.18)
औद्योगिक परियोजनाएँ	22473	14952	28548	65973 (0.8)
सुरक्षा संबंधी परियोजनाएँ	580	130	790	1500 (0.1)
वन अभयारण्य	83052	87591	339266	509909 (59.2)

खनन	79568	42268	146757	268588(27.8)
कुल	269254	156375	537749	963378(100)
	(27.9)	(16.3)	(55.8)	
II				
चांडिल डैम	20820	2220	10825	
इचा डैम	22400	1400	4200	
कोयलकारो परियोजना	48326	2500	2869	115020
नेतरहाट फील्ड फायरिंग	236567	18399	7887	262853
कुल	327573	24519	25781	377873
I + II	596827	180894	563530	1341251
	(44.49)	(73.48)	(43.01)	(100)

यहाँ पर विस्थापन में आँकड़ों को दो भागों में बाँटा गया है चांडिल, ईचा, परियोजनाओं पर काम अभी रुका हुआ है जबकि कोयलकारो एवं नेतरहाट फील्ड फायरिंग रेंज की परियोजनाएँ जनविरोध के कारण लंबित पड़ी हैं। इन योजनाओं से होने वाले विस्थापन को तालिका से अलग किया गया था तथा अन्य योजनाओं से होने वाले विस्थापन को तालिका में दर्शाया गया है। अगर चार लंबित योजनाओं को छोड़ दें तो लगभग निम्नलिखित प्रमुख तथ्य सामने आते हैं—

— अगर चार बड़ी योजनाओं को छोड़ दिया जाए तो झारखंड में 1951-95 के बीच लगभग 9.63 लाख विस्थापित हुए इसमें अनुसूचित जनजातियों की संख्या 2.69 लाख, अनुसूचित जातियों की संख्या 1.56 लाख तथा अन्य लोगों की संख्या लगभग 5.37 लाख थी। विस्थापितों में लगभग 27.9% आदिवासी, 16.3% दलित तथा 55.8% अन्य लोग रहे हैं। आदिवासियों का विस्थापन लगभग उनकी आबादी के अनुपात में था जबकि दलितों का विस्थापन उनकी आबादी के अनुपात से काफी ज्यादा था।

— जितने आदिवासी 1951-95 के बीच नहीं उजड़े (2.69 लाख) उससे ज्यादा केवल चार परियोजनाओं सुवर्णरेखा (चांडिल एवं इचा) तथा नेतरहाट फील्ड फायरिंग रेंज तथा कोयलकारो परियोजना लगभग 3.27 लाख से उजड़ जाएँगे।

— जब हम चार बड़ी परियोजनाओं को सम्मिलित कर देते हैं तो विस्थापित आदिवासियों की जनसंख्या लगभग 5.96 लाख, दलितों की 1.81 लाख तथा अन्य लोगों की 5.63 लाख हो जाती है एवं कुल विस्थापन 13.41 लाख हो जाता है। इस तरह झारखंड में स्वतंत्रता के बाद 13 लाख से ज्यादा लोग विस्थापित हुए हैं या विस्थापित होने की कगार पर हैं। इसमें राँची से जमशेदपुर के बीच औद्योगिक नीति में प्रस्तावित औद्योगिक क्षेत्र तथा ऐसे अन्य क्षेत्र शामिल नहीं हैं।

— बड़े बाँधों एवं जल संसाधन की परियोजनाओं से लगभग 1.17 लाख विस्थापित हुए हैं जो कि अगर हम तीन व्यक्ति परियोजनाओं को छोड़ दें तो कुल विस्थापन का 12.18% होता है। सबसे ज्यादा लोग अभयारण्य एवं राष्ट्रीय पार्कों के द्वारा विस्थापित हुए हैं जो कुल विस्थापन

का 59.2% से ज्यादा था। अगर नेतरहाट परियोजना को छोड़ दें तो सुरक्षा संबंधी योजनाओं से विस्थापन मात्र 0.1% था। परंतु खनन से लगभग 27.8% तथा उद्योगों के कारण लगभग 6.8% लोग विस्थापित हुए थे। इस तरह झारखंड में अगर हम लंबित चार बड़ी परियोजनाओं को छोड़ दें तो सबसे ज्यादा विस्थापन अभयारण्यों, नेशनल पार्क आदि से हुआ है।

एक्का के अनुमानों के अनुसार लगभग 5.09 लाख वन अभयारण्यों के कारण विस्थापित हुए थे। इसमें बेतला (44480), हजारीबाग नेशनल पार्क (47493), पलामू (152511), महुआटांड़ (12134), दलमा (88301), तोपचांची (7813), लावाकिंग (52785), कोडरमा (45224), तथा पारसनाथ (59167) सम्मिलित हैं। इन परियोजनाओं में लगभग 15.8% आदिवासियों, 17.1% दलितों तथा 66.5% अन्य लोगों के विस्थापित होने का अनुमान है।

— औद्योगिक तथा ताप विद्युत परियोजनाओं से 65973 लोग इस अवधि में विस्थापित हुए इसमें बोकारो इस्पात (29615), एच.ई.सी. (15450), गोमिया (1265) BA and CL रेहता (900), सिंदरी खाद कारखाना (4885), HCL घाटशिला (5940), HZL टुंडी(283), उषा मार्टिन (169), बिहार स्पांज (193), ए.सी.सी. खेलारी (178), बोकारो थर्मल (1697), चंद्रपुरा थर्मल (829), पतरातु थर्मल (1874), तेनु घाट थर्मल (2279) तथा इंडो असाती, ग्लास फैक्टरी से 520 लोगों के विस्थापित होने का अनुमान है। इनमें राँची, जमशेदपुर, जैसीडीह आदि में औद्योगिक क्षेत्रों से होने वाले विस्थापित सम्मिलित नहीं हैं।

— खनन योजनाओं से पिछले वर्षों में होने वाले एवं भविष्य में होने वाले विस्थापितों की संख्या काफी अधिक होने की संभावना है। अनुमानों के अनुसार लगभग 2.68 लाख लोग इन परियोजनाओं से विस्थापित हुए हैं। इसमें आदिवासियों की संख्या 79.5 हजार, दलितों की 42.26 हजार तथा अन्य लोगों की संख्या 1.47 लाख थी। इन परियोजनाओं में मुख्यतः वी.सी.सी.एल, सी.सी.एल, टिस्को, यू.सी.आई.एल. शामिल हैं। इन आँकड़ों में बाक्साइट एवं लौह अयस्कों तथा कॉपर की खानें सम्मिलित नहीं हैं जिनसे भी अल्प एवं परोक्ष रूप से विस्थापन हुआ है। खनन झारखंड की औद्योगिक नीति की प्राथमिकताओं में से एक है।

— जल संसाधनों की परियोजनाओं से विस्थापन का आकलन करना आसान नहीं है। कुछ लोगों की केवल भूमि जाती है, वासस्थल बरकरार रहता है, एवं कुछ लोगों का केवल वासस्थल जाता है लेकिन भूमि बची होती है एवं कुछ लोगों के दोनों साधन चले जाते हैं। दामोदर घाटी निगम देश की पहली बड़ी जल परियोजनाओं में से एक था जिसका सबसे अधिक लाभ प. बंगाल को प्राप्त हुआ परंतु सारा डूब क्षेत्र झारखंड में रहा। इसके अंतर्गत मैथन डैम (28030), तिलैया बाँध (16120), पंचेत बाँध (41461) तथा कोनार बाँध (5747)से विस्थापन हुआ। इसी तरह दुमका में मयूराक्षी से 16500 लोगों के विस्थापन का अनुमान है परंतु इससे झारखंड से ज्यादा पं. बंगाल में सिंचाई होती है। झारखंड का यह दुर्भाग्य रहा है कि स्वतंत्रता के बाद पूर्ववर्ती बिहार के अधिकांश बाँध झारखंड में बने परंतु इससे होने वाली सिंचाई की मात्रा में लगातार कमी आई है।

ऊपर दिए गए आँकड़े केवल बड़ी परियोजनाओं से संबंधित हैं। झारखंड की जो विकास नीति आने वाली है उसमें विस्थापना के खतरे और भी बढ़ेंगे। विशेषकर खनन परियोजनाओं, ताप विद्युत की प्रस्तावित परियोजनाओं, सड़कों एवं अन्य संरचनाओं के विकास तथा औद्योगिक योजनाओं के कारण। झारखंड में विस्थापन का सही आकलन आवश्यक है। झारखंड सरकार के पुराने इतिहास को देखते हुए विकास की ऐसी योजनाएँ बनानी चाहिए जिससे कि विस्थापन कम से कम हो। अगर विस्थापन अवश्यंभावी हो तो पुनर्वास की योजना ऐसी बनानी चाहिए कि इससे सामाजिक, आर्थिक, सांस्कृतिक एवं मनोवैज्ञानिक क्लेश कम से कम हो। झारखंड में विस्थापन एवं उसकी समस्याओं पर एक श्वेत पत्र जारी करना आवश्यक है एवं एक संपूर्ण नीति बनाने की आवश्यकता है।

नेतरहाट फायरिंग रेंज : विस्थापन बनाम संघर्ष

जेरोम जेराल्ड कुजूर

नेतरहाट जनान्दोलन समकालीन भारतीय समाज एवं देश में चल रहे विस्थापन विरोधी आन्दोलनों की वह चेतना है जो जनता की शक्ति और सामूहिक नेतृत्व से सर्वोपरि है। इस आन्दोलन ने झारखंड के इतिहासबोध को नई गरिमा प्रदान की है। इसने सामूहिक नेतृत्व, स्त्री-पुरुष सहभाग और सामुदायिक चेतना को आधार बनाकर जनता के मनोबल को सशक्त किया है जिससे दूसरे जनान्दोलन भी जाग उठे। इस जनान्दोलन ने न केवल अन्य जनान्दोलनों को प्रेरित किया बल्कि झारखंडी जनता की चिन्तनधारा को सामने रखा है। अब तक तो यही माना जाता रहा है कि आदिवासी समाज भावावेग से ही आन्दोलित होता रहा है। नेतरहाट ने स्वायत्तता और स्वशासन की आदिवासी विचारधारा को स्थापित किया है। झारखंड का इलाका सदियों से भावना और विचार के बीच संघर्षरत है। नेतरहाट आन्दोलन की जीत विचार की जीत है। इस आन्दोलन ने संघर्ष की संस्कृति के धरातल पर खड़े होकर भविष्य की उम्मीदें पैदा की हैं। साथ ही जनता की व्यापक भागीदारी तथा जन चेतना जगाने का कार्य भी किया है। अपने लोगों के भीतर ऐसे विचार को जन्म दिया है जो शोषणविहीन समाज की बात करता है। नेतरहाट आन्दोलन ने बताया है कि सरकारी योजना बनाने की नीति पूरी तरह दोषपूर्ण है और परिणाम यह होता है कि आदिवासी समाज को इसका दंश झेलना पड़ता है।

पायलट प्रोजेक्ट नेतरहाट फील्ड फायरिंग रेंज

1. फील्ड फायरिंग रेंज की शुरुआत

दिनांक 07-05-1994 को गुमला के उपायुक्त श्री लियान कुंगा की अध्यक्षता में कुछ गिने-चुने लोगों और सेना के बीच एक बैठक हुई। सेना की तरफ से कर्नल परमजित सिंह शाही तथा मेजर बी.जी. पाठक शरीक हुए। इस बैठक में बताया गया कि वर्ष 1956 की अधिसूचना के द्वारा सरकार ने Manoeuvers, Field Firing and Artiliery Practice Act 1938 की धारा 9 के अन्तर्गत 24×17 किलोमीटर अर्थात् 308 किलोमीटर भूभाग को अधिूसचित क्षेत्र घोषित किया एवं 10×14 किलोमीटर अर्थात् 140 वर्ग किलोमीटर को संघात क्षेत्र निर्धारित किया था और उक्त क्षेत्र में सेना के अनुसार वर्ष 1964 से लेकर वर्ष 1994 तक प्राय: हर साल सेना तोप चालन अभ्यास करती आई। यह अवधि वर्ष 1994 में खत्म हुई।

1991 और 1992 की अधिसूचना बिहार गजट असाधारण अंक, 25 नवंबर 1991,

एस.ओ. 761 तथा 28 मार्च 1992 एस.ओ. 84 जारी की गई जो 13 मई 1992 से लेकर 11 मई 2002 तक प्रभावी रहेगी। इन अधिसूचनाओं के तहत 1471 वर्ग किलोमीटर अधिसूचित क्षेत्र होगा जिसके अन्तर्गत 188 वर्ग किलोमीटर का संघात क्षेत्र होगा। नेतरहाट के नौ वर्ग किलोमीटर और अंदर के 9 वर्ग किमी क्षेत्र में सैनिक शिविर बनेंगे। इन सूचनाओं के अनुसार कुल 206 वर्ग किमी भूमि का अर्जन किया जाना है एवं इसके फलस्वरूप 27853 लोग विस्थापित होंगे जिसमें 90 से 95 प्रतिशत आदिवासी होंगे।

2. वर्तमान स्थिति योजना का विस्तार

अधिसूचित फायरिंग रेंज के अलावा फौजी शिविर और संधान क्षेत्र बनाने के लिए प्रथम चरण के लिए सेना का निम्नलिखित प्रस्ताव सरकार के पास लंबित है—

क. छावनी क्षेत्र

1. अंदर (10 गाँव) — 9386.71 एकड़ भूमि
2. नेतरहाट (7 गाँव) — 7502.42 एकड़ भूमि

ख. संघात क्षेत्र

विशुनपुर एवं चैनपुर प्रखंड के अन्तर्गत पर्वतीय क्षेत्रों के 28 गाँव, 58,193.94 एकड़ भूमि।

ग. The Hindustan Times, Patna, 14-1-94 की एक रिपोर्ट के पाँचवें पैराग्राफ के मुताबिक सेना की माँग पर बिहार सरकार ने एक विशाल क्षेत्र गया जिला के देवरी-डुमरी प्रखंड के पास निर्धारित किया। लेकिन व्यथित रूप से वहाँ की घनी आबादी तथा ऐतिहासिक अवशेष का हवाला देते हुए राज्य सरकार की अनुशंसा पर सेना ने 1 लाख वर्ग किमी के क्षेत्र को चुना जो नेतरहाट के निकट पलामू और गुमला जिलों में पड़ता है। सेना ने यह माँग की कि उनके फायरिंग रेंज के लिए कम से कम 19,856 वर्ग किमी का संघात क्षेत्र चाहिए। प्रोजेक्ट के विस्तार को ध्यान में रखकर सेना ने 5 गुना अर्थात् 1 लाख वर्ग किमी भूमि को अधिसूचित कराने की पेशकश की है।

फील्ड फायरिंग और युद्ध अभ्यास के लिए इतने बड़े भूभाग पलामू व्याघ्र परियोजना को छोड़कर चूंकि पलामू गुमला जिलों में समा नहीं सकता है, अत: इसका कुछ हिस्सा मध्य प्रदेश (छत्तीसगढ़) में पड़ने की आशंका है। स्थानीय लोगों के अनुसार सरगुजा जिले के कुसमी प्रखंड में भी सैनिकों के द्वारा सर्वेक्षण किए जाने की खबर है लेकिन सरकारी तौर पर इसकी सूचना अथवा अधिसूचना उपलब्ध नहीं है। जब-जब इस कानून के तहत किसी क्षेत्र को अभ्यास के लिए अधिसूचित किया जाता है तब-तब वहाँ के लोगों को अपने क्षेत्र से फील्ड फायरिंग के समय अस्थायी रूप से हटना पड़ता है। इसके लिए उचित मुआवजे की भी व्यवस्था नहीं है।

3. प्रस्ताविक पायलट प्रोजेक्ट भू-अर्जन एवं स्थायी विस्थापन

जहाँ तक प्रस्तावित पायलट प्रोजेक्ट नेतरहाट फील्ड फायरिंग रेंज की वास्तविकता का प्रश्न है, इस संबंध में भू-अर्जन प्रक्रिया के परिणामस्वरूप प्रशासन के विभागीय पत्राचार निम्नलिखित हैं—

क. कर्नल एस.एन. ओझा, दानापुर का पत्रांक 1990/ Netarhat/G.S. (Trg), 5.7.1993

ख. अपर जिला दंडाधिकारी, विधि व्यवस्था पलामू का ज्ञापांक 639/सा, दिनांक 15.7.93

ग. अपर समाहर्ता, गुमला का पत्रांक 419 दिनांक 8.11.93

घ. आर्मी हेडक्वार्टर का पत्रांक F/L-1003/91849/G, दिनांक 26.5.93

ड. एन.एस. गुरूंग, कर्नल Officiating Commander, 23, Artiliery, Brigade, A.P.O. का पत्रांक 204/03/1110/G.S.(Trg), 12.7.1993

च. गृहविभाग का पत्रांक 1466, दिनांक 14.9.92

छ. विभागीय पत्रांक 1537, दिनांक 20.9.93

इन पत्रों से साफ जाहिर है कि उपरोक्त पायलट प्रोजेक्ट के प्रथम चरण में भू-अर्जन की प्रक्रिया भी शुरू की जा चुकी है। (अतः यह सोचना और प्रचार करना मूर्खतापूर्ण होगा कि पायलट प्रोजेक्ट के लिए भू-अर्जन नहीं किया जा रहा है।)

	प्रखंड	*जिला*	*अधिसूचित वर्ष 1991*	*गाँवों की संख्या वर्ष 1992*	*कुल*
1.	महुआटांड	लातेहार	23	29	52
2.	विशुनपुर	गुमला	38	32	70
3.	चैनपुर	गुमला	24	22	46
4.	डुमरी	गुमला	00	30	30
5.	घाघरा	गुमला	04	38	42
6.	गुमला	गुमला	00	05	05
	कुल गाँव		89	156	245

संगठन एवं जनान्दोलन

सैनिक एवं असैनिक अधिकारियों द्वारा 1993 में जब प्रस्तावित इलाकों का गहन सर्वेक्षण शुरू किया गया तो क्षेत्र की आम जनता भयभीत हो गई। सेना द्वारा फायरिंग रेंज बनाने एवं विस्थापन करने संबंधी जानकारी पूरे क्षेत्र में आग की तरह फैल गई। इस आग की लपट राँची में उक्त क्षेत्रों से पढ़ने वाले छात्र-छात्रों तक भी पहुँची। अचानक एक अफवाह फैली कि सेना, प्रशासनिक अधिकारियों एवं आम जनता के बीच महुआटांड प्रखंड मुख्यालय में एक बैठक होने वाली है। क्षेत्र के छात्र जो राँची में पलामू छात्र संघ के नाम से संगठित थे, आव देखा न ताव अपने क्षेत्र की ओर कूच कर गए तथा रामपुर (महुआटांड) बगीचा में बिन-बुलाए आई भीड़ को संबोधित करते हुए आन्दोलन का बिगुल फूँकने का ऐलान किया गया। इसी वक्त महुआटांड के अंचल पदाधिकारी द्वारा भूमि अधिग्रहण संबंधी कागजात प्राप्त करने में छात्र सफल हुए। सबूत सामने आने के बाद छात्रों ने क्षेत्र में जन-सम्पर्क अभियान चलाया इस जन सम्पर्क अभियान में हीरा बरवे छात्र संगठन एवं बनारी विशुनपुर छात्र संगठन ने पलामू छात्र संगठन के साथ कंधे से कंधा मिलाकर कार्य किया क्योंकि बरवे एवं बाहर बरवे का इलाका भी इस फायरिंग रेंज से प्रभावित क्षेत्र में आता है।

आगे चलकर ग्राम स्तर, क्षेत्रीय स्तर, प्रखंड स्तर एवं जिला स्तर पर कई स्तर बनें जो अपने-अपने तरीके से फायरिंग रेंज का विरोध करने लगे। बाद में इन सबको मिलाकर पायलट प्रोजेक्ट नेतरहाट फील्ड फायरिंग रेंज विरोधी संघर्ष समिति का निर्माण किया गया जो अब तक इस जनान्दोलन की बागडोर थामे हुए है।

जोकीपोखर में पहला सत्याग्रह

पुराने नेतरहाट फील्ड फायरिंग रेंज पर 1963 से ही सेना फील्ड फायरिंग का अभ्यास करती रही है जिसके कारण वहाँ के लोगों को फील्ड फायरिंग के समय अस्थायी रूप से हटना पड़ता है। अभ्यास रात या दिन किसी भी समय किया जाता है। ऐसे समय में खुले आकाश के नीचे रहना रेंज क्षेत्र के लोगों की मजबूरी है।

फील्ड फायरिंग रेंज से प्रभावित लोगों का दुःख दर्द एवं उनके साथ अमानुषिक व्यवहार, प्रशासन एवं सैनिक अधिकारियों की असंवेदनशीलता की कहानी से भरा पड़ा है। पायलट प्रोजेक्ट नेतरहाट फील्ड फायरिंग रेंज विरोधी जनसंघर्ष समिति को जब सूचना मिली कि 23 एवं 24 मार्च 1994 को सेना फायरिंग रेंज में फायरिंग अभ्यास करने का नोटिस दिया है, तब सरकार का ध्यान प्रोजेक्ट फील्ड फायरिंग रेंज को रद्द करने की ओर आकर्षित करने एवं नेतरहाट फील्ड फायरिंग रेंज बन्द करने की माँग को लेकर 23 व 24 मार्च के फायरिंग अभ्यास रोकने के लिए ऐतिहासिक निर्णय लिया गया। प्रस्तावित पायलट प्रोजेक्ट फील्ड फायरिंग रेंज से प्रभावित आम जनता ने केंद्रीय समिति के इस निर्णय का जोरदार स्वागत किया और 'जान देंगे जमीन नहीं' के नारे से 19 मार्च से लेकर 25 मार्च तक अभूतपूर्व अनुशासन एवं साहसपूर्ण धैर्य का परिचय देते हुए शान्तिपूर्ण सत्याग्रह में जनशक्ति का प्रदर्शन किया। इस जनशक्ति के सामने सेना को झुकना पड़ा। अभ्यास स्थगित करना पड़ा। जनता के लिए पहली विजय थी।

जोकीपोखर में पुनः सत्याग्रह

12 अप्रैल 1994 को प्रशासन के द्वारा जनसंघर्ष समिति के प्रतिनिधियों को फायरिंग अभ्यास स्थगन के आश्वासन के बावजूद जब सेना एवं जिला प्रशासन पलामू ने 25 अप्रैल से 3 मई 1994 तक पुनः फायरिंग अभ्यास का नोटिस जारी किया तो जनता में हलचल मच गई। तब केंद्रीय जनसंघर्ष समिति के निर्णय पर 22 अप्रैल से 27 अप्रैल 1994 तक लाखों की संख्या में सत्याग्रह स्थल पर लोग डटे रहे। जनता की अटूट एकता और अदम्य साहस ने फिर एक बार सेना के फायरिंग अभ्यास को नाकाम कर दिया।

त्रिपक्षीय वार्ता : 9 जुलाई 1994

9 जुलाई 1994 को गुमला के तत्कालीन उपायुक्त विद्यासागर की मध्यस्थता में सेना अधिकारियों, गुमला, पलामू जिले के प्रशासनिक अधिकारियों तथा जनसंघर्ष समिति के प्रतिनिधियों के बीच त्रिपक्षीय वार्ता हुई। प्रशासन ने प्रस्तावित पालयट प्रोजेक्ट नेतरहाट फील्ड फायरिंग रेंज को रद्द होने का मौखिक आश्वासन देकर नियमित गोलीबारी अभ्यास कार्यक्रम को जारी रखने के लिए जनसंघर्ष समिति से सहयोग माँगा। किन्तु 30 वर्षों तक गोली-बारी अभ्यास के दरम्यान पठारी

जनता की शारीरिक, मानसिक और आर्थिक क्षति की जिम्मेवारी लेने से सेना अधिकारी एवं प्रशासनिक अधिकारियों द्वारा साफ इनकार करने पर जनसंघर्ष समिति ने नेतरहाट फायरिंग रेंज पर सभी प्रकार की सेना की गतिविधि पर रोक लगा दी।

30 वर्षों की त्रासदी

सेना द्वारा नियमित 30 वर्षों तक गोलीबारी अभ्यास के दौरान नेतरहाट रेंज की जनता को कई प्रकार की परेशानियों एवं शारीरिक, मानसिक और आर्थिक क्षति का सामना करना पड़ा जिसका सर्वेक्षण जनसंघर्ष समिति ने कराया। इस सर्वेक्षण से जो तथ्य उभर कर सामने आए, वे निम्नलिखित हैं—

1.	गोलीबारी के फलस्वरूप मृत लोगों की संख्या	25
2.	गोलों के फटने से घायल लोगों की संख्या	2
3.	सामूहिक बलात्कार के बाद लापता महिलाएँ	3
4.	सामूहिक बलात्कार से महिलाओं की मृत्यु	3
5.	सामूहिक बलात्कार	35
6.	महिलाओं पर सामूहिक बलात्कार के प्रयास	63
7.	गोलीबारी से मवेशियों की मृत्यु	30
8.	फसल और खेती की बर्बादी की शिकायतें	259
9.	घर और अन्य सम्पत्ति की बर्बादी	14
10.	गोलीबारी के दरम्यान सैनिकों द्वारा घरेलू सम्पत्ति की चोरी	27
11.	व्यक्तिगत पेड़ की क्षति	27
12.	सरना की क्षति	213
13.	सार्वजनिक वृक्षों की क्षति	असंख्यक

महिलाओं के ऊपर किए गए कुल अत्याचार वास्तविक आँकड़ों से कहीं अधिक हैं। लोकलाज प्रतिकूल सामाजिक दृष्टिकोण एवं मानसिक यंत्रणा की वजह से अधिकांश घटनाएँ भुक्तभोगियों तक ही सीमित रह गई हैं। सैनिकों के दुर्व्यवहार से व्यक्तिगत व सामूहिक मानसिक, शारीरिक, आर्थिक यंत्रणाओं एवं परेशानियों का समुचित विवरण और मूल्यांकन प्रस्तुत कर पाना सहज संभव नहीं है जैसे—

— गोलीबारी अभ्यास के समय प्रसव या गंभीर बीमारी की अवस्था में घर-गाँव खाली करके अन्यत्र जाने की विवशता,

— मृत्यु होने पर गोलीबारी समाप्त होने तक इन्तजार करने की मजबूरी,

— जाड़ा या बरसात में बाल-बच्चों, घरेलू मवेशियों के साथ खुले आकाश में दिन-रात बिताने की यंत्रणा,

— शादी-ब्याह, पर्व और अन्य सामाजिक-सांस्कृतिक कार्यक्रम स्थगित करने की मजबूरी,

— घरेलू सम्पत्ति की सुरक्षा का भय।

30 वर्षों के अन्तर्गत हुई जान-माल की क्षति की रिपोर्ट न सेना अधिकारियों और न पुलिस के पास उपलब्ध है। भुक्तभोगियों द्वारा रिपोर्ट करने पर उन्हें डराने- धमकाने के साक्ष्य मिलते हैं।

सेना अधिकारियों ने जनसंघर्ष समिति द्वारा प्रस्तुत सर्वे रिपोर्ट को मनगढ़ंत घोषित किया तथा किसी प्रकार की जिम्मेवारी लेने से साफ इनकार किया है। Manoeuvers, Field Firing and Artiliery Practice Act 1938 के अनुसार सेना तीन वर्षों में सिर्फ एक बार अधिकतम तीन महीने की अवधि तक फायरिंग अभ्यास कर सकती है। परन्तु यहाँ इस कानून का लगातार उल्लंघन होता रहा और सेना प्रति वर्ष फायरिंग अभ्यास करती रही है।

अन्य लोगों का सहयोग

प्रभावित क्षेत्र के लोगों के अतिरिक्त अन्यत्र बसे आदिवासियों एवं समाज सेवियों के दलों ने खुलकर आंदोलन का समर्थन किया। पटना में रहने वाले झारखंड मूल के 'आदिवासी सामाजिक एवं संस्कृति संघ' पटना ने डाकबंगला चौक पर दिन भर का धरना देकर आन्दोलन को मजबूती प्रदान की तथा राष्ट्रपति को ज्ञापन दिया।

दिल्ली में आदिवासी युवा संघ ने 9 अप्रैल 1994 को जंतर-मंतर से फिरोजशाह कोटला मैदान तक जुलूस निकाला एवं रैली आयोजित की। उन्होंने राष्ट्रपति एवं प्रधानमंत्री को ज्ञापन दिया। जब जोकीपोखर में दूसरा सत्याग्रह चल रहा था तब आदिवासी युवा संघ दिल्ली ने जंतर-मंतर पर पुनः धरना एवं मोटरसाइकिल जुलूस निकाला।

22-23 सितंबर 1994 राष्ट्रीय अनुसूचित जाति एवं जनजाति आयोग ने क्षेत्र का दौरा किया। बनारी, जोकीपोखर, चोरमंडा, महुआटांड और चैनपुर में जनसभा की तथा आयोग द्वारा आश्वासन दिया गया कि वे जनता की माँग को सरकार तक पहुँचा कर परियोजना को रद्द करने की अनुशंसा करेंगे।

प्रमुख ज्ञापन

1. 11 अगस्त 1993 — महुआटांड संघर्ष समिति का राष्ट्रपति को संबोधित ज्ञापन।
2. 2 नवंबर 1993 — पलामू छात्र संघ की ओर से राष्ट्रपति, प्रधानमंत्री, आंतरिक सुरक्षा राज्यमंत्री तथा वन एवं पर्यावरण मंत्री को संबोधित ज्ञापन।
3. 3 फरवरी 1994 — आदिवासी सामाजिक एवं सांस्कृतिक संघ पटना के द्वारा राष्ट्रपति को संबोधित ज्ञापन।
4. 4 अप्रैल 1994 — केंद्रीय समिति, पायलट प्रोजेक्ट नेतरहाट फील्ड फायरिंग रेंज संघर्ष समिति का राष्ट्रपति एवं प्रधानमंत्री को संबोधित ज्ञापन।
5. 9 अप्रैल 1994 — आदिवासी युवा संघ दिल्ली के द्वारा प्रधानमंत्री को संबोधित ज्ञापन।

नेतरहाट आन्दोलन झारखंड के इतिहास में अपनी अलग पहचान रखता है। आदिवासी स्वशासन, सामूहिक नेतृत्व एवं जनतांत्रिक तरीके ने जन-आन्दोलनों को नई दिशा प्रदान की। इस आन्दोलन ने एक साथ जिन सवालों को उठाया है उसमें एक ओर जहाँ जंगल-जमीन बचाने

व सांस्कृतिक विरासत की रक्षा का सवाल है वहीं एक नए तरह के जनतंत्र की परिकल्पना भी इससे उभरी है। ऐसा योगदान हाल के वर्षों में हुए शायद ही किसी जन–आन्दोलन में देखने को मिला हो। आज जब पूरे देश में ज्यादातर आन्दोलन बचाव की भाषा में बात कर रहे हैं, नेतरहाट अपनी ऊर्जा के साथ नवनिर्माण की बात कर रहा है। नेतरहाट आन्दोलन की पूरी प्रक्रिया अपनी विरासत को आगे बढ़ाती है। इसमें किसी की नकल करने की बात निहित नहीं है।

नेतरहाट आन्दोलन ने शान्तिपूर्ण प्रदर्शन की अद्‌भुत मिसाल पेश की है। इस आन्दोलन ने उस निराशा को खत्म किया है जो विस्थापन के लगातार हमले के कारण बढ़ गई थी। इस आन्दोलन का परिणाम यह हुआ कि जनता की भागीदारी और उनके आत्मविश्वास, जो बार–बार एकताबद्ध हुआ, ने शान्तिपूर्ण, सत्याग्रह को इतिहास में विरासत के रूप में जोड़ा है।

इस आन्दोलन की राजनीतिक शिक्षा यह है कि जनता लोकतंत्र में सर्वोपरि है और किसी भी मामले में उसकी उपेक्षा गंभीर राजनीतिक संकट पैदा करेगी। योजना निर्माण और उसे लागू कराने की पूरी प्रणाली को बदलना होगा और जनता को हर हालत में विश्वास में लेना होगा। जनता के पास जमीनी अनुभव है और इसको आधार बना कर ही नए राजनीतिक अर्थशास्त्र की रचना की जानी चाहिए।

नेतरहाट से यह संदेश उभरा है कि जिसका संघर्ष, उसी का नेतृत्व। यह बात भारत के कई राजनीतिक विचारों ने जोर देकर कही है। नेतरहाट ने इसे व्यवहार में दिखाया है जहाँ संघर्ष करने वाली जनता ने ही अपना देशज नेतृत्व विकसित कर लिया और उस पर नियंत्रण की अपनी पारंपरिक प्रणाली को भी लागू कर दिया। इससे यह बात उभरी है कि यदि नेतृत्व पर जनता का नियंत्रण होगा तो किसी भी आंदोलन को कामयाबी मिलेगी।

बन्दूक की नली से विकास : कोयलकारो परियोजना

सुनील मिंज

झारखंड राज्य जो नवंबर 2000 के पूर्व बिहार राज्य का हिस्सा था, में पिछले दो दशकों से ऊर्जा का अभाव रहा है। इसके मद्देनजर लगातार विद्युत संकट से उबरने के लिए योजना आयोग और बिहार सरकार ने एक महत्त्वाकांक्षी परियोजना बनाई थी—कोयलकारो परियोजना। इस परियोजना से 710 मेगावाट बिजली उत्पादन का लक्ष्य है जो कि बिहार राज्य विद्युत बोर्ड के सभी स्रोतों से उपलब्ध 660 मेगावाट के सर्वाधिक उत्पादन के रिकॉर्ड से भी अधिक है। कोयलकारो जलविद्युत परियोजना का विस्तार राँची, गुमला और सिंहभूम तीन जिले में प्रस्तावित है। इसे गुमला जिला में तेतरा और माझीखेरा गाँव के पास दक्षिण कोयल एवं राँची जिले के खूँटी अनुमंडल के तोरपा प्रखंड में लोहाजिमी के पास उत्तरी कोयल को बाँधने की योजना है। इस परियोजना में दक्षिण कोयल नदी को बसिया पर नियंत्रित कर उसकी सहायक नदी उत्तरी कारो को घाटी में मोड़ देने का प्रस्ताव है। इस परियोजना में दो मिट्टी के बाँधों के निर्माण का प्रस्ताव है। एक 44 मीटर ऊँचा बाँध दक्षिण कोयल नदी पर बसिया के पास बनाया जाएगा तथा दूसरा 55 मीटर ऊँचा बाँध उत्तरी कारो नदी पर लोहाजिमी गाँव के पास। इन दोनों जलाशयों को 34.7 किमी एक लम्बी नहर से जोड़ने की योजना है। 115 मेगावाट की एक यूनिट रायटोली में सुरंग के दूसरे किनारे पर लगाए जाने की योजना है। बिजली उत्पादन की सभी इकाइयाँ भूमिगत पावर हाउस में लगाई जाएँगी। 219 किमी की 400 किलोवाट तथा 15 किमी की 132 किलोवाट की विद्युत प्रसारण लाइनें डालने की योजना है। इनकी सहायता से बिजली पूर्वी क्षेत्रीय ग्रिड के लिए पतरातु (जिला हजारीबाग) और चांडिल (जिला सिंहभूम) तक पहुँचाई जाएगी। सन् 1973 के अनुमानों के अनुसार इसकी लागत 390.40 करोड़ रु. थी।

परियोजना संबंधी कुछ तथ्य

इस परियोजना में दो मुख्य बाँध, लगभग 35 किमी लंबी नहर, दो बिजलीघर जिसमें एक भूमिगत होगा, दो सुरंग जिसमें एक लगभग डेढ़ किमी लंबी व दूसरी 570 मीटर लंबी होगी तथा 220 किमी विद्युत प्रसारण लाइन भी प्रस्तावित है। परियोजना को पूर्ण करने की अवधि 8 वर्ष निर्धारित थी।

बसिया डैम

बसिया डैम मिट्टी का डैम होगा। नदी तल से इसकी ऊँचाई 44 मीटर होगी। इस बाँध का

अतिरिक्त बहाव खंड बाँध के दाहिने बाजू पर होगा जिसमें स्पील वे के साथ 15 मीटर लंबे और 14 मीटर चौड़े 11 बहि:कोष्ठिक फाटक होंगे जिनकी पानी खाली करने की अनुमानित क्षमता 24,547 घनमीटर प्रति सेकेंड होगी। दक्षिणी कोयल नदी के पास उत्तरी कारो जलाशय पर मोड़ देने का प्रस्ताव है। नहर की लंबाई 34.7 किमी होगी।

लोहाजिमी डैम

यह भी मिट्टी का ही डैम होगा। नदी तल से इसकी ऊँचाई 55 मीटर होगी। अतिरिक्त बहाव खंड नदी के मुख्य भाग से 15 मीटर और 14 मीटर के 6 फाटक के साथ है। इसकी पानी खाली करने की अनुमानित क्षमता 11,428 घनमीटर प्रति सेकेंड है। बसिया जलाशय से नियंत्रित कर पानी लोहाजिमी जलाशय में भेजा जाएगा।

नहर

एक 34.7 किमी लंबी नहर बसिया जलाशय से उत्तरी कारो जलाशय लोहाजिमी तक बनाई जाएगी जिसको नियंत्रित कर पानी भेजने की क्षमता 70 घनमीटर प्रति सेकेंड होगी।

रायटोली बिजली घर

यहाँ पर 20 मेगावाट की एक इकाई नहर के अंतिम छोर पर लगाई जाएगी। बिजली बनाने में प्रयुक्त पानी का अंतिम बहाव एक पिछली नली से उत्तरी कारो जलाशय लोहाजिमी में कराया जाएगा।

शीर्ष भाग सुरंग

लोहाजिमी जलाशय की दाहिनी तरफ 1,400 मीटर लंबी सुरंग होगी जिसका व्यास 11.2 मीटर होगा। यह सुरंग लुमपुंगखेल बिजलीघर के लिए 510 घनमीटर प्रति सेकेंड पानी छोड़ेगा।

सर्ज साफ्ट

52 मीटर ऊँची एक सर्ज साफ्ट (प्रवाह निकास) सुरंग के शीर्ष भाग में बनाई जाएगी जिसके मुँह का व्यास 33 मीटर और पूँछ का व्यास 11.2 मीटर होगा।

प्रेशर शाफ्ट और जलकपाट

तीन पक्का का अस्तर लगे हुए प्रेशर शाफ्ट 6.5 मीटर व्यास के होंगे जो बिजलीघर की 6 इकाइयों में पानी भरने के लिए दो हिस्सों में बँटा होगा। प्रत्येक सुरंग 4.6 मीटर व्यास की होगी जिसमें लोहे का अस्तर लगा हुआ होगा।

लुमपुंगखेल भूमिगत बिजलीघर

लुमपुंगखेल भूमिगत बिजलीघर की स्थापित क्षमता 690 मेगावाट होगी जिसमें 115 मेगावाट की 6 इकाइयाँ होंगी। यह बिजलीघर 101 मीटर गहरा, 22 मीटर चौड़ा और 43 मीटर लंबा होगा।

बिजलीघर के नियंत्रण कक्ष की गहराई 105 मीटर, चौड़ाई 10 मीटर और ऊँचाई 10 मीटर होगी।

लुमपुंगखेल बिजलीघर की पहुँच सुरंग

एक 8.2 मीटर और 7 मीटर के डी आकार की 570 मीटर लंबी सुरंग बनाई जाएगी जो भूमिगत बिजलीघर तक जुड़ी होगी।

विद्युत प्रसारण लाइनें

400 किलोवाट की एकल परिपथ बिजली प्रसारण लाइन (1) कोयलकारो से पतरातू-99 किमी (2) कोयलकारो से चांडिल-120 किमी बनाई जाएगी जिससे लुमपुंगखेल सब-स्टेशन के लिए बिजली पूर्वी ग्रिड के लिए पहुँचाई जा सके। इसके अलावा एक 15 किमी लंबी, 132 किलोवाट की एकल परिपथ विद्युत प्रसारण लाइन रायटोली से लुमपुंगखेल तक बिछा कर रायटोली बिजलीघर से लुमपुंगखेल सबस्टेशन तक पहुँचाई जाएगी।

परियोजना से संबंधित विस्थापन

सामान्यतया इस परियोजना से तो काफी संख्या में लोग विस्थापित होंगे लेकिन 1973 की मूल प्रोजेक्ट रिपोर्ट के अनुसार राँची और गुमला जिले के 125 गाँव प्रभावित होंगे। राँची के तत्कालीन उपायुक्त बी.के. सिन्हा की 1986 की पुनर्वास योजना की रपट के अनुसार प्रभावित गाँवों की संख्या 112 और प्रभावित होने वाले परिवारों की संख्या 7,063 है। कोयलकारो के परियोजना निदेशक के अनुसार 42 गाँवों से 4,700 परिवार विस्थापित होंगे। मूल परियोजना रिपोर्ट और पुनर्वास योजना की रिपोर्ट में काफी असमानताएँ हैं जबकि कोयलकारो जनसंगठन के अनुसार 256 गाँव के 1,50,000 लोग प्रभावित होंगे। झारखंड के कोयलकारो क्षेत्र का विशिष्ट महत्त्व है। यहाँ मुंडा, खड़िया, कुड़ुख और सदान आदिवासियों की पारंपरिक व्यवस्था 'पड़हा' जो आज भी कायम है, का प्रतीक है। यहाँ पर सासंगदिरि (पुरखों की धरोहर) की प्रथा तब से आज तक कायम है। विस्थापन द्वारा उनकी संस्कृति पर हमले से आदिवासी स्वशासन की परंपरा मूल रूप से समाप्त हो जाएगी। परियोजना से विस्थापित होने वाले परिवारों के लिए प्रशासन ने 1985 में आर्थिक, सांस्कृतिक, सामाजिक और पर्यावरणीय पुनर्वास की बात स्वीकारी थी। इसके साथ ही दो गाँवों के आदर्श पुनर्वास की बात कही गई थी। इसके लिए पूरी तरह डूब में आने वाले कोचा और तेतरा गाँवों का सर्वेक्षण भी किया गया। लेकिन आज तक इन गाँवों का पुनर्वास नहीं हो सका। तब से लोगों का सरकार के पुनर्वास दावे पर विश्वास नहीं रहा। कोयलकारो परियोजना के लिए राँची और गुमला जिलों की लगभग 55,000 से 60,000 एकड़ जमीन अधिगृहीत की जानी है। इसमें 35,000 से 50,000 एकड़ रैयती जमीन होगी जिसमें तोरपा ब्लॉक की 4,978.02 एकड़, रनिया ब्लॉक की 6,710.58 एकड़, बसिया ब्लॉक की 14,156.00 एकड़, कमडरा ब्लॉक की 468.41 एकड़, गुमला ब्लॉक की 5,810.01 एकड़, पालकोट ब्लॉक की 14,031.46 एकड़ और सिसई ब्लॉक की 1,970.44 एकड़ जमीन परियोजना में चली जाएगी।

विस्थापितों का मुआवजा और पुनर्वास

रैयती जमीन की कीमत 15 वर्षों की फसल की कीमत के आधार पर तय की जाएगी जबकि हरेक आदिवासी इलाके की तरह कोयलकारो क्षेत्र की हजारों एकड़ जमीन पशुओं के चरागाह के लिए छोड़ दी गई है। ऐसी स्थिति में कई बार इन जमीनों की कीमत बहुत ही कम या शून्य रुपए तक आँक ली जाती है। कोयलकारो जनसंगठन के अनुसार प्रभावित क्षेत्र में लगभग 152 सरना स्थल और 300 से अधिक सासंगदिरि हैं। परियोजना के लिए अधिगृहीत की जाने वाली जमीन में 30,000 एकड़ भूमि किसानों की और शेष वनभूमि है जिन पर वहाँ के आदिवासियों का पारंपरिक हक है। परियोजना के प्रारंभ में आर्थिक पुनर्वास के संबंध में कहा गया था कि प्रत्येक परिवार को सिर्फ 25 डिसमिल जमीन बसने के लिए दी जाएगी। यदि कोई परिवार आवास के लिए जमीन नहीं लेना चाहेगा तो उन्हें उतनी जमीन का मुआवजा दिया जाएगा। यह भी प्रस्ताव था कि पूर्ण रूप से पुनर्वास करने से पहले किसी को भी विस्थापित नहीं किया जाएगा। परियोजना के लिए आवश्यक संपूर्ण भूमि के अधिग्रहण की प्रक्रिया और मुआवजा का भुगतान तीन वर्षों में पूरा करने का प्रस्ताव था। हर समय में मुआवजा का भुगतान वास्तविक विस्थापन या जमीन दखल लेने के पहले ही किया जाना था। इस परियोजना में राष्ट्रीय जलविद्युत निगम द्वारा श्रेणी-4 के पदों पर 100 प्रतिशत तथा श्रेणी-3 के पदों पर 75 प्रतिशत भर्ती विस्थापित परिवारों के योग्य व्यक्तियों द्वारा करने का प्रस्ताव किया गया था। इसके साथ श्रेणी-2 के पदों पर राष्ट्रीय जलविद्युत निगम द्वारा प्रभावित लोगों की नियुक्ति प्राथमिकता के आधार पर करने की सिफारिश केंद्र सरकार को भेजे जाने का प्रस्ताव किया गया था। विस्थापित परिवारों में से योग्य व्यक्ति न मिलने पर नियुक्ति उन प्रभावित परिवारों के सदस्यों से की जानी थी जिनकी जमीन अधिग्रहण के बाद 3 एकड़ से कम बची हो।

जन आंदोलन

परियोजना का सर्वे 1952 के लगभग शुरू हो गया था। उस समय लोगों को सर्वे के उद्देश्य के बारे में बताया ही नहीं गया था। जब 1960 में कारो में एक कच्ची सड़क का निर्माण शुरू हुआ तब परियोजना से संबंधित सवाल उठने लगे। 1973 में परियोजना की रूपरेखा बनकर तैयार हो चुकी थी। 1974-75 में जब लोगों को यह मालूम हुआ कि एक छोटा बाँध बनेगा जिसमें लोहाजिमी गाँव डूब जाएगा तो लोगों ने सड़क निर्माण का काम रोक दिया। इसी समय जनसंघर्ष समिति का गठन किया गया। उस समय वहाँ के स्थानीय लोगों को मजदूरों के काम के अलावा कोई मुंशी या ठेकेदार का काम नहीं दिया जाता था जिसके कारण युवक काम को रोक दिया करते थे। इन अवरोधों के मद्देनजर सरकार ने बुजुर्गों के संगठन के सहयोग से एक टीम गठित की। इसमें एक अध्यक्ष और दस सदस्य होते थे। टीम गठित होने के बाद भी मजदूरों को मजदूरी रोजाना नहीं मिलती थी। इसलिए सोमा मुंडा जो फौज से अवकाश प्राप्त कर वापस लौटे थे और अभी कोयलकारो जनसंगठन (कारो क्षेत्र) के अध्यक्ष हैं, ने बैंक से 10,000 रुपए निकालकर मजदूरी का वितरण कर दिया। सप्ताह के अंत में मजदूरी माँगने पर विद्युत बोर्ड वालों ने कहा कि मजदूरी तो मिल जाएगी लेकिन क्या तुम लोग कारो नदी पर बाँध बनने दोगे? तब लोगों को

मालूम हुआ कि कारो नदी पर बाँध बनने वाला है। 1979 के अंत तक कारो नदी पर पुल भी बन चुका था। कोयल और कारो—दोनों तरफ एक ही समस्या थी इसलिए 1975-76 में मोजेश गुड़िया जो बिरसा सेवा दल के संस्थापक भी थे, ने कोयल व कारो पृथक संगठनों को मिलाकर एक संगठन बनाया—कोयलकारो जनसंगठन। इसकी पहली बैठक कामडरा में हुई और पदाधिकारियों का सर्वसम्मति से चुनाव हुआ। इस संगठन के अलावा झारखंड पार्टी की भी इसमें महत्त्वपूर्ण भूमिका रही।

केंद्रीय जनसंगठन की बैठक पुनः कामडरा में 1977 में हुई। इसमें कोयलकारो को रोकने के लिए 'काम रोको अभियान' शुरुआत करने का प्रस्ताव पास किया गया। 1980 तक कई बार स्थानीय आदिवासियों द्वारा काम रोका गया और अधिकारियों से कई दौर की वार्ता भी हुई। 1980 में बिहार राज्य विद्युत बोर्ड ने परियोजना निर्माण की योजना राष्ट्रीय जलविद्युत निगम को सौंप दी। 1984 में लोहाजिमी में सेंट्रल रिजर्व पुलिस फोर्स के सैकड़ों जवानों ने डेरा डाल दिया। जुलाई 1984 से अगस्त 1984 तक स्थानीय आदिवासी महिलाओं ने सर्वे एवं अन्य कामों को रोककर कड़ा विरोध प्रदर्शित किया। महिलाओं ने सैनिक कैम्प में अहिंसक रूप से सामानों की आवाजाही को पूरी तरह रोक दिया जिससे सैनिकों को लाचार होकर उस जगह को एकाएक छोड़ देना पड़ा। अगस्त 1984 में जेवियर समाज सेवा संस्थान के लिपिक पद पर कार्यरत श्री वी.पी. लकड़ा ने उच्चतम न्यायालय में एक याचिका दाखिल की। सितंबर 1984 में कोयलकारो परियोजना को न्यायालय ने स्थगन आदेश दे दिया। 1985 के अंत में राँची के उपायुक्त ने दो गाँवों के आदर्श पुनर्वास करने की बात स्वीकारी। लेकिन तमाम सर्वे के बावजूद वह काम पूरा नहीं हो सका। 1988 में एक बार फिर योजना कार्यान्वित करने की कोशिश की गई। 1991 में उच्चतम न्यायालय ने हस्तक्षेप किया। सरकार ने 38 सूत्री पुनर्वास नीति की घोषणा की। न्यायालय ने परियोजना शुरू करने से पहले ही पूर्ण पुनर्वास करने का निर्देश दिया। सरकार ने एक बार फिर न्यायालय के आदेश को पूरी तरह पालन करने का संकल्प दोहराया। 1990 के बाद जनसंगठन ने ऐलान कर दिया कि हम जमीन नहीं देंगे। मई 1995 में अखबार में जब यह खबर छपी कि केंद्र सरकार ने योजना के लिए 10 करोड़ रुपए मंजूर किए हैं और प्रधानमंत्री 5 जुलाई को बाँध स्थल का शिलान्यास करेंगे तो 21 मई 1995 से आंदोलन की पुनः शुरुआत हुई। 10 जून 1995 को करीब 5,000 आदिवासियों ने एक रैली निकालकर विरोध प्रदर्शित किया। राँची में 19 जून 1995 को 22 संगठनों के प्रतिनिधियों ने विस्थापन विरोधी बैठक की। तोरपा में 21 जून 1995 को एक रैली हुई जिसमें 10,000 लोगों ने हिस्सा लिया। 23 जून को कोयलकारो संगठन ने राँची में एक पत्रकार वार्ता की। 28 जून 1995 को तपकरा में करीब 15,000 लोगों ने शहीद आदिवासी चौक में विरोध सभा की। 29 जून 1995 को बसिया में करीब 10,000 लोगों ने विरोध प्रदर्शन किया। इसमें लोगों ने शिलान्यास कार्यक्रम को सफल न होने देने का संकल्प लिया। 30 जून 1995 को जयपुर गाँव में रैली हुई जिसमें 12,000 लोगों ने हिस्सा लिया। परियोजना के शिलान्यास के मद्देनजर 1 से 5 जुलाई तक जनता कर्फ्यू का ऐलान किया गया। तोरपा, तपकरा और तेतरा में शिलान्यास को ध्यान में रखकर सत्याग्रह कार्यक्रम रखा गया। जनविरोध को देखते हुए प्रधानमंत्री ने अपना कार्यक्रम रद्द कर दिया। इस सत्याग्रह में

स्थानीय लोगों के अलावा दूर-दूर के सत्याग्रहियों ने हिस्सा लिया।

1 फरवरी 2001 को पुलिस से इस बात का जवाब माँगने के लिए तपकरा ओपी पर जमा हुए थे कि डेरांग गाँव के पास लोगों द्वारा बनाया गया नाका क्यों तोड़ा गया। 1995 में कोयलकारो जनसंगठन द्वारा संघर्ष के प्रतीक के रूप में और कोयल और कारो नदी पर प्रस्तावित बाँध के विरोध में जनता कर्फ्यू लगाने के लिए यह 1970 में ही बनाया गया था। महत्त्वपूर्ण बात यह है कि न तो सड़क और न ही वह जमीन जिस पर अवरोध लगाया गया था, सरकारी थी। जब पुलिस द्वारा इस क्षेत्र में नाका को हटा कर लौटते समय एक ग्रामीण द्वारा पूछताछ किए जाने पर उसे निर्दयतापूर्वक पीटा गया। 2 फरवरी 2001 को भीड़ में एकत्रित लोग नाके को हटाने में शामिल दो पुलिस अधिकारियों को निलंबित करने, पीटे गए व्यक्ति को शारीरिक क्षतिपूर्ति के लिए मुआवजा और नाका को पुनःस्थापित करने की माँग कर रहे थे। निहत्थी भीड़ पर पुलिस ने लाठीचार्ज किया और अंधाधुंध गोलियाँ बरसाईं। पुलिस द्वारा गोली चलाने से 8 आदिवासियों की मौत हो गई। 35 अन्य गंभीर रूप से घायल हो गए। इस शांतिपूर्ण धरने में बच्चे, महिलाएँ और पुरुष शामिल थे। प्रत्यक्षदर्शियों के अनुसार पुलिस ने 150 चक्र से भी अधिक गोलियाँ चलाईं।

पुलिस द्वारा बर्बरतापूर्वक की गई यह घटना काफी निंदनीय है। वास्तव में यह घटना तीन दशक पुरानी कोयलकारो जनसंगठन को समाप्त करने की एक चाल है। झारखंड में राज्य सरकार द्वारा किए गए इस जघन्य कांड के बाद से यह बात साबित होती है कि सरकार के साम्राज्यवादी सोच में कोई बदलाव नहीं आया है। उच्चतम न्यायालय द्वारा नर्मदा पर दिए गए निर्णय में सरदार सरोवर परियोजना को हरी झंडी मिलने के बाद भाजपा शासित सरकार झारखंड में कोयलकारो परियोजना को येन-केन प्रकारेण पूरी करने पर तुली हुई है। इससे यह बात साबित होती है कि सरकार बहुराष्ट्रीय कंपनियों एवं विश्व बैंक व एशियाई विश्व बैंक जैसी अंतर्राष्ट्रीय वित्तीय संस्थानों के दबाव में उनके लिए साधन सम्पन्न झारखंड राज्य के द्वार खोलने को तैयार है। इस तरह आदिवासियों पर हिंसा के माध्यम से विस्थापन के विरुद्ध उनके संघर्ष को कमजोर करने की एक गम्भीर चाल है।

जादूगोड़ा : नस्ल को धीमा जहर

सुनील मिंज

एक समय था जब जादूगोड़ा प्राकृतिक छटा के लिए जाना जाता था। घने हरे जंगल, बौने पहाड़, पहाड़ों से घिरे छोटे-छोटे गाँव, कड़ी मेहनत करने वाले लोग, किलकारती मारते और हँसते बच्चे, खुली हवा, बहते झरने एक समय सब कुछ वहाँ था। आज जादूगोड़ा मानवनिर्मित नरक बन गया है। 1967 से शुरू हुई यूरेनियम खनन से आसपास के 15 गाँवों के 30,000 लोग धीमी विकिरण के दंश झेल रहे हैं।

जादूगोड़ा झारखंड के पूर्वी सिंहभूम जिला में स्थित भारत का पहला और प्रमुख यूरेनियम उत्पादन खान है जहाँ यूरेनियम अयस्क का उत्खनन, खंडन और शोधन किया जाता है और उच्च किस्म की यूरेनियम को परमाणु परिशोधन केंद्र हैदराबाद भेज दिया जाता है। परिशोधन प्रक्रिया के दौरान बहुत बड़ी मात्रा में यूरेनियम माइन्स का अवशिष्ट कचड़े के रूप में निष्कासित होता है। उस कचड़े में बहुत अधिक मात्रा रेडियोधर्मी पदार्थ की होती है। आपको यह जानकर आश्चर्य होगा कि हैदराबाद से भी यूरेनियम कचड़ा जादूगोड़ा लाया जाता है और आदिवासी गाँव के बीच बने टेलिंग पोंड में फेंक दिया जाता है।

रेडियोधर्मी विकिरण का प्रभाव

कहा जाता है कि देश की रक्षा के लिए यूरेनियम खनन आवश्यक है लेकिन दूसरी ओर इससे उत्सर्जित विकिरण से मानव खुद सुरक्षित नहीं है। दर्जनों महिलाओं में विकिरण जनित बांझपन की शिकायत होने के कारण उनके परिवारों ने उन्हें छोड़ दिया है। आज वे परित्यक्ता की जिन्दगी जीने को मजबूर हैं।

यह दो-तीन महिलाओं की कहानी नहीं है, जादूगोड़ा इलाके की 30 से भी अधिक महिलाएँ होंगी जिन्हें उनके पतियों ने अपने घर से इसलिए निकाल दिया क्योंकि वे माँ नहीं बन पाईं। ऐसा कहना है 25 वर्षीय परित्यक्ता तिलैयाटांड निवासिनी मारंग माई का। यह बताती है कि 1997 में उसकी शादी घाटशिला के एक संताली आदिवासी भूपन मुर्मू से हुई थी। तीन साल के बाद भी माँ नहीं बन पाने के कारण उसके पति ने उसे घर से निकाल दिया।

जादूगोड़ा का यह इलाका पूर्वी सिंहभूम की इस्पात नगरी जमशेदपुर से मात्र 25 किमी की दूरी पर अवस्थित है जहाँ 1967 से ही यूरेनियम खनन का कार्य चल रहा है। इससे पूर्व जब उस इलाके से गुजरी गर्भवती महिलाओं के गर्भ गिर गए या फिर बच्चे विकलांग पैदा हुए तो स्थानीय संताली लोगों ने उसे जादूगोड़ा कहा। स्थानीय भाषा में जादू का अर्थ होता है भूतहा और गोड़ा

का अर्थ मैदानी क्षेत्र में। इसका नाम ज़ाड़ागोड़ा था। जाड़ा एक वृक्ष होता है जिससे औषधि तैयार की जाती है। दूसरी ओर यहाँ के वृद्ध लोगों ने इस भूतहा प्रभाव को चक्कर माना। हवा का चक्कर बाद में यूरेनियम उत्सर्जित रेडियो एक्टिव विकिरण के रूप में पहचाना गया। आज भी ठीक से यह पता नहीं है कि रेडियो एक्टिव विकिरण ऐसी आनुवांशिक विकलांगता ला रहा है जिसका अभिशाप आगामी पीढ़ियों को झेलना पड़ेगा। जादूगोड़ा में कार्यरत एक स्वयंसेवी संगठन झारखंडी आर्गेनाइजेशन अगेन्स्ट रेडियेशन (जोआर) ने टेलिंग पोंड के एक किमी परिधि वाले सात गाँवों में महिला स्वास्थ्य का जायजा लिया जिसकी चौंकाने वाली रिपोर्ट बताती है कि वहाँ की 47 फीसदी महिलाओं में यौन इच्छा जाग्रत नहीं होती। 30 फीसदी महिलाएँ गर्भ धारण नहीं करतीं अथवा उनका गर्भपात हो जाता है। तिलैया टांड की बसंती सोरेन (26) ने बताया कि गर्भ नहीं ठहरने के कारण उसके पति मुंडारा सोरेन ने उसे छोड़ दिया। फिर बसंती सोरेन ने दूसरे आदमी से शादी कर ली। वह शंका व्यक्त करती है कि पहले पति की तरह उसका दूसरा पति भी उसे त्याग न दे।

आदिवासी महिला समिति की सुश्री ज्योत्स्ना तिर्की ने बताया कि कमोबेश सभी महिलाएँ कमजोरी और अवसाद से जुड़ी हुई हैं। इन सभी कारणों से इन क्षेत्रों में एक नए प्रकार की सामाजिक समस्या पैदा हो रही है। उन्होंने बताया कि गर्भ धारण नहीं कर सकने वाली या बार-बार गर्भपात की शिकार होने वाली महिलाओं को छोड़कर उनके पति दूसरी शादी कर रहे हैं। वहीं वहाँ के पुरुषों में भी नपुंसकता देखने को मिल रही है जिसके कारण दूसरे गाँव के लोग उस इलाके में लड़की ब्याहने से इनकार कर रहे हैं। स्थिति यहाँ तक पहुँच रही है कि बाहर के लोग जादूगोड़ा के रेडियोधर्मी विकिरण से प्रभावित गाँवों में मेहमान आना भी पसंद नहीं करते। जोआर के कार्यकर्ता घनश्याम बिरूली ने बताया कि उनके संगठन के द्वारा किए गए 6 गाँवों के सर्वे में 160 बच्चे विकिरण से प्रभावित मिले। उन्होंने यह सच्चाई भी उजागर की कि हर साल इस क्षेत्र में 70-80 विकलांग बच्चे पैदा होते हैं। अकेले जादूगोड़ा में 30 विकलांग बच्चे हैं। अत: इस क्षेत्र में अंदाजन पच्चीस-तीस हजार लोग विकिरण से प्रभावित हैं। इसके अलावा कैंसर, टीबी, श्वास रोग, त्वचा रोग, मंदबुद्धि आदि बीमारियाँ इस क्षेत्र में देखने को मिल रही हैं।

जादूगोड़ा की यूरेनियम खानों से निकाला जाने वाला प्रारंभिक ईंधन जिसे 'येलो केक' भी कहा जाता है, परिशोधन के लिए हैदराबाद स्थित ईंधन प्रक्रिया केंद्र को भेजा जाता है। यहाँ यूरेनियम की छड़ें बनने के बाद शेष रेडियो एक्टिव कचड़े को पुन: 1500 किमी दूर लाकर जादूगोड़ा के आदिवासी गाँव के बीचोंबीच बिखेर दिया जाता है। बच्चे उस पर नंगे पाँव खेलते हैं। इन कचड़ों से लगातार रेडोन (खतरनाक किरण) उत्सर्जित होती रहती है। चूँकि यहाँ पर पेड़-पौधे नहीं लगाए गए हैं इसलिए मई-जून के महीने में रेडियेशन बढ़ जाता है। यह गर्मी के मौसम में अधिक धूलकण के कारण होता है और हजारों किमी दूर तक फैल जाती है। कचड़े को टेलिंग पोंड में फेंकने से वह लबालब भर जाता है और यह रेडियो एक्टिव कचड़ा आसपास के छोटे नालों में मिलकर अंतत: स्वर्णरेखा नदी में मिल जाता है जिसके कारण मछलियों के मरने की शिकायत है। स्वर्णरेखा में सोना चुनने वाले मजदूर उसके शिकार हो रहे हैं। असुरक्षित टेलिंग पोंड का कचड़ा पानी धान के खेत में घुस जाता है और लगी फसल को विषाक्त बना देता

है। खेतों की विषाक्त घासों को वहाँ के जानवर खाते हैं और उसके विषाक्त दूध से लोगों में बीमारी फैलती है। वहाँ के लोग विषाक्त बहते पानी के नाले को पार कर जंगल जाते हैं और पैरों में खाज-खुजली के शिकार हो जाते हैं। यू.सी.आई.एल. के अधिकारी खुद स्वीकारते हैं कि ड्यूटी के दौरान मरने वालों की संख्या 1994 में 17, 1995 में 14 और 1998 में 19 तक हो गई है। यू.सी.आई.एल. प्रबंधन और पूर्वी सिंहभूम जिला शासन और संबंधित सभी लोगों और संस्थाओं का मानना है कि देश की रक्षा के लिए यूरेनियम खनन आवश्यक है। यहाँ पूर्वी सिंहभूम में तीन भूमिगत यूरेनियम माइन्स हैं। और किसी भी भूमिगत माइन में उत्पादन .1 से अधिक नहीं होता। कनाडा में .22 फीसदी और फ्रांस में .77 फीसदी ऊर्जा एटेमिक रियेक्टर से प्राप्त की जाती है जबकि भारत में यह 1.9 फीसदी है। संघर्ष कर रहे लोगों का मानना है कि इतनी कम ऊर्जा की प्राप्ति के लिए क्या एक पूरी नस्ल को कुपोषण और मौत का जीवन जीने को मजबूर करना उसके मानवाधिकार का हनन नहीं है। यह कैसी रक्षा है जिसमें मानव खुद सुरक्षित नहीं है!

विस्थापन और रेडियेशन के खिलाफ जनान्दोलन

1994 में ग्रामीणों को एक सूचना भेजी गई कि यू.सी.आई.एल. प्रबंधन ने उनके जमीनों को अधिगृहीत कर लिया है। इसलिए यू.सी.आई.एल. कार्यालय जाकर अपना मुआवजा प्राप्त कर लें। अधिकांश परिवारों ने मुआवजा लेना अस्वीकार कर दिया और उन्होंने माँगों की एक सूची बनाई जिस पर यू.सी.आई.एल. प्रबंधन ने तनिक भी ध्यान नहीं दिया। 27 जनवरी 1996 को यू.सी.आई.एल. प्रबंधन ने जिला पुलिस और पारा मिलिट्री फोर्स के साथ बिना पूर्व सूचना के चाटीकोचा गाँव में प्रवेश कर ग्रामीणों के घर-बार बुल्डोजर से ढहाने लगे। करीब 30 घर ढहा दिए गए। उनकी खेती करने की जमीन समतल कर दी गई। उनके सरना और मसना को नष्ट कर दिया गया। घटना के तीन दिन बाद निकट के सैकड़ों गाँवों के हजारों आदिवासी लोगों ने चाटीकोचा गाँव के समर्थन में प्रदर्शन किया और महिलाएँ बुल्डोजर के सामने लेट गईं। जादूगोड़ा गाँव के लोग एकजुट हैं। उनकी सक्रिय भागीदारी जोआर के साथ रहती है। जोआर उनके मुआवजा और पुनर्वास संबंधी माँगों को आगे ले जाने वाली एक गैर सरकारी संस्था है। वहाँ के लोगों की एक प्रमुख माँग यह है कि यू.सी.आई.एल. प्रबंधन रेडियो एक्टिव कचड़े से लोगों पर पड़ने वाले प्रभावों की जानकारी दें। लेकिन प्रबंधन ने ऐसा करने से इनकार कर दिया। उनके अड़ियल रुख को भाँपकर संतालों के परंपरागत अगुवा माँझी- परगणैत और उनके दिसुम परगना (संतालों का मुखिया) ने वादा किया कि वे जमीन और जमीर की रक्षा के लिए कुछ भी करेंगे। यह वहाँ के लोगों के लिए प्रेरक कदम था।

फरवरी के शुरू में यू.सी.आई.एल. प्रबंधन ने टेलिंग पोंड के निर्माण का काम शुरू कर दिया। लोगों ने विचार-विमर्श कर तय किया कि किसी तरह काम को रोका जाए। उन्होंने सड़क जामकर काम को ठप्प करा दिया। 25 फरवरी से ही महिला और पुरुष रोजाना गिरफ्तारी देते रहे। दूसरे दिन गिरफ्तार की गई महिलाओं को तो रिहा कर दिया गया लेकिन पुरुषों को जेल भेज दिया गया। महिलाओं ने संघर्ष में जिम्मेवारी लेने का निर्णय लिया। पुरुषों को सहानुभूति

दिखाने के लिए महिलाओं ने सड़क पर खाना बनाकर आंदोलनकारियों को खिलाना शुरू किया। सभी झारखंडी समूहों में सहानुभूति की लहर फैल गई।

आंदोलन के फैल जाने के बाद यू.सी.आई.एल. प्रबंधन ने लोगों की माँगों पर ध्यान देना शुरू किया। बैठकों के कई दौर स्थानीय लोगों के प्रतिनिधियों के साथ चले। बैठक में निम्न बिंदुओं पर सहमति हुई—

1. यू.सी.आई.एल. और जिला प्रशासन दोनों इस बात पर सहमत हुए कि प्रत्येक विस्थापित परिवार को घर बनाने के लिए एक प्लॉट दिया जाएगा।
2. घर बनाने के लिए प्रत्येक विस्थापित परिवार को 65,000 रुपए दिए जाएँगे।
3. विस्थापित परिवार के प्रत्येक 18 वर्ष के वयस्क को यू.सी.आई.एल. में स्थायी नौकरी दी जाएगी।
4. विकिरण के शिकार हुए लोगों की पहचान कर मुफ्त में उनका इलाज करने के लिए यू.सी.आई.एल. प्रबंधन सहमत हो गई।

जून 1997 में प्रसिद्ध पर्यावरणविद् और नर्मदा बचाओ आंदोलन की नेत्री सुश्री मेधा पाटेकर ने इस क्षेत्र और रेडियो एक्टिव विकिरण से प्रभावित लोगों का दौरा किया। एक पब्लिक मीटिंग में मेधा ने माँग की कि टेलिंग पोंड से रेडियो एक्टिव कचड़े फेंकना तब तक बंद कर देना चाहिए जब तक कि वहाँ के लोगों और पर्यावरण की रक्षा का बीड़ा यू.सी.आई.एल. न उठा ले। उन्होंने लोगों को उत्प्रेरित करते हुए कहा कि उन्हें कंपनी में शेयरधारक बनने का अधिकार है। क्योंकि उन्होंने अपनी सारी संपत्ति त्याग दी है। उन्होंने कहा कि लोगों को सार्वभौमिक अधिकार प्राप्त है कि इस तरह स्वास्थ्य और पर्यावरण प्रदूषित करने वाली कंपनी को जमीन दे या नहीं।

उभरते सवाल

1. यूसीआईएल प्रबंधन ने अभी तक केवल विस्थापित परिवार के वयस्कों को नौकरी दी है लेकिन घर बनाने के लिए दिए जाने वाले 65,000 रुपए अभी तक नहीं दिए गए हैं। जबकि तीसरे टेलिंग पोंड का निर्माण कार्य अंतिम चरण पर है।

2. भारतीय संविधान में राज्य के कमजोर तबके के लोगों विशेषकर अनुसूचित जनजाति, अनुसूचित जाति के लोगों को विशेषाधिकार प्राप्त हैं। लेकिन आज वे अपने अस्तित्व की लड़ाई लड़ रहे हैं।

3. यह नैतिक रूप से भी प्रतिरोध के योग्य है कि शांतिप्रिय संताल आदिवासी लोग परमाणु हथियार जो कि शांति और जीवन के लिए खतरा है, के निर्माण के लिए त्याग कर रहे हैं।

4. झारखंड के आदिवासी लोगों की जमीन भूमि अधिग्रहण कानून 1894 के प्रावधान के कारण अधिगृहीत हो रही है। यहाँ की जमीन तथाकथित जनहित के नाम पर ली जा रही है। आधी सदी से जादूगोड़ा की जमीन अधिगृहीत कर ली गई है। उस जमीन से यूरेनियम निकाला जाता है और रक्षा के उद्देश्य के लिए उसका इस्तेमाल किया जाता है। वहाँ के लोगों की जमीन असल में एटोमिक एनर्जी एक्ट के तहत अधिगृहीत की जानी चाहिए ताकि वहाँ के लोगों को और बेहतर मुआवजा मिल सके। बिहार उच्च न्यायालय के राँची बेंच में एक याचिका दायर की गई है। लेकिन न्यायाधीश ने इस बिंदु को इनकार कर दिया है। यह लोगों के साथ भारी अन्याय है।

5. अनुसूचित जाति और जनजाति के अधिकारों की रक्षा के लिए एक सही कानून 1889 में संसद में पास किया गया है जिसे अनुसूचित जाति/जनजाति अत्याचार निरोधक कानून कहा जाता है। इस कानून का स्पष्ट उल्लंघन राज्य और यू.सी.आई.एल. प्रबंधन ने किया है।

6. हाल में बना एक पंचायत अधिनियम है जिसे पंचायत अधिनियम (अनुसूचित क्षेत्रों का विस्तार), 1996 कहते हैं। इस अधिनियम की धारा-4 में स्पष्ट तौर पर कहा गया है कि अनुसूचित क्षेत्रों में किसी विकास की योजना के लिए जमीन अधिगृहीत करने पर ग्राम सभा या पंचायत से सहमति लेनी पड़ेगी। सरकार कोई भी कल्याणकारी योजना बनाए और उसका कार्यान्वयन करे, उसके पहले अनुसूचित क्षेत्र के प्रभावित हुए लोगों का पुनर्वास हो जाना चाहिए। उपर्युक्त कानून चाटीकोचा में लागू नहीं किया गया। यह चाटीकोचा के लोगों के मानवाधिकार का हनन है।

7. यूरेनियम का कच्चा माल जादूगोड़ा से निकाला जाता है। यह शुद्धिकरण के लिए हैदराबाद भेज दिया जाता है और रेडियो एक्टिव कचड़ा हैदराबाद से पुनः जादूगोड़ा (1,500 किमी दूर) लाकर चाटीकोचा में बिखेर दिया जाता है। ये कुछ चंद सवाल हैं जो किसी भी मानवाधिकार कार्यकर्ता को चोट पहुँचाते हैं। लेकिन जोआर द्वारा प्रकाश में लाए गए इन मुद्दों के प्रति राज्य सरकार, केंद्र सरकार और यू.सी.आई.एल. प्रबंधन चुप हैं।

इंडीजिनस लोग दुनिया के कई भागों में विस्थापन के खिलाफ आवाज उठा रहे हैं। उनका मुख्य विरोध मेगा प्रोजेक्ट और पर्यावरण विनाश को लेकर है। जोआर इंडीजिनस लोगों का पहला संगठन है जो विकिरण के खिलाफ संघर्ष कर रहा है। दूसरी महत्त्वपूर्ण बात यह है कि जादूगोड़ा भारत में पहली यूरेनियम खान है जिसके विरोध में इंडीजिनस लोग लड़ रहे हैं। यह बात प्रकाश में आई है कि देशभर के प्रयोगशालाओं से रेडियो एक्टिव कचड़े और रेडियो एक्टिव मेडिसीन कचड़े इस क्षेत्र में भारी विरोध के बावजूद फेंके जा रहे हैं। प्रभावित लोगों ने राज्य सरकार और यू.सी.आई.एल. प्रबंधन का दमन सहा है। जब भी लोग प्रदर्शन के लिए सड़क पर उतरे, अधिकारियों ने कानून का भय दिखाकर उन्हें रोका और मामले दर्ज किए। लोगों ने कोर्ट में फिजूल पैसा और समय गँवाया। कोर्ट में मुकद्दमा करना संघर्षशील लोगों को संघर्ष से मोड़ देने का एक आतंकी तरीका था। ध्यान रखने की बात है कि संघर्षशील लोग इंडीजिनस समुदाय के हैं और वे अपने इंडीजिनस लोगों के संगठन के बैनर तले लड़ाई लड़ रहे हैं। वे लड़ रहे हैं क्योंकि भारत सरकार इंडीजिनस लोगों के अस्तित्व को स्वीकार करने से इनकार करती है। जोआर ने वहाँ के लोगों को विकिरण के खतरे के प्रति जागरूक किया है। वहाँ के लोगों की सेहत और पर्यावरण पर विकिरण के पड़ने वाले प्रभावों से लोगों को अवगत कराया है। लेकिन पेड़ों से लदी गोल पहाड़ियाँ और आदिवासियों के कई सरने और मसने वाली इस पवित्र जगह में अब जहर घुल चुका है। मासूम लोगों की जिंदगी और प्रकृति की कीमत पर परमाणु शक्ति बनाने का सपना पूरा किया जा रहा है। ऐसे में घनश्याम बिरूली का यह कथन सटीक लगता है कि जब तक साँप और यूरेनियम जमीन के भीतर हैं, कोई खतरा नहीं है। जमीन से बाहर निकालने पर वे सिर्फ इन्सानों को डँसते हैं।

स्वस्थ झारखंड : आधी हकीकत आधा फसाना

डॉ. नीरू जौहरी

स्वस्थ समाज के निर्माण के लिए आवश्यक है, उसके नागरिकों का स्वस्थ होना। स्वास्थ्य को समाज के विकास का संकेतक माना जाता है।

लम्बे संघर्ष के फलस्वरूप झारखंड को 14 नवंबर 2000 को नए राज्य का दर्जा प्राप्त हुआ। प्राकृतिक संसाधनों से सम्पन्न झारखंड राज्य के नागरिकों में अशिक्षा, भुखमरी, गरीबी, बेरोजगारी, भ्रष्टाचार, शोषण व्याप्त है। विशेषज्ञों के अनुसार विकास के अभाव का कुप्रभाव स्वास्थ्य पर पड़ता है।

तालिका-1

	झारखंड	*जनांकिकीय परिदृश्य*
1.	भौगोलिक क्षेत्रफल	79714 वर्ग किमी
2.	अनुमानित जनसंख्या	26909428
	पुरुष	1,38,61,277
	महिला	1,30,48,161
3.	जनसंख्या घनत्व	338 प्रति वर्ग किमी
4.	प्रमंडल	4
5.	जिला	22
6.	अनुमंडल	32
7.	प्रखंड	211
8.	गाँव	23050
9.	समेकित बाल विकास योजना खंड	152
10.	दसवर्षीय वृद्धि	23.19

स्रोत : निदेशक आपरेशन्स जनगणना झारखंड सरकार-2001

झारखंड के स्वास्थ्य संकेतकों की स्थिति निराशाजनक है। स्वास्थ्य संकेतकों को गहराई से समझने के लिए झारखंड के अतीत को समझना बेहद जरूरी है। आजादी के बाद से झारखंड बिहार राज्य का भाग रहा है। बिहार, विकास व स्वास्थ्य संकेतकों की दृष्टि से देश के पिछड़े राज्यों में से एक है। अलग राज्य के गठन के पश्चात् राष्ट्रीय स्तर पर नेशनल फैमिली हैल्थ सर्वे 2, (1998-1999) तथा जनगणना 2001 के आँकड़े झारखंड की वर्तमान स्थिति को दर्शाते हैं। वर्तमान को समझने से पहले एक नजर संयुक्त बिहार और झारखंड की स्थिति पर।

तालिका-2 : जनसांख्यिकीय रूपरेखा — बिहार

संकेतक	*1981*	*1991*	*1993*
सी.पी.आर. (CPR)	12.4	22.7	22.4
सी.बी.आर. (CBR)	39.1	30.9	32.0
बढ़ोतरी दर	2.17	2.11	
शिशु मृत्यु दर (IMR)	118	69	71
सी.डी.आर. (CDR)	13.9	10.6	10.6

नोट : 1. C.P.R — Cumulative Percent Fertility

2. C.B.R. — Crude Birth rate

3. IMR — Infant Mortality Rate

4. CDR — Crude Death Rate

तालिका-3 : जनांकिकीय लक्ष्य एवं प्राप्ति—भारत

संकेतक	*1981*	*1985*		*1990*		*वर्तमान*		*लक्ष्य*
	स्तर	*लक्ष्य*	*प्राप्ति*	*लक्ष्य*	*प्राप्ति*	*प्राप्ति*		*2000*
सी.बी.आर	35.0	31.0	32.7	27.0	29.9	28.3	1995	21
बढ़ोतरी दर	2.24	1.9	2.24	1.66	2.03	1.94	1994	1.2
शिशु मृत्युदर	188	106	–	87	80	74	1995	60
मृत्यु दर	12.5	12	11.8	10.4	9.6	9.0	1995	9.0
ईसीसीआर	26.0	37.0	37.5	42.0	44.1	45.8	1995	60
एनआरआर	1.48	1.34		1.17	1.6			1.0

तालिका 2 और 3 को देखें तो राष्ट्रीय स्तर पर जन्मदर में कमी न के बराबर आई है। कपल प्रोटेक्शन रेट (Couple protection rate) (ECPR) 1990 के लक्ष्य से काफी अधिक (44.1), शिशु मृत्यु दर (80) और क्रूड मृत्यु दर (9.6) ने लक्ष्य को पार किया है। अब प्रश्न यह उठता है कि बढ़ोतरी और जनसंख्या नियंत्रण में कमी क्यों नहीं आई है। विभिन्न सर्वेक्षणों के मुताबिक जनक्षमता नियंत्रण के स्थायी तरीकों में बढ़ोतरी तो हुई है लेकिन अस्थायी तरीकों का प्रयोग आज भी बहुत कम है। बिहार के परिप्रेक्ष्य में कपल प्रोटेक्शन रेट राष्ट्रीय आँकड़ों से काफी कम है और जन्मदर काफी ज्यादा। राष्ट्रीय परिप्रेक्ष्य में जो प्रदेश जनसंख्या नियंत्रण करने में सफल रहे हैं, वह राज्य विकास की दृष्टि से बेहतर हैं। लेकिन कुछ प्रदेशों बिहार, उत्तर प्रदेश, मध्य प्रदेश, राजस्थान, झारखंड, छत्तीसगढ़ को लम्बा सफर तय करना है।

यदि भारत के संदर्भ में स्वास्थ्य संकेतों को देखें तो इस बात में कोई दो राय नहीं कि आजादी के पश्चात् भारत ने सभी क्षेत्रों में बहुत तेजी से प्रगति की है। जीवन का कोई भी पहलू इससे अछूता नहीं रहा है, फिर चाहे शिक्षा हो या विज्ञान, उद्योग हो या फिर अन्य कोई। इस सबके बावजूद इस बहुमुखी विकास को आज भी जनसाधारण के जीवन के साथ जोड़ा नहीं जा सका है। आम आदमी के जीवन स्तर में कोई विशेष परिवर्तन भी नहीं आया है। विशेषज्ञ इसका

मुख्य कारण जनसंख्या नियंत्रण कर पाने की असमर्थता को मानते हैं। आज भी जब हम बीमारी और विकलांगता की तरफ नजर डालते हैं तो पाते हैं कि हमारे देश में संक्रामक व अन्य बीमारियों से मरने वालों की संख्या बहुत अधिक है। एक तरफ जहाँ हम विश्व स्वास्थ्य संगठन (WHO) की मदद से चेचक को जड़ से समाप्त करने में सफल हुए हैं, वहीं दूसरी तरफ पोलियो पर विजय प्राप्त करने का संघर्ष कुछ प्रदेशों में जारी है। कुछ राज्यों को विश्व स्वास्थ्य संगठन द्वारा पोलियो मुक्त घोषित भी किया गया है लेकिन झारखंड को अभी यह सौभाग्य प्राप्त नहीं हुआ है।

झारखंड की जनसंख्या बढ़ोतरी दर (प्रोविजिनल कुल जनसंख्या-2001 जनगणना) 23.2 प्रतिशत दर्ज की गई है। यह बिहार (28.4 प्रतिशत) की तुलना में काफी कम लेकिन देश (21.3 प्रतिशत) की तुलना में अधिक है।

किसी भी समाज या समुदाय का स्वास्थ्य काफी हद तक उसकी सामाजिक, सांस्कृतिक, आर्थिक और राजनीतिक स्थिति पर निर्भर करता है। झारखंड की कुल आबादी का लगभग पाँचवाँ भाग (22.3 प्रतिशत) शहरी क्षेत्र में रहता है, जहाँ देश की तुलना (27.8 प्रतिशत) के फैलाव से कम लेकिन बिहार से (10.5 प्रतिशत) से काफी अधिक है।

स्वस्थ जीवन की तीन बुनियादी जरूरतें हैं—पोषण, स्वच्छ पेयजल, शौच एवं सफाई की बुनियादी सुविधाओं की उपलब्धता।

1. पोषण

झारखंड के संदर्भ में पोषण की चर्चा करना निरर्थक है क्योंकि आज भी सैकड़ों की संख्या में लोगों को भरपेट भोजन नसीब नहीं है। ऐसी परिस्थितियों में संतुलित भोजन के बारे में लोगों में जानकारी का न होना स्वाभाविक है।

गरीबी के कारण कुपोषण का सबसे अधिक शिकार होते हैं बच्चे और महिलाएँ। झारखंड में दोनों में व्याप्त कुपोषण के संकेत बेहद चिंताजनक हैं। कुपोषण के साथ सूक्ष्म पोषक तत्त्वों, विटामिन व खनिज पदार्थों की कमी से बीमारियों का खतरा बढ़ जाता है।

किसी भी राज्य की पोषण स्थिति निर्भर करती है वहाँ उपलब्ध खाद्य पदार्थों के संसाधनों पर। झारखंड में खाद्य आवश्यकता के अनुरूप केवल 50 प्रतिशत खाद्य उत्पादों की उपज होती है। यह देश के सर्वाधिक खाद्य-पोषित असुरिक्षत राज्यों में से एक है। इसलिए स्वाभाविक है कि यहाँ के निवासियों की स्वास्थ्य एवं पोषण स्थिति निराशाजनक होगी।

2. स्वच्छ पेयजल

आज भी हमारे देश की लगभग 80 प्रतिशत आबादी ग्रामीण और 30 प्रतिशत शहरी क्षेत्रों में रहने वाली जनसंख्या को स्वच्छ पीने के पानी की उपलब्धता उनके घरों तक नहीं है। हर रोज ग्रामीण क्षेत्र में महिलाओं को कई कोस की दूरी तय करके पीने के पानी की व्यवस्था करनी पड़ती है। झारखंड में केवल एक तिहाई घर पीने के पानी से 15 मिनट की दूरी पर हैं, यानि पीने के पानी के लिए उन्हें 15 मिनट चलना पड़ता है। इन आँकड़ों की तुलना देश से की जाए तो 62 प्रतिशत और बिहार में केवल 77 प्रतिशत घरों में 15 मिनट की दूरी पर पीने का पानी उपलब्ध है।

झारखंड में कुल जनसंख्या के करीब 14 प्रतिशत घरों में पेयजल पाइप लाइन द्वारा उप्लब्ध है। इसलिए पानी से होने वाली बीमारियाँ इस क्षेत्र में आम बात है— डायरिया, हैजा, पीलिया से सैकड़ों की संख्या में लोग प्रभावित होते हैं। इसके अलावा गंदे पानी में नहाने से विभिन्न प्रकार के चर्म रोग होते हैं—जैसे प्रजनन अंगों में संक्रमण इत्यादि।

3. शौच व स्वच्छता

व्यक्तिगत स्वास्थ्य और स्वच्छ पर्यावरण ही स्वस्थ जीवन की बुनियाद है। देश के करीब 95 प्रतिशत ग्रामीण इलाकों और 30 प्रतिशत शहरी इलाकों में रहने वाले लोगों को बुनियादी सफाई की सुविधाएँ भी उपलब्ध नहीं हैं। मल-मूत्र त्याग करने के जरिये शरीर की गंदगी एवं अनेक प्रकार के जीवाणु बाहर निकलते हैं। खुले स्थान, जहाँ-तहाँ मलमूत्र त्याग करने से रोगाणु पानी के साथ मिल जाते हैं। मल से मिला हुआ कृमि का अंडा स्वस्थ मनुष्य के शरीर में प्रवेश कर सकता है। ग्रामीण इलाकों में खास तौर से लोग नंगे पैर चलते हैं। इसलिए कृमि आसानी से पैरों के जरिये शरीर में प्रवेश कर बीमारी का कारण भी बन जाते हैं। एन.एफ.एच.एस. (1989-99) के अनुसार झारखंड के करीब 85 प्रतिशत घरों में किसी भी प्रकार की शौच की बुनियादी सुविधा उपलब्ध नहीं है।

झारखंड में जनसाधारण का जीवन स्तर सामान्य से कम है। यहाँ देश के करीब 60 प्रतिशत घरों की तुलना में केवल 24 प्रतिशत घरों में ही बिजली की व्यवस्था है।

महिलाओं की स्वास्थ्य स्थिति

झारखंड में महिलाओं और बच्चों की स्वास्थ्य और पोषण स्थिति चिंताजनक है। शिक्षा और स्वास्थ्य के बीच गहरा संबंध है। शिक्षा जीवन स्तर में गुणात्मक सुधार लाने के लिए अनिवार्य है। शिक्षा स्वास्थ्य संबंधी संकेतकों को प्रभावित करती है। देश के मानचित्र पर नजर डालें तो केरल में सभी स्वास्थ्य संकेतक अन्य राज्यों की तुलना में सबसे बेहतर हैं। इसका मुख्य कारण है केरल में लगभग शत-प्रतिशत साक्षरता दर।

तालिका-4 : भारत में महिला साक्षरता प्रतिशत

राज्य	*1961*	*1971*	*1981*	*1991*	*कुल दर पुरुष+स्त्री*
बिहार	8.17	10.72	13.62	23.10	38.54
केरल	–	–	–	86.19	–
भारत	–	18.70	24.82	39.42	52.20

झारखंड में साक्षरता की स्थिति कुछ इस प्रकार है—

पुरुष साक्षरता प्रतिशत – 67.9

महिला साक्षरता प्रतिशत – 39.4

कुल साक्षरता दर – 54.1%

वर्तमान में राष्ट्रीय परिवार स्वास्थ्य सर्वेक्षण 2, 1998-99 के अनुसार 64 प्रतिशत बच्चे (6-14 वर्ष) की उम्र के स्कूल—71% लड़के और 65% लड़कियाँ ही—जाते हैं। ऊँची

कक्षाओं में लड़कियों की स्कूल छोड़ने की संख्या बढ़ने लगती है। 15–17 वर्ष उम्र में 64% लड़कों की तुलना में 42% लड़कियाँ ही स्कूल जाती हैं। लड़कियों की पढ़ाई छोड़ने का मुख्य कारण है कम उम्र में शादी हो जाना।

विवाह प्रतिरूप

झारखंड में महिलाओं का विवाह कम उम्र में कर दिया जाता है। 38% का विवाह 15–19 वर्ष की उम्र में सम्पन्न हो जाता है। राज्य में विवाह की औसतन आयु 20–49 उम्र की महिलाओं में 15.8 वर्ष है। यह बिहार की तुलना में 1 वर्ष अधिक है। यानि राज्य में अधिकांश विवाह 18 वर्ष की कानूनन उम्र के पहले ही हो जाते हैं। महिलाओं के बेहतर स्वास्थ्य के लिए जरूरी है लड़कियों की शादी देर से करना।

जननक्षमता

कम उम्र में विवाह हो जाने का कुप्रभाव महिला के शारीरिक विकास पर पड़ता है। कम उम्र में विवाह हो जाने के कारण उन्हें कम उम्र में मातृत्व का बोझ उठाना पड़ जाता है। ऐसी परिस्थिति में कई बार माँ, शिशु या फिर दोनों की मृत्यु हो जाती है। कम उम्र में विवाह के कारण एक महिला को गर्भावस्था के दौरान अनेक प्रकार की जटिलताओं का सामना भी करना पड़ सकता है।

झारखंड में निरक्षर, निम्न व मध्यवर्गीय जीवन स्तर के परिवारों, अनुसूचित जाति-जनजाति, पिछड़े वर्ग एवं मुसलमान महिलाओं में अन्य महिलाओं की तुलना में जननक्षमता दर अधिक है। राष्ट्रीय परिवार स्वास्थ्य सर्वेक्षण 2, 1998–99 के अनुसार 15–49 वर्ष उम्र की महिलाओं में सर्वाधिक यानि कुल जननक्षमता प्रतिशत का 17% भाग है। झारखंड में जननक्षमता के संदर्भ में तालिका-5 में विशिष्टताएँ प्रस्तुत की गई हैं।

तालिका-5 : झारखंड में जननक्षमता

पृष्ठभूमि विशिष्टता	*कुल जननक्षमता दर*	*प्रतिशत वर्तमान में गर्भवती*	*40–49 उम्र की महिलाओं में औसतन बच्चों का जन्म*
निवास			
शहरी	2.95	3.8	4.49
ग्रामीण	2.72	5.6	4.93
शिक्षा			
निरक्षर	2.94	5.8	4.97
साक्षर <मिडल स्कूल समाप्ति	2.82	3.8	(4.79)
मिडल स्कूल समाप्ति	1.95	2.6	–
हाई स्कूल समाप्ति व ऊपर	1.91	5.5	–
धर्म			
हिन्दू	2.58	4.9	4.58
मुसलमान	4.49	7.5	(6.44)

अन्य	2.19	5.7	–
जाति/जनजाति/वर्ग			
अनुसूचित जाति	2.86	5.0	(5.22)
अनुसूचित जनजाति	2.30	4.9	4.66
अन्य पिछड़े वर्ग	3.05	6.1	5.27
अन्य	2.62	3.6	3.76
जीवन स्तर की सूची			
निम्न	2.83	6.4	5.06
मध्य	2.81	4.3	4.88
उच्च	2.23	2.9	(3.97)
कुल	2.76	5.2	4.83

स्रोत : N.F.H.S.-II - 1998-99

जननक्षमता एवं जननक्षमता अभिरुचि/पसंद Fertility Preferences

— कुल जननक्षमता दर (पिछले 3 वर्ष में) — 2.76

— 20-49 वर्ष उम्र की महिलाओं में पहले शिशु के जन्म के समय औसतन — 19.0

— 40-49 वर्ष की उम्र की महिलाओं में औसतन बच्चों का जन्म — 4.83

— 2 बच्चों की माताओं में एक और बच्चे की चाहत — 48.4

स्रोत : राष्ट्रीय परिवार स्वास्थ्य सर्वेक्षण 2, 1998-99

तालिका-6

	रा.परि.स्व. सर्वे 1996-98		
उम्र	*शहरी*	*ग्रामीण*	*कुल*
15-19	0.071	0.100	0.094
20-24	0.201	0.189	0.191
25-29	0.187	0.152	0.158
30-34	0.123	0.070	0.080
35-39	0.009	0.028	0.024
40-44	0.000	0.005	0.004
45-49	0.000	0.000	0.000
कुल जन. दर 15-44	2.95	2.72	2.76
कुल जन. दर 15-49	2.95	2.72	2.76
सी.बी.आर	24.3	23.5	23.7

नोट : यह दर सर्वेक्षण के 1-36 माह पूर्व की है। 45-49 उम्र के बीच की दर में पक्षपात के कारण कुछ विकृतियाँ हो सकती हैं। (सी.बी.आर. क्रूड बर्थ रेट प्रति 1000 जनसंख्या पर)

स्रोत : एन.एफ.एच.एस. II

परिवार नियोजन

हमारे देश में जनसंख्या नियंत्रित न कर पाने का कुप्रभाव सभी क्षेत्रों पर पड़ा है। इसका कुप्रभाव केवल हमारी अर्थव्यवस्था या विकास पर ही नहीं बल्कि पर्यावरण के साथ सभी प्राकृतिक ससांधनों पर भी पड़ा है। लगातार बढ़ती जनसंख्या एक ज्वलंत समस्या है। जनसंख्या नियंत्रण के लिए परिवार नियोजन के उपलब्ध साधनों का प्रयोग आज भी हमारे समाज में बेहद कम है। आज हमारा देश 100 करोड़ से अधिक आबादी के साथ विश्व में दूसरे स्थान पर है। अगर यही रफ्तार रही तो वह दिन दूर नहीं जब हम चीन को भी पीछे छोड़ देंगे। भारत की कुल जनसंख्या का झारखंड में करीब 2.62 प्रतिशत लोग रहते हैं। देश के अन्य राज्यों की तरह यहाँ भी लोगों में गर्भ निरोधक तरीकों के प्रति जानकारी का अभाव है।

तालिका-7

झारखंड में गर्भ निरोधक तरीकों के इस्तेमाल की वर्तमान स्थिति	
कोई भी तरीका	27.6
कोई आधुनिक तरीका	24.9
गोली	1.5
आई.यू.डी (I.U.D)	0.3
कंडोम (condom)	1.1
महिला बंध्याकरण	21.1
पुरुष नसबंदी	0.9
कोई अन्य पारंपरिक तरीका	1.1
रिदम (सुरक्षित समय)	0.5
विदड्राअल (withdrawl)	0.7
कोई अन्य पारंपरिक एवं आधुनिक तरीका	1.6

स्रोत : रा.प.स्व. सर्वे 1998-99

गर्भ निरोधक तरीकों का इस्तेमाल सामाजिक, आर्थिक स्तर पर भी निर्भर करता है। ग्रामीण एवं अशिक्षित लोगों में इसका प्रयोग कम है। इन तरीकों पर बात करना या उनके बारे में आज भी चर्चा दबी-जुबान में की जाती है। बच्चों के जन्म में फासला रखने के लिए गर्भ निरोधक का प्रयोग बहुत कम है। परिवार के पूरा हो जाने पर बंध्याकरण कराना सबसे प्रचलित तरीका है। आज भी हम इस मानसिकता से उबर नहीं पाए हैं कि गर्भ निरोधक तरीकों का प्रयोग केवल महिलाओं को ही करना चाहिए। सुरक्षित संभोग के लिए इन तरीकों का प्रयोग बेहद कम है। जानकारी का अभाव, प्रयोग से संबंधित नकारात्मक प्रभाव इसका मुख्य कारण हैं।

प्रजनन-स्वास्थ्य

भारत सरकार के अन्तर्गत चलाए जा रहे परिवार नियोजन कार्यक्रम का मुख्य उद्देश्य है माता एवं शिशु के स्वास्थ्य में सुधार लाना। इसका एक मुख्य लक्ष्य है— प्रत्येक गर्भवती महिला को प्रसव

पूर्व आवश्यक सेवाएँ उपलब्ध कराना।

1. गर्भावस्था में कम से कम तीन स्वास्थ्य जाँच
2. टेटनस से बचाव के लिए 1 माह के अंतराल पर टी.टी. की दो सुइयाँ
3. खून की कमी से बचाव हेतु आयरन फोलिक एसिड गोलियों का नियमित सेवन

रा.स्व.परि. सर्वे 2, (1998-99) के अनुसार केवल 42 प्रतिशत माताओं ने गर्भावस्था के दौरान तीन में से एक जाँच करवाई। यह देश की (65 प्रतिशत) तुलना में बेहद कम लेकिन बिहार (35 प्रतिशत) की तुलना में काफी अधिक है।

राष्ट्रीय परिवार स्वास्थ्य सर्वेक्षण 2, 1998-99 के अनुसार सुरक्षित मातृत्व एवं महिला प्रजनन स्वास्थ्य से संबंधित राज्य में वर्तमान आँकड़े इस प्रकार हैं—

1. स्वास्थ्य जाँच
   - जन्म प्रतिशत (24 प्रति माह के भीतर एक और शिशु का जन्म) — 25.2
   - स्वास्थ्य कर्मी या चिकित्सक द्वारा गर्भावस्था के दौरान जाँच — 41.7
   - गर्भावस्था के पहले तीन माह के भीतर स्वास्थ्य जाँच — 18.0
   - टी.टी. टीकाकरण — 50.6
   - आयरन एवं फोलिक ऐसिड गोली — 32.7
2. प्रसव किस के द्वारा करवाया गया
   - चिकित्सक द्वारा — 11.7
   - ए.एन.एम./नर्स/एल.एच.वी./मिडवाइफ द्वारा — 5.3
   - टी.बी.ए./ दाई द्वारा — 64.2

राज्य में करीब 45 प्रतिशत विवाहित महिलाओं में किसी न किसी प्रकार की प्रजनन स्वास्थ्य समस्या है। इनमें से 74 प्रतिशत प्रजनन संबंधित समस्या के लिए किसी प्रकार की कोई स्वास्थ्य जाँच या सेवा नहीं लेतीं।

आज भी हमारे देश में गर्भावस्था संबंधित जटिलता महिलाओं में मृत्यु एवं विकलांगता का मुख्य कारण है। विश्व स्वास्थ्य संगठन के एक अनुमान के अनुसार भारत में 37 में से 1 महिला को गर्भावस्था व प्रसव के दौरान खतरा रहता है। विश्व में गर्भावस्था संबंधित जटिलताओं में से प्रत्येक 4 में से 1 महिला भारत की है। प्रजनन स्वास्थ्य सेवाओं की बेहतर उपलब्धता द्वारा इन असमय होने वाली मृत्यु को आसानी से रोका जा सकता है। देश में केवल 20 प्रतिशत माताएँ ही सभी प्रकार की जाँच गर्भावस्था में कराती हैं— केरल में सर्वाधिक 65% और उत्तर प्रदेश में न्यूनतम 4%।

देश की तरह झारखंड में मातृ मृत्यु दर को स्वास्थ्य सेवाओं की बेहतर उपलब्धता एवं गुणवत्ता द्वारा आसानी से रोका जा सकता है। राज्य में प्रति 1 लाख पर मातृ मृत्यु दर 504 है। यानि इन 504 महिलाओं को चिकित्सा सेवा की उपलब्धता एवं देखभाल द्वारा बचाया जा सकता है।

तालिका-8 : गर्भावस्था के दौरान देखभाल संबंधित संकेतक

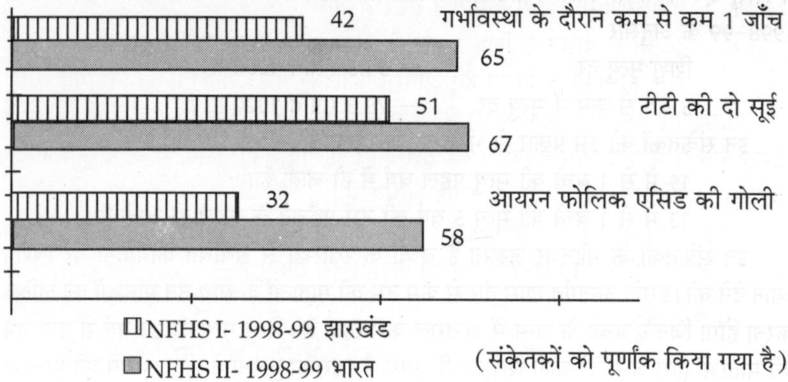

(संकेतकों को पूर्णांक किया गया है)

शिशु एवं बच्चों की स्वास्थ्य स्थिति

बच्चे स्वस्थ समाज का आधार होते हैं। इसलिए जन्म के फौरन बाद से ही उनके स्वास्थ्य पर विशेष ध्यान देना बेहद महत्त्वपूर्ण है। यह दुखद है कि आज भी देश में शिशु मृत्यु दर बहुत अधिक है। यह सही है कि इसमें गिरावट दर्ज हो रही है। लेकिन अभी भी अन्य देशों की तुलना में यह काफी अधिक है। आज भी 15 में से 1 बच्चे की मृत्यु 1 साल के अन्दर हो जाती है।

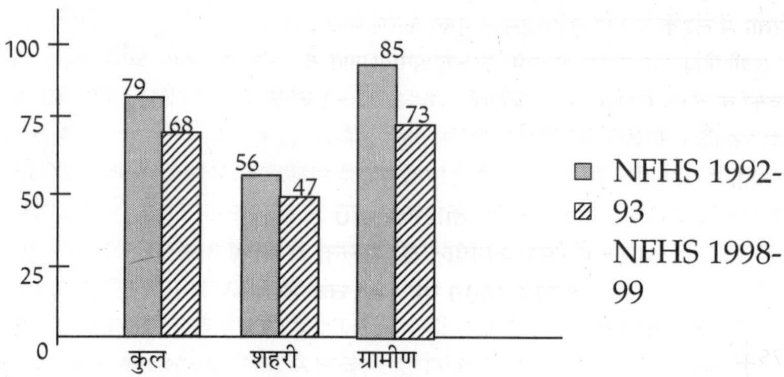

तालिका-9 : भारत में शिशु मृत्यु दर

इस तालिका के अनुसार आज भी शहरी और ग्रामीण दोनों ही क्षेत्रों में शिशु मृत्यु दर काफी अधिक है।

देश के कुछ राज्यों में शिशु मृत्यु दर काफी अधिक है— सर्वाधिक 86 प्रतिशत उत्तर प्रदेश में और न्यूनतम 16 प्रतिशत केरल में। कुछ एक राज्यों में भारी गिरावट दर्ज हुई है। जैसे उड़ीसा में शिशु मृत्यु दर सर्वे I (1992-93) से 81 हुई है। (रा. प.स्व.सर्वे II) 1998-99 में झारखंड

में शिशु एवं बच्चों के स्वास्थ्य संकेतकों की स्थिति बेहद निराशाजनक है। रा.प.स्व. सर्वे 2, 1998–99 के अनुसार

शिशु मृत्यु दर — 54.3 (प्रति 1000 पर)

5 वर्ष से कम में मृत्यु दर — 78.3 (प्रति 1000 पर)

इन संकेतकों को इस प्रकार से भी देखा जा सकता है—

19 में से 1 बच्चे की मृत्यु पहले वर्ष में हो जाती है।

13 में से 1 बच्चे की मृत्यु 5 वर्ष की उम्र पहुँचने के पहले हो जाती है।

इन संकेतकों के मद्देनजर जरूरत है बच्चों के स्वास्थ्य से संबंधित कार्यक्रमों पर विशेष ध्यान देने की। इसके अन्तर्गत खास तौर से कम उम्र की माताओं के साथ उन माताओं को लक्षित करना होगा जिनके बच्चों के जन्म में अन्तराल कम रहता है। शिशु मृत्यु दर 20 वर्ष से कम उम्र की माताओं द्वारा जन्म देने वाले शिशुओं में 68% है। इसकी तुलना में 20–29 वर्ष की माताओं द्वारा जन्म देने वाले शिशुओं में यह क्रम करीब 61% है। 48 माह के अन्तराल की तुलना में 24 माह के अन्तराल में जन्म लेने वाले बच्चों में शिशु मृत्यु दर करीब 11 गुना अधिक है।

यह समस्या केवल झारखंड में ही नहीं बल्कि देश की भी है। भारत में भी 20 साल से कम उम्र की माताओं में शिशु मृत्यु दर करीब 88% अधिक है। 24 माह से कम अन्तराल पर जन्म लेने वाले शिशुओं में शिशु मृत्यु दर 101 है।

भारत में शिशु एवं बाल मृत्यु दर 1–4 वर्ष प्रति 1000 बच्चों में लड़कों की तुलना में लड़कियों में अधिक है। आज भी हमारा समाज लिंग असमानता जैसी कुरीति से जूझ रहा है। परिवार में लड़के के प्रति चाहत इसका मुख्य कारण माना जाता है। कई राज्यों में लड़के के जन्म पर खुशी लेकिन लड़कियों के जन्म पर दुख मनाया जाता है। जन्म के पश्चात् से ही लड़के और लड़की के बीच भेदभाव शुरू हो जाता है। लड़कों का लड़की की तुलना में बेहतर पालन–पोषण प्राप्त होता है। बीमार होने पर लड़कियों की तुलना में लड़कों को बेहतर चिकित्सा सुविधा भी दी जाती है। देश में लड़कों की तुलना में लड़कियों में बाल मृत्यु दर काफी अधिक है।

तालिका–10

भारत में लिंग अनुपात की तुलना में बाल मृत्यु दर

(प्रति 1000 पर 1–4 वर्ष उम्र में)

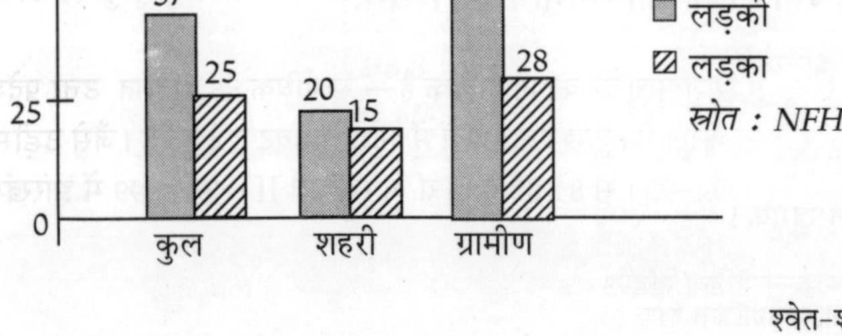

स्रोत : *NFHS-II 1998-99*

बच्चों में प्रतिरक्षण

टीकाकरण द्वारा बच्चों को कुछ संक्रामक बीमारियों से आसानी से बचाया जा सकता है। प्रतिरक्षण का अर्थ है रोग के जीवाणुओं से लड़ने की क्षमता।

दुनिया के सभी देशों की स्वास्थ्य व्यवस्था में टीकाकरण कार्यक्रम मुख्य अंग है। हमारे देश में भी टीकाकरण कार्यक्रम बहुत दिनों से चल रहा है। पिछले दो दशकों में टीकाकरण कार्यक्रम में काफी बदलाव आए हैं।

1985 से हमारे देश में सरकार ने सार्वजनिक रूप से टीके लगाने—यूनिवर्सल इम्यूनाइजेशन प्रोग्राम—की व्यवस्था की। इस कार्यक्रम का लक्ष्य है गर्भवती माँ एवं शिशु को टीके लगाना एवं शिशुओं की निम्नलिखित छः जानलेवा खतरनाक रोगों से रक्षा करना—क्षय या तपेदिक, गलघोंटू (डिप्थीरिया), काली या कुक्कुर खांसी, धनुष टंकार या टेटनस, पोलियो, खसरा (मीज़ल्स)।

झारखंड में बच्चों में प्रतिरक्षण की स्थिति बहुत खराब है। 12-13 माह के कुल बच्चों में से 8.8 प्रतिशत का ही सम्पूर्ण प्रतिरक्षण हुआ है। इसके कई कारण हैं—

लोगों में प्रतिरक्षण के लाभ के प्रति जानकारी का अभाव, दवाई की उपलब्धता की कमी, कोल्ड चेन, व्यवस्था की खराबी व स्वास्थ्य सेवाओं पर विश्वास की कमी। इन कारणों के साथ जुड़ा है एक और कारण—झारखंड की भौगोलिक स्थिति। झारखंड मुख्यतः एक पठारी क्षेत्र है। कुछ गाँवों तक आज भी पहुँचना बहुत मुश्किल है—दूरदराज के क्षेत्रों में स्वास्थ्य सेवाओं की उपलब्धता बहुत कम है।

तालिका -11 : बच्चों में संपूर्ण प्रतिरक्षण दर

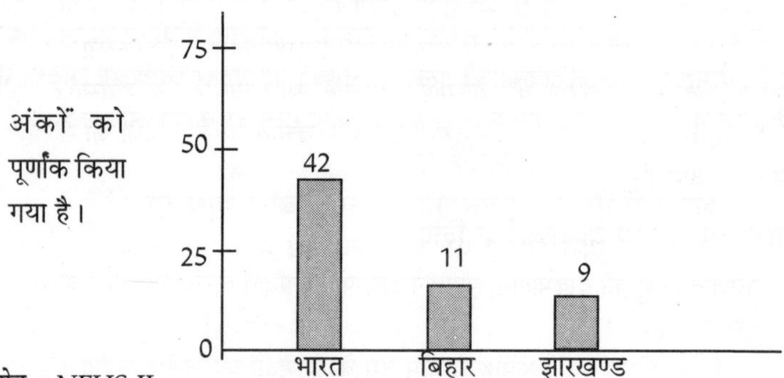

स्रोत : NFHS-II

झारखंड में विभिन्न टीकों की वर्तमान की स्थिति

कुल प्रतिरक्षण	-	8.8%
बी.सी.जी.	-	44.4%
डी.पी.टी. (तीन खुराक)	-	21.7%

पोलियो (तीन खुराक)	–	36.5%
खसरा	–	18.2%

तालिका-12 : प्रतिरक्षण तालिका

उम्र	*यू.आई.पी.*
जन्म	बी.सी.जी + ओ.पी.वी.
6 सप्ताह	डी.पी.टी + ओ.पी.वी.
10 सप्ताह	डी.पी.टी + ओ.पी.वी.
14 सप्ताह	डी.पी.टी + ओ.पी.वी.
9–12 माह	खसरा
18 माह	डी.पी.टी + ओ.पी.वी. (बूस्टर)
5 वर्ष	डी.पी.टी
10 वर्ष	टी.टी.
16 वर्ष	टी.टी.
गर्भवती महिला	टी.टी. की दो सुई एक माह के अन्तराल पर

स्रोत : इम्यूनाइजेशन अपडेट-1998 (डॉ. एस.पी. श्रीवास्तव)

माँ और शिशु के स्वास्थ्य में सुधार हेतु 1992 में चाइल्ड सरवाइवल एंड सेफ मदरहुड (Child Survival and Safe Motherhood) कार्यक्रम आरम्भ किया गया। इसके अन्तर्गत प्रसूति कक्ष में सुधार लाना, संस्थागत प्रसव में बढ़ोतरी लाना, शत प्रतिशत गर्भवती महिलाओं की स्वास्थ्य जाँच करना, टी.टी. टीकाकरण, स्वास्थ्य कर्मी व चिकित्सा पदाधिकारी की क्षमता वृद्धि करना, प्रतिरक्षण को प्रोत्साहित करने के साथ डायरिया व श्वासतंत्र संक्रमण (acute Recpiratory infection) तथा अंधेपन के बचाव पर बल दिया जा रहा है। इस कार्यक्रम के दो अंग हैं—

1. 3 साल उम्र से कम के बच्चों के लिए

1. नवजात शिशु की देखभाल : स्तनपान द्वारा पोषण प्रदान करना एवं शिशु के शरीर को गरमाहट देना।
2. प्राथमिक प्रतिरक्षण : 12 माह से कम उम्र के शिशुओं को लक्षित करना।
3. विटामिन 'ए' की हर माह 6 माह पर खुराक पिलाना (9 माह से 5 साल उम्र तक)।
4. निमोनिया का उपचार : (घर तथा केंद्र पर)
5. डायरिया की ओ. ार.एस. द्वारा रोकथाम (घर तथा केंद्र पर)

2. गर्भवती महिलाओं के लिए

1. तीन बार गर्भावस्था के दौरान स्वास्थ्य जाँच।
2. टी.टी. टीकाकरण (दो सुई एक माह के अन्तराल पर)

3. एनीमिया से बचाव व उपचार (100 आयरन फोलिक एसिड की गोली द्वारा)
4. प्रसव के समय देखभाल (सफाई से प्रसव हेतु साफ हाथ, साफ स्थान, साफ ब्लेड, साफ धागा, साफ कपड़े का प्रयोग)
5. खतरे के लक्षण की पहचान हेतु महिला को एफ.आर.यू. (FRU) भेजना।
6. बच्चों के जन्म के बीच फासलों को प्रोत्साहित करना।

इस व्यवस्था को भारत सरकार एवं यूनीसेफ द्वारा निम्न सहायता प्रदान की जाती है—

1. स्वास्थ्य कर्मियों को प्रशिक्षित करना
2. औजार, दवाई इत्यादि किट उपलब्ध कराना
3. कोल्ड चेन व्यवस्था को सुदृढ़ करना व वाहन उपलब्ध कराना
4. आई.डी.सी. सामग्री उपलब्ध कराना (प्रचार प्रसार हेतु)
5. समेकित प्रबंधन सूचना सेवा उपलब्ध कराना
6. अनुश्रवण एवं निरीक्षण
7. निगरानी

बचपन की बीमारियाँ

बच्चों का बीमार पड़ना एक आम बात है लेकिन बार-बार बीमार पड़ना जानलेवा भी हो सकता है। कई बार बीमारी के कारण विकलांगता भी हो जाती है। राज्य में बच्चों में होने वाली बीमारियाँ निम्न हैं—

डायरिया, दस्त और पेचिश–हमारे देश में बच्चों में यह बीमारी आम बात है। प्रायः प्रत्येक बच्चा इस रोग से कभी न कभी पीड़ित होता है। कई बच्चे तो इस बीमारी से साल में कई बार पीड़ित होते हैं। बच्चों में मृत्यु का यह एक मुख्य कारण भी है। बच्चे के शरीर में अधिक मात्रा में जल और नमक निकल जाने से उसकी मृत्यु हो जाती है।

बुखार : छोटे बच्चों में बुखार होने को सामान्य प्रक्रिया मान कर उसे नजरअंदाज कर दिया जाता है। बुखार कई कारणों से हो सकता है। इसलिए समय पर बुखार के कारण के अनुसार उपचार कराना जरूरी है।

श्वासतंत्र संक्रमण (ए.आर.आई. Acute Respiratory Infection) : सर्दी जुकाम बच्चों की एक सामान्य बीमारी है। यह प्रायः हर बच्चे में पाई जाती है। हम अपने अनुभवों से यह जानते हैं कि प्रत्येक बच्चे को साल में कम से कम एक दो बार सर्दी जुकाम होता है। सर्दी जुकाम होने पर उनके श्वासतंत्र के अन्य भागों में रोग का संक्रमण हो जाता है तथा निमोनिया, ब्रोको निमोनिया जैसी अनेक जटिल बीमारियाँ हो सकती हैं और जिसके फलस्वरूप कई बच्चों की मौत हो जाती है। एन.एफ.एच.एस. 2 सर्वेक्षण (के दो सप्ताह पूर्व) के अनुसार राज्य में डायरिया से 22%, बुखार से 28% एवं श्वासतंत्र से 22% बच्चे प्रभावित होते हैं।

महिलाओं और बच्चों की पोषण स्थिति

विश्व के अन्य देशों की तुलना में हमारे देश में बच्चों में और महिलाओं में कुपोषण का स्तर काफी अधिक है। आज भी कुपोषण मातृ एवं शिशु मृत्यु दर का एक मुख्य कारण है।

महिलाओं की पोषण स्थिति

महिलाओं में कुपोषण का एक मुख्य कारण है खून की कमी का होना। शरीर में खून की कमी को एनीमिया कहते हैं। महिलाओं में रक्तअल्पता (अनीमिया) की एक गंभीर स्वास्थ्य समस्या भोजन में लौह-तत्व का न होना अथवा शरीर द्वारा लौह-तत्व का अपर्याप्त ग्रहण खून में लाली स्तर को कम कर देता है तथा लाल रक्त कोशिकाओं के आकार और हीमोग्लोबिन की मात्रा में कमी आ जाती है। इस अवस्था को खून की कमी अथवा अनीमिया कहते हैं।

रक्त क्या है ? रक्त शरीर में पाया जाने वाला एक अपारदर्शक द्रव्य है जो प्लाज्मा और कणिकाओं से बना होता है। कणिकाएँ मुख्यतया दो प्रकार की होती हैं—लाल रक्त कण (RBC) एवं सफेद रक्त कण (WBC)। रक्त का 99 प्रतिशत भाग लाल रक्त कण कोशिका होता है और बाकी एक प्रतिशत में सफेद रक्त कण/कोशिका एवं अन्य अवयव होते हैं। इसमें प्रोटीन एक मुख्य अवयव होता है जिसे हीमोग्लोबिन कहते हैं। हीमोग्लोबिन मुख्यतया लौह-तत्व एवं प्रोटीन से बना होता है। एन.एफ.एच.एस. सर्वेक्षण 2 (N.F.H.S. II—1998-99) के अनुसार हमारे देश में करीब 52 प्रतिशत विवाहित महिलाएँ (15-49 वर्ष) एनीमिया से ग्रसित हैं।

तालिका-13 : भारत में महिलाओं में एनीमिया की स्थिति

60% +	: असम, बिहार, मेघालय, उड़ीसा, पश्चिम बंगाल, अरुणाचल प्रदेश, सिक्किम
50-59%	: जम्मू और कश्मीर, तमिलनाडु, मध्य प्रदेश
40-49%	: आंध्र प्रदेश, उत्तर प्रदेश, राजस्थान, महाराष्ट्र, मिजोरम, हरियाणा, गुजरात, कर्नाटक, पंजाब, दिल्ली, हिमाचल प्रदेश
30-39%	: नागालैंड, गोवा
20-29%	: मणिपुर, केरल
52%	: भारत (कुल)
72.9%	: झारखंड
28.6%	: झारखंड में सामान्य गंभीर एनीमिया

महिलाओं में एनीमिया में हीमोग्लोबिन स्तर <11.0 ग्राम / डेका लीटर साधारण/गंभीर अनीमिया में हीमोग्लोबिन स्तर <10.0 ग्राम/डेका लीटर (g/dl)

एनीमिया मातृ एवं शिशु मृत्यु दर का मुख्य कारण है। इसके कारण गर्भावस्था व प्रसव के दौरान जटिलताएँ उत्पन्न हो सकती हैं। एनीमिया से ग्रसित माँ एक कम वजन के बच्चे को जन्म देती है।

बच्चों की पोषण स्थिति

छोटे बच्चों में व्याप्त कुपोषण एक गंभीर समस्या है क्योंकि कुपोषण के कुछ दुष्परिणाम आगे जाकर भी दूर नहीं किए जा सकते। अल्पपोषित बच्चे अनिवार्य रूप से अन्य कमियों विशेष रूप से सूक्ष्म पोषकों जैसे विटामिन 'ए', लौह तथा आयोडीन की कमी के शिकार भी होते हैं।

झारखंड में बच्चों में एनीमिया की स्थिति चिंताजनक है।

तालिका-14 : देश में बच्चों में एनीमिया की स्थिति

80% +	:	हरियाणा, राजस्थान, बिहार, पंजाब
70-79%	:	पश्चिम बंगाल, सिक्किम, महाराष्ट्र, मध्यप्रदेश, गुजरात, उत्तर प्रदेश, आंध्र प्रदेश, उड़ीसा, जम्मू व कश्मीर, कर्नाटक
74%	:	भारत
60-69%	:	हिमाचल प्रदेश, दिल्ली, तमिलनाडु, मेघालय, असम
50-59%	:	मिजोरम, अरुणाचल प्रदेश, गोवा
40-49%	:	मणिपुर, केरल, नागालैंड
झारखंड में बच्चों की एनीमिया की स्थिति		
82.4%	:	6-35 माह की उम्र के बच्चों में एनीमिया
56.2%	:	6-35 माह की उम्र के बच्चों में साधारण/गंभीर एनीमिया
49.0%	:	कुपोषित बच्चे
54.3%	:	कम वजन के बच्चे
25.4%	:	अति कुपोषित बच्चे

स्रोत : 1998-99— NFHS II

अध्ययनों से विदित हुआ है कि कुपोषण का दुष्प्रभाव बच्चे के विकास, बुद्धि तथा रोग प्रतिरोधक क्षमता पर भी पड़ता है। छोटे बच्चों में कुपोषण के कुछ दुष्प्रभाव इस प्रकार हैं—

— शारीरिक अवरोध—बच्चे के संपूर्ण संभावित विकास का नहीं हो पाना।

— बच्चे में ज्ञान अर्जन एवं सीखने की क्षमता पर प्रतिकूल प्रभाव पड़ना।

— एकाग्रता में कमी आने के कारण बीच में ही पढ़ाई छोड़ देना।

— रोग प्रतिरोधक क्षमता का क्षीण होना जिसके कारण बीमारी तथा मृत्यु दर में वृद्धि होती है।

गंभीर रूप से कुपोषित व अति कुपोषित बच्चे अन्य संक्रामक रोगों जैसे खसरा, निमोनिया एवं अन्य श्वासतंत्र तथा पेट-आंत्र संक्रमण का शिकार भी होते हैं। शिशु का विकास अत्यधिक द्रुत गति से होता है। जन्म के समय जिस शिशु का वजन लगभग 3 किलो होता है। छः माह की आयु तक उसका वजन बढ़ कर दोगुना तथा एक वर्ष की आयु में लगभग तीन गुना हो जाता है। विशेषज्ञों व अध्ययनों के अनुसार मस्तिष्क का विकास भी दो वर्षों में ही पूरा हो जाता है। इसलिए इस अवस्था में बच्चों में होने वाले तेज विकास तथा अधिक वृद्धि एवं विकास हासिल करने के लिए पर्याप्त मात्रा में पोषण की आवश्यकता पड़ती है। इसलिए बच्चों के पोषण पर विशेष ध्यान देने की आवश्यकता है। भारत में कुल 3 साल से कम उम्र के बच्चों में करीब आधे कुपोषित हैं।

झारखंड में एन.एफ.एच.एस. 2, 1998-99 के अनुसार कुपोषण, ग्रामीण क्षेत्र में रहने वाले पिछड़े वर्ग, अनुसूचित जाति एवं जनजाति, कम शिक्षित माताओं के बच्चों में अधिक व्याप्त है।

स्तनपान

जन्म लेने से पहले ही प्रकृति बच्चे के लिए उपयुक्त आहार और पेय पदार्थ का इंतजाम माँ के दूध के माध्यम से कर देती है। माँ का दूध बच्चे के लिए पहला प्राकृतिक, सुरक्षित, पौष्टिक आहार है। शिशु के शारीरिक और मानसिक विकास के लिए जिन तत्त्वों की आवश्यकता होती है वह सभी तत्त्व माँ के दूध में उपलब्ध होते हैं। माँ का दूध शिशु को रोग प्रतिरोधक क्षमता भी प्रदान करता है।

चिकित्सा क्षेत्र में हो रहे लगातार अनुसंधान ने माँ के दूध को 'अमृत' माना है। प्रसव के बाद माँ के स्तन से जो पहला पीला दूध (जिसे कोलोस्टॉम कहते हैं) निकलता है, उसे शिशु के लिए सबसे पुष्टिकारक और लाभदायक माना जाता है। विशेषज्ञों के अनुसार प्रसव के 1 घंटे के भीतर माँ को शिशु का स्तनपान आरंभ कर देना चाहिए।

लेकिन यह बेहद दुखद है कि अनेक परंपरा अंधविश्वासों के कारण कुछ राज्यों में शिशु को कोलोस्टॉम नहीं पिलाया जाता अर्थात् उसे फेंक दिया जाता है। झारखंड में भी 'कोलोस्टॉम' फेंकने की परंपरा है। शिशु को मिश्री पानी, चीनी पानी, बकरी का दूध, गाय का दूध दिया जाता है।

झारखंड में आज भी करीब 62 प्रतिशत माताएँ 'कोलोस्टॉम' को निकालकर फेंक देती हैं। प्रसव के पश्चात् केवल 9 प्रतिशत माताएँ ही शिशु को पहले घंटे के भीतर स्तनपान करवाती हैं एवं 31 प्रतिशत पहले दिन। राज्य में स्तनपान समस्या नहीं है लेकिन 'पहले दूध (कोलोस्टॉम)' के प्रति जागरूकता लाने की आवश्यकता है। देश के संदर्भ में भी स्थिति काफी निराशाजनक ही है—केवल 37% माताएँ ही शिशु को पहला दूध (कोलोस्टॉम) पिलाती हैं। (रा.परि.स्व. सर्वे 2, 1998–99)

भारत सरकार के परामर्श के अनुसार शिशु को जन्म के चार माह तक केवल स्तनपान करवाना चाहिए। चार माह तक केवल स्तनपान करवाने की तरफ भी समुदाय में कई प्रकार की मान्यताएँ हैं। जन्म से तीन माह तक के बच्चों को केवल स्तनपान करवाने का प्रतिशत केवल 2.2 है। लेकिन यदि स्तनपान कराने की औसतन उम्र देखी जाए तो काफी अधिक है लगभग 36 माह या फिर अगला बच्चा होने तक।

पूरक आहार

हमारे समाज में पूरक आहार की बच्चों में शुरुआत करने से जुड़ी कई परंपराएँ हैं। कई राज्यों में 4 से 7 माह पर शिशु के अन्नप्राशन का रिवाज है। झारखंड के अधिकांश क्षेत्रों में 6 माह पर शिशु की 'मुँह जुठी' की परंपरा है। शिशु के मुँह को अन्न से जूठा करना। लेकिन दुर्भाग्यवश यह केवल एक परंपरा बन कर रह गई है। रस्म अदायगी के बाद बच्चों के अर्द्ध ठोस आहार पर विशेष ध्यान नहीं दिया जाता। बच्चों में कुपोषण का यह मुख्य कारण भी है। झारखंड में 8–9 माह के बच्चों में केवल 26 प्रतिशत को ही नियमित तरीके से पूरक आहार दिया जाता है।

सूक्ष्म पोषक तत्त्वों की कमी से होने वाली बीमारियाँ

हमारे शरीर को स्वस्थ रखने एवं शारीरिक रूप से चलाने के लिए कुछ तत्त्वों की आवश्यकता

होती है। लेकिन इन तत्त्वों का निर्माण हमारे शरीर में नहीं होता है। इसलिए हमारे भोज में इन तत्त्वों का रहना आवश्यक है।

आयोडीन युक्त नमक प्रयोग के द्वारा घेंघा रोग से बचा जा सकता है। यह शरीर में आयोडीन या थायरकसिक नामक हारमोन तैयार करने के लिए आवश्यक है। गर्भावस्था में इसकी कमी के कारण मानसिक रूप से असामान्य बच्चा पैदा हो सकता है। आयोडीन की कमी से बच्चा बहरा या गूंगा भी पैदा हो सकता है। वयस्कों में गलग्रंथि बढ़ जाती है, जिससे घेंघा रोग हो सकता है। आयोडीन युक्त नमक के सेवन के द्वारा होने वाली बीमारियों से बचा जा सकता है।

झारखंड में (एन.एफ.एच.एस. 2, 1998-99) केवल 56 प्रतिशत घरों में ही आयोडीन नमक का प्रयोग किया जाता है। इसलिए आयोडीन युक्त नमक के इस्तेमाल को बढ़ाने की आवश्यकता है।

सूक्ष्म पोषक तत्त्वों की कमी से कुछ अन्य बीमारियाँ भी हो सकती हैं। कुछ अन्य सूक्ष्म पोषक तत्त्व हैं—आयरन, जिंक (Zinc), फोलोरिन (Flourine), कापर (Copper), मैंगनीज (Manganese), क्रोमियम (Chromium), कोबाल्ट (Cobalt) आदि।

पटना स्थित पब्लिक हैल्थ इंस्टीट्यूट (Public Health Institute) ने 1994 में 2522 बच्चों में रेंडम सैम्पलिंग (Random Sampling) द्वारा गुमला और सिंहभूम जिलों में कुपोषण से होने वाली बीमारियों की स्थिति का सर्वेक्षण किया था। इस सर्वेक्षण के मुख्य परिणाम इस प्रकार पाए गए—

तालिका-15 : पोषण जनित विकृतियाँ/कुपोषण से होने वाली बीमारियाँ

क्रम अभाव स्थिति (Deficiency conditions)	*प्रतिशत*
1. कोणीय मुखपाल (Angular Stomatics)	18.0
2. धब्बे (Bitots spot)	9.8
3. रतौंधी (Night Blindness)	10.9
4. रक्त अल्पता (Anaemia)	9.4
5. सूखा रोग (Marasmus)	2.0
6. शोफ (Oedema)	0.9
7. कृमि (Worm infestation)	8.5
8. श्वसन संक्रमण (Respiratory infection)	4.8
9. Moon face appearance	4.0

एड्स—AIDS

वर्तमान में एड्स सबसे गंभीर स्वास्थ्य समस्या है। अभी तक एड्स का कोई इलाज नहीं खोजा गया है। इसलिए इससे बचाव ही इसका उपचार भी है। नैको (NACO) के एक सर्वेक्षण के अनुसार भारत में करीब 4.5 लाख एड्स के मरीज हैं। झारखंड में लोगों में इसके प्रति जागरूकता लाना बेहद आवश्यक है।

राज्य में 10 में से 9 महिलाओं को एड्स के बारे में किसी भी प्रकार की जानकारी नहीं है।

ग्रामीण क्षेत्र में इसके प्रति जागरूकता बिल्कुल नहीं है। नैको (NACO) झारखंड में एड्स के प्रति लोगों में जागरूकता लाने का प्रयास कर रही है।

खासतौर से यदि जनजातीय समाज की स्वास्थ्य स्थिति पर एक नजर डालें तो जरूरी है उनकी सामाजिक-सांस्कृतिक, सामाजिक-आर्थिक, सामाजिक- जनसांख्यिकीय, जिनेटिक (genetic) उत्पत्ति संबंधी स्थिति को समझना। यह प्राय: जंगलों व पहाड़ी इलाकों में वर्षों से रहते आए हैं। इनका खानपान निर्भर करता है जंगलों पर। आज भी बीमारी के इलाज के लिए प्राकृतिक साधनों पर आश्रित हैं—जड़ी-बूटी, पेड़-पौधे, ओझा पर निर्भर करती है इनकी जीवनशैली। इनका मानना है कि विपदा, बीमारी का कारण होती है—भूत-प्रेत, आत्मा, सामाजिक मान्यताओं का पालन न करने से वह इन्हें बीमारी या प्राकृतिक विपदा के रूप में दंडित करते हैं। जनजातीय समाज का अपने भगवान व देवी-देवताओं पर विश्वास है। उनकी जीवन जीने की अपनी मान्यताएँ व प्रणाली है। देवी-देवताओं की नाराजगी दूर करने के लिए बलि देना परंपरा है। गरीबी, अंधविश्वास के कारण रुग्णता, कुपोषण व्याप्त है। यह विडंबना है कि 1951 के पश्चात् देश में जनजातीय जनसंख्या में बढ़ोतरी हुई है। लेकिन झारखंड में कुछ जनजातियों में भारी कमी आने के कारण वह लुप्त होने की कगार पर है। तीस जातियों में से आठ को आदिम जाति घोषित किया गया है—असुर, बिरहोर, बिरजिया, कोरबा, मल-पहाड़िया, सौरिया पहाड़िया और पहाड़िया। आज सरकार द्वारा इनके विकास के लिए कई प्रकार की योजनाएँ चलाई जा रही हैं। समय परिवर्तन के साथ धीरे-धीरे इन्हें स्वास्थ्य सेवाओं की मुख्यधारा में लाने का प्रयास किया जा रहा है।

झारखंड में प्लानिंग कमीशन (Planning Commission) के सहयोग से समन्वित जनजातीय विकास परियोजना (Integrated Tribal Development Project) 1987 की मूल्यांकन रिपोर्ट के अनुसार मलेरिया, गैसट्रोइनट्राइटस (gastroenteritis), तपेदिक (TB), चर्म रोग, श्वसन रोग (respiratory disease), आँख की बीमारियाँ, घेंघा, कृमि, डायरिया आदिवासियों में होने वाली मुख्य बीमारियाँ हैं।

मलेरिया

देश के 7 प्रदेशों के 27 जिलों में मलेरिया से प्रभावित होने वाले बहुत अधिक लोग हैं। यह प्रदेश हैं—आंध्र प्रदेश, उड़ीसा, असम, मध्य प्रदेश, राजस्थान, महाराष्ट्र। हमारे देश की कुल जनसंख्या का लगभग 8 प्रतिशत भाग जनजातियों का है, लेकिन यह बेहद दुखद है कि हर वर्ष इनमें से करीब 30 प्रतिशत लोग मलेरिया का शिकार होते हैं और इनमें से करीब 60 प्रतिशत फैलसिपेरम मलेरिया (Falciparum malaria) का। वर्ष 1989-92 में झारखंड जब बिहार का भाग था तो एक सर्वेक्षण किया गया था जिसके अनुसार हर वर्ष जनजातीय क्षेत्रों में करीब 60-82% लोग मलेरिया द्वारा प्रभावित होते हैं और इनमें से करीब 78-91 प्रतिशत केवल फैलसिपेरम मलेरिया द्वारा। 1995 में किए गए सर्वेक्षण के आँकड़ों के अनुसार गुमला मलेरिया से सर्वाधिक प्रभावित जिलों में से एक है। यहाँ पर करीब 12 हजार लोग इसकी चपेट में आए, दूसरे स्थान पर 8 हजार मरीजों की संख्या के साथ पलामू और 6 हजार मरीज पश्चिम सिंहभूम में। सरकारी व अन्य

प्रयासों के बावजूद सैकड़ों मरीजों की बिना इलाज के ही मृत्यु हो जाती है। विशेषज्ञों के अनुसार सरकारी आँकड़े प्राय: वास्तविकता से कम दर्ज किए जाते हैं। इसलिए उनसे हट कर देखना बेहद जरूरी है।

विभिन्न जनजातीय समुदाय के लोगों में कुछ विशेष प्रकार की स्वास्थ्य समस्याएँ हैं। सिकल सेल से होने वाली बीमारी (sickle cell disease) बड़ी संख्या में आदिवासी समुदाय के लोगों को प्रभावित करती है। दिल्ली स्थित अखिल भारतीय आयुर्विज्ञान संस्थान के जिनेटिक यूनिट (genetic unit) के प्रोफेसर आई.सी. वर्मा के अनुसार करीब 40 लाख लोगों के अंदर सिकल सेल जीन (sickle cell gene) है और इनमें से करीब 1.6 लाख के अंदर होमोजइगोटस सिकल सेल जीन (homozygotes sickle cell gene) है जिसके कारण बीमारी हो जाती है। इस प्रकार की समस्याओं के लिए विशेष शोध व उपचार की आवश्यकता है।

ग्लूकोस-6 फोस्फेट डीहाइड्रोगनेस की कमी

(G-6 phospate dehydrogenase Deficieacy)

एक अनुमान के अनुसार जी.-6 P.D. की कमी करीब 43 जनजातीय समुदाय के लोगों में पाई गई। यह कमी 3.5 से 21 प्रतिशत के बीच में पाई गई। करीब 13 लाख पुरुष इससे प्रभावित हैं। (स्टेट्स ऑफ हैल्थ इन बिहार, डॉ. महाबीर दास)

हाल में यावस रोग के लक्षण पलामू तथा गढ़वा जिले में पाए गए हैं।

भारत में प्राथमिक स्वास्थ्य सेवा प्रणाली का विकास

भारत में सामुदायिक स्वास्थ्य प्रणाली का विकास 20वीं शताब्दी में हुआ। इसके अन्तर्गत रोगनाशक, निरोधक, प्रोत्साहक, स्वास्थ्य सेवाओं के संतुलित समावेश का प्रयास किया गया। भारत सरकार ने सन् 1952 में सामुदायिक विकास परियोजना के अन्तर्गत प्राथमिक स्वास्थ्य सेवा केंद्र स्थापित करने का निर्णय लिया। इसका उद्देश्य था सभी क्षेत्रों का समेकित विकास करना, खासतौर से ग्रामीण क्षेत्र में स्वास्थ्य सेवाओं की उपलब्धता द्वारा लोगों के जीवन में गुणात्मक सुधार लाना।

भारत सरकार ने 1977 में प्राथमिक स्वास्थ्य सेवा को ग्रामीण स्वास्थ्य योजना के अन्तर्गत लागू किया। इसके अन्तर्गत स्वास्थ्य सेवा को तीन स्तर/श्रेणी पर प्रदान किया जाता है। यह इस प्रकार है—

1. प्राथमिक स्वास्थ्य सेवा
   (क) उप-सब सेण्टर स्तर (ख) प्राथमिक स्वास्थ्य स्तर
   (ग) सामुदायिक स्वास्थ्य स्तर
   (सामुदायिक विकास प्रखंड पर प्राथमिक स्वास्थ्य सेवाओं हेतु)
2. सहायक सेवा : जिला अस्पताल अथवा उप-प्रमंडल स्तर पर

3. Teritiary सेवा : चिकित्सा महाविद्यालय अस्पताल अथवा विशेष सेवा के लिए विशेष अस्पताल।

आरम्भ में प्राथमिक स्वास्थ्य केंद्र (P.H.C.) को करीब 1 लाख की आबादी वाले सामुदायिक विकास प्रखंड पर, उप-स्वास्थ्य केंद्र को 10 हजार आबादी पर और सामुदायिक स्वास्थ्य केंद्र (रेफरल अस्पताल) को प्रत्येक चार प्रखंड पर स्थापित करने का निर्णय किया गया। छठी पंचवर्षीय योजना (1980-85) हेतु इसमें परिवर्तन किया गया।

तालिका-16 : प्राथमिक स्वास्थ्य सेवा के लिए मापदंड

केंद्र	*मैदानी क्षेत्र*	*जनसंख्या पहाड़ी/जनजातीय क्षेत्र*
उप-केंद्र	5,000	3,000
प्रा.स्वा.केंद्र (पी.एच.सी.)	30,000	20,000
सा.स्वा.केंद्र(सी.एच.सी.)	80,000-1,20,000	80,000-1,20,000

उप-स्वास्थ्य केंद्र (एच.एस.सी.) : उप-स्वा.के. प्राथमिक स्वास्थ्य सेवा परिधीय है। पुरुष स्वास्थ्य कर्मी (एम.पी.डब्ल्यू.-M) जो मल्टीपरपस वर्कर के नाम से भी जाना जाता है एवं एक महिला स्वास्थ्य कर्मी जिसे Auxillary नर्स, मिड वाइफ (ANM) के नाम से जाना जाता है, इसका संचालन करते हैं। ए.एन.एम.-गृह भ्रमण द्वारा मातृत्व सेवा के अतिरिक्त टीकाकरण व परिवार नियोजन अथवा पुरुष स्वास्थ्य कर्मी अन्य स्वास्थ्य कार्यक्रमों में सेवा प्रदान करते हैं। इसके अतिरिक्त एक सहायक (Supervisor) पुरुष स्वास्थ्य सहायक (MHA) और एल.एच.वी. (Female Health Assistant) प्रत्येक 4-6 उप-केंद्रों पर नियुक्त किए जाते हैं। (अधिकांश स्वास्थ्य कर्मी सहायक या चिकित्सा पदाधिकारी दूर-सुदूर क्षेत्रों में दूरी के कारण कार्य करने नहीं जाते हैं।)

अधिकांश उपकेंद्रों का निर्माण समुदाय द्वारा दी गई जमीन पर किया गया था। नतीजा यह है कि आधे से ज्यादा गाँव से दूरी पर हैं और इनका रखरखाव भी काफी खराब है।

प्राथमिक स्वास्थ्य केंद्र (P.H.C.) : आरम्भ में प्रा.स्वा.के. में प्रखंड चिकित्सा पदाधिकारी (BMO) और dispensary में चिकित्सा पदाधिकारी (MO) नियुक्त किए गए थे। फिर परिवार नियोजन कार्यक्रम हेतु प्रखंड पर चिकित्सा पदाधिकारी और 80 के दशक में भारत सरकार ने सामुदायिक स्वास्थ्य पदाधिकारी (Community Health Officer CHO) के पद का अनुमोदन सहायक कैडर हेतु किया। लेकिन बिहार सरकार ने इस पद को राज्य स्वास्थ्य के डर हेतु चिकित्सा पदाधिकारी द्वारा किया। अधिकांश पी.एच.सी. की हालत भी जर्जर है। चिकित्सकों द्वारा माह में दो बार उप.स्वा.के. का दौरा करना भी निर्धारित किया गया लेकिन वास्तविकता यह कि आज भी चिकित्सक वहाँ बहुत कम ही जाते हैं।

तालिका-17

	प्रा.स्व.के. (झारखंड)	अधिकारी/कर्मचारी प्रतिरूप
1.	चिकित्सा पदाधिकारी	4
2.	फार्मासिस्ट	1
3.	सफाई निरीक्षक	1
4.	Block extension educator (BEE)	1
5.	L.H.V.	1
6.	हैल्थ educator	1
7.	क्लर्क	2
8.	Statistician	1
9.	Dresser (M.H.W)	1
10.	A.N.M.	2
11.	वाहन चालक	1-2
12.	Laboratory Technician	1
13.	चतुर्थ वर्ग कर्मचारी	4-6
14.	Sweeper	1

अतिरिक्त प्राथमिक स्वास्थ्य केंद्र

प्रत्येक प्रखंड में 20-30 हजार की जनसंख्या पर 3-4 अति प्रा.स्व.के. स्थापित किए गए हैं। यहाँ के अधिकारी व कर्मचारियों का प्रतिरूप इस प्रकार है।

तालिका-18

1.	चिकित्सा पदाधिकारी	2
2.	Lab. Technician	1
3.	L.H.V	1
4.	A.N.M.	1
5.	Pharmacist	1
6.	Health Educator	1
7.	हेल्थ वर्कर (पुरुष)	1
8.	चतुर्थ वर्ग	4
9.	कुछ अन्य	

सामुदायिक स्वास्थ्य केंद्र (CHC) रेफरल अस्पताल

सी.एच.सी. के 30 बिस्तर के अस्पताल में X-ray, ambulance एवं जांच की व्यवस्था स्थापित की गई है। (भारत सरकार के मापदंड के अनुसार प्रत्येक प्रखंड पर सी.एच.सी. स्थापित करना है।)

तालिका-19 : अधिकारी/कर्मचारी प्रतिरूप

1.	चिकित्सा पदाधिकारी	4
	1. Physician	1
	2. Surgeon	1
	3. Lady Doctor/ gynaecologist	1
	4. Paediatrician	1
2.	'A' grade Nurse	1
3.	X-ray Technician	1
4.	Darkroom Assistant	1
5.	Lab Technician	1
6.	Pharmacist	1
7.	Health worker/dresser	1
8.	Lab. attendant	1
9.	चतुर्थ वर्ग	6-8

झारखंड में वर्तमान स्वास्थ्य संबंधी आधारभूत संस्थाओं की स्थिति इस प्रकार है—

तालिका-20 : स्वास्थ्य संबंधी आधारभूत संरचनाएँ

क्रम	*संस्था*	*संख्या*
1.	रिम्स-राजेन्द्र आयुर्विज्ञान संस्थान-राँची	1
2.	चिकित्सा महाविद्यालय 1. एम.जी.एम. जमशेदपुर 2. पी.एम.सी.एच. (धनबाद)	2
3.	जिला सदर अस्पताल	22 (12 प्रा.स्व.के. स्तर के हैं)
4.	अनुमंडलीय अस्पताल	18
5.	प्रसवोत्तर केंद्र	32
6.	रेफरल अस्पताल	37
7.	प्रा.स्वा. केंद्र	193
8.	अतिरिक्त प्रा.स्वा. केंद्र	368
9.	स्व. उपकेंद्र	4462

स्रोत : केयर हेल्थ इन झारखंड टुडे एंड टुमॉरो

राज्य में स्वास्थ्य संस्थाओं की भारी कमी है। यह इस प्रकार है—

तालिका-21

संस्था	*कमी*
सी.एच.सी./रेफरल अस्पताल	164
प्रा.स्वा.के./अति.प्रा.स्व.केंद्र	475

स्रोत : केयर झारखंड

स्वास्थ्य कर्मी

वर्तमान में झारखंड के निजी स्वास्थ्य क्षेत्र में करीब एक हजार योग्य चिकित्सक और लगभग 12 हजार (para medical) कर्मी हैं जो राज्य के करीब 27 लाख की जनसंख्या की स्वास्थ्य जरूरतों को पूरा करते हैं। दूर-सुदूर इलाकों में स्वास्थ्य कर्मियों का सबसे ज्यादा अभाव है। काफी स्थान तो रिक्त हैं और अधिकांश कर्मी नियुक्ति के बाद भी वहाँ नहीं जाते हैं। इसका मुख्य कारण वहाँ बुनियादी सुविधाओं जैसे बिजली, पानी, घर, स्कूल, संचार-साधन, यातायात की कमी माना जाता है।

राष्ट्रीय निर्देशानुसार ग्रामीण स्वास्थ्य व्यवस्था के अन्तर्गत स्वास्थ्य कर्मियों की जनसंख्या के आधार पर स्थिति इस प्रकार है :

तालिका-22

क्रम	*संस्था*	*स्वास्थ्य कर्मियों की संख्या*	*बिस्तर की संख्या*	*मैदानी क्षेत्र*	*जनजाति क्षेत्र*
1.	एच.एस.सी.	MPPW (M) A.N.M.		5000	3000
2.	अति प्रा.स्वा.के.	2 चिकित्सक सहायक स्टाफ		30,000	20,000
3.	प्रा.स्व.के. सी.एच.सी.	4 चिकित्सक व सहायक स्टाफ	4-6	1,20,000	80,000
4.	रेफरल अस्पताल (सी.एच.सी.)	6 चिकित्सक व सहायक स्टाफ	30	4,80,000	3,20,000

स्रोत : केयर झारखंड

तालिका-23 : झारखंड में स्वास्थ्यकर्मियों की स्थिति

क्रम	*कर्मी*	*वर्तमान*	*अतिरिक्त आवश्यकता*
1.	चिकित्सक	1219	1412
2.	Lab. Technician	744	505
3.	X-Ray Tech.	109	59
4.	Staff नर्स (ग्रेड-A)	783	434
5.	Multi Purpose Health Staff	1252	1196
6.	ANM (महिला)	3915	1949
7.	MPW (M)	423	4809
8.	फार्मासिस्ट	1235	793

स्रोत : केयर झारखंड

वर्तमान समय और परिस्थिति में उपलब्ध स्वास्थ्य सेवाओं का प्रयोग जनसाधारण द्वारा बेहद कम है। खराब रखरखाव के कारण अधिकांश स्थानों पर संस्थाओं की दशा निराशाजनक है। फलस्वरूप इनके द्वारा दी जाने वाली सेवाओं का उपयोग करने पर लोगों के विश्वासों में भारी कमी है। झारखंड सरकार स्वास्थ्य सेवाओं के प्रति समुदाय के खोये हुए विश्वास को जीतने के लिए प्रयास कर रही है। सर्वप्रथम स्वास्थ्य सेवाओं को लोगों तक पहुँचाने का प्रयास कर रही है ताकि वे उनका लाभ उठा सकें। सरकार ने अस्पतालों में नए बिस्तर, चादर, मच्छरदानी, फर्नीचर, उपकरण, रंग-रोगन की उपलब्धता द्वारा एक नई पहल की है। लेकिन सबसे जरूरी है—स्वास्थ्य सेवाओं की गुणवत्ता में सुधार लाना ताकि लोगों में उनके प्रति विश्वास जाग्रत हो सके।

राज्य सरकार स्वास्थ्य सेवाओं में सुधार लाने हेतु प्रयासरत है। स्वास्थ्य प्रबंधन व्यवस्था के विकेंद्रीकरण द्वारा जिलों को स्वायत्तता प्रदान की जा रही है। राज्य अस्पतालों को सुव्यस्थित ढंग से चलाने हेतु प्रत्येक जिले में उपायुक्त की अध्यक्षता में प्रबंधन समिति के गठन का प्रस्ताव है जिसमें स्थानीय जनप्रतिनिधियों यथा सांसद, विधायक एवं समाज सेवियों को प्रतिनिधित्व दिया जाएगा। यह समिति आवश्यक उपकरण, मरम्मत के कार्यों की निगरानी एवं व्यवस्था के बिन्दु पर मार्गदर्शन एवं सहयोग प्रदान करेंगी। आवश्यकतानुसार समिति स्थानीय स्तर पर संसाधन जुटाने का कार्य भी करेगी। प्रत्येक जिले में इन समितियों की जवाबदेही समुदाय की तरफ होगी।

पेरा-मेडिकल स्टाफ जैसे नर्स, फार्मासिस्ट, टेक्नीशियन, महिला तथा पुरुष स्वास्थ्य कर्मी व जूनियर स्तर के अधिकारियों को जिला केडर के अन्तर्गत रखे जाने पर भी विचार-विमर्श किया जा रहा है।

झारखंड राज्य को चिकित्सा, शिक्षा एवं शोध के क्षेत्र में अत्याधुनिक बनाने के लिए 'विजन-2010' बनाया गया है और इसके लिए कालबद्ध योजनाएँ बनाई जा रही हैं। राज्य की जनता को अति विशिष्ट चिकित्सा सुविधा उपलब्ध कराने के उद्देश्य से एक स्वायत्तशासी संस्थान के रूप में राजेन्द्र आयुर्विज्ञान संस्थान राँची की स्थापना की गई है।

देशी चिकित्सा शिक्षा के उन्नयन हेतु सरकारी क्षेत्र में चाईबासा में आयुर्वेदिक कॉलेज एवं गोड्डा में होम्योपैथिक कॉलेज की योजना है। चिकित्सा व्यवस्था के सुलभीकरण के लिए टेली-मेडिसन योजना शुरू करने की योजना भी है। इन्हें चरणबद्ध तरीके से लागू किया जाएगा।

राज्य के अस्पतालों में चिकित्सकों एवं स्वास्थ्य कर्मियों की उपस्थिति सुनिश्चित कराने हेतु जिला स्तर पर उपायुक्त की अध्यक्षता में उड़नदस्ता दल का गठन किया गया है। साथ ही मुख्यालय स्तर पर भी प्रमंडलवार अधिकारियों का उड़नदस्ता दल गठित किया गया है। ये दल कितने कारगार साबित होंगे, यह तो आने वाला समय ही बताएगा।

वर्तमान में स्वास्थ्य सेवाओं के बेहतर निष्पादन हेतु सरकार स्वास्थ्य के क्षेत्र में अधिक खर्च कर रही है। प्रति व्यक्ति स्वास्थ्य खर्च में करीब 50% की बढ़ोतरी की गई है। प्रति व्यक्ति खर्च को 80 रुपए से बढ़ाकर 134 रुपए प्रति वर्ष कर दिया गया है। दवा-खर्च में भी 10-20

की बढ़ोतरी की गई है। राज्य सरकार ने बहिर्वासी हेतु पूर्व निर्धारित दवा की दर 85 पैसे प्रतिदिन को संशोधित कर 5 रुपए किया है। उसी प्रकार अन्तर्वासी मरीजों को भी दवा की पूर्व निर्धारित दर 1.91 रुपए को संशोधित कर 10 रुपए किया है।

राज्य के अस्पतालों में भर्ती मरीजों को पथ्य सुविधा में 3.55 रुपए प्रतिदिन का प्रावधान था जिसे संशोधित कर 15 रुपए प्रतिदिन कर दिया गया है।

विभागीय संगठन

स्वास्थ्य चिकित्सा शिक्षा एवं परिवार कल्याण विभाग झारखंड का गठन निम्न प्रकार है—

स्वास्थ्य एवं परिवार कल्याण

1. सचिव
2. अपर सचिव
3. संयुक्त सचिव सह परियोजना निदेशक(एड्स)
4. उपसचिव
5. उपसचिव
6. उपसचिव
7. उपसचिव
8. अवर सचिव

स्वास्थ्य निदेशालय

1. अपर निदेशक स्वा. सेवाएँ
2. अपर निदेशक स्वा. सेवाएँ (प.क.)
3. निदेशक देशी चिकित्सा, प्रभारी
4. राज्य प्रोग्राम पदाधिकारी

मलेरिया, यक्ष्मा, कुष्ठ, आ.सी.एच., अंधापन, चिकित्सा प्रतिपूर्ति, सेक्टर रिफोर्म सेल

5. प्रशासी पदाधिकारी

चिकित्सा शिक्षा एवं शोध

चिकित्सा शिक्षा एवं शोध के लिए विभागीय संगठन की रूपरेखा इस प्रकार है—

1. सचिव
2. उपसचिव
3. अवर सचिव–4
4. अपर निदेशक (चिकित्सा शिक्षा)–1
5. प्रशाखा–3

राज्य के चिकित्सा महाविद्यालय एवं अस्पतालों से संबंधित सूचनाएँ निम्नवत् हैं—

तालिका-24

क्रम	चिकित्सा महाविद्यालय एवं अस्पताल का नाम	स्वीकृत शैया	स्वीकृत शैक्षणिक स्नातक/स्नातकोतर	नर्सिंग
1.	राजेन्द्र आयुर्विज्ञान संस्थान, राँची	991	90	50
2.	एम.जी.एम. मेडिकल कॉलेज एवं अस्पताल, जमशेदपुर	454	50	20
3.	पाटलिपुत्र मेडिकल कॉलेज एवं अस्पताल, धनबाद	500	50	26
4.	राँची, तंत्रिका मनोचिकित्सा एवं संबद्ध विज्ञान संस्थान (सिनपास), कांके राँची	500	–	–
	कुल	2445	190	96

राष्ट्रीय कार्यक्रम

राज्य सरकार द्वारा केंद्र सरकार के वित्तीय सहायता एवं निर्धारित मापदंड के अनुरूप अनेक राष्ट्रीय कार्यक्रम यथा परिवार कल्याण, आर.सी.एच., मलेरिया, फाइलेरिया, यक्ष्मा, कुष्ठ, अंधापन, यास, घेंघा निरोधक एवं नियंत्रण कार्यक्रम मुख्य सचिव की अध्यक्षता में गठित झारखंड राज्य एवं परिवार कल्याण समिति द्वारा चलाए जा रहे हैं। प्रदेश में चलाए जाने वाले राष्ट्रीय कार्यक्रम इस प्रकार हैं—

1. परिवार कल्याण /आर.सी.एच. कार्यक्रम

भारत सरकार की शत-प्रतिशत आर्थिक सहायता एवं दिशा निर्देश के आलोक में स्वास्थ्य विषयक एक नेटवर्क परिवार कल्याण आर.सी.एच. चलाया जा रहा है। झारखंड में मुख्यमंत्री की अध्यक्षता में राज्य जनसंख्या आयोग का गठन किया गया, इसमें राजनेता, पत्रकार एवं सामाजिक कार्यकर्ताओं को सदस्य बनाया गया है। यह आयोग जनसंख्या नियंत्रण के लक्ष्य को प्राप्त करने में राज्य जनसंख्या नीति बनाएगा तथा सुरक्षित मातृत्व एवं शिशु स्वास्थ्य की देखभाल सुनिश्चित करेगा। राष्ट्रीय जनसंख्या नीति के तहत झारखंड सहित कुल 8 राज्यों को इम्पावर्ड एक्शन ग्रुप में रखा गया है। इसके अन्तर्गत 2045 तक जनसंख्या स्थिरीकरण के लक्ष्य को प्राप्त करने हेतु विजन-2010 नामक योजना विकसित की गई है।

स्वास्थ्य परिवार कल्याण एवं नियमित प्रतिरक्षण के सशक्तिकरण के लिए यूरोपियन कमीशन सम्पोषित सेक्टर रिफोर्म सेल का गठन किया है जो पूरे राज्य में स्वास्थ्य प्रतिरक्षण, परिवार-कल्याण आर.टी.आई./एस.टी.आई. (RTI/STI), एड्स नियंत्रण विषयक कार्यक्रमों में गति लाने के लिए आर्थिक सहायता प्रदान कर सुलभ सुविधाओं का मार्ग प्रशस्त करता है। सेक्टर रिफोर्म सेल जिला स्तर से राज्य मुख्यालय स्तर तक तथा इम्पावर्ड एक्शन ग्रुप स्तर पर स्वास्थ्य सुविधाओं के सशक्तिकरण का कार्य करता है।

सुदूर व कठिनतम क्षेत्रों में मातृ एवं शिशु स्वास्थ्य में गुणात्मक सुधार के लिए चयनित जिलों में आर.सी.एच. कैंप, दाई प्रशिक्षण के कार्यक्रम भी चलाए जाते हैं। राज्य में शिशु विकलांगता को समाप्त करने तथा पोलियो उन्मूलन के साथ बच्चों में छः जानलेवा बीमारियों टिटनेस, कुकुर खांसी, गलघोंटू, पीलिया, यक्ष्मा एवं मीजल्स व विटामिन ए के लिए भी विशेष प्रतिरक्षा कार्यक्रम चलाए जाने की योजना भी है। इसके लिए विश्व बैंक से इंटरनेशनल क्रेडिट आर्गेनाइजेशन आर्थिक सहायता प्राप्त होगी।

यूनिसेफ की सहायता से उक्त नियमित प्रतिरक्षण के सशक्तिकरण के लिए राँची, चाईबासा, जमशेदपुर जिलों में उड़ीसा व पश्चिम बंगाल के तीन-तीन जिलों को मिलाकर बोर्डर क्लस्टर स्ट्रेट्जी (Border Destrict Cluster Strategy) चलाई जा रही है।

तालिका-25 : परिवार कल्याण एवं प्रतिरक्षण कार्य

वर्ष 2002-03 (अप्रैल से दिसंबर 2002)

	परिवार नियोजन	*लक्ष्य*	*उपलब्धि*	*प्रतिशत*
1.	बंध्याकरण	123623	9663	7.82%
2.	नसबंदी	2625	206	7.85%
3.	आई.यू.डी.	172587	33394	19.35%
4.	ओ.पी.(माला एन)	5157214 (cycles)	1190561 (cycles)	23.09%
5.	सी.सी. यूजर	25955740 (Pcs.)	86363195 (Pcs.)	32.22%
6.	प्रतिरक्षण			
	टी.टी. (गर्भवती)	993175	261463	24.67%
	बी.सी.जी	849736	429520	50.55%
	ओ.पी.जी.	849736	387737	45.63%
	डी.पी.टी	849736	383281	45.11%
	मीजल्स	849736	302248	35.57%

स्रोत : स्वास्थ्य चिकित्सा शिक्षा एवं परिवार कल्याण विभाग, झारखंड सरकार 2002-03 उपलब्धियाँ व 2003-04 कार्य योजना

तालिका-26

पोलियो उन्मूलन कार्यक्रम	*लक्ष्य*	*उपलब्धि*	*प्रतिशत*
एन.आई.डी. प्रथम चक्र (5 जनवरी 2003)	5046909	5028893	99.64
एन.आई.डी. द्वितीय चक्र (9 फरवरी 2003)	5065161	5045854	99.62

स्रोत : स्वास्थ्य चिकित्सा शिक्षा एवं परिवार कल्याण विभाग, झारखंड सरकार 2002-03 उपलब्धियाँ व 2003-04 कार्य योजना

आर.सी.एच. कार्यक्रम के अन्तर्गत सुदूर एवं दुर्गम क्षेत्रों में पहुँचने के लिए नियमित रूप से विशेषज्ञों की टीम के साथ प्राथमिक स्वास्थ्य केंद्र स्तर पर एक माह के अन्तराल पर विशेष आर.सी.एच. कैम्प भी लगाए जाते हैं। सुरक्षित प्रसव को बढ़ावा देने हेतु भारत सरकार के मार्गदर्शन के अनुरूप प्रत्येक गाँव से एक दाई को दाई प्रशिक्षण कार्यक्रम के अन्तर्गत प्रशिक्षित भी किया जाता है।

राज्य के कठिन एवं सुदूर क्षेत्रों के लिए चयनित 46 प्राथमिक स्वास्थ्य केंद्रों पर चौबीस घंटे सुरक्षित प्रसव कराने के लिए प्रसव गृह निर्माण का कार्य किया जा रहा है। शेष प्रा.स्वा.के. में भी यह सुविधा उपलब्ध कराने हेतु भारत सरकार से प्रशासनिक स्वीकृति प्राप्त है जिसे मूर्त रूप भारत सरकार से राशि प्राप्त होने पर दिया जाएगा।

2. सामुदायिक प्रोत्साहन योजना

इस योजना के तहत राष्ट्रीय जनसंख्या नीति 2000 को निचले स्तर पर कार्यान्वित करने में पंचायतों को सहभागी बनाने के लिए प्रोत्साहित करना है। इस योजना का उद्देश्य है गाँवों एवं ग्राम पंचायतों को सार्वजनिक पहचान प्रदान करना ताकि प्रजनन एवं मृत्यु दरों को कम करने, जन्म मृत्यु, विवाहों एवं गर्भवती महिलाओं का पंजीकरण करवाने में बेहतर ठोस परिणाम हासिल हो सके।

इस योजना के अन्तर्गत प्रखंड में से एक रेवेन्यु (Revenue) गाँव को 2 लाख नकद पुरस्कार देने का प्रावधान है। यह पुरस्कार सहभागी गाँवों में सर्वश्रेष्ठ उपलब्धि प्राप्त करने वाले गाँव को दिया जाएगा। यह पुरस्कार 6 प्रमुख सूचकों के मामलों में निम्नतम दर्जता के आधार पर दिया जाएगा—

— प्रशिक्षित व्यक्तियों द्वारा कराए गए प्रसव का प्रतिशत
— रोग प्रतिरक्षण कवरेज
— प्रति हजार जनसंख्या पर बंध्याकरण की संख्या
— उच्च क्रम के जन्मों की जनसंख्या
— वर्ष के दौरान 18 वर्ष से कम आयु में विवाहित लड़कियों की संख्या
— गाँवों में स्कूल छोड़ने वालों की संख्या में कमी।

आँकड़े एकत्र करने और उनको संकलित करने की मुख्य जिम्मेदारी जिला उपायुक्त को दी गई है।

3. एड्स नियंत्रण कार्यक्रम

एड्स (AIDS—Accquired smmuno Deficeincy syndrome) की रोकथाम के लिए राज्य सरकार प्रतिबद्ध है। एड्स के प्रमुख कारण हैं—

1. यौन संचारी संक्रमण (S.E.I) एस.ई.आई.
2. रक्त संक्रमण
3. संक्रमित सिरिंज्स/निडिल के उपयोग से
4. संक्रमित गर्भवती स्त्री से जन्म

एड्स नियंत्रण कार्यक्रम को प्रभावी बनाने के लिए निम्नलिखित कार्य योजना का निर्माण किया गया है—

1. पूरे राज्य में प्रचार-प्रसार के माध्यम से समाज में जागरूकता लाना।
2. कंडोम की सुलभ उपलब्धता सुनिश्चित करना।
3. सभी जिला अस्पतालों में रक्त अधिकोष खोलने की व्यवस्था करना।
4. आर.ई.आई./एस.ई.आई. की जाँच एवं निदान हेतु पूरे राज्य में पुनः पारिवारिक एवं स्वास्थ्य जानकारी अभियान चलाना।
5. रिम्स (Ranchi Institute of Medical Sciences) पी.एम.सी.एच. धनबाद एवं एम.जी.एम. जमशेदपुर में एड्स टेस्टिंग लेबोरेटरी स्थापित की जा चुकी है। इसके अलावा दो जगहों पर जाँच की व्यवस्था करना।
6. राज्य के सेकेंड्री एवं हायर सेकेंड्री स्कूलों में एड्स संबंधित जानकारी देना।

4. कुष्ठ नियंत्रण कार्यक्रम

नवगठित झारखंड राज्य में कुष्ठ रोग एक जनस्वास्थ्य समस्या है। पूरे विश्व के कुष्ठ रोगियों की संख्या का 70 प्रतिशत (सर्वाधिक) भारत में है और भारत में सर्वाधिक कुष्ठ रोगी झारखंड में 8 प्रतिशत यानि कुल आबादी का लगभग 2.6 प्रतिशत। रोग प्रसार दर 10 प्रति दस हजार है। भारत सरकार के मानक के अनुसार कुष्ठ रोग की प्रसार दर सन् 2005 तक एक से कम प्रति 10 हजार करना है। जामताड़ा, चाईबासा, दुमका, राँची, जमशेदपुर, गोड्डा, बोकारो एवं देवघर जिले कुष्ठ रोगों से ज्यादा प्रभावित हैं।

राष्ट्रीय कुष्ठ उन्मूलन कार्यक्रम केंद्र सरकार द्वारा शत-प्रतिशत प्रायोजित कार्यक्रम है। प्रत्येक जिले में उपायुक्त की अध्यक्षता में जिला कुष्ठ समिति के माध्यम से यह कार्यक्रम चलाया जा रहा है।

विश्व की वर्तमान स्थिति :

कुल कुष्ठ मरीज : 5920000

एक से कम मरीज प्रति दस हजार की आबादी में।

भारत की वर्तमान स्थिति :

कुल कुष्ठ मरीज : 439000

4.2 मरीज प्रति दस हजार की आबादी में।

झारखंड राज्य की वर्तमान स्थिति :

स्वास्थ्य चिकित्सा शिक्षा एवं परिवार कल्याण विभाग झारखंड सरकार की 2002-03 की उपलब्धियाँ और 2003-04 कार्य योजना के अनुसार—

— वर्तमान में 29,600 कुष्ठ मरीज राज्य में पंजीकृत हैं जिन्हें एम.डी.टी. की मुफ्त चिकित्सा उपलब्ध कराई जा रही है।

— राज्य में अब तक कुल 3,48,000 कुष्ठ मरीज खोजे जा चुके हैं तथा 291,056 मरीजों का मुफ्त इलाज किया जा चुका है।

— गणना के आधार पर प्रति 10 हजार की आबादी में 10.8 मरीज इस राज्य में हैं जबकि भारत में 4.2 मरीज प्रति 10 हजार हैं।

— जिले के आँकड़ों के मुताबिक गुमला में सबसे कम 3.9 मरीज प्रति 10 हजार और जामताड़ा में सबसे अधिक 24.13 मरीज प्रति 10 हजार हैं।

राज्य में कुष्ठ मरीजों की इतनी बड़ी संख्या के कारण कार्यक्रम को गतिशील होने में काफी समय लगा। राष्ट्रीय कुष्ठ उन्मूलन कार्यक्रम की सही शुरुआत 1998 में संशोधित कुष्ठ उन्मूलन अभियान (एमलेक) के साथ हुई।

प्रथम अभियान 1998 में — 42498 नए मरीज खोजे गए
द्वितीय अभियान 2000 में — 17461 नए मरीज खोजे गए
तृतीय अभियान 2001 में — 20302 नए मरीज खोजे गए
2002 — 9939 नए मरीज खोजे गए
कुल मरीज — 90,139

राज्य के सभी अस्पतालों में भी कुष्ठ मरीजों की जाँच एवं चिकित्सा मुफ्त में उपलब्ध है। मरीजों की सुविधा के लिए सभी स्वास्थ्य केंद्रों में दवा वितरण की व्यवस्था है। शहरी क्षेत्रों में वी.आर.सी. (Voluntary Reporting Centre) खोले जा रहे हैं जहाँ रोग की पहचान होने पर रोगी को नजदीकी स्वास्थ्य केंद्र में मुफ्त दवा एवं चिकित्सा मिल सके।

5. राष्ट्रीय मलेरिया रोधी कार्यक्रम

वर्तमान में केंद्र द्वारा संपोषित राष्ट्रीय मलेरिया रोधी कार्यक्रम (एन.ए.एम.पी.) पूरे राज्य में जारी है, जो पहले राष्ट्रीय मलेरिया उन्मूलन कार्यक्रम (एन.एम.ई.पी.) के नाम से जाना जाता था।

राज्य के सभी जिलों में 50:50 प्रतिशत की वित्तीय साझेदारी से यह कार्यक्रम चलाया जा रहा है जिसमें केंद्र के 50 प्रतिशत हिस्से में—

— मलेरिया रोधी दवाओं की आपूर्ति

— चयनित सुदूरवर्ती क्षेत्रों के घरों के कमरों के अंदर छिड़काव की जाने वाले कीटनाशक (डी.डी.टी.) की आपूर्ति व छिड़काव की मजदूरी

— कर्मचारियों का प्रशिक्षण

— जन-जागरण

राज्य के 50 प्रतिशत हिस्से में—

— स्थापना व्यय (कर्मचारियों का वेतन)

— कार्यालय व्यय

— कीटनाशी की ढुलाई (उत्पादन स्थान से छिड़काव स्थान तक) एवं छिड़काव मजदूरी (गैरयोजना क्षेत्रों में)

पूरे राज्य के सभी 22 जिलों (193 प्रा.स्वा. केंद्रों) में मलेरिया रोधी कार्यक्रम चलाए जा रहे हैं। कार्यक्रम का उद्देश्य है—

— मलेरिया की शीघ्र पहचान एवं तत्काल उपचार।

— मलेरिया बुखार से पीड़ितों की संख्या में कमी लाना।
— जनजागरण द्वारा मलेरिया से बचाव के तरीके बताना।
— सुदूरवर्ती क्षेत्रों तक मलेरिया रोधी दवाओं की प्रा.स्वा. केंद्रों, स्वा. उप-केंद्रों, ज्वार उपचार केंद्रों तथा दवा सुलभ कराना।
— निरोधात्मक कार्य के अन्तर्गत निदेशालय राष्ट्रीय मलेरिया रोधी कार्यक्रम दिल्ली के तकनीकी निर्देश के अनुसार चयनित अत्यन्त जोखिम वाले क्षेत्रों के घरों के अंदर कीटनाशी रसायन का छिड़काव कराना।

6. कालाजार नियंत्रण कार्यक्रम

इस रोग से राज्य के तीन जिले प्रभावित हैं—साहेबगंज, गोड्डा एवं पाकुड़। सरकार के अनुसार इन जिलों से कुल 574 रोगियों का गत वर्ष पता चला और 417 का उपचार किया गया है।

7. फाइलेरिया नियंत्रण कार्यक्रम

राज्य में फाइलेरिया नियंत्रण कार्यक्रम भारत सरकार एवं राज्य सरकार का 50-50 प्रतिशत की सहायता से चलाया जा रहा है। केंद्र सरकार लारवा निरोधक दवा तथा रोग निवारक दवा की आपूर्ति करती है तथा राज्य सरकार छिड़काव पम्प, मोटरगाड़ी, माइक्रोस्कोप तथा माइक्रो स्लाइड पर होने वाले व्यय वहन करती है।

8. राष्ट्रीय यक्ष्मा नियंत्रण कार्यक्रम

भारत में संक्रामक रोग से मरने वालों में टी.बी. प्रमुख संक्रामक रोग है। यह कार्यक्रम 18 जिलों में चलाया जा रहा है तथा शेष 4 जिलों राँची, पलामू, हजारीबाग एवं चतरा में संशोधित यक्ष्मा नियंत्रण कार्यक्रम, भारत सरकार के सहयोग से चलाया जा रहा है। इस वर्ष दो और जिलों क्रमशः धनबाद एवं देवघर में संशोधित राष्ट्रीय कार्यक्रम 1 अप्रैल 2003 से चलाया जा रहा है।

यक्ष्मा नियंत्रण कार्यक्रम को बेहतर बनाने के लिए पूरे भारतवर्ष में संशोधित राष्ट्रीय यक्ष्मा नियंत्रण कार्यक्रम शुरू किया गया। देश के राज्य के कुछ जिलों को इस कार्यक्रम के अन्तर्गत लाया गया है। भारत सरकार ने झारखंड में सभी जिलों में कार्यक्रम चलाने के लिए अपनी स्वीकृति दे दी है।

इस कार्यक्रम के तहत टी.बी. के मरीजों को पूर्ण अवधि की दवा मुफ्त दी जाती है। यह देखा गया है कि टी.बी. के मरीज पूरी अवधि तक दवाई का सेवन नहीं करते हैं क्योंकि कुछ समय के उपरान्त थोड़ा सुधार होने पर मरीज दवा लेना बंद कर देते हैं। अत: इस स्थिति में सुधार ला उसे समाप्त करने के लिए संशोधित राष्ट्रीय यक्ष्मा नियंत्रण कार्यक्रम के तहत डाट्स (अपने सामने दवा खिलाना) लाया गया। इसके तहत मरीज का पूरा पता नोट कर लिया जाता है, दवा शुरू करने के पहले स्वास्थ्यकर्मी उनके घर का पता नोट कर लेते हैं ताकि यदि मरीज दवा स्वास्थ्य केंद्र, उपकेंद्र या आंगनबाड़ी केंद्र या किसी गैर सरकारी संस्था पर लेने नहीं आता तो उसके घर जाकर दवा खिलाई जा सके। इस कार्यक्रम में दवा सामने खिलाई जाती है और किसी

हाल में दवा मरीज को घर ले जाने की आज्ञा नहीं है। हर 2 माह में रोगी के बलगम की जाँच की जाती है ताकि रोग की स्थिति का पता लग सके।

9. राष्ट्रीय अंधापन नियंत्रण कार्यक्रम

राष्ट्रीय अंधापन नियंत्रण कार्यक्रम शत-प्रतिशत भारत सरकार द्वारा प्रायोजित कार्यक्रम है। इस कार्यक्रम का कार्यान्वयन उपायुक्त की अध्यक्षता में जिला अंधापन नियंत्रण समिति द्वारा किया जाता है। इसका अनुश्रवण राज्य मुख्यालय स्तर से किया जाता है।

इस कार्यक्रम के अन्तर्गत मोतियाबिंद ऑपरेशन, स्कूली बच्चों की आँख जाँच, आई.ई.सी. द्वारा नेत्र सुरक्षा के प्रति लोगों में जागरूकता एवं नेत्र अधिकोष का संचालन किया जाता है। झारखंड के पुराने 18 जिला अस्पतालों में लेंस प्रत्यारोपण की सुविधा उपलब्ध है। इस वर्ष 4 नवसृजित जिलों खरसांवा, लातेहार, सिमडेगा, एवं खूंटी अनुमंडलीय अस्पताल में भी नेत्र प्रत्यारोपण की सुविधा उपलब्ध कराने की योजना है।

10. राष्ट्रीय घेंघा कार्यक्रम

आयोडीन की कमी से बौरापन, गूंगापन, बहरापन, भैंगापन, घेंघा के साथ मानसिक एवं शारीरिक विकास में रुकावट आदि रोग उत्पन्न होते हैं। आयोडीन की कमी से गल ग्रन्थि (थायोराइड ग्लैंड) बढ़ जाता है। दुमका, गोड्डा, साहेबगंज, पलामू, राँची, गुमला एवं लोहरदगा में घेंघा रोग के लक्षण दिखाई पड़ते हैं। भारत सरकार के हाल में एक सर्वेक्षण में धनबाद, बोकारो, गिरिडीह, पूर्वी और पश्चिमी सिंहभूम में भी रोग के लक्षण पाए गए हैं।

परिशिष्ट-1

परिभाषा

1. क्रूड बर्थ रेट (Crude Birth Rate)—प्रतिवर्ष प्रति 1000 पर कुल जन्म की संख्या
2. क्रूड डेथ रेट (Crude death Rate)—प्रतिवर्ष प्रति 1000 जनसंख्या पर मृत्यु की संख्या
3. लिंग अनुपात—1 हजार की जनसंख्या पर महिलाएँ
4. जनसंख्या घनत्व—लोगों की प्रति वर्ग किमी पर संख्या
5. मातृ मृत्यु दर—एक वर्ष में 1 हजार की संख्या पर महिलाओं की गर्भावस्था के दौरान या गर्भ के समापन के 42 दिनों के पश्चात् या प्रसव के कारण मृत्यु होना।
6. शिशु मृत्यु दर—एक वर्ष में 1 हजार शिशुओं की 1 वर्ष से कम उम्र में मृत्यु होना। (IMR)
7. Cumulative Percent Fertility Rate कम्यूलेटिव प्रजनन प्रतिशत दर—उम्र के विशिष्ट प्रजनन दर कुल गुना 100
8. नवजात शिशु मृत्यु दर—एक वर्ष में 1000 वर्ष की जन्म दर संख्या पर शिशु की जन्म के पश्चात् 1 माह (28 दिनों से कम) में मृत्यु हो जाना।

9. ई.सी.पी.आर.—(effective couple protection rate)
10. पी.एच.सी.—प्राथमिक स्वास्थ्य केंद्र
11. सी.एच.सी.—सामुदायिक स्वास्थ्य केंद्र
12. एच.एस.सी.— हैल्थ सब सेण्टर (उप-स्वास्थ्य केंद्र)

संदर्भ

1. स्टेटस ऑफ हैल्थ इन बिहार, डॉ. महाबीर दास
2. स्वास्थ्य, चिकित्सा शिक्षा एवं परिवार कल्याण विभाग : उपलब्धियाँ 2002-04, कार्य योजना 2003-04
3. The Progress of Nations : 2000 UNICEF
4. शिशु कल्याण सहायिका
5. National Family Health Survey (NFHS-2) 1998-99
6. Jharkhand Health Services : Today & Tomorrow, CARE Jharkhand

आर्थिक विकास की संरचना

डॉ. रमेश शरण/अंजनी कुमारी

झारखंड आंदोलन का मुख्य उद्देश्य विकास के लाभ में भागीदारी के अलावा आंतरिक उपनिवेशवाद, शोषण, गरीबी, अशिक्षा, कुपोषण एवं भय से मुक्ति था। झारखंड देश के उन बदकिस्मत क्षेत्रों में से एक है, जो संसाधनों के मामले में बहुत धनी माने जाते हैं परंतु यहाँ के आम लोग अत्यंत गरीब हैं। विकास के लगभग सभी पैमानों पर यह क्षेत्र देश के सबसे पिछड़े क्षेत्रों में से एक है। हाल ही में नेशनल कमीशन ऑफ पोपुलेशन ने देश के 569 जिलों को सामाजिक-आर्थिक सूचकों के आधार पर शृंखलाबद्ध किया है। इनमें सबसे खराब दस जिलों में झारखंड के पाँच जिले—पलामू, साहेबगंज, गढ़वा, पाकुड़ तथा गोड्डा सम्मिलित हैं जबकि अन्य पाँच जिले उत्तरप्रदेश के हैं। बिहार का एक भी जिला इसमें सम्मिलित नहीं है। यह झारखंड के विकास की दुर्दशा को प्रदर्शित करता है, जबकि पूर्ववर्ती बिहार का सबसे विकसित क्षेत्र यही माना जाता रहा है।

झारखंड की आर्थिक समस्याएँ

झारखंड मूलतः एक कृषि एवं वन आधारित क्षेत्र है। औद्योगिक क्षेत्र मूलतः 6-7 जिलों में केंद्रित हैं। यहाँ के अधिकांश जनसमूह जीवनयापन के लिए एक से ज्यादा स्रोतों पर निर्भर करते हैं। कतिपय अनुमानों के अनुसार लगभग 23.2 लाख ग्रामीण परिवार गरीबी रेखा के नीचे जीवन बसर कर रहे हैं जो कुल ग्रामीण परिवारों का लगभग 69% है जिसमें 3.91 लाख परिवार अनुसूचित जातियों एवं 8.8 लाख अनुसूचित जनजातियों के हैं। झारखंड में लगभग 60 प्रतिशत किसान पूरे वर्ष में सिर्फ 3-5 महीनों का, 20% किसान 9-12 महीने का तथा मात्र 10% किसान ही अपनी आवश्यकता से ज्यादा अनाज उत्पादित कर पाते हैं। यहाँ 90% क्षेत्र में एक ही फसल बोई जाती हैं एवं कुछ क्षेत्रों को छोड़कर, उत्पादन तथा उत्पादकता दोनों ही बहुत कम हैं। इस क्षेत्र के मात्र 9% भाग में ही सिंचाई होती है। यह इस क्षेत्र की विडंबना है कि स्वतंत्रता के बाद अधिकांश बड़े बाँध इसी क्षेत्र में बने हैं परंतु 1957-58 में जहाँ लगभग 2.85 लाख हेक्टेयर में सिंचाई होती थी वह 1997-98 में लगभग 1.90 लाख हेक्टेयर हो गया। धान जो यहाँ की मुख्य फसल है, इसमें 1973-74 से 1997-98 तक उत्पादन में मात्र 0.4% तथा उत्पादकता में 1.1% की वृद्धि हुई है। यहाँ वर्षा बहुत अनियमित है तथा इस क्षेत्र में बंजर एवं ऊसर भूमि अत्यंत अधिक है। जिन क्षेत्रों में सब्जी उत्पादन में वृद्धि हुई भी है, वहाँ भी कृषि आधारित उद्योगों एवं शीत भंडारों की भारी कमी है।

परियोजनाओं में अधिग्रहीत भूमि एवं विस्थापित आबादी
(1951-95)

अधिग्रहीत भूमि (एकड़ में)		प्रमुख परियोजनाएँ	विस्थापित जनसंख्या अनुसूचित जनजाति	अनुसूचित जाति	अन्य	कुल
निजी भूमि	852033.30	खनन	79568	42268	146752	268588
सार्वजनिक भूमि	348828.39	उद्योग	22473	15006	28548	66027
वन भूमि	345085.35	वन्य प्राणी	80867	87601	339266	507734
कुल	1545947.04		182908	144875	514566	842349

झारखंड क्षेत्र मुख्यत: प्राथमिक वस्तुओं के पूर्तिकर्ता के रूप में सामने आया है। केंद्र के भाड़ा समानीकरण नीति के कारण झारखंड में खनिज भंडार पर आधारित उद्योग अपेक्षाकृत कम हैं। यहाँ केंद्रीय विनियोग भी भारी मात्रा में हुआ परंतु अधिकांश उद्योग बीमार हो गए हैं। पूर्ववर्ती सरकार की गलत नीतियों, विद्युत आपूर्ति एवं संरचनात्मक कारणों से यह क्षेत्र बीमार उद्योगों का स्थल बनकर रह गया है।

झारखंड को औद्योगीकरण के कुप्रभावों को भी झेलना पड़ा है। इन बड़े तथा मंझोले उद्योगों का अपेक्षित लाभ यहाँ के लोगों को नहीं प्राप्त हो सका। इसके अलावा उद्योगों एवं परियोजनाओं से बड़े पैमाने पर विस्थापन हुआ परंतु इसके अनुपात में पुनर्वास बहुत ही कम हुआ। नई आर्थिक नीति आने के बाद यह थोड़ा पुनर्वास भी कम्पनियाँ अब देने को तैयार नहीं हैं। एक अध्ययन के अनुसार 1951-1995 के बीच झारखंड में लगभग 15.46 लाख एकड़ भूमि का अधिग्रहण हुआ। इसमें 8.52 लाख एकड़ निजी भूमि, 3.49 लाख सार्वजनिक भूमि तथा 3.45 लाख एकड़ वन भूमि सम्मिलित थी। बड़ी तथा छोटी खनन, उद्योग एवं वन्य प्राणी परियोजनाओं से लगभग 8.42 लाख लोग विस्थापित हुए जबकि इस अवधि में सभी परियोजनाओं के कारण लगभग 15.03 लाख लोग विस्थापित हुए हैं। उपरोक्त तीन प्रमुख परियोजनाओं में विस्थापितों का विवरण यहाँ प्रस्तुत तालिका में दिया जा रहा है। इसमें कोयलकारो, नेतरहाट फील्ड फायरिंग तथा अन्य परियोजनाओं से खतरे अभी भी बने हुए हैं।

झारखंड में विकासजनित एक और समस्या पर्यावरण प्रदूषण की है। इसके कारण यहाँ के ग्रामीण क्षेत्रों, विशेषकर दामोदर, सुवर्ण रेखा आदि नदियों के आसपास रहने वालों की स्थिति लगातार खराब हुई है। इसके अलावा औद्योगीकरण एवं शहरीकरण के कारण भारी मात्रा में आदिवासी भूमि का गैर कानूनी स्थानांतरण हुआ है।

झारखंड की विकास नीति या इसके बारे में जो भी समझ हो, उसमें इस क्षेत्र को एक खनिज एवं उद्योगों का क्षेत्र बनाया गया एवं कृषि को अधिक प्रोत्साहन नहीं मिला। इस क्षेत्र में ब्रिटिश काल में ही जो विकास के अंत:संबंध बने, स्वतंत्रता के बाद वे ज्यादा मजबूत होते गए एवं उपनिवेशवाद की जगह आंतरिक उपनिवेश का प्रादुर्भाव इस इलाके में हुआ। जैसा हम

जानते हैं कि 'अंत:क्षेत्रों' में निर्यात बाहर से होते हैं तथा उत्पादन बाहर जाता है। क्षेत्र का मुनाफा भी बाहर जाता है, अधिकांश कामगार बाहर से आते हैं तथा 'अंत:क्षेत्रों' की अपनी बगल की अर्थव्यवस्था से संबंध कम ही होता है। झारखंड में बने 'अंत:क्षेत्रों' को एक सीमित लाभ ही मिल पाया क्योंकि कोयला खनन, लोहा एवं इस्पात, नदियों का जल आदि मुख्यत: इस क्षेत्र के बाहर की समस्याओं के समाधन एवं उपभोग के लिए बने थे। उदाहरणस्वरूप, दामोदर घाटी परियोजना का एक उद्देश्य प. बंगाल को बाढ़ से बचाना था। किन्तु पूरा डूब क्षेत्र (सबमर्जेंस एरिया) झारखंड में रखा गया। इससे मिलने वाली सिंचाई का लाभ बंगाल तथा इसका मुख्यालय भी कोलकाता में ही रहा। मसानजोर जैसी योजनाओं से भी ऐसा ही हुआ।

जहाँ एक ओर झारखंड जैसे क्षेत्रों के संसाधनों से राष्ट्रीय उपयोग की नीतियाँ बनीं, दूसरी ओर इस क्षेत्र के विकास के लिए 'जनजातीय उपयोजना' तथा अनवरत 'गरीबी उन्मूलन कार्यक्रम' भी चले परंतु मूलत: ये योजनाएँ ऊपर से थोपी गईं तथा इनमें यहाँ के लोगों की भागीदारी कम ही रही। इसका एक कारण लंबी अवधि तक पंचायती राज व्यवस्था के अंतर्गत चुनावों का न होना एवं सत्ता के विकेंद्रीकरण का अभाव रहा है। यहां की पारंपरिक व्यवस्था जो आज भी किसी न किसी रूप में कार्य कर रही है, लगातार विघटन का शिकार होती रही है। सामुदायिक संपत्ति एवं सामुदायिकता तथा सर्वानुमति से निर्णय आदिवासी इलाकों के प्रमुख गुण रहे हैं। गैर आदिवासी इलाके, मुख्यत: पलामू, चतरा, हजारीबाग आदि में, सामंती/अर्धसामंती व्यवस्था लागू रही। भूमि सुधारों की अपर्याप्तता; पुलिस, वन, एवं उत्पाद विभाग का व्यवहार तथा जटिल न्याय प्रणाली से यहाँ के आदिवासी तथा गैर-आदिवासी दोनों ही प्रभावित रहे हैं। पूर्ववर्ती सरकारों ने 1996 में पारित 'पंचायती राज अनुसूचित बिहार अधिनियम' के अंतर्गत अधिकारों को देने में काफी विलंब किया क्योंकि इस क्षेत्र में पंचायती राज के लिए कानून नहीं बन सके थे।

नीतियों के नाम पर, बस एक तदर्थवाद। झारखंड निर्माण के बाद यह अपेक्षा थी कि यहां की सरकार यहाँ की मूल समस्याओं का समाधान यहाँ की जन-आकांक्षाओं एवं जन-भागीदारी के आधार पर करेगी। झारखंड सरकार को एक अकुशल वित्तीय एवं प्रशासनिक ढाँचा विरासत में मिला था। यहाँ के राजनेताओं को सत्ता चलाने का अपेक्षाकृत अनुभव भी कम था। पटना तथा दिल्ली के नेतृत्व के इस क्षेत्र पर हावी होने के कारण इसके नेतृत्व का विकास नहीं हो पाया। बिहार के मंत्रिमंडलों में यहाँ के लोगों को शायद ही कभी महत्त्वपूर्ण पद मिले। जबकि इस क्षेत्र को मिली—घोटालों की एक श्रृंखला, जिसके लिए यह क्षेत्र ज्यादा ही कुख्यात रहा है। पिछले एक दशक के सारे बड़े घोटालों का केंद्रबिंदु झारखंड ही रहा है। सामाजिक उत्पीड़न, सामंतवाद एवं अन्याय के कारण उत्पन्न उग्रवाद का भी व्यापक प्रभाव यहां रहा है।

पिछले वर्षों में झारखंड सरकार ने कई कदम उठाए हैं परंतु इसमें से अधिकांश कदम तदर्थ ही रहे हैं। सरकार द्वारा सबसे पहले 'उद्योगपतियों के लिए स्वर्ग' बनाने की परिकल्पना की गई है। इस नीति में झारखंड के अंदर क्षेत्रीय विषमता को कम करने के लिए प्रोत्साहन दिए गए हैं। परंतु इस औद्योगिक नीति में उद्योगों के लिए एक महत्त्वपूर्ण बाधा—भूमि उपलब्धता, विस्थापन एवं पुनर्वास के बारे में कुछ भी नहीं कहा गया है। झारखंड सरकार ने अब तक पुनर्वास एवं

विस्थापन नीति के लिए कोई भी महत्त्वपूर्ण कदम नहीं उठाया है। वस्तुतः इस राज्य में बिना एक 'उपयुक्त पुनर्वास नीति' के औद्योगिक विकास की कल्पना भी नहीं की जा सकती। राँची से जमशेदपुर तक पाँच किलोमीटर की एक पट्टी को 'उद्योगों के लिए स्वर्ग' बनाने की परिकल्पना है। परंतु नीति बनाते समय अनुसूचित क्षेत्रों में आने वाले प्रावधानों के संदर्भ में निर्णय या वहां के लोगों पर प्रभाव का कोई भी आकलन इस नीति में नहीं किया गया है। कोयलकारो जैसी परियोजनाएँ जिनकी परिकल्पना 1960 के दशक में की गई थी, आज उनका पुनर्मूल्यांकन आवश्यक है, क्योंकि पर्यावरणीय परिस्थितियों में काफी अधिक परिवर्तन हुए हैं। झारखंड की सरकार ने इन मूल समस्याओं के समाधान हेतु अभी तक कोई कदम नहीं उठाया है।

नए राज्य की सरकार ने झारखंड में खनिज के दोहन तथा इस पर आधारित उद्योगों के लिए निजी क्षेत्रों को प्रोत्साहित करने का फैसला लिया है। लेकिन इनसे पड़ने वाले कुप्रभावों को नियंत्रित करने तथा खनन द्वारा प्रभावित भू-भाग के लोगों के पुनर्वास की भी व्यवस्था आवश्यक है। सरकार ने इसके लिए कोई महत्त्वपूर्ण कदम नहीं उठाया है।

प्राथमिकताएँ एवं जन-सवाल—बढ़ती दूरियाँ

झारखंड पंचायत कानून, 2001 के तहत सरकार ने विकेन्द्रीकरण की प्रक्रिया की शुरुआत की है। परंतु इस कानून में संसद के 1996 के पंचायत विस्तार अधिनियम के कई महत्त्वपूर्ण प्रावधानों को सम्मिलित नहीं किया गया है। परिणामस्वरूप यहाँ के अधिकांश आदिवासी समूहों में इसके प्रति रोष है जबकि अनुसूचित क्षेत्रों में पंचायतों तथा ऊपर के स्तर पर उपाध्यक्षों का पद भी आदिवासियों के लिए आरक्षित किए जाने के कारण 'सदानों' के बीच पंचायती राज प्रक्रिया से बाहर होने एवं अधिकार वंचन की भावना प्रबल हुई है। पारंपरिक व्यवस्था को अपेक्षित महत्त्व नहीं देने तथा जल-जमीन एवं-जंगल पर स्वामित्व नहीं देने के कारण भी यहाँ के लोगों की आकांक्षाएँ पूरी नहीं हुई हैं। इसी तरह बीमार उद्योगों एवं छोटे उद्योगों के लिए सरकार विशेष कुछ नहीं कर पाई है।

राज्य सरकार ने लगातार दूसरे वर्ष एक 'सरप्लस बजट' पेश किया है परंतु यह सरप्लस अब कम होने लगा है। इसके अलावा वित्तीय आँकड़ों में हेराफेरी के आरोप भी सरकार पर लगे हैं। सरकार ने सिंचाई पर अपने काम को बढ़ाने की कोशिश की है परंतु इसमें कई ऐसी योजनाओं को सम्मिलित किया गया है जिनकी सफलता पहले से ही संदिग्ध है। सरकार ने यह घोषणा की थी कि सभी सिंचाई परियोजनाओं का आकलन करके, केवल व्यवहार्य योजनाओं पर ही कार्य करेगी, परंतु ऐसा नहीं हुआ है। पिछले बजट में सरकार ने जिन विभागों के लिए जिस राशि का आबंटन किया था वह उसे खर्च नहीं कर पाई। झारखंड सरकार के 'कर' और 'राजस्व कर' का एक बड़ा भाग लोहा निर्यात तथा कोयले से मिलने वाले आय पर निर्भर है। इन दोनों उद्योगों के हालात अंतर्राष्ट्रीय परिदृश्य में अच्छे नहीं हैं। ऐसी परिस्थितियों का आकलन आवश्यक है।

किसी भी सरकार के कार्यकलाप को आँकने के लिए डेढ़-दो वर्षों की अवधि काफी नहीं होती। यह काम और भी कठिन है जबकि विरासत में एक लचर व्यवस्था मिली हो। परन्तु

सरकार की नीतियों में यहाँ की मूल समस्याओं पर अभी भी पर्याप्त ध्यान नहीं दिखता है। सरकार इस दौरान केवल तदर्थ रूप से कार्य करती दिखती है।

झारखंड में विकास की दोहरी वैकल्पिक नीति की आवश्यकता है जो जनपक्षी हो एवं सहभागिता पर आधारित हो, परन्तु वर्तमान सरकार पुरानी व्यवस्था को ही चलाती हुई दिखती है। इसके अलावा, सरकार की प्राथमिकताएँ जन-सवालों से काफी अलग हैं। अगर सरकार अपनी आर्थिक नीतियों में परिवर्तन नहीं करती है तो झारखंड में संघर्ष एवं तनाव में कमी नहीं आएगी और विकास का लाभ लोगों को नहीं मिल पाएगा।

जनजातीय विकास : तथ्य एवं आंकड़े

डॉ. प्रभात कुमार सिंह

विकास

मनुष्य पृथ्वी पर उसके आसपास के पर्यावरण पर विजय हासिल कर आदिम से आधुनिक बना और तकनीकी विकास कर ज्ञानी एवं निपुण मनुष्य के रूप में परिवर्तित हुआ। इस प्रकार मनुष्य और उसके पर्यावरण का विकास हुआ। अर्थशास्त्र के क्षेत्र में विकास का मतलब समाज की जरूरत के लिए आर्थिक वृद्धि और सेवा, कम दुख और खुशहाल जीवन है। सभी का उद्देश्य एक अच्छे समाज का निर्माण होता है, लेकिन विकास के नियम और तरीके भिन्न-भिन्न होते हैं। मार्क्स ने आर्थिक विश्लेषण में कहा है कि समाज का सामंतवाद से पूँजीवाद होते हुए समाजवाद और साम्यवाद में परिवर्तित होता है।

'विकास' एक बहुत ही प्रचलित शब्द है और उसका व्यवहार विभिन्न तरहों से विभिन्न जगहों पर होता है। प्रकृत विज्ञान, जीव विज्ञान से लेकर अर्थशास्त्र और सभी विषयों पर इसका उपयोग किया जाता है। बृहत्तर, परिप्रेक्ष्य में, आर्थिक विकास और सामाजिक एवं सांस्कृतिक परिवर्तन जिसमें कुछ विश्व इतिहास के निश्चित अन्तर्राष्ट्रीय सम्बन्धों या विचारधाराएँ निहित होती हैं, उसे विकास कहते हैं। लेकिन आमतौर पर एक आर्थिक व्यवस्था से दूसरे व्यवस्था में परिवर्तन की प्रक्रिया को विकास समझा जाता है। जिसमें आर्थिक वृद्धि (उत्पादन वृद्धि और सालाना आय वृद्धि) और सामाजिक-सांस्कृतिक परिवर्तन दोनों होते हैं। विकास हमेशा एक निर्दिष्ट दिशा में होता है।

विकास पर कई सिद्धान्त दिए गए हैं। निर्भरता के सिद्धांत और विश्व व्यवस्था के सिद्धान्त बताते हैं कि किसी भी विकासशील देश का अध्ययन विकासशील इकाई के रूप में करना भ्रमित होगा और विकसित देशों की छत्रछाया में ही विकासशील देशों का विकास होगा। लेकिन हमें समझना चाहिए कि उपनिवेशिक और नवउपनिवेशिक के वर्चस्व में पूँजीवादी व्यवस्था की उपज के रूप में तीसरी दुनिया का विकास हुआ और इनका भिन्न विकास है।

पूँजीवादी देश तेजी से औद्योगीकरण के साथ शहरीकरण, अधिक उत्पादन कर कृषि क्षेत्र में व्यापार, अन्तर्राष्ट्रीय व्यापार, तकनीकी आविष्कार, पूँजी के लिए बाजार, श्रम, माल और सेवा और खासकर Entrepreneurship का विकास कर राष्ट्रीय उत्पाद बढ़ाकर अधिक उत्पादन और निर्यात के लिए माल तैयार करता है।

किसी भी समाज या देश को उद्‌विकास के पैमाने पर किसी निश्चित जगह पर रखा जा

सकता है। एक छोर पर पश्चिमी देश सबसे विकसित हैं और दूसरी ओर तीसरी दुनिया के अविकसित देश जिसमें अभी तक सम्पत्ति और आर्थिक वृद्धि के लिए जरूरी बदलाव होना बाकी है। भारत एक विकासशील देश है।

धन, माल और सेवा की वृद्धि सकल राष्ट्रीय उत्पाद प्रति व्यक्ति सालाना आय या दूसरे मापक से मापे जाते हैं। कभी-कभी यह कहा जाता है कि विकसित देशों की विकास नीति विकासशील देशों में भी लागू होगी। लेकिन इन देशों में सकल राष्ट्रीय उत्पाद में वृद्धि के बावजूद बेरोजगारी, अपोषक खाद्य, गरीबी, निरक्षरता और आय में असमानता की समस्या को समाप्त नहीं कर पाते हैं। बदले में वे देश पश्चिम विकसित देशों की सभी बुराइयों को पाते हैं और बहुत से विकास के नीति और तरीके पैदा करते हैं और अन्ततः विकास विरोधी कहलाते हैं।

विश्व व्यवस्था सिद्धांत (World System Theory) में एक ही विचार पूँजीवादी उत्पादन के तरीके को स्थापित करता है और मार्क्सवादी विचारक कहते हैं कि किसी भी जगह व स्थिति पर सभी अलग-अलग उत्पादन के तरीके की मौजूदगी देखी जा सकती है। पारंपरिक अध्ययन यह बताते हैं कि तीसरी दुनिया के देश कारगर कृषि विधियों, औद्योगीकरण और शहरीकरण आदि से आर्थिक व्यवस्था में बदलाव ला सकते हैं। इन दिनों मानव वैज्ञानिक अध्ययनों में झुकाव, मूल्यों और आर्थिक परिवर्तनों के सम्बन्ध पर काफी जोर दिया जा रहा है। कुछ मानव वैज्ञानिक विचारधारात्मक पहलू जैसे मूल्य (Value) झुकाव (Attitude) सांस्कृतिक रूप आदि जो आर्थिक विकास में बाधक हो सकते हैं, पर अध्ययन करने की कोशिश की जा रही है। व्यावहारिक मानव विज्ञान और संस्कृति के अध्ययनों में यह कोशिश की जा रही है कि पुराने सामाजिक, सांस्कृतिक रचनाओं और आर्थिक एवं तकनीकी विकास के अन्तर्विरोध समाप्त हों। नए-पुराने में आपसी मेल करने की रणनीति तय करने की कोशिश की जा रही है।

किसी भी समाज का विकास उसके सामाजिक-सांस्कृतिक गठन और उसमें निहित मूल्यों के अनुसार होना चाहिए। समाज की जरूरत की प्राथमिकता को देखना चाहिए। सभी समाज मूल्यों पर आधारित होते हैं। किसी समाज के लिए जो सही है वह दूसरे समाज के लिए गलत भी हो सकता है। समाज के मूल्य गतिशील होते हैं और गतिशीलता के तत्त्व विभिन्न प्रकार के अन्तर्विरोधों को पैदा करते हैं। अन्तर्विरोधों का हल होना ही नई स्थिति को पैदा करता है। नई स्थिति के नए सामाजिक मूल्य होते हैं।

विकास पर पुनर्विचार करते समय यह कहा जाता है कि विकास एक ऐतिहासिक प्रक्रिया है जिसका जन्म किसी खास आर्थिक और सांस्कृतिक अवस्था के किसी खास समय काल में होता है।

सन् 1929-30 की महान आर्थिक गिरावट का मुकाबला केनशियन समष्टि अर्थशास्त्र के माध्यम से किया गया, वहीं द्वितीय विश्वयुद्ध के बाद विकास आर्थिक विकास पर आधारित हुआ। यह विश्वास था कि इससे दुनिया की गरीबी का उन्मूलन संभव है और बड़ी तेजी से औद्योगीकरण, शहरीकरण, आधुनिकीकरण पर जोर दिया गया और स्वयं टिकाऊ वृद्धि के लिए

छलाँग मारी गयी। यह पिछली सदी के सातवें दशक तक चला। धीरे-धीरे यह महसूस किया गया कि दुनिया फिर महा-अकाल में पहुँच गयी है जहाँ एक तरफ असीमित आर्थिक उपार्जन संभव हुआ है और दूसरी तरफ सामाजिक व पर्यावरण स्थिति ध्वंस होने के कगार पर है। तब आर्थिक, पर्यावरण और सामाजिक जीवन के अन्तर को पाटने के लिए कोशिश की जाने लगी, जिससे Sustainable development का विचार आया। यहाँ कोई एक आधुनिक सिद्धान्त नहीं था, बल्कि बहुत से सिद्धान्त एक साथ थे जो गैरमार्क्सवादियों द्वारा तीसरी दुनिया के देशों में 1950 और 1960 में (पिछली सदी के पाँचवें और छठे दशकों में) चलाए गए (Harrison, 1989)।

विकास के पहले दो दशकों में आर्थिक विकास और आधुनिकीकरण ने विकासशील देशों के लिए कुछ महत्त्वपूर्ण विचार सुझाए। फिर भी पिछली सदी के छठे दशक के अन्त में तथा सातवें दशक के शुरुआत में कुछ गम्भीर संदेह पैदा हुए जैसा कि क्लब ऑफ रोम के रिपोर्ट और रोबोर्ट मेक-नामेरा (पूर्व अध्यक्ष, विश्व बैंक) ने स्वीकारा कि सकल राष्ट्रीय उत्पाद में वृद्धि के बावजूद भी बहुत से विकासशील देशों में गरीबतम तबके के लोगों को कुछ भी फायदा नहीं हो रहा है। आठवें दशक के मध्य में विकासशील देशों में विकसित देशों की तुलना में 45 गुणा अधिक गरीब थे। यह कहा गया कि विकास के चार दशक की विकास नीतियाँ किसी भी प्रकार का मौलिक परिवर्तन गरीबों की जिन्दगी में नहीं कर सकीं, यहाँ तक कि अफ्रीका में भी नहीं।

बड़ी-बड़ी विकास परियोजनाओं ने आम जनता के विकास को नकारा है। विकास की बजाय विनाश ही किया है। जीवन के साधनों का नाश किया है। आम जनता को बेघर-द्वार किया है। आदिवासी समाज को तो खासकर तबाह किया है। आदिवासी समूह सबसे अधिक लूटे गए हैं, क्योंकि वे ही प्राकृतिक संसाधनों के मालिक रहे हैं। विकास परियोजनाओं से आदिवासियों को विस्थापित करना आसान भी रहा है, क्योंकि वे साधारण और निरीह होते हैं। पर दमन और शोषण की सीमा जब-जब चरम पर पहुँची है तो आदिवासियों ने प्रतिवाद और प्रतिरोध किया है। विद्रोह किया है, हथियार उठाया है और जब-तब शासकों को विचार बदलने के लिए मजबूर किया है। अंग्रेजी हुकूमत के समय से ही आदिवासी विद्रोह की कहानी शुरू होती है—तिलका मांझी, सिद्धू-कान्हू से लेकर बिरसा मुंडा तक, झारखंड आंदोलन से लेकर झारखंड राज्य बनने तक आदिवासियों की कहानी है।

एक लम्बे संघर्ष के बाद अन्ततः झारखंड राज्य बना। झारखंड आंदोलन का उद्देश्य था कि समतामूलक शोषणविहीन राज्य हो। झारखंड आंदोलन में कई उतार-चढ़ाव आए और अनेकों ने कुर्बानियाँ दीं। आकांक्षाएँ काफी थीं लेकिन झारखंड राज्य बनने के बाद भी आंदोलनकारियों और आम झारखंडियों की आकांक्षा पूरी नहीं हुई। समतामूलक समाज और अबुआ राज नहीं बन पाया। इन बातों को साबित करते हैं—झारखंड की मौजूद आम जनता की समस्याएँ और खासकर आदिवासियों की समस्या। झारखंड राज्य बनने के बावजूद आदिवासी आज भी अपने अस्तित्व और अस्मिता की लड़ाई लड़ रहे हैं। रोजी-रोटी का सवाल हो या भाषा-संस्कृति का—आदिवासी गोलबन्द हो रहे हैं।

यह बहुत स्पष्ट है कि बिहार से कटकर झारखंड राज्य बना, लेकिन राज्य की व्यवस्था

वही बनी रही और वैसे भी इस राज्य का निर्माण यहाँ के प्राकृतिक संसाधनों के कारण हुआ है। वैश्वीकरण और पूँजीपति के इशारे पर उनके हक के लिए झारखंड राज्य बना। जब झारखंड आंदोलन चरम पर था, तब भी राज्य का निर्माण नहीं हुआ, लेकिन वैश्वीकरण के दौर में पूँजीपति-साम्राज्यवादी और बहुराष्ट्रीय कम्पनियों को लाभ पहुँचाने के लिए यहाँ के प्राकृतिक संसाधनों को लाभ पहुँचाने के लिए, झारखंड राज्य का निर्माण कर दिया गया। राज्य पर आदिवासियों का न राज बना और न उनके हितों की ही रक्षा की जा रही है। यह राज्य पूँजीपति के हित में नियम कानून बना रहा है। यहाँ की औद्योगिक नीति इसका एक ताजा उदाहरण है। यहाँ के मौजूदा उद्योग-धंधे बन्द हो रहे हैं और पूँजीपतियों को आकर्षित करने के लिए मुम्बई में परेड किया जा रहा है।

झारखंड में देश के 40% पब्लिक सेक्टर हैं और यह यहाँ के सबसे बड़े संसाधन हैं। आज ये बन्द हो रहे हैं। एच.ई.सी. सबसे बड़ा पब्लिक सेक्टर बंदी के कगार पर है। झारखंड के उद्योग-धंधों से तकरीबन 60% झारखंडी जनता का भरण-पोषण होता है।

झारखंड में अब 32 अनुसूचित जनजातियाँ हैं। कुछ समय पहले तक इनकी संख्या तीस थी। झारखंड में आदिम जनजातियों की संख्या 8 है जिसमें असुर, बिरहोर, बिरजिया, माल पहाड़िया, पराहिया, साऊरिया पहाड़िया, कोरवा और सावर है। झारखंड में जनजातियों की जनसंख्या 6044010 (27.67%) जिसमें 93.72% जनजाति ग्रामीण क्षेत्र में रहते हैं। (1991 Census)

यहाँ 112 सी.डी. प्रखंड हैं जहाँ आधे से अधिक जनजाति वास करते हैं जो राज्य का 73.37% है। ये प्रखंड 14 ITDP (Integrated Tribal Development Projects) में विभक्त हैं। यह मेसो परियोजना के नाम से भी जानी जाती है। 1991 की जनगणना के अनुसार इसमें 48,55,216 जनजाति जनसंख्या है। इसी प्रकार MADA (Modified Area Development Approach) क्षेत्र भी हैं। ये आदिवासी क्षेत्र पलामू, गढ़वा, देवघर, गोड्डा, हजारीबाग, गिरिडीह, बोकारो, धनबाद जिले में हैं। झारखंड के 211 प्रखंडों में से 112 प्रखंड पाँचवीं अनुसूची क्षेत्र के अन्तर्गत आते हैं।

तकरीबन 78% जनता ग्रामीण क्षेत्र में रहती है और बाकी 22% झारखंड की जनता 152 शहरों में रहती है। झारखंड में रेवेन्यू गाँवों की संख्या 32615 है। (2001 जनगणना) साधारणतः आदिवासी ग्रामीण क्षेत्र में हैं। धनबाद जिले के ग्रामीण क्षेत्र में 78%, गुमला में 98%, और संतालपरगना के चारों जिलों के ग्रामीण क्षेत्र में 97.72% से 99.49% जनजाति वास करती हैं।

संताल झारखंड में सबसे बड़ी जनजाति है। संतालों की जनसंख्या अकेले उराँव, मुंडा और हो की कुल जनसंख्या के बराबर होती है (सर्वेक्षण 1994, पृ. 19)। ये चारों जनजातियाँ कुल जनजाति जनसंख्या का 82.56% हैं (सर्वेक्षण 1994)।

आदिम जनजाति और बहुत-सी छोटी जनजातियों के विकास का स्तर बहुत ही नीचा है। संविधान में दिए गए अधिकार और सुविधाएँ बड़ी चारों जनजातियों में ही सिमट कर रह जाती हैं। आदिम जनजातियों के विकास की योजना कारगर नहीं हो रही है और वे विकास की रोशनी से बहुत दूर हैं।

झारखंड में आदिवासी 27.67% हैं, लेकिन आमतौर पर आदिवासी ग्रामीण क्षेत्रों में वास करते हैं। तकरीबन 94% आदिवासी गाँवों में वास करते हैं और इसका मतलब होता है कि पेशागत स्थिति झारखंड में स्थिर है। जनसंख्या घनत्व 2001 की जनगणना में 338 है जबकि 1991 की जनगणना में 274 था और यह साबित करता है कि जमीन पर भार बढ़ा है।

सारणी-1 : झारखंड में पेशागत स्थिति

		प्रतिशत में			
	कुल मजदूर	*खेतिहर मजदूर*	*कृषि उद्योग मजदूर*	*घरेलू मजदूर*	*दूसरे मजदूर*
कुल	1013	39.59	28.26	4.15	29.00
पुरुष	668	36.37	22.32	3.43	37.88
महिला	344	42.90	39.77	5.54	11.78
ग्रामीण	859	45.12	39.86	4.36	17.67
पुरुष	532	45.22	27.55	2.69	23.54
महिला	327	44.96	41.48	5.45	8.12
शहरी	154	2.12	2.58	2.98	92.33
पुरुष	136	1.81	1.90	2.42	93.87
महिला	18	4.55	7.84	7.33	80.29

स्रोत : भारतीय जनगणना-2001

झारखंड में करीब 66.85% कार्यशक्ति कृषि कार्य से जुड़ी हुई है। कुल मजदूरों के 4.15% घरेलू उद्योग और 29% दूसरे आर्थिक कार्यों से जुड़े हैं। पेशागत आँकड़े बताते हैं कि कृषि क्षेत्र से गैरकृषि क्षेत्र में मामूली परिवर्तन हुआ है। 1991 की जनगणना में 70.9% कृषि कार्य में थे, जिसमें 50.2% खेतिहर और 20.7% खेत मजदूर थे। पेशे में यह बदलाव यह दर्शाता है कि कुछ कृषकों को अपनी जमीन खोनी पड़ी है। सन् 2001 की जनगणना में खेत मजदूर 28.26% हो गए। आदिवासियों में भूमिहीनता कम होती है लेकिन 75% से अधिक छोटे या सीमान्त किसान हैं। उनकी कृषि पर निर्भरता इस बात से भी साबित होती है कि मुख्य मजदूरी का 1.94% ही खनन कार्य में है जिसमें 1.98% पुरुष तथा 0.8% महिलाएँ हैं। (UNDP–2001)

आदिवासियों की आर्थिक स्थिति दयनीय है और यह इस बात से भी साबित होती है कि कार्यशक्ति सहभागिता दर आदिवासियों में गैर-आदिवासियों से ज्यादा है। यह आदिवासी समाज में क्रमशः पुरुष और महिला में 555 और 307 प्रति हजार बनिस्पत 555 और 192 प्रति हजार क्रमशः पुरुष और महिला गैर-आदिवासी के हैं (सर्वेक्षण 1994, शरण और दयाल, 2001)। ध्यान रखने की बात है कि आदिवासियों की आय बहुत ही कम है और Subsistance level की है। इतना ही नहीं, झारखंड के 22 जिलों में से 14 जिलों में खनिज आधार नहीं है।

अतः झारखंड के आदिवासियों की मुख्य जीविका का स्रोत कृषि है। ये सारी परिस्थिति झारखंड के आदिवासियों की गरीबी को बढ़ाती है।

झारखंड में जनजातीय विकास

विकास को मापने के लिए पैरामीटर तय किए गए हैं और मानव विकास सूचकांक (Human Development Index) बनाए गए हैं। यह सूचकांक तीन तथ्यों को मिलाकर बना है—(1) अच्छा स्वास्थ्य—जिसको जन्म के समय जीवन आशा (Life Expectancy) से नापा जाता है (2) ज्ञान—जिसको साक्षरता व शिक्षा से और (3) जीवन स्तर—जिसको प्रति व्यक्ति सालाना आय से मापा जाता है। शिक्षा, स्वास्थ्य और आय किसी भी समाज के विकास को दर्शाते हैं। उसी प्रकार झारखंड की जनजातियों का विकास भी उनके स्वास्थ्य, शिक्षा और आय से नापा जा सकता है। झारखंड में जनजातियों का विकास देखने के लिए अलग-अलग चर्चा की जा रही है।

जनजातियों में शिक्षा की स्थिति

स्वाधीनता के बाद शिक्षा में काफी प्रगति हुई है। सन् 2001 की जनगणना में पुरुष साक्षरता सबसे अधिक केरल में 94% और सबसे कम बिहार में पुरुष साक्षरता सिर्फ 49% है। महिला साक्षरता सबसे अधिक केरल में ही 88% और बिहार-झारखंड में सबसे कम 35% है।

झारखंड में 1991 की जनगणना के अनुसार जनजातियों की साक्षरता दर 27.5% थी, जबकि 41.39% कुल साधारण जनसंख्या की थी। गैर-आदिवासियों की तुलना में आदिवासियों में साक्षरता दर कम है और यही स्थिति महिलाओं के मामले में भी है। ग्रामीण आदिवासी महिलाओं में साक्षरता दर सबसे कम है (13.40%)। ऐसा ही दर राष्ट्रीय सेम्पल सर्वे के सर्वेक्षण, 1994 भी देता है (सारणी-4)। तत्कालीन बिहार के ग्रामीण जनजातीय क्षेत्र में प्रति हजार व्यक्ति में आदिवासी 776 तथा गैर-आदिवासी 680 व्यक्ति निरक्षर हैं और प्रति हजार आदिवासी व्यक्तियों में 893 महिला और 662 पुरुष निरक्षर हैं और ऐसा ही क्रमशः गैर-आदिवासी में 806 महिला और 564 पुरुष निरक्षर हैं।

सारणी-2 : भारत में साक्षरता दर (1951-2001)

जनगणना वर्ष	*जनसंख्या*	*पुरुष*	*महिला*	*पुरुष-महिलाओं का अन्तर*
1951	18.33	27.16	8.86	18.30
1961	28.30	40.40	15.35	25.05
1971	34.45	45.96	21.97	23.98
1981	43.57	56.38	29.76	26.62
1991	52.21	64.13	39.29	24.84
2000	65.38	75.85	54.16	21.70

नोट :

1. 1951, 1961 और 1971 जनगणना में 5 वर्ष और अधिक आयु वाले शामिल।
2. 1981, 1991 और 2001 जनगणना में साक्षरता दर में 7 वर्ष और अधिक आयु के व्यक्ति शामिल।

सारणी-3 : झारखंड के जिला में साक्षरता दर

स्थान	*साक्षरता जनसंख्या का दर*	*साक्षरता महिलाओं का दर*	*ग्रामीण महिलाओं की साक्षरता का दर*	*साक्षरता अनु. जन. की जनसंख्या*	*साक्षरता जनजाति महिला*	*साक्षरता अनु. ज. जा. महिला*
गोड्डा	34.02	18.00	16.84	20.92	9.71	9.63
साहेबगंज	27.03	16.32	13.15	16.66	8.61	8.32
दुमका	34.02	17.91	15.31	19.97	9.59	9.37
देवघर	37.92	19.74	13.20	20.41	7.76	4.96
धनबाद	55.47	37.88	20.17	24.05	5.82	4.44
गिरिडीह	35.96	17.65	11.83	16.74	5.82	4.44
हजारीबाग	38.00	21.24	14.49	23.07	11.09	7.56
पलामू	31.10	16.15	13.91	21.74	11.26	10.26
लोहरदगा	40.79	26.11	20.41	32.45	20.08	17.76
गुमला	39.67	27.48	25.59	37.33	27.007	26.10
राँची	51.52	36.57	20.65	34.61	22.19	17.39
पू.सिंहभूम	59.05	45.50	21.36	32.14	16.97	17.39
प.सिंहभूम	38.92	22.44	15.36	27.91	13.62	12.18
झारखंड	41.39	25.5	16.30	27.52	15.41	13.40
बिहार	38.48	22.89	17.95	26.55	14.75	12.78
भारत	52.21	39.29	30.29	29.60	18.19	16.02

स्रोत : भारत की जनगणना-1991

सारणी-4 : जनजाति और गैर-जनजाति में पुरुष, महिला और व्यक्ति में शिक्षा की स्थिति

	पुरुष		*महिला*		*व्यक्ति*	
	जनजाति	*गैर-जनजाति*	*जनजाति*	*गैर-जनजाति*	*जनजाति*	*गैर-जनजाति*
अशिक्षित	662	564	893	806	776	680
शिक्षित (पूर्ण शिक्षा नहीं)	54	56	12	36	33	46
शिक्षित (प्राइमरी से नीचे)	103	118	36	56	70	88
प्राइमरी	75	81	21	25	49	54
मिडिल	77	87	32	33	55	61
सेकेंड्री	17	33	4	7	10	20

हायर सेकेंड्री	6	19	1	–	4	10
सर्टिफिकेट या डिप्लोमा	3	7	0	–	2	4
स्नातक या उससे ऊपर	4	11	0	1	2	6
एन.आर.	4	11	0	1	2	6
कुल	1000	1000	1000	1000	1000	1000
	24502	36887	23769	33640	48271	70724
सेम्पल	2714	2310	2643	2180	5357	4503

स्रोत : सर्वेक्षण (1994), भाग–XVII, न. 4 पृ. 303, 305, 307

विभिन्न जनजातियों में साक्षरता

झारखंड की जनजातियों में साक्षरता संतोषप्रद नहीं है। आदिम जनजातियों में साक्षरता दर सबसे कम है। उनमें यह दर 4.22 से 7.58 तक है। खड़िया में साक्षरता दर 24.86, उराँव में 23.28 और मुंडा में 22.16 है। जनजातियों की साक्षरता दर सारणी–5 में दी जा रही है। यह 1981 की जनगणना के अनुसार है और इसको एन.एस.एस. के 44वाँ चक्र का सर्वेक्षण (अप्रैल–जून 1994) भी पुष्ट करता है। इसके अनुसार प्रति हजार व्यक्ति में 900 महिलाएँ और 682 पुरुष निरक्षर हैं। चार बड़े जनजाति समूह संताल, उराँव, मुंडा और हो की निरक्षरता सारणी–6 में दी जा रही है। सबसे बड़ी जनजाति झारखंड में संताल है लेकिन इनकी प्रति हजार निरक्षरता 87.2 है जो प्रति हजार मुंडा, उराँव और हो की तुलना में सबसे अधिक है।

इसी प्रकार मुंडा, उराँव और हो की तुलना में स्कूल में कभी नामांकन नहीं करने वालों की संख्या इसके ऊपर पढ़ाई करने वाले प्रति हजार व्यक्ति मात्र 67 हैं। इन जनजातियों में उराँव की शैक्षणिक स्थिति सबसे अच्छी है। (सारणी–7)

कुल मिलाकर शिक्षा की स्थिति अच्छी नहीं है। शिक्षा के बिना विकास संभव नहीं है। शिक्षा ही विकास का मूल स्रोत है। शिक्षा को बढ़ाकर जनसंख्या वृद्धि, खासकर जन्म दर, को कम किया जा सकता है। मृत्यु दर और शिशु मृत्यु दर को भी कम किया जा सकता है। जैसा कि सारणी–8 में दिखाया गया है।

सारणी–5 : झारखंड की जनजातियों में साक्षरता

क्रम	*जनजाति*	*जनसंख्या*	*कुल जनजाति का प्रतिशत*	*साक्षरता*	*जनजाति में साक्षरता*
1.	असुर	7783	0.13	0.08	10.66
2.	बेंगा	3553	0.06	0.02	4.22
3.	बजारा	412	–	0.01	12.38
4.	बथुडी	1595	0.03	0.02	16.93
5.	बेदिया	60445	1.04	0.66	10.82

6.	बिजरीया	10009	0.17	0.15	14.52
7.	बिरहोर	4057	0.07	0.03	5.74
8.	बिरजीया	4057	0.07	0.04	10.50
9.	चेरो	522210	0.09	0.92	17.32
10.	चीक बडराईक	40339	0.69	0.82	20.17
11.	गोंड	96574	1.66	1.96	20.00
12.	गोरेत	5206	0.09	0.09	16.61
13.	हो	536524	9.23	9.62	17.71
14.	करमाली	38652	0.66	0.52	13.30
15.	खरिया	141771	2.44	3.57	24.86
16.	खरवार	222758	3.38	3.89	17.22
17.	खोंड	1263	0.02	0.02	15.99
18.	किसन	23420	0.40	0.32	13.41
19.	कोरा	33951	0.58	0.32	8.28
20.	कोरवा	21940	0.38	0.14	6.44
21.	लोहर	169090	2.91	2.18	12.71
22.	महली	91868	1.59	1.18	12.74
23.	माल पहाड़िया	79322	1.37	0.61	7.58
24	मुंडा	845887	14.56	18.98	22.16
25.	उराँव	1048064	17.05	24.71	23.28
26.	पहाड़िया	24012	0.41	0.37	15.30
27.	संथाल	2060732	35.47	26.19	12.55
28.	सौरिया पहाड़िया	39269	0.68	0.38	6.87
29.	सवर	3014	0.05	0.03	9.55
30.	भूमिज	136110	2.35	2.26	16.45
31.	अनिश्चित	6660	0.10	0.03	3.94
	कुल	5810867	1000.00	100.00	16.99

स्रोत : बुलेटिन ऑफ बिहार ट्राइबल रिसर्च इन्स्टीच्यूट, राँची, 1993, 33 (2)

सारणी-6 : झारखंड में बड़ी जनजाति में प्रति हजार में निरक्षरता

क्र.सं.	*मुख्य जनजाति*	*लिंग*	*अशिक्षित*
1.	संथाल	पुरुष	790
		महिला	960
		व्यक्ति	872
2.	उराँव	पुरुष	591
		महिला	808
		व्यक्ति	696

3.	मुंडा	पुरुष	562
		महिला	847
		व्यक्ति	705
4.	हो	पुरुष	581
		महिला	915
		व्यक्ति	748
5.	अन्य जनजाति	पुरुष	666
		महिला	887
		व्यक्ति	776
6.	कुल जनजाति	पुरुष	682
		महिला	900
		व्यक्ति	788

स्रोत : सर्वेक्षण (1994), वाल्यूम XVII, नं. 4, पृष्ठ 547

सारणी-7 : झारखंड की बड़ी जनजातियों का स्कूलों में नामकरण और छोड़ना
(संख्या प्रति हजार व्यक्ति)

क्रम	*मुख्य जनजाति*	*लिंग*	*नामांकन कभी नहीं*	*अभी उच्च माध्यमिक या उससे ऊपर*	*स्कूल छोड़ा उच्च माध्यमिक या ऊपर*
1.	संथाल	पुरुष	774	102	124
		महिला	951	30	16
		कुल	859	67	73
2.	उराँव	पुरुष	525	233	239
		महिला	783	95	117
		कुल	653	164	178
3.	मुंडा	पुरुष	545	194	258
		महिला	831	74	95
		कुल	688	134	177
4.	हो	पुरुष	519	222	258
		महिला	900	48	52
		कुल	707	136	156
5.	अन्य जनजाति	पुरुष	629	159	203
		महिला	863	86	38
		कुल	724	123	124
6.	कुल जनजाति	पुरुष	648	160	189
		महिला	884	59	53
		कुल	763	111	123

स्रोत : सर्वेक्षण (1994) वाल्यूम XVII, नं. 4, पृष्ठ 558

सारणी-8 : मुख्य सूचक बनाम साक्षरता दर

वर्ष	*जन्म के समय जीवन आशा*	*साक्षरता दर प्रतिशत*	*जन्म दर*	*मृत्यु दर प्रति हजार*	*शिशु मृत्यु दर*
1951	32.1	18.3	39.9	27.4	146.0
1957	62.4[H]	62.0[HH]	27.2	8.9	71.0

स्रोत : इकोनोमिक सर्वे 1999-2000 (सारणी-10.3), पृष्ठ 167। [H] 1996 के लिए [HH] प्रोविजनल

जनजातियों की स्वास्थ्य स्थिति

जब विकास की बात की जाती है तो आम तौर पर आर्थिक विकास की बात समझी जाती है और आर्थिक विकास के मॉडलों ने सामाजिक पक्ष को छोड़ दिया है। आर्थिक विकास किसी भी देश के विकास के लिए आवश्यक है लेकिन जीवन की सुरक्षा के लिए अकेले काफी नहीं है। अब विकासवादियों ने समाज के स्वास्थ्य पर भी ध्यान दिया है। स्वास्थ्य के विकास के सूचक या पैरामीटर भी तय किए गए हैं— जैसे शिशु मृत्यु दर, मृत्यु दर, जीवन आशा, जन्म दर, खाने में कैलोरी की मात्रा आदि। सन् 1990 में यू.एन.डी.पी. ने ह्यूमन डेवलपमेंट रिपोर्ट प्रकाशित की और तब से मानव विकास की अवधारणा प्रचलित हुई है। किसी भी देश के लिए मानव विकास, आर्थिक विकास से कहीं अधिक महत्त्वपूर्ण है। मानव को अब संसाधन के रूप में देखा जा रहा है और उपरोक्त पैरामीटरों का अध्ययन आवश्यक हो गया है। नेशनल फेमिली हेल्थ सर्वे, इंस्टीच्यूट ऑफ पॉपुलेशन साइंस आदि ने स्वास्थ्य के इन क्षेत्रों में सर्वे किया है।

झारखंड में भी हम इन पैरामीटरों से झारखंड की जनता के स्वास्थ्य की स्थिति का पता लगा सकते हैं। यहाँ पर साधारणतः जनजातियों की स्वास्थ्य की स्थिति पर हम चर्चा करेंगे।

मानव विकास सूचकांक (Human Development Index, (HDI)) एक पूर्णतः विकास सूचक नहीं है क्योंकि मनुष्य के बहुत से आयाम इसमें शामिल नहीं हैं जो आसानी से नहीं आंके जा सकते हैं। इसलिए यू.एन.डी.पी. का एच.डी.आई. शिक्षा, स्वास्थ्य और रोजगार का एकजुट है।

पहला, मानव विकास सूचकांक मनुष्य के जीवन-आशा को मापता है जो वास्तव में खुशहाल या अच्छे जीवन का सूचक है और ये दूसरे स्वास्थ्य सम्बन्धी सूचना देता है जैसे शिशु मृत्यु दर (आई.एम.आर.), मातृ मृत्यु दर (एम.एम.आर.), बाल मृत्यु दर (सी.एम.आर.) जनन स्वास्थ्य सूचक तथा खाद्य पोषण का स्तर।

दूसरा, ज्ञान जो साक्षरता या शिक्षा तथा तीसरा, यह आर्थिक सूचना देता है जैसे क्रय करने की शक्ति। इस प्रकार स्वास्थ्य पोषण, साक्षरता शिक्षा और रोजगार आय ये तीनों एच.डी.आई. के मुख्य विषय हैं।

ये सारे एच.डी.आई. मापक या सूचक से झारखंड के जनजातीय मानव विकास को भी नापा जा सकता है। विश्व स्वास्थ्य संस्थान के अनुसार स्वास्थ्य सिर्फ रोग रहित होना नहीं है बल्कि एक व्यक्ति के लिए शारीरिक, मानसिक और सामाजिक रूप से पूर्ण होना है।

स्वास्थ्य, विकास के लिए एक अनिवार्य अवयव है क्योंकि मनुष्य ही उत्पादन के साधनों का सृजन करता है और अन्ततः वह ही ग्रहण करता है और फायदा लेता है। स्वास्थ्य मानव संसाधन के विकास के लिए एक बुनियादी तत्त्व है। अतः अच्छे जीवन के लिए और समाज के लिए जरूरी है।

सारणी-9 : झारखंड की जनजातियों में स्वास्थ्य संबंधी आँकड़े

	स्वास्थ्य संबंधी सूचक	*अनुसूचित जनजाति*	*अनुसूचित जाति*
1.	कुल जनन क्षमता दर (टी.एफ.आर.)	2.30	2.86
2.	जन्म में अन्तर (24-35 महीने) प्रतिशत	33.5	36.2
3.	अधिक बच्चे का जन्म (4+) (1%)	39.2	29.9
4.	महिलाओं में पोषण की स्थिति		
	H महिलाओं में एनेमिया (5)	85.6	75.5
	H 145 से. मी. से कम ऊँचाई (%)	18.5	26.3
	H बाडी मास इंडेक्स (बी.एम.आई.) 18.5 kg/m^2 से कम	40.9	45.0
5.	बच्चे का जन्म (%) का जगह		
	संस्थान		
	H सरकारी	0.6	3.6
	H गैर सरकारी	2.6	8.4
	H स्वयंसेवी संस्थान	1.4	0.0
	घर		
	H अपना	90.2	77.1
	H माता-पिता	3.3	8.8
6.	बच्चा जन्म के समय सहायता (%)		
	H डॉक्टर	3.3	11.9
	H नर्स /ए.एन.एम.	2.6	5.9
	H दाई	65.7	48.5
7.	प्रजनन स्वास्थ्य संबंधी समस्या (%)	43.3	50.5
8.	बच्चों में एनेमिया (%) (6-35 महीने)	95.7	80.2

स्रोत : इंस्टीच्यूट फॉर पापुलेशन साइंसेस (फरवरी : 2002), एन.एफ.एच.एच.-2, इंडिया (1989-90) झारखंड आई.आई.पी.एस., मुम्बई, इंडिया (बहुत-सी सारणी पर आधारित)

सारणी-10 : जनजातियों के स्वास्थ्य संबंधी आँकड़े : बिहार-झारखंड में

	स्वास्थ्य संबंधी सूचक	*अनुसूचित जनजाति*	*अनुसूचित जाति*	*अन्य*
1.	शिशु मृत्यु दर (IMR) (000 में)	97.2	120.4	94.0
2.	बाल मृत्यु दर (CMR) (000 में)	42.5	57.6	42.3
3.	मृत्यु दर— पाँच वर्ष से नीचे (000 में)	135.6	171.0	132.0
4.	महिलाएँ जो गर्भ के समय			
	H टेटेनस इंजेक्शन नहीं लिए (%)	81.8	65.1	61.0
	H दवाएँ (आयरन, फोलिक एसिड टेबलेट) (%)	12.3	14.8	23.1
5.	बच्चे (12-33 महीने)			
	H टीकाकरण नहीं (%)	57.0	59.9	52.2

स्रोत : (क) इंटरनेशनल इंस्टीच्यूट फॉर पापुलेशन साइंस (IIPS)
(ख) एन.एफ.एच.एस.—बिहार (1993), बम्बई (IIPS)
(ग) एस.टी. /एस.सी. के बहुत से आंकड़ों पर आधारित

जनजातियों की आर्थिक स्थिति

झारखंड के ग्रामीण क्षेत्र में 78% लोग रहते हैं जिसका 59.6% मुख्य मजदूर हैं और 40.4% सीमान्त मजदूर हैं। कुल 38.59% कृषि कार्य करते हैं तथा 28.26% कृषि उद्योग में मजदूर हैं। झारखंड में कृषि एक मुख्य उद्योग है जिस पर राज्य की आर्थिक स्थिति निर्भर करती है। राज्य की भूमि उपयोग और फसल के प्रकार से कृषि क्रियाकलाप की साफ झलक मिलती है। झारखंड में कुल भूमि के 25.9% में कृषि कार्य होता है और 30.2% में जंगल है। खेती क्षेत्र के 28 लाख हेक्टेयर भूमि का 60.8% में धान की खेती होती है और करीब 6.4% से मकई उपजाई जाती है। रागी, गेहूं और दलहन क्रमशः 2.4, 2.7 और 7.8% क्षेत्र में उपजाई जाती है।

झारखंड में कृषि क्षेत्र बहुत ही पिछड़ा हुआ है। यहाँ सिंचाई की समुचित व्यवस्था नहीं है। 8% फसल क्षेत्र की जमीन भी उपजाऊ नहीं है। खेती के औजार और उत्पादन के साधन पुराने और पारम्परिक हैं। झारखंड की जनजातियों में कृषि की स्थिति और भी खराब है। गौरतलब है कि 94% जनजाति ग्रामीण क्षेत्र में रहती है और आदिम जनजाति अभी भी जंगलों पर आधारित है। झारखंड की जनजातियों को निम्न पेशा श्रेणी में बाँटा जा सकता है।

	पेशा	*जनजाति*
1.	शिकार एवं खाद्य संग्रह	बिरहोर, कोरवा
2.	झूम खेती (पहाड़ी खेती) (पारंपरिक रूप से लोहा बनाना)	सौडरिया, पहाड़िया, हिल-खड़िया, असुर
3.	कृषि	संताल, मुंडा, उराँव, हो
4.	शिल्प कार्य	करमाली, महली, चिक-बराइक
5.	शहरी औद्योगिक कार्य	बहुत-सी जनजाति इसके अंतर्गत आती है।

झारखंड राज्य बिहार से अलग होकर 15 नवम्बर 2000 को बना है। पिछले पाँच दशकों में विकास की गति बिहार में सबसे धीमी रही है। देश के दूसरे राज्यों की तुलना में इसको सबसे निचला स्थान प्राप्त है। पिछले तीन दशकों के आँकड़ों से गरीबी के स्तर का रुख निम्न सारणी में देखा जा सकता है। गरीबी रेखा से नीचे गुजर बसर करने वाले 42.6% (1999-2000) हैं जबकि 1973-74 में 58% लोग गरीबी रेखा से नीचे थे।

सारणी-11 : गरीबी का रुख (बिहार-झारखंड में)

वर्ष	*गरीबी रेखा से नीचे की जनसंख्या (%)*		
	ग्रामीण	*शहरी*	*कुल*
1973-74	63.0	51.8	58.0
1977-78	63.3	52.2	56.3
1983-84	64.4	50.4	49.5
1987-88	52.6	57.7	40.7
1993-94	58.2	34.5	56.4
1999-00	44.3	32.9	42.6

स्रोत : ग्रामीण विकास सांख्यिकी, '90 (NIRD) हैदराबाद '91, 1999-00 के लिए योजना आयोग, भारत सरकार।

नेशनल सेम्पल सर्वे आरगेनाइजेशन (NSSO) के 55वाँ के चक्र के अनुसार झारखंड की गरीबी देश के अनुपात से अधिक है। झारखंड की शहरी गरीबी 1993-2000 में बढ़ी है। सालाना सकल उत्पाद झारखंड में 11,103.00 रुपए है जो करीब बिहार से तीन गुना है (3,669.00 रुपए) और पूरे देश के बहुत करीब है (11,742.00 रुपए)। और इससे यह साफ झलकता है कि झारखंड में आय के वितरण में बहुत असमानता है और कमजोर तबके की जनता की आर्थिक अवस्था बहुत ही खराब है। एन.एस.एस.ओ. के मुताबिक झारखंड में गरीबी की स्थिति सबसे अधिक 68 प्रतिशत है और यह भयंकर है। झारखंड के गरीबी के आँकड़े नीचे दिए जा रहे हैं—

सारणी–12 : झारखंड में गरीबी रेखा के नीचे के परिवार

	जिला	*ग्रामीण परिवार कुल संख्या*	*गरीबी रेखा के नीचे परिवार की कुल संख्या*	*कुल का प्रतिशत*
1.	दुमका	200650	151928	75.71
2.	जामताड़ा	64367	48706	75.66
3.	देवघर	150478	75536	50.19
4.	साहेबगंज	159035	115105	72.38
5.	गोड्डा	184694	96429	52.21
6.	पाकुड़	126465	73725	58.29
	कुल	885689	561429	64.02
7.	राँची	313201	220766	70.48
8.	लोहरदगा	58036	23817	41.08
9.	गुमला	155000	113843	73.45
10.	सिमडेगा	68859	49422	71.77
	कुल	495096	407848	82.38
11.	प.सिंहभूम	225098	165220	73.43
12.	सरायकेला	119998	96893	80.74
13.	पू.सिंहभूम	207080	107196	51.76
	कुल	552176	369309	66.88
14.	पलामू	27500	218630	79.50
15.	लातेहार	69763	40534	58.10
16.	गढ़वा	136646	97508	71.36
	कुल	481409	356672	74.09
17.	हजारीबाग	298716	197702	66.18
18.	चतरा	125509	77027	61.37
19.	गिरिडीह	281637	165651	58.81
20.	बोकारो	302377	109522	36.22
21.	धनबाद	183604	95510	52.02
22.	कोडरमा	65248	44495	68.19
	कुल	1257091	689907	54.88
	कुल योग	3119285	2385165	76.46

उपरोक्त आँकड़े यह दर्शाते हैं कि दुमका, जामताड़ा, साहेबगंज, राँची, गुमला, सिमडेगा, प. सिंहभूम, सरायकेला, पलामू और गढ़वा जिले के 70 प्रतिशत से अधिक लोग गरीबी रेखा से

नीचे जिन्दगी गुजार रहे हैं।

झारखंड के गरीब परिवारों (23.85 लाख) में से 12.70 लाख (52.22 प्रतिशत) जनता कमजोर वर्ग, खासकर अनुसूचित जनजाति और अनुसूचित जाति से आते हैं।

सारणी-13 : झारखंड में विभिन्न कमजोर वर्गों में गरीबों की संख्या

(बी.पी.एल.) लाखों में

	विभिन्न सामाजिक वर्ग	*बी.पी.एल. परिवारों की संख्या*	*कुल का प्रतिशत*
1.	अनुसूचित जनजाति	8.79	36.85
2.	अनुसूचित जाति	3.91	16.39
3.	अन्य	11.15	46.76

स्रोत : NSSO 55th Round, 2000

स्थिति भयावह है। 68 प्रतिशत लोग गरीबी रेखा से नीचे जिन्दगी बिता रहे हैं, 40 प्रतिशत से अधिक विभिन्न विकास परियोजनाओं से विस्थापित हैं और आधे से अधिक कुपोषित खाना खा रहे हैं जिन्हें नजरअंदाज किया जा रहा है।

विकास पहल

आदिवासियों की उपरोक्त स्थिति से साफ है कि ये विकास से बहुत दूर हैं। स्वाधीनता के पचपन साल बाद भी विकास कार्यक्रम असफल रहे। विकास के नाम पर इन पर प्रयोग होते रहे। स्वाधीनता के बाद नेहरू ने पंचशील दिया। पंचशील में आदिवासी सवाल पर पाँच महत्त्वपूर्ण बातें रखीं और उनमें से एक में कहा गया कि आदिवासी का विकास, उन पर किए गए खर्चे पर नहीं आँका जाना चाहिए बल्कि मानसिक विकास के गुणों से होना चाहिए।

डॉ. शर्मा आदिवासी जीवन की पहचान के लिए पाँच तत्त्वों का होना जरूरी मानते हैं— समुदाय स्तर पर स्व-प्रबन्धन, सामुदायिक सम्पत्ति पर अधिकार, उत्पादन के साधनों पर मालिकाना अधिकार, समान काम करने का अधिकार और व्यक्तिगत स्वतंत्रता। ये सब मानव समाज के बुनियादी अधिकार हैं। ये ही लोकतांत्रिक व्यवस्था की आत्मा हैं।

पंचायती राज व्यवस्था में उपरोक्त तत्त्वों पर जोर दिया गया, खासकर आदिवासी बहुल क्षेत्रों में जहाँ संविधान की पाँचवीं अनुसूची लागू है। झारखंड भी एक राज्य है जहाँ पाँचवीं अनुसूची के क्षेत्र हैं। झारखंड में पंचायती राज की स्थापना होना बाकी है। झारखंड ही एक राज्य है जहाँ पंचायती चुनाव नहीं हुए हैं। यहाँ पिछले 25 वर्षों से पंचायत चुनाव नहीं हुए हैं। इतना ही नहीं, यहाँ पाँचवीं अनुसूची क्षेत्र होने के बावजूद पिछले पाँच दशकों में आदिवासियों को सुविधा और अधिकार नहीं दिए गए हैं। इन क्षेत्रों की देखरेख और हस्तक्षेप करने का अधिकार राज्यपाल का होता है लेकिन आज तक किसी भी राज्यपाल ने इस दिशा में आवश्यक पहल नहीं की है।

आदिवासियों का विकास की बजाय विस्थापन हो रहा है। बड़ी-बड़ी परियोजनाएँ आदिवासियों को उनकी जमीन से विस्थापित कर रही हैं। आदिवासी का आधार जमीन है।

एकमात्र जमीन ही उनका उत्पादन का साधन है। जमीन में कृषि ही उनका पेशा है। जैसा कि हम देख चुके हैं, ये अधिकतर कृषि पर आधारित हैं। पर दु:ख की बात है कि अपनी जमीन से वे बड़ी संख्या में बेदखल हो रहे हैं।

भारत सरकार के ही एक आकलन से जो कि वास्तविकता से कम है, 1981-85 में सिर्फ कोयला खनन से 1,80,000 व्यक्ति विस्थापित किए गए हैं और उसके सिर्फ 36.34 प्रतिशत विस्थापित परिवारों के एक-एक व्यक्ति को नौकरी दी गई है (Fernandes, W and Thakral, EG (ed.); 1889)। विस्थापितों में 72 से 90% आदिवासी हैं।

ईचा (खरकरी) योजना ने 4,268,29 हेक्टेयर जमीन और 30,800 व्यक्तियों को विस्थापित किया है। चाण्डिल (स्वर्णरेखा) परियोजना ने 17,683 हेक्टेयर और 37,600 व्यक्तियों को विस्थापित किया। उत्तरी कोयल ने पलामू में 20,000 हेक्टेयर और करीब 6,000 व्यक्तियों को विस्थापित किया है। इससे पहले टिस्को (1907) ने 3,564 एकड़ आदिवासी जमीन, एच.ई.सी. (1958) ने 9200 एकड़ (25 गाँव और 12,990 आदिवासी) और बोकारो ने 46 गाँवों और 12,487 आदिवासियों को विस्थापित किया है।

कोयलकारो परियोजना का काफी जनविरोध हुआ है। यह परियोजना करीब 16,350 परिवारों को विस्थापित करेगी। जनविरोध के कारण ही सरकार अब इसे वापस लेने की सोच रही है। ऐसी ही एक दूसरी परियोजना है, नेतरहाट फील्ड फायरिंग रेंज—यह अब तक की सबसे अधिक विस्थापित करने वाली परियोजना होगी। इससे 2,24,900 लोग विस्थापित होंगे, जिसमें 78 प्रतिशत आदिवासी होंगे। लेकिन शक्तिशाली आदिवासी जनविरोध ने इसे थाम रखा है। बड़ी परियोजनाओं से जमीन के साथ-साथ आदिवासी विस्थापित होते हैं। विभिन्न परियोजनाओं पर सिर्फ झारखंड में ही 74.10 लाख आदिवासी विस्थापित हुए हैं। (Louis, P. 2000)

अपनी जमीन को बचाने के लिए आदिवासियों ने हमेशा संघर्ष किया है, क्योंकि जमीन ही उनका जीवनदाता रहा है। उनके संघर्ष के बदौलत ही काश्तकारी कानून बने हैं। छोटानागपुर टेनेन्सी एक्ट (1908), संतालपरगना टेनेन्सी एक्ट (1949), शिड्यूल एरिया रेगुलेशन एक्ट (1969) आदि आदिवासियों की जमीन का संरक्षण करते हैं। यह और बात है कि इन कानूनों के बावजूद आदिवासियों के हाथ से उनकी जमीन अलग हो गई है। कानूनों में कमियाँ या खामियाँ हैं। आज भी सरकार को इनकी परवाह नहीं है। एक कदम और आगे जाकर, नए राज्य की नई सरकार आदिवासियों को जमीन से अलग करने का काम कर रही है। इसका ताजा-तरीन उदाहरण है—राज्य की औद्योगिक नीति। औद्योगिक नीति कहती है कि राँची से जमशेदपुर तक नेशनल हाईवे के दोनों ओर 5-5 कि.मी. जमीन पट्टी औद्योगीकरण के लिए अधिग्रहण की जाएगी और औद्योगिक घराने की पूँजीपतियों के बीच बाँटी जाएगी।

सरकार सुप्रीम कोर्ट के ऐतिहासिक फैसले 'समता जजमेण्ट' के खिलाफ जमीन का बंदरबाँट करना चाहती है। संविधान की पाँचवीं अनुसूची में अनुसूचित क्षेत्र में किसी भी आदिवासी जमीन को गैर-आदिवासी हाथों में नहीं दिया जा सकता है। झारखंड की औद्योगिक नीति 2001 बड़े परिमाण में आदिवासी जमीन का अधिग्रहण कर विदेशी और देशी पूँजीपति को देने की बात करती है (मजूमदार, 2001)।

सी.एन.टी. और एस.पी.टी. एक्ट की रुकावट को दूर करने के लिए एक समीक्षा कमेटी का गठन किया गया है जिसके अध्यक्ष पूर्व मुख्यमंत्री बाबूलाल मरांडी हैं। इस कमेटी का गठन झारखंड में खनिज पदार्थ के उत्खनन के लिए बहुराष्ट्रीय एवं देश के एकाधिकार पूँजीपतियों को आदिवासी जमीन को उपलब्ध कराने के उद्देश्य और जमीन लुटेरे और भू-माफिया के निहित स्वार्थ के लिए समीक्षा के नाम बनाई गई है। बाबूलाल मरांडी ने जनता के समक्ष लिखित रूप में अपने वक्तव्यों के द्वारा आदिवासी जमीनों को गैर-आदिवासियों को आसानी से उपलब्ध कराने के लिए सी.एन.टी. एवं एस.पी.टी. अधिनियमों को कमजोर करने की बातों को रखा है। इसलिए इस कमेटी से आदिवासियों के हित में अधिनियमों में मजबूती की उम्मीद नहीं करनी चाहिए। आदिवासी हित को बचाने के लिए अब भी जरूरत है संघर्ष की।

संदर्भ

1. अग्रवाल, आर.के., 2002, इंडस्ट्रियल पालिसी ऑफ झारखंड : इज इट एड्रेस लैंड एण्ड इन्फ्रास्ट्रक्चर कंसंट्रेंट्स एडेक्वेटली जे.जे.डी.एम.एस.एम्स आई.एस.एस., भाग 1, पृ. 72-81
2. फर्नांडीस, वाल्टर (सम्पा), 1985, डेवलपमेंट एण्ड पीपुल्स पार्टीसिपेशन, इण्डियन सोशल इंस्टीच्यूट, नई दिल्ली।
3. हेरीशन, डी., 1989, दी सोशोलॉजी ऑफ मॉडर्नाइजेशन एण्ड डेवलपमेंट हेरीटेज पब्लिशर्स, नई दिल्ली।
4. लुईस, पी., 2000, झारखंड : मारजेलाइजेशन ऑफ ट्राइबल्स इ.पी.डब्ल्यू. 35 (18)—4087
5. मजुमदार, जे.एस., 2001, एन इंडस्ट्रियल पालिसी टू डिस्ट्रम झारखंड, पीपुल्स डेमोक्रेसी, XXV (36)
6. मेहता, एस.आर., 1997, पभर्टी, पोपुलेशन एण्ड ससटेनेबुल डेवलपमेंट, रावत पब्लिकेशन जयपुर।
7. मेहता, एस.आर, 1999, डायनेमिक्स ऑफ डवेलपमेंट, ए सोशोलॉजिकल पर्सपेक्टिव, ज्ञान पब्लिशिंग हाउस, नई दिल्ली।
8. शर्मा, बी.डी., 1987-89, 29वाँ रिपोर्ट, एस.टी. एण्ड एस.टी. कमीशन भारत सरकार, नई दिल्ली।
9. सिंह, ए.के. और आर. शरण, एम. जायसवाल, एस. चौधरी, 1999, स्टेटस ऑफ ट्राइबल्स इन झारखंड, सोशल चेन्ज, भाग-29, संख्या 3 एवं 4, पृ. 59-107

ग्रामीण विकास : प्राथमिकता की तलाश

लक्खीभूषण प्रसाद

झारखंड राज्य का गठन 14 नवम्बर 2000 की मध्यरात्रि में किया गया जिसके अन्तर्गत अविभाजित बिहार के दक्षिण-पूर्वी भाग यथा छोटानागपुर एवं संतालपरगना के पठारी क्षेत्र को संलग्न किया गया है। झारखंड राज्य में कुल 22 जिले, 211 प्रखंड एवं 3764 पंचायत हैं। संपूर्ण झारखंड राज्य में लगभग 32741 गाँव हैं। झारखंड राज्य का अधिकांश क्षेत्र वन एवं खनिज संपदा से भरा पड़ा है। यहाँ के वनों में कीमती लकड़ियाँ, जड़ी-बूटी एवं फल-फूल, कन्द आदि प्रचुर मात्रा में उपलब्ध हैं। झारखंड राज्य के अधिकांश भागों में औसत वर्षा अच्छी मात्रा में होती है लेकिन ज्यादातर भागों में एक ही फसल की खेती की जाती है जो मुख्य रूप से वर्षा आश्रित है। पठारी क्षेत्र में बहुत बड़ा भू-भाग गैर-कृषि योग्य या बंजर भूमि के रूप में पाया जाता है। पठारी क्षेत्र में वर्षा से प्राप्त जल का 80 प्रतिशत हिस्सा लगभग 6 महीने तक बेकार बहता रहता है। परिणामत: बड़े पैमाने पर भू-क्षरण, मिट्टी का कटाव और पानी की गली-नाली धीरे-धीरे तलहटी एवं बड़े नाले का रूप ले लेती है। बेरोजगारी के कारण काफी बड़ी संख्या में मानव श्रमशक्ति प्रतिदिन बेकार चली जाती है या बड़े पैमाने पर मजदूरों का शोषण और पलायन होता है। बढ़ती आबादी के कारण वन क्षेत्रों पर नकारात्मक दबाव पड़ता है, रोजी-रोटी के लिए वन काटे जाते हैं, परिणामत: गरीबी, शोषण, पलायन, विस्थापन एवं उग्रवाद जैसी सामाजिक समस्याएँ बढ़ती हैं।

झारखंड राज्य के गठन के बाद राज्य सरकार द्वारा बड़े पैमाने पर ग्रामीण क्षेत्र के बहुमुखी एवं त्वरित विकास की रूपरेखा तैयार की गई है जिसके अन्तर्गत कई प्राथमिकताएँ तय की गई हैं। यथा—

—राज्य भर में व्याप्त गरीबी एवं बेरोजगारी में कमी लाने के लिए कड़े संघर्ष एवं सघन प्रयास;

—राज्य भर में उपलब्ध प्राकृतिक संसाधनों जैसे जल, जंगल एवं जमीन का उपयुक्त प्रबंधन एवं उपयोग;

—ग्रामीण क्षेत्र में आधारभूत सुविधाओं जैसे सड़क, पुल/पुलिया एवं अन्य आधारभूत सुविधाओं का जाल बिछाना;

—ग्रामीण क्षेत्र में बुनियादी सेवाओं/सुविधाओं जैसे शिक्षा, स्वास्थ्य सेवा, पेयजल सुविधा, बेघरों को आवास आदि कार्यक्रमों को बड़े पैमाने पर विस्तारित करना;

—ग्रामीण कुटीर उद्योग को पुन: स्थापित कर उसे सुदृढ़ करना; एवं

—अन्य।

राज्य सरकार द्वारा बृहद् लक्ष्य की पूर्ति के लिए प्रशासनिक तंत्र और सरकारी संस्थाओं, ग्राम सभा, सामुदायिक संगठनों आदि के माध्यम से कार्यक्रमों को बेहतर ढंग से चलाने के लिए एक स्पष्ट रणनीति तैयार की गई है और पिछले दो वर्षों में सघन एवं त्वरित गति से सभी कार्यक्रमों को कार्यान्वित करने का प्रयास किया है। इस प्रयास के बेहतर परिणाम स्पष्ट रूप से देखने को मिल रहे हैं। विगत दो वर्षों में उपरोक्त उद्देश्यों की पूर्ति की दिशा में किए गए प्रयासों की शृंखला में विभिन्न योजनाओं एवं उनके अंतर्गत उपलब्धियों की एक झलक—

स्वर्ण जयंती ग्राम स्वरोजगार योजना

ग्रामीण क्षेत्र में गरीबी रेखा से नीचे के परिवारों के स्वनियोजन आधारित रहन-सहन के स्तर को बेहतर बनाने के उद्देश्य से केन्द्र प्रायोजित कार्यक्रम को लगभग प्रत्येक गाँव में काफी तीव्र गति से चलाने का प्रयास किया जा रहा है। इस कार्यक्रम के अन्तर्गत गरीबी रेखा के नीचे के परिवारों को सरकारी अनुदान, वित्तीय संस्थाओं से ऋण की सुविधा, बुनियादी संरचना विकास के अन्तर्गत आवश्यकतानुसार भवन, कर्मशाला की सुविधा के अतिरिक्त इनके कार्य-कौशल में वृद्धि करते हुए विपणन एवं प्रबंधन की व्यवस्था की गई है। इस कार्यक्रम के अन्तर्गत अक्तूबर 2002 तक राज्य भर में कुल 17207 स्वयं सहायता समूह का गठन एवं 70655 स्वरोजगारियों को ऋण एवं अनुदान की सुविधा उपलब्ध कराई गई है। गरीबी रेखा से नीचे रहने वाले परिवारों को विविध प्रकार की सुविधाएँ उपलब्ध कराते हुए आय सृजन का स्थायी कार्यकलाप चलाया जा रहा है। इन परिवारों को विकास की मुख्यधारा से जोड़ने के लिए जागरूक करते हुए प्रोत्साहित किया गया है।

सम्पूर्ण ग्रामीण रोजगार योजना स्ट्रीम-I (सुनिश्चित रोजगार योजना)

झारखंड राज्य में कई ऐसे जिले हैं जहाँ की अधिकांश भूमि बंजर है और वन विनष्ट हो गए हैं। फलस्वरूप ऐसे क्षेत्रों में रहने वाले लोग घर-बार छोड़कर बाहर चले जाते हैं। इस योजना के अन्तर्गत रोजगार उपलब्ध कराने के अतिरिक्त अवसर एवं ग्रामीण क्षेत्रों में आधारभूत संरचना तथा स्थायी परिसम्पत्तियों के सृजन के उद्देश्य से राज्य के सभी प्रखंडों में काफी बड़ी संख्या में मजदूरी के अवसर मुहैया कराने का सतत प्रयास किया जा रहा है। छोटे सीमांत कृषकों एवं मजदूरों के पलायन और उनके शोषण में रोक लगाना और स्थानीय क्षेत्र में ही रोजगार उपलब्ध कराना इस कार्यक्रम का मुख्य लक्ष्य है। इस कार्यक्रम को सुचारु रूप से चलाए जाने पर कृषक मजदूरों को अपने गाँव के इर्द-गिर्द रोजगार प्राप्त हो रहा है और मजदूरी का भुगतान भी लगभग प्रतिदिन कार्यस्थल पर ही प्राप्त हो रहा है।

सुदूर के प्रखंडों में बसे हुए गाँव कृषक श्रमिकों के लिए राज्य सरकार सघन रूप से मजदूरी आधारित कार्यकलाप को तेजी से आगे बढ़ाने का प्रयास कर रही है। दूसरा लाभ यह है कि ग्रामीण क्षेत्र में आधारभूत सुविधाएँ भी क्रमिक रूप से काफी तेजी से बढ़ रही हैं। झारखंड राज्य के गठन के बाद से अब तक इस योजना के अन्तर्गत काफी तेज गति से उपलब्धियाँ हासिल हुई हैं और ग्रामीण क्षेत्र के जीवन स्तर पर सकारात्मक प्रभाव पड़ रहा है। राज्य की स्थापना के पश्चात् से माह सितम्बर तक 231.88 करोड़ रुपए का व्यय कर 228.74 लाख

मानव दिवसों का सृजन किया गया तथा 9002 योजनाएँ पूर्ण की गई हैं। इन योजनाओं में मुख्य रूप से क्षेत्र बुनियादी सुविधा जैसे कार्यक्रमों को अपेक्षाकृत तरजीह दी गई है।

सम्पूर्ण ग्रामीण रोजगार योजना स्ट्रीम-II (जवाहर ग्राम समृद्धि योजना)

ग्रामीण क्षेत्र में मजदूरों के पलायन को रोकने एवं श्रमिक एवं कृषक वर्ग के लिए रोजगार के लाभकारी अवसर सृजन करने के उद्देश्य से केन्द्र प्रायोजित कार्यक्रम को सीधे पंचायतों/लाभुकों समिति के माध्यम से कार्यान्वित किया गया है। चूंकि इस राज्य में पंचायत वैधानिक रूप से अभी कार्यरूप में नहीं आया है, फलस्वरूप गाँव के विकास की योजनाएँ गाँव की ग्राम सभा या ग्राम समिति के द्वारा तय की जाती हैं और उन्हें ग्रामीणों के द्वारा ही कार्यान्वित किया जाता है। प्रयास यह है कि इस कार्यक्रम के अन्तर्गत स्कीमों के चयन से लेकर उसके कार्यान्वयन में ग्रामीणों की सीधी भागीदारी हो। ऐसा करने से कार्यक्रम कार्यान्वयन के बेहतर परिणाम और पारदर्शिता देखने को मिल रहे हैं और क्रमिक रूप से ग्रामीणों के बीच सहभागिता का एक नया उत्साह भी उत्पन्न हो रहा है। इस कार्यक्रम के अन्तर्गत अब तक राज्यभर में झारखंड राज्य के गठन के बाद से जो उपलब्धियाँ हुई हैं, काफी उत्साहजनक और परिणामोन्मुखी माना जा रहा है। दो वर्षों में 283.72 करोड़ रुपए का व्यय कर 290.29 लाख मानव दिवस का सृजन हुआ है और 78080 योजनाएँ पूर्ण की गई हैं। इस कार्यक्रम के अन्तर्गत ग्रामीण क्षेत्र में काफी बड़ी संख्या में सामुदायिक परिसम्पत्ति का सृजन हुआ है जिसका अधिकाधिक लाभ समाज के कमजोर वर्गों—अनुसूचित जनजाति एवं अनुसूचित जाति को प्राप्त हुआ है।

समेकित बंजर भूमि विकास कार्यक्रम (IWDP)

योजना का उद्देश्य एवं स्वरूप

झारखंड राज्य का बहुत बड़ा हिस्सा बंजर भूमि का है जिस पर खेती का कार्य नगण्य रूप में होता है। ऐसे क्षेत्रों में बड़े पैमाने पर सिर्फ पशु की चराई होती है। लगातार वर्षा के कारण भूमि का क्षरण और कटाव होता है। केन्द्र प्रायोजित समेकित बंजर भूमि विकास कार्यक्रम का मुख्य उद्देश्य बंजर भूमि को उपजाऊ बनाना, भूमि के क्षरण व कटाव को रोकने के लिए जल का उपयुक्त प्रबंधन करना, वनीकरण एवं नर्सरी विकास कार्य के अतिरिक्त बेकार पड़े बंजर भूमि को विकसित कर उसे कृषि योग्य भूमि बनाना है।

झारखंड राज्य के गठन के बाद बंजर भूमि की प्रचुरता वाले प्रखंडों को चिन्हित कर, उस क्षेत्र के लिए विशेष सुविधा उपलब्ध कराई जा रही है और उन क्षेत्रों में बड़े पैमाने पर वन लगाने, चरागाह विकसित करने, जल प्रबंधन/जल छाजन, भूमि विकास आदि कार्यकलापों को बड़े पैमाने पर चलाया जा रहा है। संपूर्ण राज्य में इस कार्यक्रम के तहत नए राज्य के गठन के बाद से काफी बड़े क्षेत्र में पौधा रोपण के साथ-साथ बड़ी संख्या में जलाशयों, चेक डैम, क्रास बांध, कुआँ, चुआ वगैरह ढाँचा आदि निर्मित किए गए है। वर्तमान में पूर्वी सिंहभूम, प. सिंहभूम, चतरा, लोहरदगा, गढ़वा, देवघर, पलामू, हजारीबाग, राँची, साहेबगंज, गिरिडीह जिले में इस कार्यक्रम को काफी त्वरित गति से चलाया जा रहा है।

जलछाजन योजना

झारखंड राज्य के संपूर्ण क्षेत्र में अधिकतर भाग में सिंचाई के साधन का लगभग अभाव है जबकि अन्य राज्यों की तुलना में झारखंड राज्य में औसत वार्षिक वर्षा अधिक होती है। दुर्भाग्यवश इस क्षेत्र में वर्षा का 80 प्रतिशत पानी बेकार बह जाता है। इस क्षेत्र में तालाब, कुआँ, झरना जैसे पुराने जल संग्रहण ढाँचा पर्याप्त मात्रा में पाया जाता है, लेकिन पिछले कुछ वर्षों से ऐसे सिंचाई ढाँचा की मरम्मत एवं जीर्णोद्धार की कमी के कारण क्षेत्र का जल स्तर बड़ी तेजी से नीचे की ओर खिसकता गया है। झारखंड राज्य के गठन के बाद से जल संग्रहण ढाँचे को विशेष महत्त्व दिया गया और पिछले दो वर्षों से विभिन्न योजनाओं केअन्तर्गत 200 से अधिक जलछाजन कार्यक्रमों को कार्यरूप दिया जा रहा है जिसे समयावधि में पूरा करने में झारखंड सरकार प्रयासरत है। जिन क्षेत्रों में जल संग्रहण ढाँचा तैयार हो चुका है वैसे क्षेत्रों में जल स्तर काफी ऊँचा उठा है, भूमि की ऊपरी सतह पर नमी देखने को मिल रही है और बड़े भू-खंड पर दो से अधिक फसलों का उत्पादन किसानों के द्वारा किया जा रहा है। कुछ चुने हुए क्षेत्रों में वानिकी का कार्य भी सफल हुआ है और पारिस्थितिकी संतुलन में इसके प्रभावी परिणाम देखने को मिलते हैं।

पिछले दो वर्षों में जलछाजन योजना काफी प्रभावी रही है जिसके अन्तर्गत 12 करोड़ 3 लाख रु. व्यय कर 1066 जलछाजन परियोजनाओं का निर्माण कार्य प्रारम्भ किया गया है।

आवास योजना

मनुष्य की आवश्यक आवश्यकताओं के अन्तर्गत तीन चीजों की उपलब्धता यथा भोजन, वस्त्र एवं आवास बिलकुल ही अनिवार्य है। झारखंड राज्य में व्याप्त गरीबी एवं बेरोजगारी के कारण काफी बड़ी संख्या में अनुसूचित जाति एवं आदिम जाति के साथ-साथ अनुसूचित जनजाति के परिवार या तो वृक्ष के नीचे निवास कर रहे थे या पत्तों से निर्मित घर उनका बसेरा था। सुदूर जंगल में आदिम जाति के 90 प्रतिशत लोग पेड़ों के नीचे निवास कर रहे थे। झारखंड राज्य के गठन के उपरांत राज्य सरकार ने प्राथमिकता के आधार पर बेघरों को घर की सुविधा उपलब्ध कराने की एक महत्त्वाकांक्षी योजना तैयार की है। ग्रामीण विकास की विभिन्न योजनाओं जैसे इंदिरा आवास योजना, प्रधानमंत्री ग्रामोदय योजना आदि के अन्तर्गत उपलब्ध राशि से पिछले दो वर्षों में काफी बड़ी संख्या में गरीबी रेखा से नीचे के परिवारों के लिए सुविधानुसार कच्चा/पक्का मकान उपलब्ध कराया गया है। आवास योजना के अन्तर्गत यह रणनीति तय की गई है कि अनुसूचित जाति/जनजाति, आदिम जाति एवं बंधुआ मजदूरी से मुक्त श्रमिकों एवं शारीरिक मानसिक रूप से विकलांग लोगों को प्राथमिकता के आधार पर आवासीय इकाइयाँ उपलब्ध कराई गई हैं। उनके आवास निर्माण एवं उन्नयन के लिए लगभग 69322 आवासीय इकाई का निर्माण कर आवंटित किया जा चुका है एवं 23795 परिवारों के आवास में उन्नयन का कार्य किया गया है।

पिछले दो वर्षों में इस योजना केअन्तर्गत निर्माण/ उन्नयन के कार्यों का संक्षिप्त ब्यौरा निम्न प्रकार है—

—इंदिरा आवास योजना (नव निर्माण) के अन्तर्गत 123.12 करोड़ रुपए व्यय कर

69322 आवासों का निर्माण किया गया।

—इंदिरा आवास योजना (उन्नयन) के अन्तर्गत 63.47 करोड़ रुपए व्यय कर 23795 आवासों का निर्माण किया गया।

—प्रधानमंत्री ग्रामोदय योजना के अन्तर्गत 16.43 करोड़ रुपए व्यय कर 12916 आवासों का निर्माण /उन्नयन किया गया।

प्रधानमंत्री ग्राम सड़क योजना

ग्रामीण क्षेत्रों में बुनियादी सुविधा का पर्याप्त अभाव है। पहाड़ी एवं जनजातीय क्षेत्रों में यातायात की सुविधा नगण्य है। अभी भी झारखंड राज्य में अधिकांशत: गाँव जो सुदूर इलाकों में बसे हुए हैं, यातायात के साधन से बिलकुल वंचित हैं। झारखंड राज्य के गठन होने के बाद सरकार ने सुदूर ग्रामीण क्षेत्रों को भी मुख्य पथ से जोड़ने की एक महत्त्वाकांक्षी योजना तैयार की है। इस योजना के तहत प्रथम चरण में 1000 या उससे अधिक की आबादी वाले गाँव को निर्धारित समय सीमा के अन्तर्गत जोड़ने के लिए संघर्षरत है। दूसरे चरण में 500 या इससे अधिक की आबादी वाले गाँवों का चयन कर मुख्य सड़क से जोड़ने के लिए चरणबद्ध रूपरेखा तैयार की गई है। इस कार्यक्रम के अन्तर्गत अनुसूचित जाति/जनजाति बहुल आबादी वाले गाँव को चिन्हित करने में प्राथमिकता दी गई है। त्वरित कार्रवाई के तहत इस योजना के प्रथम चरण के अन्तर्गत पिछले दो वर्षों में 166 पथों में से 20 पथों का निर्माण कार्य पूर्ण किया जा चुका है, शेष पथों का निर्माण भी दिसम्बर माह तक पूर्ण हो जाएगा। इनके पूर्ण होने पर राज्य में 911.53 कि. मी. सड़कों का निर्माण/उन्नयन हो जाएगा। इस योजना के द्वितीय चरण केअन्तर्गत 202 पथों के अन्तर्गत 204.42 कि.मी. पथों के निर्माण का कार्य प्रारम्भ किया जा चुका है।

इस योजना के प्रथम चरण के अन्तर्गत पिछले दो वर्षों में 137.00 करोड़ रुपए व्यय कर 911.53 कि.मी. सड़कों का निर्माण/उन्नयन का कार्य समाप्ति की ओर है। वर्तमान वित्तीय वर्ष में 228.00 करोड़ रुपए की लागत से लगभग 1200.00 कि.मी. सड़कों के निर्माण/उन्नयन पर कार्य चल रहा है।

सांसद क्षेत्रीय विकास योजना

ग्रामीण क्षेत्र के सर्वांगीण विकास के उद्देश्यों से प्रत्येक सांसद को उनके संसदीय क्षेत्र के विकास के लिए प्रति सांसद प्रति वर्ष 2 करोड़ की राशि उपलब्ध कराई जाती है। माननीय सांसद द्वारा जनसमस्याओं पर आधारित एवं उस क्षेत्र में निवास करने वाली आबादी की माँग पर विद्यालय, छात्रावास, पुस्तकालय, एवं अन्य शिक्षण संस्थान भवन का निर्माण, पेयजल व्यवस्था जैसे नलकूप एवं पानी टंकी, यातायात के लिए सड़क, पुल/पुलिया निर्माण, विकलांग एवं आश्रयगृहों का निर्माण, चिकित्सालय, स्थानीय निकास के लिए भवन का निर्माण, खेल-कूद एवं सांस्कृतिक गतिविधियाँ, जल संग्रहण एवं जल निकास, गैर-परम्परागत ऊर्जा प्रणाली, सार्वजनिक सिंचाई, आँगनबाड़ी भवन का निर्माण, पशु चिकित्सा केन्द्र का निर्माण, शिशुगृह एवं शवदाहगृह के निर्माण के लिए सांसद कोष से राशि उपलब्ध कराई गई है। सांसद कोष की उपलब्ध राशि से पिछले दो वर्षों में झारखंड राज्य में पर्याप्त योजनाओं का चयन कर कार्यान्वित किया गया है

जिसका संक्षिप्त ब्यौरा निम्न प्रकार है—

इस योजना के अन्तर्गत 30.57 करोड़ रुपए का व्यय कर 1891 योजनाओं को पूर्ण किया गया एवं 113 योजनाएँ प्रगति पर हैं।

विधायक योजना

ग्रामीण क्षेत्र में न्यूनतम बुनियादी सुविधा को विकसित करने के उद्देश्य से प्रत्येक विधायक को उनके क्षेत्र के समुचित विकास के लिए प्रति वर्ष 1 करोड़ की राशि उपलब्ध कराई जाती है। इस कार्यक्रम का प्राथमिक उद्देश्य यह है कि क्षेत्र में रहने वाले लोगों के लिए जनोपयोगी योजनाएँ चयनित कर कार्यान्वयन किया जाए। यह भी ध्यान में रखा जाए कि इस कार्यक्रम के अन्तर्गत ली जाने वाली योजनाओं में स्थानीय लोगों खासकर विशेष वर्गों के लिए रोजगार के अधिकाधिक अवसर उपलब्ध हों। इस कार्यक्रम के अन्तर्गत सिंचाई के लिए पक्का बाँध, पक्की नाली, सार्वजनिक जल निकासी, नलकूप, ग्रामीण पथ, सम्पर्क पथ, पुल/पुलिया, बस पड़ाव, यात्री, शेडो का निर्माण कार्य को प्राथमिकता दी गई है। पुराने जलाशयों एवं सामुदायिक ढाँचा की मरम्मत के कार्यकलाप को दूसरी प्राथमिकता के अन्तर्गत काफी बड़ी संख्या में बुनियादी सुविधाओं के निर्माण एवं अन्य प्रकार के जीर्णोद्धार का कार्य पूरा किया गया है। पिछले दो वर्षों में इस योजना के तहत सम्पूर्ण राज्य में जो उपलब्धियाँ प्राप्त हुई हैं, उसका ब्यौरा निम्न प्रकार है—

इस योजना केअन्तर्गत कुल उपलब्धि राशि 236.82 करोड़ रुपए में से 142.10 करोड़ रुपए का व्यय कर अब तक 7595 योजनाओं को पूर्ण किया गया है।

जिला योजना (80 प्रतिशत—मुख्यमंत्री ग्राम सेतु योजना)

झारखंड राज्य के गठन के बाद राज्य के बेहतर विकास को ध्यान में रखते हुए इस राज्य के द्वारा एक अनूठी योजना शुरू की गई है। चूंकि झारखंड क्षेत्र अनेक प्रखंड पहाड़ियों के बीच या नदी के पार अवस्थित है, जहाँ पर पहुँच पाना काफी दुष्कर रहा है। झारखंड राज्य के गठन के बाद राज्य सरकार ने सुदूर पहाड़ी या नदी के पार बसे हुए प्रखंडों को जिला मुख्यालय से जोड़ने के लिए प्रयत्नशील है तथा जिलों के द्वारा कार्य को तेजी से कार्यान्वित किया जा रहा है।

इस योजना के अन्तर्गत 30 मीटर से कम लम्बाई की लाख रुपए तक की लागत वाली कुल 150 योजनाएँ पूरी की जा चुकी हैं एवं 1350 का निर्माण कार्य चल रहा है। इसके अतिरिक्त 150 पुलों (30 मीटर से अधिक) का डी.पी.आर. बनाया जा चुका है जिसमें 75 पुलों के लिए निविदा आमंत्रित किया जा चुका है, जिस पर शीघ्र ही निर्णय लेकर कार्य प्रारम्भ किया जाएगा।

जिला योजना (20 प्रतिशत)

इस योजना का मुख्य उद्देश्य जिला के सर्वांगीण विकास हेतु आधारभूत संरचनाओं का निर्माण कराना तथा सार्वजनिक सामुदायिक परिसम्पत्तियों का सृजन करना है। इस योजना के अन्तर्गत मुख्य रूप से ग्रामीण पथ, विद्यालय भवन, स्वास्थ्य उपकेन्द्र, लघु सिंचाई योजना एवं पुल/पुलिया का निर्माण कार्य कार्यान्वित किया जाना है। इस योजना के तहत हालाँकि सीमित राशि का आवंटन किया गया है, फिर भी पिछले दो वर्षों में प्रत्येक जिले में उपलब्ध राशि से पर्याप्त

संख्या में आधारभूत संरचनाओं का निर्माण किया गया है।

झारखंड राज्य के गठन के बाद से अब तक इस योजना के तहत कुल उपलब्ध राशि 42.61 करोड़ के विरुद्ध 18.61 करोड़ रुपए व्यय कर 22 योजनाओं को पूर्ण कर लिया गया है एवं 177 योजनाएँ प्रगति पर हैं।

राज्य संपोषित योजना

ग्रामीण क्षेत्रों में आवागमन को सुगम बनाने के उद्देश्य से पथ एवं पुलिया का निर्माण करना इस योजना का मुख्य उद्देश्य है। इस योजना के तहत ग्रामीण पथ का सुदृढ़ीकरण एवं जीर्णोद्धार का कार्य प्राथमिकता के आधार पर चयनित कर कार्यान्वित किया जा रहा है।

इस योजना के अन्तर्गत राज्य के गठन के बाद से अब तक कुल स्वीकृत 324 पथों (1632 कि.मी.) एवं 41 पुलिया में से कुल उपलब्ध राशि 169.94 करोड़ के विरुद्ध 80.44 करोड़ रुपए का व्यय कर 23 पथों का निर्माण कार्य पूर्ण किया जा चुका है।

प्रशिक्षण

ग्रामीण विकास कार्यक्रम में संलग्न ग्रामीण विकास विभाग के अतिरिक्त अन्य विभागों के पदाधिकारियों एवं पर्यवेक्षकों को राज्य ग्रामीण विकास संस्थान, हेहल, राँची में प्रशिक्षित करने के लिए एक महत्त्वपूर्ण योजना तैयार की गई है जिसके अन्तर्गत विकास से जुड़े हुए सभी पदाधिकारियों को विभिन्न विषयों से संबंधित प्रशिक्षण सत्रों को आयोजित कर पदाधिकारी की कार्यक्षमता एवं कार्यशैली विकसित करने का प्रयास किया जा रहा है। विकास पदाधिकारियों एवं जनप्रतिनिधियों को अगले दो वर्षों में काफी बड़ी संख्या में प्रशिक्षण देने की एक योजना तैयार की गई है। झारखंड राज्य बनने के बाद राज्य सरकार के कार्यरत विकास पदाधिकारियों, पर्यवेक्षक एवं कार्यकर्ताओं को विभिन्न विषयों पर लगातार प्रशिक्षण कार्यक्रमों का आयोजन किया जा रहा है और अगले वर्ष में जन-प्रतिनिधियों को बड़े पैमाने पर प्रशिक्षित करने की एक रणनीति तैयार की गई है।

ग्रामीण क्षेत्रों में आधारभूत सुविधाओं में वृद्धि, जलछाजन विकास कार्य एवं गरीबी उन्मूलन कार्य के तहत स्वयं सहायता समूह को बड़े पैमाने पर विस्तारित कर उसे अशक्त बनाने के लिए सरकार ने बल दिया है। आदिवासी क्षेत्र से पलायन को रोकने के उद्देश्य से बड़े पैमाने पर रोजगारोन्मुखी कार्यक्रमों को क्रियान्वित किया जा रहा है।

सिनेमा : देशज जीवन का चलचित्र

मेघनाथ

झारखंड नए राज्य के गठन के बाद विभिन्न क्षेत्रों में विकास के नए-नए सपने दिख रहे हैं ठीक उसी तरह सिनेमा उद्योग के क्षेत्र में भी हमारी बहुत-सी आशाएँ हैं। प्राय: हम अखबारों में देखते हैं कि राँची में निदेशक आ रहे हैं, फिल्मों की शूटिंग हो रही है। झारखंड के मंत्री फिल्म-निर्माण के क्षेत्र में साधन-सरंजाम जुटाने का वादा कर रहे हैं। बॉलीवुड कभी भगतसिंह को भुनाने के लिए चार-चार फिल्में एक साथ बना रहा था उसी प्रकार आज झारखंड में बिरसा को भुनाने के लिए तीन-तीन फिल्में एक साथ बन रही हैं। मुझे यह प्रश्न बार-बार कचोटता है कि क्या ऐसी फिल्में झारखंड को अपनी अलग पहचान दे पाएँगी?

विगत पन्द्रह सालों में झारखंड में पाँच-छह फीचर फिल्में बनी हैं यथा विनोद कुमार का आक्रान्त, सोना कर नागपुर, गुईंया नम्बर वन आदि। इन सब फिल्मों का स्वर थर्ड ग्रेड मुम्बइया फिल्मों से भी घटिया था। इसके लिए फिल्मकारों को दोषी नहीं माना जा सकता। मेरी समझ में यह आता है कि अगर झारखंड के सिनेमा की अलग पहचान बनानी हो तो हमारे सिर से मुम्बइया फिल्मों का भूत उतारना होगा।

मैं यह बात केवल कहने के लिए नहीं कह रहा। हम अगर सिनेमा के इतिहास में झाँक कर देखें तो प्रारम्भ से सिनेमा की दो धुरियाँ दिखेंगी। एक धुरी पर कैमरे ने यथार्थ का निरूपण करते हुए डॉक्यूमेंटरी फिल्म के रूप में हमारे सामने प्रस्तुत किया। दूसरी धुरी पर कैमरे ने संभ्रम या सपनों की तिजारत की। यह जानकर आश्चर्य करेंगे कि ल्युमियर ब्रदर्स ने 1895 ई. में जब मूवी कैमरे का आविष्कार किया था और पहली शूटिंग का वह दृश्य था मजदूरों का कारखाने से छुट्टी होने के बाद समूह में बाहर आने के उल्लास का दृश्य। इसके बाद के पाँच-छह वर्षों तक मूवी कैमरे का उपयोग सच्चाई को सामने लाने के लिए किया जाता रहा। इसी समय फ्रांस के ज्याँ मिलेश नामक एक जादूगर ने मूवी कैमरे को जादू डिब्बे के रूप में इस्तेमाल किया। और यहीं से शुरू हुई फिल्मों के जादू और संभ्रम (इल्यूशन) की धारा।

भारत के दादा साहब फाल्के भी ज्याँ मिलेश से काफी प्रभावित थे। इसीलिए प्रारम्भिक फिल्मों में जैसे कालिया मर्दन, हरिश्चन्द्र आदि में कई तरह के ट्रिक्स के माध्यम से दर्शकों को आकर्षित करने की कोशिश करते हैं। तब से आज तक इन सौ सालों में 95 फीसदी फिल्में केवल ट्रिक्स और मनोरंजन की खिचड़ी के रूप में कमाई के धंधे के रूप में विकसित हुई हैं।

सिनेमा के द्वारा संदेशों को प्रसारित करने की जो ताकत है, सत्ता ने उसे अच्छी तरह समझा। पूँजीवादी सत्ता ने अपने मूल्यों को मजबूत करने के लिए और जनता को संभ्रम में बनाए

रखने के लिए सिनेमा का हथियार की तरह इस्तेमाल किया। सिनेमा को मात्र मनोरंजन का पर्याय बना दिया। रूसी क्रान्ति के बाद रूस में सर्गाई आइजेन्स्टाइन और उनकी धारा के अन्य फिल्मकारों ने और द्वितीय विश्वयुद्ध के बाद पूर्वी यूरोप के कई फिल्मकारों ने इंसान की रोजमर्रा की जिन्दगी की सच्चाई को फिल्मों की कथावस्तु बना कर प्रस्तुत किया और एक नई धारा की शुरुआत की। लेकिन इसके बावजूद हॉलीवुड और दूसरे पूँजीवादी देशों ने सिनेमा की ताकत को ज्यादा अपने वश में किया और व्यापक तौर पर इस्तेमाल करने में सफलता पाई। इसीलिए क्यूबा के फिल्मकार टॉमस गुटिरेज ऐलिया ने टिप्पणी की 'सिनेमा एक उत्पाद के रूप में बुर्जुआ संस्कृति की देन है, इसलिए यह समाजवादी हितों की तुलना में पूँजीवादी हितों को, सर्वहारा हितों की तुलना में बुर्जुआ हितों को, क्रान्तिकारी समाज के हितों के बदले उपभोक्तावादी समाज को, सच्चाई के बदले पाखंड को बेहतर ढंग से रेस्पांस करता है।' (द.न्यू लैटिन अमेरिकन सिनेमा : रीडिंग फ्रॉम विदिन, रैप्चर एंड रैप्चर डिस्कवरिंग आइजेन्स्टाइन एंड ब्रेख्त, पृ. 195)

टॉमस गुटिरेज ऐलिया ने यह चेतावनी दी है कि, 'हमें हमेशा यह ध्यान में रखना चाहिए कि वर्गीय समाज में सिनेमा को सत्ताधारियों के हाथों का औजार बनने से नहीं रोका जा सकता।' (वही, पृ. 196)

टॉमस ऐलिया की चेतावनी की कसौटी पर अगर हम मुम्बइया फिल्मों के पूँजी निवेश को कसें तो पाएँगे कि फिल्मों में या तो राष्ट्रीय फिल्म विकास निगम पैसे लगा रहा है जो सत्ता का ही एक हिस्सा है या पूँजीपति वर्ग अपने काले धन को या आज तो माफिया भी अपने पैसे इसी व्यवसाय में उँड़ेल रहा है। इन पैसों से जो फिल्में बन रही हैं उन पर ऋत्विक घटक की अन्तिम फिल्म 'युक्ति तर्कों और गल्पों' का अन्तिम संवाद यूँ टिप्पणी करता है, 'घटिया बनिया के पैसे से सूत खरीद कर क्या हम अच्छे कपड़े बुन सकेंगे?'

फिल्म निर्माण के क्षेत्र में लगातार बढ़ रहे पूँजी के महत्त्व से केवल ऋत्विक घटक ही नहीं बल्कि उनके जैसे जनोन्मुखी फिल्म बनाने वाले दुनिया के कई फिल्मकार चिन्तित थे। उन्हें लग रहा था कि सुनियोजित ढंग से पूँजी और उच्च तकनीक फिल्म-निर्माण को आम फिल्मकारों के लिए दुर्लभ बनाता जा रहा है। इन समस्याओं ने फ्रांस के सुविख्यात फिल्मकार ज्यां लुक गोदार्द को गुस्से से भर दिया और उन्होंने तब तक के लिए फिल्म-निर्माण का कार्य छोड़ दिया जब तक वे इस अत्यधिक पूँजी निवेश एवं उच्च-जटिल तकनीक का विकल्प नहीं ढूँढ़ लेते। वे साधारण वीडियो कैमरे के साथ जनता के बीच उतरे। इस प्रकार इन्हीं जुनूनी फिल्मकारों के बहुविध प्रयोगों ने आज कम खर्चे की तकनीक नए फिल्मकारों को सहज ही उपलब्ध करवा दी जिसकी बदौलत वैकल्पिक फिल्मों का चलन प्रारम्भ हुआ।

ऊपर वर्णित तथ्यों की रोशनी झारखंड के फिल्मकारों को मुम्बइया फिल्मों की चकाचौंध को समझने में सहायता कर सकती है एवं पूँजी और उच्च तकनीक के आतंक से मुक्त कर सकती है। परन्तु जनोन्मुखी फिल्म बने किस प्रकार की, इसे समझने के लिए हमें लातीन अमेरिकी देशों की ओर देखना चाहिए। इन देशों के सामने भी हॉलीवुड का मॉडल था लेकिन इन देशों के फिल्मकारों ने यह सोचा कि अगर शोषित जनता के हक में फिल्में बनानी हैं तो

हॉलीवुड जैसी फिल्में नहीं बनानी। लातीन अमेरिका के युवा फिल्मकारों (बोलविया, क्यूबा, अर्जेंटीना, ब्राजील आदि) को भले यह मालूम नहीं था कि उन्हें किस तरह की फिल्में बनानी हैं लेकिन उन्हें साफ तौर पर पता था कि हॉलीवुड उन्हें नहीं चाहिए क्योंकि अमेरिका अपनी औपनिवेशिक संस्कृति इन्हीं हॉलीवुड की फिल्मों के भोगवादी माध्यम से उन पर थोप रहा था। उसी प्रकार भारत के झारखंड समेत सभी पिछड़े राज्यों में बॉलीवुड जैसी फिल्में नहीं चाहिए। झारखंड में जनोन्मुखी फिल्मों का स्वरूप कैसा हो—इस बात को अर्जेन्टीना के एक फिल्मकार फेर्नान्डो बीरी (Fernando Biri) इस प्रकार स्पष्ट करते हैं, 'एक सिनेमा जो उन्हें विकसित करे। एक सिनेमा जो उन्हें चैतन्य करे, जो चेतना को जगाए, जो विषयवस्तु को स्पष्ट करे, जो उनके अन्दर की आग को प्रज्वलित करे, जो जनोन्मुखी हो, जो जनविरोध का विरोधी हो, जो विकासशीलता से विकासमान की ओर अग्रसर करे, जो भूख से अभूख की ओर ले जाए, जो अप-संस्कृति से संस्कृति की ओर, उदासीनता से उल्लास की ओर, अमानवीयता से मानवीयता की ओर ले जाए। हमारा उद्देश्य है कि हम यथाशीघ्र एक नए मानव, नए समाज, नए इतिहास का सृजन करें, इसीलिए हमें नई कला और नया सिनेमा चाहिए।' (द न्यू लैटिन अमेरिकन सिनेमा : रीडिंग फ्रॉम विदिन, अर्जेन्टाइन सिनेमा, सिनेमा एंड अंडर डेवलपमेंट, पृ. 41)

झारखंड में पिछले एक दशक से उपर्युक्त उद्देश्य की प्राप्ति की दिशा में जनोन्मुखी फिल्म बनाने की कोशिशें जारी हैं। इस प्रक्रिया में सबसे उल्लेखनीय नाम हैं कृतिका संगठन के श्रीप्रकाश, नाट्यकार एवं फिल्मकार अश्विनी कुमार पंकज, एवं अखड़ा के मैं और बिजु टोप्पो। इन फिल्मकारों द्वारा बनाई गई फिल्मों को स्थानीय स्तर पर सराहना तो मिली ही है, राष्ट्रीय और अन्तर्राष्ट्रीय स्तर पर भी सम्मान मिला है। श्रीप्रकाश ने पिछले दस वर्षों में, झारखंड आन्दोलन के परिप्रेक्ष्य में 'सासनदरी', नेतरहाट फील्ड फायरिंग रेंज के परिप्रेक्ष्य में 'किसकी रक्षा', कोयलकारो बाँध विरोधी जनांदोलन के पक्ष में 'ओडो मियाद उलगुलान', सुरंगी जलाशय विरोधी जनांदोलन के पक्ष में 'अबुआ राज', जादूगोड़ा में यूरोपियन खदान एवं कचरे की रेडियो सक्रियता को दर्शाने वाली फिल्म 'बुद्धा वीप्स इन जादूगोड़ा' और कोयला खदानों की वजह से जन-दुर्दशा दर्शाने वाली फिल्म 'फायर विदिन' जैसी फिल्में बनाईं। श्रीप्रकाश को अब तक नौ अन्तर्राष्ट्रीय पुरस्कारों से नवाजा जा चुका है जो झारखंड के लिए एक गौरव की बात है।

अश्विनी कुमार पंकज ने झारखंडी समाज के एक बड़े अगुआ स्व. प्यारा केरकेट्टा के जीवन-वृत्त पर एक बहुत ही सुन्दर फिल्म का निर्माण किया। अभी अश्विनी पंकज ने गोड्डा-पाकुड़ की सीमा पर जबरन कोयला खदान शुरू करने के खिलाफ पचुआड़ा, संताल गाँव में चल रहे आन्दोलन पर एक फिल्म बनाई है 'पचुआड़ा प्लस थर्टी टू रिदम ऑफ द रेजिस्टेन्स पार्ट 1' यानि 'प्रतिरोध का छन्द'। यह फिल्म भी अश्विनी की अद्‍भुत क्षमता को पूरी ताकत से प्रकट करती है।

इसी प्रयास को आगे बढ़ाते हुए पिछले आठ-दस सालों में 'अखड़ा' की ओर से बिजु टोप्पो और मैंने निम्नलिखित फिल्में बनाईं। सन् 1984-85 ई. के संतालपरगना के साहेबगंज जिले के बांझी नरसंहार, जहाँ पूर्व सांसद एन्थोनी मुर्मू सहित सत्रह लोगों की पुलिस द्वारा हत्या की गई थी, के ऊपर 'शहीद जो अनजान रहे' (1996) फिल्म से शुरुआत की। इसके बाद

कुटकू बाँध की बाढ़ से हुए हादसे पर 1997 में 'एक हादसा और भी' फिल्म बनाई। बिड़ला के बाक्साइट खदानों के खिलाफ आदिवासियों के संघर्ष पर 1997 में ही 'जहाँ चींटी लड़ी हाथी से' एवं 1999 में ग्राम स्वराज्य पर 'हमारे गाँव में हमारा राज्य' फिल्में बनाईं। सन् 2002 में थोपी गई विकास परियोजनाओं के कारण आदिवासियों-ग्रामीणों पर ढाई गई हिंसा के खिलाफ फिल्म बनाई—'विकास बन्दूक की नाल से'। अखड़ा की उपर्युक्त फिल्मों में से अन्तिम फिल्म 'विकास बन्दूक की नाल से' को नेपाल के 'फिल्म साउथ एशिया फेस्टिवल' की पन्द्रह अच्छी फिल्मों में चयनित किया गया और यह वर्ल्ड ट्रैवलिंग फेस्टिवल का अंग बन गया जिसे आगामी दो वर्षों में विश्व के विभिन्न देशों में प्रदर्शित किया जाएगा।

अब झारखंड के पास दो रास्ते हैं। प्रथम यह कि मुम्बई से श्याम बेनेगल, गोविन्द निहलानी, गिरीश कर्नाड जैसे प्रख्यात निर्देशकों को आमंत्रित किया जाए। वे अपने मनोनुकूल अभिनेताओं को भी मुम्बई से लाएँ। तकनीशियनों झारखंडियों के न्यूनतम सहयोग से उच्च कोटि की फिल्म बना लें। या फिर दूसरा रास्ता वैकल्पिक फिल्म निर्माण का है जिसमें तकनीक और खर्च दोनों ही नए फिल्मकारों की सीमा के अन्दर हैं और जिसके सहयोग से आम लोगों के हाथों में हथियार की तरह इस्तेमाल होने लायक जनोन्मुखी फिल्में बनाई जा सकती हैं और वे अपनी सामाजिक भूमिका बेहतर ढंग से निभा सकते हैं। निर्णय लेना आपके हाथ में है।

झारखंड में डायन प्रथा

आलोक

आज दुनिया साइबर युग में प्रवेश कर गई है। प्रखंड मुख्यालय तक साइबर कैफे खोले जा रहे हैं। इसके बावजूद कुछ ही लोगों तक सूचनाएँ सीमित हो रही हैं, क्योंकि अंधविश्वास का अंधकार पहले जैसा ही दिखता है। बढ़ते अंधविश्वास से ग्रामीण महिलाओं, आदिवासी दलित स्त्री की इज्जत, आबरू और जीवन के खतरे भी बढ़ते जा रहे हैं। लम्बे समय से, झारखंड के गाँवों में प्रतिदिन भूत-प्रेत ओझा-डायन के कारनामों के कारण महिलाओं को प्रताड़ित किया जा रहा है तथा इनकी हत्या तक की जा रही है। हर हत्या में भुक्तभोगी कमजोर परिवार की नारियाँ ही होती हैं। अक्सर देखा गया है कि आपसी रंजिश, प्रतिद्वंद्विता, भूमि हड़पने की साजिश, सुंदर महिला को वश में करने की नीयत के चलते ही किसी औरत को डायन या चुड़ैल घोषित किया जाता रहा है। उसे तरह-तरह से प्रताड़ित करने के बाद या तो उसकी हत्या कर दी जाती है या उसे गाँव छोड़ने पर मजबूर कर दिया जा रहा है।

झारखंड क्षेत्र आदिवासी दलित इलाका रहा है। यहाँ की परम्परागत व्यवस्था पर कायम समाज आज भी अंधविश्वास में आस्था रखता है। यहाँ की सामाजिक संरचना के साथ स्त्री के अस्तित्व का प्रश्न जुड़ा है। डायन प्रथा के विरुद्ध सकारात्मक प्रयास नहीं बढ़े बल्कि प्रताड़ना और हत्या की नृशंस घटनाएँ बढ़ीं। इनका अनुमान इसी से लगाया जा सकता है कि पिछले साढ़े आठ वर्षों में इसी आरोप में करीब 600 महिलाओं की हत्या कर दी गई है। इनमें से अधिकतर की हत्या के मूल में भूमि विवाद है। यह आँकड़ा पुलिस रिकार्ड में भी दर्ज है। दूसरी ओर इस दिशा में प्रयासरत सामाजिक संगठन के वास्तविक आँकड़े इससे कई गुणा अधिक हैं।

झारखंड की राजधानी राँची में पिछले आठ वर्षों में डायन के नाम पर निरीह महिलाओं की 125 हत्याएँ हुई हैं। ऐसे मामले झारखंड के अन्य जिले के थानों में भी दर्ज हैं। सामाजिक संगठन जमाव मंच के सर्वेक्षण के आँकड़े यह भी बताते हैं कि ऐसी घटनाओं में पुलिस भी अपनी ओर से कोई खास पहल नहीं करती है। सामान्य हत्या का मामला बनाकर या झगड़ा-झंझट का मामला बना कर इस केस को दाखिल कर लिया जाता है। अंधविश्वास को समाप्त करने का प्रयास किसी सरकारी विभाग के माध्यम से प्रारम्भ हो, ऐसा नजर नहीं आता। तीन वर्ष बीत चुके, झारखंड राज्य में डायन के नाम पर हत्या और प्रताड़ना की संख्या में लगातार बढ़ोतरी हो रही है।

सिंहभूम जिले में 1991 में डायन के नाम पर 14 हत्याएँ हुईं और धीरे-धीरे यह एक सिलसिला बन गया और आज 156 औरतों की हत्याएँ हो चुकी हैं और कितनी महिलाओं की

प्रताड़ना जारी है, इसका कोई आँकड़ा नहीं है। लगातार बढ़ रही हत्याओं के सिलसिले को देखें—चाईबासा में 135 महिलाओं की हत्या हो चुकी है, गुमला में 125, लोहरदगा में 110, पलामू में 44, जमशेदपुर में 21, धनबाद में 08, बोकारो में 12, संतालपरगना में 15 हत्याएँ हो चुकी हैं। पूरे झारखंड में डायन के नाम पर 12 सालों में 733 महिलाएँ मारी जा चुकी हैं। किन्तु अब भी खून के प्यासे दरिन्दों की प्यास मिटी नहीं है क्योंकि प्रताड़ित की जा रही आधी आबादी की संख्या बहुत बड़ी है।

16 नवंबर 2000 को बोकारो जिला के अन्तर्गत पटेरवार थाना क्षेत्र में उल्गड्डा गाँव की निवासी रायमुनी देवी पर डायन का आरोप लगाकर अमानुषिक अत्याचार किए गए थे। रायमुनी ने 20 अक्तूबर को पटेरवार थाने में मामला दर्ज कराया, कांड संख्या 124/2000 के तहत मामला दर्ज किया गया जिसमें धारा 143, 323, 341, 342, 328, 506, 386, 34/120 बी लगाई गई किन्तु मारपीट और कपड़े फाड़ने वाले की गिरफ्तारी नहीं हुई। इधर संतालपरगना के पाकुड़ जिले के सोमी मुर्म नाम की 60 वर्षीय बूढ़ी महिला की उसके पड़ोसी बदडु मरांडी ने मार-मार कर कमर तोड़ दी। 13 मार्च 2003 को शाम तीन बजे यह घटना घटी। गाँव वालों ने महिला विकास परिषद् की एमेलिया हॉसदा तथा ग्राम प्रधान सुरेन्द्र मुर्म के सहयोग से 16 मार्च को महेशपुर थाना कांड संख्या 125/03, धारा 341, 323, 325, 307, 337, 504, के तहत मामला दर्ज करवाया किंतु बदडु मरांडी की गिरफ्तारी अब तक नहीं हुई है। महेशपुर थाना के अन्तर्गत बरमसिया गाँव में चुड़की मरांडी के देवर हुरीराम किस्कु ने डायन कहकर उसे हसुआ से मारा और मैला पिलाया। 3 मार्च को यह घटना घटी थी। उसी दिन महेशपुर थाना में कांड संख्या 22/2003, धारा 448, 341, 323, 307, 504/34, मामला दर्ज हुआ है किन्तु गिरफ्तारी नहीं हुई है।

झारखंड की राजधानी में तीन वर्ष पूरे होने पर सत्ता की कवायद जारी है और विकास की बात चल रही है। वहीं दूसरी ओर नारी अत्याचार की घटनाओं में हुई बेतहाशा वृद्धि से यहाँ की धरती कलंकित हो रही है। डायन हत्या की घटना इस बात को इंगित करती है कि शक्ति की प्रतीक माने जानी वाली नारियों के प्रति वर्तमान सामाजिक नजरिया बेहद खराब है। साथ ही प्रशासनिक व्यवस्था एवं सरकारी नजरिया भी अलग नहीं दिखाई दे रहा है। झूठे विकास की बात करने वालों के लिए 'डायन हत्या' या 'महिला प्रताड़ना' का एजेण्डा नहीं है। 22 जिलों वाले इस राज्य में डायन के नाम पर घटती दुर्घटनाएँ यह बता रही हैं कि अंधविश्वास में डूबे समाज के लिए जादू-टोना और डायन-हत्या एक आम बात है।

वर्तमान समय में थोपे गए सरकारी विकास का जो हाल है, उसमें ग्रामीण जीवन में कोई परिवर्तन नहीं होता दिखाई दे रहा है। मलेरिया या डायरिया, या मामूली बुखार की स्थिति में अनपढ़ ग्रामीण परिवार डाक्टर के पास न जाकर ओझा-गुणी के पास जाते हैं। ओझा बीमारी न बता कर, डायन के टोने का कारण बताता है और गाँव की किसी असहाय निर्बल बूढ़ी महिला की हत्या करवा देता है। गढ़वा की तितरी देवी का कहना है, 'नारी के रूप में अपना जीवन जिन लोगों की सेवा में गुजारा, उन्हीं लोगों ने मुझे नरक की आग में झोंक दिया। इसलिए कि मेरी जमीन पर कब्जा कर सकें।' सामान्य तौर पर यह चलन बना हुआ है कि डायन घोषित हुई महिलाओं को गाँव वाले मार-पीट कर घर-परिवार से अलग कर देते हैं और उसके साथ पशुओं

से भी बदतर व्यवहार करते हैं। असहाय महिला के साथ ज्यादा से ज्यादा बुरा कृत्य करने वाले को वीर माना जाता है। जिस आदिवासी समाज में स्त्रियों को लगातार बराबरी, सामाजिक भागीदारी प्राप्त रही है, वहीं स्त्री को जमीन के लिए या अन्य स्वार्थ के लिए हत्या तक कर देना अचरज में डाल रहा है।

डायन प्रथा मानव सभ्यता और उसकी सुसंस्कृति पर प्रश्नचिन्ह की तरह है। अधिक चिंता की बात यह है कि अत्याधुनिक विचारों और वैज्ञानिक सोच वाली इस दुनिया में डायन के अस्तित्व पर विश्वास करने वालों की बड़ी जमात, आबादी के बड़े हिस्से में मौजूदगी कायम है। इस तरह की अंधी आस्था मानव सभ्यता और संस्कृति के विकास की तमाम बुलंदियों को ध्वस्त कर देगी। कितना अन्तर्विरोध है कि एक तरफ तो हमारा दावा जीवन के तमाम रहस्यों को खोज लेने का है, वहीं डायन मानकर स्त्री की हत्या तक कर देने की सोच भी हमारे समाज में मौजूद है।

डायन प्रथा पर कानून

झारखंड अलग राज्य के गठन से पहले ही बिहार विधानसभा में वर्ष 1999 में डायन प्रथा विरोधी विधेयक पेश किया गया था। अक्तूबर 99 तक यह कानून बना कर पास कर दिया गया, झारखंड सरकार ने उसी कानून को बिना संशोधन अपना लिया है। बिहार सरकार द्वारा बनाए गए कानून प्रभावशाली नहीं रहे क्योंकि डायन प्रथा विरोधी कानून के लागू होने के बावजूद हत्या की गति वही की वही है।

ओझा गुणी का तर्क

ओझा गुणियों का यह तर्क है कि डायन या डायन शक्ति प्राप्त करने वाली महिलाएँ प्रत्येक वर्ष नवरात्रि में आधी रात को साधना करती हैं। अनुष्ठान के अंत में अपने किसी प्रियजन को मारकर अलौकिक शक्ति की स्वामिनी बन जाती हैं। भादो मार्डी पूर्वी सिंहभूम के घाटशिला के पंचायत बड़ाजुड़ी के 43 वर्षीय ओझा हैं। कई साल से झाड़-फूंक के अलावा मजदूरी किया करते हैं। एक दिन में 13-15 रुपया कमाते हैं। उनका मानना है कि विधवा स्त्री अमावस्या और पूर्णिमा के दिन डायन बनने के लिए झाड़ू पहनकर निकलती है, कुछ मंत्र उच्चारण करती है। बलीराम, गालूडीह के 50 वर्षीय ओझा कहते हैं कि उन्होंने अब तक 18 महिलाओं को डायन चिन्हित किया है।

डायन प्रथा पर ग्रामीण जनता की सोच

गाँव के आम जनमानस में यह धारणा बैठी हुई है कि डायन विद्या ऐसी शक्ति होती है जिसका प्रयोग किसी को क्षति पहुँचाने के लिए किया जाता है। मंत्रों के उच्चारण में लोगों को बीमार कर देने की शक्ति होती है।

जबकि शिक्षित और श्रम पर विश्वास रखने वाले लोगों का मानना है कि डायन विद्या के बारे में बचपन से सुनते आ रहे हैं किन्तु आज तक डायन को नहीं देखा है। यह एक अंधविश्वास है। खासकर झारखंड प्रदेश में डायन विद्या के बारे में यहाँ की स्त्रियों को कोई जानकारी नहीं है।

जिस देश में गरीबी, बेरोजगारी से लोग दिन-रात जूझ रहे हों, जहाँ पेट भरने के लिए पूरा परिवार पलायन कर रहा हो, वहाँ डायन विद्या सीखने के लिए किसके पास समय है। यदि स्त्रियाँ अलौकिक शक्ति का मंत्र जानतीं तो क्या वे अपनी शक्ति का प्रयोग अपनी रक्षा के लिए नहीं करतीं।

डायन हत्या आँकड़े : 1991-2002 दिसम्बर

जिला	*91*	*92*	*93*	*94*	*95*	*96*	*97*	*98*	*99*	*00*	*01*	*02*
राँची	–	24	23	19	8	15	11	9	06	14	23	09=161
चाईबासा		14	15	18	9	6	7	10	14	14	20	08=135
गुमला		14	16	14	10	7	10	7	09	18	13	07=125
लोहरदगा		31	15	25	13	14	1	1	02	04	01	03=110
पलामू		3	6	5	7	7	1	3	03	01	08	=144
जमशेदपुर		1	1	1	2	1	–	04	08	01	02	=21
धनबाद	–	–	–	–	–	1	1	1	03	02		=08
बोकारो	–	–	–	–	–	–	–	1	01	05	06	=12
ग़ढ़वा	–	12	–	1	1	–	–	1	01	02	03	08 = 27
चतरा	–	–	–	–	–	1	–	–	–	–	02	01 = 04
हजारी.	–	–	–	–	5	1	–	–	06	14	16	15 = 57
गिरिडीह	–	1	2	–	–	1	–	–	01	01	04	07 = 17
कोडरमा	–	–	–	–	–	2	2	05	02	01	–	= 12
कुल	14	100	81	79	54	54	32	34	56	17	100	68=733

सिंहभूम =
चाईबासा =
जमशेदपुर =

स्रोत : पुलिस मुख्यालय, झारखंड सरकार

झारखंड में शिक्षा

डॉ. मिथिलेश/खुर्शीद अख्तर

'हमारे देश में 1983 में जो लगभग 2.3 करोड़ बच्चे पैदा होंगे, उनमें से करीब 30 लाख पहला साल पूरा करने के पहले चल बसेंगे और 10 लाख अन्य बच्चे अपना शैशव पूरा करने के पहले मर चुके होंगे। बाकी बचे 1.9 करोड़ में करीब 90 लाख बचपन में गंभीर कुपोषण और बीमारी के कारण कमजोर शारीरिक और मानसिक क्षमताओं के साथ वयस्क जीवन में प्रवेश करेंगे। करीब 70 लाख को कुछ कम गंभीर कुपोषण और परिणाम सहने होंगे। इस तरह 1983 में पैदा हुए 2.3 करोड़ लोगों में से केवल 30 लाख ऐसे रह जाएँगे जो इस देश के स्वस्थ नागरिक बन सकेंगे।'—सी. गोपालन (राज, समाज और शिक्षा, कृष्ण कुमार, पृ. 139 पर उद्धृत, छात्र संस्करण, 1993)

'अपनी बुजुर्ग संस्कृति और चार दशकों (अब पाँच) की आजादी के बावजूद एक समाज के रूप में हम अभी इतने विवेकी और समर्थ नहीं बन सके हैं कि अपने करोड़ों नवजातों को गरीबी, कुपोषण और दुर्भाग्य के पंजों से निकाल कर सामाजिक संरक्षण में लेने की व्यवस्था करें। सरकारी तथा गैर-सरकारी संगठनों के लाखों कर्मचारियों के लिए हमारे पास अनेक सुरक्षा योजनाएँ हैं, संपन्न लोगों के लिए सुविधा के अनगिनत स्रोत हैं, किन्तु जीवन के आरंभिक छह वर्षों के लिए किसी प्रकार की निश्चित राष्ट्रीय योजना नहीं है। बच्चों के शोषण के विरुद्ध संविधान के आश्वासन के बावजूद आज भी कई लाख बच्चे महानगरों में अत्यंत विषम परिस्थितियों में नौकरी करके जीते हैं। 0-5 आयु वर्ग के बच्चों की देखरेख हमारे शिक्षा तंत्र का सबसे अँधेरा कोना है। एक विकासशील देश के लिए यह पहले दरजे के महत्त्व का विषय होना चाहिए था। भारत में पूर्व-प्राथमिक शिक्षा का कोई स्वरूप तथा ढाँचा अब तक नहीं उभर सका है। देश में तीन से छह वर्ष के लगभग छह करोड़ बच्चे हैं। इस संख्या को देखते हुए पूर्व-प्राथमिक शिक्षा का इंतजाम नगण्य-सा लगता है। इस इंतजाम में कोई 44 हजार बालवाड़ियाँ, केन्द्र शासन के लगभग 10 हजार पूर्व-प्राथमिक विद्यालय और कोई 1200 शहरी नर्सरी स्कूल शामिल हैं। इनके अलावा एक विशेष योजना (एकीकृत बाल विकास सेवा) के अंतर्गत 60 हजार के आसपास आँगनबाड़ियाँ चल रही हैं। ये संख्याएँ बहुत नहीं हैं, पर इनके पीछे का यथार्थ और भी निराशाजनक है। छोटे बच्चों के बीच काम करने वालों की सेवाशर्तें और तनख्वाहें इतनी खराब हैं कि कोई विरला ही इस क्षेत्र की ओर अपनी इच्छा या खुशी से आएगा।' (कृष्ण कुमार, राज, समाज और शिक्षा, पृ. 145)

ऊपर के दो वक्तव्य, जो आज से लगभग 15-20 वर्ष पहले के हैं, को देखने से शिक्षा के

समस्त ढाँचे का विद्रूप प्रकट हो जाता है। इनमें पेश किए गए आँकड़े राष्ट्रीय स्तर के हैं परन्तु अपने झारखंड राज्य के संदर्भ में भी ये उसी भयावहता के साथ विद्यमान हैं। सरकारी दावों में इन पक्षों का जिक्र न के बराबर होता है या होता भी है तो कुछ इस तरह कि ये तथ्य ध्यान देने लायक नहीं हैं। झारखंड खनिज-संपदा से भरा-पूरा होने के बावजूद एक गरीब जनों का राज्य है। प्रति व्यक्ति आय 4827 रुपए है। राज्य का भू-क्षेत्र 79,714 वर्ग किलोमीटर है। विकास की सभी संभावनाओं से परिपूर्ण यह राज्य देश के अन्य राज्यों से आगे निकलने की योग्यता रखता है, परन्तु पूर्व में बिहार से प्राप्त कार्य-संस्कृति तथा रूढ़िवादी और सामंती मानसिकता को ढोए चले जा रहे यहाँ के हुक्मरान यथास्थितिवादी रवैये से उबर नहीं पा रहे हैं। झारखंड में शिक्षा की जो स्थिति है वह इसके संसाधनों के अनुरूप आश्वस्त करने वाली नहीं है। पूर्व-प्राथमिक से लेकर उच्च शिक्षा पर नजर दौड़ाएँ तो यह तस्वीर उभरती है कि आधारभूत ढाँचे का घोर अभाव है। इसी का परिणाम है कि आजादी के 56 वर्षों के बाद भी यहाँ की लगभग 50 प्रतिशत आबादी अशिक्षित तथा निरक्षर है। शिक्षा-परिदृश्य पर हम आगे यथासंभव विस्तृत बातचीत करेंगे, उसके पूर्व यहाँ औपचारिक शिक्षा के आरंभ पर भी दृष्टिपात कर लेना जरूरी समझते हैं।

झारखंड में औपचारिक शिक्षा का आरंभ

झारखंड क्षेत्र में औपचारिक शिक्षा की बुनियाद डालने का श्रेय ईसाई मिशनरियों को है। इसके पूर्व इस क्षेत्र में शिक्षा के नाम पर राजतंत्र तथा सामंती-व्यवस्था के तहत राज-संचालन हेतु संस्कृत-फारसी में राजपरिवारों के लोगों को थोड़ी-बहुत शिक्षा दी जाती रही। जाहिर है कि इस शिक्षा से आमजन का कोई संपर्क नहीं रहा। इस गैर-बराबरी की शिक्षा-व्यवस्था का दुष्परिणाम अब भी नजर आता है कि झारखंड के लोग शीर्ष पदों पर गिने-चुने हैं।

बहरहाल, ईसाई मिशनरियों ने यहाँ औपचारिक शिक्षा की शुरुआत (लगभग डेढ़ सौ वर्ष पहले) की। हालाँकि शिक्षा-प्रसार उनके लिए धर्म-प्रचार का एक माध्यम और हिस्सा थी। 'शिक्षा के प्रचार-प्रसार के जरिए आदिवासियों के बीच पहुँचने वालों में गोस्सनर एवेंजेलिकल लूथेरन चर्च मिशन (जी.ई.एल.चर्च मिशन), एस.पी.जी. मिशन, रोमन कैथलिक मिशन, युनाइटेड फ्री चर्च, डबलिन यूनिवर्सिटी मिशन, सेवेन्थ डे एडवेन्टिस्ट मिशन के नाम उल्लेखनीय हैं। गोस्सनर ने 1845 में, एस.पी.जी. (सोसाइटी फॉर द प्रोपेगेशन ऑफ गोस्पेल) ने 1869 में और रोमन कैथलिक मिशन ने 1885 में छोटानागपुर में अपनी-अपनी गतिविधियाँ शुरू कीं।' (हेमंत, झारखंड, पृ. 235, निगम प्रकाशन, नई दिल्ली, पटना, 2001) इस प्रकार, 1845 में कोलकाता के बिशप के निर्देश पर जी.इ.एल. चर्च मिशन के धर्म-प्रचारकों के आगमन से औपचारिक शिक्षा की शुरुआत झारखड में हुई। इन्हीं धर्म-प्रचारकों के द्वारा राँची में एक विद्यालय की स्थापना हुई। आदिवासी बच्चों को आर्थिक सुविधाएँ देकर भी पढ़ने हेतु प्रेरित किया गया। इसके तहत छात्रवृत्ति के रूप में प्रत्येक छात्र की प्रति सप्ताह के अंत में प्रतिदिन की उपस्थिति के आधार पर एक आना राशि दी जाती थी। इसके बावजूद आदिवासी बच्चे स्कूल नहीं जाते थे। फिर भी ईसाई धर्म-प्रचारक घर-घर जाकर बच्चों को विद्यालय भेजने का अनुरोध अभिभावकों से करते थे। धर्म-प्रचारकों के प्रयास का ही परिणाम था कि 1855 ई. में उस

विद्यालय में 80 छात्र पढ़ रहे थे। क्रांति के कारण 1857 ई. में मिशनरियों को यह इलाका छोड़कर वापस कोलकाता जाना पड़ा, इस कारण स्कूल बंद हो गया। इस समय तक स्कूल में छात्र-छात्राओं का अनुपात बराबर था, और सभी ईसाई धर्म को अपना चुके थे। स्कूल में हिन्दी, अंग्रेजी, उर्दू, गणित, भूगोल जैसे विषय पढ़ाए जाते थे। क्रांति जब थमी तो मिशनरी पुनः आए। वापसी के बाद मिशनरियों ने स्कूल खोलने का अभियान चलाया और 1864 ई. तक छोटानागपुर इलाके में उनके द्वारा 11 स्कूल खोले गए।

जी.ई.एल. मिशन की 1874 ई. की वार्षिक रिपोर्ट के मुताबिक राँची जिले के 62 गाँवों में मिशन के स्कूल खुल चुके थे। उनमें 1314 बच्चे पढ़ रहे थे। साथ ही, बालक-बालिकाओं के लिए अलग-अलग आवासीय विद्यालय चलने लगे थे, जिनमें भारतीय ईसाई शिक्षकों की संख्या ज्यादा थी। 1896 ई में गोस्सन हाई स्कूल की स्थापना हुई। इस समय तक राँची जिले के विभिन्न क्षेत्रों में करीब 80 हाई स्कूल चलने लगे। 1914 ई. में इस इलाके में प्राथमिक एवं उच्च विद्यालयों की संख्या 295 हो गई। जी.ई.एल. चर्च के मिशनरियों ने जनजातीय भाषा एवं साहित्य के विकास को अपने धर्म प्रचार का अंग बनाया तथा माध्यम के रूप में हिन्दी को अंगीकार किया। 1873 ई. में राँची में एक स्टोन लिथोग्राफिक प्रेस की स्थापना गोस्सनर मिशन द्वारा की गई। इस प्रेस में कुड़ुख, मुंडारी और हिन्दी भाषा की पुस्तकें छपती थीं। 1880 ई. में 'घर बंधु' नामक एक पाक्षिक पत्रिका (हिन्दी) भी प्रकाशित की जाने लगी, जिसमें ईसाई धर्म के प्रचार को प्रमुखता दी जाती थी। 1902 ई. में जी.ई.एल. मिशन द्वारा ही उराँव-अंग्रेजी शब्दकोश छापा गया। 1942 ई. तक राँची व झारखंड के कई इलाकों में गोस्सनर मिशन द्वारा संचालित 107 प्राथमिक विद्यालय, नौ मध्य विद्यालय और दो उच्च विद्यालय संचालित किए जा रहे थे। इन स्कूलों में कुल 2680 छात्र-छात्राएँ शिक्षा ग्रहण करते थे।

गोस्सनर मिशन के साथ ही एस.पी.जी. मिशन ने 1870 ई. से 1908 ई. तक 118 स्कूलों की स्थापना की। बाद के दस वर्षों में इनकी संख्या 157 तक पहुँच गई। इनमें बालिकाओं के लिए चलने वाले विद्यालयों की संख्या 23 थी। ये विद्यालय प्रायः आवासीय थे, जहाँ जनजातीय छात्रों के लिए नि:शुल्क आवास और वस्त्रों की व्यवस्था की जाती थी। एस.पी.जी. मिशन ने ही 1898 ई. में 'संत मिखाइल नेत्रहीन विद्यालय' की स्थापना रांची में की। 1909 ई. में महिला शिक्षकों के प्रशिक्षण के लिए महिला प्रशिक्षण विद्यालय खोला गया।

रोमन कैथलिक मिशन का आगमन इस क्षेत्र में 1865 ई. में हुआ। अपने आगमन से 1947 ई. तक इस मिशन द्वारा 697 विद्यालय खोले गए। इनमें प्राथमिक से लेकर उच्च विद्यालय तक शामिल थे। आर.सी. मिशन ने ही 7 जुलाई, 1944 ई. को राँची में संत जेवियर कॉलेज की स्थापना की, जिसकी गणना झारखंड के अग्रणी शिक्षण संस्थानों में होती है। हालाँकि इसके बहुत पहले 1889 ई. में डबलिन यूनिवर्सिटी मिशन ने संत कोलंबा कॉलेज की स्थापना कर झारखंड में उच्च शिक्षा की नींव डाल दी थी।

1940 ई. में महात्मा गाँधी और देशरत्न डॉ. राजेन्द्र प्रसाद की प्रेरणा के फलस्वरूप टाना भगतों की सक्रिय भागीदारी से झारखंड के जनजातीय अंचल में 'सेवा केन्द्र' की स्थापना की गई। इस 'सेवा केन्द्र' से संबद्ध लोगों ने 1942 ई. के 'भारत छोड़ो आंदोलन' में सक्रिय

भागीदारी निभाई। 1946 ई. में सेवा केन्द्र को 'आदिम जाति सेवा मंडल' में बदलकर उसकी गतिविधियों को पूरे छोटानागपुर में प्रसारित करने का निर्णय लिया गया। आजादी के पश्चात्— 'आदिम जाति सेवा मंडल' ने 'ठक्कर बापा योजना' के तहत शिक्षा के प्रसार का बीड़ा उठाया। सरकारी सहायता पाकर दुर्गम आदिवासी अंचलों में भी 'मंडल' ने शिक्षा की मशाल जलाई। 'सेवा केन्द्र' के संदर्भ में हेमंत की टिप्पणी है—'वे एक साथ संघर्ष और रचना के कार्य करते थे। उन्हें जब-तब ब्रिटिश हुकूमत का कोपभाजन बनना पड़ता था। वे जेलों में बंद कर दिए जाते थे। जेल से बाहर आते ही वे फिर अपने संघर्ष-रचना के कार्यों में लग जाते थे। इस वजह से वे ब्रिटिश हुकूमत और ईसाई मिशनरियों को कांटों की तरह चुभते थे।' (हेमंत, झारखंड, पृ. 238) आगे उन्होंने लिखा है—'आजादी के तुरंत पहले गठित आदिम जाति सेवा मंडल ने शिक्षा के क्षेत्र में तेजी से कदम बढ़ाया। यूँ उसके विद्यालय धर्मनिरपेक्ष थे लेकिन हिन्दू संस्कृति के प्रतिमानों व प्रतीकों की वजह से उनका झुकाव अनायास ईसाई मिशनरियों से अलग दिखने लगता था। उन स्कूलों में औपचारिक रूप से हिन्दू धर्मान्तरण जैसी कोई प्रथा या प्रक्रिया नहीं चलती थी। फिर भी उन स्कूलों में पढ़ने वाले आदिवासी छात्र हिन्दू प्रतिमानों और संस्कारों को ग्रहण करते ही थे। इसलिए यह लगता था कि ईसाई मिशनरियों की तरह मंडल के स्कूल भी आदिवासी छात्र-छात्राओं को गैर-जनजातीय संस्कृति और संस्कारों से लैस करने में लगे हुए हैं। ईसाई मिशनरियाँ तो सेवा केन्द्र और बाद में गठित आदिम जाति सेवा मंडल को अपना प्रतिद्वंद्वी मानती थीं। एक साल बाद ही देश आजाद हुआ तो मंडल ने ठक्कर स्कीम के तहत शिक्षा के प्रसार का बीड़ा उठाया। उसने 1962-63 तक झारखंड के विभिन्न जिलों में 462 विद्यालयों की स्थापना की। उनमें 78 उच्च प्राथमिक, 13 मध्य विद्यालय और 6 उच्च विद्यालय थे। 20 छात्रावास भी खुले। सरकार से आर्थिक सहायता पाकर आदिम जाति सेवा मंडल ने झारखंड क्षेत्र में सुदूर जंगल व पहाड़ों पर बसने वाले विभिन्न जनजातियों के बीच शिक्षा के प्रचार-प्रसार में महत्त्वपूर्ण योगदान दिया। उसने उन क्षेत्रों में विद्यालयों की स्थापना और पठन-पाठन का कार्य किया, जहाँ सौ साल बाद भी ईसाई मिशनरियाँ नहीं पहुँची थीं।' (झारखंड, पृ. 238)

आजादी के पूर्व सरकारी स्तर पर भी विद्यालयों की स्थापना हुई जिनमें जिला स्कूलों का नाम प्रमुखता से लिया जा सकता है। सरकारी स्तर पर सर्वप्रथम राँची में 1869 ई. में राजकीय माध्यमिक विद्यालय की स्थापना हुई थी। उसे ही 1875 ई. में राँची जिला स्कूल के रूप में परिणत किया गया। ज्ञात हो कि स्थानीय जनता की उच्च शिक्षा विषयक माँगों को देखते हुए जिला स्कूल में 1926 ई. से सरकार ने आई.ए. स्तर की पढ़ाई शुरू करके राँची में उच्च शिक्षा का श्रीगणेश किया और 1946 ई. में जिला स्कूल से आई.ए. की कक्षाओं को अलग करके गवर्नमेंट डिग्री कॉलेज नाम से एक पृथक् कॉलेज की स्थापना की गई जो कालांतर में राँची कॉलेज, रांची के नाम से अभिहित किया गया। 1949 ई. से राँची कॉलेज में आई.एस.सी. स्तर की पढ़ाई तथा सितंबर, 1951 ई. से इतिहास और हिन्दी विषयों में स्नातक स्तर का शिक्षण आरंभ हुआ। (राँची कॉलेज निर्देशिका, 2001-02)

इसी क्रम में अन्य क्षेत्रों में जिला स्कूल जैसे शिक्षण-संस्थान खोले गए, जिनकी भूमिका शिक्षा-प्रसार में महत्त्वपूर्ण रही।

झारखंड : शिक्षा का वर्तमान परिदृश्य

आजादी के पश्चात् बिहार व केन्द्र सरकार द्वारा जनजातीय इलाकों में शिक्षा के प्रचार-प्रसार के लिए कई स्कूल-कॉलेजों की स्थापना की गई। कई पुराने विद्यालय, जो गैर-सरकारी संगठनों-संस्थाओं द्वारा संचालित थे, का अधिग्रहण किया गया। लेकिन झारखंड आज भी शिक्षा के मामले में बेहद पिछड़ा हुआ है। जनजातीय शिक्षा की स्थिति तो और भी चिंतनीय है। 1991 ई. की जनगणना के मुताबिक झारखंड राज्य की 2 करोड़ 18 लाख आबादी में से सिर्फ 73 लाख 52 हजार लोग ही शिक्षित अथवा साक्षर हैं। प्रतिशत के लिहाज से यह 33.66 प्रतिशत है। पुरुष साक्षरता का प्रतिशत 46 है जबकि महिला साक्षरता सिर्फ 20.18 प्रतिशत है।

प्राथमिक शिक्षा

झारखंड की शैक्षिक स्थिति के लिहाज से यह तथ्य देखा जा सकता है कि छठे अखिल भारतीय शैक्षिक सर्वे के अनुसार झारखंड में सरकारी विद्यालयों की कुल संख्या करीब 21319 है। उनमें से 445 प्राइमरी विद्यालय ऐसे हैं जहाँ एक भी शिक्षक नहीं है। बिना शिक्षक के उन स्कूलों में पढ़ाई कैसे चलती है, यह बहस का विषय है। उसके साथ आश्चर्य का विषय यह है कि झारखंड राज्य के करीब 40 प्रतिशत प्राइमरी स्कूल ऐसे हैं जहाँ सिर्फ एक शिक्षक एक साथ पाँच यानी एक से पाँचवीं कक्षा तक के बच्चों को पढ़ाते हैं। सिर्फ एक शिक्षक वाले ऐसे स्कूलों की संख्या करीब 4857 है। नवगठित झारखंड राज्य में अवस्थित 16136 सरकारी प्राइमरी स्कूलों में करीब 2372 स्कूल ऐसे हैं जिनको एक छत तक नसीब नहीं है, भवन-कमरे की बात तो दूर रही। ये स्कूल खुले आसमान के नीचे चलते हैं या फिर सिर्फ सरकारी कागज पर। करीब 1955 प्राइमरी स्कूल ऐसे हैं जहाँ पाँच कक्षाओं की पढ़ाई सिर्फ एक-एक कमरे में होती है। राज्य के प्राइमरी से लेकर उच्च विद्यालयों तक में 50 प्रतिशत ऐसे विद्यालय हैं जहाँ पीने के पानी की व्यवस्था नहीं है। करीब 90 प्रतिशत स्कूलों में पेशाबखाने का इंतजाम नहीं है। करीब 85 प्रतिशत में शौचालय नहीं है। (हेमंत, झारखंड, पृ. 239)

शिक्षा के संदर्भ में झारखंड सरकार के मानव संसाधन विकास मंत्रालय द्वारा जारी आंकड़ों (2003) के मुताबिक 2,69,09,428 की जनसंख्या में 54.13 प्रतिशत लोग साक्षर हैं। इनमें पुरुष साक्षरता 67.94 प्रतिशत है जबकि महिला साक्षरता का प्रतिशत 39.38 है। राष्ट्रीय स्तर पर साक्षरता का प्रतिशत 65.38 है। राष्ट्रीय स्तर पर पुरुष साक्षरता 75.85 प्रतिशत है वहीं महिला

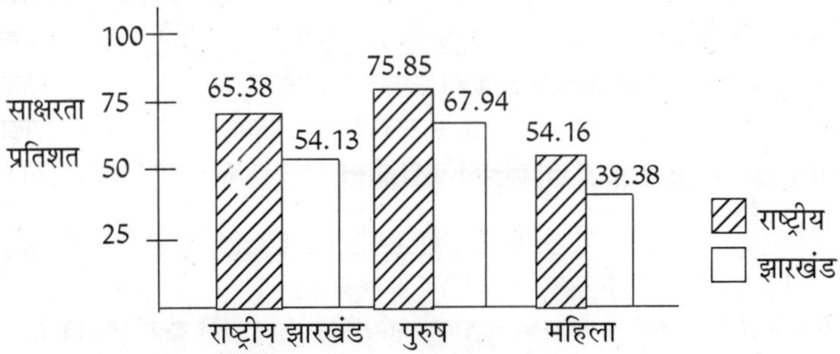

साक्षरता 54.16 प्रतिशत है।

झारखंड राज्य में कार्यरत विद्यालयों का विवरण इस प्रकार है—

	विद्यालय	*संख्या*
(क)	राजकीय कृत प्राथमिक विद्यालय	16322
(ख)	राजकीय कृत मध्य विद्यालय	4055
(ग)	अल्पसंख्यक सहित गैर-सरकारी प्रारंभिक विद्यालय	817
(घ)	प्राथमिक शिक्षक शिक्षा महाविद्यालय डायट की संख्या	24
(ङ)	राजकीय कन्या मध्य विद्यालय	16
(च)	राजकीय बुनियादी विद्यालय	123

स्रोत : मानव संसाधन विभाग, झारखंड सरकार, जून 2003

झारखंड में कई ऐसे टोले व गाँव हैं जो अभी भी विद्यालय-विहीन हैं। ऐसे टोलों में अभियान विद्यालय अथवा शिक्षा गारंटी केन्द्र खोले गए हैं। इनका विवरण इस प्रकार है—

झारखंड में कुल विद्यालय-विहीन टोले 11778

खोले गए अभियान विद्यालय/शिक्षा गारंटी केन्द्र 11514

झारखंड में राजकीयकृत प्रारंभिक विद्यालयों में शिक्षकों का घोर अभाव है। यहाँ के विद्यालयों में शिक्षकों के जितने स्वीकृत पद हैं, उसके मुकाबले शिक्षकों की संख्या लगभग आधी है। इसकी पुष्टि राज्य सरकार द्वारा जारी आँकड़ों से होती है।

राजकीय प्रारंभिक विद्यालयों में शिक्षकों की स्थिति

शिक्षक	*स्वीकृत*	*कार्यरत*	*रिक्त*
प्रधानाध्यापक	3264	1444	1820
स्नातक प्रशिक्षित	2548	1411	1137
मैट्रिक प्रशिक्षित	58089	48866	9223

इसी प्रकार बुनियादी विद्यालयों में भी शिक्षकों के ढेर सारे पद रिक्त हैं—

शिक्षक	*स्वीकृत*	*कार्यरत*	*रिक्त*
प्रधानाध्यापक	123	78	45
स्नातक प्रशिक्षित	85	58	27
मैट्रिक प्रशिक्षित	1110	640	470

स्रोत : मानव संसाधन विभाग, झारखंड सरकार

झारखंड के विद्यालयों में बुनियादी सुविधाएँ

यहाँ के विद्यालयों में बुनियादी सुविधाओं की स्थिति दयनीय है। शिक्षक, कमरे, पेयजल, पेशाबखाने और शौचालयों के मामले में झारखंड के विद्यालय बहुत ही पिछड़े हैं। इससे संबंधित एक विवरण में विद्यालयों में उपलब्ध बुनियादी सुविधाओं की स्थिति देखी जा सकती है—

क्रम	जिले	उपलब्ध बुनियादी सुविधाएँ (प्रतिशत में)		
		पेयजल	पेशाबखाना	शौचालय
1.	गोड्डा	40.94	4.78	5.89
2.	साहेबगंज+पाकुड़	32.51	8.96	11.71
3.	दुमका+जामताड़ा	50.33	6.24	9.41
4.	देवघर	59.35	11.28	12.30
5.	धनबाद	50.64	17.79	15.78
6.	गिरिडीह	48.25	9.16	7.82
7.	हजारीबाग+कोडरमा	60.53	12.59	11.74
8.	पलामू+लातेहार	48.54	9.45	10.18
9.	लोहरदगा	47.98	12.43	10.40
10.	गुमला+ सिमडेगा	46.09	10.74	9.73
11.	राँची	53.84	12.11	12.06
12.	पूर्वी सिंहभूम	62.83	21.07	19.81
13.	पश्चिमी सिंहभूम+ सरायकेला खरसवां	43.26	8.34	6.34
14.	बोकारो	50.71	12.73	10.77
15.	चतरा	53.74	7.63	8.27
16.	गढ़वा	61.62	9.26	7.94

इसी क्रम में शिक्षकों व विद्यालयों में उपलब्ध कमरों की स्थिति इस प्रकार है—

क्रम	जिले	शिक्षक		कमरे	
		शून्य	एक	शून्य	एक
1.	गोड्डा	76	206	199	146
2.	साहेबगंज+पाकुड़	14	391	260	247
3.	दुमका+जामताड़ा	12	269	159	187
4.	देवघर	01	264	67	93
5.	धनबाद	10	196	117	106
6.	गिरिडीह	32	415	142	192
7.	हजारीबाग+कोडरमा	29	441	101	274
8.	पलामू+लातेहार	69	382	297	173
9.	लोहरदगा	16	84	20	10
10.	गुमला+सिमडेगा	25	378	136	39
11.	राँची	11	329	58	107
12.	पूर्वी सिंहभूम	10	277	148	58
13.	प. सिंहभूम+ सरायकेला-खरसवां	78	522	360	152

14.	बोकारो	25	265	91	56
15.	चतरा	30	267	105	75
16.	गढ़वा	07	171	52	40

स्रोत : जनगणना 1991

झारखंड में स्कूलों की संख्या और नामांकन

क्रम	*जिला*	*स्कूलों की संख्या*		*नामांकन*	
		प्राथमिक विद्यालय	*मध्य विद्यालय*	*प्राथमिक विद्यालय*	*मध्य विद्यालय*
1.	दुमका+जामताड़ा	1574	271	227982	40349
2.	गोड्डा	873	192	110334	20696
3.	देवघर	762	165	194802	39368
4.	साहेबगंज	1157	192	154292	26982
5.	पाकुड़	–	–	–	–
6.	हजारीबाग	973	256	228011	52324
7.	चतरा	505	108	96362	14182
8.	कोडरमा	264	57	45593	9576
9.	धनबाद	889	226	252467	69324
10.	बोकारो	694	168	160608	81026
11.	गिरिडीह	1205	216	280551	34137
12.	राँची	1386	490	316996	89509
13.	लोहरदगा	238	85	43841	13104
14.	गुमला+सिमडेगा	1151	330	166548	41406
15.	पू. सिंहभूम	973	310	202997	72964
16.	प. सिंहभूम + सरायकेला खरसवां	1845	405	234346	54762
17.	पलामू+ लातेहार	1341	370	173364	42244
18.	गढ़वा	499	156	71035	18803
		16329	3997	2960129	720756

स्रोत : झारखंड शिक्षा परियोजना परिषद् (30 सितंबर 2003 तक)

झारखंड में साक्षरता दर

क्रम जिला	*कुल साक्षर*	*पुरुष*	*महिला*	*साक्षरता दर %*	
				1991	*2001*
1. दुमका+जामताड़ा	699682	468188	231494	34.02	48.31
2. गोड्डा	371184	258025	113159	34.02	43.73

3. देवघर	475684	331435	144249	37.92	50.53
4. साहेबगंज	279980	184378	95602	29.37	37.91
5. पाकुड़	171056	115149	55907	23.96	30.54
6. हजारीबाग	1081921	690735	391186	41.21	58.05
7. चतरा	273166	179084	94082	27.84	43.35
8. कोडरमा	210679	142440	682339	38.52	52.73
9.धनबाद	1366678	871572	496106	54.24	67.49
10. बोकारो	942078	610688	331390	51.14	62.98
11. गिरिडीह	679053	476833	202220	32.24	45.16
12. राँची	1537826	941317	596509	51.52	65.69
13. लोहरदगा	158918	100668	58250	40.79	53.97
14. गुमला+सिमडेगा	578182	354358	223824	39.67	52.35
15. पू.सिंहभूम	1184657	708476	476181	59.05	69.42
16. प.सिंह+सरा+खर.	874110	575772	295638	38.92	50.70
17. पलामू+लातेहार	766490	520077	246413	33.52	45.67
18. गढ़वा	320533	230771	89762	26.06	39.39
झारखंड	11970177	7759966	4210211	41.39	54.13

स्रोत : जनगणना 2001

झारखंड सरकार द्वारा जारी आँकड़ों के मुताबिक वर्ष 2002-03 में कक्षा एक से पाँच तक 24,91,150 बच्चे विद्यालयों में नामांकित हुए जबकि कक्षा छह से आठ में 3,76, 044 बच्चे और अभियान विद्यालय शिक्षा गारंटी केन्द्र में 2,43,020 बच्चों का नामांकन हुआ। झारखंड राज्य में छह से 14 वर्ष की आयु के बच्चों की संख्या 55.69 लाख है। जिनमें से 31.10 लाख अर्थात् 55.8 प्रतिशत बच्चे ही स्कूलों में नामांकित हुए हैं। यानी 24.59 लाख बच्चे अभी भी स्कूलों से बाहर हैं। उच्च कक्षाओं तक पहुँचते-पहुँचते यह संख्या और भी ज्यादा हो जाती है। निर्धनता, विवशता और अन्य कई कारणों से हर साल बच्चों की संख्या स्कूलों में घटती चली जाती है। स्कूल-कॉलेजों से बाहर रहने वाले छात्रों की संख्या कम करने के लिए सरकारी स्तर पर कई प्रयास किए गए हैं, लेकिन उनका अपेक्षित सकारात्मक परिणाम नहीं मिल पा रहा है। झारखंड ऐसा प्रदेश है जहाँ मैट्रिक पास करने के बाद भी एक लाख से अधिक छात्र कॉलेजों का मुँह नहीं देख पाते। इनमें अधिकांश सरकारी स्कूलों के छात्र-छात्राएँ होती हैं। आर्थिक अभावों की वजह से तकरीबन डेढ़ लाख छात्र-छात्राएँ आठवें वर्ग तक पहुँचते-पहुँचते घरों में सिमट जाते हैं। झारखंड सरकार ने गरीबी रेखा से नीचे जीवन बसर कर रहे परिवारों के बच्चों को शिक्षा दिलाने के उद्देश्य से हर बच्चे को एक रुपए प्रतिदिन देने की योजना शुरू की थी, इसके बावजूद राज्य के सरकारी स्कूलों में बच्चों का औसत पूर्ववत् है।

वर्ष 2002 में झारखंड के मानव संसाधन विभाग द्वारा जो आँकड़े उपलब्ध कराए गए, उसके मुताबिक 'राज्य के सरकारी स्कूलों में आठवें वर्ग में पढ़ने वाले छात्र-छात्राओं की

झारखंड : बालिका शिक्षा (प्रतिशत में)

क्रम	जिला	सामान्य			अनुसूचित जनजाति			अनुसूचित जाति		
		वर्ग 1–5	वर्ग 6–8	वर्ग 9–10	वर्ग 1–5	वर्ग 6–8	वर्ग 9–10	वर्ग 1–5	वर्ग 6–8	वर्ग 9–10
1.	दुमका+									
	जामताड़ा	37.88	29.09	24.74	39.43	27.30	23.30	39.05	24.88	19.89
2.	गोड्डा	35.81	29.33	24.22	37.05	22.40	17.98	33.60	24.61	15.94
3.	देवघर	31.40	25.80	18.30	29.16	15.62	12.77	33.93	19.83	09.33
4.	साहेबगंज	36.84	36.01	28.98	36.40	28.38	20.45	36.05	29.86	26.18
5.	पाकुड़	–	–	–	–	–	–	–	–	–
6.	हजारीबाग	35.32	30.07	27.33	30.80	28.75	24.07	32.45	24.21	19.95
7.	चतरा	35.32	30.07	27.33	32.34	36.24	31.19	28.74	70.47	11.05
8.	कोडरमा	–	–	–	–	–	–	–	–	–
9.	धनबाद	39.76	33.21	26.43	33.20	24.87	16.16	36.65	26.01	17.26
10.	बोकारो	39.76	33.21	26.43	31.17	23.21	15.90	32.10	22.54	18.32
11.	गिरिडीह	31.15	22.12	19.78	29.29	26.98	28.63	29.98	13.95	10.16

12.	रांची	43.67	38.03	31.83	41.13	26.10	31.06	32.59	36.21	26.07
13.	लोहरदगा	41.65	36.69	31.20	40.12	35.80	29.69	41.45	35.44	31.84
14.	गुमला+ सिमडेगा	43.66	40.04	39.44	44.30	40.93	40.46	39.97	37.83	35.45
15.	पू.सिंहभूम	44.87	44.30	41.00	41.47	33.03	27.41	45.26	40.30	38.03
16.	प.सिंहभूम+ सरायकेला	40.58	33.54	30.68	38.42	31.51	29.25	39.55	34.99	31.09
17.	पलामू+ लातेहार	35.76	27.17	23.35	34.77	27.53	25.34	31.23	18.93	15.18
18.	गढ़वा	30.21	23.59	20.62	29.86	24.88	18.12	2.87	13.41	11.50
	कुल	37.45	31.63	27.20	35.56	28.97	24.49	35.42	26.28	21.00

स्रोत : जनगणना 1991

संख्या मात्र एक लाख 75 हजार 499 थी, जबकि वर्ग एक में पढ़ने वाले छात्र-छात्राओं की संख्या चार लाख 20 हजार चार सौ दो थी। इस तरह दोनों वर्गों में एक लाख 44 हजार का फर्क है। राज्य के बीस जिलों के उपलब्ध आँकड़ों के अनुसार पहले वर्ग में छात्र-छात्राओं की संख्या चार लाख 20 हजार
402, दूसरे वर्ग में चार लाख 83 हजार 257, तीसरे वर्ग में तीन लाख 39 हजार 447, चौथे वर्ग में दो लाख 73 हजार 545, पाँचवें वर्ग में दो लाख 57 हजार 963, छठे वर्ग में तीन लाख 16 हजार 343 व सातवें वर्ग में दो लाख 52 हजार 933 छात्र-छात्राएँ थे। इसी तरह चतरा राज्य का एकमात्र ऐसा जिला है जहाँ आठवें वर्ग में सबसे कम 1682 छात्र-छात्राएँ और सबसे अधिक धनबाद में 23,298 थे। बोकारो व धनबाद राज्य के ऐसे जिले हैं जहाँ पहले वर्ग में पढ़ने वाले छात्र-छात्राओं की संख्या सबसे अधिक थी। इन दोनों जिलों में पहले वर्ग में 50-50 हजार छात्र पढ़ रहे थे, जबकि पश्चिम सिंहभूम में मात्र 1369 छात्र शिक्षा ग्रहण कर रहे थे। पश्चिमी सिंहभूम राज्य का ऐसा जिला था जहाँ वर्ग एक से लेकर वर्ग पाँच तक पढ़ने वालों की संख्या सबसे कम थी। वर्ग दो में 5059, वर्ग तीन में 3599, वर्ग चार में 2959 व वर्ग पाँच में 2773 छात्र-छात्राएँ थे। इसी तरह गिरिडीह एकमात्र ऐसा जिला है जहाँ वर्ग दो में सबसे अधिक 52,061 छात्र-छात्राएँ पढ़ रहे थे। वर्ग तीन में धनबाद का नाम आता है जहाँ 32,326 छात्र-छात्राएँ पढ़ रहे थे। वर्ग चार में भी धनबाद का नाम है। यहाँ 26,149 छात्र-छात्राएँ पढ़ रहे थे। वर्ग पाँच में गिरिडीह का नाम सबसे ऊपर था। यहाँ पढ़ने वाले छात्र-छात्राओं की संख्या 32,870 थी। वर्ग छह में राँची का स्थान सबसे ऊपर था। यहाँ 36,910 छात्र-छात्राएँ थे। इसी तरह वर्ग सात में धनबाद का स्थान सबसे ऊपर था। यहाँ 29,882 छात्र-छात्राएँ पढ़ रहे थे।' (प्रभात खबर, राँची, 6 अगस्त 2003, एक रुपया देने की योजना भी आकर्षित नहीं कर पाई)।

मानव संसाधन विकास विभाग, झारखंड सरकार ने वर्ष 2002-03 में किए गए कार्यों का जो विवरण दिया है, उसके तहत झारखंड ग्राम शिक्षा अभियान, नि:शुल्क पाठ्य-पुस्तकों का वितरण, सी.बी.एस.ई. पाठ्यक्रम तथा वर्ग एक से अंग्रेजी विषय को अनिवार्य बनाना रहा है। इन कार्यों का क्या प्रभाव पड़ा है या पड़ सकता है, इसका आकलन सरकार ने इस प्रकार किया है।

1. **झारखंड ग्राम शिक्षा अभियान :** यह योजना वित्तीय वर्ष 2002-2003 में प्रारंभ की गई। इसके अंतर्गत राज्य के कुल 11778 विद्यालय विहीन ग्रामों, जहाँ से निकटतम प्राथमिक विद्यालय की दूरी एक किलोमीटर से अधिक है, में ग्राम शिक्षा समितियों का गठन कर अभियान विद्यालय स्थापित किए जाते हैं। अब तक 11,514 अभियान विद्यालय स्थापित किए गए हैं जिसमें दो लाख 43 हजार 20 बच्चे नामांकित हुए हैं। शिक्षा के विकास में समुदाय की सहभागिता को महत्त्वपूर्ण मानते हुए राज्य सरकार ने इन अभियान विद्यालयों में शिक्षामित्रों के चयन, शिक्षा स्थल के चयन, शिक्षण के समय का निर्धारण तथा देखभाल आदि सभी प्रशासनिक दायित्व ग्राम शिक्षा समितियों को दिया है। इन विद्यालयों पर व्यय होने वाली राशि—यथा मानदेय तथा शैक्षिक अनुदान, ग्राम शिक्षा समिति के खाते में दी जाती है तथा समिति इसका वित्तीय प्रबंध करती है। इन विद्यालयों की स्थापना से यह सुनिश्चित करने का प्रयास किया गया

है कि वर्ष 2003 में सभी 6-14 आयु वर्ग के बच्चों को किसी न किसी प्राथमिक विद्यालय/अभियान विद्यालय/शिक्षा गारंटी केंद्र में नामांकित कर लिया जाए।

2. निःशुल्क पाठ्य पुस्तकों का वितरण : यह योजना वित्तीय वर्ष 2002-2003 में प्रारंभ की गई है। इसके अंतर्गत अनुसूचित जाति/अनुसूचित जनजाति के सभी छात्र तथा सभी कोटि की छात्राओं के बीच शैक्षिक वर्ष 2002-03 में तीन लाख सेट निःशुल्क पाठ्य-पुस्तकों की आपूर्ति की गई है। इस योजना के फलस्वरूप कमजोर एवं अभिवंचित वर्ग के छात्र/छात्राओं का छीजन दर कम किया जा सका है तथा इनका नामांकन बढ़ा है।

3. सी.बी.एस.ई. पाठ्यक्रम तथा वर्ग एक से अंग्रेजी विषय लागू करना : राज्य सरकार द्वारा शिक्षा के स्तर को राष्ट्रीय स्तर तक लाने तथा गुणवत्ता बढ़ाने के उद्देश्य से वर्ग एक से दस तक सी.बी.एस.ई. पाठ्यक्रम लागू किया गया है ताकि पूरे राज्य में शिक्षा के क्षेत्र में राष्ट्रीय स्तर की गुणवत्ता प्राप्त की जा सके। इसका उद्देश्य बच्चों को राष्ट्रीय स्तर पर आयोजित प्रतियोगिताओं में सफलता दिलाना भी है। इस पाठ्यक्रम के लागू होने से सरकारी तथा निजी विद्यालयों के बीच प्रतिस्पर्द्धा को भी बढ़ावा दिया जा सकेगा।

राज्य में शिक्षा की गुणवत्ता विकास को ध्यान में रखकर पाठ्यक्रम में वर्ग एक से ही अंग्रेजी विषय की शिक्षा लागू की गई है। सभी सरकारी विद्यालयों में इस उद्देश्य से एन.सी.ई.आर.टी. की पुस्तकें पढ़ाई जा रही हैं। (स्रोत : मानव संसाधन विकास विभाग, झारखंड सरकार)

वित्तीय वर्ष 2002-03 में लागू की गई इन योजनाओं का कितना लाभ मिला है या मिल पाएगा, यह तो देखे जाने की बात होगी परन्तु सरकारी स्तर पर जो आँकड़े प्रस्तुत किए जाते हैं, उसके मुकाबले उपलब्धि वस्तुतः उतनी नहीं होती। प्राथमिक शिक्षा से संबद्ध लोग जिन तथ्यों का प्रकटीकरण करते हैं उनके मुताबिक सरकारी दावे पूरी तरह सत्य नहीं प्रतीत होते। एक प्राथमिक शिक्षक ने बातचीत के क्रम में बताया कि यदि एक अपेक्षाकृत बड़े गाँव में दो विद्यालय संचालित हो रहे होते हैं तो दोनों में ही छात्र-छात्राओं के नाम दर्ज कर लिए जाते हैं। इस प्रकार आँकड़ों में हेर-फेर की गुंजाइश प्रारंभिक स्तर पर ही हो जाती है। आँकड़ों के स्तर पर हेरफेर का दुष्परिणाम है कि संविधान के नीति निर्देशक तत्त्वों में व्यक्त संकल्प के मुताबिक 6 से 14 वर्ष की आयु के सभी बच्चों को अनिवार्य रूप से निःशुल्क शिक्षा उपलब्ध हो जानी चाहिए थी, लेकिन आजादी के 56 वर्षों बाद भी इस निर्देश का अनुपालन नहीं किया जा सका है।

साक्षरता एवं शिक्षा की स्थिति में सुधार के लिए सरकारी स्तर पर कई कार्यक्रम व योजनाएँ बनाई गईं, परन्तु एक के बाद एक नाम बदलते रहे, अपेक्षित परिणाम हासिल नहीं किए जा सके। वयस्क शिक्षा, अनौपचारिक शिक्षा जैसे कई कार्यक्रम जब लक्ष्य प्राप्ति में मददगार साबित नहीं हुए तो 1988 ई. में केन्द्रीय सहायता से साक्षरता मिशन प्रारंभ हुआ। 1990-91 ई. में राँची के अतिरिक्त बिहार के अन्य जिलों में प्राथमिकता के साथ कार्यान्वित किया गया। 1991-94 के दौरान इसे विस्तार दिया गया जिसमें झारखंड के दुमका और धनबाद जिले शामिल किए गए। प्राथमिक शिक्षा के सर्वव्यापीकरण के उद्देश्य के तहत 1991 ई. में 'बिहार शिक्षा परियोजना' की स्थापना सोसाइटी रजिस्ट्रेशन एक्ट के अंतर्गत की गई। इस परियोजना में यूनिसेफ, केन्द्र सरकार और राज्य सरकार द्वारा 3:2:1 के अनुपात में व्यय की हिस्सेदारी तय

हुई। 1992 में यह योजना आरंभ की गई। झारखंड शिक्षा परियोजना परिषद् कार्यान्वयन संस्था (एस.आई.एस.) के रूप में भारत सरकार के सहयोग से राज्य के नौ जिले—चतरा, दुमका (जामताड़ा सहित) पूर्वी सिंहभूम, हजारीबाग (कोडरमा सहित), राँची एवं पश्चिमी सिंहभूम (सरायकेला-खरसवां सहित) में जिला प्राथमिक शिक्षा कार्यक्रम (डी.पी.ई.पी.) कार्यान्वित कर रही है। इस कार्यक्रम का अतिरिक्त उद्देश्य यह भी है कि 15 से 35 वर्ष की आयु वाले निरक्षरों को सामान्य तथा व्यावहारिक शिक्षा उपलब्ध कराई गई।

सर्वशिक्षा अभियान

झारखंड सरकार द्वारा झारखंड शिक्षा परियोजना परिषद् के तत्वावधान में कई शैक्षिक कार्यक्रम चलाए जा रहे हैं। इसी के तहत सर्वशिक्षा अभियान वर्ष 2001-02 में प्रारंभ किया गया और इस कार्यक्रम के अंतर्गत राज्य के सभी 22 जिले आच्छादित हैं। सर्वशिक्षा अभियान के अंतर्गत भारत सरकार द्वारा स्वीकृत हस्तक्षेपों से कई एक हस्तक्षेप ऐसे हैं जो जिला प्राथमिक शिक्षा कार्यक्रम (DPEP) एवं यू.एन. से सहायता प्राप्त कार्यक्रम के अंतर्गत पूर्व से ही क्रियान्वित किए जा रहे हैं। इस प्रकार राज्य के मात्र आठ जिले (धनबाद, बोकारो, गुमला, सिमडेगा, पलामू, लातेहार, लोहरदगा एवं गोड्डा) ऐसे जिले हैं, जहाँ सभी कार्यक्रमों का संचालन सर्व शिक्षा अभियान शीर्ष से किया जा रहा है। डी.पी.ई.पी. के नौ जिलों (चतरा, पूर्वी सिंहभूम, पश्चिमी सिंहभूम, हजारीबाग, कोडरमा, दुमका, जामताड़ा, राँची एवं सरायकेला-खरसवां) में फिलहाल मात्र उच्च प्राथमिक शिक्षा (वर्ग 6-8) के सर्वव्यापीकरण हेतु भारत सरकार द्वारा कार्यक्रम स्वीकृत किए गए हैं। डी.पी.ई.पी. जिलों के अनुरूप ही यू.एन. से सहायता प्राप्त जिलों में उच्च प्राथमिक शिक्षा के सार्वजनीकरण हेतु कार्यक्रम स्वीकृत किए गए हैं। साथ ही इन जिलों में फोकस ग्रुप के बच्चों के बीच निःशुल्क वितरण हेतु पाठ्य-पुस्तकों का क्रय, सिविल वर्क्स आदि हेतु प्रावधान सर्वशिक्षा अभियान शीर्ष के अंतर्गत रखा गया है।

'सर्वशिक्षा अभियान' के चार प्रमुख अवयव हैं—नियोजन, आच्छादन, क्षमता विकास और गुणवत्ता विकास। इन अवयवों के सुदृढ़ीकरण की दिशा में कई गतिविधियाँ भी जारी हैं। इन गतिविधियों में प्रारंभिक शिक्षा के सार्वजनीकरण हेतु परिवार सर्वेक्षण के आधार पर संदर्श-योजना (2002-07) तैयार करना, असेवित बस्तियों में विद्यालयी सुविधा प्रदान करना, औपचारिक विद्यालयों के विकेंद्रीकृत प्रबंधन हेतु सभी प्राथमिक एवं मध्य विद्यालयों में ग्राम शिक्षा समिति का गठन, औपचारिक एवं अभियान विद्यालयों के रखरखाव एवं आकस्मिकता व्यय हेतु रु. 2000/- प्रति विद्यालय प्रतिवर्ष की दर से अनुदान, अभियान विद्यालय एवं औपचारिक विद्यालयों की ग्राम शिक्षा समिति के सदस्यों का प्रशिक्षण, शिक्षण सामग्री की व्यवस्था हेतु अनुदान और अनुसूचित जनजाति, अनुसूचित जाति एवं सभी बालिकाओं (वर्ग 1-8) के लिए निःशुल्क पाठ्य-पुस्तक प्रमुख हैं। 31 मार्च 2003 तक सर्वशिक्षा अभियान के मद में आवंटित 6375.77 लाख रुपए में से 2173.53 लाख रुपए व्यय किए गए। (स्रोत : मानव संसाधन विकास विभाग, झारखंड)

जिला प्राथमिक शिक्षा कार्यक्रम (District Primary Education Programme)—प्राथमिक शिक्षा को सबों के लिए सुलभ बनाने के उद्देश्य से अविभाजित बिहार द्वारा 2 अक्टूबर, 1997 से शुरू किया गया जिला प्राथमिक शिक्षा कार्यक्रम (DPEP)। इस कार्यक्रम के तहत अभी झारखंड के नौ जिले (दुमका, जामताड़ा, चतरा, राँची, पूर्वी सिंहभूम, पश्चिमी सिंहभूम, सरायकेला-खरसवां, हजारीबाग एवं कोडरमा) प्राथमिक शिक्षा कार्यक्रम को आगे बढ़ा रहे हैं। DPEP भारत सरकार द्वारा प्रायोजित एवं विश्व बैंक द्वारा पोषित योजना है, जिसमें केन्द्रांश एवं राज्यांश क्रमश: 85 प्रतिशत तथा 15 प्रतिशत है। इस योजना का निरीक्षण प्रत्येक छह महीने पर भारत सरकार एवं विश्व बैंक के संयुक्त दल द्वारा किया जाता है।

डी.पी.ई.पी. के मुख्य अवयव और गतिविधियाँ कई प्रकार की हैं। इसके प्रमुख अवयव हैं—आच्छादन, ठहराव, गुणवत्ता और क्षमता विकास। अवयवों के मुताबिक भिन्न-भिन्न गतिविधियाँ हैं। आच्छादन के अंतर्गत असेवित बस्तियों में विद्यालय की सुविधा उपलब्ध करवाना। ठहराव अवयव के तहत जो गतिविधियाँ हैं, वे हैं—विद्यालयों की भौतिक अवस्था में सुधार लाने हेतु आवश्यक उपाय करना, इसके अंतर्गत भवनहीन विद्यालयों के लिए भवन, विद्यालयों में अतिरिक्त कमरों का निर्माण, विद्यालयों में पेयजल/शौचालय की सुविधा, विद्यालय के रखरखाव एवं आकस्मिकता खर्च हेतु रु. 2000/- प्रति विद्यालय प्रति वर्ष की दर से अनुदान और विकेन्द्रीकृत विद्यालय प्रबंधन हेतु ग्राम शिक्षा समितियों का गठन प्रमुख है। गुणवत्ता अवयव के अंतर्गत शिक्षकों का सेवाकालीन प्रशिक्षण शिक्षण सामग्री की व्यवस्था हेतु रु. 500/- प्रति शिक्षक/वर्ष की दर से अनुदान, वर्ग एक से पाँच नामांकित सभी अनुसूचित जनजाति, अनुसूचित जाति एवं बालिकाओं हेतु नि:शुल्क पाठ्यपुस्तक, वर्ग एक से पाँच के बच्चों का नि:शुल्क वार्षिक मूल्यांकन एवं नवाचारी कार्यक्रम मुख्य हैं। क्षमता विकास के लिए जो गतिविधियाँ हुईं, उनमें प्रखण्ड संसाधन केन्द्र की स्थापना, संकुल संसाधन केन्द्र की स्थापना और ग्राम शिक्षा समिति के सदस्यों का प्रशिक्षण।

अप्रैल 2002 से मार्च 2003 के बीच प्रारंभिक शिक्षा के लक्ष्यों को शामिल करने के लिहाज से झारखंड सरकार के मानव संसाधन विकास विभाग ने जिन कार्यों को पूरा किया है, उनका संक्षिप्त ब्यौरा इस प्रकार है—

1. **सर्वव्यापी पहुँच :** सभी गाँव/टोलों जहाँ बच्चों की संख्या 15 या उससे अधिक है, को एक कि.मी. की परिधि में विद्यालय सुविधा उपलब्ध कराने हेतु ग्राम शिक्षा अभियान/शिक्षा गारंटी योजना के तहत 5667 विद्यालय स्थापित किए गए हैं।

बाल जगजगी केन्द्र — 325
किशोरी मंच — 156
जगजगी केन्द्र — 276
ब्रिज कोर्स — 56
कैंप विद्यालय — 23
महिला शिक्षण केन्द्र — 05

2. **सर्वव्यापी नामांकन :** विद्यालय से बाहर (6-14 वर्ष) रहने वाले बच्चों में से कुल दो लाख 23 हजार 992 बच्चों को 31 मार्च, 2003 तक विद्यालयों में नामांकित कराया गया।

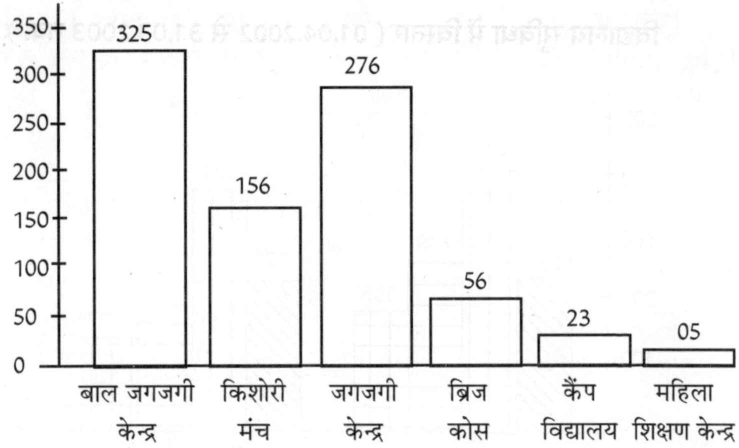

3. बालिका शिक्षा : अनामांकित या विद्यालय छोड़ चुकी किशोरियों की शिक्षा हेतु विशेष व्यवस्था के रूप में कैम्प विद्यालय, ब्रिज कोर्स, जगजगी केन्द्र, बाल जगजगी आदि की व्यवस्था की गई है।

4. सर्वव्यापी ठहराव : बच्चों का विद्यालय में ठहराव कुछ हद तक विद्यालय में भौतिक एवं शैक्षणिक परिवेश पर निर्भर है। विद्यालय परिवेश में सुधार लाने हेतु विद्यालयों को विकास अनुदान उपलब्ध कराने के अतिरिक्त विद्यालयों को भवन, कमरा, शौचालय, चापाकल आदि की सुविधा प्रदान की गई। अप्रैल 2002 से मार्च 2003 तक की उपलब्धि निम्नवत् है—

(क) विद्यालय विकास अनुदान : मार्च 2003 तक कुल 14,026 विद्यालयों को अनुदान उपलब्ध कराया गया।

(ख) विद्यालय में भौतिक सुविधाओं के विस्तार के क्रम में मार्च 2003 तक 231 विद्यालयों केभवन का निर्माण, विद्यालयों में 401 अतिरिक्त कमरे, 248 विद्यालयों में शौचालय तथा 155 विद्यालयों में पेयजल की व्यवस्था की गई है।

निर्माणाधीन भवनों, अतिरिक्त कमरों, शौचालय की संख्या क्रमश: 227, 372 एवं 192 है। विद्यालयों की सुविधाओं में विस्तार हेतु पूर्ण निर्माणाधीन सुविधाओं को आगे एक रेखाचित्र के माध्यम से भी देखा जा सकता है।

5. शिक्षण गुणवत्ता विकास : शिक्षण की गुणवत्ता में सुधार हेतु समुदाय आधारित विद्यालयों के शिक्षकों के प्रशिक्षण के अलावा राजकीय विद्यालयों के शिक्षकों के लिए प्रशिक्षण, शिक्षकों को शिक्षण सामग्री हेतु अनुदान, विज्ञान एवं गणित शिविर, बच्चों के लिए एक्सपोजर विजिट का आयोजन किया गया है एवं विद्यालय में पुस्तकालय की स्थापना की जा रही है।

(क) विद्यालय में शिक्षण सामग्री की व्यवस्था हेतु इस वित्तीय वर्ष में 31 मार्च 2003 तक 20,155 शिक्षकों को रु. 500/-प्रति शिक्षक की दर से अनुदान उपलब्ध कराया गया।

(ख) ग्राम शिक्षा अभियान/शिक्षा गारंटी योजना के अंतर्गत स्थापित विद्यालयों के कुल 4653 शिक्षक कर्मियों को दस दिवसीय प्रशिक्षण दिया गया।

विद्यालय सुविधा में विस्तार (01.04.2002 से 31.03.2003 तक)

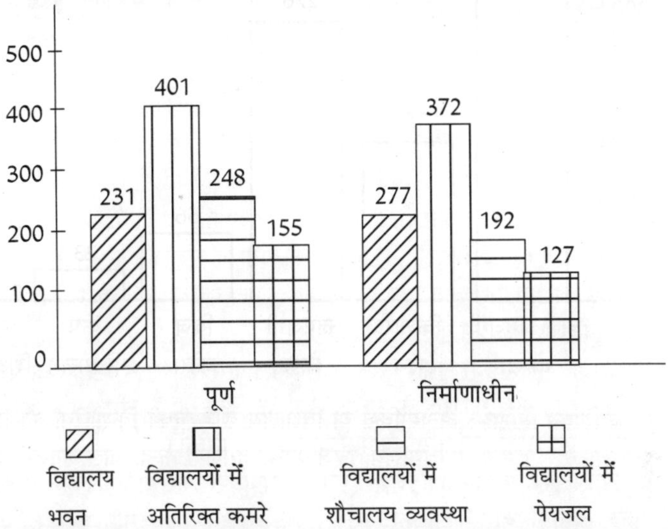

(ग) एक सौ चौरासी शिक्षकों को अंग्रेजी विषय का तथा एक सौ तिरानवे शिक्षकों को गणित विषय का प्रशिक्षण दिया गया।

6. **फोकस ग्रुप के बच्चों को निःशुल्क पाठ्य-पुस्तकों की आपूर्ति :** झारखंड में पुस्तकों की आपूर्ति का मामला काफी चर्चित और विवादित रहा है। कक्षा एक से एन.सी.ई.आर.टी. की किताबें सी.बी.एस.ई. की तर्ज पर पढ़ाए जाने का आदेश जारी किया गया। साथ ही अंग्रेजी को कक्षा एक से अनिवार्य कर दिया गया। इसके पक्ष में यह तर्क दिया गया कि हमें राष्ट्रीय मानकों पर खरा उतरने के लिए हम सी.बी.एस.ई. पाठ्यक्रम के अनुरूप एन.सी.ई.आर.टी. की पुस्तकें पढ़ा रहे हैं। इसी तरह अंग्रेजी की अनिवार्यता के पक्ष में दलील दी गई कि आगे बढ़ने के लिए अंग्रेजी का ज्ञान जरूरी है। यहाँ यह ख्याल बिसरा दिया गया कि बच्चा अपने परिवेश के संदर्भ में ही अपने परिवेश के बाहर की दुनिया को जान-समझ पाता है। अब यह कौन बताए कि एन.सी.ई.आर.टी. झारखंड को ध्यान में रखकर ही किताबें नहीं छापता और इस प्रदेश में कई भाषा-भाषी और अलग-अलग समुदायों के लोग बसते हैं। साथ प्राथमिक कक्षाओं में मातृभाषा में सीखना ज्यादा सहज होता है। इतना ही नहीं एक साथ पहली से दसवीं कक्षा तक की पुस्तकें बदल दी गईं। इसका दुष्परिणाम यह हुआ कि छात्रों को जितनी पुस्तकें मिलनी चाहिए थीं, उतनी आपूर्ति एन.सी.आर.टी. से करवाने में असमर्थ रही झारखंड सरकार। फलस्वरूप, मैट्रिक की परीक्षा का परिणाम बड़ा बुरा रहा, मुश्किल से 30 प्रतिशत के आसपास विद्यार्थी ही परीक्षा में उत्तीर्ण हो सके। अभी यहाँ की जनजातीय एवं अन्य स्थानीय भाषाओं में पुस्तकों के प्रकाशन की योजना का आश्वासन दिया गया है। यह कब तक और कितनी जल्दी अमल में आ पाता है।

बहरहाल, झारखंड सरकार के मानव संसाधन विभाग ने निःशुल्क पाठ्य-पुस्तकों का

वितरण और आपूर्ति न होने के कारणों को बताते हुए कहा है, 'विश्व बैंक द्वारा प्रारंभ में एन.सी.ई.आर.टी. से सीधे क्रय की अनुमति नहीं दिए जाने के कारण उनके पत्रांक शून्य दिनांक 14 जून, 2002 के आलोक में थोक-विक्रेताओं से पुस्तक क्रय करने का प्रयास किया गया। उपर्युक्त प्रक्रिया में हो रहे विलंब को देखते हुए पुन: सीधे एन.सी.ई.आर.टी. से पुस्तक क्रय करने की अनुमति देने का अनुरोध विश्व बैंक से पत्रांक 7221 दिनांक 3.10.2002 द्वारा किया गया। विश्व बैंक ने अपने पत्रांक शून्य दिनांक 13 नवंबर, 2002 द्वारा अनुमति प्रदान की। तदनुसार, एन.सी.ई.आर.टी. नई दिल्ली को इस कार्यालय में पत्रांक 1365 दिनांक 13 नवंबर 2002 द्वारा आपूर्ति संबंधी अनुरोध किया गया। वर्ष 2002-2003 के लिए एन.सी.ई.आर.टी. द्वारा पुस्तकों की आपूर्ति कर दी गई है। वर्ष 2003-04 के लिए आपूर्ति आदेश एन.सी.ई.आर.टी., नई दिल्ली को दिया जा चुका है और अग्रिम के रूप में कुल रुपए 19 करोड़ का भुगतान किया गया है।' (स्रोत : मानव संसाधन विकास विभाग, झारखंड सरकार, 20 जून 2003 को प्रेस कान्फ्रेंस में जारी)

'शिक्षण की गुणवत्ता में सुधार करने के विशेष प्रयास के रूप में इस विषय पर विशिष्ट कार्यशाला आयोजित कर 'गुणवत्ता के सूचक' चिन्हित किए गए हैं और इसके अनुश्रवण हेतु उपयुक्त 'प्रपत्र' एवं तरीका निर्धारित किया गया है।' (उपरिवत्)

जनजातीय भाषा में अब तक शिक्षण सामग्री छात्रों शिक्षकों को उपलब्ध नहीं हो पाई है। इसकी प्रक्रिया अभी भी जारी है। सरकारी स्तर पर जो सूचना दी गई उसके अनुसार, 'जनजातीय भाषा में शिक्षण-सामग्री का विकास पाँच प्रमुख जनजातीय भाषाओं में सहायक शिक्षण सामग्री विकसित की जा रही है। संथाली भाषा में पांडुलिपि तैयार की गई और प्रशिक्षकों का प्रशिक्षण आयोजित किया गया।' (उपरिवत्)

क्षमता विकास के लिए झारखंड सरकार के मानव संसाधन विभाग ने डी.पी.ई.पी. कार्यक्रम के अंतर्गत 55 प्रखंड संसाधन केन्द्र एवं कुल 674 संकुल संसाधन केन्द्र स्थापित किए हैं। इसके अलावा ग्राम शिक्षा समितियों केक्षमता विकास हेतु उनके प्रशिक्षण का नया माड्यूल तैयार किया गया है। मार्च, 2003 तक कुल 11,999 सदस्यों को प्रशिक्षित किया गया। जबकि लक्ष्य 26,865 सदस्यों के प्रशिक्षण का था।

यूनिसेफ एवं अन्य यू.एन. एजेंसी से सहायता प्राप्त कार्यक्रम

प्रारंभिक स्तर पर मानव संसाधन के विकास के लिए यूनिसेफ एवं संयुक्त राष्ट्रसंघ की अन्य एजेंसियों की सहायता से भी झारखंड में कई कार्यक्रम चलाए जा रहे हैं। झारखंड सरकार की सूचना के मुताबिक इस कार्यक्रम के अंतर्गत राज्य के पाँच जिले—देवघर, गिरिडीह, साहेबगंज, पाकुड़ एवं गढ़वा आच्छादित हैं। प्रारंभ में यह कार्यक्रम पाँच वर्ष (1998-99 से 2002-03) के लिए स्वीकृत किया गया था। इस कार्यक्रम के अवधि विस्तार हेतु भारत सरकार से अनुरोध किया गया था और भारत सरकार ने दो वर्ष के अवधि विस्तार की स्वीकृति प्रदान कर दी है। विस्तारित अवधि की कार्य-योजना एवं बजट (2003-04 से 2004-05) पर स्वीकृति भारत सरकार के विचाराधीन है।

कार्यक्रम का उद्देश्य मुख्य रूप से सामुदायिक सशक्तीकरण, शिक्षक सशक्तीकरण एवं

महिला सशक्तीकरण रहा है जिसके अंतर्गत मुख्य हस्तक्षेप निम्नवत् हैं तथा शेष हस्तक्षेप इन जिलों में सर्व शिक्षा अभियान केअंतर्गत हैं।

सामुदायिक सशक्तीकरण : इसके अंतर्गत जो गतिविधियाँ की जा रही हैं उनमें पंचायत को इकाई मानकर कार्यक्रम से आच्छादित प्रखण्डों में 20 दिवसीय सूक्ष्म स्तरीय नियोजन एवं सामुदायिक सहभागिता के आधार पर सभी विद्यालयों के लिए ग्राम शिक्षा समितियों का गठन, पंचायत शिक्षा समितियों का गठन, सूक्ष्म स्तरीय नियोजन के क्रम में चिन्हित असेवित बस्तियों में समुदाय आधारित विद्यालय (CBS) खोलना एवं उसे अनुदान उपलब्ध कराना और ग्राम शिक्षा समितियों को विद्यालय विकास अनुदान उपलब्ध कराना।

शिक्षक सशक्तीकरण के तहत सभी शिक्षकों को दस दिवसीय सेवाकालीन प्रशिक्षण और शिक्षकों को TLM (शिक्षण अधिगम सामग्री) हेतु 500/- प्रति शिक्षक अनुदान जैसी गतिविधियाँ हैं। महिला सशक्तीकरण के लिए प्रमुख तौर पर की जाने वाली गतिविधियाँ हैं—ग्राम शिक्षा समितियों में एक तिहाई पर महिला सदस्यों के लिए और अधिक उम्र वाली बालिकाओं के लिए सेतु विद्यालय एवं कैम्प विद्यालय की स्थापना।

31 मार्च, 2003 तक झारखंड सरकार ने इस कार्यक्रम के तहत जो उपलब्धियाँ अपने नाम दर्ज की हैं, उनका विवरण इस प्रकार है—

सामुदायिक सशक्तीकरण—(क) कुल 98 पंचायतों में 20 दिवसीय सूक्ष्म स्तरीय नियोजन का कार्य पूरा किया गया, (ख) कुल 693 औपचारिक विद्यालयों में ग्राम शिक्षण समिति का गठन किया गया, (ग) ग्राम शिक्षा समिति के 4,115 सदस्यों को प्रशिक्षित किया गया, (घ) 2,247 ग्राम शिक्षा समितियों को विद्यालय विकास हेतु अनुदान उपलब्ध कराया गया और (च) कुल 416 असेवित बस्तियों में समुदाय आधारित विद्यालय स्थापित किए गए।

शिक्षक सशक्तीकरण की उपलब्धियाँ हैं—(क) औपचारिक विद्यालयों के 2,371 शिक्षकों को दस दिवसीय सेवाकालीन प्रशिक्षण दिया गया और (ख) औपचारिक विद्यालय के 2,332 शिक्षकों को शिक्षण सामग्री हेतु अनुदान उपलब्ध कराया गया।

महिला सशक्तीकरण में कुल 122 माता समितियों के गठन की उपलब्धि दर्ज की गई।

विकलांग बच्चों की शिक्षा की दिशा में —(क) विकलांग बच्चों के परीक्षण हेतु चिकित्सकीय कैंप का आयोजन किया गया, (ख) कुल 159 विकलांग बच्चों को विद्यालय में नामांकित कराया गया।

उपर्युक्त मद में यूनिसेफ कार्यालय, पटना से चार किश्तों में कुल 2,79,76,840.00 रुपए प्राप्त हुए।

झारखंड राज्य में साक्षरता अभियान

प्रारंभिक शिक्षा के विकास की ।दशा में जो कार्य हुए हैं उनका संक्षिप्त विवरण हम देख चुके हैं। इसके साथ ही झारखंड प्रदेश में साक्षरता कार्यक्रम को भी जारी रखा गया है। इस हेतु झारखंड में 'राज्य साक्षरता मिशन प्राधिकरण का गठन/निबंधन दिनांक 22.03.2003 को हुआ। निदेशक, प्राथमिक शिक्षा, झारखंड, प्राधिकरण के सदस्य सचिव के रूप कार्य संपादन हेतु अधिकृत किए गए हैं।'

प्राधिकरण का मुख्य उद्देश्य निर्धारित किया गया है कि राज्य के विभिन्न जिलों को उच्चतर साक्षरता दर की प्राप्ति में सहयोग प्रदान करना एवं समय-समय पर आवश्यक दिशा-निर्देश प्रदान करना।

राज्य के 22 जिले साक्षरता कार्यक्रम के निम्न चरणों में हैं—

(क) सम्पूर्ण साक्षरता अभियान वाले जिले (कुल 12) : पाकुड़, गुमला, बोकारो, कोडरमा, देवघर, गिरिडीह, लोहरदगा, पूर्वी सिंहभूम, पश्चिमी सिंहभूम, गढ़वा, पलामू एवं सिमडेगा।

(ख) उत्तर साक्षरता कार्यक्रम वाले जिले (कुल 4) : साहेबगंज, गोड्डा, धनबाद एवं चतरा।

(ग) सतत शिक्षा कार्यक्रम वाले जिले (कुल 4) : जामताड़ा, दुमका, हजारीबाग एवं राँची (हजारीबाग तथा राँची में सतत शिक्षा कार्यक्रम के संचालन की स्वीकृति हेतु भारत सरकार को परियोजना प्रस्ताव प्रेषित)।

(घ) अन्य दो जिलों की स्थिति निम्नवत् है—

I लातेहार—उत्तर साक्षरता कार्यक्रम हेतु परियोजना प्रस्ताव समर्पित करने का निर्देश दिया गया है। प्रस्ताव प्राप्त होते ही अग्रतर कार्रवाई प्रारंभ होगी।

II सरायकेला-खरसवां—जिला साक्षरता समिति का गठन हो चुका है, निबंधन की कार्रवाई प्रक्रियाधीन है। संपूर्ण साक्षरता अभियान हेतु परियोजना प्रस्ताव समर्पित करने का निर्देश दिया गया है।

शैक्षणिक आँकड़े (संक्षिप्त) : प्राथमिक शिक्षा

झारखंड सरकार द्वारा प्राथमिक शिक्षा से संबंधित जो आँकड़े जारी किए गए हैं, वे इस प्रकार हैं—

क्रम	*शिक्षा संबंधी विवरण*	*संख्या*
1.	सरकारी विद्यालयों की कुल संख्या	20, 377
2.	प्राथमिक विद्यालयों की कुल संख्या	16,322
3.	मध्य विद्यालयों की कुल संख्या	4,055
4.	नए प्राथमिक विद्यालयों की कुल संख्या	955
5.	शिक्षकों के स्वीकृत पदों की संख्या	65,999
6.	कार्यरत शिक्षकों की संख्या	53,996
7.	असेवित बस्तियों की कुल संख्या (यथा 1.4.2002)	13,217
8.	असेवित बस्तियों की कुल संख्या (यथा 31.3.2003)	1,703
9.	शिक्षा गारंटी केन्द्र की कुल संख्या (यथा 1.4.2002)	612
10.	शिक्षा गारंटी केन्द्र की कुल संख्या (यथा 31.3.2003)	11,514
11.	6-11 वर्ग के कुल बच्चों की संख्या (यथा 1.4.2002)	39,56,115
12.	सरकारी विद्यालयों (नए प्राथमिक विद्यालय सहित) में	

	6–11 आयु समूह के नामांकित कुल बच्चों की संख्या (यथा 30.9.2002)	25,21,417
13.	गैर–सरकारी विद्यालयों में 6–11 आयु समूह के नामांकित बच्चों की कुल संख्या (यथा 30.9.2002)	5,73,683
14.	शिक्षा गारंटी केन्द्र में 6–11 आयु समूह के नामांकित बच्चों की कुल संख्या (यथा 31.3.2003)	3,73,412
15.	11–14 आयु समूह के कुल बच्चों की संख्या (यथा 1.4.2002)	15,81,366
16.	सरकारी विद्यालयों में 11–14 आयु समूह के नामांकित बच्चों की कुल संख्या (यथा 30.9.2002)	7,59,634
17.	गैर–सरकारी विद्यालयों में 11–14 आयु समूह के नामांकित कुल बच्चों की संख्या (यथा 30.9.2002)	3,04,531
18.	विद्यालय से बाहर बच्चों की कुल संख्या (6–11) (यथा 30.9.2002)	8,61,015
19.	विद्यालय से बाहर बच्चों की कुल संख्या (6–11) (यथा 31.3.2003)	4,87,603
20.	विद्यालय से बाहर बच्चों की कुल संख्या (11–14) (यथा 1.4.2002)	4,78,058

झारखंड राज्य के गठन के तीन वर्ष पूरे हो चुके हैं और यहाँ के सरकारी महकमे द्वारा निरंतर दावे–प्रतिदावे किए जाते रहे हैं लेकिन जमीनी हकीकत कुछ और कहानी बयाँ करती है। ग्रामीण इलाकों की हालत के क्या कहने, जब शहरों में ही दावों के मुताबिक उपलब्धियाँ हासिल नहीं हो पातीं। झारखंड के अन्य शहरों, कस्बों व गाँवों के बारे में सिर्फ अनुमान लगाया जा सकता है। राँची जहाँ सारा सरकारी महकमा रहता है, की नाक के नीचे भी सबको शिक्षा देने का लक्ष्य हासिल होता नजर नहीं आता। इस संबंध में राँची शहरी क्षेत्र में प्राथमिक शिक्षा की स्थिति को दर्शाती ये रिपोर्ट देखी जा सकती है—'राँची शहरी क्षेत्र में कुल 150 सरकारी व सरकारी सहायता प्राप्त विद्यालय हैं। यह संख्या सिर्फ प्राथमिक व अपर प्राथमिक स्तर के विद्यालयों की है। इन विद्यालयों में शिक्षकों की संख्या लगभग 735 है। इनमें 142 पुरुष व 593 महिला शिक्षक हैं। कहीं शिक्षक कम हैं, तो कहीं जरूरत से अधिक। दूसरी ओर ज्यादातर सरकारी विद्यालयों में निबंधित व उपस्थित छात्रों की संख्या में भारी अंतर होता है। ग्रामीण क्षेत्रों में ग्राम शिक्षा समिति व शहरी क्षेत्रों में वार्ड शिक्षा समिति बनाए जाने के बावजूद राँची शहरी क्षेत्र में लगभग सात हजार बच्चे चिन्हित किए गए हैं जिन्हें शिक्षा नसीब नहीं है, जबकि सर्वशिक्षा अभियान के नाम पर भारी रकम खर्च की जा रही है। विद्यालय भवन जर्जर हैं। उनमें शौचालय व पेयजल जैसी मूलभूत सुविधाओं का अभाव है। झारखंड शिक्षा परियोजना राँची के तत्वावधान में बुलाई गई बैठक में संबंधित विद्यालयों के प्रधानाध्यापक व अन्य प्रतिनिधियों ने लिखित रूप से मूलभूत सुविधाएँ मुहैया कराने की माँग की है। इसके अलावा अपेक्षित शैक्षणिक माहौल का

अभाव भी सरकारी विद्यालयों से आम लोगों को विमुख करता है। सरकारी स्कूलों में पढ़ाई की स्थिति बेहतर करने के लिए नए राज्य के गठन के बाद से कोई खास प्रयास नहीं हुआ है। शिक्षा पर भारी-भरकम खर्च के बावजूद आधारभूत संरचना के निर्माण पर ध्यान नहीं दिया जा रहा है।

शहर के 150 स्कूलों में से 28 के भवनों की मरम्मत की सख्त जरूरत है। 22 स्कूलों ने क्लास रूम के निर्माण, 23 ने चहारदीवारी व गेट निर्माण एवं 15 ने चापाकल मरम्मत करवाने का आग्रह किया है। खेलकूद की सुविधा अधिकतर स्कूलों में नहीं है। सरकारी शिक्षक जनगणना, मतगणना, पशुगणना व अन्य गैर शैक्षणिक कामों में लगे रहते हैं। विद्यालयों में फर्नीचर, पंखे आदि नहीं हैं। कई स्कूल असामाजिक तत्त्वों के अड्डे बने हुए हैं। स्कूलों की सुरक्षा के लिए चौकीदार नहीं हैं। कई स्कूल परिसर अतिक्रमण के शिकार हैं।

कई स्कूलों में प्रधानाध्यापक तक की नियुक्ति नहीं हो पाई है। जगन्नाथपुर (वार्ड 36) में स्थित विद्यालय के प्राचार्य ने असामाजिक तत्त्वों की गंभीर समस्या की शिकायत की। प्राथमिक विद्यालय, पुरानी पुलिस लाइन की प्राचार्या ने बताया कि स्कूल में चहारदीवारी न होने के कारण पुलिस के जवान स्कूल परिसर स्थित चापाकल के पास नंग-धड़ंग स्नान करते हैं। थड़पखना के कई सरकारी विद्यालयों के परिसर में अतिक्रमण की शिकायत है।

सी.बी.एस.ई. पैटर्न भी सरकारी स्कूल के शिक्षकों के लिए सिरदर्द साबित हो रहा है। शिक्षकों, प्रधानाध्यापकों ने खुद माना है कि उन्हें गणित, अंग्रेजी, जीवविज्ञान विषय पढ़ाने में कठिनाई होती है। ऐसे में बच्चों के भविष्य का अंदाजा सहज लगाया जा सकता है। विकलांग, मूक-बधिर व नेत्रहीन बच्चों की शिक्षा के लिए अभी बहुत कुछ किया जाना बाकी है। बहू बाजार स्थित संत मिखाएल नेत्रहीन विद्यालय झारखंड में अकेला है। स्कूल सूत्रों ने इसे उच्च विद्यालय में तब्दील करने की जरूरत बताई है। राज्य में अभी तक ब्रेल प्रेस की स्थापना नहीं की गई है जिससे नेत्रहीनों को पुस्तकें उपलब्ध कराने में दिक्कत होती है। (संदर्भ : प्रभात खबर, राँची, 25 अक्तूबर 2003)

माध्यमिक शिक्षा

झारखंड राज्य माध्यमिक शिक्षा की स्थिति प्राथमिक शिक्षा से अच्छी नहीं कही जा सकती है, बल्कि कहें तो थोड़ी खराब ही है। सरकार द्वारा संचालित जो हाई स्कूल हैं उनमें मूलभूत ढाँचे का घोर अभाव है। इन स्कूलों में पर्याप्त कमरे भी नहीं हैं, पुस्तकालयों में किताबों की अनुपलब्धता है, प्रयोगशालाएँ जर्जर हो चुकी हैं और सबसे मार्के की बात यह कि शिक्षक भी जरूरत के मुताबिक अत्यंत कम हैं। कहीं-कहीं एक-दो शिक्षकों से ही काम चलाया जा रहा है। गणित, विज्ञान और अंग्रेजी जैसे विषयों के शिक्षकों की कमी से ज्यादातर हाई स्कूल जूझ रहे हैं। इसी का परिणाम है कि मैट्रिक की परीक्षा में छात्रों की उत्तीर्णता का प्रतिशत अत्यंत चिंतनीय है। इधर एक घटना और हुई कि झारखंड में एक साथ सभी कक्षाओं में सी.बी.एस.ई. की तर्ज पर एन.सी.ई.आर.टी. की पुस्तकें पाठ्यक्रम में लगा दी गईं, परन्तु छात्रों को ये पुस्तकें कैसे मिलेंगी—इसकी व्यवस्था नहीं कर सकी सरकार। छात्रों-शिक्षकों को एक नया पाठ्यक्रम मिला। उस पर नीम पर करेले के चढ़ने की स्थिति हुई कि किताबें ही नहीं, तो रिजल्ट क्या हो सकता था? सरकारी महकमा इन सबकी जिम्मेवारी शिक्षकों पर थोप कर निश्चिंत हो जाना

चाहता है। क्या सरकार के कारिन्दे इस पर भी ध्यान देंगे कि जहाँ शिक्षक नहीं हैं, पुस्तकें नहीं हैं, अन्य मूलभूत जरूरतों का अभाव है, वहाँ क्या केवल शिक्षकों को दोषी ठहराकर चैन की नींद सोया जा सकता है ?

बहरहाल, माध्यमिक शिक्षा की स्थिति पर कहने को बहुत सारी बातें हैं परन्तु झारखंड राज्य की माध्यमिक शिक्षा से संबद्ध जो कुछ महत्त्वपूर्ण आँकड़े हैं, उन पर एक नजर डाल ली जाए—

I	*सरकारी विद्यालय*		*संख्या*
1.	राजकीयकृत उच्च विद्यालय	–	594
2.	राजकीय उच्च विद्यालय	–	26
3.	प्रोजेक्ट उच्च विद्यालय (1981-82 में 116 और 1984-85 में 87)	–	203
4.	संस्कृत उच्च विद्यालय	–	06
	कुल	–	829
II	*गैर-सरकारी उच्च विद्यालय*		*संख्या*
1.	अल्पसंख्यक उच्च विद्यालय	–	135
2.	मदरसा उच्च विद्यालय	–	186
3.	संस्कृत उच्च विद्यालय	–	12
	कुल	–	333

छात्र-संख्या

वर्ग	संख्या
VIII (अष्टम)	1,50,205
IX (नवम)	1,34,162
X (दशम)	1,12,417
	3,96,784

III रिक्ति प्रतिवेदन

राजकीयकृत उच्च विद्यालय	सहायक शिक्षक	प्रधानाध्यापक
कुल स्वीकृत पद	7009	594
कार्यरत	4471	359
रिक्ति	2530	235
राजकीय उच्च विद्यालय	**सहायक शिक्षक**	**प्रधानाध्यापक**
कुल स्वीकृत पद	567	26
कार्यरत	216	04
रिक्ति	351	22

स्रोत : मानव संसाधन विकास विभाग, झारखंड सरकार

इसके अतिरिक्त झारखंड राज्य में व्यावसायिक शिक्षा विद्यालय 57 एवं प्लस-टू स्तरीय

59 विद्यालय हैं। राज्य सरकार द्वारा संचालित विद्यालयों की जिलावार अवस्थिति भी देखी जानी चाहिए। सरकारी विद्यालयों की जिलावार अवस्थिति से संबद्ध आँकड़े इस प्रकार हैं—

क्रम	*जिला*	*राजकीय वि.*	*राज. कृत वि.*	*अल्प. वि.*	*प्रोजेक्ट वि.*	*व्यावसायिक शिक्षा की पढ़ाई के उच्च वि.*	*प्लस टू स्तरीय*
1.	राँची	05	64	38	–	12	14
2.	पू.सिंहभूम	01	58	19	–	05	06
3.	प. सिंहभूम	03	33	08	–	07	04
4.	सराय.-खर.	02	19	–	–	–	02
5.	गुमला	01	21	35	–	05	04
6.	सिमडेगा	–	20	–	–	–	01
7.	लोहरदगा	–	10	02	–	03	03
8.	गढ़वा	–	19	–	–	02	01
9.	लातेहार	02	16	02	–	–	03
10.	दुमका	03	22	04	–	03	03
11.	गोड्डा	–	39	02	–	–	01
12.	जामताड़ा	–	18	–	–	–	01
13.	पाकुड़	–	10	01	–	01	01
14.	साहेबगंज	01	21	02	–	01	01
15.	हजारीबाग	02	41	07	–	03	03
16.	बोकारो	–	27	01	–	01	01
17.	धनबाद	02	48	09	–	04	03
18.	चतरा	–	14	–	–	–	–
19.	गिरिडीह	01	32	03	–	01	01
20	कोडरमा	–	10	–	–	01	01
21.	देवघर	–	29	01	–	01	01
22.	पलामू	03	23	01	–	06	03
	कुल	26	594	135	203	57	59

स्रोत : मानव संसाधन विकास विभाग, झारखंड सरकार

नोट : प्रोजेक्ट विद्यालयों के जिलावार आंकड़े अनुपलब्ध।

झारखंड राज्य में प्राथमिक, माध्यमिक एवं उच्च शिक्षा—तीनों में शिक्षकों की जबर्दस्त कमी है। यहाँ के माध्यमिक विद्यालयों में भी शिक्षकों का अभाव है। इसकी पुष्टि सरकारी आँकड़ों से भी होती है। राजकीयकृत उच्च विद्यालयों में जहाँ सहायक शिक्षकों के 7009 पद

स्वीकृत हैं वहीं इसके विरुद्ध 4471 शिक्षक कार्यरत हैं। प्रधानाध्यापकों के 594 पद (राजकीयकृत उच्च वि.) स्वीकृत हैं लेकिन कार्यरत सिर्फ 359 हैं। इसी तरह राजकीय उच्च विद्यालयों में सहायक शिक्षकों के स्वीकृत पद 567 हैं लेकिन सिर्फ 216 सहायक शिक्षक कार्यरत हैं। यहाँ प्रधानाध्यापकों के स्वीकृत पद 26 हैं लेकिन इसके विरुद्ध मात्र 4 प्रधानाध्यापक ही कार्यरत हैं। ये स्वीकृत पद अविभाजित बिहार के समय से ही हैं। इधर छात्रों-शिक्षकों के अनुपात में काफी अंतर आया है। छात्रों की संख्या में हुई वृद्धि को देखते हुए शिक्षकों की संख्या स्वीकृत पदों से कहीं ज्यादा होनी चाहिए। लेकिन शिक्षकों की जितनी जरूरत है उतने की बात तो दूर, स्वीकृत पदों जितने भी शिक्षक व प्रधानाध्यापक कार्यरत नहीं हैं। फिर इस स्थिति में बेहतर परिणाम की कामना करना कहीं अपने-आप को छलना तो नहीं है। शिक्षकों व प्रधानाध्यापकों के स्वीकृत, कार्यरत व रिक्त पदों को एक रेखाचित्र के माध्यम से भी देखा जा सकता है।

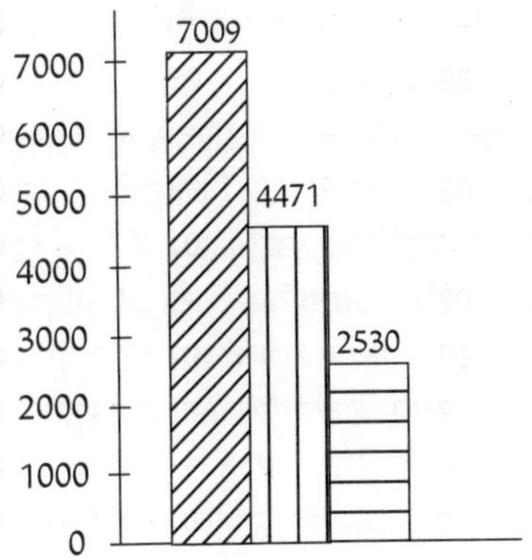

स्वीकृत कार्यरत रिक्त
सहायक शिक्षकों की स्थिति

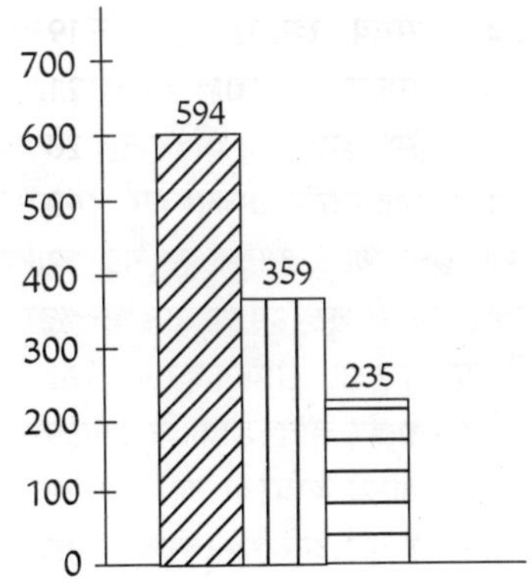

स्वीकृत कार्यरत रिक्त
प्रधानाध्यापकों की स्थिति

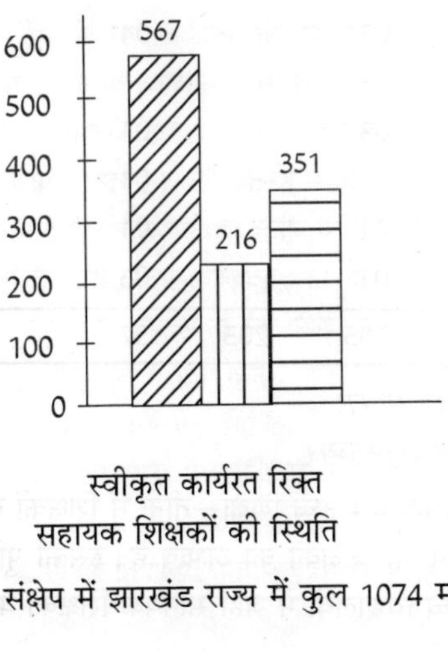

स्वीकृत कार्यरत रिक्त
सहायक शिक्षकों की स्थिति

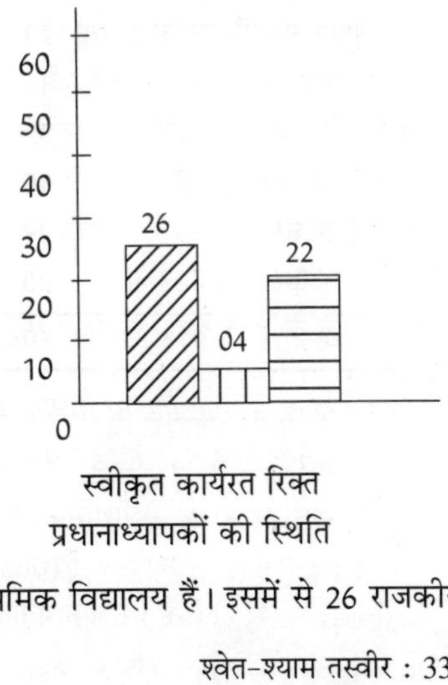

स्वीकृत कार्यरत रिक्त
प्रधानाध्यापकों की स्थिति

संक्षेप में झारखंड राज्य में कुल 1074 माध्यमिक विद्यालय हैं। इसमें से 26 राजकीय

उच्च विद्यालय, 594 राजकीयकृत उच्च विद्यालय, 203 प्रोजेक्ट उच्च विद्यालय, 57 व्यावसायिक शिक्षा की पढ़ाई वाले उच्च विद्यालय एवं 59 प्लस-टू पढ़ाई करने वाले विद्यालय हैं। साथ ही छह राजकीय संस्कृत उच्च विद्यालय, 12 राजकीयकृत संस्कृत उच्च विद्यालय हैं और मदरसा उच्च विद्यालयों की संख्या 186 है। 1991 की जनगणना के आधार पर प्रति 17,687 की आबादी एवं 61.65 वर्ग किलोमीटर पर एक उच्च विद्यालय है।

एक और बात जानने लायक है कि प्रोजेक्ट विद्यालय जो दो चरणों में (1981-82 में 116 तथा 1984-85 में 87) शुरू किए गए, इनके शिक्षकों की दशा चिंतनीय है। 1981-82 में चालू किए गए प्रोजेक्ट विद्यालय के शिक्षक जहाँ अमूमन छह महीने में एक बार वेतन प्राप्त कर पाते हैं, वहीं 1984-85 में शुरू किए गए प्रोजेक्ट विद्यालयों के शिक्षकों को एक पैसा भी वेतन के रूप में नहीं मिल पाता। प्रोजेक्ट विद्यालयों की स्थापना मुख्य तौर पर बालिका शिक्षा को गति प्रदान करने के लिए की गई थी, लेकिन जब शिक्षकों को वेतन ही नहीं मिल पा रहा हो तो फिर बालिका शिक्षा की स्थिति क्या होगी? सहज कल्पनीय है।

दूसरे, छात्रों को वोकेशनल (व्यावसायिक) विषयों की शिक्षा प्रदान करने के उद्देश्य से अविभाजित बिहार सरकार द्वारा ही झारखंड इलाके के लगभग 57 विद्यालयों में व्यावसायिक शिक्षा की पढ़ाई आरंभ की गई। व्यावसायिक विषयों की पढ़ाई आम तौर पर 12 स्तरीय विद्यालयों में शुरू हुई। ऐसा इण्टर स्तरीय कक्षाओं में व्यावसायिक शिक्षा को अनिवार्य बनाने के कारण हुआ। लेकिन इन व्यावसायिक विषयों के साथ एक विडंबना यह जुड़ी हुई है कि इसे पढ़ना हर छात्र-छात्रा के लिए जरूरी तो है परन्तु शिक्षण-संस्थानों में इसकी पढ़ाई की कोई नियमित व्यवस्था नहीं है। विशुद्ध तौर पर 'कॉन्ट्रैक्ट' पर कुछ लोगों के माध्यम से परीक्षा के पूर्व अतिरिक्त शुल्क लेकर कक्षाओं-परीक्षाओं का आयोजन कर लिया जाता है। छात्रों को इसका कोई लाभ औपचारिक तौर पर हो पाता है, ऐसा नहीं लगता। अनिवार्य होने की वजह से छात्र विवश होकर कोई व्यावसायिक विषय तो लेते हैं लेकिन मुख्य लक्ष्य परीक्षा पास करना ही होता है।

जिन माध्यमिक विद्यालयों में व्यावसायिक विषयों की पढ़ाई आरंभ की गई, वहाँ 323 पद व्यावसायिक शिक्षा के मद्देनजर सृजित किए गए। इनमें अनुदेशक के 171, प्रयोगशाला सहायक के 149 व सांख्यिकी सहायक के 3 पद शामिल हैं। इन सबका वेतन भुगतान योजना मद में किया जाता था, लेकिन अब इसे गैर-योजना मद में हस्तांतरित कर दिया गया है। इन पदों पर कार्यरत कर्मचारियों को प्रतिवर्ष अवधि विस्तार दिया जाता था। इसके चलते अनियमित ढंग से वेतन भुगतान किया जाता था। यहाँ यह जान लेना भी आवश्यक प्रतीत होता है कि राष्ट्रीय शिक्षा नीति के तहत छात्र-छात्राओं को रोजगारपरक शिक्षा देने के उद्देश्य से 1985-86 में इस इलाके के 57 उच्च विद्यालयों में इस योजना का क्रियान्वयन किया गया। फिलहाल 86 अनुदेशक व 93 प्रयोगशाला सहायक कार्यरत हैं। शेष 144 पद रिक्त पड़े हुए हैं। रिक्त पदों पर अभी नियुक्ति नहीं होनी है। इस संबंध में सरकारी आदेश के मुताबिक ये रिक्त पद सुषुप्तावस्था में रहेंगे। राज्य सरकार द्वारा इस विषय पर बाद में निर्णय लिया जाएगा।

सरकारी स्तर पर दी जा रही शिक्षा को सरकारी महकमे की उपेक्षा ही झेलनी पड़ रही है।

भले ही राष्ट्रीय-अंतर्राष्ट्रीय स्तर पर चाहे जो फैसले हों, लेकिन आम जनों के बच्चे उतनी शिक्षा पाएँगे जितना सरकार और उसके मुलाजिम चाहेंगे।

इधर वर्ष 2003 में भारत सरकार द्वारा 22 जिलों में 'विद्यावाहिनी पायलट प्रोजेक्ट' के तहत हाई स्कूल स्तर पर कंप्यूटर/इंटरनेट के माध्यम से विद्यार्थियों की पढ़ाई की व्यवस्था की गई है। इसी परियोजना के तहत झारखंड राज्य के हजारीबाग जिले केअंतर्गत भारत सरकार के अनुदान पर 20 राजकीयकृत उच्च विद्यालयों में कंप्यूटर/इंटरनेट के माध्यम से विद्यार्थी पढ़ रहे हैं। इस योजना का संपूर्ण व्यय केंद्र सरकार वहन कर रही है। राज्य सरकार द्वारा जारी सूचना के मुताबिक अब तक प्रत्येक विद्यालय को केन्द्र सरकार द्वारा लगभग 20 लाख रुपए के कंप्यूटर/इंटरनेट/रोस्टर/प्रिंटर/डिस एंटीना इत्यादि उपलब्ध कराए गए हैं। विद्यावाहिनी प्रोजेक्ट के तहत संचालित विद्यालयों में बिजली, टेलीफोन एवं अन्य संबंधित उपकरणों की व्यवस्था राज्य सरकार द्वारा की गई है, जिसमें जिले का विकास कोष, जिले के लिए राज्य स्तर से दिए गए जीर्णोद्धार एवं निर्माण का आबंटन उपलब्ध कराया गया है। जहाँ बिजली की व्यवस्था नहीं है उन विद्यालयों में राज्य सरकार द्वारा जेनरेटर की व्यवस्था की गई है।

हजारीबाग जिले से संबद्ध 20 राजकीयकृत उच्च विद्यालयों के शिक्षकों को कंप्यूटर/ इंटरनेट आदि का प्रशिक्षण प्रदान करने के उद्देश्य से जिला समाहरणालय परिसर में एक प्रशिक्षण केन्द्र की व्यवस्था की गई है। यह प्रशिक्षण केन्द्र कंप्यूटर/इंटरनेट/रोस्टर/प्रिंटर/ डिस एंटीना से सुसज्जित है।

सभी 20 विद्यालयों में इंटरनेट के माध्यम से शिक्षा प्रदान करने के दृष्टिकोण से 20'×25' के अलग से एक-एक कमरे बनाए गए हैं, जिनमें सभी आवश्यक उपकरण लगे हुए हैं। बिजली की व्यवस्था के साथ-साथ वैकल्पिक रूप से स्थायी जेनरेटर सेट की व्यवस्था की गई है। सभी कंप्यूटर लैब में कंप्यूटर टेबुल, 25 कुर्सियाँ, जरूरी कार्यालय टेबुल, एंटिना तथा टेलीफोन की सुविधा उपलब्ध करा दी गई है। साथ ही यह भी सूचना झारखंड के मानव संसाधन विभाग द्वारा दी गई है कि विद्यावाहिनी पायलट प्रोजेक्ट के अंतर्गत इंटरनेट से शैक्षणिक प्रयोजन हेतु सभी 20 विद्यालयों के शिक्षकों को प्रशिक्षित करा दिया गया है। इस संबंध में यह भी बताया गया है कि इस प्रोजेक्ट के द्वारा सभी 20 विद्यालयों में कुल 11,838 छात्र-छात्राएँ लाभान्वित होंगे। इसमें करीब दस प्रतिशत अनुसूचित जाति तथा आठ प्रतिशत अनुसूचित जनजाति के छात्र-छात्राएँ सम्मिलित हैं। राज्य का प्रतिष्ठित इंदिरा गाँधी आवासीय बालिका विद्यालय भी इस परियोजना में शामिल है।

झारखंड सरकार द्वारा विद्यावाहिनी पायलट प्रोजेक्ट के अतिरिक्त इस वर्ष (2003) राज्य के अन्य 21 जिलों के कुल 42 विद्यालयों में 7.74 करोड़ रुपए की राशि से कंप्यूटर शिक्षा-शिक्षण की व्यवस्था विद्यावाहिनी की तर्ज पर की जा रही है। इन चयनित विद्यालयों के शिक्षकों सहित अन्य कुछ चयनित विद्यालयों के शिक्षकों को प्रशिक्षित कराने की योजना है। इसके अलावा पाँच सौ उच्च विद्यालयों में फ्रेंचाइज के आधार पर कंप्यूटर शिक्षा की भी परियोजना इसी वर्ष (2003) प्रारंभ की जा रही है।

विद्यावाहिनी पायलट प्रोजेक्ट के तहत हजारीबाग जिले के चयनित विद्यालयों की छात्र संख्या

क्रम	विद्यालय का नाम	छात्र-संख्या सामान्य	अनु. जाति	अनु. जन जाति
1.	इंदिरागांधी आवासीय बालिका विद्यालय, हजारीबाग	146	23	15
2.	हिन्दू इंटरस्तरीय विद्यालय, हजारीबाग	204	91	05
3.	राजकीयकृत उच्च विद्यालय, बरही	446	35	19
4.	बिहारी बालिका उच्च वि., हजारीबाग	149	54	06
5.	महेशरा उच्च विद्यालय, महेशरा	520	80	25
6.	विष्णुगढ़ उच्च विद्यालय, विष्णुगढ़	424	22	07
7.	सी.सी.एल. उच्च विद्यालय, नयानगर	618	30	81
8.	के.एन. उच्च विद्यालय, ईचाक	545	81	00
9.	राज्य संपोषित उच्च विद्यालय माण्डू	155	15	03
10	के.बी. उच्च विद्यालय, चौपारण	489	32	00
11	उच्च विद्यालय, केरेडारी	275	26	00
12	राजकीयकृत उच्च विद्यालय, बड़कागाँव	135	33	02
13.	श्रमिक उच्च विद्यालय, सिरका	867	89	98
14.	पब्लिक उच्च विद्यालय, कुञ्जू	936	47	119
15.	गाँधी समारक उच्च विद्यालय, रामगढ़ कैण्ट	1450	88	72
16.	के.बी. उच्च विद्यालय, लारी	591	25	53
17.	राजबल्लभ उच्च विद्यालय, चितरपुर	1150	115	101
18.	राज्य संपोषित उच्च विद्यालय, गोला	1353	85	196
19.	के.के.सी. उच्च विद्यालय, सियाल	914	109	71
20.	भुरकुण्डा उच्च विद्यालय, भुरकुण्डा	571	36	79
	कुल	11838	1126	952

झारखंड माध्यमिक परीक्षा परिषद्, झारखंड इंटरमीडिएट शिक्षा परिषद् सहित पूर्ववर्ती बिहार में मदरसा, संस्कृत आदि भाषाई शिक्षा एवं +2 स्तर तथा मैट्रिक स्तर की परीक्षा संचालन करने के लिए जो परिषद् व बोर्ड थे, उन्हें झारखंड सरकार द्वारा एकीकृत करते हुए 'झारखंड' एकेडमिक काउंसिल का गठन कर दिया गया है। 'झारखंड' एकेडमिक काउंसिल के अधिकार क्षेत्र में +2 स्तर तक की सभी तरह की परीक्षाओं का संचालन व शिक्षा संबंधी नीतिगत (मान्यता आदि) निर्णय लेने की शक्तियाँ हैं। झारखंड एकेडमिक काउंसिल के पहले अध्यक्ष डॉ. शालिग्राम यादव बनाए गए हैं। इनके साथ ही कई अन्य सदस्यों की भी

नियुक्ति की गई है।

नेतरहाट आवासीय विद्यालय झारखंड राज्य की माध्यमिक शिक्षा के क्षेत्र में एक लब्ध प्रतिष्ठित नाम है। इसकी स्थापना के पूरे 50 वर्ष इसी वर्ष 2003 में हो रहे हैं। सरकार की योजना के मुताबिक इस विद्यालय की प्रतिष्ठा के अनुरूप स्वर्ण जयन्ती मनाए जाने के साथ 'स्वर्ण जयन्ती ऑडिटोरियम' का निर्माण तथा विद्यालय की आधारभूत संरचनाओं में व्यापक सुधार किए जाएँगे। नेतरहाट विद्यालय को जिन समस्याओं से इधर जूझना पड़ रहा है उनमें शिक्षकों की कमी की समस्या सबसे बड़ी है। शिक्षकों की कमी से शैक्षणिक स्तर और माहौल पर दुष्प्रभाव तो पड़े ही हैं, अनुशासन की समस्या भी उत्पन्न हुई। हाल ही में वहाँ के छात्रों में बढ़ती अनुशासनहीनता की समस्या काफी चर्चित हुई थी। बिहार के साथ छात्रों की संख्या और उन पर होने वाले व्यय को लेकर हुए विवाद की गूँज अखबारों में सुनाई पड़ी। सरकार ने नेतरहाट विद्यालय की आधारभूत संरचना में व्यापक योजना बनाने की घोषणा की है। यह योजना, आशा है जल्द पूरी होगी। नेतरहाट और इंदिरा गांधी आवासीय बालिका विद्यालय में सीटों की वृद्धि की कठिनाई अभी चल रही है।

झारखंड की माध्यमिक शिक्षा-व्यवस्था के एक प्रबल पक्ष यहाँ के 'पब्लिक' स्कूल हैं। इन पब्लिक स्कूलों का संचालन केन्द्रीय संस्थानों, उद्यमों द्वारा किया जाता रहा है। इसके अंतर्गत केन्द्रीय विद्यालय जो पूरी तरह सरकारी-व्यवस्था के अंग हैं और ये केन्द्र सरकार के उद्यमों के आरंभ होने के साथ ही आरंभ हुए। दूसरे किस्म के पब्लिक स्कूल वे हैं जो केन्द्रीय संस्थानों की सहायता से संचालित होते हैं, परन्तु इनकी व्यवस्था का दायित्व निजी हाथों में होता है। और, तीसरे प्रकार केपब्लिक स्कूल वे हैं जो पूरी तरह निजी व्यवस्था (सोसाइटी वगैरह) के तहत संचालित होते हैं। झारखंड में जब केन्द्र सरकार द्वारा उद्योग-धंधे व अन्य संस्थानों की स्थापना की गई तो साथ में केन्द्रीय विद्यालय भी खोले गए, जिनमें संबद्ध संस्थानों के कर्मचारियों-अधिकारियों के बच्चे पढ़ते हैं। ऐसे विद्यालय एच.ई.सी., सी.सी.एस., बी.सी.सी.एस. आदि संस्थानों के मुख्यालयों के आसपास खोले गए। इसी भांति डी.ए.वी., डी.पी.एस. जैसे पब्लिक स्कूल भी केन्द्रीय सरकारी उपक्रमों की सहायता से खोले गए परन्तु इनकी व्यवस्था लगभग निजी हाथों में रही। शिक्षकों की नियुक्ति से लेकर अन्य फैसले मैनेजमेंट करता रहा है। इनमें संबद्ध संस्थान के कर्मचारियों-अधिकारियों के बच्चे मामूली शुल्क देकर शिक्षा प्राप्त करते हैं, जबकि अन्य बच्चों से भारी फीस वसूली जाती है। आज झारखंड में दयानंद-एंग्लो वैदिक (डी.ए.वी.) श्रृंखला के स्कूल लगभग प्रत्येक जिले में हैं। इनका संचालन डी.ए.वी. कॉलेज मैनेजिंग कमेटी, दिल्ली के तत्वावधान से स्थानीय मैनेजिंग कमेटी करती है। इसके अलावा एक बड़ी संख्या निजी पब्लिक स्कूलों की है। इधर 1986 की नई शिक्षा नीति के प्रस्ताव के मुताबिक नवोदय विद्यालयों की भी स्थापना झारखंड के विभिन्न जिलों में की गई है। इन स्कूलों ने झारखंड में एक भिन्न प्रकार की शिक्षा-पद्धति का प्रसार किया है जो वस्तुतः सामाजिक-आर्थिक विषमता को और तीखा करने वाला है।

दरअसल, पब्लिक स्कूलों की शुरुआत ब्रिटेन में 19वीं सदी में हुई, जिनकी मुख्य विशेषताएँ थीं ईसाई मानवतावाद हरफनमौलापन के लिए सम्मान, प्रायोगिक से अधिक सैद्धान्तिक ज्ञान के प्रति रुझान और मनुष्य के क्रियाकलापों में वैज्ञानिक पद्धति के प्रयोग के प्रति अरुचि।

(एडवर्ड बिलशेन, पब्लिक स्कूल्स, लंदन, 1969)

भारत में पब्लिक स्कूलों की शुरुआत करने वालों में अंग्रेज और भारतीय दोनों ही शामिल थे। अंग्रेजी शासन द्वारा इस दिशा में काफी प्रोत्साहन भी मिला। भारतीय पब्लिक स्कूलों ने भी इंग्लैंड के पब्लिक स्कूलों का अनुकरण किया। इनमें अंग्रेजी की महिमा पहले से ही स्थापित थी। सिर्फ यह ख्याल रखा गया कि अपनी साख को सामाजिक आधार प्रदान किया जाए। समाज में नौकरशाही की कुर्सियों से बड़ी प्रतिष्ठा प्राप्त होती है, जिस पर पब्लिक स्कूलों की नजर रही। स्वतंत्रता प्राप्ति के बाद पब्लिक स्कूल धनी परिवारों के बच्चों के अलावा बड़े अधिकारियों तथा मंत्रियों के बच्चों की शिक्षा के अड्डे बन गए, आज भी बने हुए हैं। इनका उन सरकारी स्कूलों से कोई साम्य नहीं है, जिनमें बैठने के लिए साबुत कमरे भी नहीं हैं। आज भी ये पब्लिक स्कूल समाज के धनी और गरीब तबके के लोगों के अंतर को पुख्ता कर रहे हैं। पब्लिक स्कूलों द्वारा कमजोर तबके के बच्चों के लिए कई योजनाओं की घोषणा की जाती रही है जिससे यह आभास हो कि वे इनके उत्थान के लिए प्रयासरत हैं। हालाँकि उनकी इस योजना से वंचित तबका लाभान्वित होता हो, ऐसा कम ही देखने को मिला है। इन पब्लिक स्कूलों का यह कदम उनका अपना चेहरा बचाने के अलावा ज्यादा कुछ नहीं है।

इधर झारखंड के छोटे-बड़े शहरों-कस्बों में, मुहल्ले के स्तर पर पब्लिक स्कूल, जिनके साथ इंग्लिश मीडियम शब्द जुड़ा होता है, खोले जा रहे हैं। इनके संचालन स्थानीय स्तर के निजी संगठन (सोसायटी) होते हैं या कोई बहुधंधी व्यापारी। कृष्ण कुमार के शब्दों में, 'इनके और सरकारी स्कूलों के बीच कोई स्पर्धा नहीं है क्योंकि उसमें समाज का कोई भी सदस्य अपने बच्चे भेज सकता है। नए पब्लिक स्कूल में समृद्धि की साधना में रत मध्यवर्ग की औलाद को शेष बहुसंख्यक समाज की संतान से अलग रखकर शिक्षा देते हैं। वे अंग्रेजी बोलना सिखाते हैं—वह कैसी भी क्यों न हो। बच्चों को साहबों-जैसी आदतें डलवाते हैं और पिंजरों जैसे दिखने वाले रिक्शों में घर तक छोड़ने की व्यवस्था करते हैं। वे मध्यवर्ग को इस भ्रम में रखने की कोशिश करते हैं कि वह कुम्हार, नाई और धोबी के स्तर से ऊपर हैं। यह मध्य वर्ग का प्रिय भ्रम है।' (राज, समाज और शिक्षा)

सरकारी स्तर पर भी विषमतापोशी शिक्षा दी जाती रही है। 1966 के शिक्षा आयोग ने देश भर में 'नेबरहुड' स्कूलों की सिफारिश की थी, किन्तु आजादी के इतने वर्षों बाद भी इस दिशा में कोई कोशिश नहीं की गई, सिवा सीमित संख्या में विशेष सुविधाओं वाले कुछेक सरकारी स्कूल खोलने के। ऐसे स्कूल विशेष सुविधाओं वाले गैर-सरकारी स्कूलों की तरह मध्यवर्ग के बच्चों को समाज के पिछड़े हुए तबकों के बच्चों से अलग रखने का साधन बन गए। 1986 की नई शिक्षा नीति के तहत खोले गए नवोदय विद्यालयों में प्रतिभावान ग्रामीण छात्रों को बेहतर शिक्षा देने का उद्देश्य तय किया गया। इसके अंतर्गत फिलहाल 11 वर्ष की आयु के प्रतिभाशाली बच्चे दाखिला लेते हैं। प्रो. कृष्ण कुमार ने इस योजना की कमियों को उजागर करते हुए लिखा है कि 'जिला स्तर पर इस (नवोदय) योजना में दो भारी सैद्धांतिक कमजोरियाँ हैं। एक तो यह कि प्रतिभा की भरोसेमंद पहचान बचपन में करना बहुत कठिन काम है। मनुष्य की प्रतिभा के विभिन्न रूपों को लेकर मनोविज्ञान अभी ऐसे निष्कर्षों से कोसों दूर है कि किस रूप को कब पूरी

तरह पहचाना जा सकता है। जो लोग प्रतिभा को बचपन में ही पहचान लेना उचित समझते हैं, वे प्रायः प्रतिभा की एक रूढ़ सीमित धारणा लेकर चलते हैं। नवोदय विद्यालय ऐसी धारणाओं से बच नहीं सकते। नवोदय योजना की दूसरी सैद्धांतिक कमजोरी इस विचार में निहित है कि होशियार बच्चों को एक विशिष्ट वातावरण में रखने से उनकी होशियारी निखरेगी। उपलब्ध प्रमाण इसके उलट हैं। वे दिखाते हैं कि समाज में प्रतिभा का स्तर बढ़ाने का सबसे अच्छा तरीका सभी तरह के बच्चों को एक साथ रखकर हर बच्चे को उसकी स्वाभाविक गति से बढ़ने का अवसर देना है। बच्चे सिर्फ अध्यापकों और किताबों से नहीं सीखते, एक-दूसरे से भी सीखते हैं। अलग-अलग आर्थिक, पारिवारिक और सांस्कृतिक परिवेश से आने वाले बच्चों का साथ-साथ पढ़ना उनमें नई शैक्षिक संभावनाएँ पैदा करता है।' (राज, समाज और शिक्षा, पृ. 54) इस नवोदय योजना से यह स्पष्ट होता है कि सरकार सभी बच्चों को एक समान शिक्षा देने की इच्छा और आवश्यकता महसूस नहीं करती है क्योंकि आज भी शिक्षा सार्वजनिक चिंता और जनांदोलन का मुद्दा नहीं है। दूसरे यह कि यदि हर जिले में एक स्कूल ठीक से चलाकर वाहवाही लूटी जा सके तो जिले के अन्य हजारों स्कूलों को ठीक से चलाने की क्या जरूरत है? प्रतिभा के आधार पर चयन की परिपाटी में वे ही बच्चे चयनित होंगे जिनके अभिभावक खर्च करके तैयारी करवाएँगे। यों भी पाँचवीं कक्षा तक पहुँचते-पहुँचते बच्चों का एक बड़ा हिस्सा स्कूल त्याग देता है तो क्या इन विशेष 'सुविधा' वाले स्कूलों की उपादेयता पर प्रश्नचिह्न नहीं लगता? पब्लिक स्कूल शिक्षा के व्यवसायीकरण के विद्रूपतम नमूने हैं। इस संदर्भ में यह टिप्पणी समीचीन जान पड़ती है—'दाखिले के समय बेहिसाब पैसा वसूलना, हर साल बेतहाशा फीस वृद्धि, नए-नए मदों पर मनचाहा शुल्क लेना, छात्र को शारीरिक एवं मानसिक रूप से प्रताड़ित करना आम बात है। यही नहीं, छात्र के स्कूल छोड़ने के समय भी ये स्कूल उनको बख्शते नहीं। कई स्कूल कॉशन मनी लौटाने में अभिभावकों और छात्रों की नाक में दम कर देते हैं।' (जनसत्ता, सबरंग, 21 जुलाई 2002, पृ. 5)

झारखंड में उच्च शिक्षा

'विश्वविद्यालयों की भूमिका, जिससे एक संगठित शिक्षित वर्ग पैदा करने में मदद मिलती है, संस्कृतियों की विविधता को देखते हुए बहुत महत्त्वपूर्ण बन जाती है।' —नुरूल हसन

झारखंड की सांस्कृतिक विविधता के संदर्भ में यहाँ के विश्वविद्यालयों की भूमिका महत्त्वपूर्ण है, लेकिन झारखंड में अन्य चरणों की शिक्षा-व्यवस्था की ही भाँति उच्च शिक्षा भी कई समस्याओं से जूझ रही है। इस दशा में यदि अपने दायित्वों के निर्वहन में यहाँ के विश्वविद्यालय पूरी तरह सफल न हों तो इसकी जिम्मेवारी कौन लेगा? कोई एक इसके लिए पूरी तरह न तो जिम्मेवार है और न ही इसका कोई पक्ष अपने को पूरी तरह निर्दोष साबित कर सकता है।

वस्तुतः उच्च शिक्षा आज अखिल भारतीय स्तर पर संकट के दौर से गुजर रही है। कई ऐसी समस्याएँ हैं जो उच्च शिक्षा के साथ आरंभिक काल से जुड़ी रही हैं और कई ऐसी हैं जो हाल के दिनों में उभरी हैं। यह लगभग स्वीकृत तथ्य है कि ब्रिटिश काल में भारतीय शिक्षा पद्धति का मूल उद्देश्य अपनी उपनिवेशी व्यवस्था को चलाने के लिए एक वर्ग बनाने का रहा।

इसलिए ब्रिटिश साम्राज्य का प्रयत्न रहा कि उच्च शिक्षा का प्रसार अत्यंत सीमित क्षेत्र और सीमित व्यक्तियों तक हो। लेकिन आजादी के पश्चात् इसके उद्देश्य को बृहत्तर और व्यापक बनाने का प्रयास किया गया, जिसके तहत ये तीन उद्देश्य तय किए गए—ज्ञान का सृजन, ज्ञान का प्रसार और युवाओं को उनकी आजीविका के लिए तैयार करना। अपने उद्देश्यों को हासिल करने में उच्च शिक्षा कितना सफल रही—इस पर आगे चर्चा करेंगे। बहरहाल, झारखंड में उच्च शिक्षा की पृष्ठभूमि पर विचार करें तो 'विश्वविद्यालय' जैसी संस्था की स्थापना यहाँ 1960 ई. में हुई। यों 19वीं सदी के अंतिम चरण में डब्लिन यूनिवर्सिटी मिशन द्वारा हजारीबाग में संत कोलंबा कॉलेज की स्थापना से उच्च शिक्षा की नींव झारखंड की भूमि में पड़ी। इसके साथ ही सरकारी स्तर पर राँची में राँची कॉलेज और संत जेवियर कॉलेज की स्थापना आजादी के पूर्व हो गई थी। लेकिन विश्वविद्यालय जैसी संस्था से झारखंड के लोगों का साक्षात्कार 12 जुलाई, 1960 ई. को राँची विश्वविद्यालय की स्थापना से हो पाया। भले ही, आज भी विश्वविद्यालय की अर्हताओं की पूर्ति कर पाने में समर्थ नहीं दिखता है, लेकिन यहाँ की धरती पर उच्च शिक्षा की जरूरतों को देखते हुए इसकी स्थापना की गई। बिहार के राजनीतिक नेतृत्व ने कभी भी इसकी बेहतरी का ईमानदार प्रयास नहीं किया। कालांतर में झारखंड के विभिन्न शहरों में कई संस्थान (तकनीकी और सामान्य शिक्षा दोनों के) खुले, जिनके मूल में औद्योगिक उपक्रमों का खुलना रहा। आज झारखंड में चार विश्वविद्यालय, तीन विश्वविद्यालय स्तरीय संस्थान तथा कई अन्य तकनीकी व सामान्य शिक्षण संस्थान कार्यरत हैं। झारखंड सरकार के उच्च शिक्षा निदेशालय द्वारा जो सूचनाएँ उपलब्ध कराई गई हैं, उसके ब्योरे को देखा जाना आवश्यक जान पड़ता है—

विश्वविद्यालयों की संख्या	03
विश्वविद्यालय अनुदान आयोग (यू.जी.सी.) से अनुदान हेतु पंजीकृत विश्वविद्यालय	02
(ध्यातव्य : विनोबा भावे वि.वि. हजारीबाग का पंजीयन वर्ष 2002 में हुआ)	
प्रदेश में कुल अंगीभूत महाविद्यालय (नवांगीभूत महाविद्यालयों सहित)	66
प्रदेश में कुल नवांगीभूत महाविद्यालय	12
प्रदेश में कुल अल्पसंख्यक महाविद्यालय	09
राजकीय महाविद्यालयों की संख्या	
(क) शिक्षक प्रशिक्षण महाविद्यालय	04
(ख) अभियंत्रण महाविद्यालय	02
(ग) चिकित्सा महाविद्यालय	02
unaided (गैरवित्तीय सहायता प्राप्त) संबद्ध महाविद्यालय (स्थायी संबंधन प्राप्त)	23

unaided अस्थायी संबंधन प्राप्त डिग्री स्तरीय महाविद्यालय		62
संस्कृत महाविद्यालय (तीन राजकीय तथा तीन संबद्ध, सभी अनुदानित)		06
छात्रों की संख्या		2,71,456
राँची विश्वविद्यालय के अधीन		
(क) विश्वविद्यालय विभाग		22
(ख) अंगीभूत महाविद्यालय (नवांगीभूत सहित)		34
(ग) नवांगीभूत महाविद्यालय		06
(घ) राजकीय महाविद्यालय		02
(ङ) स्थायी संबद्धता प्राप्त unaided महाविद्यालय		04
(च) अस्थायी संबद्धता प्राप्त unaided महाविद्यालय		26
(ज) स्वीकृत पद (नवांगीभूत महाविद्यालयों को छोड़कर)		कार्यरत
अधिकारी	44	18
तृतीय वर्गीय	1271	981
चतुर्थ वर्गीय	1210	1101
कुल	2685	2100

शिक्षकों की संबंधित (नवांगीभूत महाविद्यालयों को छोड़कर) विश्वविद्यालय विभाग एवं अंगीभूत महाविद्यालयों में स्थिति—

(क) स्वीकृत पद (शिक्षकों के)		कार्यरत (शिक्षक)
	1573	1187
(ख) अल्पसंख्यक महाविद्यालय		
	स्वीकृत पद	कार्यरत
	261	264
(ग) तृतीय वर्गीय स्वीकृत पद		कार्यरत
	121	111
(घ) चतुर्थ वर्गीय स्वीकृत पद		कार्यरत
	114	107

छात्रों की संख्या (अंगीभूत महाविद्यालय)	117709
नवांगीभूत महाविद्यालय	10812
अल्पसंख्यक महाविद्यालय	24628

सिद्धू–कान्हू मुर्मू विश्वविद्यालय, दुमका

1.	(क) अंगीभूत महाविद्यालय	11+02 (नवांगीभूत)
	(ख) राजकीय महाविद्यालय	01

(ग) स्थायी संबंधन प्राप्त 04

2. छात्रों की संख्या 32709

3. शिक्षकों की संख्या

स्वीकृत	कार्यरत
516	318

4. शिक्षकेतर कर्मचारियों की संख्या

स्वीकृत	कार्यरत
511	486

उपर्युक्त आँकड़ों में (सि.का. मुर्मू वि.वि.) नवांगीभूत महाविद्यालयों के आँकड़े समाविष्ट नहीं हैं।

विनोबा भावे विश्वविद्यालय, हजारीबाग

1.	विश्वविद्यालय विभाग	19
2.	अंगीभूत महाविद्यालय	15 + 04 (नवांगीभूत)
3.	संस्कृत महाविद्यालय	06
4.	राजकीय महाविद्यालय	03
5.	स्थायी संबंधन प्राप्त	15
6.	अस्थायी संबंधन प्राप्त	22
7.	छात्रों की संख्या	
	स्नातकोत्तर	2966
	स्नातक	44483
	इंटर	38149

8.	रिक्तियों की स्थिति	स्वीकृत पद	कार्यरत
	अधिकारी	15	08
	ग्रेड III	586	514
	ग्रेड IV	517	450
	शिक्षक	610	540

नवांगीभूत महाविद्यालयों के आँकड़े इसमें समाविष्ट नहीं हैं।

इन तीन विश्वविद्यालयों के अतिरिक्त झारखंड में अन्य कई शिक्षण संस्थान वर्षों से कार्यरत हैं। इन संस्थानों की प्रतिष्ठा भी अच्छी-खासी रही है। इन संस्थानों के नामों की सूची प्रस्तुत करना यहाँ आवश्यक प्रतीत होता है।

क्रम	*संस्थान का नाम*	*स्थापना काल*
1.	इंडियन स्कूल ऑफ माइन्स, धनबाद	1926
2.	हिन्दी विद्यापीठ, देवघर	
3.	बिरला इंस्टीट्यूट ऑफ टेक्नोलॉजी मेसरा, राँची	1955

विधि महाविद्यालय

1. छोटानागपुर लॉ कालेज 1954
2. राजेन्द्र लॉ कॉलेज, हजारीबाग 1977

चिकित्सा शिक्षण संस्थान

1. राजेन्द्र इंस्टीट्यूट ऑफ मेडिकल साइंस, राँची (पहले RMCH) 1960
2. एम.जी.एम. कॉलेज एंड हास्पिटल, जमशेदपुर 1964
3. पाटलिपुत्र मेडिकल कॉलेज एंड हॉस्पिटल, धनबाद 1974
4. केन्द्रीय मनोचिकित्सा संस्थान, कांके, राँची 1918
5. राँची तंत्रिका मनोचिकित्सा एवं सबंद्ध विज्ञान संस्थान 1925

कृषि विश्वविद्यालय

1. बिरसा कृषि विश्वविद्यालय राँची 1981

कृषि महाविद्यालय

1. राँची कृषि महाविद्यालय 1955

पशु चिकित्सा महाविद्यालय

1. राँची वेटनरी कॉलेज, राँची 1964

वानिकी महाविद्यालय

1. कॉलेज ऑफ फॉरेस्ट्री राँची

प्रबंधन संस्थान

1. जेवियर लेबर रिसर्च इंस्टीट्यूट, जमशेदपुर
2. जेवियर इंस्टीट्यूट ऑफ सोशल सर्विस 1955
3. प्रबंधन प्रशिक्षण संस्थान, राँची 1962
4. बिड़ला प्रौद्योगिकी संस्थान, लालपुर, राँची 1955

इंजीनियरिंग कॉलेज

1. बी.आई.टी.मेसरा, राँची 1955
2. रीजनल (अब नेशनल) इंस्टीट्यूट ऑफ टेक्नोलॉजी, जमशेदपुर
3. बिहार इंस्टीट्यूट ऑफ टेक्नोलॉजी, सिंदरी 1949
4. कैम्ब्रिज इंस्टीट्यूट ऑफ टेक्नोलॉजी, टाटी सिलदे, राँची

प्रमुख अनुसंधान केन्द्र एवं प्रयोगशालाएँ

1. भारतीय लाख अनुसंधान संस्थान, राँची 1925
2. केन्द्रीय ईंधन अनुसंधान संस्थान, जलगोड़ा 1947
3. केन्द्रीय खनन अनुसंधान संस्थान, धनबाद 1948
4. कुष्ठ रोग अनुसंधान केन्द्र, इटवी, राँची
5. राष्ट्रीय धातु विज्ञान प्रयोगशाला, जमशेदपुर
6. रिसर्च एंड डेवलपमेंट सेंटर फॉर आयरन एंड स्टील, राँची

7. राजकीय मानसिक आरोग्यशाला
8. केन्द्रीय तसर अनुसंधान एवं प्रशिक्षण संस्थान, राँची

शोध एवं विकास संस्थान

1. मुर्गी पालन शोध एवं विकास संस्थान, गिरिडीह
2. राष्ट्रीय तिलहन शोध एवं विकास संस्थान, डाल्टनगंज
3. मृदा शोध एवं अनुसंधान संस्थान, हजारीबाग

पोलिटेकनिक एवं खनन संस्थान

1. राजकीय पालिटेकनिक, राँची
2. राजकीय महिला, पोलिटेकनिक, राँची
3. राजकीय पोलिटेकनिक, जमशेदपुर
4. राजकीय महिला पोलिटेकनिक, जमशेदपुर
5. राजकीय पोलिटेकनिक, धनबाद
6. राजकीय पोलिटेकनिक, दुमका
7. राजकीय पोलिटेकनिक, खूंटी
8. राजकीय महिला पोलिटेकनिक, बोकारो
9. खनन संस्थान, धनबाद
10. खनन संस्थान, कोडरमा

अन्य प्रशिक्षण व शिक्षा केन्द्र

1.	जनजातीय शोध संस्थान (टी.आर.आई.) राँची	1953
2.	भारतीय विधि माप विज्ञान संस्थान, राँची	1960
3.	श्रीकृष्ण लोक प्रशासन प्रशिक्षण संस्थान, राँची	1952
4.	पुलिस प्रशिक्षण केन्द्र, हजारीबाग	1912
5.	तकनीक प्रशिक्षण केन्द्र, राँची	1963
6.	सीमा सुरक्षा बल प्रशिक्षण केन्द्र एवं स्कूल मेरू, हजारीबाग	1966
7.	मैनेजमेंट ट्रेनिंग इंस्टीट्यूट	1962
8.	आई.आई.सी.एम., राँची	1994
9.	बिहार ग्रामीण विकास संस्थान, राँची	1954
10.	झारखंड ज्यूडिशियल एकेडमी, राँची	2002

इनके अतिरिक्त प्रमंडल, जिला एवं अनुमंडल स्तर पर राज्य सरकार द्वारा पुस्तकालयों की स्थापना की गई। पूर्व में बिहार सरकार द्वारा स्थापित ये पुस्तकालय काफी जर्जर अवस्था में पहुँच गए थे लेकिन झारखंड सरकार ने इन पुस्तकालयों के जीर्णोद्धार का प्रयास किया है। इधर पुस्तकों की खरीद की भी बात चल रही है। यदि पुस्तकें क्रय की जाती हैं तो फिर छात्रोपयोगी भूमिका में ये पुस्तकालय आ सकते हैं। साथ ही शोध-कार्यों को गति देने की दिशा में भी ये पुस्तकालय सहायक होंगे। राँची में एक राज्य पुस्तकालय के अतिरिक्त हजारीबाग में प्रमंडलीय

पुस्तकालय है। जिला पुस्तकालय गुमला, लोहरदगा, डाल्टनगंज, गिरिडीह और गोड्डा में कार्यरत हैं। खूंटी, सिमडेगा, पाकुड़, गढ़वा, सरायकेला, लातेहार, चतरा और साहेबगंज में अनुमंडलीय पुस्तकालय हैं।

झारखंड में उच्च शिक्षा के लिए जो मूलभूत ढाँचे और सुविधाएँ उपलब्ध हैं, वे नाकाफी हैं। इधर जब हम LPG (उदारीकरण, निजीकरण और खगोलीकरण) के दौर में प्रवेश कर चुके हैं तो उसे देखते यहाँ के विश्वविद्यालय एवं अन्य संस्थान बड़ी ही दीन-हीन अवस्था में प्रतीत होते हैं। सच पूछें तो यहाँ खोलने को विश्वविद्यालय खोले गए, लेकिन जरूरी सुविधाएँ मुहैया कराने की तरफ कोई ध्यान न देकर अपने हित साधन में ही सत्तासीन लोग लगे रहे। विश्वविद्यालयों में कुलपति, प्रतिकुलपति एवं अन्य अधिकारियों की नियुक्तियाँ राजनीतिक प्रतिबद्धता के आधार पर होती रहीं। फलतः विश्वविद्यालयों में राजनीति और अफसरशाही हावी होती गई और शिक्षण तथा शोध का स्तर गिरता गया। शिक्षक एवं शिक्षकेतर कर्मचारियों की नियुक्ति में योग्यता के स्थान पर जाति, राजनीति एवं भाई-भतीजावाद जैसे कारकों ने महत्त्वपूर्ण भूमिका अदा की। बिहार के विश्वविद्यालयों में शिक्षकों एवं कर्मचारियों का वेतन तो बढ़ा, लेकिन पुस्तकालय, प्रयोगशाला तथा मूलभूत संरचना के विकास पर खर्च बहुत ही कम हुआ। इसी कारण आज विश्वविद्यालय आर्थिक अभाव झेल रहे हैं। वित्तीय संसाधनों की उपलब्धता की ओर अभी भी समुचित ध्यान नहीं दिया जा रहा है। विश्वविद्यालयों में वित्तीय अराजकता की स्थिति लगातार बनी रहती है।

पिछले दशक (1991 के बाद) विश्व परिदृश्य काफी बदला है। विश्व व्यापार संगठन के तहत सेवाओं के व्यापार में सामान्य समझौते— गैट्स (general agreement on trade in service) के मुताबिक शिक्षा सेवाओं के व्यापार में विश्व स्तर पर कई अवसर शिक्षा के निर्यात के आ रहे हैं। इसके तहत एक देश दूसरे देश में शिक्षा-सामग्री निर्यात कर सकेगा। एक देश के विद्यार्थी दूसरे देश में शिक्षा ग्रहण करने जा सकते हैं। एक-दूसरे देशों में विश्वविद्यालय खोल सकते हैं, शिक्षक भी एक देश से दूसरे देश में जा सकते हैं। दोहा घोषणा-पत्र के अनुसार 30 जून 2002 तक इस समझौते के प्रति अपनी मंशा देशों को बताना तथा 31 मार्च 2003 तक दे देना था। भारत ने अभी तक अपना पूरा मन तो नहीं बनाया है परंतु अपनी शिक्षा को खोलने तथा उच्च शिक्षा के निजीकरण के प्रयास को तेज कर दिया है। आज जो स्थिति है उसमें भारत के अधिकांश विश्वविद्यालय शिक्षा-सेवाओं की चुनौती में अपने को अक्षम पाएँगे। अपने देश में उच्च शिक्षा पर व्यय लगातार कम हो रहा है। उदाहरणार्थ चौथी पंचवर्षीय योजना में कुल व्यय का यह मात्र 1.24 प्रतिशत था, जो आठवीं पंचवर्षीय योजना में घटकर मात्र 0.35 प्रतिशत रह गया। यूनेस्को के अनुमान के अनुसार अमेरिका में प्रति व्यक्ति शिक्षा पर सरकारी व्यय 1400 डॉलर होता है जबकि भारत में यह मात्र 9.10 डॉलर है। तकनीकी एवं वैधानिक जर्नलों के ग्राहक चंदा दर इतने ज्यादा हैं कि भारत के शायद ही कोई विश्वविद्यालय खरीद सकें। इस बिन्दु पर हम झारखंड के गरीब व विपन्न विश्वविद्यालयों की बात क्यों करें, जहाँ कई कॉलेजों, एवं विश्वविद्यालयों विभागों में एक अखबार तक नहीं आता। भारत के ज्यादातर विश्वविद्यालयों व उनके कैंपसों की हालत दयनीय है। छात्रावास, पुस्तकालय, खेल आदि की व्यवस्था अधिकांश

विश्वविद्यालयों में अत्यंत लचर है। पाठ्यक्रमों में लचीलेपन का अभाव तथा स्वायत्तता नहीं के बराबर है। राजनीतिक व नौकरशाही के हस्तक्षेप बहुत ज्यादा हैं।

भारतीय उच्च शिक्षा जगत पर पिछले दशक में खगोलीकरण की दिशा में बढ़ाए कदमों के प्रभाव साफ नजर आने लगे हैं। कई विदेशी विश्वविद्यालयों ने गैट्स के सुझाए चार मुख्य रास्तों पर अमल करना शुरू कर दिया है। 'भारत में सबसे ज्यादा यू.के., ऑस्ट्रेलिया, कनाडा तथा ऑस्ट्रिया के विश्वविद्यालयों ने पाठ्यक्रमों की शुरुआत की है। इसमें अपने देशों में शिक्षा के अलावा 'फ्रेंचाइजी' के आधार पर देश के अंदर शिक्षा-व्यवस्था, कुछ कोर्स भारत तथा विदेश में करने की सुविधा, इंटरनेट एवं कंप्यूटर संचालित पाठ्यक्रम आदि सम्मिलित हैं। मुख्यतः ये पाठ्यक्रम प्रबंधन, मेडिकल, इंजीनियरिंग, सूचना तकनीक आदि में शुरू किए गए हैं। कई विश्वविद्यालयों ने एक साथ दो डिग्री प्रोग्राम की शुरुआत भी की है। इन पाठ्यक्रमों की सालाना फीस 50,000 रु. से तीन लाख 40 हजार रुपए तक है। अनुमानों के अनुसार लगभग 20,000 छात्र प्रतिवर्ष अमेरिका, आस्ट्रेलिया, कनाडा, ब्रिटेन तथा फ्रांस के विश्वविद्यालयों में शिक्षा ग्रहण करने जा रहे हैं जबकि लगभग डेढ़ हज़ार छात्र मुख्यतः खाड़ी-देशों तथा दक्षिण एशिया के देशों से भारत आ रहे हैं। देश के अंदर विदेशी विश्वविद्यालयों के पाठ्यक्रमों में कितने छात्रों का नामांकन हुआ है इसका सही अनुमान लगाना कठिन है।' (रमेश शरण, विश्व व्यापार संगठन, उच्च शिक्षा का बदलता परिवेश एवं झारखंड के विश्वविद्यालय, विश्वविद्यालय क्षेत्र, अक्तूबर 2002, पृ. 3)

झारखंड के विश्वविद्यालयों को हम देखें तो पाते हैं कि इनके हालात और भी बदतर हैं। यहाँ के विश्वविद्यालय नए अवसरों का इस्तेमाल कर पाने में पूरी तरह अक्षम हैं। अविभाजित बिहार में सन् सत्तर व अस्सी के दशक में शिक्षा की बढ़ती हुई मांग को पूरा करने की दिशा में तत्कालीन सरकारों ने अत्यंत तदर्थ उपाय किए। इसी दौरान भारत में शिक्षा की दोहरी व्यवस्था मजबूत हुई। कुछ विश्वविद्यालयों एवं संस्थाओं को छोड़कर समूचे देश में शिक्षा के उच्चतर संस्थानों पर ज्यादा ध्यान नहीं दिया गया। बिहार में साठ के दशक केअंत व सत्तर के दशक में विश्वविद्यालयी शिक्षा-व्यवस्था के पतन की शुरुआत हो गई। स्वतंत्रता के पश्चात् समाज के शिक्षा से वंचित वर्गों के उच्च शिक्षा पर बढ़ते दबाव का आसान हल परीक्षाओं में कदाचार को प्रोत्साहन देकर डिग्री बाँटी जाने लगी। राजनीतिज्ञों को यह आसान रास्ता लगा, क्योंकि इसके दो लाभ थे। एक, शिक्षा की संरचना पर व्यय करने या उसके भविष्य के बारे में सोचने की आवश्यकता समाप्त हो गई और दूसरे, अर्द्धशिक्षित, कम शिक्षित डिग्री प्राप्त युवा वर्ग में समाज की मूल संस्थाओं, राजनीतिक भ्रष्टाचार के विरोध में संघर्ष का आत्मबल नष्ट हो गया। एक तरफ इन दशकों में बिहार में संभ्रांत वर्ग ने अपने बच्चों को शिक्षा के लिए राज्य के बाहर भेजना शुरू किया तथा ऐसे लोग जिन्हें उच्च गुणवत्ता की शिक्षा की जरूरत थी, को एक लचर शिक्षा व्यवस्था में उनके हाल पर छोड़ दिया गया।

अविभाजित बिहार में शिक्षकों की नियुक्ति, प्रोन्नति एवं कथित सुधार के उपायों ने शिक्षकों के मनोबल को बहुत कम किया है। विश्वविद्यालयों में नियुक्ति की प्रक्रिया ऐसी रही कि उच्च शिक्षा में कुछ ऐसे लोग आ गए जिन्होंने पूरी शिक्षा व्यवस्था को बर्बाद किया। शुरुआती दौर में उच्च शिक्षा सामंतवादी तत्त्वों के अधीन रही, जिसके सबसे बड़े सामंत विभागाध्यक्ष रहे।

रमेश शरण कहते हैं—'विश्वविद्यालयों में नियुक्ति की अजीब प्रक्रिया थी जिसे वी.सी. नियुक्ति कहा जाता था। शिक्षकों की नियुक्ति होती थी एवं ग्रीष्मावकाश में उन्हें नौकरी से बाहर कर दिया जाता था तथा उसके बाद पुन: नियुक्ति होती थी। स्थायी नियुक्ति बिहार लोक सेवा आयोग के द्वारा होती थी। यह प्रक्रिया अच्छे विद्यार्थियों के शिक्षा क्षेत्र में आने की बहुत बड़ी बाधा थी। लोक सेवा आयोग में नियुक्तियों के समय अत्यंत अनियमित थे, क्योंकि उन्हें अन्य नियुक्तियाँ भी करनी होती थीं। इसके अलावा इसमें आंतरिक विशेषज्ञ के रूप में विभागाध्यक्ष होते थे। ऐसी परंपरा बनी थी कि अगर स्थायी शिक्षक बनना है तो इन विभागाध्यक्षों की गुलामी में रहना आवश्यक है। निजी क्षेत्र में खुले महाविद्यालयों की स्थिति और भी दयनीय थी। वहाँ शिक्षक सचिव एवं प्राचार्यों की दया के पात्र बनकर रह गए। इन दोनों प्रक्रियाओं के विरोध में 1970 के दशक में आंदोलन हुए। अंतत: सरकार को बाध्य होकर नियुक्ति की इस नीति को समाप्त करना पड़ा जिससे दो बार एक ही पद के लिए साक्षात्कार एवं नियुक्ति की अन्यायपूर्ण एवं अविवेकपूर्ण प्रक्रिया पर विराम लगाया जा सका। 18 महीने एवं 24 महीने से कार्यरत कुलपति-नियुक्त ऐसे शिक्षक जिनकी नियुक्ति विधिवत प्रक्रिया से हुई थी, का स्थायीकरण किया गया। यह एक महत्त्वपूर्ण कदम था। इसके अलावा स्थायी नियुक्ति की प्रक्रिया का भी विकेन्द्रीकरण के मार्ग में महत्त्वपूर्ण कदम था। परन्तु इस स्वायत्तता का बड़े पैमाने पर पूरे बिहार में दुरुपयोग हुआ जिसके कारण अंतत: नियुक्ति प्रक्रिया फिर केन्द्रित हो गई एवं विश्वविद्यालय के चयन आयोग राज्य के स्तर पर बन गए। 1981 की अवधि में चयन आयोग के द्वारा नियुक्ति में बड़े पैमाने पर अनियमितताएँ हुईं। पैनल केवल दो या तीन मिनट के साक्षात्कार के आधार पर बन गए, पूरे शैक्षणिक कैरियर को कोई महत्त्व नहीं दिया गया। यह प्रक्रिया अत्यंत व्यक्तिगत थी और इस प्रक्रिया में तत्कालीन विभागाध्यक्षों की भूमिका अत्यंत संदिग्ध एवं महत्त्वपूर्ण रही। 1980 के आसपास ही कई निजी महाविद्यालयों का अंगीभूतीकरण हुआ। यह अन्याय एवं शोषण से मुक्ति की दिशा में एक महत्त्वपूर्ण कदम था। परन्तु इस प्रक्रिया का दुर्भाग्य यह रहा कि इसने पिछले दरवाजे से नियुक्तियों एवं नियमितिकरण का घाट खोल दिया जिसका प्रभाव शिक्षण की गुणवत्ता पर बहुत पड़ा।' (वि.वि. क्षेत्र, फरवरी 2003, पृ. 3)

शिक्षकों की नियुक्ति एक ऐसा मुद्दा रहा है जिसने बिहार की उच्च शिक्षा समेत तमाम शिक्षा व्यवस्था को प्रभावित किया है। उच्च शिक्षा के क्षेत्र में 1981 के बाद 1996 में शिक्षकों की नियुक्ति बिहार राज्य विश्वविद्यालय (अंगीभूत महाविद्यालय) सेवा आयोग के द्वारा की गई। इतने लंबे अरसे (15 वर्ष) के बाद नियुक्ति किए जाने का यह प्रभाव पड़ा कि अधिकांश मेधावी छात्र शिक्षक बनने से वंचित रह गए। फिर 1996 के बाद से इधर कोई नियुक्ति नहीं हुई। बिहार में हुई भी लेकिन झारखंड में अभी तक सिर्फ सुगबुगाहट ही है। स्थिति यह है कि यू.जी.सी., सी.एस.आई.आर. के तहत जे.आर.एफ./नेट में सफल छात्र अपनी आजीविका अन्यत्र ढूँढ़ने को मजबूर हैं। शिक्षक लगातार सेवानिवृत्त होते जा रहे हैं और नियुक्ति की कोई प्रक्रिया नहीं चल रही है। फिलहाल 100 रुपए प्रति व्याख्यान के हिसाब से मानदेय पर सेवानिवृत्त शिक्षकों की सेवा लेने का प्रावधान किया गया है, परन्तु यह अब तक सफल होता नहीं लग रहा है। अनेक कॉलेजों एवं विश्वविद्यालय विभागों में शिक्षकों का घोर अभाव है और सरकार द्वारा शिक्षा की

गुणवत्ता में सुधार के निरंतर प्रयास व दावे किए जा रहे हैं। क्या बिना शिक्षकों के शिक्षा-सुधार संभव है? ऐसा इसके प्रबंधक ही समझ सकते हैं। रीडर एवं प्रोफेसर के पद पर सीधी बहाली 1981 के बाद नहीं हुई है। इसका दुष्परिणाम यह हुआ है कि मेधावी शिक्षकों की प्रोन्नति के सारे मार्ग बंद हो गए हैं। कैरियर एडवांसमेंट स्कीम सहित तमाम प्रोन्नति रुके पड़े हैं। शिक्षक अनिश्चितता में अपना दिन काट रहे हैं। शिक्षकों को अपने संघर्ष से जो कुछ भी हासिल हुआ है उसे सरकारें अपने निकम्मेपन और नकारेपन को छुपाने के लिए छीन रही हैं। शिक्षकों को वेतन मिलना अब समाचारपत्रों के लिए खबर होती है।

इधर एक प्रमुख परिवर्तन यह देखने में आया है कि विश्वविद्यालय अनुदान आयोग (यू.जी.सी) ने अचानक शिक्षकों के शिक्षण-घंटों में वृद्धि का प्रस्ताव रखा है और कई वि.वि. ने शिक्षकों व कर्मचारियों की संख्या घटाने का प्रयास किया है। ऐसा वातावरण बनाया जा रहा है कि विश्वविद्यालयों के शिक्षक बहुत कम काम करते हैं। अतएव उनके लिए कक्षाओं की संख्या बढ़ाई जानी चाहिए। झारखंड के विश्वविद्यालयों का हाल क्या कहें, जब अखिल भारतीय स्तर के आँकड़े विश्व के अन्य देशों के मुकाबले असंतोषजनक हैं। उच्च शिक्षा के विकास का सूचकांक और इस पर हुए सार्वजनिक व्यय को तुलनात्मक दृष्टि से देखा जाए तो जो स्थिति उभरती है वह आने वाले दिनों में और चिंताजनक होती जाएगी। सरकारी व्यवस्था पर काबिज लोग, जो ज्यादातर मामलों में जमीन से कटे हुए हैं, उच्च शिक्षा को निजी हाथों में सौंपने को उतावले हैं। यू.जी.सी. ने दसवीं योजना में उच्च शिक्षा के संदर्भ में अपने दृष्टिकोण को स्पष्ट करते हुए बड़ी धनराशि की आवश्यकता बतलाई है। यू.जी.सी. के दस्तावेज के मुताबिक 'उच्च शिक्षा को न सिर्फ अपनी पहचान बनाए रखने के लिए अपनी नई भूमिका (ज्ञान के विशेषज्ञ पैदा करने संबंधी) को और बढ़िया बनाने की खातिर और ज्यादा धनराशि की आवश्यकता है। इसलिए उच्च शिक्षा के वास्ते आवंटित राशि को जी.डी.पी. के छह प्रतिशत स्तर (जिसका वादा किया गया था) तक ले जाना होगा। उच्च शिक्षा क्षेत्र को इस बात के लिए प्रोत्साहित किया जाएगा कि वह हर एक विश्वविद्यालय के लिए बजटीय प्रावधान का कम से कम 25 प्रतिशत खुद निम्नलिखित तरीकों से जुटा सकें—

(क) विद्यार्थी/अभिभावक की आर्थिक क्षमता पर आधारित भिन्न किस्म की फीस संरचना विकसित कर।

(ख) समाज और उद्योग के लिए उपयोगी लाभदेय दूरस्थ क्रियाकलापों (outreach activities) को बढ़ावा देकर।

इस तरह खुद से ईजादशुदा तरीकों से उत्पन्न, प्रत्येक कोष के लिए यू.जी.सी. वन-टू-वन के आधार पर मैचिंग धनराशि उपलब्ध कराएगी। शर्त यह होगी कि कुल कोष को 'डेवलपमेंट कॉरपस' में बदलना होगा। उच्च शिक्षा विकास वित्त निगम की अवधारणा को हकीकत में लाना होगा। नए तरह के पठन-पाठन कार्यक्रम को चलाने में ये कॉलेजों एवं विश्वविद्यालयों की पूँजी की व्यवस्था कर पाएँगे। साथ ही इनके माध्यम से विद्यार्थियों को आवश्यक ऋण उपलब्ध कराने वाली संस्थाओं का भी निर्माण संभव है।' (दसवीं योजना के परिप्रेक्ष्य में यू.जी.सी. की उच्च शिक्षा संबंधी दृष्टि, वि.वि. क्षेत्र, दिसंबर 2002, पृ. 6)

भारत में उच्च शिक्षा के विकास सूचकों की तुलनात्मक स्थिति को इस तालिका में देखा जा सकता है—

उच्च शिक्षा का विकास सूचकांक : देशों की तुलना

देश/क्षेत्र	*कुल नामांकन (प्रतिशत में)*		*प्रति दस हजार छात्र पर शिक्षकों की संख्या*	
	1985	1997	1985	1997
उत्तरी अमेरिका	61.7	80.7	2980	3611
एशिया/ओसिनिया	26.8	42.1	2162	3205
यूरोप	32.3	50.7	2042	2393
अरब देश	11.5	14.9	653	730
लैटिन अमेरिका/ कैरेबिया	15.7	19.4	1442	1608
भारत	6.0	7.2	436	434
विश्वस्तर पर कुल	12.5	17.4	964	1084

स्रोत : ई.पी.डब्ल्यू, फरवरी 2003

भारत में उच्च शिक्षा पर सार्वजनिक व्यय विश्व के अन्य देशों की तुलना में कितना है, इसे भी देखना जरूरी है—

उच्च शिक्षा पर सार्वजनिक व्यय (सभी स्तरों पर खर्च की प्रतिशतता)

देश	*1985-86*	*1995-97*
स्वीडन	13.1	27.2
ऑस्ट्रेलिया	30.5	30.5
नीदरलैंड	26.4	29.3
यू.के.	19.8	23.7
नार्वे	13.5	27.9
यू.एस.ए.	25.1	25.2
फ्रांस	12.9	17.9
जर्मनी –	22.5	
द.कोरिया	10.9	8.0
जापान –	12.1	
फिलीपींस	22.5	18.0
सिंगापुर	27.9	34.8
थाईलैंड	13.2	16.4
मलेशिया	14.6	25.5
इंडोनेशिया	–	24.4
नामीबिया	–	13.1
जिम्बाब्वे	–	17.3
भारत	15.3	13.7

स्रोत : ई.पी.डब्ल्यू, फरवरी 2003

अविभाजित बिहार में उच्च शिक्षा पतन के गर्त में चली गई थी, जिसे उबारने की दिशा में झारखंड सरकार ने कई योजनाएँ बनाई हैं। इन योजनाओं में बी.एड. प्रशिक्षण को शुरू करना और विश्वविद्यालयों के कैंपस का निर्माण व अन्य कार्य प्रमुख हैं। झारखंड के मानव संसाधन विकास विभाग ने बी.एड. प्रशिक्षण के संदर्भ में कहा है—'विगत कई वर्षों से प्रशिक्षण महाविद्यालयों में बी.एड. स्तर का प्रशिक्षण अवरुद्ध था। शिक्षा के स्तर में गुणात्मक विकास हेतु प्रशिक्षित शिक्षकों की नियुक्ति अत्यावश्यक है। ऐसी स्थिति में राज्य सरकार ने राज्य के सभी राजकीय प्रशिक्षण महाविद्यालयों में राष्ट्रीय अध्यापक परिषद् से स्वीकृति प्राप्त कर बी.एड. प्रशिक्षण चर्या को सत्र 2003-04 से प्रारंभ किया है।' (29 जून 2003 को मानव संसाधन विकास मंत्री के प्रेस सम्मेलन में प्रस्तुत दस्तावेज से)

राज्य सरकार की स्वीकृति से राँची विश्वविद्यालय के कई कॉलेजों ने भी अपने यहाँ बी.एड. की पढ़ाई आरंभ करने का निर्णय लिया है, जिसके आरंभ होने की संभावना अगले सत्र 2004-05 से है। झारखंड सरकार के एक अन्य फैसले के तहत राज्य के सभी महाविद्यालयों में व्यावसायिक शिक्षा लागू की जाएगी। स्नातकोत्तर स्तर पर एम.सी.ए., एम.बी.ए. इलेक्ट्रॉनिक्स एवं कम्युनिकेशन आदि की पढ़ाई प्रारंभ की जा रही है। साथ ही स्नातक स्तर पर आई.टी., बी.सी.ए., फैशन डिजायनिंग, विषयों में पढ़ाई प्रारंभ की जा रही है। (उपरिवत्)

राँची विश्वविद्यालय के परिसर के निर्माण की दिशा में कार्यवाही जारी है, जो एक दीर्घकालीन योजना है। इसके पूरा होने में पाँच से दस वर्ष का समय लगने की संभावना है।

झारखंड के वि.वि./महाविद्यालयों में प्रयोगशालाओं की स्थिति शोचनीय बनी हुई है। सरकार इस दिशा में भी अपने सचेत होने की घोषणा कर चुकी है—'वर्तमान तकनीकी परिवेश एवं विज्ञान की प्रयोगशाला का शिक्षा एवं स्तर के गुणात्मक विकास को देखते हुए इसका व्यावहारिक ज्ञान छात्र/छात्राओं को दिया जाना आवश्यक है। इस परिप्रेक्ष्य में राज्य के महाविद्यालयों को आवश्यक वैज्ञानिक उपकरणों एवं अन्य आवश्यक सामानों की समुचित आपूर्ति कर इसका सुदृढ़ीकरण किया जाएगा।' (उपरिवत्)

अपनी अन्य भावी योजनाओं को रेखांकित करते हुए झारखंड सरकार ने घोषणा की है राज्य में पाठ्यक्रम की समुचित पढ़ाई हेतु विधि विश्वविद्यालय की स्थापना पर विचार किया जा रहा है। यह दीर्घकालीन योजना होगी। इसी प्रकार पलामू में नीलांबर-पीतांबर विश्वविद्यालय की स्थापना पर विचार किया जा रहा है। यह योजना भी दीर्घकालीन होगी। झारखंड सरकार ने तकनीकी शिक्षा के प्रसार के लिए ग्लोबल टेंडर किया है जिसके अंतर्गत अभियंत्रण/चिकित्सा/दंत चिकित्सा संबंधी प्रस्ताव उद्यमियों से माँगे गए हैं। इसके अंतर्गत राज्य सरकार इन संस्थानों को खोलने हेतु सरकारी जमीन भी उपलब्ध करा सकती है। अभी यह तय नहीं किया गया है कि इस तरह के कितने तकनीकी संस्थान कहाँ खोले जाएँगे।

शिक्षा मद में झारखंड सरकार द्वारा प्रस्तुत व्यय विवरणी को इस तालिका से देखा जा सकता है—

वर्ष 2002-03 की व्यय विवरणी (योजना मद) प्रपत्र

विभाग	*वर्ष 2002-03 का उद्व्यय (करोड़ में)*		*वर्ष 2002-03 का बजट उपबंध (करोड़)*		*व्यय 2002-03 करोड़ में*		*वित्तीय उपलब्धि*	
	राज्यांश	*केन्द्रांश*	*राज्यांश*	*केन्द्रांश*	*राज्यांश*	*केन्द्रांश*	*राज्यांश*	*केन्द्रांश*
प्राथमिक शिक्षा	70.12	98.50	70.12	98.50	66.44	85.48	94.75	86.77%
माध्यमिक शिक्षा	33.28	0.50	35.12	0.50	28.04	0.50	79.84	100%
उच्च शिक्षा	26.13	–	23.74	–	17.70	–	74.56	–
कुल	129.53	99.00	128.93	99.00	112.18	85.98	86.98	86.84%

स्रोत : मानव संसाधन विकास विभाग, झारखंड सरकार

झारखंड के कॉलेजों-विश्वविद्यालयों में परीक्षाओं के दौरान कक्षाएँ बाधित हो जाया करती हैं। इससे निजात पाने के लिए बहुउद्देशीय परीक्षा भवनों के निर्माण की योजना बनाई जा रही है। यह कब पूरी होगी—कहना मुश्किल है, परन्तु पूरा होने के बाद कक्षाओं के आयोजन में सुविधा निश्चित तौर पर होगी। झारखंड में उच्च शिक्षा व्यवस्था में सुधार के लिए प्रारंभ से ही कई प्रयास किए जाते रहे। ऐसे ही प्रयासों के तहत उच्च शिक्षा में गुणात्मक सुधार हेतु एक उच्च स्तरीय समिति का गठन झारखंड के विश्वविद्यालयों के पूर्व कुलाधिपति श्री प्रभात कुमार की पहल पर किया गया। इस कमेटी में झारखंड व देश के कई शिक्षाविदों को रखा गया, लेकिन एक साल होते-होते सुधार कमेटी का अस्तित्व समाप्त हो गया। शिक्षाविदों और विशेषज्ञों को कोई मानदेय तो नहीं ही दिया गया, यहाँ तक कि बाहर के लोगों को यात्रा व ठहराव भत्ता देने का मामला सरकारी संचिकाओं में ही उलझा रह गया। आज तो इस सुधार कमेटी के कई सदस्य काल-कवलित भी हो चुके हैं।

राँची से प्रकाशित दैनिक 'प्रभात खबर' में झारखंड के मानव संसाधन विभाग की योजनाएँ तीन साल में कितनी कारगर व कामयाब हो पाई हैं, पर एक 'फैक्टशीट' छापा गया है, जिसे देखना समीचीन जान पड़ता है—

कार्य-योजनाएँ	*वस्तुस्थिति*
तीनों विश्वविद्यालय परिसर का निर्माण	नहीं
बहुउद्देशीय परीक्षा भवन का निर्माण	धीमी
सिद्धू-कान्हू मुर्मू वि.वि. को यू.जी.सी. से मान्यता	नहीं
नीलांबर-पीतांबर वि.वि. की स्थापना	नहीं
उच्च शिक्षा में गुणात्मक सुधार के लिए कमेटी	कमेटी का अस्तित्व समाप्त

काउंसिल फॉर हायर एजुकेशन की स्थापना	नहीं
कॉलेजों के संबद्धन के लिए नई नीति-निर्धारण	नहीं
शिक्षकों को यू.जी.सी. बकाया	कार्रवाई चल रही है
शिक्षकेतर कर्मचारियों को केन्द्रीय वेतनमान	नहीं
वित्त रहित शिक्षा नीति की समाप्ति	कार्रवाई चल रही है
जनजातीय भाषा के शिक्षकों की नियुक्ति	कार्रवाई चल रही है
कॉलेजों के शिक्षकों को चार घंटा रहना अनिवार्य	छिटपुट रूप से
प्राचार्यों को कक्षा लेना अनिवार्य	नहीं
शिक्षकेतर कर्मचारियों का वेतन-निर्धारण	कार्रवाई चल रही है
सीनेट/सिंडिकेट के सदस्यों का मनोनयन	प्रक्रियाधीन
जेट का गठन	कार्रवाई चल रही है
झारखंड एकेडमिक काउंसिल का गठन	हो गया
10 हजार प्राथमिक शिक्षकों की नियुक्ति	प्रक्रियाधीन
ढाई हजार माध्यमिक शिक्षकों की नियुक्ति	नहीं
वि.वि. शिक्षकों की नियुक्ति	नहीं
स्कूलों में कंप्यूटर शिक्षा	कार्रवाई चल रही है
नेतरहाट व इंदिरा गाँधी स्कूलों में सीटों की वृद्धि	कार्रवाई चल रही है
शिक्षकों की सेवा-शर्त नियमावली	कार्रवाई चल रही है
राज्य शिक्षा शोध व प्रशिक्षण परिषद् का गठन	नहीं
शिक्षकों की बी.आई.टी. मेसरा में कंप्यूटर प्रशिक्षण	कार्रवाई चल रही है
प्रखंड में उच्च विद्यालयों को प्लस टू में अपग्रेडेशन	प्रक्रियाधीन
क्षेत्रीय शिक्षा कार्यालयों में टेलीफोन व वाहन	प्रक्रियाधीन
15 हजार शिक्षा मित्रों की बहाली	प्रक्रियाधीन
राजधानी में एक महिला कॉलेज की स्थापना	नहीं

स्रोत : प्रभात खबर, 13 नवंबर 2003

गुरुदेव रवीन्द्रनाथ टैगोर के शब्दों में, 'विश्वविद्यालय राष्ट्रीय मानस की रचनात्मकता के केन्द्रबिन्दु हैं।' गुरुदेव की मान्यता की कसौटी पर झारखंड के विश्वविद्यालय कहाँ तक खरा उतर पाते हैं— इसका अंदाजा उनसे संबद्ध तथ्य और सत्य से हो जाता है। अब उदारीकरण के दौर में सरकारी व्यवस्था के तहत संचालित उच्च शिक्षा-संस्थान अपनी चमक कहाँ तक बरकरार रख पाएँगे, यह देखने वाली बात होगी।

झारखंड में आदिवासी शिक्षा

आदिवासियों के शैक्षणिक विकास के लिए, उन्हें कथित मुख्यधारा से जोड़ने के लिए केन्द्र से लेकर राज्य स्तर पर कई योजनाएँ चलाई गईं, चलाई जा रही हैं, परन्तु उनका परिणाम संतोषदायी नहीं रहा। आदिवासी समुदाय को शिक्षित व साक्षर बनाने के लिए राष्ट्रीय शिक्षा नीति में भी

तात्कालिक कदम उठाने की आवश्यकता पर बल दिया गया। इसके तहत तय किया गया कि आदिवासी इलाकों में प्राथमिक शालाएँ खोलने के काम को प्राथमिकता दी जाएगी। इन क्षेत्रों में स्कूल भवनों के निर्माण का कार्य, शिक्षा के बजट, राष्ट्रीय ग्रामीण रोजगार कार्यक्रम, जनजातीय कल्याण योजनाओं आदि के अंतर्गत प्राथमिकता के आधार पर हाथ में लिया जाएगा।

आदिवासियों की अपनी सांस्कृतिक एवं सामाजिक विशिष्टता होती है। अक्सर उनकी अपनी बोलचाल की भाषाएँ होती हैं। पाठ्यक्रम निर्माण में तथा शिक्षण सामग्री तैयार करने में यह जरूरी है कि प्रारंभिक अवस्था में आदिवासी भाषाओं का उपयोग किया जाए तथा ऐसी व्यवस्था हो कि आदिवासी बच्चे शुरू के कुछ वर्षों के पश्चात् क्षेत्रीय भाषा में शिक्षा ग्रहण कर सकें।

पढ़े-लिखे प्रतिभाशाली आदिवासी युवकों को प्रशिक्षण देकर अपने क्षेत्र में ही शिक्षक बनने के लिए प्रोत्साहित किया जाए।

बड़ी संख्या में आवासीय विद्यालयों की स्थापना की जाए।

आदिवासियों के लिए उनकी जिन्दगी के तौर-तरीकों और उनकी विशिष्ट आवश्यकताओं को ध्यान में रखते हुए ऐसी प्रोत्साहन योजनाएँ तैयार की जाएँगी, जिनसे शिक्षा प्राप्ति में आने वाली बाधाएँ दूर हों। उच्च शिक्षा के लिए दी जाने वाली छात्रवृत्तियों में तकनीकी एवं व्यावसायिक पढ़ाई को ज्यादा महत्त्व दिया जाएगा। सामाजिक एवं मानसिक अवरोधों को दूर करने के लिए उपचारात्मक पाठ्यचर्या एवं अन्य कार्यक्रम चलाए जाएँगे ताकि आदिवासी शिक्षार्थी सफलतापूर्वक अपनी पढ़ाई पूरी कर सकें।

आँगनबाड़ियों, अनौपचारिक शिक्षा केन्द्रों और प्रौढ़ शिक्षा केन्द्र आदिवासी बहुल इलाकों में प्राथमिकता के आधार पर खोले जाएँगे।

आदिवासियों की समृद्ध सांस्कृतिक अस्मिता और विशाल सृजनात्मक प्रतिभा के बारे में चेतना सभी स्तर के पाठ्यक्रमों का जरूरी हिस्सा होगा।

उपर्युक्त बिन्दुओं को ध्यान में रखकर ही राज्यों ने आदिवासी समुदाय के बीच शिक्षा के प्रसार का कार्यक्रम तय किया। झारखंड के आदिवासियों को शिक्षा देने के लिए पूर्ववर्ती बिहार सरकार और अब झारखंड सरकार ने कई कदम उठाए हैं, लेकिन ये कदम अपनी विफलता की कहानी खुद कह जाते हैं। 1991 की जनगणना के मुताबिक जहाँ अखिल भारतीय स्तर पर आदिवासियों में साक्षरता-दर 29.60 प्रतिशत है, जिनमें 40.65 प्रतिशत पुरुष साक्षर हैं तो महिलाओं में साक्षरता 18.91 प्रतिशत है। झारखंड (बिहार) के आदिवासियों में साक्षरता दर 26.78 प्रतिशत है। इनमें 38.40 प्रतिशत पुरुष तथा 14.75 प्रतिशत आदिवासी महिलाएँ साक्षर हैं।

झारखंड में आदिवासियों के 30 से ज्यादा समुदाय निवास करते हैं। इनके बीच साक्षरता की स्थिति इस प्रकार है—

	आदिवासी समूह	*साक्षरता (प्रतिशत में)*
1.	असुर	0.08
2.	बैगा	0.02
3.	बंजारा	0.01
4.	बथुड़ी	0.02

5.	बेदिया	0.66
6.	बिनझिया	0.15
7.	बिरहोर	0.03
8.	बिरजिया	0.04
9.	चेरो	0.92
10.	चिक बड़ाइक	0.82
11.	गौंड	1.92
12.	गोड़ैत	0.09
13.	हो	9.62
14.	करमाली	0.52
15.	खड़िया	3.57
16.	खरवार	3.89
17.	खोंद	0.02
18.	किसन	0.32
19.	कोरा	0.32
20.	कोरवा	0.14
21.	लोहरा	2.18
22.	महली	1.18
23.	माल पहाड़िया	0.61
24.	मुंडा	18.98
25.	उराँव	24.71
26.	पहाड़िया	0.37
27.	संथाल	26.19
28.	सौरिया पहाड़िया	0.38
29.	सबर	0.03
30.	भूमिज	2.26
31.	अन्य	0.03

स्रोत : ट्राइबल रिसर्च इंस्टीट्यूट, राँची

यों तो आदिवासियों में शिक्षा और साक्षरता की स्थिति चिंताजनक है लेकिन झारखंड की आदिम जनजातियों (असुर, बिरहोर, बिरजिया, कोरवा, माल पहाड़िया, सौरिया पहाड़िया, परहिया और शबर) का हाल तो अवर्णनीय है। इन आदिम जनजातियों की संख्या एक लाख 92 हजार 425 (2001 की जनगणना) है। इन विलुप्त होती जनजातियों को बचाने व इनके विकास के लिए केन्द्र सरकार द्वारा विशेष योजनाएँ चलाई जाती हैं, लेकिन इन्हें लाभ नहीं के बराबर मिलता है। सरकारी नौकरियों में इन सभी आदिम जनजातियों के बमुश्किल सौ-डेढ़ सौ लोग होंगे जिनका अधिकांश चतुर्थ वर्गीय पदों पर कार्यरत है। एक अखबार में प्रकाशित खबर के

मुताबिक 'हाल में एक पहाड़िया ने डॉक्टरी की डिग्री हासिल की है। संतालपरगना का यह पहाड़िया अपने लोगों के लिए लड़ रहा है। इन विलुप्त हो रही प्रजातियों को बचाने और विधायिका व कार्यपालिका में उनकी भागीदारी सुनिश्चित करने के लिए कभी नहीं सोचा गया।'

सरकारी नीति के बरअक्स आदिवासी इलाकों में प्रत्येक 200 की आबादी वाले गाँव में प्राथमिक विद्यालय की स्थापना की जानी थी। साथ ही, आदिवासियों को उनकी मातृभाषा में शिक्षा दी जानी चाहिए थी, परन्तु झारखंड बनने के तीन साल बाद भी यह संकल्प पूरा नहीं हो पाया है। झारखंड के 21 हजार से अधिक गाँवों की आबादी 200 से ज्यादा है, जिनमें 8,494 गाँव आदिवासी बहुल यानी 50 प्रतिशत से अधिक आदिवासी आबादी वाले हैं। लगभग 40 प्रतिशत विद्यालय आदिवासियों के लिए चाहिए। इन आँकड़ों के मद्देनजर 30,932 (कुल शिक्षक 84,305) पद आदिवासी भाषाओं के शिक्षकों के होने चाहिए। साथ ही सरकारी निर्देशानुसार वैसे विद्यालयों में भी एक आदिवासी भाषा का शिक्षक नियुक्त करना है, जहाँ दस से ज्यादा आदिवासी छात्र हों। इसके अतिरिक्त 4643 गाँव ऐसे हैं जो आदिवासी बहुल तो नहीं पर 200 से ज्यादा की आबादी के हैं। इस स्थिति में यदि आदिवासी 50 की संख्या में भी होंगे तो आदिवासी छात्रों की संख्या दस से ज्यादा होगी। इस दशा में इन विद्यालयों में एक शिक्षकों को अनिवार्यत: आदिवासी भाषा का जानकार होना चाहिए। एक आकलन के मुताबिक झारखंड में 35,575 शिक्षक आदिवासी समुदाय के हों, लेकिन सन् 2000 तक सिर्फ 13,023 आदिवासी शिक्षक कार्यरत हैं (अभी शिक्षकों की नियुक्ति प्रक्रिया चल रही है)।

पुन: यहाँ यह याद रखना आवश्यक है कि झारखंड में आदिवासियों के बीच शिक्षा को ले जाने का श्रेय ईसाई मिशनरियों को दिया जाता है। इन्होंने शिक्षा के माध्यम से ही आदिवासी जनता के बीच अपना धर्म-प्रचार किया। इसका सुफल यह हुआ कि आदिवासी बड़ी संख्या में पढ़ सके और सरकारी सेवा में भी शामिल हुए। साथ ही 'आदिम जाति सेवा मंडल' जैसी स्वयंसेवी संस्था ने भी आदिवासियों के बीच शिक्षा की रोशनी ले जाने में अपनी अहम भूमिका निभाई। इसके ज्यादातर शिक्षण-संस्थान अब सरकारी आधिपत्य में हैं। सरकारी स्तर पर शिक्षा परियोजना, वयस्क एवं सतत शिक्षा, डी.पी.ई.पी. और अब सर्वशिक्षा अभियान जैसे कार्यक्रमों की मार्फत साक्षरता बढ़ाने के प्रयास आदिवासी इलाकों में भी चलाए जा रहे हैं। ये प्रयास कितना रंग ला पाएँगे—अभी नहीं कहा जा सकता। यों पूर्व के अनुभव बहुत उत्साहजनक नहीं हैं। आदिवासी छात्रों का लगभग 85-90 फीसदी सेकेंडरी स्तर तक पहुँचते-पहुँचते कलम-किताब से दूर हो जाता है। इसे इस आँकड़े के आईने में भी देखा जा सकता है—

आदिवासी छात्रों में 'ड्राप-आउट दर' (प्रतिशत में)

वर्ष	*प्राइमरी*	*मिडिल*	*सेकेंडरी*
1980-81	75.66	86.71	91.18
1981-82	74.00	84.99	91.65
1982-83	72.44	83.35	90.42
1983-84	70.63	83.74	89.59
1984-85	69.40	82.86	88.37

1985–86	65.56	81.86	88.82
1986–87	66.12	80.19	87.26
1987–88	65.21	80.61	87.26
1988–89	64.53	78.08	86.72

स्रोत : आदिवासियों की शिक्षा— 1988-89 की रिपोर्ट

आदिवासी बच्चों में 'ड्राप-आउट दर' ज्यादा होने के मूल में कई कारण हैं, जिनमें पाठ और पुस्तकों की भी प्रमुख भूमिका है। अब तक जो पाठ्यक्रम जारी है, उससे आदिवासी बच्चे लगाव महसूस नहीं कर पाते। प्राथमिक स्तर की शिक्षा तो कम से कम क्षेत्रीय भाषाओं में ही दी जानी चाहिए। ऐसा प्रयोग उत्तर-पूर्व के राज्यों में सफल रहा है। इसे देखते हुए मुंडारी, संताली, नगपुरिया तथा हो में पाठ्यपुस्तकें तैयार करने का काम चल रहा है। यदि यह संभव हो जाता है तो ऐसी उम्मीद की जा सकती है कि आदिवासी क्षेत्रों में ड्राप-आउट की दर में कमी आएगी। शोध-निष्कर्षों ने यह साबित किया है कि बच्चों में पढ़ाई के प्रति अरुचि का एक कारण पाठ्यक्रम का जमीन से नहीं जुड़ा होना है। कक्षाओं के आयोजन का तरीका और उबाऊ माहौल बच्चों को आकर्षित करने के बजाय उन्हें स्कूल से दूर ले जाता है। एक आदिवासी बच्चा तब और ज्यादा चकित रह जाता है, जब वह आदिवासियों के बारे में ऐसी बातें पढ़ता-सुनता है जिसकी कल्पना तक नहीं करता है। एक आदिवासी सामाजिक कार्यकर्ता का इस संदर्भ में कहना है कि आदिवासियों का परिचय देते हुए एक पुस्तक में यह लिखा गया है कि आदिवासी उन्हें कहते हैं जो जंगल में रहते हैं, कपड़े नहीं पहनते, उनकी नाक चिपटी होती है आदि-आदि। जाहिर है यह परिचय तो नहीं ही है आदिवासियों का। इस बिन्दु पर जो आवश्यकता महसूस की जा रही है वह यह कि पठन-पाठन के तरीके को सामूहिक भागीदारी वाला और सृजनात्मकता को बढ़ावा देने वाले पाठ्यक्रम लागू किए जाएँ, जिससे छात्रों को पढ़ाई रुचिकर लगे तथा ड्राप-आउट की समस्या से निजात पाया जा सके।

इधर चलाए जा रहे सर्वशिक्षा अभियान में भी एक खामी दिख रही है कि पुरानी गलतियों से सीखने का कोई संकेत नहीं है। शैक्षणिक व्यवस्था में उन्मुखीकरण या नई कोशिश का अभाव है। एक बात अवश्य है कि ग्रामीणों को शिक्षा-व्यवस्था की जिम्मेवारी सौंपने का प्रावधान है, पर यह मात्र जिम्मेवारी भर है, अधिकार नहीं। सरकार ने सुदूर गाँवों के बच्चों को स्कूल के प्रति आकर्षित करने के लिए प्रतिदिन एक रुपया देने का प्रावधान किया है। साथ-साथ पोशाक व दोपहर का भोजन आदि भी दिए जाने हैं। लेकिन यह कदम कितना फलदायी होगा—नहीं कहा जा सकता। जरूरत है कि स्थानीय निकायों और स्वैच्छिक संगठनों के साथ महिला संगठनों को भी शिक्षा प्रसार में शामिल किया जाए। लेकिन झारखंड में स्थानीय निकायों के चुनाव अब तक नहीं हो पाए हैं।

आदिवासी बहुल इलाकों में जो कॉलेज चल रहे हैं, उनकी स्थिति जर्जर हो गई है। सरकारी प्रस्ताव के मुताबिक कॉलेजों में स्व वित्त पोषित 'वोकेशनल कोर्स' आरंभ किए जा रहे हैं, लेकिन यह किनके लिए हैं ? क्या वह आदिवासी बालक/बालिका जिसके माता-पिता किसी तरह उसका पेट भर पा रहे हैं, इनकी ऊँची फीस दे पाएगा ? कल्याण विभाग से इन व्यावसायिक

पाठ्यक्रमों की फीस देने का भी प्रावधान नहीं है। फिर ऐसे कोर्स क्या परिणाम देंगे? खगोलीकरण और उदारीकरण की प्रक्रिया ने निजीकरण की हवा को तेज किया है। इसी के तहत 'वोकेशनल कोर्स' को प्राथमिकता देते हुए आंतरिक स्रोत की व्यवस्था की जिम्मेवारी कॉलेजों-वि.वि. पर डाली जा रही है। साथ ही निजी विश्वविद्यालयों के लिए दरवाजे खोले जा रहे हैं। अब साधन-संपन्न निजी संस्थानों से जर्जर विश्वविद्यालय कैसे मुकाबला करेंगे? वोकेशनल कोर्स और तकनीकी शिक्षा को झारखंड के संसाधनों, कौशल और स्थानीय रोजगार की संभावनाओं के मद्देनजर विकसित नहीं किया गया है। राष्ट्रीय सोच से विकसित यह शिक्षा (व्यावसायिक व तकनीकी) व्यापक लाभ दे पाएगी—इसमें संदेह है।

आदिवासियों के बीच शिक्षा की स्थिति के मद्देनजर यह सोचना पड़ता है कि आखिर इनके बीच शिक्षा कैसे फैले? अब तक जो लोग शिक्षित हुए हैं, उनकी वर्गीय स्थिति भिन्न हो गई है। सरकारी सुविधाओं का लाभ पूर्व से लाभान्वित समुदाय ही उठा पा रहा है। जंगल-पहाड़ों का आदिवासी अब भी गैठी-टेना-महुआ में अपना भविष्य ढूँढ़ रहा है। जंगल भी कट चुके हैं। उसका तकनीकी कौशल आज के सूचना-तकनीकी युग में अप्रासंगिक हो चुका है। उसकी अनौपचारिक शिक्षण-संस्थाएँ (धुमकुड़ियाँ, गीतिओड़ा आदि) मृतप्राय: हो चुकी हैं। आदिवासी बुद्धिजीवी भी शिक्षा को लेकर अपनी चिंताएँ निरंतर प्रकट कर रहा है, लेकिन उसे कोई सही रास्ता नहीं दिख पा रहा। तात्कालिक तौर पर जो किया जाना अत्यावश्यक प्रतीत होता है वह यह कि शिक्षण-संस्थानों को आधारभूत ढाँचे से संपन्न करते हुए आदिवासी छात्र-छात्राओं के लिए और अधिक छात्रावासों सहित अन्य सुविधाओं को बहाल करने तथा आदिवासी मन को समझते हुए उनकी अस्मिता को बरकरार रखने वाली शिक्षा-पद्धति अपनाने की जरूरत है। मातृभाषा में प्रारंभिक शिक्षा तो दी ही जानी चाहिए। आदिवासी छात्रों के विद्यालय छोड़ने के कारणों का समुचित विश्लेषण करते हुए उन्हें दूर करने के उपाय ढूँढ़ने होंगे। अन्यथा आदिवासियों के बीच व्याप्त अशिक्षा उन्हें प्रतिक्रियावादी और सांप्रदायिक शक्तियों का खिलौना बना देगी।

झारखंड में शिक्षा-व्यवस्था दो तरह की समस्याओं से जूझ रही है। पहली, आधारभूत और दूसरी, संस्थागत। अभी भी इस राज्य के दस प्रतिशत प्राथमिक विद्यालय भवनहीन हैं। लगभग 17 प्रतिशत प्राथमिक विद्यालय केवल एक कमरे में चल रहे हैं। स्थानाभाव के कारण बच्चे नामांकन नहीं करवाते और यदि करवाते भी हैं तो बीच में ही स्कूल जाना बंद कर देते हैं। ऐसी दशा में यथाशीघ्र अतिरिक्त कमरों का निर्माण किया जाना जरूरी है। साथ ही शिक्षकों का संस्थागत तौर पर ह्रास हुआ है, जो शिक्षा के लिए नकारात्मक स्थिति उत्पन्न करता है। शिक्षक महज सरकारी सेवक बन कर रह गए हैं। इसका दुष्परिणाम यह हुआ है कि शिक्षण के अन्य पक्षों में भी संस्थागत गिरावट दिखती है। यथा शिक्षकों की उपस्थिति, शिक्षा कार्य में कर्मठता, विद्यालय प्रबंधन, शिक्षक-छात्र संबंध, शिक्षक-अभिभावक संबंध तथा इनसे बढ़कर शिक्षकों की नियुक्ति की व्यवस्था। विद्यालयों के सरकारीकरण के पश्चात् नियुक्ति से लेकर अनुशासन तक सब कुछ राज्य सरकारों की देखरेख में संचालित होता है। इससे माहौल सुधरने के बजाय बिगड़ता है। कारण यह कि शिक्षा विभाग के अधिकारी शिक्षकों के शोषक के रूप में चिन्हित किए जाते हैं। इस व्यवस्था में बदलाव जरूरी है, जिससे संबंध शोषक-शोषित का न होकर,

सहकर्मी का बने।

आधारभूत सुविधाओं में विद्यालय भवन सबसे अहम है। एक अनुमान के मुताबिक पूरे राज्य में जरूरत के हिसाब से लगभग सवा लाख कमरे बनवाने होंगे। एक आकलन के अनुसार एक कमरा लगभग 25×15 फीट का बनता है जिसके निर्माण में तकरीबन 468.75 लाख वर्ग फीट भूमि उपयोग में लानी होगी। वार्षिक औसत के हिसाब से सरकार को प्रतिवर्ष 93.75 लाख वर्ग फीट भूमि पर निर्माण करने की जरूरत है। लेकिन यहाँ प्रश्न यह उठता है कि राज्य में निर्माण के पर्याप्त साधन कैसे उपलब्ध होंगे ? इसके निदान की पहली जरूरत यह है कि सरकार उचित एवं सस्ते निर्माण कार्यों पर अपना ध्यान केन्द्रित करे।

शिक्षकों में शिक्षण-कौशल विकसित करने के लिए शिक्षाविदों की संस्तुति है कि दो वर्ष के मूल प्रशिक्षण के अतिरिक्त संपूर्ण सेवाकाल में एक माह का प्रशिक्षण प्रतिवर्ष दिया जाए। क्रमानुसार शिक्षकों के लिए महीने तय किए जाएँ। प्रशिक्षण केन्द्र साल भर चलें, जिसमें व्यवस्थापक पूर्णकालिक हों परन्तु प्रशिक्षक अंशकालिक। प्रत्येक माह उच्च विद्यालय केन्द्र पर एक दिन के लिए दैनिक प्रशिक्षण की व्यवस्था हो। इसमें जिले की ओर से हर बार अलग-अलग वैसे प्रशिक्षक भेजे जाएँ जिनका जीवन त्याग एवं कर्म का हो, जिनकी वाणी और विचार शिक्षकों में शिक्षण के प्रति श्रद्धा विकसित करने में सहायक हो। यह भी ख्याल रखा जाना चाहिए कि प्रशिक्षण मात्र पाठ्यक्रम समझाने वाला न होकर शिक्षण के प्रति नैतिक आदर्श का बोध कराने वाला हो।

शिक्षकों की नियुक्ति के संदर्भ में यह ध्यान देने की जरूरत बताई गई है कि प्राथमिक स्तर के विद्यालयों में शिक्षकों की नियुक्ति प्रखंड स्तर पर संबद्ध प्रखंड के नागरिकों के बीच से की जाए। अभ्यर्थी का पद स्थापन उसके गाँव को छोड़कर अन्य निकटतम ग्राम में किया जाए। नियुक्ति में शैक्षणिक योग्यता से अधिक महत्त्व सामाजिक एवं सेवा-कार्यों में अभिरुचि रखने वाले को दिया जाए। इसी तरह माध्यमिक विद्यालयों में शिक्षकों की नियुक्ति जिला स्तर पर की जाए। प्राथमिक एवं माध्यमिक विद्यालयों के संचालन एवं उनकी देखरेख के लिए स्थानीय स्तर पर समितियाँ बनाई जाएँ जो शिक्षा-व्यवस्था के सुचारु रूप से संचालन में अपना दायित्व निभाएँ। माध्यमिक विद्यालयों के शिक्षकों के लिए विद्यालय परिसर में आवास की व्यवस्था की जाए जिससे उनकी उपस्थिति सुनिश्चित हो।

पुनश्च : शहरी क्षेत्र में गरीबी और अमीरी की खाई दिनोंदिन बढ़ती ही जा रही है। शहरों में सरकारी शिक्षा की स्थिति अत्यंत दयनीय है। शहरी सरकारी विद्यालयों में केवल निम्नवर्गीय या निम्न-मध्यवर्गीय बच्चे पढ़ते हैं जबकि पढ़ाने वाले आर्थिक रूप से मध्यवर्ग में शामिल हो गए हैं। सरकारी विद्यालयों में गुणवत्ता का घोर अभाव हो गया है। इसका मुख्य कारण सरकारी शिक्षा-व्यवस्था के शिक्षक, निरीक्षक से कर्मचारी तक की संतानें सरकारी विद्यालयों में शिक्षा न प्राप्त कर किसी पब्लिक स्कूल में शिक्षा प्राप्त करती हैं।

इस संदर्भ में हरेन्द्र कुमार सिंह का कहना है कि शहरों में बढ़ते झुग्गी-झोंपड़ी प्रक्षेत्रों में रहने वाले मजदूरों एवं अन्य लोगों के बच्चे तो निरक्षर रहने को मानों अभिशप्त हैं। सेवा भारती राँची द्वारा किए गए सर्वेक्षण के अनुसार लगभग 40 हजार बच्चे विद्यालय नहीं जाते। वे या तो

अपने माता-पिता का सहयोग करते हैं या स्वतंत्र बाल श्रमिक का काम करते हैं। ऐसे बच्चों में शहरों के होटल में काम करने वाले बच्चे से लेकर घरों में नौकर-नौकरानी तक का काम करने वाले बच्चे भी शामिल हैं। अब तक विद्यालय नहीं जाने वाले बच्चों को साक्षर बनाने हेतु कुछ उपाय सुझाए जा सकते हैं—

1. समान काम एवं समान क्षेत्र में निवास करने वाले बच्चों के लिए दोपहर के बाद के समय के लिए आसपास की समान पृष्ठभूमि वाले पढ़े-लिखे युवक या युवतियों द्वारा तीन घंटे के लिए विद्यालय की व्यवस्था की जा सकती है।

2. घरों में काम करने वाले बाल नौकर या नौकरानी का निबंधन कराना अनिवार्य किया गया एवं मालिक से नौकर को साक्षर बनाने की जिम्मेवारी वहन करने की आवश्यकता को अनिवार्य किया जाए।

3. होटलों में काम करने वाले बच्चों का होटल-समूह बनाकर बच्चों का मंच बनाया जाए एवं प्रतिदिन होटलों की सुविधानुसार समय निर्धारित कर दो घंटों की अल्पकालीन शिक्षा दी जाए।

इसके अतिरिक्त अन्य अनेक श्रेणियों में विभक्त कर साक्षर बनाने का काम किया जा सकता है।

शिक्षा का प्रसार
ईसाई मिशनरियों की पहल

डॉ. नागेश्वर सिंह

झारखंड देश का 28वाँ नवोदित राज्य है जिसका उदय 15 नवंबर 2000 को लंबे संघर्ष के पश्चात् हुआ। बिहार राज्य के अंतर्गत इस क्षेत्र की पहचान 'छोटानागपुर' नाम से होती रही है। प्राचीन काल में यह सघन अरण्यों और दुर्गम पहाड़ियों से आच्छादित था। प्राकृतिक संपदाओं के अक्षय भंडार से आपूरित यह क्षेत्र अपनी अप्रतिम हरीतिमा और सौंदर्यशील स्वरूप से आज भी आभामंडित है। फिर भी, प्रारंभिक काल से ही यह क्षेत्र अविकसित, उपेक्षित, तिरस्कृत और आवागमन की सुविधाओं से सर्वथा वंचित रहा है। जंगलों और झाड़-झंखाड़ों से परिपूर्ण रहने के कारण ही कभी इस क्षेत्र को 'झारखंड' नाम से अभिहित किया था और यही प्राचीन नाम उक्त नए राज्य के लिए प्रयुक्त किया गया। यद्यपि भाजपा इस क्षेत्र के लिए 'वनांचल' जैसे नाम की प्रस्तावना बार-बार कर रही थी और इसके लिए वह समय-समय पर आंदोलनरत भी रही, लेकिन अंततः राजनीतिक कारणों से यह नाम विवादग्रस्त होकर पीछे छूट गया और कांग्रेस के दबाव में आकर, राज्य सरकार को विषम और विवश स्थितियों में, सत्ता-सुख के लिए बिहार-विभाजन के लिए तैयार होना पड़ा। जबकि राजद अध्यक्ष लालू प्रसाद ने स्पष्टतः घोषणा की थी कि बिहार का विभाजन उनकी लाश पर होगा। इस विभाजन को नकारने के पीछे यह रहस्य और स्वार्थ अंतर्निहित था कि विभाजित बिहार राजस्व के अभाव में अपंग और कृशकाय हो जाएगा। इसी संदर्भ में इस तथ्य का उल्लेख भी प्रासंगिक होगा कि लालू प्रसाद के मस्तिष्क में 28 जिलों को मिलाकर झारखंड राज्य बनाने की परिकल्पना विद्यमान थी जिसके अंतर्गत मध्य प्रदेश और उड़ीसा के भी कई क्षेत्रों को सम्मिलित करने की योजना थी, जहाँ जनजातियों की बहुलता है। स्पष्ट है कि विभाजन नहीं होने देने के पीछे की मनोवृत्ति स्वस्थ, परिष्कृत और साफ-सुथरी नहीं थी। निश्चित तौर पर विभाजन को लटकाने के लिए यह एक राजनीतिक 'स्टंट' था। यह तो उसी प्रकार की बात हो गई कि 'न नौ मन तेल होगा और न राधा नाचेगी'।

वस्तुतः विभाजन के इस बृहत् स्वरूप को जिसमें विभिन्न प्रांतों के जनजातीय बहुल क्षेत्र सम्मिलित थे, एक साथ सम्पृक्त करना वैधानिक और व्यावहारिक दृष्टि से अत्यंत ही कठिन था। अंततः छोटानागपुर और संतालपरगना के अट्ठारह जिलों को मिलाकर इस नए राज्य का निर्माण किया गया। संतालपरगना भी छोटानागपुर की तरह ही जनजातीय बहुल

इलाका है जिसे विकास के उच्चतम शिखर तक लाने के लिए इस नए राज्य के अंतर्गत सम्मिलित करना आवश्यक था। स्मरण रहे कि इस राज्य के अस्तित्व में आ जाने के पश्चात् राष्ट्रीय जनतांत्रिक गठबंधन की बाबू लाल मरांडी सरकार द्वारा चार नए जिले—सिमडेगा, लातेहार, सरायकेला-खरसांवा और जामताड़ा—बनाए गए। संदेह नहीं कि झारखंड राज्य, अन्य राज्यों की अपेक्षा सभी दृष्टियों से समृद्ध-सम्पन्न है, पर शैक्षिक, सामाजिक और आर्थिक दृष्टिकोण से यहाँ की जनजातियाँ विपन्न हैं। इन सभी दृष्टियों से जब तक इनका विकास नहीं होता, जनजातियों का यह बृहत् समुदाय अनंत काल तक अन्य सभ्य और विकसित जातियों की समतुल्यता कर पाने में समर्थ नहीं हो सकेगा। इनके सामाजिक-आर्थिक जीवन की सर्वाधिक विडम्बना यही है।

जनजाति का अर्थ है कि जिस समाज में आर्य धर्म की परंपराएँ जीवित नहीं हैं। आदिम जनजाति एक ऐसा समुदाय है जिसकी सामाजिक व्यवस्था, राजनीतिक संगठन, धार्मिक विश्वास तथा रीति-रिवाज अन्य जातियों से बहुत कुछ भिन्न हैं। इनकी अपनी सभ्यता और संस्कृति है, संस्कार हैं, वैवाहिक अनुष्ठान के अपने तौर-तरीके हैं और सीमित संसाधनों के बीच भी ये परम प्रसन्न और संतुष्ट रहते हैं।

झारखंड राज्य में अवस्थित तीस जनजातियों में—संताल, मुंडा, उराँव, हो, खड़िया, असुर, बिरहोर, बिरजिया, कोरा, कोरवा, लोहरा, महली, माल पहाड़िया, सौरिया पहाड़िया, परहरिया आदि की प्रमुखता है। इन सभी जनजातियों में कुछ समानताएँ और कुछ विषमताएँ पाई जाती हैं। सभी आदिवासी समूहों की अपनी भाषाएँ हैं। संपर्क भाषा के रूप में नागपुरी व्यवहृत होती है। जनजातीय समूहों द्वारा प्रयुक्त की जाने वाली भाषाएँ मुख्यत: दो वर्ग—ऑस्ट्रिक और द्रविड़ वर्ग की हैं। ऑस्ट्रिक परिवार की भाषाओं में मुंडा, हो, खड़िया, कोरबा, भूमिज आदि परिगणित की जाती हैं तो द्रविड़ परिवार की भाषा के रूप में कुडुख, मलतो आदि की पहचान की जाती है।

शिक्षा ही किसी समाज, किसी क्षेत्र के विकास का मानक होती है। वस्तुत: शिक्षा ही मनुष्य को गर्वपूर्वक जीने का संबल देती है। शिक्षा का अर्थ स्कूल- कॉलेज की कक्षाओं से प्राप्त सूचनाओं तक ही सीमित नहीं है, बल्कि यह तो मानवीय क्रियाकलापों को अपने में समाविष्ट करते हुए मानवीय मूल्यों के संवर्द्धन में योग देती है। नवगठित राज्य झारखंड शिक्षा की दृष्टि से अभी तक काफी पिछड़ा हुआ है। यहाँ की आबादी का एक बहुत बड़ा हिस्सा आदिवासियों का है जिनके बीच शिक्षा की स्थिति अभी भी दयनीय है।

1991 की जनगणना के मुताबिक झारखंड राज्य की 2.18 करोड़ की जनसंख्या में सिर्फ 73.52 लाख लोग ही साक्षर थे। यह आँकड़ा कुल आबादी का लगभग 34 प्रतिशत है। स्त्री-पुरुष के अनुपात पर गौर करें तो झारखंड की पुरुष आबादी में 46 प्रतिशत लोग साक्षर हैं तो स्त्रियों की आबादी का सिर्फ 21 प्रतिशत ही शिक्षित व साक्षर है। यह आँकड़ा किसी भी दृष्टि से स्तरीय और प्रोत्साहित करने वाला नहीं है। उल्लेखनीय है कि जनजातीय जीवन में शैक्षिक विकास के लिए जिस विशिष्ट संबल की आवश्यकता है, वह है उनकी आर्थिक सुदृढ़ता। इस दृष्टि से विचार करने पर यह जानकारी होती है कि आर्थिक विपन्नता की वजह से ही उनका

जीवन शोषित और पीड़ित रहा। ऐसी दशा में, शिक्षा उनके जीवन को आलोकित कर पाने में असमर्थ रही। आजादी के पूर्व जनजातीय समुदाय को शिक्षित और समुन्नत करने में जिन संस्थानों और जनसेवी संस्थाओं का अमूल्य योगदान है उनमें ईसाई मिशनरियों की भूमिका अग्रगण्य है।

झारखंड क्षेत्र में, मध्यकाल के दौरान, हिन्दुओं और मुस्लिम समुदाय के लिए, संस्कृत और फारसी भाषाओं के अध्ययन-अध्यापन की सुविधा उपलब्ध थी। संस्कृत की प्रारंभिक शिक्षा पाठशालाओं के माध्यम से तथा फारसी की शिक्षा मकतबों में दी जाती थी, जबकि उच्च शिक्षा के लिए टोल या चतुष्पदी की व्यवस्था हिन्दुओं के लिए की गई थी तथा मदरसों के माध्यम से मुसलमानों को उच्च शिक्षा प्रदान की जाती थी। लेकिन झारखंड क्षेत्र में ऐसे संस्थानों की संख्या अत्यल्प थी।

शिक्षा की यह स्थिति हिन्दू और मुसलमान—दोनों के संदर्भ में थी। ऐसी स्थिति में जनजातीय आबादी, जो मुख्यत: जंगलों-पहाड़ों और उनके आसपास बसती थी, की शैक्षिक प्रगति की कल्पना सहज रूप में की जा सकती है। जनजातियों के बीच शिक्षा और आधुनिक पद्धति की शिक्षा का सर्वथा अभाव था और यह समाज दुनिया की हलचलों और उसमें हो रहे परिवर्तनों से पूरी तरह अछूता और अनजान था।

झारखंड की राजधानी राँची नगर में 1834 में एक प्राथमिक विद्यालय की स्थापना एजेंसी के आगमन के पश्चात् की गई थी, जिसमें सरकारी अधिकारियों की संततियों को शिक्षा दी जाती थी। यह विद्यालय 1839 में माध्यमिक अंग्रेजी विद्यालय के रूप में परिणत हुआ। इसी के साथ अन्य चार विद्यालयों की स्थापना के लिए भी सरकार द्वारा अनुदान राशि प्रदान की गई। लेकिन इस शिक्षण-व्यवस्था से न तो आम जनता लाभान्वित हो सकी और न ही यहाँ की जनजातीय आबादी। इस प्रकार की सिमटी हुई शिक्षा-व्यवस्था से उच्चवर्गीय और सरकारी अधिकारी वर्ग ही लाभान्वित हो सके।

लेकिन हर स्थिति की एक सीमा-रेखा होती है। यही कारण है कि इन्हें शिक्षा की रोशनी से वंचित रखने का प्रयास भी बहुत दिनों तक सफल नहीं हो सकता था। झारखंड क्षेत्र में, सर्वप्रथम शिक्षा के निमित्त शिक्षण-संस्थाओं की स्थापना ईसाई मिशनरियों के द्वारा की गई।

प्राचीन काल से ही यहाँ की जनजातीय आबादी शोषण के दुश्चक्रों में उलझकर तड़फड़ा रही थी। इनकी सहजता, सरलता, नासमझी और अज्ञानता ने शोषकों को लूटने का पर्याप्त अवसर भी प्रदान किया। उच्चवर्गीय समाज की चतुरतापूर्ण नीति के कारण जनजातीय अपनी जमीन से भी बेदखल हुए और उनकी दृष्टि में ये सदैव उपेक्षित और तिरस्कृत बनी रहीं।

1845 में सर्वप्रथम इस क्षेत्र में जर्मन मिशनरियों (गोस्सनर एवं जेलिफल लूथरेन चर्च) का आगमन हुआ और इन्होंने जनजातियों के बीच पहुँचने के लिए शिक्षा को माध्यम बनाते हुए अपने मिशन-केंद्रों और आसपास के क्षेत्रों में शैक्षिक-संस्थाओं की स्थापना की। गोस्सनर मिशन के अतिरिक्त एस.पी.जी. मिशन (सी.एन.आई.)1869, रोमन केथलिक मिशन 1885,

यूनाइटेड फ्री चर्च, डब्लिन यूनिवर्सिटी मिशन, सेवेन्थ डे एडवेन्टिस्ट आदि के कार्य शैक्षिक दृष्टि से उल्लेखनीय हैं।

जी.ई.एल. मिशन द्वारा 1845 में सर्वप्रथम जिस विद्यालय की स्थापना की गई उसमें जनजातीय बच्चों और उनके अभिभावकों को भी शिक्षा के प्रति जागरूक और प्रोत्साहित करने के लिए उन्हें प्रत्येक सप्ताह एक आना दिया जाता था। इसके बावजूद, जनजातीय बच्चों की उपस्थिति चिंतनीय थी। ईसाई शिक्षकों के घर-घर तक पहुँचने के प्रयास के फलस्वरूप इस विद्यालय में बच्चों की संख्या बढ़कर 83 हो गई। विद्यालय में अंग्रेजी, हिन्दी, उर्दू, भूगोल व अंकगणित जैसे विषय पढ़ाए जाते थे। 1857 की क्रांति के कारण मिशनरी कार्यों में थोड़ी बाधा आई, लेकिन बाद में जब वे पुन: 1864 में यहाँ लौटे तो जगह-जगह पर विद्यालय संस्थापित करने का अभियान चलाया गया। दीर्घावधि तक जी.ई.एल. मिशन के विद्यालयों में समग्र विद्यार्थियों को नि:शुल्क शिक्षा दी जाती रही, लेकिन यह व्यवस्था बाद में परिवर्तित हो गई और सिर्फ निर्धन बच्चों को ही मुफ्त शिक्षा दी जाने लगी।

1874 की वार्षिक रिपोर्ट के अनुसार जी.ई.एल. मिशन द्वारा राँची जिले के 62 गाँवों में स्कूल खोले जा चुके थे जिनमें 1314 बच्चे शिक्षा प्राप्त कर रहे थे। 1896 में गोस्सनर हाई स्कूल की स्थापना की गई। इस समय तक राँची जिले के अन्य क्षेत्रों में भी करीब 80 उच्च विद्यालय संस्थापित थे। 1914 तक छोटानागपुर के अंतर्गत उच्च विद्यालयों की संख्या 295 थी। स्वतंत्रता-प्राप्ति के कुछ वर्षों पूर्व राँची और इसके आसपास के क्षेत्रों में जी.ई.एल. मिशन द्वारा 109 प्राइमरी स्कूल, 9 मिडिल स्कूल और दो हाई स्कूल चलाए जा रहे थे जिनमें 2257 छात्र और 423 छात्राएँ विद्यार्जन कर रही थीं।

जी.ई.एल. मिशन के पश्चात् एस.पी.जी. मिशन (सी.एन.आई.) का कार्यारंभ 1869 में किया गया। 1908 तक इनके विद्यालयों की संख्या 118 थी। 1918 में इनकी संख्या बढ़कर 157 हो गई थी। इसी मिशन के द्वारा 1898 में संत माइकल अंध विद्यालय की स्थापना की गई जहाँ नेत्रहीनों को अक्षर-ज्ञान के साथ-साथ दस्तकारी का भी प्रशिक्षण दिया जाता है। एस.पी.जी. मिशन ने 1909 में राँची में एक महिला शिक्षक प्रशिक्षण विद्यालय की भी स्थापना की।

अन्य मिशनों की अपेक्षा रोमन कैथलिक मिशन की शैक्षिक गतिविधियाँ अधिक सुदृढ़, विस्तृत और प्रशंसनीय रही हैं। इस मिशन के द्वारा 1865 से लेकर 1947 तक झारखंड के विभिन्न क्षेत्रों में 697 विद्यालय संचालित हो रहे थे। आजादी के तीन वर्ष पहले यानी जुलाई, 1944 में राँची में इसी मिशन के द्वारा संत जेवियर कॉलेज की स्थापना की गई, जो इंटर कॉलेज के रूप में आरंभ होकर बाद में डिग्री स्तर का कॉलेज बना। आज इसकी गणना झारखंड के अग्रपांक्तेय शिक्षण-संस्थान के रूप में होती है। लेकिन इसी संदर्भ में यह भी ध्यातव्य है कि झारखंड क्षेत्र में सर्वप्रथम 1899 में डब्लिन यूनिवर्सिटी मिशन द्वारा संत कोलंबा कॉलेज, हजारीबाग में स्थापित किया गया। इसी मिशन द्वारा हजारीबाग में एक उच्च विद्यालय की भी स्थापना की गई। उक्त मिशनों के अतिरिक्त स्कॉटिश मिशन और सेवेन्थ डे एडवेन्टिस्ट मिशन के द्वारा झारखंड के कई क्षेत्रों में शिक्षण-संस्थान संचालित किए जा रहे हैं।

जनजातीय आबादी में शिक्षा प्रसार हेतु 1945 में झारखंड में 'आदिम जाति सेवामंडल' की स्थापना की गई जिसके दो प्रमुख केंद्र राँची और देवघर बनाए गए। इससे पूर्व महात्मा गाँधी, डॉ. राजेन्द्र प्रसाद की प्रेरणा और टाना भगतों के सक्रिय सहयोग से जनजातियों के विकास के लिए सेवा-केंद्र की स्थापना की गई थी। सेवा केंद्र के कर्मियों के स्वतंत्रता-आंदोलन में शामिल होने के कारण अंग्रेजी हुकूमत की नाराजगी भी उन्हें झेलनी पड़ी। 1946 में यही सेवा केंद्र 'आदिम जाति सेवामंडल' के रूप में काम करने लगा। इसके तहत जनजातियों के पुनरुत्थान की विशेष योजना के कारण इसे 'ठक्कर बापा-योजना' भी कहा गया। सेवामंडल ने छोटानागपुर में 'राँची आदिम जाति सेवामंडल' के रूप में अपनी गतिविधियाँ चलाईं तो संतालपरगना में 'संथाल पहाड़िया सेवामंडल' के नाम से। आदिम जाति सेवामंडल ने जनजातीय शिक्षा के क्षेत्र में व्यापक तौर पर काम किया। इनके विद्यालयों में धर्मनिरपेक्षता को मुख्य प्रेरक माना जाता था, पर हिन्दू संस्कृति के प्रतिमानों और प्रतीकों के कारण उनकी भिन्नता पूरी तरह से ईसाई मिशनरियों से स्पष्ट हो जाती थी। इस कारण ईसाई मिशनरियों द्वारा इसे अपने प्रतिद्वंद्वी के रूप में देखा जाता था। 'आदिम जाति सेवामंडल' ने 'ठक्कर बापा योजना' के तहत 1962-63 तक झारखंड के विभिन्न जिलों में 462 शिक्षण-संस्थान खोले जिनमें 78 अपर प्राइमरी, 13 मिडिल स्कूल और 6 हाई स्कूल थे। सेवामंडल द्वारा 20 छात्रावास भी खोले गए। इसे सरकार द्वारा भी आर्थिक अनुदान दिया गया, जिससे यह संस्था सुदूर जंगलों और पहाड़ों पर बसने वाली विभिन्न जनजातियों में शिक्षा की ज्योति फैलाने में महत्त्वपूर्ण भूमिका का निर्वाह कर सकी। 'सेवामंडल' ने उन इलाकों पर अधिकाधिक ध्यान केंद्रित किया, जहाँ ईसाई मिशनरियों की दृष्टि अपने लंबे कार्यकाल में भी नहीं पहुँच पाई थी।

इधर वनांचल शिक्षा समिति, विश्व हिन्दू परिषद्, वनवासी कल्याण केंद्र, विकास भारती जैसी संस्थाओं के द्वारा भी झारखंड की जनजातियों के बीच शिक्षा की ज्योति फैलाने का काम तीव्रता के साथ किया जा रहा है। वनांचल शिक्षा समिति द्वारा प्रतिस्थापित सरस्वती शिशु मंदिर और विद्या मंदिर जैसी शिक्षण-संस्थाएँ मुख्यतः जिला अनुमंडल एवं प्रखंड मुख्यालय में अवस्थित हैं। वहीं विकास भारती, वनवासी कल्याण केंद्र, विश्व हिन्दू परिषद् के सहयोग से एकल विद्यालय योजना के तहत जनजातीय बालक-बालिकाओं को शिक्षा प्रदान की जा रही है। इन संस्थाओं द्वारा जनजातियों के बीच तकनीकी व दस्तकारी के प्रशिक्षण भी दिए जा रहे हैं। स्तरीय शिक्षण-व्यवस्था और अनुशासित जीवन दृष्टि इन संस्थाओं का मूल मंत्र है। भारतीय संस्कृति और खास तौर पर हिन्दू संस्कृति व उसके उत्तम और पवित्रतम संस्कारों को इन शिक्षण संस्थाओं में कार्यरत शिक्षकों और विद्यार्थियों के आचरण द्वारा अक्षुण्ण रखने की कोशिश की जाती है।

संपूर्ण झारखंड क्षेत्र में सरकारी स्तर पर भी ग्रामीण और शहरी क्षेत्रों में विद्यालय संचालित हैं। छठे अखिल भारतीय शैक्षिक सर्वे के अनुसार झारखंड में सरकारी स्तर पर संचालित विद्यालयों की संख्या 21319 है तथा इनमें करीब 85 हजार शिक्षक कार्यरत हैं। पूरे झारखंड में गाँवों की संख्या 32620 है, इनमें 200 से ज्यादा आबादी वाले गाँव 21212 हैं। 8494 गाँव ऐसे हैं जहाँ जनजातीय आबादी 50 प्रतिशत से ज्यादा है। झारखंड में कुल सरकारी विद्यालयों में 445

प्राथमिक विद्यालय ऐसे हैं जो शिक्षक विहीन हैं। इसके साथ यह तथ्य भी ध्यान देने योग्य है कि झारखंड राज्य में लगभग 40 प्रतिशत प्राथमिक विद्यालय सिर्फ एक शिक्षक के भरोसे चल रहे हैं जिन्हें कक्षा एक से लेकर पाँच तक के छात्रों को पढ़ाना पड़ता है। एक शिक्षक कैसे इन विद्यालयों में पढ़ाते हैं, यह विचारणीय है। लगभग ढाई हजार विद्यालय खुले आसमान के नीचे चलाए जाते हैं। इतना ही नहीं, लगभग दो हजार विद्यालयों को सिर्फ एक कमरा उपलब्ध है जहाँ कक्षा पाँच तक के विद्यार्थियों को एक ही कमरे में बैठकर पढ़ाई करनी होती है। इस संदर्भ में एक तथ्य स्मरणीय है कि 8494 जनजातीय बहुल गाँवों के अनुरूप शिक्षकों की नियुक्ति नहीं हुई है।

उच्च शिक्षा के निमित्त इस नवगठित राज्य में चार विश्वविद्यालय—राँची विश्वविद्यालय, राँची (1960); विनोबा भावे विश्वविद्यालय, हजारीबाग (1992); सिद्धू-कान्हू विश्वविद्यालय, दुमका (1992) तथा बिरसा मुंडा कृषि विश्वविद्यालय, राँची (1980) संचालित हो रहे हैं तथा नीलाम्बर-पीताम्बर विश्वविद्यालय, डाल्टनगंज (पलामू) की प्रतिस्थापना अभी प्रस्तावित है। इसी प्रकार विज्ञान एवं प्रौद्योगिकी की शिक्षा के लिए यहाँ तीन अभियंत्रण महाविद्यालय—बी.आई.टी. सिन्दरी, धनबाद; बिड़ला इन्स्टीट्यूट ऑफ टेक्नोलाजी, मेसरा, राँची तथा आर.आई.टी. जमशेदपुर स्थापित हैं। इस प्रांत के अंतर्गत तीन मेडिकल कॉलेज राँची, जमशेदपुर तथा धनबाद में स्थित हैं। मानसिक रोगों के इलाज के लिए हॉस्पिटल फॉर मेंटल डिजीज़िज़, काँके, राँची की स्थापना की गई है। इंडियन स्कूल ऑफ माइन्स, धनबाद तथा जेवियर इन्स्टीट्यूट ऑफ लेबर रिलेशन, जमशेदपुर इस राज्य के उत्कृष्ट संस्थान हैं। विधि-अध्ययन के लिए राँची तथा हजारीबाग में स्थापित दो महाविद्यालय अपनी सजग भूमिका का निर्वाह कर रहे हैं। इसके अतिरिक्त पशु चिकित्सा महाविद्यालय, होम्योपैथिक एवं आयुर्वेदिक चिकित्सा महाविद्यालय तथा पोलिटेक्निक एवं आई.टी.आई. जैसे तकनीक संस्थान झारखंड में जगह-जगह पर संचालित हो रहे हैं। इतना ही नहीं, झारखंड सरकार ने अपने राज्य के विभिन्न जिलों के मुख्यालयों में मेडिकल और इंजीनियरिंग कॉलेज खोलने का निश्चय किया है।

स्वतंत्रता के पश्चात् केंद्र और बिहार सरकार ने झारखंड के जनजातीय क्षेत्रों में शिक्षा के प्रचार-प्रसार के निमित्त अनेकानेक संस्थाओं की प्रतिस्थापना की जहाँ विद्यार्थियों के लिए उच्च शिक्षा की भी व्यवस्था थी। बिहार सरकार ने बालकों को सर्वोत्तम शिक्षा के निमित्त नेतरहाट आवासीय विद्यालय (पलामू) की स्थापना की, जहाँ जाँच परीक्षा के पश्चात् योग्यता के आधार पर प्रतिभा-सम्पन्न विद्यार्थियों का नामांकन किया जाता है तथा उनके अध्ययन, खाने-पीने, रहने-सहने का संपूर्ण व्यय-भार प्रांतीय सरकार वहन करती है। पूरे राज्य में इस शिक्षण-संस्थान की अध्यापन-शैली और सर्वोत्तम परीक्षा फल के कारण लोकप्रियता बनी हुई है। यहाँ से उत्तीर्णता प्राप्त करने वाले छात्रों का बौद्धिक स्तर अत्यंत ही सराहनीय रहा है और पूरे देश के विभिन्न क्षेत्रों में सर्वोच्च पदों पर कार्यरत हैं। उनके भीतर यह गौरवबोध पूरी तरह से सजग है कि उन्होंने देश के गिने-चुने शीर्ष शिक्षण-संस्थान से उत्तीर्णता प्राप्त की है। साक्षर लोगों के मध्य उनकी अलग कोटि है। इस विद्यालय की स्थापना के बहुत वर्षों के बाद बिहार सरकार ने, उसी

प्रकार के स्तरीय विद्यालय की स्थापना, लड़कियों की शिक्षा के निमित्त, हजारीबाग में इंदिरा आवासीय विद्यालय के नाम से की। प्रत्येक वर्ष, इस संस्थान के विद्यार्थियों का परीक्षा-फल शीर्षस्थ रहा है। अन्य सरकारी संस्थानों में दी जाने वाली शिक्षा की अपेक्षा इन संस्थानों की शिक्षा अत्युत्तम और बेहतरीन है।

डी.ए.वी.(दयानंद एंग्लो वैदिक) संस्थान द्वारा झारखंड राज्य के विभिन्न क्षेत्रों में प्रतिस्थापित शिक्षण संस्थाओं की अहम और अग्रणी भूमिका है, जहाँ विद्यार्थियों को अंग्रेजी माध्यम द्वारा उपयोगी और सार्थक शिक्षा प्रदान कर उनकी प्रतिभा को अत्युत्तम ढंग से विकसित करने के प्रयत्न किए जाते हैं। केवल झारखंड क्षेत्र में ही नहीं, बल्कि संपूर्ण भारतवर्ष में, इसने अपनी बेहतरीन कार्य-शैली और स्तरीय शिक्षण-पद्धति से जनमानस को अपनी ओर आकर्षित किया है। ईसाई मिशनरियों द्वारा संस्थापित शैक्षिक संस्थाओं की एक समय में प्रतिस्थापित गरिमा, लोकप्रियता और महत्ता को कम कर इसने पूरे देश में अपना गरुड़ ध्वज फहराया है।

केंद्रीय सरकार के प्रयत्न से ही देश के विभिन्न क्षेत्रों में केंद्रीय विद्यालयों की स्थापना की गई। झारखंड का जनजातीय क्षेत्र भी इससे लाभान्वित हुआ। नवोदय विद्यालयों की शिक्षा के क्षेत्र में की गई सराहनीय भूमिका को भी इस संदर्भ में नजरअंदाज नहीं किया जा सकता जिसने जनजातीय समाज के विद्यार्थियों के बीच शिक्षा के महत्त्व और उसकी विशेषताओं को उजागर किया है। इसके साथ ही, बिहार सरकार के कल्याण विभाग द्वारा झारखंड के विभिन्न जिलों में संस्थापित अनेकानेक आवासीय विद्यालय सुचारु रूप से संचालित हो रहे हैं, वहाँ अध्ययनरत जनजातीय समुदाय के विद्यार्थियों का संपूर्ण व्यय भार सरकार वहन करती है, इतना ही नहीं, उनके लिए वह पाठ्यपुस्तकों का भी प्रबंध करती है। इसके अतिरिक्त कुछ धनाढ्य और पूँजीपति व्यक्ति द्वारा संचालित झारखंड क्षेत्र के अनेकानेक अंग्रेजी माध्यम के विद्यालय हैं जहाँ विद्यार्थियों को +2 स्तर तक की शिक्षा दी जाती है।

इसी संदर्भ में झारखंड के अंतर्गत ईसाई मिशनरियों द्वारा राँची, जमशेदपुर और लोहरदगा में प्रतिस्थापित शिक्षक प्रशिक्षण महाविद्यालयों की भूमिका उल्लेखनीय है, जहाँ से प्रत्येक वर्ष जनजातीय समुदाय की छात्राएँ बी.एड. की डिग्री प्राप्त कर शिक्षक के पेशे से जुड़ जाती हैं।

इस विपुल संख्या में विभिन्न प्रकार के शिक्षण संस्थानों की प्रतिस्थापना के बावजूद झारखंड में जनजातियों में शिक्षा का प्रतिशत अभी भी उत्साहवर्द्धक नहीं है। जब कुल साक्षरता का प्रतिशत ही 34 है तो जनजातीय साक्षरता का अंदाजा सहज ही लगाया जा सकता है। इसके मूल में जो कारण निहित है वह यह है कि अभी जनजातियों की शिक्षा का माध्यम उनकी मातृभाषा न होकर हिन्दी या अंग्रेजी ही है। जबकि प्रारंभिक शिक्षा उनकी मातृभाषा में दिए जाने की बात विद्वानों और शिक्षाविदों ने की है। लेकिन अब तक संपूर्ण देश में लागू शिक्षा-पद्धति को ही जनजातीय-शिक्षण के लिए भी जारी रखा गया, परंतु इसकी सीमाएँ स्पष्ट हो चुकी हैं। कुछ विद्वानों, शिक्षाविदों व सचेत लोगों ने जनजातियों को मुख्यधारा में शामिल करने के निमित्त उनके बीच आधुनिक शिक्षा और सभ्यता की रोशनी फैलानी चाही, तो कुछ लोगों ने उनकी संस्कृति को 'सुरक्षित' करने के नाम पर उन्हें अजायबघर की वस्तु बनाए रखना अधिक उपयुक्त

समझा। इस प्रकार की दोनों चिंतनधाराएँ ही एकांगी और अनुपयोगी सिद्ध हो चुकी हैं।

झारखंड की जनजातियों के मध्य शिक्षा-प्रसार के लिए जिस प्रयत्न और कार्य की सर्वाधिक आवश्यकता है, वह है यहाँ के जनजातीय लोगों को शिक्षित करने के लिए स्थानीय भाषा और स्थानीय पद्धति का उपयोग स्थानीय शिक्षकों के माध्यम से किया जाए। यह स्वीकृत और मान्य तथ्य है कि इनकी विशिष्टताओं और उनकी सीमाओं को जितना स्थानीय व्यक्ति समझ सकता है, उतना कोई बाहरी समाज का व्यक्ति नहीं। इसलिए जितनी शीघ्रता से संभव हो, स्थानीय सुयोग्य शिक्षकों को जनजातीय आबादी को शिक्षित करने के काम में लगाया जाना चाहिए। इनकी शिक्षा के संदर्भ में स्थानीय शिक्षकों की आवश्यकता इस दृष्टि से भी उल्लेखनीय है कि वे ही इनकी भाषा और बोली से पूर्णत: परिचित होते हैं। इसलिए उनकी प्रारंभिक शिक्षा के लिए स्थानीय विभिन्न बोलियों और भाषाओं को शिक्षा का माध्यम बनाना श्रेयस्कर होगा। उसके बाद फिर हिन्दी के माध्यम से जनजातीय समुदाय के विद्यार्थियों को शिक्षा प्रदान की जाए। लेकिन स्थानीय परंपरा और पद्धति का अनुसरण अनिवार्य तौर पर किया जाए।

झारखंड की जनजातीय आबादी को शिक्षित करने के लिए बुनियादी शिक्षा-पद्धति सर्वाधिक कारगर और उपयोगी हो सकती है। इस पद्धति से उनके विचार और संगठनों की संकुचित परिधि विस्तृत होगी और दैनंदिन जीवन के लिए भी इससे उन्हें व्यावहारिक, कारगर और समयानुरूप ज्ञान की उपलब्धि होगी। विभिन्न जनजातियों की सामाजिक एवं सांस्कृतिक परंपराओं को ध्यान में रख कर ही शिक्षाविदों, विद्वानों एवं संवेदनशील लोगों को उनकी बुनियादी शिक्षा की योजना बनानी होगी। बुनियादी शिक्षा के पश्चात् ही स्कूल और विश्वविद्यालयी शिक्षा उन्हें उपलब्ध हो। झारखंड के विभिन्न विश्वविद्यालयों और महाविद्यालयों में जनजातीय एवं क्षेत्रीय भाषा के जो विभाग खोले गए हैं, उनके द्वारा उस चेतना का विकास संभव नहीं हो सका जिसकी नितांत अपेक्षा थी। अत: जनजातीय एवं क्षेत्रीय भाषा के शिक्षकों और छात्रों को अपनी भाषिक और सामाजिक विशिष्टताओं को प्रकाश में लाकर उनके उपयोग करने और शेष आबादी को भी इससे परिचित कराने का प्रयास करना होगा।

विभिन्न हितकारी संगठनों, संस्थाओं तथा सरकारी योजनाओं द्वारा शिक्षा के क्षेत्र में किए गए प्रयत्न के बावजूद, जनजातीय समुदाय की शैक्षिक प्रगति को किसी भी तरह से आज संतोषप्रद और उत्तम नहीं कहा जा सकता। निश्चित तौर पर इस दिशा में झारखंड सरकार को अधिक सजगता की जरूरत है। इस नवोदित झारखंड राज्य के विभाजन की परिकल्पना इस नीयत और मकसद से की गई है कि बिहार के साथ संपृक्त रहकर इसका विकास यथोचित रूप में नहीं हो सकता था, फलत: इस विभाजन का समर्थन यहाँ के स्थानीय जनसमुदाय के साथ-साथ विभिन्न पार्टियों और दलों के प्रभावशाली लोगों ने दमदार ढंग से किया।

जनजातीय समाज की चिर प्रतीक्षित सुखद कामना फलवती हुई, जब झारखंड के प्रथम मुख्यमंत्री के रूप में बाबू लाल मरांडी को शपथ दिलाई गई। विभिन्न पार्टियों और दलों की यह चिंताधारा संपूर्णत: स्पष्ट थी कि इस क्षेत्र और राज्य के समुचित विकास हेतु जनजातीय समुदाय के किसी व्यक्ति का ही चुनाव मुख्यमंत्री के रूप में किया जाए, क्योंकि बाहरी व्यक्ति द्वारा इस क्षेत्र के वर्षों से उपेक्षित और तिरस्कृत जनजातीय समुदाय तथा उनकी शैक्षिक प्रगति और

विभिन्न सामाजिक, आर्थिक समस्याओं के निदान की बातें दृढ़तापूर्वक और संकल्पित मन से नहीं सोची जा सकतीं। यह हर्षपूर्ण संयोग ही है कि झारखंड राज्य को बाबू लाल मरांडी जैसा सक्षम, सुयोग्य, ईमानदार और हँसते-खेलते सबको एक साथ ले चलने की सामर्थ्य तथा अहंरहित व्यक्तित्व वाला प्रथम मुख्यमंत्री उपलब्ध हुआ, जिनकी आकांक्षा सदैव ही इस नए राज्य को सभी दृष्टियों से विकसित और समुन्नत बनाकर इसे पूरे देश के समक्ष आदर्श राज्य के रूप में प्रतिष्ठित करने की रही है।

सच है कि आज भी जनजातियों का एक बृहत् समूह शिक्षा-जगत के आलोक से वंचित है। घनघोर जंगलों और पहाड़ों के मध्य अवस्थित जनजातियों का जीवन आधुनिक सभ्य समाज की चकपकाहट से कोसों दूर है। उन्हें अन्य विकसित जनसमुदाय के समकक्ष लाने के लिए, संकल्पबद्ध तरीके से खाने-चबाने वाली भ्रष्ट संस्कृति से दूर रह कर, प्रांतीय सरकार को इस दिशा में निरंतर सचेष्ट रहने की जरूरत है, तभी सच्चे अर्थों में जनमानस की अधूरी आकांक्षाएँ परिपूर्ण होंगी।

आदिमजाति सेवामंडल का शिक्षा में योगदान

दीप्ति वर्मा

झारखंड में शिक्षा की सर्वप्रथम ज्योति जलाने वाले, झारखंडवासियों को अंधकार से प्रकाश की ओर बढ़ने के लिए जाग्रत करने वाले आदिमजाति सेवामंडल के योगदान की चर्चा जब होती है, तो उसे उचित शाश्वत शब्दों में ढालने की कोशिश करना एक कठिन कार्य-सा लगता है। शिक्षा जगत में इसके योगदान का पन्ना पलटें तो इतिहास सन् 1940 से प्रारंभ होता है। सन् 1939 में देशरत्न डॉ. राजेन्द्र प्रसाद, पंडित जवाहरलाल नेहरू, सरदार पटेल आदि हजारीबाग जिला स्थित रामगढ़ में राष्ट्रीय कांग्रेस के वार्षिक अधिवेशन के उपलक्ष्य में करीब एक सप्ताह ठहरे। यहीं पर नेताओं को आदिमजातियों के सम्पर्क में रहने का प्रथम अवसर मिला। टाना भगत एवं अन्य आदिमजाति इन नेताओं के दर्शनार्थ हजारों की संख्या में उपस्थित हुए। उनकी गरीबी तथा अशिक्षा ने सभी नेताओं को द्रवित कर दिया। इसी द्रवित भाव के कारण यह निर्णय लिया गया कि राष्ट्र की ओर से इनके विकास का प्रबंध होना चाहिए। इसी सिलसिले में 1940 में डॉ. राजेन्द्र प्रसाद जी के सभापतित्व में एवं ठक्कर बापा के नेतृत्व में सेवाकेंद्र की स्थापना हुई, जिसे बाद में 1945 में 'आदिमजाति सेवामंडल' के नाम से मंडित कर दिया गया। तब डॉ. राजेन्द्र प्रसाद इसके संस्थापक अध्यक्ष बने तथा श्री नारायण जी संस्थापक महामंत्री।

इस मंडल रूपी वृक्ष का बिरवा सर्वप्रथम गुमला जिला के फोरो नामक गाँव में लगा जिसमें सेवकों ने सबसे पहले शिक्षा का अवलंब प्रदान करने का निर्णय लिया। आरंभ हुआ रात्रि पाठशाला से जिसमें मात्र चार लोग आते थे। ये चार लोग भी बमुश्किल से आते थे क्योंकि तब गाँव में शिक्षा को लेकर कई प्रकार के अंधविश्वास फैले हुए थे। उन्हें शिक्षा एक कीड़े के समान प्रतीत होती थी जिससे उन्हें भय था कि उनका रोजगार छिन जाएगा, उनके बच्चे आलसी और बेकार हो जाएँगे। फलत: वे शिक्षा का प्रसार करने वालों को अपना दुश्मन समझने लगे। कई बार उन्होंने झुंड में आकर तीर-धनुष से हमला भी किया, जिससे कई कार्यकर्ताओं की मौत भी हो गई। एक बार तो स्वयं नारायण जी ही बुरी तरह घायल हो गए। लेकिन तत्कालीन एस.डी.ओ. विभूतिनाथ की मदद से वे राँची हॉस्पिटल लाए गए, जहाँ वे छह महीने तक बिस्तर पर ही रहे। लेकिन इन घटनाओं के बावजूद कार्यकर्ताओं ने हिम्मत नहीं हारी और शिक्षा व विकास की मशाल लिए आगे बढ़ते रहे। उन्होंने धीरे-धीरे गाँव के प्रमुख लोगों को समझाना शुरू किया। इसके साथ ही खादी उत्पादन का कार्य भी प्रारंभ किया जिससे उन्हें शिक्षा के साथ-साथ रोजगार

भी प्राप्त हो सके। फिर लगभग डेढ़ साल के लम्बे प्रयास के बाद आखिरकार सामान्य जन को यह एहसास हो ही गया कि इनके बताए रास्ते अंधकार से प्रकाश की ओर हैं। इसके बाद तो न सिर्फ उन्होंने सहयोग देना प्रारंभ किया अपितु कई तो आदिमजाति सेवामंडल के आजीवन कार्यकर्ता भी बन गए। इसी समय गुमला के बड़ाइक श्री ईश्वरी प्रसाद, मुरली महाराज, गंगा महाराज, रामप्रसाद जी प्रभृति प्रमुख सज्जन इस केंद्र की ओर आकर्षित हुए तथा इनके सहयोग एवं टाना भगतों की तत्परता के फलस्वरूप खादी उत्पादन और शिक्षा प्रसार का कार्य आगे बढ़ने लगा। तभी गुमला जिला के टांगरडीह तथा सिमडेगा सबडिवीजन के डकुपानी नामक गाँवों में दो पाठशालाएँ शिक्षा प्रसार के लिए खोली गईं। इन दोनों स्थानों में औषधि वितरण का भी प्रबंध किया गया था।

उस समय ब्रिटिश शासन का दौर था। वे आदिमजातियों के बीच ईसाई पादरियों को छोड़कर अन्य किसी समाजसेवक को जाने नहीं देना चाहते थे। इसके पहले कई संस्थाओं को सरकार की कड़ी नजर के कारण अपना काम बंद कर देना पड़ा था। इस मंडल पर भी ब्रिटिश सरकार की नजर पड़ी। गुमला में काम आरम्भ होते-होते नारायण जी के वासस्थान को पुलिस ने एक दिन घेर लिया और उसकी तलाशी ली गई। इससे गुमला के कुछ लोग भयभीत हो गए। इधर पादरियों ने भी मंडल को अपना प्रतिद्वंद्वी मानकर उसके खिलाफ प्रचार आरम्भ कर दिया। इस प्रकार सेवा केंद्र को एक ओर से कठिनाइयों का सामना करना पड़ा, किन्तु दूसरी ओर जन साधारण उसकी ओर आकृष्ट हुए। पुनः नारायण जी के 1945 में जेल से छूटने पर मंडल का कार्य प्रारंभ हो सका। लेकिन तब मंडल को भयंकर आर्थिक संकट का सामना करना पड़ा। चूँकि गाँधी जी ने मंडल का कार्य उठा दिया था, जिसके कारण गाँधी सेवा संघ से जो आर्थिक सहायता मिलती थी, वह बन्द हो गई। कार्यकर्ताओं को अपने भरण-पोषण के लिए भी कठिनाई होने लगी। अतः गुमला से 9 मील दूर फोरी नामक गाँव से मंडल का प्रधान दफ्तर हटा लिया गया तथा वहीं खेती से कुछ कार्यकर्ता अपना जीवन निर्वाह करने लगे और साथ-साथ पाठशाला भी चलाने लगे।

सन् 1946 के बाद राजेन्द्र प्रसाद जब जेल से बाहर आए तो उन्होंने मंडल के कार्यों का निरीक्षण किया और उनके कार्यों से प्रभावित भी हुए। फिर सुविधा की दृष्टि से दफ्तर को गुमला से राँची निवारणपुर आश्रम में लाया गया और डॉ. राजेन्द्र प्रसाद के नेतृत्त्व में कई निर्णय लिए गए जिनमें प्रमुख थे—आदिमजातियों के बीच कल्याण कार्य को समस्त छोटानागपुर में फैलाया जाए। इसी समय सारे देश में कांग्रेस का मंत्रिमंडल बना तथा श्रीकृष्णवल्लभ सहाय के जिम्मे बिहार का कल्याण विभाग आया। उन्होंने ठक्कर बापा से आदिमजातियों के कल्याण के लिए एक योजना बनाने को कहा। तद्नुसार अन्य विषयों के साथ-साथ शिक्षा संबंधी योजना भी तैयार की गई। इस योजना के कारण ही छोटानागपुर में बृहत् रूप से शिक्षा का प्रचार-प्रसार हुआ जिसकी तब कार्यकर्ताओं ने कल्पना भी नहीं की थी। यह योजना बाद में ठक्कर योजना के नाम से प्रसिद्ध हुई।

ठक्कर योजना

ठक्कर योजना में शिक्षा प्रसार को ही प्रधानता दी गई थी। आदिमजातियों की आज की अवस्था

देखकर लोग अनुमान नहीं कर सकते हैं कि उस समय (1947-48) में शिक्षा प्रसार पर ही ठक्कर बापा ने क्यों जोर दिया।

दरअसल उस समय शिक्षा की दृष्टि से अधिकांश आदिमजातियाँ अत्यन्त पिछड़ी थीं। पाठशालाओं की व्यवस्था एकांगी दृष्टि से की गई थी। उनकी स्थापना उन्हीं स्थानों पर हुई थी जहाँ आदिवासी ईसाई हो गए थे। जो ईसाई नहीं हुए थे, उनकी शिक्षा का कोई प्रबंध नहीं था। यहाँ तक कि डिस्ट्रिक्ट बोर्ड भी प्राइमरी शिक्षा के लिए मिशनों को ही लाखों रुपए देकर संतोष कर लेता था तथा अन्य जिलों की तरह यहाँ भी जिला बोर्ड की ओर से प्राथमिक शिक्षा का प्रबंध नहीं था। अत: शिक्षा की इच्छा रखने वाले आदिमजाति के अधिकांश लोग बरबस ईसाई हो जाते थे। इसी कारण अधिकांश आदिवासी अशिक्षित ही थे। ठक्कर बापा से यह दशा नहीं देखी गई। उन्होंने देखा कि आदिमजाति के लोग शिक्षित होना चाहते हैं, पर व्यवस्था न होने के कारण उन्हें अनेक प्रकार की कठिनाइयाँ झेलनी पड़ती हैं अथवा अशिक्षित ही रह जाते हैं। आदिमजातियों के निमित्त शिक्षा सुलभ करने के लिए ही ठक्कर योजना बनी।

गाँवों में प्रथम वर्ष 111 प्राथमिक पाठशालाएँ खोली गईं जहाँ विद्यार्थियों को स्लेट, पेंसिल, किताब, कपड़े भी दिए गए। बच्चों को मिठाइयाँ भी दी गईं। पाठशालाओं की संख्या धीरे-धीरे बढ़ाई गई। इनकी उत्तरोत्तर वृद्धि इस आँकड़े से स्पष्ट हो जाती है—

विद्यालयों का आँकड़ा

	प्राइमरी स्कूल	*मिडिल स्कूल*	*हाई स्कूल*	*कुल*
1948-49	109	2	–	111
1949-50	219	4	1	215
1950-51	230	5	1	236
1951-52	266	14	1	286
1952-53	250	24	6	281
1953-54	263	16	7	286
1954-55	247	32	7	288
1955-56	442	21	9	472
1956-57	418	41	9	470
1957-58	434	13	7	454
1958-59	434	13	7	454
1959-60	434	13	7	454
1960-61	434	13	7	454
1961-62	434	13	7	454
1962-63	443	13	6	462
1963-64	443	13	6	462
1964-65	437	13	6	457
1965-66	Nil	53	7	60

1966–67	Nil	53	7	60
1967–68	Nil	53	7	60
1968–69	Nil	53	7	60
1969–70	Nil	53	7	60
1970–71	Nil	53	7	60

यह आँकड़ा 1974 तक रहा। 1965 के बाद नई सरकारी नीतियों के कारण सारे प्राइमरी स्कूल, सरकारी स्कूल के रूप में परिवर्तित हो गए। बाद में 1982 तक विद्यालयों के राष्ट्रीयकरण के तहत सभी विद्यालयों को बिहार सरकार के अंतर्गत ले लिया गया।

विद्यालयों के अतिरिक्त ठक्कर योजना के अंतर्गत आदिमजाति के छात्रों के लिए छात्रावास की भी व्यवस्था की गई जो उस समय सामान्य विद्यार्थियों के लिए सोचना भी मुश्किल था। उस समय में जब ठक्कर बापा ने देखा कि आदिमजाति के विद्यार्थियों को उनकी योजना के अनुसार प्राथमिक शिक्षा तो उपलब्ध कराई जा रही है, लेकिन उच्च शिक्षा के लिए कुछ भी नहीं है। अत: उन्होंने छात्रावास की योजना बनाई। इस योजना के अनुसार राँची में कॉलेज के छात्रों के लिए तथा अन्य स्थानों में उच्च विद्यालयों और माध्यमिक पाठशालाओं के छात्रों के लिए छात्रावास खोले गए जहाँ विद्यार्थियों को नि:शुल्क स्थान दिया गया। उन्हें फर्नीचर दिए गए, प्रत्येक विद्यार्थी को प्रति माह दो रुपए आठ आना सब्जी–वृत्ति तथा रोशनी–वृत्ति दी गई और कुल 125 विद्यार्थी को 15 रुपए प्रति माह नि:शुल्क भोजन दिया गया। प्रत्येक छात्रावास में एक अभिभावक, एक पिउन और प्रत्येक पच्चीस विद्यार्थियों पर एक रसोइया रखा गया। फिर विद्यार्थियों के लिए औषधि का भी प्रबंध छात्रावास की ओर से ही किया गया। निम्न आँकड़े से छात्रावासों के विकास का अनुमान लगाया जा सकता है—

छात्रावासों की संख्या

वर्ष	*संख्या*	*लड़कों की संख्या*	*लड़कियाँ*
1948–49	12	507	59
1949–50	13	771	90
1950–51	21	754	115
1951–52	25	1058	110
1952–53	28	1074	132
1953–54	31	1146	115
1954–55	31	1223	140
1955–56	35	1353	137
1956–57	37	1454	162
1957–58	35	1370	159
1962–63	20	949 (T)	171 (T)
		266(N.T)	32(N.T)

1963-64	20	1073 (T)	169
		343 (N.T)	32
1964-65	19	1088	200
1965-66	19	1088	200
1966-67	21	913	203
1967-69	21	976	140
1969-70	21	1071	167
1971-72	21	1147	93
1972-73	22	1037	89

सरकारी नीतियों के कारण इनका भी विलय विद्यालयों की तरह ही बिहार सरकार के अंतर्गत हो गया। आज राँची में देखा जाए तो इस मंडल से संबंधित राँची कॉलेज आदिवासी छात्रावास का नाम उल्लेखनीय है। इसके अतिरिक्त राँची विश्वविद्यालय को यहाँ स्थापित करने का श्रेय भी आदिमजाति मंडल को जाता है।

हालाँकि आदिमजाति सेवामंडल द्वारा स्थापित किए गए सारे विद्यालय एवं छात्रावास राष्ट्रीयकरण एवं सरकारी नीतियों के कारण आज बिहार सरकार के अंतर्गत विलय हो गए हैं, लेकिन फिर भी इस मंडल के योगदानों को अनदेखा नहीं किया जा सकता। छोटानागपुर में शिक्षा संसार ने जो वटवृक्ष का स्वरूप ग्रहण कर लिया है, उसकी मूल में तो यह आदिमजाति सेवामंडल ही था, जिसने आदिमजाति के छात्रों के लिए सर्वप्रथम यह योजना बनाई कि यदि सुविधा की दृष्टि से उनका नामांकन नहीं हो पा रहा है तो सामान्य विद्यार्थियों का नामांकन पूरी तरह से बंद करा दिया जाए। यह आदिमजाति सेवामंडल ही था जिसने छोटानागपुर में छात्राओं के लिए (कस्तूरबा बालिका विद्यालय) छात्रावास की व्यवस्था की। इस छात्रावास से निकल कर जिन प्रथम दो लड़कियों ने स्नातक तक शिक्षा पूरी की, वे थीं— गुमला की मोनिका बारला (1956-57) और खूँटी की रामदी मुंडू। आज इस मंडल से जुड़े कई आदिमजाति के छात्र हैं जो झारखंड और बिहार में ही नहीं, केंद्र के उच्च स्थानों पर आसीन हैं।

इसके लिए उन मातृभक्त सेवकों को लाख-लाख नमन है जिन्होंने नि:स्वार्थ होकर अपनी निजी जरूरतों की उपेक्षा कर छोटानागपुर में शिक्षा का प्रकाश फैलाया।

जनजातीय क्षेत्र में स्त्री रोजगार

सीमा सिंह

विकास की प्रक्रिया में स्त्रियों की अहम भूमिका होती है। उनका कार्य परिवार या घरेलू जीवन तक ही सीमित नहीं रहता है, वे घर और खेतों में अवैतनिक श्रमिक के रूप में एवं अन्यत्र वेतनभोगी श्रमिक के रूप में कार्य करती हैं। यदि हाशिए पर रहने वाली अनुसूचित जाति और अनुसूचित जनजाति की स्त्रियों की उत्पादन क्षमता, उनका जीवन स्तर और उनकी सामाजिक संबद्धता में वृद्धि करने के लिए किसी समरतन्त्र को विकसित करना चाहें तो उन स्त्रियों की यथास्थिति, सामाजिक स्थिति, और उनके प्रति सामाजिक प्रवृत्ति का आकलन जरूरी हो जाता है। इसी परिप्रेक्ष्य में वर्तमान अध्ययन को निम्नांकित उद्देश्यों के आधार पर किया गया है—

1. स्त्रियों में रोजगार की प्रवृत्ति और स्वरूप को समझना, और
2. झारखंड में रोजगारोत्पादक कार्यक्रमों का मूल्यांकन करना।

स्थिर ग्रामीण अर्थव्यवस्था, खनन, औद्योगीकरण और शहरीकरण से होने वाला सीमित लाभ एवं आदिवासी भूमि तथा जंगलों से जुड़े हुए प्रश्न इस क्षेत्र की कुछ खास विशेषताएँ हैं। आशा की जाती है कि वर्तमान अध्ययन से यहाँ की स्त्रियों के सशक्तिकरण की दिशा में व्यापक कार्य योजना के निर्धारण में सहायता मिलेगी।

झारखंड का ग्रामीण क्षेत्र झारखंड की समस्याओं और इसके मौलिक लक्षणों को समेटे हुए है। अतः इस अध्ययन में राँची और आसपास के क्षेत्रों से व्यापक सर्वेक्षण द्वारा सूचनाएँ एकत्रित की गई हैं। अध्ययन के लिए राँची के तीन ब्लॉकों बुड़मू, अनगड़ा और कर्रा से ग्राम समूहों का चयन किया गया। यह चयन कुछ सामाजिक-आर्थिक सूचकों के आधार पर किया गया। चुने गए ब्लॉकों से ग्रामों का चयन व्यापक भ्रमण करके किया गया और ब्लॉकों के अधिकारियों एवं ग्रामीणों से भी विचार-विमर्श किए गए। कुल 524 स्त्रियों से आँकड़े प्राप्त किए गए। ये स्त्रियाँ आदिवासी एवं गैर-आदिवासी दोनों वर्गों से चुनी गईं ताकि दोनों श्रेणियों के बीच अन्तर की परीक्षा की जा सके। चयनित स्त्रियों से बहुत से महत्त्वपूर्ण प्रश्न पूछे गए ताकि वे प्रतिमाह विभिन्न कार्यों में अपनी भागीदारी को याद करते हुए सही जानकारी दे सकें। चूँकि बहुत-सी स्त्रियाँ समान प्रकार के कार्यों को करती हैं और बहुत से कार्य (जैसे कृषि और पशुपालन) एक साथ किए जाते हैं, अतः एक वर्ष की याद्दाश्त के आधार पर एकत्र किए गए आँकड़ों की तथ्यपरकता अपेक्षाकृत निम्न हो सकती है। फिर भी स्त्रियों के रोजगार से संबंधित कुछ विशेषताओं और आर्थिक क्रियाओं में स्त्रियों की भागीदारी से संबंधित आधारभूत मुद्दों की

जानकारी प्राप्त कर पाना अवश्य संभव है। इस शोधपत्र को 5 भागों में बाँटा गया है। दूसरे भाग में आर्थिक क्रियाओं में स्त्रियों की सहभागिता पर, तीसरे भाग में स्त्रियों की रोजगार संरचना पर, चतुर्थ भाग में रोजगार उत्पादक कार्यक्रमों के स्त्रियों पर पड़ने वाले प्रभावों पर और पंचम भाग में स्त्रियों को रोजगार गारंटी एवं सुरक्षा से जुड़े सामरिक मुद्दों पर विवरण प्रस्तुत किए गए हैं।

आर्थिक क्रियाकलापों में स्त्रियों की सहभागिता की स्थिति

स्त्रियों की गृह-निर्माण में महत्त्वपूर्ण भूमिका होने के कारण उन्हें श्रमिक कहलाने या श्रमिक-समूहों में जाने में रुकावट उत्पन्न होती है। यही कारण है कि स्त्रियों में श्रमिक के रूप में भागीदारी की दर पुरुषों की अपेक्षा कम है। फिर भी सामाजिक संरचना और आर्थिक जीवन्तता की दर चयनित ग्राम समूहों में ऐसी है कि प्रत्येक व्यक्ति को कुछ-न-कुछ आर्थिक क्रिया तब तक करनी पड़ती है जब तक कि वह बूढ़ा या बेकार नहीं हो जाता। अत: लेबर फोर्स पार्टिसिपेशन रेट (LPR) बिहार की अपेक्षा इस क्षेत्र में अधिक है। 15 वर्ष और इसके ऊपर के आयु समूह की लड़कियाँ इस क्षेत्र में अधिक श्रम करती हैं। इनकी संख्या इस समूह की लड़कियों की संपूर्ण आबादी की 2/3 है, जबकि बिहार में 1987-88 के आँकड़े के अनुसार काम करने वाली इस उम्र की लड़कियों का प्रतिशत मात्र 17.6 है। 5 वर्ष और इससे ऊपर तथा 15 वर्ष और इससे ऊपर के दोनों आयु वर्गों की श्रमिक लड़कियों की संख्या की तुलना करने पर पता चलता है कि इसमें आदिवासी लड़कियों की संख्या अधिक है। बुड़मू और कर्रा ब्लॉकों में गैर-आदिवासी श्रमिक स्त्रियों में सहभागिता की दर आदिवासी स्त्रियों की अपेक्षा अधिक है। पुरुषों के वर्ग में आदिवासी-गैर आदिवासी पुरुषों के बीच यह प्रतिशत 74 और 76 है। आम तौर पर सामाजिक परंपरा, आर्थिक संरचना, स्त्री-शिक्षा और उत्पादन के आर्थिक संगठनों के सम्मिलित प्रभाव से संभवत: यह स्थिति उत्पन्न हुई है। फिर भी वर्तमान संदर्भ में सामाजिक-आर्थिक संगठन, सामाजिक परंपरा और स्त्री-शिक्षा की स्थिति एक जैसी है। अत: आर्थिक संरचना और रोजगार की उपलब्धता ही संभवत: बुड़मू में स्त्री-श्रमिक प्रतिभागिता दर के उच्च होने के लिए उत्तरदायी है।

बुड़मू ब्लॉक में आदिवासियों और गैर-आदिवासियों दोनों के बीच श्रमिक-प्रतियोगिता दर अधिक है क्रमश: (56% और 54%)। 15 वर्ष और इससे ऊपर की आयु वर्ग की लड़कियों की श्रमिक प्रतियोगिता दर बुड़मू ब्लॉक में अधिक है। इससे यह स्पष्ट हो जाता है कि बुड़मू में रोजगार के अवसरों की अधिक उपलब्धता की पूर्व परिकल्पना सही है। यह भी उल्लेखनीय है कि लगभग 30% आदिवासी और 40% गैर-आदिवासी बच्चे किसी न किसी प्रकार का श्रम अवश्य करते हैं। इससे यह प्रदर्शित होता है कि यद्यपि कुछ बच्चे ही पूर्णकालिक श्रम करते हैं। परन्तु उनमें से अधिकांश अंशकालिक कार्य करके परिवार की आमदनी में वृद्धि करते हैं।

स्त्री रोजगार की संरचना

चयनित ग्राम समूहों में लगभग सभी आदिवासी घरों के लोग और 9/10 गैर- आदिवासी घरों के लोग किसान हैं। इससे साफ होता है कि भूमिहीनता की स्थिति इस क्षेत्र में कम है। इसके साथ

ही इस क्षेत्र में प्रतिभा विकास का स्तर भी निम्न है। चूंकि कृषि से कठिनाई से जीविकोपार्जन हो सकता है। अत: अधिकतर लोग कुछ न कुछ अतिरिक्त आर्थिक कार्य करते हैं। ये गैरकृषि कार्य बहुत कम लाभ पहुँचाते हैं क्योंकि आँकड़ों से स्पष्ट है कि कृषि कार्यों से होने वाली आमदनी का प्रतिशत (56% और 63% गैर-आदिवासी और आदिवासी क्रमश:) अन्य कार्यों से होने वाली आमदनी के प्रतिशत से अधिक है। इससे स्पष्ट होता है कि गैरकृषि वाले कार्यों से कम आमदनी होती है। आम तौर पर स्त्री श्रमिकों की शिक्षा का स्तर बहुत ही निम्न है। लगभग 3/4 आदिवासी और 2/3 गैर-आदिवासी श्रमिक स्त्रियाँ शिक्षित हैं। केवल 3% श्रमिक मैट्रिक पास हैं और 0.5% श्रमिक मैट्रिक पास से ऊपर की योग्यता वाले हैं। गैरकृषि कार्यों से होने वाली आय के कम होने का कारण संभवत: निम्न शिक्षा स्तर ही है।

पता चलता है कि कृषि और गैरकृषि कार्यों में स्वरोजगार को मुख्य व्यवसाय के रूप में चुना जाता है जबकि दैनिक मजदूरी को कृषि और गैरकृषि क्षेत्रों में सहायक क्रियाओं के रूप में चुना जाता है। लगभग 2/3 श्रमिकों का मुख्य व्यवसाय अपनी खेती है और लगभग 7/10 भाग लोग इसी व्यवसाय में भाग लेते हैं। जहाँ तक दैनिक मजदूरी वाले रोजगार का प्रश्न है, कुल श्रमिकों का केवल 1/10 या 1/20 श्रमिक ही कृषि और गैरकृषि कार्यों को मुख्य व्यवसाय के रूप में अपनाते हैं। यदि सम्पूर्ण व्यवसाय का लेखा-जोखा रखा जाए तो पता चलता है कि दैनिक मजदूरी आधारित श्रम अधिक है। यद्यपि आदिवासी और गैर-आदिवासी औरतों के कार्यों की प्रकृति लगभग समान है फिर भी एक अन्तर स्पष्ट है और वह यह है कि श्रमिकों की कुल संख्या में आदिवासी स्त्रियों की संख्या अधिक है। अत: निष्कर्ष निकाला जा सकता है कि समान आर्थिक-भौगोलिक परिस्थितियों में भी किसी एक कार्य में आदिवासी श्रमिक को कम लाभ मिल पाता है जिसके कारण उसे जीवनयापन करने के लिए गैर-आदिवासी श्रमिक से अधिक क्रियाओं में भाग लेना पड़ता है।

चूँकि श्रमिक विभिन्न प्रकार के कार्य करते हैं, अत: सम्पूर्ण रोजगार के विभिन्न प्रकार के व्यवसायों की विवेचना करना प्रासंगिक है। जब सर्वेक्षण से प्राप्त आँकड़े का विश्लेषण किया गया तो पता चला कि प्रतिव्यक्ति प्रतिदिन के हिसाब से गैरकृषि कार्यों में कृषि कार्यों की अपेक्षा दिनों की संख्या अधिक है जो लगभग 1½ गुना के आसपास है। यहाँ हमें यह बात मस्तिष्क में रखनी है कि कृषि कार्यों में गैरकृषि कार्यों की अपेक्षा कम श्रमिक भाग लेते हैं। गैरकृषि स्वरोजगार और गैरकृषि मजदूरी कार्यों में शहरी क्षेत्रों में गैर-आदिवासी श्रम दिनों की संख्या अधिक है। जहाँ तक कृषि रोजगार की बात है कृषि मजदूरी के श्रम दिनों की संख्या कम है। इस क्षेत्र में कृषि का तकनीकी स्तर निम्न है। इसलिए यह जानकर आश्चर्य नहीं होता कि रोजगार देने में मजदूरी का न्यूनतम अंशदान है।

कृषि रोजगार

हमारे अध्ययन का क्षेत्र मुख्यत: शहरी है जिसमें थोड़ी विविधता सम्मिलित है। लगभग 4/5 श्रमिक खेतों पर आश्रित हैं। यहाँ हम कृषि क्षेत्र की तीन शीर्षकों के अन्तर्गत विवेचना करेंगे— स्वकृषि, कृषि में मजदूरी और पशु।

स्वकृषि

लगभग सभी घरों के लोग स्वकृषि में लगे हैं। वे सभी आयु और लिंग के अनुसार श्रम विभाजन के आधार पर कुछ न कुछ कार्य करते हैं। प्रत्येक घर के हिसाब से भूमि का वितरण आदिवासियों और गैर-आदिवासियों में लगभग समान (3.20 एकड़/घर और 3.05 एकड़/घर) है, गैर-आदिवासी स्त्रियाँ आदिवासी स्त्रियों की अपेक्षा 36% अधिक मानव दिन रोजगार उत्पन्न करती हैं। बच्चे आरम्भिक श्रमिक समूह के रूप में होते हैं फिर भी वे काफी श्रमिक दिन का उपयोग करते हैं। यहाँ तक कि आदिवासी लड़कियों की अपेक्षा गैर-आदिवासी लड़कियाँ 39% अधिक रोजगार उत्पन्न करती हैं। यह इस बात की ओर संकेत करता है कि आदिवासियों के अंदर सघन कृषि के ज्ञान का स्तर निम्न है। व्यापक पैमाने पर सब्जियों का उत्पादन इस क्षेत्र के लिए नया कार्य है। यद्यपि राँची जिले के बहुत से प्रखंडों में इसे अपनाया गया है तथापि बुड़मू ब्लॉक में इसे अधिक अपनाया गया है। गैर-आदिवासी किसानों ने आदिवासी किसानों की अपेक्षा सब्जी उत्पादन से अपनी आमदनी को दुगुना कर लिया है क्योंकि आदिवासी किसान अभी तक धान ही उगाते आ रहे हैं। भूमि की जुताई, खुदाई, फसल की कटाई जैसे कार्यों को केवल पुरुष करते हैं जबकि बुआई, निकाई, कटाई औरतें करती हैं। सर्वेक्षण से पता चला है कि औरतें रोपाई तथा मड़ाई का कार्य भी करती हैं।

जहाँ तक व्यक्तियों के कार्य दिवसों की संख्या का प्रश्न है, पुरुषों के संबंध में यह सर्वाधिक है (32 व्यक्ति कार्य दिवस)। स्त्रियों के कार्य दिवस की संख्या निकाई में सर्वाधिक (30 व्यक्ति कार्य दिवस), रोपाई में कुछ कम (29 व्यक्ति कार्य दिवस) है। किसानों के पास आधुनिक कृषि यन्त्र नहीं हैं। यहाँ तक कि जुताई भी साधारण लकड़ी के हल से की जाती है। केवल बुड़मू में ही 1/4 भाग जुताई भाड़े के ट्रैक्टर से की जाती है। जुताई केवल पुरुषों के द्वारा की जाती है। निकाई कम उत्पादक और एकाकी कार्य है जो स्त्रियों और बच्चों के द्वारा किया जाता है।

खेती में मजदूरी

मजदूरी का महत्त्व बढ़ा है और समय के साथ दोनों लिंगों में स्वरोजगार की तरह कार्य दिवसों की संख्या इसमें भी बढ़ी है। एक महत्त्वपूर्ण परिवर्तन यह है कि जहाँ पुरुष केवल अपने ग्रामों में काम करते हैं, वहीं स्त्रियाँ निकटवर्ती ग्रामों में भी काम करने जाती हैं। उदाहरण के तौर पर धान की रोपाई के समय वे 2 रुपए से 5 रुपए तक अतिरिक्त कमा लेती हैं। उत्तर बिहार के विपरीत इस क्षेत्र में मजदूरी का भुगतान नकद किया जाता है फिर भी कभी-कभी मजदूरी हंड़िया के रूप में भी दी जाती है जो कि एक प्रकार का देशी बियर है।

कृषि कार्य में जहाँ तक मजदूरी का सवाल है, स्त्रियाँ और पुरुष दोनों लगभग समान कार्य दिवस उत्पन्न करते हैं। पुरुषों की मजदूरी दर बढ़ती जा रही है और वे स्त्रियों की अपेक्षा लगभग दोगुनी अधिक मजदूरी पाते हैं। जहाँ एक ओर पुरुषों की मजदूरी 17-18 रुपए प्रतिदिन है वहीं स्त्रियों को मात्र 9 रुपए मिलते हैं (रोपनी के लिए)। फिर भी अन्य कार्यों के संदर्भ में यह मजदूरी 7 से 10 रुपए के बीच होती है। रोपनी को एक दिन में प्रायः तीन चरणों में बाँट दिया

जाता है और प्रत्येक चरण की रोपाई के लिए 3 रुपए मिलते हैं। उत्तर बिहार की स्थिति की अपेक्षा इस क्षेत्र की मजदूरी की दो विशेषताएँ हैं—

1. प्राय: वर्ष भर मजदूरी की दर एक समान रहती है।

2. स्थायी मजदूरों की स्थिति यहाँ पर आपेक्षिक रूप से अच्छी रहती है। ऐसे मजदूरों को धंगरा कहते हैं।

पशु

सूअर और मुर्गीपालन सभी जनजातीय और गैर-जनजातीय घरानों में लोकप्रिय व्यवसाय है। सम्प्रति लोगों का ध्यान दुधारू पशुओं को पालने की तरफ आकर्षित हुआ है। यहाँ तक कि बहुत से जनजातीय परिवारों ने भी इस व्यवसाय को आमदनी बढ़ाने के लिए अपनाया है। पशुपालन मुख्यत: स्त्रियों द्वारा किया जाता है। पशुपालन में सभी कार्यकर्ताओं को लगभग 40 दिनों का रोजगार मिलता है। पशुपालन के क्षेत्र में भी गैर-आदिवासी समुदाय रोजगार के अधिक मानव दिवसों का सृजन करता है। फिर भी यह अन्तर उतना नहीं है जितना कृषि के क्षेत्र में स्वरोजगार के मामले में है। पशुओं को चराने का कार्य प्राय: बच्चे ही करते हैं परन्तु दूध दुहने का कार्य प्राय: पुरुष करते हैं। पशुओं की सफाई और उन्हें खिलाने का काम स्त्रियाँ करती हैं। इन सबके बावजूद कृषि की तरह पशुपालन में कोई कठोर नियम नहीं है। लगभग 3/4 घरों से दूध का उत्पादन किया जाता है। दुग्ध उत्पादन 2/5 आदिवासी समुदाय द्वारा एवं 3/5 गैर-आदिवासी समुदाय द्वारा किया जाता है। दोनों समुदायों द्वारा दुग्ध उत्पादन के एक बड़े भाग का व्यापार किया जाता है। दूध उत्पादन से होने वाली आय अंडा उत्पादन से होने वाली आय का लगभग 5 गुना है। यह आय मांस उत्पादन की अपेक्षा 3 गुना अधिक है।

गैरकृषि रोजगार

गैरकृषि रोजगार का इस क्षेत्र में बहुत महत्त्व है। यह रोजगार का एक बड़ा माध्यम है। यह पहले ही कहा जा चुका है कि गैरकृषि कार्य का उत्पादन स्तर कम है और इसे जीविकोपार्जन मात्र के लिए अपनाया जा सकता है। कृषि योग्य भूमि में विस्तार के साथ गैरकृषि रोजगार में कमी आती है। फिर भी 5 एकड़ की भूमि तक यह स्तर गैर-आदिवासियों में घटा है परन्तु इससे अधिक जमीन होने पर यह स्तर बढ़ सकता है। गैरकृषि रोजगार के अन्तर्गत बहुत-सी गतिविधियों को सम्मिलित किया गया है। यह आँगनबाड़ी कार्यकर्ताओं के घास और लकड़ी बेचने से लेकर प्राथमिक शिक्षक का कार्य भी हो सकता है। किसी निष्कर्ष पर पहुँचने के लिए इनका अलग-अलग विवेचन करना महत्त्वपूर्ण है।

गैरकृषि स्वरोजगार

कार्यकर्ताओं द्वारा स्वरोजगार की गतिविधियाँ आम तौर पर कम लागत, पिछड़ी तकनीक पर आधारित होती हैं। विश्लेषण के लिए उन्हें तीन समूहों में बाँटा गया है—व्यापार, उत्पादन, दुकानदारी और विशेष सेवाएँ। व्यापार में सब्जी विक्रय से लेकर चावल विक्रय तक और

मामूली वनोपज जैसे पत्ता, जलावन की लकड़ी, टहनियाँ, दतुवन आदि बेचना सम्मिलित है। इन कार्यों में आदिवासी और गैर- आदिवासी दोनों ही शामिल होते हैं। इसके बाद लिंग के आधार पर कुछ भिन्नताएँ हैं। पुरुष अधिक आमदनी वाले कार्य करता है जैसे कि प्रव्रजन।

प्रव्रजन

चूँकि इस क्षेत्र में कृषि की प्रकृति मौसमी है अत: गैर-मौसम में इन क्षेत्रों के लोगों को वैकल्पिक कार्य की तलाश रहती है। यही कारण है कि गैरकृषि मजदूरी के लिए बड़ी संख्या में लोग इधर-उधर प्रव्रजन करते हैं। चूँकि प्रव्रजन भिन्न प्रकार के सामाजिक-आर्थिक ढाँचे की उपज है, इस बिन्दु का विवेचन अलग से किया गया है। सामान्य धारणा के विपरीत गैर-आदिवासी महिलाएँ और लड़कियाँ भी आदिवासी महिलाओं और लड़कियों के साथ बड़ी संख्या में प्रव्रजन करती हैं। इस प्रव्रजन की प्रवृत्ति में भी भिन्नता है। जहाँ एक ओर आदिवासी महिला या लड़की अकेले ही काम की तलाश में प्रव्रजन करती है वहीं दूसरी ओर गैर-आदिवासी महिलाएँ अपने परिवार के सदस्यों के साथ जाती हैं। आदिवासी लड़कियाँ खासतौर से ईंट भट्ठों पर काम करने के लिए जाती हैं। वर्ष 1994 में 1000 ईंटों को ढोने का पारिश्रमिक 12 रुपए था और वे एक दिन में 3000 ईंटें ढो सकती हैं। निर्माण स्थलों पर मजूरी की दर 30 रुपए से 40 रुपए प्रतिदिन होती है। शिक्षा के लिए स्तर में उत्थान के कारण प्रव्रजन की दर घटी है।

स्त्रियाँ और रोजगारोन्मुखी कार्यक्रम

इस सेक्शन में गरीबी उन्मूलन कार्यक्रम के प्रभावों के मूल्यांकन का प्रयास किया गया है और चुने गए घरानों में रोजगार उत्पादक कार्यक्रमों का भी मूल्यांकन किया गया है। इन कार्यक्रमों को चार श्रेणियों में बाँटा जा सकता है—स्वरोजगार, क्षमता वृद्धि कारक कार्यक्रम, मजदूरी रोजगार कार्यक्रम तथा संसाधन विकास कार्यक्रम। समन्वित ग्रामीण विकास कार्यक्रम, ट्राइसेम आदि को प्रथम श्रेणी में लिया गया है व जवाहर रोजगार योजना को दूसरी श्रेणी में लिया गया है।

स्वरोजगार कार्यक्रम

समन्वित ग्रामीण विकास कार्यक्रम ही इस क्षेत्र में जिला ग्रामीण विकास एजेंसी द्वारा लागू किया जाने वाला एकमात्र कार्यक्रम है जिसे लागू किया गया है। यह कार्यक्रम 1980 में प्रारम्भ हुआ और तब से ट्राइसेम और डी.डब्लू.ए.सी.आर.ए. के साथ यह तेजी से बढ़ा है। यह वास्तव में एक महत्त्वाकांक्षी कार्यक्रम है। इस कार्यक्रम के माध्यम से गरीब घरों के लोगों को रोजगार तो मिलता ही है अन्य तरीकों से भी उन परिवारों को सहायता ही मिली है ताकि वे परिवार गरीबी की रेखा को पार कर सकें। दिए जाने वाले एसेट का एक हिस्सा छूट के अन्तर्गत रखा जाता है और बाकी का जलावन की लकड़ी बेचना, कोयला बेचना आदि। स्त्रियाँ कम आमदनी वाले कार्य करती हैं जैसे घास बेचना, दोना-पत्तल बेचना आदि। कृषि उत्पादनों के विक्रय में लगे हुए व्यक्तियों का प्रतिशत बहुत कम है। आदिवासियों में तो यह और भी कम है। उत्पादन के क्षेत्र में यहाँ स्थानीय चावल से बना बियर है जो किसान बनाते हैं। यह मुख्यत: औरतों द्वारा बनाया

जाता है। विशेष सेवाओं के अन्तर्गत नाई, हकीम, वैद्य, पुजारी आदि सम्मिलित हैं। मामूली वनोपज के व्यापार में 1/8 भाग और उत्पादन के व्यापार में कुल 1/11 भाग आबादी कार्यरत है। मामूली वनोपज में व्यापार में आदिवासी स्त्रियों का एक बड़ा प्रतिशत सम्मिलित है। इससे यह संकेत मिलता है कि आदिवासी समुदाय जंगलों पर अधिक आश्रित है। ग्रामीण स्वरोजगार की गतिविधियों में पूँजी निवेश बहुत कम है और सरकारी कार्यक्रमों से यह समूह बहुत कम लाभ उठा पाता है।

गैरकृषि मजदूरी

गैरकृषि मजदूरी कार्यों में लगे व्यक्तियों का प्रतिशत बहुत कम है। लगभग 1/3 आदिवासी और 1/4 गैर-आदिवासी श्रमिक ग्रामीण क्षेत्रों में इन गतिविधियों में सम्मिलित हैं। शहरी क्षेत्रों में यह प्रतिशत क्रमशः 1/20 और 1/16 है। ग्रामीण क्षेत्रों में पुरुष और स्त्रियाँ दोनों ही इस प्रकार के कार्य करते हैं परन्तु शहरी क्षेत्रों में मुख्यतः पुरुष ही ऐसे कार्य करते हैं। श्रमिकों को सुविधा के लिए दो वर्गों में बाँटा गया है—प्रतिभावान और प्रतिभाहीन श्रमिक। प्रतिभाहीन श्रमिकों में खान मजदूर और उद्योगों में काम करने वाले श्रमिक आते हैं। दैनिक वेतनभोगी मजदूर और रिक्शाचारण भी इसी श्रेणी में है। प्रतिभावान समूह में शिक्षक, आँगनबाड़ी कार्यकर्ता इत्यादि सम्मिलित हैं। खनन कार्य केवल बुड़मू में लोकप्रिय है जो कि एक सहकारी समिति द्वारा संचालित किया जाता है। इन क्रियाओं में मुख्यतः गैर-आदिवासी सम्मिलित हैं। परन्तु आदिवासी स्त्रियाँ अधिक मानव दिवसों का सृजन करती हैं। मजदूरी बहुत कम मिलती है। सेवा क्षेत्र में प्रतिभावान समूह अच्छी मजदूरी अर्जित करता है। इस समूह में सरकारी स्कूलों के शिक्षक और सरकारी संगठनों में स्थायी नौकरी करने वाले लोग हैं। आरक्षण के बाद भी गैर-आदिवासी महिलाओं का प्रतिशत नौकरियों में आदिवासी महिलाओं से अधिक है। आदिवासी महिलाओं में अधिकतर ईसाई महिलाएँ हैं। केवल 1.8% आदिवासियों को स्थायी सरकारी नौकरियाँ प्राप्त हैं। ये सरकारी नौकरियाँ भी निम्नस्तरीय हैं क्योंकि इस वर्ग में शिक्षा और प्रतिभाशीलता का घोर अभाव है।

मूल्य बैंक लोन के माध्यम से दिया जाता है जिस पर न्यूनतम ब्याज देना पड़ता है। आदिवासियों के मामले में एसेट का 50% छूट के अन्तर्गत आता है जबकि गैर-आदिवासियों के लिए यह 33% एवं 25% है। इस कार्यक्रम में मुख्यतः सिंचाई, दुधारू या श्रमिक पशुओं का पालन अथवा द्वितीयक या तृतीयक सेक्टर से संबंधित क्रियाओं को रखा गया है। चूँकि इस कार्यक्रम का उद्देश्य घरों की आमदनी में वृद्धि करना है, इससे स्त्रियाँ दो प्रकार से प्रभावित हो सकती हैं—

1. यदि परिवार की आमदनी बढ़ती है तो इससे स्त्रियाँ भी लाभान्वित होती हैं।
2. यदि कार्यकलाप स्त्रियों द्वारा किए जाते हैं तो संभावित ग्रामीण विकास कार्यक्रम से उनकी उत्पादकता में वृद्धि होगी। पुरुष कार्यकर्ता सरकार द्वारा निर्धारित मजदूरी प्राप्त करते हैं जो 30.50 रुपए है परन्तु स्त्रियों को उनसे 5 से 10 रुपए कम मिलते हैं।

कुछ सामरिक मुद्दे

यदि अधिक लाभप्रद रोजगार का सृजन करना है तो इसके लिए सम्पूर्ण ग्रामीण अर्थव्यवस्था का

विकास आवश्यक है। परन्तु इस अर्थव्यवस्था की उत्पादकता वर्तमान समय में बहुत कम है। कृषि क्षेत्र की तो पूरी-पूरी उपेक्षा होती आ रही है। अत: आवश्यकता यह है कि सभी प्रकार के प्रयासों द्वारा कृषि अर्थव्यवस्था और कृषि-उत्पादकता को सुधारा जाए।

कृषि के विकास के साथ-साथ रोजगार के गैरकृषि स्रोतों पर भी नीतिगत ध्यान देने की आवश्यकता है। गरीबी उन्मूलन के लिए एकमात्र कृषि विकास पर ही ध्यान देने से समस्या का समाधान संभव नहीं है।

उपर्युक्त कृषि और गैरकृषि विकास और संबंधित कार्यक्रमों से इस क्षेत्र में लाभकारी रोजगार के साधनों के सृजन में मदद मिलेगी। तथापि किसी क्षेत्र के विकास से संबंध उस क्षेत्र की स्त्रियों की आर्थिक क्षेत्रों में सकारात्मक सहभागिता सुनिश्चित नहीं हो सकती है। दूसरी ओर शिक्षा और सूत्र की कमी होने पर स्त्रियाँ उनकी कलात्मकता भी नहीं ले सकेंगी। इस संबंध में निम्नांकित उपाय किए जा सकते हैं—

1. समन्वित ग्रामीण विकास कार्यक्रमों के लाभुकों की संख्या को बढ़ाया जाए जिसका अर्थ यह है कि इन कार्यक्रमों के लिए संसाधनों का आबंटन बढ़ाया जाए। इसके साथ ही विशेष रूप से स्त्रियों के बीच स्थानीय संचार माध्यमों के द्वारा सूचनाएँ भेजी जाएँ।

2. ट्राइसेम कार्यक्रम जिसकी अभी तक उपेक्षा की गई है, को आई.आर.डी.पी. के साथ जोड़ा जाए।

3. आधुनिक माँगों के अनुरूप महिला उन्मुखी पारंपरिक आर्थिक क्रियाकलापों को बढ़ाया जाए।

4. लागत के लिए 'सिंगल-विण्डो मैकनिज्म' का विकास किया जाए और इस कार्यक्रम के अन्तर्गत क्रेडिट ट्रेनिंग और मार्केटिंग का विकास किया जाए।

5. जवाहर रोजगार योजना का क्रियान्वयन प्राकृतिक संसाधनों की मैपिंग करने के बाद किया जाए और इन कार्यक्रमों की डिजाइनिंग में स्त्रियों की भागीदारी हो।

6. उत्सुक अधिकारी वर्ग को आदिवासी समाज में प्रचलित सामुदायिक जीवन की पारंपरिक व्यवस्थाओं से लाभ लेकर गरीबी उन्मूलन और रोजगार सृजन कार्यक्रमों का संचालन करना चाहिए।

7. प्रशिक्ष प्रतिभा निर्माण और प्रतिभा समुन्नयन को अधिक महत्त्व दिया जाए ताकि स्त्रियों के रोजगार के आधार को व्यापाक बनाया जा सके।

8. छोटानागपुर टेनेन्सी एक्ट 1980 में संशोधन करके स्त्रियों के भूमि संबंधी आधार को मजबूत बनाया जाए। उन्हें आसान शर्तों पर भूमि खरीदने के लिए ऋण दिए जाएँ।

9. कार्यक्रमों का फोकस केवल आर्थिक क्रियाकलाप न हों बल्कि दूसरे क्षेत्रों जैसे बच्चों की देखभाल, प्रौढ़ शिक्षा, स्त्रियों के कार्यों की दुरूहता को कम करना आदि को भी फोकस में लाया जाए।

संक्षेप में, स्त्रियों को पारंपरिक गतिविधियों में सहयोग दिया जाए ताकि तुरन्त लाभ मिले। साथ ही उच्चस्तरीय प्रतिभा के विकास और गतिशीलता के लिए भी प्रयास किए जाएँ।

झारखंड : संस्कृति-आधारित ग्रामीण आजीविका विकास

संजय कुमार

वर्ष 2000 में विश्व के 140 से ऊपर देशों ने संयुक्त राष्ट्र संगठन की अगुवाई में कुछ अंतर्राष्ट्रीय विकास लक्ष्य निर्धारित किए जिसमें सबसे प्रमुख सन् 2015 तक विश्व में निर्धनों की संख्या आधी करने का लक्ष्य है। स्पष्टत: अंतर्राष्ट्रीय समुदाय की आज 'गरीबी' को लेकर चिन्ता सबसे ज्यादा मुखर है, यद्यपि इस विषय पर राष्ट्रीय सरकारें एवं अंतर्राष्ट्रीय संगठन दशकों से गंभीर रूप से कार्यरत हैं। इसके लिए विभिन्न देशों में राज्य समर्थित विकास के दो मॉडल विश्व के विभिन्न राष्ट्रों/राज्यों द्वारा अपनाए गए—उद्योग केंद्रित विकास, तथा प्राकृतिक संसाधन आधारित विकेंद्रित लघु स्तरीय विकास। इन दोनों मॉडलों की सफलता के बारे में विभिन्न राष्ट्र/राज्य के इस संबंध में अनुभव भिन्न-भिन्न रहे हैं। भारत में, जहाँ विश्व जनसंख्या के सबसे ज्यादा निर्धन हैं, यह चिन्ता विशेष रूप से रही है जिसके फलस्वरूप स्वतंत्रता प्राप्ति के उपरांत नेहरू युग में उद्योग केंद्रित विकास की नीति अपनाई गई थी, किन्तु 1980 के दशक तक इसमें परिवर्तन की स्पष्ट आवश्यकता महसूस की जाने लगी। कई राज्यों, खासकर नवगठित उत्तरांचल ने तो नीति में परिवर्तन करते हुए अपने आपको Organic State घोषित कर दिया है, जो उनके प्राकृतिक संसाधन आधारित विकास नीति को परिलक्षित करता है। किन्तु नेहरू युगीन ऐतिहासिक कारणों तथा औद्योगिक कच्चा माल की उपलब्धता के भौगोलिक लाभ के चलते आज भी झारखंड के विकास का इंजन उद्योगों को ही समझा जा रहा है। उद्योग नीति 2001 का गठन एवं इसके कार्यान्वयन में हो रहे विलंब पर चिन्ता, राज्य के विभिन्न शहरों में इंडस्ट्रियल पाक, विशेष निर्यात क्षेत्र (एस.ई.जेड.) आदि की स्थापना के लिए विशेष प्रयास राज्य की उद्योग-केंद्रित विकास नीति को ही प्राथमिकता देना परिलक्षित करते हैं। इसके ठीक उलट प्राकृतिक संसाधन-आधारित विकास के स्तंभ, यथा कृषि नीति, वन नीति, जल नीति, आदि अभी तक निर्माणाधीन हैं। राज्य के प्रभावशाली बुद्धिजीवी, आर्थिक पूँजीशील तथा मीडिया ग्रुप भी संभवतया झारखंड के औद्योगिक image को ही बढ़ावा देने में रुचि रखते हैं। किन्तु विडंबना यह है कि झारखंड की बहुसंख्यक ग्रामीण आबादी के अधिकांशत: निर्धन रहने के परिप्रेक्ष्य में झारखंड राज्य की उद्योग-केंद्रित विकास नीति से राज्य का चहुँमुखी विकास संभव नहीं है। इसके कारण निम्नवत् हैं—

उद्योग केंद्रित (खनिज या अन्य उद्योग) योजनाएँ पूँजी-उन्मुखी (capital intensive) हैं, अत: गैरपूंजीधारी व्यक्ति/समूह इससे लाभान्वित नहीं होंगे।

उद्योग केंद्रित योजनाओं से खासकर शहरी वर्ग अधिक लाभान्वित होता है, जबकि राज्य की लगभग 79 प्रतिशत जनता ग्रामीण है।

अत: उद्योग केंद्रित विकास नीति से जहाँ एक ओर निर्धनता, खासकर ग्रामीण निर्धनता जो झारखंड राज्य में चिन्ताजनक 68 प्रतिशत के स्तर पर है, कम करने में कोई सहायता नहीं मिलेगी, दूसरी ओर इससे राज्य में व्याप्त आर्थिक असमानता और अधिक विषम होगी। विश्वव्यापी अध्ययनों के अनुसार सामाजिक और आर्थिक असमानता बढ़ने से निर्धनता और बढ़ेगी एवं इसका कुप्रभाव खासकर हरिजन व आदिवासी में पिछड़े समूह जैसे महली, पहाड़िया, आदिम जनजातियाँ, जो उद्योग केंद्रित विकास नीति के कारण पहले से ही विकास प्रक्रिया से बाहर हैं, पर और भी खराब ढंग से पड़ेगा।

उद्योग केंद्रित विकास नीति के चलते बढ़ती असमानता और निर्धनता के कारण झारखंड राज्य के भारी भरकम योजनागत निवेश के बाद भी वास्तव में पूँजी निर्माण (capital formation) की जगह पूँजी ह्रास (capital depletion) होगा। इस प्रक्रिया के जारी रहने से 10 वर्षों के भीतर कोई राज्य पूर्णरूपेण आर्थिक रूप से खोखला हो जाएगा।

अत: झारखंड राज्य में उद्योग केंद्रित विकास नीति के स्थान पर भूमि-आधारित प्राकृतिक संसाधनों के विकास (Agriculture, Silviculture, Horticulture, ASH, कृषि, वन-वर्द्धन एवं बागवानी) की नीति कार्यान्वित करनी चाहिए।

यह नीति झारखंड राज्य की निम्न विशेषताओं के कारण उचित होगी—

1. राज्य की लगभग 80 प्रतिशत भूमि कृषि या कृषि संबंधित उपयोग तथा वन से आच्छादित है। इस भूमि की वर्तमान उत्पादकता अत्यंत क्षीण है, खासकर रैयती, सामुदायिक तथा गैर मजरूआ सरकारी टांड भूमियों पर। Weck Climatic Index के अनुसार इन भूमियों की उत्पादक क्षमता वर्तमान उत्पादन का 300 प्रतिशत से भी अधिक है।

2. सामाजिक असमानता का मुख्य आधार भूमि-स्वामित्व है। प्रचलित अवधारणा के विपरीत झारखंड राज्य में भूमि-स्वामित्व असमानता काफी अधिक है। पारंपरिक आदिवासी समाज में इस प्रकार की असमानता को कम करने की स्वभावगत व्यवस्थाएँ थीं, एवं आदिवासी संस्कृति इस प्रकार की समानता की व्यवस्था बनाए रखने में सक्षम थी। किन्तु वर्तमान विकास प्रणाली में यह क्षीणप्राय: हो गई है। भूमि आधारित विकास नीति से निर्धन, जो अधिकांशत: टांड भूमि के मालिक हैं, की उत्पादकता बढ़ेगी और राज्य की सामाजिक-आर्थिक असमानता कम होगी।

3. राज्य में अभी भी रासायनिक खाद/कीटनाशक के स्थान पर जैविक खाद (गोबर और जंगलों से पत्तियों को खाद/गाद) तथा जैविक कीटरोधी का इस्तेमाल प्रचलित है और इसका अत्यंत कुशल पारंपरिक प्रज्ञान भी उपलब्ध है। वर्तमान विश्वव्यापी जैविक उत्पादों की बढ़ती माँग को देखते हुए झारखंड राज्य का competence अत्यंत उच्च कोटि का है।

4. झारखंड के वनों की वर्तमान उत्पादकता कम है, किन्तु उत्पादक क्षमता भारत के अन्य राज्यों के मुकाबले काफी अच्छी है। राज्य में स्थूलज-वन (coppice forests) की बहुलता होने के कारण, न्यूनतम खर्च पर अधिकतम वन-वर्द्धन हो सकता है। इन वनों पर

प्रत्यक्ष (जलावन, लकड़ी खाने के लिए फल-फूल, कंदमूल, आदमी और जानवरों के लिए पारंपरिक दवाएँ आदि) या परोक्ष (खेतों को मिलने वाला पानी, खाद, कीटरोधी दवाएँ/पेड़ जैव विविधता, कृषि प्रणाली को बनाए रखने वाले जीव जंतु वनों के जल क्षेत्रों में मिलने वाले खाद्य प्रजाति, मछली, घोंघा, केकड़ा आदि) रूप से ग्रामीणों की न केवल आर्थिक आजीविका निर्भर है, बल्कि वनों के समान उपयोग के ग्रामीणों के पारंपरिक सिद्धांत के कारण सामाजिक एवं आर्थिक समानता बनाने में मदद मिलती है। वनों पर आधारित विशु शिकार, जनी शिकार, हाई काराकोम, परहरा जतरा जैसे त्योहार पूरे समाज को एक साथ जोड़े रहने का भी कार्य करते हैं, जो विश्वव्यापी अध्ययनों के अनुसार विकास के एक जरूरी अवयव सामाजिक पूँजी (Social Capital) को बढ़ाने में सहायता करता है। प्रस्तावित ASH नीति का मुख्य आधार ग्रामीण आजीविकाओं का विकास (Rural Livelihoods Development) होगा।

कोई व्यक्ति/परिवार किसी खास संवेदनशीलता परिप्रेक्ष्य में अपनी पाँचों पूँजियों Social Capital, Human Capital, Physical Capital, Financial Capital and Natural Capital का प्रयोग निर्धारित नियमों, परंपरा आदि के अधीन रह कर किसी विशेष प्रकार के आजीविका कार्यकलाप चलाने के लिए करता है, जिसका फल विभिन्न व्यक्तियों/समूहों के लिए अलग-अलग तरीके से दृष्टिगोचर होता है। अर्थात् यह समझ स्पष्ट होनी चाहिए कि यदि राज्य सरकार अलग-अलग व्यक्तियों/समूहों को एक ही प्रकार के आजीविका कार्यकलाप के लिए बिलकुल समान सहायता देती है, तब भी उसका फलाफल अलग-अलग व्यक्तियों/समूहों के लिए अलग-अलग हो सकता है। कारण इन व्यक्तियों/समूहों की संवेदनशीलता परिप्रेक्ष्य, पंच-पूँजी तथा नियम परंपरा अलग-अलग हो सकती है। स्पष्टत: इस परिप्रेक्ष्य में संस्कृति (culture) का महत्त्व अत्यधिक है। आज विश्व के कई अर्थशास्त्रियों, समाजविदों एवं विकासविदों, जिसमें फ्रांसिस फुकुयाना प्रमुख हैं, यह स्वीकार किया जा रहा है कि विभिन्न राष्ट्रों के बीच भिन्नता का आधार संस्कृति ही है। उनका मानना यह है कि आखिर क्यों स्कैंडिनेवियन देशों में लोगों में सामूहिक/सामुदायिक संपत्तियों को एक साथ मिलाकर प्रबंध करने की प्रवृत्ति है, दक्षिण इटली में क्यों नहीं?

इस प्रकार ग्रामीण आजीविका विकास को झारखंड विकास नीति का आधार बनाने पर राज्य सरकार ग्रामीणों के विभिन्न समूहों, खासकर विभिन्न निर्धन समूहों की आवश्यकता-विशेष को ठीक-ठीक पहचान सकेगी, उनके प्रति संवेदनशील हो सकेगी, और राज्य के प्रत्येक वर्ग/समूह को विकास प्रक्रिया में समान रूप से एवं समान स्तर पर भाग लेने के लिए प्रोत्साहित कर सकेगी।

ग्रामीण आजीविका विकास आधारित विकास नीति बिलकुल नई तरह की नीति होगी जिसे प्रतिपादित करना तथा कार्यान्वयन करना राज्य सरकार की महती आवश्यकता होगी। चूंकि झारखंड का समाज मुख्यत: आदिवासी-समाज के समतामूलक नियमों से संचालित है, अत: विकास की पहली आवश्यकता—असमानता दूर करने की आवश्यकता—स्वयमेव पूरी हो जाती है।

प्रस्तावित नीति के प्रमुख अवयव जो झारखंड के प्रधानत: आदिवासी समाज के समतामूलक

एवं प्रकृति उन्मुख संस्कृति पर निर्भर हैं, निम्न प्रकार हो सकते हैं—

- पारंपरिक ग्राम समाज व्यवस्था को सरकार की स्वीकृति एवं उसका सशक्तिकरण,
- पारंपरिक कारीगर विशेषकर भूमिहीन अथवा सीमांत कृषक समूह को, विशेष एवं सीधी सहायता, किसानों को बंजर भूमि (खासकर, टांड भूमि) के विकास के लिए सीधी सहायता, खासकर पारंपरिक ज्ञान के अनुसार Low Input Agriculture की तकनीक का विकास एवं इसका प्रसार,
- झारखंड राज्य को जैविक राज्य घोषित करते हुए जैविक कृषि अपनाने वाले किसानों एवं इस पर आधारित ग्रामीण लघु उद्योग वाले पारंपरिक कारीगरों को सीधा प्रोत्साहन, जैविक कृषि उत्पाद के माँग एवं बाजार को प्रोत्साहन देने के लिए सीधी सहायता एवं कर-लाभ,
- पड़ोसी राज्यों से विनिमय के आधार पर वन/कृषि आधारित उत्पादों के बाजार नेटवर्क का सृजन,
- पारंपरिक सामूहिक कृषि एवं वन-वर्द्धन को सीधा प्रोत्साहन,
- Local Ecological Services के लिए वन-वर्द्धन को सीधा प्रोत्साहन।

आदिवासी विकास में स्वैच्छिक संस्थाएँ

डी.के. पाणिग्रही

आदिवासी भारतीय समाज के सबसे निचले पायदान पर गिने जाते हैं। पीढ़ियों से इनमें से अधिकांश अन्य लोगों द्वारा उपेक्षित होते आए हैं। आजादी के बाद यद्यपि केंद्र और राज्य सरकारों का ध्यान इन जनजातियों पर पड़ा है परंतु आजादी के पूर्व से ही इन जनजातीय समुदायों की कारुणिक स्थितियों के कारण अनेक व्यक्तियों तथा संस्थाओं ने अपनी अमूल्य सेवा इन्हें प्रदान की है। गैर-सरकारी संस्थाएँ सरकार तथा व्यापारी वर्ग के परे एक शक्ति का प्रतिनिधित्व करती हैं। ये उन स्वतंत्र स्वायत्त तथा अलाभकारी संस्थाओं का प्रतिनिधित्व करती हैं जो देश की सामाजिक तथा विकासात्मक समस्याओं पर कार्य करती हैं। इनमें समर्पण और चिन्ता की भावना भी होती है जिसका लाभ कमाने वाले व्यापारी वर्गों में सर्वथा अभाव होता है।

गैर-सरकारी संस्थाएँ सरकार तथा व्यापारी वर्ग के परे एक शक्ति का प्रतिनिधित्व करती हैं। ये उन स्वतंत्र, स्वायत्त तथा अलाभकारी संस्थाओं का प्रतिनिधित्व करती हैं जो देश की सामाजिक तथा विकासात्मक समस्याओं पर कार्य करने में जुटी हैं। यह पत्र सामान्यत: स्वैच्छिक संस्थाओं तथा विशेषत: विभिन्न मतों वाली ईसाई मिशनरियों के उद्देश्यों तथा भूमिका की चर्चा करता है। इसमें इस बात की चर्चा है कि किस प्रकार ये संस्थाएँ अपनी ऊर्जा का उपयोग आदिवासियों के शैक्षिक विकास तथा आर्थिक प्रगति के लिए करती हैं।

स्वयंसेवी संस्थाओं के उद्देश्य

स्वयंसेवी संस्थाएँ समाज के कमजोर वर्गों के उत्थान में एक महत्त्वपूर्ण भूमिका अदा करती हैं। चाहे उन संस्थाओं की प्रकृति कुछ भी क्यों न हो। स्वयंसेवी संस्थाओं के उद्देश्य निम्न में से कुछ या सभी हो सकते हैं—

1. सामाजिक-आर्थिक विकास में सहभागिता के लिए जागरूकता का निर्माण,
2. एक योग्य तथा कुशल स्थानीय नेतृत्व का निर्माण,
3. सामाजिक-आर्थिक आधारभूत संरचनात्मक सुविधाओं के निर्माण के लिए सुनियोजित प्रयासों में सहयोग करना,
4. रोजगार के अवसरों में विस्तार की प्रक्रिया को बढ़ावा देना,
5. उचित व्यक्ति को लघु उद्योग स्थापित करने के लिए प्रेरित करना,
6. आदिवासियों को खेती की पुरानी तकनीक त्यागने तथा अधिकाधिक शिक्षित होने के लिए प्रेरित करना। (हेगड़े, 1982, पृ. 12-15)

स्वयंसेवी संस्थाओं की भूमिका

प्रजातंत्र किसी व्यक्तिगत समूह को सरकार के दिशा-निर्देशों से मुक्त समाज में किसी कार्य को करने का अवसर प्रदान करता है। इसे स्वैच्छिक क्रिया कहा जाता है। 'इस प्रकार कहा जा सकता है कि वह व्यक्तिगत क्रिया जो सरकार की अधिकारिक शक्तियों के दिशा-निर्देशों से मुक्त हो, स्वैच्छिक क्रिया कहलाती है।' (कुलकर्णी, 1969 : 4)। लार्ड बेवरिज का कहना है, 'एक स्वैच्छिक संस्था ऐसा संगठन होता है जिसके कार्यकर्ता चाहे वह वैतनिक या अवैतनिक हों, अपने ही सदस्यों द्वारा कार्यरत तथा संचालित होते हैं तथा उन पर कोई बाहरी नियंत्रण नहीं होता।' (वही) मेरी मोरिस का कथन है, 'एक संपूर्ण जीवन जीने के लिए अधिकांश लोगों को अपने वर्तमान कार्य या घर प्राप्त आय से अधिक चाहिए होता है। उन्हें एक सदस्य के रूप में ऐसे समूह में रहने की आवश्यकता होती है जो स्वयं तथा सदस्यों के लिए या समूह के बाहर दूसरों के लाभ के लिए कार्य करते हैं। समूह में कार्य करना मानव की मौलिक भावना है।' (वही)

इस प्रकार, स्वैच्छिक गतिविधियाँ समाज के व्यक्तियों या समूहों की सभी प्रकार की वैध आवश्यकताओं को पूरा करने के लिए कोई कार्य विकसित करने में किया गया समर्थन, सशक्तिकरण तथा सहयोग की संगठित गतिविधियों का एक रूप है।

स्वैच्छिक संस्थाओं में सरकारी संस्थाओं की तुलना में, कम-से-कम गरीबों के विकास के लिए अधिक प्रभावी अभिकर्ता बनने की संभावना निम्न तीन कारकों से होती है—

1. सरकारी संस्थाओं की अपेक्षा इन संस्थाओं के कार्यकर्ता गरीबों की समस्याओं को दूर करने के लिए पूरी निष्ठा से कार्य करते हैं,
2. सरकारी संस्थाओं की अपेक्षा वे गरीब ग्रामीणों से बेहतर संबंध स्थापित कर सकते हैं, तथा
3. चूँकि वे नौकरशाही नियम-कानूनों से बँधे नहीं होते, अत: वे अधिक लचीलेपन से कार्य कर सकते हैं, वे अपनी गतिविधियों का लगातार तथा तीव्रता से पूर्वानुभव के आधार पर पुनर्नियोजन (readjust) कर सकते हैं। (वही)

इस संदर्भ में एल.एम. प्रसाद दो और बिन्दु जोड़ते हैं—

1. स्वैच्छिक संस्थाओं के कार्य सरकारी विभागों के कार्यों की अपेक्षा कम खर्च में पूरे हो जाते हैं।
2. वे सरकारी विभागों की तुलना में अधिक लोगों को विकास के कार्यों में सहभागिता के लिए प्रेरित कर सकते हैं। (प्रसाद, 1987 : पृ. 588-612)।

स्वैच्छिकता भारतीय समाज में परिवर्तन की मौलिक प्रवृत्ति है। इसी के कारण अंग्रेजी शासन में परिवर्तन हुआ और राजनीतिक आजादी मिली। राजकीय स्वतंत्रता आंदोलन के दौरान विकास तथा राष्ट्र-निर्माण के कार्यक्रम राजकीय तथा स्वैच्छिक, दोनों ही स्तरों पर बने। (सेंट, 1979, 22-26)। फिर भी आजादी के पूर्व भी आदिवासियों के कल्याण के लिए कुछ स्वैच्छिक संस्थाएँ कार्यरत थीं। ग्रामीण विकास तथा राष्ट्र-निर्माण के क्षेत्र में स्वयंसेवी संस्थाओं ने लगातार उल्लेखनीय भूमिका निभाई। ग्रामीण विकास के अधिकांश प्रयासों की शुरुआत महान व्यक्तियों और संगठनों द्वारा हुई जिसमें मिशनरियाँ तथा अन्य धार्मिक संस्थाएँ भी थीं। ये संगठन वर्तमान

में भी विकास के क्षेत्र में मुख्य भूमिका निभा रहे हैं। जब तक प्रशासन का एक विशुद्ध लोकतांत्रिक तंत्र नहीं जन्म लेता तब तक इन संस्थाओं की आवश्यकता बनी रहेगी। (वही)

1871 में गुजरात में भील सेवा मंडल का गठन हुआ था। उस समय, आदिवासी-विकास के लिए समर्पित स्वयंसेवी संगठनों के निर्माण के पीछे ए.वी. ठक्कर का प्रयास था। भारत की स्वतंत्रता के समय तक देश के विभिन्न भागों में उन्होंने 20 से अधिक स्वयंसेवी संस्थाएँ निर्मित कीं। कांग्रेस के कुछ अन्य नेता भी आदिवासियों के कल्याण की गतिविधियों से जुड़े थे। डॉ. राजेन्द्र प्रसाद के भारतीय आदिम जाति सेवक संघ ने संविधान-निर्माण के समय आदिवासियों से संबंधित नीतियों के निर्धारण में बहुत मदद की थी। (हसनैन, 1983 : 206)

वर्तमान में अनेक स्वयंसेवी संस्थाएँ शिक्षा, जनस्वास्थ्य तथा सांस्कृतिक गतिविधियों जैसे अनेक क्षेत्रों में कार्यरत हैं। सरकार उनको कार्य-संपादन तथा गतिविधियों के विस्तार के लिए वित्तीय सहयोग देती है। आदिवासी समुदायों के कल्याण को बढ़ावा देने में इन गैर-सरकारी संस्थाओं का महत्त्व स्वीकार कर लिया गया है तथा जनजातीय विकास कार्यक्रमों के निर्माण तथा क्रियान्वयन में इन संस्थाओं से जुड़े व्यक्तियों से अक्सर सलाह ली जाती है। स्वयंसेवी संस्थाओं की कार्य पद्धति में कुछ दोष भी हैं। कुछ ऐसी स्वयंसेवी संस्थाएँ भी हैं जिनका अपना मुख्यालय, शाखाएँ तथा नौकरशाही है।

इन स्वयंसेवी संस्थाओं द्वारा संचालित अनेक योजनाओं से गरीबों को वास्तविक लाभ नहीं मिलता। अव्यवस्था तथा नौकरशाही के कारण ये गरीब लोगों तक पहुँच पाने में विफल रहते हैं। (कोठारी, 1985 : 146)

समाज के कमजोर तबकों की सेवा करने का लक्ष्य रखने वाली कुछ अन्य संस्थाओं की स्थापना कुछ व्यक्तियों द्वारा 60 और 70 के दशक में की गई। छोटी या बड़ी ऐसी संस्थाएँ अब भी संतोषप्रद ढंग से कार्य कर रही हैं। हाँ, ये संस्थाएँ अक्सर आशा के अनुरूप अपनी भूमिका निभाने में असफल रहती हैं और सरकारी संस्थाओं द्वारा इनकी योग्यता पर अक्सर संदेह किया जाता है। जाली तथा भ्रष्ट स्वयंसेवी संस्थाएँ इस स्थिति को और भयावह बना देती हैं।

स्वयंसेवी संस्थाओं की भूमिका और प्रकृति पर दो दृष्टिकोण मिलते हैं। कुछ ऐसी संस्थाओं के अस्तित्व से खुश हैं तथा इनकी बढ़ती भूमिका का पक्ष लेते हैं। उनके अनुसार ऐसी संस्थाओं को लोगों की सेवा करने का भरपूर अवसर देना चाहिए क्योंकि नौकरशाही उलझनों तथा सरकारी दृढ़ता के कारण सरकारी संस्थाएँ संतोषजनक रूप से कार्य नहीं कर पातीं। दूसरी ओर स्वयंसेवी संस्थाएँ, जो कुछ व्यक्तियों द्वारा आम जनता की सेवा करने की भावना के कारण बनी हैं, पूरी निष्ठा तथा लचीलेपन के साथ कार्य कर सकती हैं। दूसरे लोग मानते हैं कि स्वयंसेवी संस्थाओं को इतना महत्त्व और अधिकार दिया जाना अवांछनीय है क्योंकि इससे इन अवसरों के (Institutionalization) संस्थागत रूप ले लेने की संभावना है।

इस संदर्भ में यह सलाह दी जाती है कि स्वयंसेवी संस्थाओं को सरकारी संस्थाओं की साझेदारी तथा सहयोग से कार्य करने का भरपूर अवसर देना चाहिए तथा उनका कड़ा सरकारी निरीक्षण और संचालन होना चाहिए। घेबर आयोग के अनुसार किसी लोकतांत्रिक ढाँचे में यह आवश्यक है कि राष्ट्र के निर्माण की कुछ गतिविधियाँ गैर-सरकारी संरक्षण के अंतर्गत होनी चाहिए। (घेबर आयोग रिपोर्ट : 1961, 307)। कोठारी कहते हैं कि राज्य (सरकार) के उदार

होने के कारण उसमें आए पतन, दलीय व्यवस्था (पार्टी सिस्टम) में क्षय, भ्रष्टाचार तथा जनता एवं पुलिस के व्यापारीकरण के कारण पूरा वातावरण खंडित नजर आता है। कमजोर तबकों के संघर्षशील समूहों के स्वयंसेवी वर्गों के कारण ही कुछ आशा की किरण दिखाई देती है। (कोठारी : op. cit : 148) कुछ स्वैच्छिक संस्थाओं के राजनीतिकरण का समर्थन करते हैं। कुछ विद्वानों का कहना है कि इन स्वयंसेवी संस्थाओं को सिद्धांततः किसी विशेष मत से नहीं जुड़ना चाहिए, न ही कार्य करना चाहिए तथा सामाजिक कार्यकर्ताओं को दल और राजनीति से ऊपर उठ कर कार्य करना चाहिए। (मजूमदार, 1976 : 53)

ईसाई मिशनरियाँ

आदिवासियों के विकास के लिए कार्य करने वाली विभिन्न संस्थाओं में संभवतः विभिन्न मतों वाली ईसाई मिशनरियाँ सबसे पुरानी हैं। ये लगभग समूचे भारत के आदिवासी इलाकों में सक्रिय हैं। मालाबार तट के पुराने ईसाई अपना धर्मान्तरण पहली शताब्दी में अपोस्टल थॉमस द्वारा हुआ बताते हैं। दक्षिण भारत में इसका वास्तविक प्रसार 1541 में संत फ्रांसिस जेवियर के आगमन से हुआ। छोटानागपुर में 1843 में फादर गोस्सनर के नेतृत्व में लूथरेन मिशन ने अपनी गतिविधियाँ आरंभ कीं। उनकी रुचि प्रमुख रूप से ईसाई धर्म की शिक्षा देने में थी और छोटानागपुर में उनका प्रारंभिक इतिहास प्रमुखतः ईसाई धर्म का प्रचार रहा है। (स्वावेली, 1952 : 50)

छोटानागपुर का कैथलिक मिशन 1885-86 के करीब रेव.सी. लीवेंस द्वारा शुरू किया गया जिसके बारे में कहा जाता है कि वह गरीब आदिवासियों के राजा एवं जमींदारों द्वारा हो रहे शोषण से बहुत दुःखी हुआ था। आदिवासी अपने पिछड़ेपन के कारण न्याय पाने की स्थिति में नहीं थे। पिंटो की टिप्पणी है कि जब डॉ. लीवेंस ईसा की दया और न्याय के प्रति सच्चे प्रेम से परिपूरित होकर उनकी समस्याओं को उठाने लगे तो आदिवासियों को अपने जीवन में आशा की किरण दिखाई पड़ने लगी। तभी से भारत के आदिवासी समाज में मिशनरियाँ सक्रिय हैं। यद्यपि उनका प्रारंभिक उद्देश्य धर्म-शिक्षा है पर वे शिक्षा, आर्थिक, स्वास्थ्य तथा समाज से संबंधित कार्य भी करती हैं। मिशनरियों ने आध्यात्मिक तथा भौतिक दोनों ही कार्यों के लिए उनसे प्रभावी रूप से संपर्क करने के लिए उनकी भाषा और संस्कृति को समझने के महत्त्व को भी स्वीकार किया है। (पिंटो, 1968 : 125)

एल्विन ने बताया कि मिशनरियाँ आदिवासियों को सभ्य बनाने, उनके घटिया रीति-रिवाजों का उन्मूलन करने तथा उनकी पहचान का ईसाई धर्म में विलय करने को आतुर थीं। (एल्विन, 1968 : 125)। उपरोक्त विश्लेषण से उनकी सांस्कृतिक तथा धार्मिक श्रेष्ठता की भावना का पता चलता है। धर्मान्तरण तथा स्वांगीकरण के द्वारा आदिवासियों में सांस्कृतिक एकता को तोड़ने तथा उनमें हीनभावना डालने के लिए ये मिशनरियाँ ही उत्तरदायी थीं। लेकिन यह भी सत्य है कि सुदूर तथा पहाड़ियों के दुर्गम इलाकों में मिशनरियों के पहुँचने के बाद आदिवासियों का संपर्क मैदानी भाग के लोगों से हुआ और सरकार ने भी उन आदिवासियों पर कुछ ध्यान देना आरंभ किया।

इस देश में आने के बाद मिशनरियों ने मुख्यतः निचले स्तर पर खड़े लोगों को बड़े स्तर पर धर्म शिक्षा देना आंरभ किया लेकिन धर्मान्तरण का कार्य स्थानीय स्तर पर ही रहा। उन्हें समाज

के कुछ वर्गों का कड़ा प्रतिरोध झेलना पड़ा। यहाँ तक कि हिन्दुओं द्वारा कल्याण के उनके कार्यों को भी भय और संदेह की दृष्टि से देखा जाता था। जल्दी ही मिशनरियाँ यह समझ गईं कि उनके कल्याणकारी कार्यों के लिए अछूत तथा आदिवासियों के बीच ही अच्छी जगह मिल सकती है। उन्हें हिन्दुओं के इस निम्न कोटि के वर्गों से कम या बिलकुल प्रतिरोध न होने की आशा थी (सहाय, 1984 : 298-319)। पणिकर के अनुसार जब मिशनरियों को उच्च वर्ग के हिन्दुओं के प्रतिरोध का अधिकाधिक सामना करना पड़ा तो उन्होंने अपनी गतिविधियों को भारतीय आबादी के कमजोर तबकों की ओर मोड़ लिया। (पणिकर, 1984 : 291)

भारतीय आदिवासियों के धर्मान्तरण का उद्देश्य चाहे कुंछ भी रहा हो, मिशनरियों की लोक-कल्याण की गतिविधियों से पहाड़ों तथा जंगलों में निवास करने वाले तथा एक समय भुला दिए गए लोगों का विकास हुआ तथा वे शिक्षित हुए। उनके स्वैच्छिक सेवाओं की तीव्रता का पता असम, उड़ीसा, बिहार तथा मध्य प्रदेश के आदिवासी इलाकों में चलता है। आदिवासियों के सामाजिक तथा आर्थिक स्तर को विकसित करने के लिए ईसाई मिशनरियाँ स्कूल, दवाखाना, अस्पताल, अनाथालय, व्यावसायिक प्रशिक्षण केंद्र तथा अन्य भौतिक सुविधाएँ उपलब्ध कराने जैसी लोक-कल्याणकारी कार्य कर रही हैं। सहाय मानते हैं कि ऐसी कल्याणकारी गतिविधियाँ, जिसे प्राय: दयालुता का कार्य कहा जाता है, को धर्म शिक्षा से अलग समझना कठिन है तथा इन दोनों को गैर-ईसाई समुदायों के विभिन्न वर्गों द्वारा आलोचना किए जाने के बाद भी चलने देना चाहिए (सहाय, op.cit : 315)।

ईसाई मिशनरियों की गतिविधियाँ आलोचना और समर्थन दोनों का ही विषय हैं। उनकी गतिविधियों से कुछ गैर-ईसाई वर्गों में असंतोष की कड़ी भावना जन्मी है। यही कारण है कि मध्य प्रदेश सरकार द्वारा 1954 में ईसाई मिशनरियों की जाँच के लिए नियोगी आयोग बैठाया गया था। ईसाई मिशनरियों पर आरोप था कि वे बलपूर्वक या धोखे से और तात्कालिक लाभ का व्यय देकर आदिवासियों का धर्मान्तरण कर रही हैं। श्री निवास ने बताया कि मिशनरियों द्वारा खोले गए स्कूल, अस्पताल तथा अन्य कल्याणकारी संस्थाएँ उन इलाकों में हैं जहाँ हरिजन और अन्य आदिवासी रहते हैं, यह हिन्दुओं को धर्मान्तरण के लिए शिकार फाँसने का चारा लगता है। मानवीयता को धर्मान्तरण से जोड़ने के कारण मिशनरियाँ संदेहास्पद हो गईं। (श्रीनिवास, 1962 : 107)

मिशनरी गतिविधियों के उपरोक्त विश्लेषण के आधार पर यह सुझाव दिया जा सकता है कि उनके भौतिक एवं आध्यात्मिक विकास की गतिविधियों को प्रभावी बनाने के लिए उन्हें अपनी कल्याणकारी सेवाओं तथा धार्मिक कार्यक्रमों को अलग-अलग चलाना चाहिए। यदि आदिवासी अपनी मजबूत इच्छाशक्ति से किसी नए विश्वास को उत्साहित होकर स्वीकार करते हैं तो इसमें कोई बुराई नहीं है। ईसाई मिशनरियों के अलावा अन्य कई स्वयंसेवी संस्थाएँ आदिवासियों के लिए कार्य कर रही हैं।

आदिमजाति सेवामंडल

1940 में आदिवासी बहुल गुमला में एक सेवा केंद्र का शुभारंभ हुआ। इस केंद्र को खोलने की प्रेरणा महात्मा गाँधी द्वारा दी गई थी। शुरू में केंद्र द्वारा रात्रि-पाठशाला चलाई जाती थी तथा खादी का निर्माण किया जाता था।

इस केंद्र को चलाने वाले स्वतंत्रता सेनानियों को उपनिवेशवादी अंग्रेज सरकार ने 1945 तक कैद में रखा। इसके बाद फिर राजेन्द्र प्रसाद तथा नारायण जी ने गुमला से 13 मील दूर फोरी गाँव में एक आश्रय के रूप में एक नए केंद्र की स्थापना की। खादी उत्पादन के अलावा यह आश्रम रोगियों को दवाएँ बाँटना, गाँव की सफाई तथा प्रशिक्षण कार्यक्रम भी चलाता था। कार्यक्रमों के विस्तार के साथ इस सेवा केंद्र का नामकरण 1946 में आदिमजाति सेवामंडल कर दिया गया। मंडल ने छोटानागपुर के विभिन्न आदिवासी इलाकों में आदिवासी कल्याण के कार्यक्रमों का विस्तार किया।

मंडल ने कार्यक्रमों के दो वर्ग बनाए। पहला, आदिवासी शिक्षा की योजना लागू करना तथा दूसरा खादी उत्पादन, कुटीर उद्योग, आयुर्वेदिक दवाओं के वितरण को प्रोत्साहित करना और ग्राम पंचायत तथा सहकारी संस्थाओं का गठन करना। अशिक्षित परिवारों के आदिवासी लड़के-लड़कियों को अतिरिक्त प्रेरणा की आवश्यकता थी। मंडल द्वारा उनके लिए आवासीय विद्यालय तथा छात्रावासों का निर्माण किया गया। गाँधी जी की आर्थिक विचारधारा के अंतर्गत मंडल ने खादी केंद्र, धान-ओसाई तथा कोल्हू केंद्रों की स्थापना की तथा मधुमक्खी पालन, आयुर्वेदिक दवाओं के वितरण पर ध्यान दिया। उसने मद्यनिषेध के लिए भी आंदोलन छेड़ा। मंडल ने न सिर्फ आदिवासियों की सामाजिक और आर्थिक परिस्थितियों के उत्थान के लिए कार्य किया बल्कि उसने उनके सामान्य जीवन की गुणवत्ता को भी बेहतर बनाया। (विद्यार्थी, 1978 : 651-660)

भारतीय आदिमजाति सेवक संघ

देश के विभिन्न भागों में आदिवासी कल्याण कार्यों में लगी गैर-सरकारी संस्थाओं का संघ भारतीय आदिमजाति सेवा संघ कहलाता था। इसे 1948 में डॉ. राजेन्द्र प्रसाद की अध्यक्षता में आरंभ किया गया। ये संस्थाएँ आदिवासी लोगों, उनकी समस्याओं तथा उनके बीच चलने वाले कार्यों के बारे में समाचार पत्र, पत्रिकाएँ, पैम्फलेट तथा पुस्तकें प्रकाशित करती थीं। आदिवासी कल्याण की प्रशासनिक समितियों तथा कान्फ्रेंसों में इसके कार्यकर्ता विशेषज्ञ के रूप में भाग लेते थे। वे आदिवासी समस्याओं पर होने वाली राष्ट्रीय तथा अतंर्राष्ट्रीय कान्फ्रेंसों में भी सरकार का प्रतिनिधित्व करते थे। (विद्यार्थी, 1968 : 124-125)

नागालैंड गाँधी आश्रम

यह आश्रम नागालैंड के चुचुगिमलौंग में स्थित है और इसकी स्थापना 1955 में हुई थी। इसने सर्वप्रथम एक छोटा चिकित्सा केंद्र खोला था और 1977 में एक बहुउद्देश्यीय चिकित्सा राहत शिविर का गठन हुआ। अक्टूबर 1979 में इसने एक स्वास्थ्य केंद्र की शुरुआत की। इसके सचिव श्री नटवर ठक्कर तथा उनकी समर्पित कार्यकर्ताओं की टीम ने नागालैंड के ग्रामीण निवासियों, खासतौर पर चुचुगिमलौंग के वासियों के उत्थान के लिए सर्वश्रेष्ठ कार्य किया है। (अनु. जाति, अनु. जनजाति के आयुक्त की 26वीं रिपोर्ट, 1978-1979 : 199-200)

रामकृष्ण मिशन आश्रम

श्री रामकृष्ण का संदेश—जीव की सेवा, शिव की सेवा—ने स्वामी विवेकानंद को एक संगठन बनाने के लिए प्रेरित किया। यह संगठन रामकृष्ण मिशन है जो सहायता एवं पुनर्वास, चिकित्सा सेवा, शिक्षा, ग्रामीण तथा आदिवासी इलाकों में कार्य इत्यादि विभिन्न गतिविधियों के माध्यम से ईश्वर की पूजा करने में संलग्न है। पुरी स्थित रामकृष्ण मिशन आश्रम अनुसूचित जाति एवं जनजातियों के लिए छात्रावास चला रहा है। यह छात्रावास में रहने वालों को टाइप-राइटिंग का प्रशिक्षण, अध्ययन के लिए विशेष कोचिंग, पशुपालन का व्यावहारिक प्रदर्शन इत्यादि की सुविधा प्रदान करता है। रामकृष्ण मिशन आश्रम, राँची 'दिव्यायन' चला रहा है जिसकी शुरूआत 1969 में तीन उद्देश्यों के साथ हुई थी—आर्थिक, सामाजिक तथा आध्यात्मिक। यह एक जमीनी स्तर पर कार्य करता है। अब यह विकसित होकर संपूर्ण प्रशिक्षण संस्थान बन गया है जिसमें मुर्गीपालन, डेयरी, तिमंजिला छात्रावास, आधुनिक यंत्रों से सुसज्जित एक कार्यशाला तथा बढ़ईगिरी की एक अलग कार्यशाला इत्यादि है।

इसके अधिकतर लाभुक छोटानागपुर के पिछड़े समुदायों से आते हैं। चूँकि 'दिव्यायन' निचले स्तर के किसानों को दक्षता पर आधारित प्रशिक्षण देता है इसलिए भारतीय कृषि शोध परिषद् ने 1977 से इसे 'कृषि विज्ञान केंद्र' के रूप में मान्यता दे दी है। रामकृष्ण मिशन आश्रम, चेरापूंजी को मेघालय के दुर्गम इलाकों में रहने वाले आदिवासियों के उत्थान के लिए चलने वाले तकनीकी, माध्यमिक, प्राथमिक तथा जे.बी. स्कूलों की देखभाल के लिए सरकारी सहयोग भी मिलता है। डेयरी तथा मुर्गीपालन योजना के तहत आश्रम आदिवासी युवकों को आधुनिक डेयरी तथा मुर्गीपालन का प्रशिक्षण देता है। (वही)

इस प्रकार ये संस्थाएँ आदिवासियों के शैक्षिक विकास तथा आर्थिक प्रगति के लिए प्रयत्नशील हैं। भारतीय आदिवासी समुदाय का सामाजिक, आर्थिक, सांस्कृतिक तथा शैक्षिक विकास इन कार्यों में जुटी विभिन्न स्वयंसेवी संस्थाओं का मुख्य उद्देश्य है। जहाँ अति उत्तरदायी तथा प्रतिक्रियाशील लोकतांत्रिक सरकार की प्रशासनिक व्यवस्था अपनी प्रकृति के अनुसार अवैयक्तिक है, वहीं स्वयंसेवी संस्थाएँ जरूरतमंद लोगों से व्यक्तिगत रूप में मिलती हैं और अपने व्यक्तिगत प्रभाव से लोगों की गुप्त ऊर्जा का उपयोग उनके विकास के लिए फलदायी स्रोत के रूप में करती हैं।

संदर्भ

1. ओ.डी. हेगड़े : 'रोल ऑफ वी.ए.ओ.'ज़ (VSOs) इन ट्राइबल डेवेलपमेंट', कुरुक्षेत्र, भाग XXX, सं. 13, 1 अप्रैल 1982, पृ. 12-15।
2. वी.एम. कुलकर्णी : 'वोलेंट्री एक्शन इन डेवेलपिंग सोसाइटी', नई दिल्ली, 1969, पृ. 4।
3. वही।
4. वही।
5. वही।
6. एल.एम. प्रसाद : 'वोलेंट्री एजेंसीज फॉर डेवेलपमेंट ऑफ शिड्यूल कास्ट्स एवं शिड्यूल ट्राइब्स—देयर रोल एंड फंक्शन', इंडियन जरनल ऑफ एडमिनिस्ट्रेशन, जुलाई-सितंबर 1987, भाग 32,

सं. 3, पृ. 588-612।
7. के. संत—'द स्टेट, वोलेंट्री बॉडीज़ एंड पीपुल्स इंस्टीट्यूशंस इन रूरल डेवेलपमेंट' वोलेंट्री एक्शन अवार्ड, भाग 21, सं. 3, मार्च 1979, पृ. 22-26।
8. वही।
9. नदीम हसनैन : 'ट्राइबल इंडिया टुडे,' हरनाम पब्लिकेशन, नई दिल्ली, 1983, पृ. 206।
10. आर. कोठारी—'रोल ऑफ वोलेंट्री ऑर्गनाइजेशन' जोश कन्नाईकेल (सं.), सेवेंथ प्लान एंड डेवेलपमेंट ऑफ वीकर सेक्शंस, आई.एस.आई., नई दिल्ली, 1985, पृ. 146
11. अनुसूचित क्षेत्र तथा अनुसूचित जनजाति आयोग की रिपोर्ट (यू.एन. घेबर आयोग की रिपोर्ट), भारत सरकार, नई दिल्ली, 1961, पृ. 307।
12. आर. कोठारी : op.cit, पृ. 148।
13. गुणादा मजूमदार : 'नेशनल डेवेलपमेंट एंड वोलेंट्री एजेंसीज़,' वोलेंट्री एक्शन अवार्ड, भाग-23, सं. 384, मार्च-अप्रैल 1976, पृ. 53।
14. सी. एच. सावले : 'द हिस्ट्री ऑफ लूथेरियन मिशन इन इंडिया', सं. 'द फेडरेशन ऑफ इवांजेलिकल लूथेरियन चर्च इन इंडिया', 1952, पृ. 50, एल.पी. विद्यार्थी द्वारा उद्धृत (सं.), 'एप्लाइड एंथ्रोपोलोजी इन इंडिया (प्रिसिंपल्स प्रोब्लम्स एंड केस स्टडीज़)' किताब महल, इलाहाबाद, 1968, पृ. 125।
15. सी.बी. पिंटो : 'द चर्च एंड सोशल वेलफेयर इन ट्रुथ शैल प्रिवेल', कैथलिक एसोसिएशन ऑफ बॉम्बे, मुम्बई, एल.पी. विद्यार्थी द्वारा उद्धृत, 1968, पृ. 125।
16. वेरियर एल्विन : 'डू वी रियली वांट टू कीप देम इन जू' द आदिवासीज (दिल्ली, निदेशक, प्रकाशन विभाग) एल.पी.विद्यार्थी द्वारा उद्धृत, 1968, पृ. 125।
17. के.एन. सहाय : 'क्रिश्चियनिटी ऐज ऐन एजेंसी ऑफ ट्राइबल वेलफेयर इन इंडिया,' एल.पी. विद्यार्थी (सं.) 'एप्लाइड एंथ्रोपोलोजी इन इंडिया', किताब महल, इलाहाबाद, 1984, पृ. 289-319।
18. पणिकर, के.एन. सहाय द्वारा उद्धृत, op.cit, पृ. 291।
19. वही, पृ. 315।
20. एम.एन. सहाय : 'कास्ट इन माडर्न इंडिया एंड अदर एसेज', एशिया पब्लिकेशन हाउस, मुम्बई, 1962, पृ. 107।
21. एल.पी. विद्यार्थी : 'ए वॉलेंट्री ऑरगनाइजेशन इन द सर्विस ऑफ द ट्राइबल वीक : ए केस स्टडी', एस. शर्मा (सं.) 'डायनामिक्स ऑफ डेवेलपमेंट : ऐन इंटरनेशनल पर्सपेक्टिव', भाग-2, 1978, पृ. 651।
22. एल.पी. विद्यार्थी, 1968, पृ. 124-125।
23. अनु. जाति तथा जनजाति के आयुक्त की 26वीं रिपोर्ट, भाग-I, 1978-79, पृ. 199-200।
24. वही।

झारखंड की राजनीति और मजदूर वर्ग का आंदोलन
क्या नए भविष्य के लिए कोई संदेश है?

ए.के. राय

I

वर्तमान मजदूर औद्योगिक क्रान्ति की सन्तान हैं जिसने एक नए युग की शुरुआत की। पहले भी गरीब मेहनतकश रहे लेकिन ऐसे औद्योगिक मजदूर नहीं जो समाज को बदल सकते। झारखंड भारत का एक प्रमुख औद्योगिक क्षेत्र है इसलिए यहाँ के राजनीतिक आन्दोलन में मजदूर वर्ग की भी एक विशेष भूमिका रही है। इलाका आदिवासी तथा पिछड़ी जातियों की निवास भूमि है, जिनके शोषण, मुक्ति और उत्थान का सवाल यहाँ की राजनीति के मूल में रहा है जिसने झारखंड आन्दोलन को जन्म दिया। स्वभाविक है कि यहाँ के मजदूर झारखंड आन्दोलन से अछूते नहीं रह सकते। अनुभव है कि जब झारखंड आन्दोलन के साथ मजदूरों की नजदीकी बढ़ी वह दोनों के लिए सहायक साबित हुई जैसा कि सत्तर के दशक में घटनाक्रम बताते हैं, लेकिन जब दोनों में दूरी आई, जैसा कि अस्सी के अन्त में देखा गया, दोनों ही कमजोर हुए। मजदूर वर्ग का एक खास हिस्सा बाहरी होने के नाते हमेशा से एक कोशिश रही है मजदूरों को झारखंडियों के विरोध में खड़ा करने का ताकि झारखंड असम बन जाए। लेकिन यह कोशिश असफल रही है। दलित राष्ट्रीयता के सवाल पर मजदूरों की हमेशा एक सहानुभूति रही जिसने झारखंड आन्दोलन की गति में प्रेरक की भूमिका निभाई। इस अनुभव का सही मूल्यांकन झारखंड के निर्माण में सहायक हो सकता है जो आज नाना प्रकार के बिखराव का शिकार है।

भारत की स्वतंत्रता के पहले से ही इस इलाके की औद्योगिक संभावना ने उद्योगपतियों को आकर्षित किया था। भारत में 2.4% क्षेत्रफल और 2.62% जनसंख्या वाले इस 28वें राज्य में इंडियन ब्यूरो ऑफ माईन्स (1992) के अनुसार देश के कुल तांबा का 33.85% कुल कोयले का 32.98% अभ्रक का 46.5% लोहा का 23.32% खनिज उपलब्ध है। आजादी के पहले ही यहाँ देश का सबसे बड़ा इस्पात उद्योग लगा था, जो आज जमशेदपुर के नाम से परिचित है। झरिया से कर्णपुरा विशाल कोयला उद्योग भी यहीं है। चिरकुण्डा से भूरकुण्डा तक नाना प्रकार के कल-कारखाने यहीं हैं। सार्वजनिक क्षेत्र की भी सबसे अधिक पूँजी यहाँ ही निवेश हुई थी। सिन्द्री का खाद कारखाना, बोकारो का इस्पात उद्योग, राँची का हैवी इंजीनियरिंग, घाटशीला का ताँबा संयंत्र, डी.वी.सी. (दामोदर घाटी परियोजना) का विद्युत उत्पादन केन्द्र सभी यहीं पर हैं।

2001 की जनगणना के अनुसार झारखंड की जनसंख्या 2.69 करोड़ है। इस आबादी का 37.13% अर्थात् 1 करोड़ आबादी काम करने वालों की है। पहाड़, जंगल के कारण झारखंड में 27.4% भूमि पर खेती होती है जिस पर मुश्किल से आधी सक्रिय जनसंख्या निर्भर है। शेष आधे के अन्दर (50 लाख) 7-8 लाख संगठित क्षेत्र में बाकी असंगठित क्षेत्र में या घरेलू उद्योगों में है। इस हिसाब से झारखंड भारत का सबसे घना मजदूर क्षेत्र है। झारखंड के औद्योगिक क्षेत्र की एक और विशेषता है कि यहाँ मालिक सभी बाहर के और संगठित क्षेत्र के मजदूरों का एक बड़ा हिस्सा भी बाहरी है, लेकिन दलित वर्ग से है जो युगों से सामन्ती शोषण के शिकार रहे हैं। शोषण और जुल्म के साझे अनुभव ने उन्हें उत्पीड़ित झारखंडी के बगल में खड़ा कर मजदूर आन्दोलन को एक नया आयाम दिया। भारत के दूसरे भागों के विपरीत झारखंड का मजदूर आन्दोलन कभी आर्थिक मदों के अन्दर सीमित नहीं रहा बल्कि सामाजिक आन्दोलन का मददगार रहा।

जहाँ खनिज है, वहाँ उद्योग होगा, जहाँ उद्योग है वहाँ मजदूर। पूँजी बैठकर नहीं रह सकती, मजदूर भी खड़ा नहीं रह सकता। इसलिए टकराव अनिवार्य है। आन्दोलन भी। सामन्ती व्यवस्था को ध्वंस कर पूँजीवाद का जन्म हुआ, जिसे मजदूर वर्ग ध्वंस कर समाजवाद लाया। कुछ दिन पहले तक दुनिया का एक तिहाई समाजवाद व्यवस्था के अन्दर आ गया था, लेकिन सभ्यता की यात्रा को जितना सीधा तथा सरल सोचा गया था वह ऐसा नहीं है, इसे बहुत बार एक कदम आगे बढ़कर दो कदम पीछे भी जाना पड़ता है जैसा कि बाजारवाद के जमाने में आज मजदूरों की स्थिति है। झारखंड में भी कोलियरी राष्ट्रीयकरण में यह प्रक्रिया देखी गई। मजदूरों ने लड़कर मालिकों के हाथों से कोलियरी छीन लिए जरूर लेकिन अपने मालिक बनने का रास्ता नहीं निकाल पाए। मालिकों के बदले अधिकारियों तथा बाद में माफियाओं के कब्जे में जाना पड़ा। यह स्पष्ट हुआ कि राष्ट्रीयकरण का अर्थ मजदूर राज या समाजवाद नहीं, यह राष्ट्र के चरित्र पर निर्भर है। मोहभंग के साथ आज फिर निजीकरण की चर्चा है। लेकिन मालिकों के राज के कटु अनुभव की स्मृति अभी भी ताजा है। इसलिए वहाँ लौटना भी संभव नहीं। इतिहास गवाह है कि राज के साथ ब्रिटिश पूँजी भी भारत पहुँची, विशेषकर झारखंड जहाँ आदिवासियों के सस्ते श्रम के बीच खनिजों का विशाल भंडार है। कोलियरी कारखाने चालू हुए और विदेशी मालिकों के विरुद्ध लड़ाई में वर्ग चेतना के साथ स्वतंत्रता की चेतना भी पैदा हुई। अंग्रेज मालिकों के पीछे-पीछे देश में पूँजीपति भी झारखंड पहुँचे, जिसमें गुजराती, मारवाड़ी, पंजाबी, बंगाली, प्रधान थे और उसके साथ उनका समाज भी। कालोनी बने। पहाड़ जंगल का घेरा तोड़कर झारखंड में पूरे भारत की राजनीतिक हवा बहने लगी। मजदूरों का शोषण के सवाल पर एक रहने से भी कोयलांचल में वर्चस्व के मामले में ब्रिटिश और भारतीय मालिकों के अन्दर द्वंद्व था और ब्रिटिश मालिकों के दबदबे को रोकने के लिए देशी मालिक मजदूर आन्दोलन को मदद भी किया करते थे।

आज झारखंड आन्दोलन के इतिहास की खोज हो रही है जो होनी भी चाहिए लेकिन यहाँ के मजदूर आन्दोलन का इतिहास भी उतना ही महत्त्वपूर्ण है क्योंकि दोनों को एक-दूसरे से अलग करके नहीं देखा जा सकता। देश-विदेश के घटनाक्रम तथा राजनीतिक उतार-चढ़ाव के

बीच झारखंड के मजदूर आन्दोलन विशेषकर कोलियरी मजदूरों के आन्दोलन को हम चार भागों में बाँट सकते हैं।

पहला : अंग्रेज राज के शुरू से आजादी के समय तक। यह समय भारतीय लघु तथा कुटीर उद्योगों का ध्वंस काल रहा। उसके बाद 1853 में रेल की स्थापना के बाद से नए उद्योग लगने लगे। विशेषकर कोयला खदानें चालू हुईं क्योंकि रेलवे के लिए कोयला चाहिए। अधिकतर ब्रिटिश मालिक रहे, शोषण अमानवीय रहा, वेतन कम, काम का नियमित घंटा नहीं। कभी तो सप्ताह भर मजदूरों को खदानों के अन्दर रहना पड़ता था, जबकि फैक्ट्री एक्ट 1881 में तथा माईन्स एक्ट 1901 में ही बने लेकिन सभी कागज पर। उस वक्त कोलियरी में काम करने के लिए मजदूर नहीं मिलते थे। झारखंड के आदिवासी के साथ-साथ बिहार तथा उत्तर प्रदेश के सामन्ती अत्याचार के शिकार दलित एवं पिछड़ी जातियों को बंधुआ मजदूरों के रूप में कैम्प में रख कर पहरा देकर काम कराया जाता था, जिससे वे भाग नहीं पाएँ। इसी को गोरखपुरी कैम्प कहा जाता था जो आजादी के बाद 25 साल राष्ट्रीयकरण के पहले तक चालू था। उस समय कोयला मजदूरों की लड़ाई, ब्रिटिश कम्पनी तथा ब्रिटिश हुकूमत के साथ होती थी—इसलिए वह स्वयं स्वतंत्रता आन्दोलन का अंग बना। आजादी के पहले झारखंड के कोयला मजदूरों की लड़ाई किस प्रकार महत्त्वपूर्ण रही वह इस बात से स्पष्ट होता है कि 1920 में भारत में पहला मजदूर सम्मेलन (AITUC) लाला लाजपतराय की अध्यक्षता में मुम्बई में हुआ था लेकिन द्वितीय सम्मेलन 1921 में झरिया में हुआ। यहाँ कोलियरी मजदूरों के आन्दोलन का नेतृत्व नेता जी सुभाषचंद्र बोस, लोकनायक जयप्रकाश जैसे राष्ट्रीय नेताओं ने किया था। नेताजी सुभाषचन्द्र धनबाद में कोयला क्षेत्र में रहते भी थे। बरारी कोक प्लांट में उनका एक आवास आज भी उनकी स्मृति के रूप में संरक्षित है। नेता जी ने भारत से गुप्त रूप से प्रस्थान के समय धनबाद कोयला क्षेत्र होते हुए गोमों में जाकर ट्रेन पकड़ी थी। झारखंड के कोयला क्षेत्र के नेता जी के सहकर्मी सत्यसेन के पुत्र रूपु सेन आज 'सीटु' के नेता हैं।

कोयला उद्योग के पीछे 1907 में एशिया के वृहत्तम इस्पात उद्योग के साथ-साथ जमशेदपुर भी झारखंड के नक्शे में आ गया और उसके साथ सिंहभूम का लोहा खान समूह भी। वहाँ भी मजदूर आन्दोलन फैला जिसने देश के मशहूर नेता अब्दुल बारी को जन्म दिया था, जिनकी दुखद मृत्यु डेहरी ऑनसाने के पुल पर सुरक्षा गार्ड की गोली से हुई थी। अब्दुल बारी वामपंथी कांग्रेस नेता के रूप में नेता जी के साथी थे तथा उनके नाम पर जमशेदपुर, राँची आदि शहरों में पार्क, भवन आदि हैं। जो भी हो झारखंड के मजदूर आन्दोलन का केन्द्र अतीत हो या वर्तमान, कोयला क्षेत्र ही रहा। शहादत के हिसाब से झारखंड का सबसे बड़ा मजदूर आन्दोलन क्रान्तिकारी कम्युनिस्ट पार्टी के नेतृत्व में (जिसका बाद में कम्युनिस्ट पार्टी में विलय हो गया था।) लोयाबाद कोलियारी में 24 जुलाई 1947 अर्थात् आजादी के सिर्फ 22 दिन पहले हुआ था जिसमें 5000 मजदूरों की हड़ताल तोड़ने के लिए पुलिस ने 137 राउण्ड गोली चलाई थी। जिसमें 13 मजदूर मारे गए थे, 70 घायल हुए थे। वार्ड एंड कम्पनी के तमाम कर्मचारी, मजदूर नेता योगेन गायन और ललित वर्मन की गिरफ्तारी के विरोध में हड़ताल में चले गए थे। अर्थात् कोयला क्षेत्र की सबसे बड़ी लड़ाई आजादी के पहले कोई आर्थिक मुद्दों पर नहीं बल्कि हक

और अधिकार के सवाल पर हुई थी। इस लड़ाई के बारे में 25 जुलाई 1947 को कोलकाता में 'स्टेट्समैन' पत्रिका के प्रथम पृष्ठ पर बड़े-बड़े अक्षरों में निकला था : 14013 ATTACK POWER HOUSE, Police fire 137 Rounds, 6 dead at Loyabad इसके बाद 26.7.47 में फिर लिखा : Coal Production Down 40000 tones perday of 14 injured in firing. 7 dead in Dhanbad hospital इस रूप में साम्प्रदायिक हिंसा के खून से भीग कर देश को टुकड़ों में बाँट कर भारत के अन्य हिस्से में आजादी आई, झारखंड में आजादी आई वर्ग संघर्ष पर सवार होकर।

II

आजादी के पहले झारखंड के मजदूर आन्दोलन में बात-बात पर गोली चलती थी, लेकिन लड़ाई सीधी तथा तीखी थी बीच में कोई दलाल संगठन नहीं था। एक तरफ मजदूर तथा दूसरी तरफ मालिक और सरकार। वेतन और सुविधा के सवाल पर कोर्ट या बोर्ड भी नहीं था। युग था अंग्रेजों के साथ कांग्रेस की लड़ाई का और कांग्रेस में सभी विचारधारा के लोग थे। मजदूर आन्दोलन का भी नेता कांग्रेस का राष्ट्रीय नेता ही होता था जबकि आन्दोलन का रुझान वामपंथ की ओर था। आजादी आते-आते यह दरार दिखने लगी। पहले कांग्रेस और विरोधी। उसके बाद विरोधी खेमा सोशलिस्ट और कम्युनिस्टों में। सोशलिस्टों का एक हिस्सा कांग्रेस के मजदूर संगठन इंटक से जाकर मिल गया जो मालिकों के समर्थन में आगे आए। कम्युनिस्टों के अन्दर उस वक्त क्रान्ति का उफान था, वह था तेलंगाना का जमाना। लोयाबाद के बाद लाल झंडा पूरे कोयलांचल में फैल गया।

आजादी के उस संधिकाल के पचास दशक के प्रथमार्द्ध तक लाल झंडा के साथ कोयलांचल में जो लड़ाई शुरू हुई उसके नेतृत्व में रहे कामरेड साधन गुप्त। लड़ाई धनबाद के बाघमारा अंचल में कई हजार मजदूरों में फैल गई। इसमें सबसे भयंकर लड़ाई हुई धर्माबाद कोलियरी में। एक संघर्ष में कोलियरी मैनेजर की मृत्यु हो गई। एक बड़ा केस सजाया गया जिसमें तीन मजदूर—गुप्तेश्वर पाठक, दुखी दुसाध, महावीर तेली—को फाँसी हुई (1961)। साधन गुप्त को आजीवन कारावास हुआ। शायद झारखंड के मजदूर आन्दोलन में यही एक फाँसी का उदाहरण है। इसी समय सिंहभूम में गुवा के लोहा खदानों में भी पूर्णेन्दु मजुमदार के नेतृत्व में भीषण संघर्ष चल रहा था। वहाँ भी पूर्णेन्दु मजुमदार को फाँसी की सजा हुई थी जो बाद में आजीवन कारावास में बदल गई। झारखंड में लाल झण्डे के नेतृत्व में मजदूर आन्दोलन को रोकने के लिए शासक वर्ग ने भी एक समानान्तर मजदूर संगठन कांग्रेस का मजदूर संगठन इंटक तैयार किया जिसने मालिकों के पक्ष में मोर्चा खोला। इस रूप में कोयला क्षेत्र में जहाँ पहले सिर्फ मालिक और मजदूरों की लड़ाई थी, वहाँ पार्टी-पार्टी की लड़ाई का सिलसिला शुरू हो गया। उस वक्त बिहार में दक्षिणपंथी कांग्रेस की सरकार थी जिसने मालिक पक्ष के यूनियन को भरपूर मदद की। कोयला क्षेत्र में जहाँ त्याग और बलिदान के प्रतीक के रूप में नेता जाने जाते थे अब सरकार के बल और मालिकों के धन से पुष्ट होकर सफेदपोश नेताओं की एक झुंड की सृष्टि हुई जो शोषक वर्ग की ओर से झारखंड के औद्योगिक इलाके के नए शासक बने। राजनीति

को इन लोगों ने कब्जा लिया। ये सभी लोग झारखंड से बाहर के थे, अपना दबदबा कायम करने के लिए इन लोगों ने अपने इलाके से अपने लोगों को लाकर नई कॉलोनियाँ बसाईं। इसके साथ ही झारखंड एक आन्तरिक उपनिवेश बनता चला गया। बाहर से लाकर बसाए गए ये लोग चूंकि मजदूरी नहीं कर सकते थे, अतः ये लोग आफिस में ठेकेदारी में, नेतागिरी में, रंगदारी में तथा अन्त में निजी सेना बनाकर कोलियरी में राज करने लगे। इस रूप में कोयला क्षेत्र में माफिया शक्ति की सृष्टि हुई जिसने वामपंथी संगठनों पर योजनाबद्ध रूप में हमला शुरू किया, जिसका विरोध सिर्फ मजदूरों को संगठित करके नहीं किया जा सका।

इस रूप में साठ के दशक में मालिकों का यूनियन ही कोयला क्षेत्र में हावी हो गया। अधिकतर जगहों में मजदूर अपनी इच्छा से यूनियन नहीं बना पाते, ऐसी स्थिति थी कि सभा भी नहीं कर पाते थे। इस रूप में मधुवन के मजदूर नेता मोहम्मद इस्माईल को, जो सांसद भी थे, सभा का प्रचार करने के क्रम में का. रामदेव सिंह को जीवन देना पड़ा था। इस वक्त मजदूरों को वेतन तथा सुविधाओं के सवाल पर ट्रिब्यूनल तथा वेज बोर्ड की ओर से कुछ निर्णय आए लेकिन जमीन पर मजदूरों की पकड़ कमजोर हो जाने से ये निर्णय बहुत कम ही लागू हो पाया। बल्कि इससे एक नई समस्या उत्पन्न हुई। अत्याचार के साथ भ्रष्टाचार भी शुरू हो गया। करोड़ों रुपए का काला धन बनाने का रास्ता खुल गया। वेज बोर्ड द्वारा वेतन निर्धारित कर दिया गया था और यह भी ऐलान हुआ कि जो मालिक यह निर्धारित वेतन नहीं देंगे सरकार उनका कोयला रेल के लिए नहीं खरीदेगी। इस निर्णय ने कोयले के क्षेत्र में अंडर पेमेण्ट के कदाचार को पनपाया। मजदूरों को रजिस्टर में निर्धारित मजदूरी दर पर हस्ताक्षर कराकर कम भुगतान की परंपरा शुरू हुई और भयभीत मजदूर इसके विरुद्ध आवाज भी नहीं उठा पाए। यह प्रक्रिया करोड़ों रुपए का काला धन पैदा करने लगी जिससे प्रबन्धन नेता प्रशासन तथा निजी सेना को पालता था। इसके साथ बेनामी ठेकेदारी चालू हुई। इन तमाम गलत प्रक्रियाओं को रोकने के लिए कोयले के राष्ट्रीयकरण की माँग उठने लगे। 1969 में कांग्रेस के बँटवारा हो जाने से देशभर में राष्ट्रीयकरण की हवा बह रही थी। मालिकों की प्रबन्धन की कमियों ने इस माँग में मदद ही की। उस वक्त उद्योगों में विकास के लिए कोयला उत्पादन बढ़ाने की जरूरत थी जो मालिक लोग नहीं कर पा रहे थे। दूसरी बात वे बेनामी ठेकेदार लगाकर जल्दी तथा आसानी से मुनाफा कमाने की होड़ में खदान को बरबाद करने लगे थे। अन्त में सरकार ने 17 अक्टूबर 1971 में कोकिंग कोयला और 30 जनवरी 1973 में नन कोकिंग कोयला खदानों का अधिग्रहण कर लिया। सरकार के इस कदम को कोलियरी मजदूरों ने आजादी के रूप में लिया जिसका एहसास उन्हें (भारत) अपने देश की आजादी के वक्त भी नहीं हुआ था। लेकिन कुछ ही दिनों में उन्हें महसूस हुआ कि खुशी मनाने में उन्होंने जल्दबाजी की थी। मजदूरों को मुक्ति सिर्फ मालिकाना बदलने से ही नहीं मिल सकती, इसके लिए पूरी व्यवस्था को परिवर्तित होना चाहिए।

पचास तथा साठ के दशक में मजदूर आन्दोलन में जमशेदपुर के इस्पात उद्योग की विशाल हड़ताल, सिन्दरी की हड़ताल, बोकारो के ठेका मजदूरों की लड़ाई ने झारखंड की राजनीति पर जबरदस्त असर डाला। जमशेदपुर तथा बोकारो की लड़ाई में गोली चली। आन्दोलन में कम्युनिस्ट पार्टी तथा कम्युनिस्ट पार्टी (मार्क्सवादी) का नेतृत्व सक्रिय था। इसमें का. केदारदास तथा सत्यनारायण सिंह के नाम को याद करना चाहिए। इसके अलावा बोकारो के

विस्थापितों को लेकर सोशलिस्ट नेता इमामूला हक खां की लड़ाई ने भी झारखंडी समाज में हलचल मचाई। इन सबका राजनीतिक असर भी जबरदस्त रहा। 1962 के चुनाव में जमशेदपुर में लोक सभा तथा विधान सभा दोनों में ही कांग्रेस को हराकर कम्युनिस्ट पार्टी विजयी हुई। सिन्दरी में कम्युनिस्ट पार्टी (मार्क्सवादी), बोकारो में सोशलिस्ट सफल हुए। चूंकि लड़ाई तो चलती रही तथा राजनीति के हर मोड़ पर लाल झंडे के साथ मजदूर वर्ग ने पहल की, कुछ आगे-पीछे होने से भी इस इलाके के साथ वामपंथी राजनीति का एक स्थायी संबंध बना रहा।

III

मालिकों का धन और सरकार के बल के साथ मजदूर वर्ग संगठन बनाकर लड़ते थे लेकिन शक्ति संतुलन बदल गया जब मालिकों के पक्ष में शासक कांग्रेस पार्टी यूनियन के नाम पर अपनी सामाजिक, राजनीतिक शक्ति तथा निजी सेना के साथ मैदान में उतर गई। झारखंड के औद्योगिक इलाके में मध्यम वर्ग, मालिकों पर ही आश्रित तथा कमजोर रहा, इसलिए मजदूर वर्ग के पथ में मध्यवर्गीय युवा पीढ़ी खड़ी होनी चाहिए थी, वह यहाँ नहीं दिखा। अकेला मजदूर वर्ग, मालिक, सरकार, दलाल यूनियन तथा उसके लठैतों का मुकाबला नहीं कर पा रहा था। यहाँ एक और कमजोर बिंदु उत्पन्न हुआ। इसी पचास तथा साठ के दशक में झारखंड आन्दोलन भी बिखर कर कांग्रेस के साथ मिल गया। मजदूर आन्दोलन के साथ आदिवासी आन्दोलन की दूरी पैदा हुई जिसने दोनों को क्षतिग्रस्त किया तथा मजदूर विरोधी तथा झारखंड विरोधी शासक तत्त्वों को मजबूत किया। जो मजदूर विरोधी, वह झारखंड विरोधी यह भी तय हुआ। राष्ट्रीयकरण जो कि मजदूर वर्ग के समक्ष विशाल संभावना के रूप में आया था, जमीनी शक्ति संतुलन बिगड़ जाने से एक नए खतरे को जन्म दिया। उनके अस्तित्व पर ही संकट उत्पन्न हो गया। राष्ट्रीयकरण के पहले कोलियरी मजदूरों के वेतन आदि बहुत कम रहे, कागज पर जो भी रहे अन्दर पेमेण्ट के कारण जमीन पर वह भी नहीं मिलता था। इसलिए कोलियरी की नौकरी शासक वर्ग के लिए आकर्षण का केन्द्र नहीं था तथा समाज के सबसे नीचे तबके के लिए यह जगह सुरक्षित थी। लेकिन राष्ट्रीयकरण के जरिए जैसे ही स्थिति में कुछ सुधार हुआ शासक वर्ग कमजोर तबके को भगा कर उसमें घुसने को टूट पड़े। कोलियरी के असली मजदूरों की जगह मालिकों के यूनियनों, निजी सेना के लोग आपसी मदद से रातोंरात रिकार्ड बदल कर जो उन्हीं लोगों के हाथों में रहता था। कोलियरी मजदूर हो गए। ऐसे घटनाक्रम ईस्ट बसुरिया से शुरू हुए। अण्डर पेमेण्ट की काली कमाई की जगह जाली बहाली का काला धंधा शुरू हुआ। राष्ट्रीयकरण के कुछ ही दिनों में 18000 टेलीग्राम हुए कि 'नौकरी तैयार जल्दी आओ'। इस होड़ में नौकरी में रहने वाले गरीब आदिवासी, झारखंडी और बाहर के हरिजन आतंकित हो गए तथा एक मोर्चे में खड़े हो गए। बाहर से नौकरी हड़पने वालों का आना, तमाम स्थानीय झारखंडी तथा काम करते हुए असली मजदूरों को एकजुट कर मुकाबले में ला दिया। राष्ट्रीयकरण के बाद अपने अस्तित्व की रक्षा में मजदूर आन्दोलन में ग्रामीणों का आना शक्ति संतुलन को फिर मजदूरों के पक्ष में भर दिया। साथ ही साथ मजदूरों के सम्पर्क में आकर झारखंडियों में जो नई चेतना पैदा हुई उसने झारखंड मुक्ति मोर्चा के नाम पर झारखंड आन्दोलन को भी नया जन्म दिया। जिन लोगों की दूर

दृष्टि तथा सही समझदारी ने इस संकट की घड़ी में किसान मजदूरों से मैत्री को संभव किया था उसमें विनोद बिहारी महतो का नाम सबसे आगे है।

यह भी झारखंड के औद्योगिक क्षेत्र में मजदूर आन्दोलन में मार्क्सवादी समन्वय समिति की देन है जिसने मजदूर आन्दोलन को आर्थिक लाभ तथा बोर्ड और कोर्ट के संकीर्ण दायरे से निकालकर सामाजिक सुधार दलित राष्ट्रीयता के आत्म नियन्त्रण के अधिकार तथा अलग राज्य की लड़ाई के साथ मिलकर एक विशाल शक्ति सृष्टि को संभव बनाया जो आज भी झारखंड आन्दोलन को लाख कोशिशें के बावजूद भी साम्प्रदायिक रास्ता तथा भीतरी-बाहरी के विभाजन की ओर जाने नहीं देता। इस एकता की शक्ति की नींव उसी लड़ाई के दरम्यान डाली गई थी। एक ओर जाली बहाली निजी सेना और ठेकेदार तथा आर्थिक लुटेरों को मिलाकर एक आक्रामक शक्ति जो बाद में माफिया के रूप में चिन्हित हुई। दूसरी ओर किसान, मजदूर, नौजवानों का भूमि मोर्चा आमने सामने खड़ा होकर सत्तर के दशक को मुक्ति का दशक बनाया। बहुतों को जानकारी नहीं है कि 1973 में झारखंड मुक्ति मोर्चा का जन्म कोई आदिवासी सम्मेलन में नहीं हुआ था बल्कि कोलियरी कामगार यूनियन के कार्यालय में माफिया शक्ति के विरोध में मजदूर किसानों की लड़ाई जो एक निर्णायक मोड़ पर थी, को एक नई दिशा देने के लिए हुआ था। उसी वक्त अमेरिकी हमला के विरुद्ध लड़ने के लिए वियतनाम में कम्युनिस्टों के नेतृत्व में राष्ट्रीय मुक्ति मोर्चा बना था। उसी से प्रेरणा लेकर झारखंड के औद्योगिक इलाकों में माफियाओं के विरुद्ध लड़ने के लिए तथा एक शोषण मुक्त झारखंड राज्य की कल्पना के साथ झारखंड मुक्ति मोर्चा की नींव डाली गई थी, जहाँ कुर्सी का सवाल नहीं, क्रान्ति का सवाल मुख्य था। सिद्धू-कान्हू का हूल और बिरसा मुंडा का लाल हरा झंडे का उलगुलान, जिसकी ललकार थी। उस वक्त ईस्ट कतरास कोलियरी के एक दलित मजदूर के उस प्रश्न ने सभी को आश्चर्यचकित कर दिया था, इलाहाबाद में क्यों झारखंड नहीं हो सकता क्योंकि वहाँ भी झारखंडी की तरह शोषित उपेक्षित जनता है, माफियाओं की तरह शोषक हैं और यमुना के तट पर कुछ झाड़ जंगल भी। इस रूप में मजदूर आन्दोलन के साथ झारखंड आन्दोलन को जोड़ना मार्क्सवादी आन्दोलनकारियों की एक उपलब्धि रही जिसने दोनों आन्दोलनों को ही एक नई ऊर्जा देकर आगे बढ़ाया था।

मार्क्सवादी समन्वय समिति का मजदूर आन्दोलन में ग्रामीण शक्ति को मिलाना सिर्फ एक औपचारिकता नहीं थी जो किसान मजदूर मैत्री के नाम पर बाजार में चालू है बल्कि जिन्दगी और मौत की लड़ाई के आधार के साथ साकार किया गया था। आज तो किसान संगठन की बैठक वैन चलाकर तथा कुर्सी लगाकर शहरों में होती है और उसका फैसला अंग्रेजी में तैयार होकर प्रेस में जाता है। लेकिन झारखंड के सत्तर के दशक में मजदूरों की बैठक गाँव में होती थी, हड़ताल की योजना जंगल में। सरकारी पुलिस और मालिकों की निजी सेना जब मजदूरों के घरों पर हमला बोलते थे तो मजदूर गाँव में आश्रय लेते थे तथा दोनों मिलकर सामना करते थे। नौकरी चले जाने पर गाँव के लोग मदद करते थे, जेल जाने पर जमानत देते थे। उसी प्रकार विस्थापितों की नौकरी की लड़ाई में मजदूर भी साथ देते थे। इसी रूप में बिरसा के बजना कोलियरी के बगल में देवीयाना गाँव, झरिया के बगल में आमटाल पंचायत, भौरा के बगल में जहानटांड, धर्माबाँध के बगल में देवघटा, केसरगढ़ा के बगल में सदरियाडीह, मजदूर किसानों की एकता

के प्रतीक के रूप में आज भी है। प्रख्यात कामरेड शंकरगुहा नियोगी ने जैसे मध्यप्रदेश के लोहा-खनिज इलाके में संगठन के साथ समाज सुधार के कार्यक्रम को भी महत्त्व दिया। यहाँ भी ट्रेड यूनियन समाज सुधार में लगे। तिलक दहेज, दारू पीना, सूदखोरी, महाजनी, बाल विवाह, बहु विवाह, अंधविश्वास, डायन प्रथा आदि के विरुद्ध लड़ाई छेड़ी। ट्रेड यूनियन ने हरेक उद्योग में ग्रामीण विकास विभाग बनाया। जबकि हर जगह मजदूर बोनस भूखी होते हैं लेकिन झारखंड के मजदूर आन्दोलन में वे गाँव भूखी बने।

यह सिर्फ कोलियरी में ही नहीं बल्कि एक नए रास्ते के रूप में हर उद्योग में फैला। सिन्दरी की हड़ताल तथा उसे उजाड़ने के विरुद्ध लड़ाई बेलियापुर के किसानों की मदद से हुई। जब धनबाद में निषेधाज्ञा जारी रही तो मजदूर दामोदर को पार कर के बंगाल में जाकर गोलबंद हुए। बोकारो के मजदूरों ने हड़ताल कर अगल-बगल 20 कि.मी. इलाके में विकास की योजना को चालू कराया। उसी तरह डी.वी.सी. निजी क्षेत्र टाटा में भी हुआ। मजदूर किसानों की यह दोस्ती सिर्फ कुछ पाने के लिए ही नहीं, बल्कि एक दूरगामी रिश्ता बना। इस रूप में गोधर के रसिक हाँसदा के ग्रामीणों के लिए जीवन देने से पूरे कोलियरी के मजदूर सहानुभूति से हड़ताल पर निकल आए (1979)। चास के गाँव जमतारा में हरिजनों पर पुलिस के जुल्म के विरोध (1978) में सम्पूर्ण बोकारो बन्द हुआ जिसमें चीकु, हीरू, पटेल, बाउरी शहीद हुए थे। दूर सिंहभूम के गुआ में आदिवासियों पर गोली चली (1980) तो पूरा धनबाद बंद हुआ। लेकिन यह किसान तथा मजदूरों की दोस्ती आसानी से नहीं हुई, इसके लिए सैकड़ों शहीदों के खून से भारी कीमत देनी पड़ी।

IV

अंत में आज झारखंड का उद्योग तथा मजदूर आन्दोलन नब्बे के दशक से नई आर्थिक तथा औद्योगिक नीति के तहत भूमंडलीकरण के चपेट में है। निजीकरण, उदारीकरण, विदेशीकरण के कारण पूरे देश की अर्थव्यवस्था आज तहस नहस है। चारों ओर मन्दी, बन्दी, बेरोजगारी फैल गई है। औद्योगिक विकास दर 8% से घटकर 5% हो गई है। झारखंड का विकास दर 2.7% झारखंड के मजदूर आन्दोलन तथा झारखंड के विकास दोनों के लिए एक नई चुनौती है। पहले मजदूर माँगों के लिए लड़ते थे। आज अस्तित्व के लिए लड़ रहे हैं। इस नीति का सबसे विध्वंसकारी असर झारखंड पर पड़ा है जो देश का सबसे धनी सार्वजनिक तथा संगठित क्षेत्र है। एक जमाने में औद्योगीकरण हो रहा था आज गैर-औद्योगीकरण हो रहा है। विकास की जगह विनाश। बसने की जगह उजड़ना। आँखों के सामने चालू सिन्दूरी कारखाना, भारत की पहली सार्वजनिक इकाई जिसको प्रथम प्रधानमंत्री नेहरू जी ने भारत का आधुनिक मन्दिर कहा था, बन्द हो गया। टुण्डु का जिंक कारखाना बेच दिया गया, उद्योगों की जननी राँची का हैवी इंजीनियरिंग कारपोरेशन (HEC) कारखाना आज मरणासन्न है। घाटशीला का ताँबा कारखाना, गिरिडीह का माइका उद्योग, झरिया की कोयला खदानें भी समाप्ति की ओर हैं। हालत ऐसी कि बोकारो की बिक्री नीचे की ओर है। हर साल एक करोड़ रोजगार देने की बात थी। दो पीढ़ी आर्थिक सुधार (सर्वनाश) के बाद दस सालों में सार्वजनिक क्षेत्रों में ही करीब 5 लाख मजदूर

निकाले गए हैं। कुछ दिनों के बाद उद्योगों के गढ़ मजदूरों के घर झारखंड को पहचानना ही मुश्किल हो जाएगा।

इतिहास का पहिया मानों उल्टा घूमने लगा है। आर्थिक सुधार आर्थिक नीति नहीं है यह एक राजनीति है जो किसी राष्ट्र की इच्छाशक्ति को नष्ट कर निर्भरता तथा अन्त में गुलामी की ओर ले जाती है। वह इतिहास में हम देख चुके हैं। वह आफत हम झेल चुके हैं। हिन्दुस्तान में 1625 में सर टामस इंग्लैंड के राजा प्रथम जेम्स का सन्देश लेकर मुगल सम्राट जहाँगीर के दरबार में पहुँचा था। एवं ईस्ट इंडिया कम्पनी के लिए व्यापार की अनुमति प्राप्त की। 1690 में जॉब चार्नक ने कोलकाता शहर की नींव डाली। जहाज के अन्दर माल के साथ-साथ तोप और फौज आने लगे। 1744 में क्लाइव माडल पहुँचे। 1757 में पलासी के नवाब भी पराजय के बाद हिन्दुस्तान में अंग्रेजी साम्राज्य का श्रीगणेश हुआ। इसके बाद भी पूरे झारखंड इलाके को कब्जा करने के लिए और सौ साल लगा। इस समय के अन्दर ईस्ट इंडिया कम्पनी को बाजार बनाने के लिए देश के सभी स्थानीय उद्योगों को ध्वंस किया गया। ऐसा कि नमक भी आयात होने लगा। उसी तरह 1991 में सोवियत संघ ध्वंस होने के बाद 1992 में डंकल प्रस्ताव के जरिए एक ध्रुवीय विश्व को पूँजीवादी बाजार व्यवस्था में लाया गया। इस व्यवस्था को कानूनी बंधन लगाने के लिए 1995 में गैट की जगह डब्लु.टी.ओ. या विश्व व्यापार संगठन आया। समाजवादी आत्मनिर्भरता और ईस्ट इंडिया कम्पनी की तरह विदेशी बहुराष्ट्रीय कम्पनियाँ आ गईं तथा अर्थतंत्र पर कब्जा कर विश्व बैंक आदि के जरिए देश की राजनीति को भी अमेरिका के नियन्त्रण में ले आया। जिस कारण इराक पर अमेरिकी हमला का भी भारत विरोध नहीं कर पाया तथा आज अमेरिका के दबाव पर इराक में सेना भेजने की बात चल रही है।

भूमंडलीकरण के नाम पर अमेरिकीकरण, समाज को बाजार बनाकर गैर- औद्योगीकरण तथा माँगवाद के रास्ते में झारखंड के अर्थतन्त्र के साथ यहाँ की संस्कृति को भी नष्ट करने में लग गए हैं। इस नीति की दिशा पूँजीपतियों के लिए छूट तथा मजदूरों के लिए छटनी पूरे औद्योगिक क्षेत्र में एक चुनौती है। पहले गाँव से गरीब रोजगार के लिए झारखंड में आते थे आज नौकरी खोकर बाजार की ओर भाग रहे हैं। 1860 में भारत में विभिन्न उद्योगों के कारण सिर्फ 59% भारतीय आबादी जमीन (खेती) पर निर्भर थी—अंग्रेजी राज में घरेलू उद्योगों में ध्वंस होने के बाद जमीन पर निर्भरता बढ़कर 80% हो गई थी। दस पंचवर्षीय योजना के बाद यह प्रतिशत घटकर 68% हुआ था। लेकिन कल-कारखाना बन्द होने के बाद जमीन पर लोग लौट कर जाने के बजाय बाजार की ओर जा रहे हैं जो श्रम संस्कृति की जगह दलाली संस्कृति पैदा कर बुनियादी नैतिकता को नष्ट कर रही है। झारखंड में नई आर्थिक नीति के कारण मजदूर वर्ग के अस्तित्व का जो संकट पैदा हो गया है वह मजदूर आन्दोलन में फिर जुटा सच की ओर ले आया है, जिसमें यूनियनों के अन्दर फर्क घट रहे हैं तथा सभी मिल कर मोर्चा बनाकर लड़ना शुरू कर रहे हैं। लेकिन यह मोर्चा सिर्फ अस्तित्व रक्षा के लिए ही है, बीमारी में जड़ या इलाज के लिए नहीं। इसलिए मोर्चा स्थायी नहीं हो पा रहा है। सबसे बड़ी बात आज सबसे बड़ा खतरा माफिया तंत्र एक नई राजनीतिक शक्ति के रूप में पनपा है। जो राजनीति के अपराधीकरण का मुख्य कारण है। उससे कोई नहीं टकराना चाहता है जबकि उससे नहीं टकरा कर कोई समस्या का

समाधान संभव नहीं। पहले माफिया सरकार के अंग थे आज सरकार ही माफिया का अंग है। टकराने से सरकार ही टूट जाएगी जैसा कि मराण्डी सरकार झारखंड में टूट गई। लेकिन सरकार तथा नेता जो भी करें मजदूर वर्ग माफिया तंत्र के विरोध में एकजुट हो रहा है। कुछ दिन पहले इसी संघर्ष में निरसा के नेता तीन बार अपराजित विधायक गुरुदास चटर्जी जीवन देकर एक मिसाल कायम कर गए हैं। जिन्होंने माफियाओं को खदेड़ कर आदिवासियों को पेट्रोल पंप का अधिकार दिलाया था। कामरेड गुरुदास कोलियरी निजीकरण के विरोध सम्मेलन से लौटते वक्त माफिया की गोली का शिकार हुए थे जो माफिया तंत्र के साथ नई आर्थिक नीति के संबंध को उजागर करता है।

आज बाजारवाद को दिखाकर एक सिद्धांतहीन मजदूर आन्दोलन की बात कही जाती है। कोई–कोई मजदूर आन्दोलन राजनीति से अलग माना जाता है जबकि मजदूरों की सभी माँगें आज राजनीतिक हैं। सभी आर्थिक समस्या का समाधान नीति को बदलने से ही हो सकता है। इस दिशा में 21 मई 2003 की हड़ताल एक सटीक कदम था जो झारखंड में मजदूर आन्दोलन की दिशा को दर्शाता है। आज मजदूरों को माँग आधारित राजनीति नहीं मूल्य आधारित राजनीति करनी होगी। आज स्पष्ट तथा व्यापक नीति की आवश्यकता है। विचारों के साथ समझौता कर संभव नहीं हो सकता। आज मजदूर वर्ग को चुनना है आजादी और गुलामी के बीच का अन्तर। एक साथ साम्राज्यवादी विचारों के साथ लैस होकर आज भूमंडलीकरण का विरोध करना है और स्वदेशी सदाचार और समाजवाद के आदर्श पर लौटना है जो हमारे स्वतंत्रता आन्दोलन के समय था। आज एक दूसरी आजादी की लड़ाई हमारे सामने है जिसे हमें मजदूर वर्ग के नेतृत्व में लड़ना है। इसलिए सही राजनीति में मजदूर वर्ग को लैस करना ही आज के मजदूर आन्दोलन का सबसे महत्त्वपूर्ण काम है जो नए झारखंड तथा नए भारत का भी निर्माण करेगा।

झारखंड का भविष्य

खगेन्द्र ठाकुर

झारखंड के भविष्य का अर्थ क्या है?— इस प्रश्न का उत्तर झारखंड के अतीत और वर्तमान के स्वरूप से सम्बद्ध होकर ही पाया जा सकता है। दूसरी बात यह कि झारखंड का अर्थ झारखंड की जनता है या उसका भूगोल और प्रकृति! इस प्रश्न का उत्तर आज झारखंड में सामाजिक और राजनीतिक दृष्टि से काम करने वालों के मन में एक जैसा नहीं है। अतीत के प्रति भी सबकी रुचि या समझ एक नहीं है। स्वयं जनता और जनता की समस्याओं के प्रति तथा झारखंड में कार्यरत सभी राजनीतिक दलों और नेताओं का रुख एक नहीं है। इसलिए झारखंड के भविष्य के बारे में, उस भविष्य के निर्माण के बारे में अनेक प्रकार के दृष्टिकोण एवं विचार हैं। सच्चाई तो यह है कि जनता भी एक नहीं है। जीवन के स्तर की दृष्टि से झारखंड की जनता भी अमीर और गरीब है, लेकिन यह तो नई बात है, आज की बात है। पुराने जमाने से यानी परम्परा से चली आ रही बात यह है कि जनता आनुवंशिक दृष्टि से आदिवासी-गैर आदिवासी के रूप में बँटी हुई है। आदिवासी जनता में भी संताल, मुंडा, उराँव, हो, कोल, पहाड़िया, बिरहोर आदि हैं। गैर-आदिवासी जनता तो सैकड़ों जातियों में बँटी हुई है। और आज सभी जातियों के नेतागण अपनी-अपनी जातियों के सम्मेलन करके अपना वर्तमान सुधारने के लिए उछल-कूद कर रहे हैं। इस नई स्थिति में यह विचार करना या विचार करने के लिए यह प्रश्न उठाना जरूरी है कि झारखंड का भविष्य कैसा होगा? और किसका होगा?

झारखंड अभी-अभी 15 नवम्बर, सन् 2000 को बिहार के पुनर्गठन के बाद एक अलग राज्य के रूप में स्थापित हुआ है, लेकिन बिहार के साथ रहते हुए भी परम्परा से झारखंड की अपनी विशेषताएँ रही हैं, अपना इतिहास रहा है और अपनी भाषा-संस्कृति भी रही है। यहाँ इन बातों पर विस्तार से विचार नहीं किया जा सकता, झारखंड के वर्तमान और भविष्य के बारे में सोचते समय उसकी ऐतिहासिक एवं पारम्परिक विशेषताओं की प्रासंगिकता को तो ध्यान में रखना ही चाहिए। 15 नवम्बर को झारखंड का स्थापना दिवस बनाना और उसी दिन पहली झारखंड-सरकार का गठन करने का स्पष्ट मतलब है कि सरकार बनाने वालों ने झारखंड में महान बिरसा-विद्रोह की विरासत से अपने को जोड़ कर उससे लाभ उठाना चाहा है। यों पूरे झारखंड राज्य में अंग्रेजी राज के जमाने में ही उसके खिलाफ विद्रोह करने वाले और अपने-आप को कुर्बान कर देने वाले नायक और भी हैं। और प्रायः सभी जिलों में हैं। संतालपरगना जाइए तो सिद्धू-कान्हू के नाम हर जगह गूँजते हुए सुनाई पड़ते हैं। संतालपरगना और छोटानागपुर

का इतिहास बताता है कि इन क्षेत्रों में स्वाधीनता-संग्राम का अपना इतिहास है और संघर्ष की अपनी परम्परा रही है और सघर्षों के नारों में सामाजिक स्वरूप की अपनी कल्पना भी रही है। अतः इतिहास और परम्परा के नायकों और उनके सपनों से झारखंड के भविष्य का अन्दाज लगाया जा सकता है। अठारहवीं सदी (1789) में उराँव जनजाति ने जमींदारों के शोषण के खिलाफ विद्रोह किया जो वास्तव में जमीन की रक्षा का आन्दोलन था। 1783 में चेरो जनजाति ने स्थानीय जमींदारों और ईस्ट इंडिया कम्पनी-शासन के खिलाफ विद्रोह किया। वह भी शोषण-उत्पीड़न के खिलाफ संघर्ष था। उन्नीसवीं सदी के प्रारम्भ में ही 1820-21 में हो जनजाति ने जबर्दस्त विद्रोह किया, जो अपने जीवन की काया सुधारने या बदलने का संगठित संघर्ष था। 1831-32 में कोल और मुंडा जनजाति ने खेती और शिकार के अपने अधिकार के लिए तथा भूमि-व्यवस्था के खिलाफ जबर्दस्त विद्रोह किया। करों में वृद्धि, जबरिया बेरोजगारी और महाजनों के द्वारा भारी सूदखोरी का विरोध करने की चेतना इस विद्रोह के पीछे थी। 1832 का भूमिज विद्रोह भी करों के बोझ और महाजनों की सूदखोरी के खिलाफ संघर्ष था। 1855-56 का संताल-विद्रोह भी सूदखोरी, जमींदारों, अंग्रेज बागान-मालिकों, रेलवे इंजीनियरों और इन सबका बचाव करने वाले अंग्रेज-अधिकारियों के अत्याचारों के खिलाफ ही किया गया था। इस विद्रोह में सिद्धू, कान्हू, चाँद और भैरव नाम के चार भाई थे। उन्नीसवीं सदी के अन्तिम दशक में 1885 से 1901 तक मुंडा जनजाति के चमत्कारी नायक बिरसा मुंडा के नेतृत्व में मिशनरियों, साहूकारों, ब्रिटिश अधिकारियों और बाहरी लोगों के खिलाफ लम्बा और ऐतिहासिक जनसंघर्ष हुआ। बीसवीं सदी दूसरे-तीसरे दशकों में टाना भगत-आन्दोलन राष्ट्रीय स्वाधीनता-संग्राम की धारा के साथ जुड़कर कृषि-व्यवस्था को बदलने के लिए हुआ था।

उपर्युक्त सभी आन्दोलनों और संघर्षों की अपनी-अपनी विशेषताएँ रही हैं, अपनी सीमाएँ भी रही हैं, लेकिन एक सामान्य बात उनमें आम तौर से रही है— अपनी जमीन की रक्षा तथा महाजनी का खात्मा करने और दलालों, पिट्ठुओं सरकारी अधिकारियों तथा जमींदारों के उत्पीड़न से मुक्ति पाना। कुल मिलाकर सार रूप में बात यह थी कि वे अपनी जिन्दगी को बदलना चाहते थे और उसी के लिए शोषण-उत्पीड़न से मुक्त समाज चाहते थे। उन्हें सफलता नहीं मिली, क्योंकि उनका संघर्ष एक तो अपने ही समुदाय तक सीमित रह जाता था, दूसरे स्थानीयता से आगे नहीं बढ़ सका, जबकि उनके खिलाफ अंग्रेजी शासन था यानी ब्रिटिश साम्राज्य। संघर्ष के नायकों की आकांक्षा अदम्य थी, लेकिन दुर्दमनीय सत्ता से उनका टकराव था। इस अनमेल टकराव में विद्रोहों और संघर्षों को पराजित होना पड़ा, लेकिन वे एक नायक ऐसा बना गए जिनसे संतालपरगना की जनता को खास कर आदिवासी जनता को आज तक प्रेरणा और मुक्ति मिलती रही है। आज के जनतांत्रिक युग और झारखंड बन जाने के बाद के युग के तकाजों की दृष्टि से हम देखते हैं तो उपर्युक्त ऐतिहासिक संघर्षों की एक सीमा यह भी थी कि वे इस क्षेत्र की गैर-आदिवासी जनता को साथ नहीं ले पाए। उसके पीछे एक कारण अवश्य ही यह था कि गैर-आदिवासी महाजनों और अधिकारियों ने अंग्रेजों का साथ दिया और संघर्षों के नायकों ने जमींदारों, अंग्रेजों और महाजनों के साथ दिकुओं और बाहरी लोगों के खिलाफ भी आवाज उठाई, जबकि सभी दिकू या गैर-आदिवासी बाहरी नहीं थे।

इतिहास के सारे तत्त्व या इतिहास के समस्त अनुभव भविष्य के लिए उपयोगी एवं प्रासंगिक नहीं होते, क्योंकि इतिहास के कुछ अनुभव आगे की ओर हमारी गति अर्थात् प्रगति को रोकने वाले होते हैं और कुछ अनुभव हमें आगे बढ़ने की प्रेरणा और शक्ति देते हैं। जो लोग झारखंड की जनता, शोषित-पीड़ित जनता के लिए नई जिन्दगी का निर्माण करना चाहते हैं, वे ही समृद्ध और उन्नत झारखंड का निर्माण कर सकते हैं। भविष्य की चिंता करने का अर्थ ही है रचना करना, निर्माण करना या पुनर्निर्माण करना, क्योंकि हम अतीत का निर्माण या पुनर्निर्माण नहीं कर सकते, वह तो बीता हुआ समय है, जो हमारे हाथ से निकल गया है। उस पर हमारा कोई वश नहीं चल सकता। अतीत को हम बदल नहीं सकते, लेकिन अगर हम अतीत के संस्कारों से ही अपनी चेतना का स्वरूप तय करेंगे, तो हम यथास्थितिवादी हो जाएँगे, परिवर्तन-विरोधी हो जाएँगे। भविष्य के निर्माण के लिए अतीत की रूढ़ियों से छुटकारा पाना निहायत जरूरी है। साथ ही अतीत के यानी संघर्षशील पुरखों के अधूरे कर्तव्यों को विरासत के रूप में स्वीकार करके हम आगे बढ़ेंगे तो समाज और जीवन के लिए नई व्यवस्था का निर्माण कर सकेंगे। इन बातों की रोशनी में मैं कहना चाहता हूँ कि अतीत यानी अठारहवीं, उन्नीसवीं और बीसवीं सदी में झारखंड के जिन तीन पुरुषों और नायकों ने ऐतिहासिक संघर्ष किए उनसे निकल कर आगे अपने दायित्व पर हम विचार करें। मैं जब इस तरह सोचता हूँ तो तीन बातें सामने आती हैं—1. अपनी जमीन की रक्षा या वापसी, 2. महाजनी और सूदखोरी का खात्मा, 3. सरकारी अधिकारियों के दमन से मुक्ति और 4. शोषण-मुक्त खुशहाल जिन्दगी पाना उनका लक्ष्य था। यह लक्ष्य पूरा नहीं हो सका है अब तक। इतिहास में हमारे पुरखों ने जो पाना चाहा, लेकिन नहीं पा सके, उसे ही इतिहास का प्राप्य कहा जाता है। और उसे पाने या पूरा करने का दायित्व जब हम अपने ऊपर लेते हैं तो वह हमारी विरासत बन जाता है। इसका मतलब हमारे लिए, आज की पीढ़ी के लिए यह है कि हम सामन्ती अवशेषों, महाजनी व्यवस्था और तमाम तरह के शोषण-उत्पीड़न के खिलाफ लड़ाई को आगे बढ़ाना हमारी जवाबदेही है और इस जवाबदेही को सरजमीन पर उतार कर ही हम नए भविष्य का निर्माण कर सकते हैं। इस दायित्व को पूरा करने के लिए अतीत से एक सबक यह लेने की जरूरत है कि शोषित पीड़ित जनता आदिवासियों और गैर-आदिवासियों में भी है। दोनों तरह के शोषितों और पीड़ितों को एक करके ही आदिवासियों को भी शोषण मुक्त किया जा सकता है। दोनों अलग-अलग रहेंगे तो किसी को शोषण-उत्पीड़न से मुक्ति नहीं मिल सकती। अतीत की असफलता से हमें यह सबक मिलता है और यह सबक भी हमारी विरासत का महत्त्वपूर्ण अंग है।

इतिहास का यह दायित्व कैसे पूरा होगा? कौन पूरा करेगा? हम अपनी विरासत को कैसे व्यावहारिक रूप देंगे?—ऊपर के विवेचन को गम्भीरता से देखें तो यह समझा जा सकता है कि नए झारखंड का निर्माण, जनता के हितों के अनुकूल झारखंड का निर्माण करने का मतलब है महाजनी शोषण, सामन्ती शोषण और ठेकेदारों, दलालों आदि से संयुक्त झारखंड का निर्माण करना। ऐसे झारखंड का निर्माण हम अपने मन में, अपनी चेतना में, अपने सपनों में तो आसानी से कर ले सकते हैं, लेकिन वास्तव में ऐसे झारखण्ड का निर्माण करना आज की परिस्थिति में बहुत कठिन है। कठिन इसलिए है कि आज झारखंड में वे शक्तियाँ ज्यादा मजबूत हैं जो

महाजनों, ठेकेदारों, दलालों, कमीशनखोरों को न केवल संरक्षण दे रही हैं बल्कि उन्हें सत्ता में बिठाकर रखे हुए हैं।

आज का झारखंड सिद्धू-कान्हू या बिरसा मुंडा के समय का झारखंड नहीं है। देश को आजाद हुए छप्पन साल हो गए और संविधान लागू होने के पचास साल बाद हमने बिहार से मुक्त झारखंड राज्य भी पा लिया है। अब हमारे पास यह कहने का अवसर नहीं है कि बिहार या उत्तर बिहार के लोग झारखंड का शोषण कर रहे हैं। अब यहाँ जो राजनीतिक मंडली शासन कर रही है, उसके सदस्य झारखंड के हैं और उस मंडली का नेतृत्व तो आदिवासी समुदाय का ही सदस्य कर रहा है। लेकिन आज की मुख्य बात यह है कि देश में पिछले पचास वर्षों में धीरे-धीरे ही सही पूँजीवाद का विकास हुआ है। पूँजीवादी विकास का प्रभाव समाज पर समाज के विभिन्न तबकों पर और राजनीति पर भी पड़ा है। इस विकास की सबसे मुख्य विशेषता यह है कि उत्पादन के साधनों और सम्पत्ति के प्रति व्यक्तिगत स्वामित्व का आकर्षण बढ़ा है। इसलिए निजीकरण को व्यापक स्वीकृति मिल रही है।

देश की और झारखंड की राजनीति को नियंत्रित और संचालित करने वाले पूँजीवाद के समर्थक और पोषक हैं। झारखंड की राजनीति अखिल भारतीय अथवा केन्द्रीय सत्ता की राजनीति की शाखा मात्र है। दिक्कत यह है कि केन्द्र की राजनीतिक सत्ता की अर्थनीति विश्व बैंक, अन्तरराष्ट्रीय मुद्रा कोष और विश्व व्यापार-संगठन के निर्देश पर चल रही है और झारखंड-सरकार की अर्थनीति केन्द्रीय सरकार और उस सरकार का नेतृत्व करने वाली पार्टी भारतीय जनता पार्टी की नीतियों के अनुसार चल रही है। झारखण्ड राज्य और उसकी जनता के भविष्य के बारे में सोचते हुए इस बात को ध्यान में रखना जरूरी है।

झारखंड के भविष्य के प्रसंग में निम्नलिखित कुछ बातों को ध्यान में रखना आवश्यक है।

झारखंड की 2 करोड़ 60 लाख की आबादी में लगभग 60% गरीबी रेखा से नीचे हैं। कुल आबादी में प्राय: 66% निरक्षर और 54% साक्षर हैं। साक्षरता का राष्ट्रीय प्रतिमान लगभग 65% है। ग्रामीण क्षेत्र में साक्षरता 46% है और शहरी क्षेत्र में 80%। एक रोचक तथ्य यह है कि पूर्वी सिंहभूम, धनबाद, राँची और बोकारो में साक्षरता सबसे अधिक 60% है। इनमें पूर्वी सिंहभूम और राँची तो आदिवासी बहुल जिले हैं और वहाँ साक्षरता 60% है। हजारीबाग, लोहरदगा, कोडरमा, गुमला, देवघर तथा प. सिंहभूम में 50% से अधिक प्राय: 60% तक है। इनमें एक लोहरदगा आदिवासी बहुल जिला है। दुमका, गिरिडीह, चतरा, पलामू तथा गोड्डा में साक्षरता 40% से 50% तक ही है। गढ़वा, साहेबगंज और पाकुड़ में यह 40% से भी कम है। राज्य में कृषि योग्य भूमि के मात्र 1.5% में सिंचाई का इन्तजाम है, बाकी जमीन प्रकृति और आकाश के भरोसे है।

राज्य में उद्योग-धंधे पहले से भी हैं जिनमें टिस्को, टेलको उद्योग और सार्वजनिक क्षेत्र में बोकारो इस्पात उद्योग हटिया (राँची) स्थित भारी अभियंत्रणा उद्योग, सिंदरी स्थित खाद कारखाना आदि हैं, जो राज्य ही नहीं देश के लिए गौरव के प्रतीक हैं। इन बड़े उद्योगों के अलावा उनके सहयोगी उद्योग तथा लघु-मध्यम आकार के उद्योग हैं। पतरातू और तेनूघाट के बिजली संयंत्र विख्यात हैं। दामोदर घाटी निगम भी महत्त्वपूर्ण है। गोमिया का विस्फोटक पदार्थ कारखाना, मऊ

भंडार का ताम्बा कारखाना आदि का भी विशेष महत्त्व है। यहाँ सबका विवरण देना जरूरी नहीं है। इस प्रसंग में जो बात मैं कहना चाहता हूँ वह यह है कि जो भी उद्योग यहाँ हैं, उनका चरित्र निस्सारण प्रकृति का है, यानी इन उद्योगों में झारखंड की प्राकृतिक सम्पदा का इस्तेमाल किया जाता रहा है, सस्ते श्रम का भी उपयोग किया जाता रहा है, लेकिन राज्य की जनता को उनका लाभ बहुत कम मिला है। इसके साथ ही देश की पूँजीवादी व्यवस्था के संकट की मार भी यहाँ के उद्योगों को झेलनी पड़ी है और झेलनी पड़ रही है। अभी तो बड़े पैमाने पर उपर्युक्त संकट के कारण और केन्द्रीय सरकार की विदेशीकरण की नीति के कारण यहाँ अनेक छोटे-बड़े उद्योग बन्द पड़े हैं। आदित्यपुर (जमशेदपुर) और बोकारो तो लघु उद्योगों की कब्रगाह बन गए हैं। पिछले तीन वर्षों में भी डेढ़ हजार से भी अधिक उद्योग बन्द हो गए हैं और कई लाख लोग अपने रोजगार खो चुके हैं।

यह सब हो रहा है, तब जबकि देश में कुल खनिज पदार्थ का प्राय: 36% झारखंड में है और उनमें इतनी विविधता है कि झारखंड में सही नीति के आधार पर राज्य को इतना विकसित किया जा सकता है कि जनता पूरे तौर पर खुशहाल हो सकती है और देश को भी अधिक समृद्ध किया जा सकता है। झारखंड में कोयला-लोहा, ताम्बा, अभ्रक, बाक्साइट, मैंगनीज, सोना, अल्युमिनियम, चीनी मिट्टी आदि के विशाल भंडार हैं। इसके अलावा स्थिति यह है कि अब तक झारखंड के सभी क्षेत्रों का सर्वेक्षण भी भू-तात्विक दृष्टि से नहीं किया जा सका है। अब तो निजीकरण और विनिवेशीकरण की नीति के अनुसार सर्वेक्षण करने और खनिज पदार्थ का औद्योगिक विकास करने का प्रश्न ही नहीं उठता है।

झारखंड की वर्तमान सरकार और उसकी नीतियों के अन्तर्गत झारखंड का भविष्य जनता के लिए अंधकारमय है और इस राज्य का और उसकी जनता का भविष्य देशी इजारेदारों और विदेशी बहुराष्ट्रीय कम्पनियों के हाथों में चला जाने वाला है। ऐसा कहने का आधार है राज्य सरकार की औद्योगिक नीति। इस नीति की विशेषता यह है कि राज्य सरकार के पास औद्योगिक विकास की न कोई योजना है और न कोई कार्यक्रम। उसने मुख्यत: विदेशी बहुराष्ट्रीय कम्पनियों को यहाँ की प्राकृतिक सम्पदा का इस्तेमाल करने का खुला निमंत्रण दे दिया है। बहुराष्ट्रीय कम्पनियों ने आज तक किसी राज्य या देश को विकसित नहीं किया और आम जनता के हित में काम करने का तो उनका दृष्टिकोण ही नहीं है। वे अपने मुनाफे के अलावा कुछ नहीं सोचतीं। यह नहीं भूलना चाहिए कि ये कम्पनियाँ साम्राज्यवादी शोषण और लूट का जरिया हैं। राज्य की औद्योगिक नीति उन्हीं को बढ़ावा देने की है। अत: वह झारखंड-विरोधी और जनहित-विरोधी है।

एक बात और विचारणीय है। राज्य के प्रथम मुख्यमंत्री बाबूलाल मरांडी ने ग्रेटर राँची—बृहत्तर राँची की योजना बनाई। गद्दी से हट कर पूर्व मुख्यमंत्री बनने पर बाबूलाल मरांडी ने फुरसत पाकर अपनी योजना को एक पुस्तक का रूप दिया, जो हिन्दी में 'ग्रेटर राँची क्यों' के नाम से प्रकाशित है। पहले तो यह गौर करें कि उन्होंने जनता खुशहाल कैसे ?—विषय पर नहीं लिखा, आदिवासी शोषण मुक्त कैंसे हों—विषय पर भी नहीं लिखा। राँची को विस्तृत, आधुनिक और खूबसूरत बनाने की योजना पर विस्तार से लिखा है और इसी क्रम में राज्य के विकास के

बारे में अपने विचार पुस्तक में प्रस्तुत किए हैं।

यहीं पर यह कह देना जरूरी है कि बाबूलाल मरांडी के हटने के बाद अर्जुन सिंह मुंडा ने भी मुख्यमंत्री बन कर मरांडी सरकार की औद्योगिक नीतिं और ग्रेटर राँची की योजना को यथावत् स्वीकार कर लिया है। बाबूलाल मरांडी ने ग्रेटर राँची के बहाने वास्तव में पूरे झारखंड के विकास के बारे में अपने विचार व्यक्त किए हैं। जाहिर है कि राजधानी के बारे में सोचते समय राज्य भर के बारे में सोचना चाहिए। लेकिन पुस्तक 'ग्रेटर राँची क्यों' पढ़ने पर पता चलता है कि कहीं किसी मुद्दे पर कोई गम्भीर बात नहीं कही गई है और कोई अपेक्षित योजना तो एकदम नहीं है। मसलन सिंचाई के सवाल पर लिखते हुए पूर्व मुख्यमंत्री लिखते हैं—'सिंचाई क्षमता का सृजन एक महँगा निवेश है। इसमें किए गए खर्च की उगाही यद्यपि शत-प्रतिशत सम्भव नहीं है, फिर भी उपभोक्ताओं को इस सुविधा के उपयोग के साथ-साथ इसके खर्च का बोध कराना आवश्यक है।' इस कथन पर विचार करें तो यह समझ में आएगा कि सिंचाई और खेती के सम्बन्ध पर भी मरांडी जी बाजारतंत्र की दृष्टि से ही सोच रहे हैं। इसीलिए इसमें निवेश, उपभोक्ता और उगाही शब्द आए हैं। खेती का विकास और आधुनिकीकरण जनता के जीवन के लिए, अनाज के मामले में आत्मनिर्भरता के लिए और फिर ग्रामीण रोजगार में वृद्धि के लिए जरूरी है, यह सोच मरांडी जी की है ही नहीं। यहाँ तक कि यही सोच उन पर हावी है आदिवासी कल्याण पर विचार करते हुए। उन्होंने यह तो स्वीकार किया है कि आदिवासियों में भी इतने वर्षों में 'क्रीमी लेयर' पैदा हो गया है। मध्यम वर्ग भी विकसित हो गया है, लेकिन कहीं उन्होंने यह नहीं कबूल किया है कि आदिवासियों में गरीब बड़े पैमाने पर रह गए हैं। इससे भी आश्चर्यजनक यह है आदिवासी कल्याण के लिए वे उपाय यह बताते हैं कि जैसे हिन्दू समाज में सनातन धर्म है वैसा ही कुछ आदिवासियों को अपनाना चाहिए। यानी आर्थिक-सामाजिक-राजनीतिक उपाय नहीं, साम्प्रदायिक उपाय करना चाहिए। और यदि कोई आर्थिक उपाय करना ही है तो यह कि 'ग्रामीण एवं वन क्षेत्रों में निवेश मात्रा या धन-प्रवाह को इस स्तर तक बढ़ाना होगा कि प्रति व्यक्ति की आय में फैल कर उसे राष्ट्रीय स्तर तक उठाए।' यह काम कैसे होगा, इसकी तो कहीं चर्चा नहीं है। यों उपर्युक्त कथन का दृष्टिकोण ही गलत है। प्रति व्यक्ति आय का नजरिया विकास की वास्तविकता यानी आय का असमान बँटवारा छिपाने के काम आता है, क्योंकि प्रति व्यक्ति आय में देश का या राज्य का सबसे धनी व्यक्ति और सबसे गरीब आदमी भी शामिल है। उसमें 'क्रीमी लेयर' भी है और गरीबी रेखा से नीचे जीने वाला भी। धनी को और अधिक धनी बनाकर भी प्रति व्यक्ति आय बढ़ाई जाती है। मरांडी जी ने यह नहीं बताया है कि वह गरीबों के पक्ष में हैं। अत: यह साफ है कि वे अमीरों को और अमीर बनाने के पक्ष में हैं।

झारखंड के भविष्य का अथवा भावी झारखंड का निर्माण बहुराष्ट्रीय कम्पनियों के लिए, ठेकेदारों, अफसरशाहों, रंग.ारों, सूदखोरों, इजारेदारों आदि के लिए करना है या गरीबों के लिए, किसानों-खेत मजदूरों के लिए, बेरोजगार नौजवानों के लिए, निरक्षरों और शोषितों-पीड़ितों के लिए करना है? यह तय करके ही झारखंड के भविष्य के बारे में सोचा जा सकता है। यदि गरीबों और मेहनतकशों के झारखंड का भविष्य बनाना है तो वर्तमान नीतियों को, वर्तमान राजनीति को,

वर्तमान शक्ति-संतुलन को, विकास की वर्तमान दिशा को एकदम बदलना होगा। बदलने का काम तो जनता, आम जनता, गरीबी से नीचे रहने वाली जनता ही करेगी लेकिन उसे पूँजीवादी दलों के प्रभाव से, उनके नेतृत्व से मुक्त करना होगा। मुख्य बात यह है कि इस काम के लिए इजारेदारों, बहुराष्ट्रीय कम्पनियों, ठेकेदारों, महाजनों, अफसरशाहों आदि के खिलाफ जनसंघर्ष छेड़ना होगा। ऐसा बोलते बहुत लोग हैं लेकिन वे ऐसा संघर्ष करते नहीं। दलों और नेताओं को उनके भाषणों और वक्तव्यों से नहीं, उनके कार्यों से परखना चाहिए। उदाहरण के लिए प्रधानमंत्री ने कहा था हर साल एक करोड़ लोगों को रोजगार देंगे लेकिन व्यवहार में पिछले तीन साल में पाँच लोगों की छँटनी जबरिया सेवा-निवृत्ति के जरिए कर दी गई। ऐसे और भी ढेर सारे उदाहरण हैं। असल में निजीकरण और विनिवेशीकारण की नीति में यही होना है। इसलिए इसे उलटना है।

झारखंड में सरकार की पहल पर ऐसे उद्योग-धंधों का जाल खड़ा करना होगा कि राज्य की प्रगति हो और लोगों को बड़े पैमाने पर रोजगार मिले। सिंचाई की व्यवस्था भी खेती को उद्योग मान कर करनी होगी। झारखंड में इसकी सम्भावना है कि वह खाद्य के मामले में आत्मनिर्भर होकर निर्यात करे। ऐसा करके ही पलायन और विस्थापन को रोका जा सकता है।

शिक्षा के प्रसार के लिए साक्षरता-अभियान और सर्वशिक्षा-अभियान आदि को याद करके प्राथमिक विद्यालयों के जरिए उसी विशाल धनराशि से पाँच साल के भीतर शत-प्रतिशत लोगों को प्राथमिक शिक्षा तो दी ही जा सकती है। समस्त जनता को शिक्षित करने के लिए बड़ी संख्या में प्राथमिक विद्यालय खोले जाएँ और उनमें समुचित मात्रा में शिक्षक दिए जाएँ तो बेरोजगारी का भी इलाज किया जा सकता है। इन बातों पर विचार-विमर्श करके ठोस योजना बनाने की जरूरत है। असल में इन सबके लिए आर्थिक विकास का सर्वथा नया रास्ता और नया राजनीतिक चरित्र अपनाना होगा। भ्रष्टाचार को तो अक्षम्य अपराध घोषित करके कार्रवाई करनी होगी। किसी भी तरह के भ्रष्टाचार, घोटाले और अपराध को जातीय सरकार और साम्प्रदायिक संरक्षण देना बन्द करना होगा। लेकिन क्या जातिवादी सम्प्रदायवादी और अपराध-कर्म में लिप्त रहने वालों के सत्ता में रहते ऐसा करना बन्द किया जा सकेगा? कतई नहीं। अत: जनता के खुशहाल भविष्य के लिए, नए झारखंड के लिए नई नीति, नई राजनीति-नई अर्थनीति और नए संकल्प की जरूरत है। तभी नया, उन्नत, प्रगतिशील और शोषण-दमन से मुक्त झारखंड बनना सम्भव है, बनेगा।

□□□